Martin Broszat:
Der Staat Hitlers
Grundlegung und Entwicklung
seiner inneren Verfassung

Deutscher
Taschenbuch
Verlag

dtv-Weltgeschichte des 20. Jahrhunderts

Hans Herzfeld: Der Erste Weltkrieg
Gerhard Schulz: Revolutionen und Friedensschlüsse
Helmut Heiber: Die Republik von Weimar
Ernst Nolte: Die faschistischen Bewegungen
Hermann Graml: Europa zwischen den Kriegen
Erich Angermann: Die Vereinigten Staaten von Amerika
   seit 1917
Karl-Heinz Ruffmann: Sowjetrußland 1917–1977
Martin Broszat: Der Staat Hitlers
Lothar Gruchmann: Der Zweite Weltkrieg
Thilo Vogelsang: Das geteilte Deutschland
Franz Ansprenger: Auflösung der Kolonialreiche
Wilfried Loth: Die Teilung der Welt

Originalausgabe
1. Auflage Juli 1969
11. Auflage März 1986: 107. bis 114. Tausend
© Deutscher Taschenbuch Verlag GmbH & Co. KG,
München
Umschlaggestaltung: Celestino Piatti
Foto: Keystone
Gesamtherstellung: C. H. Beck'sche Buchdruckerei,
Nördlingen
Printed in Germany · ISBN 3-423-04009-2

Das Buch

Weniger die einzelnen Inhalte und Ergebnisse nationalsozialistischer Politik werden in diesem Band dargestellt; vielmehr wird die Geschichte der inneren Verfassung des Nationalsozialismus und seiner Herrschaft interpretiert. Mit dem Begriff »Staat Hitlers« wird die dualistische Natur dieses Regimes umschrieben: Staat und Partei, Reichsregierung und Führerabsolutismus, autoritäre Rechtsordnung und Gestapo-Willkür, Regierungszentralismus und Partei-Partikularismus – diese und andere Gegensätze kennzeichnen die Struktur des NS-Staates. Die nationalsozialistische Herrschaft wurde ebensowenig jemals klar bestimmt und stabilisiert wie der Inhalt ihrer Weltanschauung. Sie blieb stets auf »Bewegung« und Kampf angewiesen und ausgerichtet. Darin sieht der Autor die Hauptvoraussetzungen sowohl der unerhörten Energie-Entfesselung wie des selbstzerstörerischen Radikalisierungsprozesses im Dritten Reich.

Der Autor

Prof. Dr. Martin Broszat, geboren 1926, ist Direktor des Instituts für Zeitgeschichte in München und Dozent für Neuere Geschichte an der Universität Konstanz. Er veröffentlichte u. a. ›Der Nationalsozialismus. Weltanschauung, Programm und Wirklichkeit‹ (1959), ›Nationalsozialistische Polenpolitik‹ (1961), ›Zweihundert Jahre deutsche Polenpolitik‹ (1963), ›Der kroatische Ustascha-Staat 1941–1945‹ (1964) – zusammen mit L. Hory –, ›Nationalsozialistische Konzentrationslager 1933 bis 1945‹, in: ›Anatomie des SS-Staates‹ (1965 – dtv-Bände 462/63, 1967).

dtv-Weltgeschichte des 20. Jahrhunderts
Herausgegeben von
Martin Broszat und Helmut Heiber

Inhalt

Vorbemerkung

Die folgende Darstellung konzentriert sich bewußt auf die innere Geschichte des Nationalsozialismus und des Dritten Reiches. Die nur gelegentlich angedeuteten außenpolitischen und militärischen Ereignisse und Konstellationen sind in anderen Beiträgen dieses Sammelwerkes von Hermann Graml und Lothar Gruchmann ausführlich beschrieben worden. Im Hinblick auf die Vorgeschichte des Hitler-Regimes konnte ich mich durch Helmut Heibers Darstellungen der Weimarer Republik weitgehend entlastet fühlen, wenngleich hier einige Überschneidungen unvermeidlich waren.

Eine andere, wesentlichere Beschränkung der Darstellung ergibt sich daraus, daß diese nicht als Ereignisschilderung, sondern als Verfassungs- und Strukturgeschichte des nationalsozialistischen Regimes konzipiert wurde. Die Akteure und der Verlauf des Geschehens, die inhaltliche Substanz und Wirkung wichtiger Entscheidungen und Regelungen sind vielfach vorausgesetzt oder nur genannt, nicht im einzelnen geschildert. Im Vordergrund steht nicht das »Was«, sondern das »Wie«. Die neuere Spezialliteratur über die nationalsozialistische Zeit hat manche älteren, allzu einfachen Begriffe von der Natur, Entwicklung und Wirkungsweise des Hitler-Regimes nachdrücklich in Frage gestellt, namentlich die Vorstellung eines monolithischen Machtsystems, eines machiavellistisch durchrationalisierten Superstaates, wie sie verschiedentlich von politikwissenschaftlicher Seite unter dem Oberbegriff des Totalitarismus (Carl J. Friedrich u. a.) oder unter Annahme einer besonders ingeniösen nationalsozialistischen »Herrschaftstechnik« suggeriert worden ist. Die statt dessen durch die zeitgeschichtliche Spezialforschung weitgehend übereinstimmend belegte (infolge der Objektnähe gelegentlich überbetonte) Systemlosigkeit, Improvisation und Uneinheitlichkeit nationalsozialistischen Machtgebrauchs wirft freilich neue Fragen des Verständnisses auf. Hat man sich vielleicht auch damit abzufinden, daß das nationalsozialistische Regime, in dem die Kräfte des irrationalen Aufbegehrens und des anarchischen Aktivismus konstitutive und bleibende Bedeutung erlangten, sich als Herrschafts*form* überhaupt nicht theoretisch befriedigend darstellen, geschweige denn auf einen Nenner bringen läßt, so bleibt doch das Bemühen um theoretische Erfassung seiner Grundstrukturen zwingend, wenn nicht die historische Auseinandersetzung mit dem Nationalsozialismus selbst in chaotische Detailforschung versinken soll.

Dieses theoretische Anliegen und die daraus folgenden systematischen Problemstellungen hinsichtlich der Formen und Veränderungen der politischen Organisation, Machtausübung und Machtverteilung bilden aber nicht den einzigen Leitfaden dieser Darstellung. Im Gegensatz zum methodischen Vorgehen der Ereignisgeschichte, die strenger an vorgegebene, nach Merkmalen politischer Wichtigkeit und quantitativer Wirkung bestimmte Gegenstände gebunden ist, lassen sich Symptome der politischen Verfassung und Machtstruktur oft gleicherweise an »großen« wie an »kleinen« Objekten ablesen. Ja, die Beweiskraft bestimmter allgemeiner Aussagen über die Natur eines Regimes und seine Veränderung hängt weitgehend von ihrer Konkretisierbarkeit ab; die abstrakte Darlegung von Zusammenhängen bedarf immer wieder der Exemplifikation und Überprüfung am Detail. Von daher sind Auswahl und Größenordnung der einzelnen Kapitel dieser Darstellung bis zu einem gewissen Grade willkürlich, in vielerlei Hinsicht ergänzungsfähig und -bedürftig, zumal bei der Entscheidung für dieses oder jenes Demonstrationsobjekt die Absicht mitsprach, manches weniger bekannte, durch eigene Forschung zutage geförderte Material darzubieten. So sind mitunter grundsätzlich bedeutsam erscheinende Strukturprobleme an Beispielen veranschaulicht, die als peripher erscheinen mögen, während andere wichtige Bereiche, über die bereits eine Fülle von Kenntnissen und Dokumentationen vorliegt, wie z. B. Wehrmacht und Widerstand im Dritten Reich, nur kursorisch behandelt worden sind.

Als sehr ergiebige Fundgrube erwiesen sich die Akten der Reichskanzlei, die nicht nur die Arbeitsweise und wichtigsten Materien der Reichsressorts, sondern auch den Einfluß und Führungsstil Hitlers, die Wirkung regionaler, parteipolitischer und außerstaatlicher Kräfte sowie die Konflikte zwischen den verschiedenen Personen und Potenzen des Regimes in großer Dichte widerspiegeln. Dem Bundesarchiv in Koblenz, das die Einsichtnahme und Kopie umfangreicher Bestände dieser Akten ermöglichte, gebührt deshalb besonderer Dank.

Ich bin mir im übrigen bewußt, daß im Rahmen dieser Reihe zwischen dem wissenschaftlichen Ehrgeiz nach Erforschung

originaler Quellen und dem berechtigten Verlangen nach Information Kompromisse zu schließen waren, die gewiß nicht
immer gelungen sind. Ich war dabei an die Grenzen des äußeren
Umfanges gebunden, aber auch an die Grenzen, die dem eigenen
Vermögen und der eigenen Ausdauer durch einen Stoff gesetzt
wurden, der den Geist ebenso zu erregen wie zu lähmen geeignet ist.

München, im April 1969   M. B.

1. Kapitel
Machtpolitische und verfassungsmäßige Voraussetzungen des Dritten Reiches

Die nationalsozialistische Koalition mit der nationalkonservativen Rechten und die politische Ausschaltung der demokratischen Linken

Die krisenreichen ersten Jahre der Weimarer Republik, von Versailles bis zur Ruhrbesetzung und Inflation, bildeten den Hintergrund der Frühgeschichte der NSDAP, ihrer ersten, noch auf Bayern und Süddeutschland beschränkten politischen Erfolge, die mit dem gescheiterten Hitler-Putsch vom 9. November 1923 zu Ende gingen. Die darauffolgende Phase der relativen Stabilisierung der Republik fiel zeitlich zusammen mit dem Bedeutungsschwund der Anfang 1925 neugegründeten NSDAP. Ihre organisatorische Ausbreitung nach West-, Nord- und Ostdeutschland in diesen Jahren kann nicht darüber hinwegtäuschen, daß die Hitler-Bewegung zwischen 1925 und 1928 politisch fast ganz erfolglos blieb. Die Zahl ihrer stark fluktuierenden Mitglieder und Stützpunkte stagnierte weitgehend, und das seit 1925 verfolgte Ziel einer legalen Machtübernahme durch Beteiligung an den Wahlen und in den Parlamenten erbrachte in den Ländern und im Reich nur kägliche Ergebnisse (Reichstagswahl 1928: 2,6 Prozent NSDAP-Stimmen). Erst die kombinierte Wirtschafts- und Staatskrise seit 1929/30 leitete den entscheidenden dritten Abschnitt ein. Die nationalsozialistische Partei, die zehn Jahre lang über die Bedeutung einer kleinen

Die Einschrumpfung der bürgerlichen Parteien 1928–1932

Reichstags-wahlen	Sozialistische Parteien (SPD + KPD)	NSDAP	Zentrum	Andere (»bürgerliche«) Parteien
20. 5. 1928	40,5%	2,6%	15,1%	41,8%
14. 9. 1930	37,6%	18,3%	14,8%	29,3%
31. 7. 1932	36,2%	37,4%	15,7%	10,7%

rechtsradikalen Minderheit nicht hinausgelangt war, wuchs plötzlich zur nationalen Massen- und Sammlungsbewegung heran, die binnen dreier Jahre 75 Prozent der bisherigen Wähler der bürgerlichen Mittel- und Rechtsparteien aufsaugte und im Juli 1932 37,4 Prozent aller Stimmen auf sich vereinigen konnte.

Die Erfolgsgeschichte der NSDAP war das Spiegelbild der Leidensgeschichte der Republik und umgekehrt. Keine andere Partei, auch nicht die KPD, war in ihren Erfolgsbedingungen derartig von der Krise abhängig. Genauer gesagt: Erfolg oder Mißerfolg hingen wesentlich davon ab, daß die politisch-gesellschaftlichen Kräfte der bürgerlichen Mitte und konservativen Rechten bereit waren, sich auf die NSDAP einzulassen, zu ihr überzugehen oder mit ihr zu paktieren. Der plötzliche, seit 1929/30 einsetzende Massenzustrom zur NSDAP überstieg bei weitem die Größenordnung aller anderen Fluktuationen zwischen den Parteien in der Zeit der Weimarer Republik. Er basierte fast ausschließlich auf der Mobilisierung der bisherigen Nichtwähler und der Masse der mittelständischen Wähler, die in den locker gefügten bürgerlichen Interessenparteien eine weit weniger feste politische Heimat besessen hatten als die ideologisch gebundenen Anhänger des Zentrums und der sozialistischen Parteien. Es handelte sich dabei nicht um eine Verlagerung innerhalb des demokratischen Parteigefüges, sondern um dessen Sprengung durch Aktivierung und Sammlung derjenigen, die bisher am demokratischen Entscheidungsprozeß nicht oder nur mißvergnügt teilgenommen hatten. Solchen Umschwung vermochte die NSDAP nicht aus eigener Kraft zu bewirken. Sie bedurfte dazu, wie schon vor 1923 in München, der Protektion oder wenigstens der wohlwollenden Duldung tonangebender bürgerlicher und konservativer Kräfte in Regierung, Verwaltung, Militär, Kirche, Wirtschaft und Politik. Sie lebte von dem in Krisenzeiten leicht mobilisierbaren Verlangen nach entschlossenerer Aktion, dem Ruf nach einer wirksameren, notfalls mit Zwangsmitteln herzustellenden Sanierung der Verhältnisse. Sie war insofern weniger eine revolutionäre als eine parasitäre Kraft: agitatorisch wirksamste Potenz zur Restauration autoritärer Ordnungsvorstellungen in Staat und Gesellschaft und zugleich die militante, plebiszitäre Gegenkraft gegen Sozialismus und Kommunismus. Die Verhältnisse, die vor 1923 das Heraufkommen der NSDAP in Bayern ermöglicht hatten, waren dafür ebenso charakteristisch wie die Konstellation im Reich seit 1929/30.

Das reaktionäre Regime, das in München nach der Niederschlagung der Räterepublik und nach dem Kapp-Putsch zur Macht gelangte, bildete einen idealen Nährboden für die frühe NSDAP. Die aktive Förderung, welche die von gegenrevolutionärem Freikorps-Geist erfüllte bayerische Reichswehrführung seit dem Sommer 1919 sowohl den völkisch-vaterländischen Vereinigungen wie den antisozialistischen Einwohnerwehren und ihren späteren Ersatzorganisationen, den vaterländischen Wehrverbänden, zuteil werden ließ, hatte für den Aufbau von NSDAP und SA ausschlaggebende Bedeutung. Einflußreiche Gönner, darunter der tatkräftige Stabsoffizier und spätere SA-Chef Ernst Röhm und die Polizeibefehlshaber Ernst Pöhner und Hans v. Seißer, die durch die Rechtsregierung des bayerischen »Ordnungsblockes« unter Gustav v. Kahr 1920/21 zu Rang und Macht gelangt waren, gaben der NSDAP amtliche Schützenhilfe und verschafften ihr wesentliche materielle und personelle Voraussetzungen für die politische und militante Aktion. Ohne solche höchste Rückendeckung wäre der aus dem gesellschaftlichen Nichts kommende Hitler in den Bohème-Kreisen, Salons und Vereinigungen der vaterländischen Münchner Gesellschaft (Dietrich Eckart, Verleger Bruckmann, Piano-Fabrikant Bechstein, Professor Karl Haushofer u. a.) schwerlich so wohlwollend als politisch-agitatorisches Wunderkind »herumgereicht« und mit Verbindungen und Unterstützungen versorgt worden, die für die NSDAP damals vitale Bedeutung hatten.

Die Verfilzung mit einem einflußreichen Teil des lokalen Honoratiorentums und der staatlichen Exekutive half wesentlich mit, die Hitler-Bewegung 1922/23 in Bayern trotz ihrer damals noch recht geringen zahlenmäßigen Anhängerschaft zum Vortrupp der auf die autoritäre nationale Diktatur hinzielenden antidemokratischen Kräfte zu machen. Die putschartigen Formen des Staatsstreich-Versuchs vom 9. 11. 1923, als es Hitler darum ging, den Generalstaatskommissar v. Kahr und den Kommandeur der bayerischen Reichswehrdivision v. Lossow, die sich selbst schon auf der schiefen Ebene des Verfassungsbruchs befanden, zur eindeutigen Kampfansage gegen die Reichsregierung zu bewegen, können nicht verdecken, daß Hitler damals noch weniger imstande war als 1932/33, eine revolutionäre Machtergreifung mit ausschließlich nationalsozialistischen Kräften zu bewerkstelligen. Ohne die entscheidende Mithilfe angesehener und etablierter Kräfte in Staat und

Gesellschaft ging es in beiden Fällen nicht. Das Regime Hitler-Kahr-Ludendorff-Pöhner-Seißer, das am Abend des 8. 11. 1923 unter Vorspiegelung falscher Tatsachen proklamiert wurde, unterschied sich insofern nicht von dem Regime Hitler-Hindenburg-Papen-Hugenberg-Seldte, das am 30. 1. 1933 tatsächlich zustande kam.

Ein ähnliches Protektionsverhältnis mit Kräften des antirepublikanischen nationalkonservativen Lagers wie vor 1923 in Bayern machte es der NSDAP auch seit 1929/30 im Reich erst möglich, aus der Verbannung in die politische Wüste des radikalen Sektierertums herauszukommen und zum Auffangbecken der Unzufriedenen zu werden, deren Strom mit der Wirtschaftskrise rapide anschwoll. Besondere Bedeutung hatte hierbei das noch vor dem eigentlichen Beginn der Depression von Alfred Hugenberg, dem neuen Vorsitzenden der Deutschnationalen Volkspartei (DNVP), im Sommer 1929 ins Leben gerufene Kartell der nationalen Opposition zur Propagierung eines Volksbegehrens gegen den Youngplan. In diesem Kartell, der Vorform der Harzburger Front vom Oktober 1931, konnte Hitler als Partner Hugenbergs, des Stahlhelmführers Seldte und anderer als honorig geltender Exponenten der nationalen Rechten zum erstenmal wieder einen aktiven Part in einer zentralen Frage der deutschen Politik übernehmen. Die sich über mehrere Monate hinziehende Kampagne gegen den Youngplan bedeutete für die NSDAP nicht nur kostenlose Propaganda-Unterstützung durch den Hugenbergschen Pressekonzern. Sie machte die Hitler-Bewegung, die nach 1925 das Odium der erfolglosen und halb illegalen Putschistenpartei mit sich herumgetragen hatte, auch allmählich wieder salonfähig und kreditwürdig, trug ihr bald neue, vermögende Gönnerschaften ein, darunter die des bisherigen Reichsbankpräsidenten Schacht, der anläßlich der Youngplan-Verhandlungen sein Amt aufgab und zur nationalen Opposition überging. Die Kampagne, die von der Regierung nicht immer überzeugend und geschickt abgewehrt wurde, gab der NSDAP aber insbesondere Gelegenheit, im Wettstreit mit ihren reaktionären und konservativen Partnern in die Waagschale zu werfen, was sie vor allem auszeichnete: ihre überlegene agitatorische Kraft. So konnte die Hitler-Bewegung nach Jahren der politischen Stagnation in der zweiten Hälfte des Jahres 1929 die ersten auffälligen Wahlerfolge in einzelnen Ländern und Kommunen sowie in den Studentenvertretungen an den Universitäten verzeichnen. Dieses politische Vorspiel zur Wirtschaftskrise (eine starke Zunahme der Arbeitslosigkeit trat erst im Winter 1929/30 hervor), durch das sich die NSDAP als aktive neue Kraft der Opposition präsentieren konnte, verlieh ihr wesentlich erst das Prestige und die Zugkraft, die ihr dann in der Krise zugute kamen und nach weiteren Erfolgen fast automatisch fortwirkten, solange die Krise anhielt und sich verschärfte.

Aber auch in dieser Endphase der Republik zeigte sich, was gegen die bedrohlich anwachsende Hitler-Bewegung noch zu erreichen war, wenn man ihr entschlossen gegenübertrat, so 1930/31, als die Präsidialregierung Brüning und die sozialdemokratisch geführte Preußenregierung, erschrocken über das Anwachsen und die destruktive Agitation der NSDAP, durch politische und exekutive Maßnahmen gegen die Hitler-Bewegung Front machten.* Tatsächlich kam es zum eigentlichen Dammbruch der Republik auch nicht durch das Gewicht des Stimmzettels, zumal die NSDAP auch zur Zeit ihrer größten Erfolge noch weit von der absoluten Mehrheit entfernt blieb. Vielmehr in erster Linie dadurch, daß die Bereitschaft zum Arrangement und zum Paktieren mit Hitler mehr und mehr in das Lager der Regierung und Exekutive übergriff und sich zunehmend auch bei den agrarischen und gewerblichen Interessenverbänden bemerkbar machte. Eine entscheidende politische Machtprobe, die zugunsten der NSDAP ausging, bildete vor allem das am 13. 4. 1932 von der Brüning-Regierung angeordnete SA-Verbot. Unter maßgeblichem Einfluß der Reichswehr (Schleicher), die trotz aller Bedenken gegen Hitlers Privatarmee doch das wehrpolitische Potential dieser Truppe nutzen und jedenfalls eine offene Konfrontation mit ihr vermeiden wollte, wurde das SA-Verbot, das erst den Rücktritt des Reichsinnenministers Groener, dann der ganzen Regierung Brüning nach sich zog, im Sommer 1932 aufgehoben. Die auf Brüning folgende reaktionäre Übergangsregierung Papen beseitigte weitere wichtige Stützen der Demokratie, vor allem durch

* Zu den damals ergriffenen Maßnahmen zählten u. a. das von dem preußischen Innenminister Severing erlassene Verbot der Betätigung von preußischen Beamten in nationalsozialistischen Organisationen vom 5. 7. 1930; polizeiliche Maßnahmen des sozialdemokratischen Berliner Polizeipräsidenten Grzesinski zur Schließung von SA-Lokalen in Berlin, Februar 1931, und eine von der Reichsregierung am 28. 3. 1931 erlassene Notverordnung zur Bekämpfung politischer Ausschreitungen. Auch öffentliche Stellungnahmen des Zentrumsführers Kaas und der katholischen Bischöfe gegen den Nationalsozialismus vom Januar/Februar 1931 sowie die in dieser Zeit vollzogene Reaktivierung des Reichsbanners Schwarz-Rot-Gold gehörten in den Umkreis der damals von der Preußen- und Reichsregierung und den hinter ihnen stehenden Kräften mobilisierten Abwehr des Nationalsozialismus.

den Staatsstreich gegen die geschäftsführende sozialdemokratische Preußenregierung und die Ausschaltung der sozialdemokratischen Repräsentanten und Spitzen der preußischen Verwaltung, wodurch bereits der späteren Gleichschaltung im Dritten Reich kräftig vorgearbeitet wurde. Die letzte machtpolitische Entscheidung fiel, als Schleicher, der letzte Kanzler der Republik, nicht die Ermächtigung Hindenburgs erhielt, gestützt auf die bewaffnete Macht als Chef einer Notstandsregierung weiterzuarbeiten, was allein die inzwischen von Papen angebahnte Kanzlerschaft Hitlers in einem Koalitionskabinett aus Vertretern der bisherigen nationalen Opposition hätte verhindern können. Die Intervention agrarischer und industrieller Interessengruppen spielte bei diesem Akt eine bedeutende Rolle. Einflußreiche Protektion von oben, deren Gewicht bedeutender war als die direkte finanzielle Unterstützung der NSDAP, half somit auch, Hitler als Reichskanzler in den Sattel zu heben.

Demgegenüber lag die Misere der NSDAP in der Zeit zwischen 1924 und 1928 wesentlich darin, daß mit der Verurteilung Hitlers und den mehr oder weniger langen Partei- und Redeverboten in den einzelnen Ländern die früheren Protektionsverhältnisse fast gänzlich abgerissen waren. Eigentlich nur in diesem Zeitabschnitt, als die NSDAP auch ideologisch und propagandistisch stärker nach links rückte und zeitweilig mehr nationalrevolutionäre als völkisch-antisemitische Züge annahm, blies ihr der Wind ins Gesicht, stand sie wirklich außerhalb der politischen Gesellschaft. Gerade in diesen Jahren ohne Krisenatmosphäre zeigte es sich, daß die NSDAP, auf sich selbst angewiesen, wenig vermochte, um die politische Außenseiterrolle zu überwinden.

Das Funktionieren und die Stabilität der Weimarer Republik hing wesentlich ab von der Fähigkeit und Bereitschaft zur Koalition zwischen den bürgerlichen Mittelparteien und der Sozialdemokratie, die 1918/19 die Führung der jungen Demokratie übernommen hatte und bis zum Sommer 1932 als stärkste Partei des Reiches der wichtigste und verläßlichste Träger der Republik blieb. Der Machtverfall der Republik war deshalb in hohem Maße identisch mit der Regierungsunfähigkeit der Weimarer Koalition und speziell mit dem Machtverlust der Sozialdemokratie. Daß die schweren Krisen der Jahre 1919 bis 1923, insbesondere auch die Umsturzversuche von rechts (Kapp-Putsch, Küstriner Putsch der Schwarzen Reichswehr,

Hitler-Putsch) schließlich doch überwunden wurden, war vor allem dem Zusammengehen der bürgerlichen Mittelparteien und der Sozialdemokratie und ihrer gemeinsamen Entschlossenheit zur Verteidigung der parlamentarischen Republik zu danken, was u. a. im Republikschutzgesetz von 1922 Ausdruck fand. War es doch bezeichnend, daß der Chef der Heeresleitung, General v. Seeckt, es 1923 nicht riskierte, die diktatorischen Vollmachten, die ihm der Ausnahmezustand zur Bekämpfung linker und rechter Gegner der Republik verschafft hatte, zur Etablierung einer Militärdiktatur zu gebrauchen, womit man damals links und rechts gleichermaßen gerechnet hatte.

Die Scheu der konservativen und deutschnationalen Rechten vor einer offenen Herausforderung der demokratischen Kräfte war in dieser Zeit nicht zuletzt dadurch bedingt, daß noch eine aktuelle Gefahr der linksradikalen Revolution bestand, zu deren Bekämpfung die Sozialdemokratie kaum entbehrlich war. Das antikommunistische Zweckbündnis zwischen Ebert und General Groener, das auch gesellschaftspolitisch als gemeinsame Abwehr der sozialistischen Revolution funktionierte, begünstigte zwar die Reichswehr sowie die konservativen Kräfte in Staat und Gesellschaft, band letztere aber doch auch an die Sozialdemokratie, solange eine Revolution von links drohte.

Diese Konstellation änderte sich nach 1923, seitdem Moskau die revolutionäre Taktik der deutschen Kommunisten abgeblasen hatte und die KPD sich mit einem durchschnittlichen Stimmenanteil zwischen 9 und 13 Prozent zu einem, wenn auch nach wie vor starken, so doch berechenbaren und beständigen politischen Faktor stabilisierte, von dem zwar weiterhin eine Dauerbeunruhigung, aber kaum noch akute Umsturzgefahr ausging. Das Ende der unmittelbaren Bedrohung von links und die wirtschaftliche Konsolidierung wirkten zwar momentan entlastend für die Republik, aber nicht zugunsten ihrer langfristigen Stabilisierung. Prosperität und Fortfall der Revolutionsangst erzeugten eher eine Schwächung des demokratischen Engagements in Mittelstand und Oberschicht und mit der materiellen Erholung auch eine Restauration ihrer traditionellen politischen und gesellschaftlichen Einstellungen. Diese wurden im industriellen Bereich auch durch die starke Konzentration der großen Unternehmen und Kapitalgesellschaften stark begünstigt.

Die veränderte Situation drückte sich sowohl in den härteren sozialpolitischen Auseinandersetzungen zwischen Gewerk-

schaften und Unternehmern (Ruhreisenstreit Ende 1928) wie
vor allem auch darin aus, daß die in den Weimarer Koalitions-
regierungen zwischen 1919 und 1923 angebahnte Aussöhnung
zwischen den bürgerlichen Mittelparteien und der Sozialdemokratie 1924 rückläufig zu werden begann. Zwischen November
1923 und Juni 1928 war die SPD in den Reichsregierungen
nicht mehr vertreten. Es machte sich eine deutliche Verschie-
bung der politischen Entscheidungsbildung nach rechts bemerkbar, die 1925 auch in der Wahl Hindenburgs zum Reichspräsidenten Ausdruck fand.

Die Zeit der wirtschaftlichen Prosperität brachte auch die
Verzerrungen und negativen Seiten des Parlamentarismus
stärker zum Vorschein: den raschen Wechsel der Regierungen,
die Parteiabhängigkeit der Ressortminister und dadurch bedingte Schwäche der Koalitions-Kabinette, das Hineinregieren
von Parteiführern und Fraktionen, das übermäßige Hervor-
treten der Interessenpolitik und den dadurch bedingten Autoritätsverlust der Regierungen. Noch ehe die Weltwirtschaftskrise
in Deutschland fühlbar wurde, hatte sich infolgedessen im
Bürgertum die Überzeugung stark verbreitet, daß der Parteienstaat abgewirtschaftet habe. Die bisher regierenden Parteien (Demokraten, Deutsche Volkspartei, Zentrum, Deutschnationale Volkspartei) büßten bei der Reichstagswahl vom Mai
1928 rund 10 Prozent ihrer Stimmen ein. Insbesondere die Wähler der DNVP verargten es dieser stark monarchistischen und
antidemokratischen Partei, daß einige ihrer führenden Vertreter durch ihre Beteiligung an der Regierung die prinzipielle
Obstruktionspolitik aufgegeben hatten (Rückgang der DNVP
von 20 auf 14 Prozent der Wählerstimmen).

Eine Fortsetzung des bisherigen Regierungskurses, vor allem der Außenpolitik Stresemanns, war nach dieser Wahl,
welche die Parteienzersplitterung stark vergrößerte, nur noch
durch ein erneutes Zusammengehen der Mittelparteien mit der
SPD möglich. Aber gerade dieses durch das Wahlergebnis und
die staatspolitische Räson erzwungene Zusammengehen
widersprach jetzt weit mehr als vor 1924 dem erstarkten Selbstbewußtsein der Parteien und Interessengruppen rechts von der
SPD, nicht zuletzt auch der Reichswehr und der Bürokratie.
Daß die SPD aus den Wahlen von 1928 als Sieger hervorgegangen war, obwohl gesellschaftspolitisch und im Staatsapparat das Selbstbewußtsein und die Macht der Rechtsgrup-
pen inzwischen beträchtlich gestärkt war, belastete diese Große

Koalition von vornherein in starkem Maße. Da die DNVP auf Grund des Wahlergebnisses von 1928 unter ihrem neuen Führer Hugenberg auf scharfen Oppositionskurs ging und folglich die an der Regierung weiter beteiligten Mittel- und Rechtsparteien um so mehr gezwungen waren, mit der SPD zu koalieren, ja ihr die Führungsrolle zu überlassen, wuchs das an zahlreichen Sachfragen und Interessengegensätzen entzündete Mißbehagen an dieser Koalition rechts von der SPD. Und in gleichem Maße nahmen die Bestrebungen zu, diese Verhältnisse, die sich auf dem Wege parlamentarischer Regierungsbildung nicht korrigieren ließen, auf andere als demokratische Weise zu ändern. In den Jahren 1928/29 war auch das Zentrum unter seinem neuen Parteivorsitzenden (Prälat Kaas) stärker auf Rechtskurs gegangen. Vertreter der agrarischen Grünen Front wie der Schwerindustrie äußerten 1929 deutlich ihr Mißfallen an der Regierung der Großen Koalition, die mit Stresemanns Tod im Oktober 1929 auch ihre wichtigste Integrationsfigur verlor. Als sich im Winter 1929/30 zeigte, daß in bestimmten Fragen der Sozialpolitik ein Ausgleich zwischen dem Unternehmerflügel der DVP und dem Gewerkschaftsflügel der SPD nicht mehr möglich war, betrieb vor allem die politische Führung der Reichswehr (Schleicher, Groener) die Bildung eines autoritären »Hindenburg-Kabinetts« der rechten Mitte ohne Sozialdemokraten. Wenn dabei auch in der SPD im entscheidenden Moment interessenpolitische Intransigenz über staatspolitische Kompromißbereitschaft siegte, so trug dies zum Bruch der letzten parlamentarischen Regierung unter dem sozialdemokratischen Kanzler Hermann Müller und zum Ausscheiden der SPD aus der Regierungsverantwortung wesentlich bei.

Aber es waren doch keineswegs allein staatspolitische Sachzwänge, die den Übergang zur Präsidialregierung Brüning herbeiführten. Die Regierungsmacher der Minderheitenregierung Brüning waren sich vielmehr einig darüber, daß die Reichspräsidentenvollmacht zum Erlaß von Notverordnungen (Artikel 48 der Reichsverfassung) nur einem Kabinett der rechten Mitte, nicht einem sozialdemokratischen Kanzler gegeben werden dürfe. Und die Auflage, ohne die Sozialdemokraten zu regieren, machte es Brüning schließlich auch im Sommer 1930 unmöglich, einem sozialdemokratischen Vorschlag zur Haushaltssanierung zu folgen, der Aussicht gehabt hätte, gegen die Stimmen der DVP vom Parlament angenommen zu werden.

Infolgedessen blieb dann nur der Weg der Reichstagsauf-lösung, der den sensationellen Erfolg der NSDAP in den September-wahlen 1930 zur Folge hatte und mit der zunehmenden Praxis der Notverordnungsregierung die Abhängigkeit Brünings vom Reichspräsidenten und den hinter ihm stehenden Einflüssen der Rechten weiter verstärkte. Die weitere Rechts-verlagerung der Regierung Brüning, wie sie im Herbst 1931 vollzogen wurde (Ausscheiden der »linken« Zentrums-Minister Wirth und Stegerwald, Übernahme des Reichsinnenmini-steriums durch den Reichswehrminister Groener), machte den unparteilichen Charakter der Sanierungspolitik Brünings noch unglaubwürdiger. Und als Groener und Brüning schließ-lich im Frühjahr 1932 stürzten, war auch das passive Tolerie-rungsbündnis zwischen der Präsidialregierung und der SPD zu Ende, das der Sozialdemokratie noch einen mittelbaren Einfluß gelassen und die destruktive Politik der rechts- und linksradikalen Gegner im Reichstag wirksam eingedämmt hatte.

Es war bezeichnend, daß die Politik der NSDAP wie der an-deren Kräfte der nationalen Opposition in den Jahren zwischen 1930 und 1932 vor allem darauf gerichtet war, die noch be-stehenden Regierungskoalitionen oder Tolerierungsbündnisse zwischen den bürgerlichen Parteien bzw. dem Zentrum und der SPD zu sprengen. Im Reichstag gelang dies bis zum Früh-jahr 1932 nicht, und auch das vom Stahlhelm, der NSDAP und der DNVP im Frühjahr 1931 inszenierte Volksbegehren zur vorzeitigen Auflösung der sozialdemokratisch geführten Re-gierung in Preußen (SPD, DDP, Zentrum) blieb erfolglos. Wohl aber hatte die NSDAP in einer Reihe von Kommunen und kleineren Ländern mit dieser Taktik Erfolg, zuerst im Januar 1930 in Thüringen, im Herbst 1930 in Braunschweig; 1932 auch in Anhalt, Oldenburg und Mecklenburg.

Die in diesen Ländern schon vor 1933 unter maßgeblichem Einfluß der NSDAP gebildeten Regierungen basierten im wesentlichen auf dem Bündnis deutschnationaler und bürger-licher Parteien mit der NSDAP. Sie hatten ähnliche Motive zur Grundlage, wie sie im März 1930 beim Bruch der Großen Koalition im Reich zum Ausdruck gekommen waren. Den Parteien rechts von der Mitte war vielfach das Bündnis mit der Hitler-Partei lieber als eine Regierungsführung durch die SPD. Diese Tendenz, die letztlich auf die Auslieferung der bürgerlichen Parteien an die NSDAP hinauslief und vom

Wähler entsprechend quittiert wurde, war im Grunde schon der erste Akt des Dritten Reiches. Die unablässige Verteufelung nicht nur der kommunistischen, sondern auch der sozialdemokratischen Linken durch die NSDAP, die im Bürgertum wohlwollende Aufnahme fand, isolierte die SPD mehr und mehr.

Entscheidende Bedeutung hatte dabei schließlich vor allem der Papensche Staatsstreich gegen Preußen (20. 7. 1932), der die wichtigste Domäne einer noch verläßlichen republikanischen Regierung und Exekutive beseitigte. Auch hier war die sozialdemokratische Führung, die es beim formellen Protest und bei der Beschwerde beim Staatsgerichtshof bewenden ließ, aber sich scheute, der Gewalt mit gleichen Mitteln zu begegnen, nicht ohne Mitschuld an dem Machtverlust. Was immer die Aussichten einer aktiven Gegenwehr waren, sicher ist jedenfalls, daß die kampflose Räumung der preußischen Bastion den bis dahin durchaus noch intakten Widerstandswillen und die Widerstandskraft der Sozialdemokratie entscheidend lähmte. War es doch nicht zuletzt die nach den Septemberwahlen von 1930 mobilisierte Abwehrorganisation der SPD, vor allem in Gestalt des Reichsbanners Schwarz-Rot-Gold und der vom Allgemeinen Deutschen Gewerkschaftsbund 1931 ins Leben gerufenen »Eisernen Front« gewesen, die die SPD anders als die bürgerlichen Parteien instandsetzte, der Hitlerschen SA und HJ auch auf der Straße und in öffentlichen Versammlungen wirksam entgegenzutreten und sich so auch in den Augen des Wählers als nach wie vor stabile politische Potenz zu behaupten. Nicht von ungefähr galt der Haß der SA dem Reichsbanner nicht minder als dem kommunistischen Rotfrontkämpferbund. Da die Politik und die Wahlen im Jahr 1932 weitgehend auf der Straße vorentschieden wurden, kann das kampflose Zurückweichen der militanten sozialdemokratischen Kräfte anläßlich des Papenschen Staatsstreiches in Preußen in seiner Bedeutung kaum hoch genug veranschlagt werden. Dennoch ist den sozialdemokratischen Führern wohl recht zu geben, wenn sie die Chancen eines aktiven Widerstandes gering einschätzten. Die seit 1930 vorangegangene Entwicklung hatte die SPD schon zu sehr isoliert, als daß sie noch mit Unterstützung von anderer Seite hätte rechnen können. Die faktische Kaltstellung war lange vorbereitet, und diese intensive Vorbereitung ermöglichte es Hitler schließlich auch, ein Regierungsbündnis zustande zu bringen, das in dem Vorsatz zur mehr oder weniger gewaltsamen Ausschaltung der

Linken den höchsten Grad von Übereinstimmung hatte. Die Koalition zwischen der NSDAP und den am meisten reaktionären Kräften des nationalkonservativen Lagers und der Wille zur Ausschaltung der demokratischen Linken (und natürlich der Kommunisten) bedingten sich gegenseitig.

Auswirkungen des präsidialen Regierungssystems in den letzten Jahren der Republik

Elemente obrigkeitsstaatlicher Verfassung waren von Anfang an Teil der allzu oberflächlich »improvisierten« Weimarer Republik. Vor allem die Demokratisierung der Bürokratie und der Reichswehr war nicht oder nur wenig gelungen.

Die verfassungsmäßige Unterordnung der militärischen Führung, insbesondere des Chefs der Heeresleitung, unter den Reichswehrminister, die bis zum Kapp-Putsch unbestritten war, ging in der Folgezeit im Zusammenhang mit der Seeckt-schen Reform des Reichswehrministeriums faktisch verloren: Seeckt wußte es durchzusetzen, daß neben dem verfassungsmäßigen Oberbefehl, der beim Reichspräsidenten lag, die oberste »Kommandogewalt« als eigene, der militärischen Leitung vorbehaltene Prärogative Anerkennung fand, was praktisch eine Immediatstellung des Chefs der Heeresleitung (und des Chefs der Marineleitung) zum Reichspräsidenten begründete und die zivile Kompetenz des Reichswehrministeriums auf Belange des Militärbudgets und der Verwaltung beschränkte. Nach Seeckts Ausscheiden (1926) und der Ernennung General Groeners zum Reichswehrminister (1928) besetzte das Militär auch die politische Spitze des Reichswehrministeriums und gewann von daher, namentlich über das neueingerichtete Ministeramt unter Generalmajor v. Schleicher und dessen Querverbindungen zu »alten Kameraden« in der Reichskanzlei (Oberregierungsrat Planck) und dem Palais des Reichspräsidenten (Oskar v. Hindenburg), maßgeblichen Einfluß auch auf allgemeine politische Fragen. Obwohl die »politischen Generale« Groener und Schleicher als »Vernunftsrepublikaner« von einem großen Teil des Offizierskorps scheel angesehen wurden und beide der NSDAP kritischer gegenüberstanden als andere Offiziere, wirkten beide doch bewußt auf eine verstärkte Stellung sowohl der Reichswehr wie des

Reichspräsidenten im Machtgefüge der Republik hin. Mußte doch der Übergang zum präsidialen Regierungssystem (März 1930), bei dem Schleicher zum erstenmal als Regierungsmacher tätig war, zwangsläufig auch der Reichswehr zugute kommen, solange der Feldmarschall des Kaiserreiches Präsident der Republik war.

Charakteristisch für die veränderte Situation war die Forderung, die Groener im Herbst 1930 vor Offizieren der Reichswehr aussprach: »Im politischen Geschehen Deutschlands darf kein Baustein mehr bewegt werden, ohne daß das Wort der Reichswehr ausschlaggebend in die Waagschale geworfen wird.«[1] Wie stark die Sonderstellung der Reichswehr geworden war, bewies auch die Tatsache, daß der Reichswehretat von den rigorosen Sparmaßnahmen der Regierung Brüning gänzlich ausgenommen wurde. In den Etatverhandlungen herrschte, wie der Staatssekretär im Reichsfinanzministerium, Paul Schäffer, im November 1931 feststellte, »schon eine Militärdiktatur«[2].

Der anwachsenden Hitler-Bewegung und der SA stand die Reichswehrführung 1930 noch überwiegend mit Mißtrauen und Ablehnung gegenüber. Die Verhaftung dreier nationalsozialistischer Reichswehroffiziere in Ulm und der anschließende Hochverratsprozeß vor dem Reichsgericht im September/Oktober 1930 drückten die starke Besorgnis vor einer nationalsozialistischen Unterwanderung der Reichswehr aus, die im Hinblick auf die jungen Offiziere und die Verbindungen zu ehemaligen, jetzt als SA-Führer tätigen Offizieren wohl begründet war. Doch schon bald machte sich eine nachsichtigere und wohlwollendere Haltung der Reichswehrführung gegenüber der SA bemerkbar, nachdem Hitler am 25. 9. 1930 bei dem Leipziger Prozeß revolutionäre Absichten öffentlich verneint hatte (Legalitätseid) und im Frühjahr 1931 auch eine erste Fühlungnahme zwischen Schleicher und Röhm zustande gekommen war. Je stärker die SA wurde, desto mehr fiel auch ihre Verwendungsfähigkeit für die Reichswehr ins Gewicht: Eine konkrete Hilfe bedeutete sie vor allem als Verstärkung des militärischen Grenzschutzes im Osten, besonders in Ostpreußen, wo die Heeresleitung 1931/32 erneut mit einem polnischen Handstreich glaubte rechnen zu müssen. Darüber hinaus sah man, im Zusammenhang mit den Genfer Rüstungsverhandlungen, die eine Aufhebung der bisherigen Rüstungsungleichheit Deutschlands erwarten ließen, in der SA auch schon eine Reserve der künftigen allgemeinen Heeresverstärkung. Vor allem die Entschlossenheit zur Heeres- und Rüstungsverstärkung, die in dem Maße wuchs, wie der Reichswehreinfluß im Staat zunahm, erzeugte starkes Wohlwollen für Hitler, der nicht müde wurde, die Wieder-Wehrhaftmachung des deutschen Volkes zu fordern.

Die veränderte Haltung zeigte sich u. a. in einem Reichswehrerlaß Groeners vom 29. 1. 1932, der das bisherige Verbot der Aufnahme von Mitgliedern der NSDAP in die Reichswehr aufhob. Als sich Groener dann dennoch in seiner gleichzeitigen Eigenschaft als Reichsinnenminister, vor allem unter dem Druck Preußens und anderer Länder, zum SA-Verbot drängen ließ, kostete ihm das die Unterstützung seines bisherigen Intimus Schleicher, der sich im Einklang mit dem Chef der Heeresleitung (v. Hammerstein) bei Hindenburg gegen das Verbot aussprach und so schließlich Groeners Sturz und, nach der Bildung des Kabinetts Papen–Schleicher, die Aufhebung des SA-Verbotes veranlaßte. Schleichers Absicht, eine Zähmung der Hitler-Bewegung durch Beteiligung und sachliche Mitverantwortung an der Regierung herbeizuführen, scheiterte aber, da Hitler intransigent die Führung einer nationalen Regierung beanspruchte und den ihm angebotenen Vizekanzlerposten ablehnte, und es Schleicher, nachdem er selbst Kanzler geworden war, auch nicht gelang, die NSDAP zu spalten und einen kompromißbereiten Teil der Partei, mit dem Organisationsleiter Gregor Strasser an der Spitze, zum Eintritt in die Regierung zu bewegen.

Durch diese Politik war Schleicher schließlich doch zum bestgehaßten Gegner Hitlers geworden, und die Möglichkeit, daß er in letzter Stunde einen auf die Reichswehr gestützten Staatsstreich zur Verhinderung einer Regierung Hitler unternehmen könnte, wurde in der NSDAP-Führung noch am 30. 1. 1933 ernsthaft befürchtet. In General Blomberg und Oberst Reichenau fand Hitler aber ohne Schwierigkeiten Offiziere, die gewillt waren, anstelle Schleichers das Reichswehrministerium zu übernehmen und die Loyalität der Reichswehr auch gegenüber einem Kanzler Hitler zu verbürgen.

Gleichwohl hatte Hitler, als er die Leitung der Regierung übernahm, mit der in den vorangegangenen Jahren stark gefestigten Sonderstellung der Reichswehr zu rechnen. Auch im Dritten Reich blieb sie »Staat im Staate«, der erfolgreicher als alle anderen Zweige der Exekutive den Einfluß der NSDAP von sich fernzuhalten vermochte.

Die andere Säule obrigkeitsstaatlicher Tradition war das Berufsbeamtentum, insbesondere in der inneren Verwaltung und der Ministerialbürokratie, deren Stellung und Einfluß in den Jahren der autoritären Präsidialregierung ebenfalls gestärkt worden waren.

Schon durch Herkunft und Erziehung überwiegend monarchisch-obrigkeitsstaatlichem Denken verhaftet, hatte der größte Teil des Berufsbeamtentums in Reich und Ländern den überkommenen Begriff des »Staatsdieners« als des Hüters und Repräsentanten des Ordnungsstaates nicht mit dem Parteienstaat der Weimarer Republik in Einklang bringen können. Der Parteipolitik mit ihren Interessenbindungen und der parlamentarischen Demokratie als dem Forum pluralistischer politischer und gesellschaftlicher Kräfte galt die kaum verhüllte Verachtung des alten Beamtentums, das im Staat einen höheren Macht- und Ordnungszweck erblickte. Man hatte den formalen Verfassungseid, der kein ausdrückliches Bekenntnis zur Republik abverlangte, meist mit dem Vorbehalt geleistet, daß es gelte, vor allem »dem Staat« (in höherem Sinne) zu dienen, nicht dagegen die republikanische Staatsform zu verteidigen. Im Einklang mit der dominierenden bürgerlichen Staatsrechtslehre sah man nach dem Ende der Monarchie in der überzeitlichen und überindividuellen Nation, im nationalen Machtstaat und der überparteilichen Volksgemeinschaft den eigentlichen höheren Staatszweck, der durch Parteien eher beeinträchtigt werden könne.

Eine so motivierte parteipolitische Neutralität des Beamtentums schloß in Wahrheit starke Ressentiments gegen die Demokratie ein und eine deutliche Affinität zu autoritären und elitären staatspolitischen Leitbildern, damit aber auch eine besondere Empfänglichkeit für die Ideologie und Propaganda der nationalen Rechten, die die Überwindung des Parteienstaates als ihr Ziel proklamierte. Die Bindung an einen abstrakten Staatsbegriff, an die sachliche Dienstaufgabe des Beamten und die Sonderstellung des Berufsbeamtentums, die ein Erbe deutscher und insbesondere preußischer Tradition war, immunisierte das ältere Beamtentum allerdings vielfach auch gegen jene Formen der radikalen nationalsozialistischen Demagogie, welche »die Straße« gegen die Regierung mobilisierte und mit Hilfe eigener Kampfverbände der Staatsmacht eine private Parteimacht entgegensetzte. Noch in der Spätphase der Weimarer Republik, als die konservativen Rechtsparteien stark an Wählerstimmen eingebüßt hatten, stand der größte Teil des höheren Beamtentums, namentlich der Ministerialbürokratie in Berlin, der konservativen Rechten, wie sie von der DNVP oder den Volkskonservativen (Treviranus) verkörpert wurde, näher als der NSDAP.

Freilich zeigte sich auch, vor allem bei den jüngeren Beamten, die zunehmende Brüchigkeit des alten Standesbegriffs des »Staatsdieners«, dessen feudale, obrigkeitsstaatliche Herkunft und dessen traditionelles gesellschaftliches Prestige weder mit der bescheidenen wirtschaftlichen Stellung des Beamten (wie des Offiziers) noch mit dem Weltbild der jüngeren Generation zu vereinbaren waren. Die materiellen Existenzsorgen der Beamten wurden außerdem durch die Brüningsche Spar- und Beamtenabbau-Politik bedrohlich vermehrt. Wenn Brünings Versuch einer überparteilichen autoritären Staatssanierung sich vor allem auf die Bürokratie stützte und tatsächlich den Einfluß der Ministerialbürokratie erheblich stärkte, so trugen die den Beamten in der gleichen Zeit zugemuteten finanziellen Opfer doch dazu bei, daß die politische Radikalisierung nunmehr zunehmend auf das Beamtentum übergriff. Auch unter den Berufsbeamten gewann die NSDAP seit 1930/31 zahlreiche Anhänger. Und selbst in Ländern mit jahrelanger sozialdemokratischer Führung machte sich in der staatlichen Verwaltung und Exekutive, nicht zuletzt in der Polizei, wo die spezifische polizeiliche Ordnungsaufgabe das Entstehen einer besonderen politisch-gesellschaftlichen Ordnungsideologie förderte, die Empfänglichkeit für nationalsozialistische Parolen bemerkbar.

Verfassungspolitisch bedeutete der Übergang zum präsidialen System der Notverordnungsregierung naturgemäß eine Verlagerung des Gewichts auf die Staatsverwaltung. Die Reichs-Ministerialbürokratie, die jetzt anstelle des Reichstages zum eigentlichen Gesetzgeber wurde, gewann an Einfluß und Macht. In eben dem Maße wie die Republik unter Brüning aufhörte, parlamentarische Demokratie zu sein, entwickelte sie sich zum autoritären Beamtenstaat. Seit dem Herbst 1930 trat der Reichstag nur noch in großen Abständen zusammen und meist nur, um eine Serie von Notverordnungen passieren zu lassen. Diese Praxis, die schon im Februar 1931 zum Protest-Auszug der nationalen Opposition (NSDAP und DNVP) führte, trug naturgemäß zur weiteren Diskreditierung des Parlamentarismus bei und zur weitgehenden Aufhebung der verfassungsmäßigen Gewaltentrennung von Legislative und Exekutive. Sie bedeutete schließlich auch, daß die hierarchisch-autoritäre Grundeinstellung der Bürokratie zum Staate und die obrigkeitsstaatliche Verordnungsregierung (einschließlich der dabei mitspielenden unkontrollierbaren Einflüsse) stärker Raum gewannen.

Der zunehmende und keineswegs immer zwingende Gebrauch des Notverordnungsrechts veränderte entschieden den Sinn des Paragraphen 48 der Reichsverfassung. Was hier als befristete Ausnahme vorgesehen war, wurde zur Dauerübung und neuen Regierungs- und Staatspraxis. Damit institutionalisierten die präsidialen Regierungen eine Übung, die Hitler außerordentlich zugute kam. Bei allen wesentlichen Maßnahmen zum Umsturz der Staats- und Rechtsordnung im Frühjahr 1933 bediente sich die Hitler-Regierung des präsidialen Notverordnungsrechts, und es ist schwer vorzustellen, wie die nationalsozialistische Machtergreifung ohne dieses Instrument möglich gewesen wäre.

Die Notverordnungsregierung dehnte naturgemäß auch die Bedeutung und Macht des Reichspräsidenten weit über die verfassungsmäßig vorgesehene Stellung hinaus aus und damit zugleich den Einfluß der im Palais des Reichspräsidenten antichambrierenden Interessenten. Die unter Brüning verstärkte Osthilfe-Politik, die viele Millionen für die Entschuldung ostdeutscher Grundbesitzer aufwandte, aber naturgemäß längst nicht alle Wünsche der standortmäßig und strukturell benachteiligten ostdeutschen Landwirtschaft erfüllen konnte, vermochte nicht zu verhindern, daß gerade die ostelbischen Agrarier, die im Reichslandbund vorherrschten, schon 1931 auch gegen Brüning entschiedene Opposition bezogen und dabei das Ohr Hindenburgs fanden, der als Gutsherr von Neudeck in Ostpreußen dem Einfluß seiner Standesgenossen besonders ausgesetzt war.

Wachsendes Unbehagen gegenüber Brüning wie später gegenüber dem kurzlebigen Kabinett Schleicher machte sich aber auch bei den industriellen Unternehmern bemerkbar. Viele von ihnen hatten gehofft, daß die Spar- und Notverordnungsmaßnahmen der Regierung zu einem noch stärkeren Abbau der Löhne und Sozialleistungen führen würden. Schwerwiegender aber war noch, daß mit der Wirtschaftskrise eine Welle neuer Konzentrationen und Zusammenschlüsse zu Großunternehmen und Großbanken und zugleich, durch staatliche Sanierung, ein stärkeres Eindringen des Staates in die Großwirtschaft stattfand, die das Prinzip der liberal-kapitalistischen Privatwirtschaft mehr und mehr durchbrachen. Obwohl selbst immer mehr zu Konzernbildungen gedrängt, reagierten zahlreiche Unternehmer ihre Ratlosigkeit dadurch ab, daß sie Brüning und Schleicher Staatssozialismus und Staatskapitalismus vorwarfen. Eine günstigere Presse bei der Industrie hatte Papen trotz des im September 1932 unter dem wachsenden Druck der öffentlichen Meinung eingeleiteten aktiveren Programms staatlicher Arbeitsbeschaffung. Sollte dieses doch der Industrie nicht nur durch Gewährung besonderer Kredite (in Form von Steuergutscheinen) für die Einstellung zusätzlicher Arbeitskräfte schmackhaft gemacht werden, sondern auch durch die Ermächtigung, im Falle der Mehrbeschäftigung von Arbeitnehmern die tariflichen Lohnsätze bis zu 50 Prozent zu unterschreiten, so daß man bei den Gewerkschaften nicht zu unrecht von dem Versuch einer Ankurbelung der Wirtschaft »auf Kosten der Arbeitnehmer« sprach.[3]

Anders als die »Grüne Front«, die schon 1931/32 in zunehmendem Maße von der aktiven nationalsozialistischen Agrarpropaganda unterwandert wurde, standen die industriellen Unternehmer trotz Hitlers Bemühungen um die Großindustrie (u. a. durch seine Rede vor dem Düsseldorfer Industrieklub im Januar 1932) der NSDAP Anfang 1932 noch meist skeptisch gegenüber, wenn auch Schacht, Thyssen und eine Reihe anderer einflußreicher Vertreter der Industrie- und Bankwelt sich inzwischen demonstrativ auf die Seite Hitlers geschlagen hatten. Aber ihr Votum, das, wie ein Rundschreiben des Reichsverbandes der Deutschen Industrie vom Januar 1932 zeigte[4], scharf gegen die Wirtschaftspolitik Brünings gerichtet war, wirkte doch neben dem der Agrarier und der Reichswehr beim Sturz Brünings mit. Und ein Jahr später, als Schleicher bei seinem Arbeitsbeschaffungsprogramm Papens Lohnabbau-Verordnung rückgängig machte und stärkeren Rückhalt bei den Gewerkschaften suchte, zögerten die führenden Industriellen schließlich nicht, in einer Adresse an den Reichspräsidenten deutlich gegen Schleicher und für ein Kabinett Hitler zu intervenieren.

Das präsidiale Regierungssystem verbarg solche Einflüsse stärker als der Parlamentarismus, machte sie aber eben deshalb noch wirksamer. Bezeichnend für den wahren Zustand, in den die Republik infolge der sich häufenden unkontrollierbaren

Einflüsse auf den Reichspräsidenten gelangte, waren die brüske Entlassung Brünings und Schleichers, die beide zunächst das besondere Vertrauen Hindenburgs genossen hatten. Nicht der Reichstag, der Brüning noch im April 1932 das Vertrauen ausgesprochen hatte, sondern der in der Manier eines Monarchen verfahrende altersschwache Reichspräsident und die in der Form der Hofkamarilla Einfluß nehmenden Interessengruppen und Ratgeber entschieden über das Schicksal der Regierung und des Staates. Das Präsidialsystem, das in der Anfangszeit der Brüning-Regierung noch als glaubhafter Versuch überparteilicher Sanierung der Republik gelten konnte, diente kaum noch der res publica, sondern vor allem mächtigen Sonderinteressen.

Das nicht von vornherein aussichtslose Bemühen Brünings, wenn nicht den Parlamentarismus und die Parteiendemokratie, so doch den republikanischen Rechtsstaat heil über die Krise hinwegzubringen und durch ein effektives sachlich-bürokratisches Verordnungsregiment die nötig erscheinenden Sanierungsmaßnahmen durchzusetzen, scheiterte nicht zuletzt, weil schnelle Erfolge ausblieben oder der ungeduldigen Erwartung der Volksmassen stark hinterherhinkten und die radikalen Flügelparteien alles taten, um das Vertrauen in die Regierung systematisch zu untergraben. Brünings deflationäre Finanzpolitik, die allzu sehr auf die Selbstheilung der Wirtschaft vertraute, wirkte dabei als verhängnisvolle Fehlentscheidung mit und vergrößerte die Hauptschwäche seines Stabilisierungsversuches: die fehlende Verankerung in tragfähigen gesellschaftlichen Gruppen. Die Präsidialregierungen Brüning, Papen und Schleicher erhielten um so mehr die Optik volksferner Kameralregierungen, als diesen Kabinetten »der Fachleute« weitgehend die Fähigkeit abging, ihre Ziele wirkungsvoll in der Öffentlichkeit zu vertreten und populär verständlich zu machen, während die von Hitler geführte Bewegung eine beispiellose Mobilisierung der Emotionen und Ressentiments betrieb. Der Ende 1932 auch bei Hindenburg wachsende Unwille, nach dem Scheitern der Regierung Papen, die nur die Unterstützung der zusammengeschrumpften deutschnationalen Fraktion im Reichstag gefunden hatte, weiterhin einem Kanzler präsidiale Vollmachten oder gar eine langfristige Regierungsermächtigung durch Notverordnung zur Verfügung zu stellen, der nicht imstande war, die Parteien rechts von der Mitte (das hieß jetzt aber vor allem: die NSDAP) hinter sich zu bringen, war die Resonanz auf die zunehmende Entfernung von der Volksmeinung, in die sich das Präsidialregime selbst hineinmanövriert hatte.

Von daher wurde das Drängen der restaurativen und reaktionären Kräfte nach einer Einbeziehung der NSDAP in die Regierung immer stärker und leichtfertiger; denn nur die Massenbewegung Hitlers vermochte ihnen, die kaum noch mit der Zentrumsmitte, geschweige denn mit den Sozialdemokraten paktieren konnten und wollten, den nötigen plebiszitären Rückhalt zu verschaffen. Nachdem die Novemberwahlen 1932 zum erstenmal einen Rückgang der NSDAP-Stimmen von 37 auf 32 Prozent ergeben hatten, der teils auf das leichte Abflauen der Krise, teils auf Hitlers Alles-oder-Nichts-Taktik zurückzuführen war (diese hatte im Zusammenhang mit der Fühlungnahme Schleicher–Strasser und wegen der erschöpften Parteikassen starke Beunruhigung in der NSDAP hervorgerufen), schien im Januar 1933 die Zeit für ein solches Arrangement günstig. Eine Kabinettszusammensetzung, bei der Hitler von Papen flankiert sowie von den Exponenten der deutschnationalen Rechten und konservativen Fachministern der bisherigen Kabinette eingerahmt war, erschien nunmehr auch für Hindenburg akzeptabel, der sich bisher starr gegen eine Kanzlerschaft des »böhmischen Gefreiten« gewehrt hatte.

Weltanschauung, Propaganda und charismatisches Führertum

Die äußere, organisatorische Form und Führungstechnik der NS-Bewegung war weitgehend durch ihre innere Form bestimmt, die sich am Verhältnis von Weltanschauung, Propaganda und Führertum darstellte.

Den Kernbestand der nationalsozialistischen Ideologie bildeten nationalistische, alldeutsche, völkisch-antisemitische, antimarxistische und antiliberale Vorstellungen, die in dieser oder anderer Zusammensetzung schon vor 1914 in Deutschland zu Wort gekommen waren, aber erst nach dem Erlebnis des Ersten Weltkrieges, der Niederlage und Revolution stark an Virulenz zugenommen hatten. Im ersten Abschnitt ihrer Existenz (bis 1923) war die NSDAP eine der zahlreichen völkischen Gruppen, die nach Kriegsende nahezu überall in Deutschland als Ausdruck des irrationalen nationalen Protestes und Trotzes entstanden waren.

Regeneration des Deutschtums als Voraussetzung künftiger nationaler Wiedergeburt und Größe, das war die allgemeine utopische Formel der Völkischen. Sie ließ sich allerdings sehr verschiedenartig ausdeuten, und infolgedessen zerfiel die völkische Bewegung, obwohl ihre Vorstellungsinhalte auf einen breiten Teil der Nation abfärbten, in eine Vielzahl meist sektiererischer Vereinigungen und Verbände. Adolf Hitler, der sich schon vor 1914 in Wien aus den damals dort infolge der Nationalitätenmischung der Habsburger Monarchie stärker als im Reich fließenden Quellen deutsch-völkischer und antisemitischer Weltanschauungsliteratur genährt hatte, fand nach der Rückkehr aus dem Krieg und der Niederschlagung der Räterepublik in München eine Stimmungssituation vor, die ihm die Wahrheit der völkisch-antisemitischen »Welterkenntnis« und die Notwendigkeit, daraus politische Konsequenzen zu ziehen, vollauf zu bestätigen schien. Als Antreiber und Führer der NSDAP, in die er im September 1919 eintrat, vermied und verhinderte er aber bewußt eine allzu dogmatische Festlegung weltanschaulicher Überzeugungen. Die ideologischen Aussagen und schriftlichen Produkte führender Nationalsozialisten blieben auch in Zukunft stets mehr oder weniger persönliche Meinungen oder spezielle weltanschauliche Varianten, die neben anderen, oft widersprüchlichen, Meinungen vertreten werden konnten, ohne daß die NSDAP auf sie festgelegt war.

Um so verbindlicher wurden, je mehr sich die NSDAP zur Hitler-Bewegung entwickelte, diejenigen Inhalte völkischer Weltanschauung und Programmatik, auf die Hitler als der absolute Führer der NSDAP persönlich eingeschworen war. Sie lassen sich auf wenige Fixpunkte eines völkerbiologischen und rassentheoretischen Nationalismus reduzieren. Schon frühzeitig trat dabei in Hitlers Reden und Aufzeichnungen ein stereotyper, populärwissenschaftlich stilisierter, fanatischer Antisemitismus hervor, bei dem »das Judentum« als universaler, zugleich konkreter und metaphysischer Weltfeind, als ein die Kraft und Eigenart der Völker vergiftender Bazillus figurierte. Im übrigen galt der Glaube an das »Naturgesetz« des ewigen »Kampfes der Arten« und das daraus hergeleitete »Recht des Stärkeren«.

Mit der Instinktsicherheit des frühgeübten Demagogen erfaßte Hitler, daß die auf leidenschaftlichen Emotionen, Ressentiments und Sehnsüchten, nicht auf intellektuellen Einsichten beruhende völkische Weltanschauung sich ihrer Natur nach der theoretischen Systematisierung entzog und am meisten Anziehungskraft ausüben konnte, je weniger sie im einzelnen fixiert war, solange nur die Grundintention deutlich zum Ausdruck kam: der Wunsch und Wille zur umfassenden Vitalisierung der Nation. Antimarxismus, Antisemitismus und die Proklamation und Bekämpfung anderer Feinde hatten ja vor allem auch die Funktion, Kampfentschlossenheit und Abhärtung gegen humanitäre Skrupel einzuüben. Die Rassentheorie diente der Steigerung des nationalen Selbstbewußtseins, schrieb die sozialen Beschwernisse dem Wirken jüdischer und anderer Volksfeinde zu. Und das Ziel des großen künftigen Lebensraums im Osten war chiliastische Endzeitvorstellung, die Utopie einer ganz neuen völkischen Machtbasis und heroischen Herrenrassen-Existenz, die dem deutschen Volk eine Erlösung auch von allen ökonomisch-materiellen Beschränkungen versprach. Je mehr die Grundintention dieser Weltanschauung gepredigt und aufgenommen wurde, desto mehr formte sie eine Gesinnung, die schließlich das wahr zu machen entschlossen war, was man am Anfang nur behauptet hatte. Wo die ideologische Grundlage so dürftig war, wurde der Erfolg zur Bestätigung der Richtigkeit der eigenen Vorstellungen und Absichten um so wichtiger. Der NSDAP eignete deshalb von Anfang an eine weitgehende Ineinssetzung und Vertauschbarkeit von Weltanschauung und Propaganda, von Glauben und Aktion, die in Hitler ihre mediale Drehscheibe hatte und das Erfolg-Haben-Müssen zum Grundtrieb der Bewegung machte. Der Nationalsozialismus war der extreme Versuch, auf dem Wege der Umformung des subjektiven Bewußtseins (nicht der objektiven Verhältnisse) die Welt zu verändern, die fehlenden objektiven Voraussetzungen deutscher Weltmacht und Größe durch eine Vitalisierung und Primitivisierung des deutschen Nationalbewußtseins und der nationalen Energien zu ertrotzen.

Hitlers Ziel war von Anfang an darauf gerichtet, die NSDAP aus der Vielzahl der mehr oder weniger nur diskutierenden völkischen Vereine herauszuheben, sie zu einer dynamischen und aktiven Kampfbewegung neuen Stils zu machen. Die Partei blieb zwar ihrer weltanschaulichen Grundlage nach weiterhin eine völkische Partei. Aber in dem Maße, in dem sie in den Bann Hitlerscher Agitationskraft geriet, ging es nicht primär um Ideologie- und Programmdiskussion, sondern darum, die emotionalen und Willens-Potenzen freizusetzen, die hinter dem völkischen »Gedankengut« standen. Von daher begrüßte Hitler auch den kämpferischen Parteinamen der »Arbeiterpartei« und das Aushängeschild des nationalen »Sozialismus«. Vom bekämpften marxistischen Vorbild stammten auch wesentliche Stilelemente, die in der Partei Eingang fanden: man übernahm die sozialistische Anrede Partei-»Genosse«, die rote Farbe für Fahnen, Hakenkreuzbinden, Werbeplakate, unterlegte sozialistischen Kampfliedern nationalsozialistische Texte und kopierte später (vor allem unter Goebbels' Leitung in Berlin) kommunistische Organisationsschemata (Straßen- und Betriebszellen u. ä.).

Bezeichnend für die NSDAP wie für andere faschistische Bewegungen war aber besonders die Verbindung der völkischen Agitations-Partei mit der paramilitärischen Kampforganisation in Gestalt der im Frühjahr 1920 aufgestellten und unter der aktiven Mitwirkung von Offizieren aus nationalen Freikorps- und Wehrverbänden organisierten »Sturmabteilungen« (SA). Vor allem durch die SA, die 1923 mit ca. 3000 Mann zur aktivsten und stärksten Kampfgruppe unter den rechtsradikalen Wehrverbänden Bayerns heranwuchs, wurde der Einsatz physischer Gewalt oder die Drohung mit ihr zum dauerhaften Instrument nationalsozialistischen Kampfes um die Macht. Nur mit der SA war es der Hitler-Bewegung schon im Herbst 1922 möglich gewesen – nach dem Vorbild der Strafexpeditionen der faschistischen Squadre d'azione in Italien – jene provokatorischen Demonstrationsfahrten zu starten (erstes Beispiel der »Deutsche Tag« in Coburg am 14./15. 10. 1922), bei denen es regelmäßig zum Handgemenge mit Kommunisten kam. Die SA vor allem vermittelte der NSDAP den ins Politische übertragenen »Frontgeist«, und sie war das Hauptinstrument zur vorsätzlichen Anwendung politischen Terrors, der die eigene Stärke auch dort demonstrierte, wo die Demagogie und Weltanschauung allein nicht zu überzeugen vermochten. Die SA verhalf der NSDAP aber auch, mit ihren Appellen und Aufmärschen, zur Kulisse der »Ordnungsmacht« und, mit den Standartenweihen und Musikkapellen, zu dem militärischen Gepränge, das auf die Mentalität einer für Schützenfeste und Marschmusik jederzeit empfänglichen Bevölkerung abgestellt war.

Wenngleich in der SA wie in den anderen Wehrverbänden ehemalige Offiziere als Führer dominierten und der militärischen Ausbildung und Organisation erhebliche Bedeutung zukam, so hat doch für die aus den frühen Rollkommandos der Partei hervorgegangene SA stets der propagandistische Einsatz für die Partei bei Versammlungen und Demonstrationen eine wichtige Rolle gespielt. Erst diese Verbindung von Wehrverband und Parteitruppe unterschied die SA von den anderen paramilitärischen Verbänden der Rechten, die sich nach 1923 entweder auflösten oder zu mehr oder weniger unpolitischen Veteranenverbänden (wie der Stahlhelm) herabzusinken begannen.

Dank dieser Verbindung und der darauf zurückzuführenden Agitationsform (die lokalen SA-Gruppen spielten bei der Neugründung der NSDAP nach 1925 oft, so z. B. in Berlin, eine wichtigere Rolle als die Parteiorganisation) vermochte die NSDAP auch während der relativen Stabilität der Weimarer Republik zwischen 1924 und 1928 organisatorisch zu »überwintern« und die Anhänger bisher rivalisierender völkischer Parteien (insbesondere der Deutschvölkischen Freiheitspartei) und anderer rechtsradikaler Wehrverbände zu sich herüberzuziehen. Wenngleich die politische Bedeutung der NSDAP in dieser Phase gering blieb, so lag doch ein bedeutender Aktivposten darin, daß sie sich in dieser Zeit praktisch zum Alleinerben der rechtsradikalen völkischen Parteigruppen entwickelte und deshalb im Lager des Rechtsextremismus auch konkurrenzlos war, als der Prozeß der Radikalisierung der Massen mit der Wirtschaftskrise einsetzte.

Auch der stärker sozialrevolutionäre und bisweilen gar nationalbolschewistische Zug, der in diesen Jahren durch die NSDAP ging, ergab sich vielfach weniger von ideologischen Überzeugungen als von dem dynamischen Element der NSDAP und SA her, dem hohen Anteil von jungen Leuten, auch Schülern und Studenten, beschäftigungslosen ehemaligen Soldaten und Freikorpskämpfern, die den aktivsten Teil der Bewegung ausmachten und sozial wie politisch einen Faktor dynamischer Mobilität darstellten. Verglichen mit der NSDAP waren die zwischen 1922 und 1925 mit ihr halb verbündeten, halb rivalisierenden Anhänger und Vertreter der Deutschvölkischen Freiheitspartei (ebenso wie später die deutschnationalen und Stahlhelm-Partner der »Harzburger Front«) in weit höherem Maße eine Repräsentanz der älteren Generation und des bürgerlichen oder adeligen Honoratiorentums. Das Verhältnis war vielerorts identisch mit dem von alten Herren und ungestümen jungen Leuten. Die Mitglieder der NSDAP empfanden sich als Nationalrevolutionäre und Sozialisten (auch wenn sie nur Anarchisten waren) und betrachteten die völkischen oder deutschnationalen Führer als Reaktionäre. Der besondere Kampfstil der NSDAP zog einen Teil der völkisch-nationalen Jugend ebensosehr an wie er den meist älteren, auf ihr Vereinswesen fixierten »Gesinnungs«-Völkischen oder den elitären Deutschnationalen als »proletarisch«, als »Ungeist der Straße« und der »Masse« abstoßend erschien.

Zur stärkeren Ausprägung sozialrevolutionärer Tendenzen innerhalb der NSDAP trug in dieser Zeit bei, daß die Partei mit der Ausbreitung in die städtisch-industriellen Zentren Nordwestdeutschlands (auf dem platten Lande war die Partei bis 1929/30 fast gar nicht vertreten) stärker mit der sozialistisch organisierten Arbeiterschaft konfrontiert wurde. Die unter Leitung Gregor Strassers mit Unterstützung seines jüngeren Bruders Otto Strasser sowie des jungen Goebbels und anderer Aktivisten (darunter die späteren Gauleiter Karl Kaufmann, Erich Koch, Josef Terboven, Franz v. Pfeffer) im Herbst 1925 gebildete »Arbeitsgemeinschaft Nordwest« der NSDAP vertrat damals eine ernsthaftere und geistreichere Variante des nationalen Sozialismus, als er in dem hausbackenen Parteiprogramm der Münchner NSDAP am 24. 1. 1920 unter dem Schlagwort »Brechung der Zinsherrschaft« vor allem von dem frühen Parteiideologen Gottfried Feder formuliert worden war.

Die in diesem alten Parteiprogramm (25 Punkte) enthaltenen Leitsätze: »Abschaffung des arbeits- und mühelosen Einkommens«, des »Bodenzinses« und der »Bodenspekulation«, einschließlich des Verlangens, »gemeine Volksverbrecher, Wucherer und Schieber« mit »dem Tode zu bestrafen«, stammten aus dem Arsenal einfältigen kleinbürgerlichen Protestes gegen das »Finanzkapital«. Auch die geforderte Kommunalisierung bzw. Vermietung von Großwarenhäusern, das Ziel der »Verstaatlichung bereits vergesellschafteter Betriebe« (Punkt 12), Gewinnbeteiligung an Großbetrieben (Punkt 13) und das Verlangen nach einer den »nationalen Bedürfnissen« angepaßten Bodenreform (Punkt 17) liefen, trotz des Einschlags gemeinwirtschaftlicher und antikapitalistischer Tendenzen, doch stärker auf eine mittelständische Reform als auf ein sozialistisches Programm hinaus. Wenn demgegenüber die nordwestdeutschen Gauleiter der NSDAP im Winter 1925/26 den kommunistischen Antrag auf Enteignung der Fürstenvermögen unterstützten oder gar, wie Strasser und Goebbels, leidenschaftlich für ein antikapitalistisches Bündnis mit der Sowjetunion eintraten, so war eine solche Linkstendenz kaum noch mit den bürgerlichen und konservativen Vorstellungen der nationalen Rechten vereinbar.

Ebenso bezeichnend war aber, daß dieser linke Flügel es schließlich nahezu stumm und ohne Protest hinnahm, als Hitler dem von der Strasser-Gruppe unternommenen Versuch einer förmlichen Revision des alten Parteiprogramms auf der Bamberger Führertagung der NSDAP (14. 2. 1926) entschieden entgegentrat und jede weitere Programmdiskussion kategorisch untersagte. Diese schweigende Unterwerfung macht ersichtlich, wie wenig Verbindlichkeit sachliche und politische Programme letzten Endes in der NSDAP hatten. Die sozialrevolutionären Bestrebungen waren zwar auch nach Bamberg in der NSDAP nicht beendet, Goebbels z. B. bediente sich des sozialrevolutionären Pathos auch als Gauleiter in Berlin weiterhin mit Geschick, aber es hatte sich doch erwiesen, daß bei der Wahl zwischen Hitler und bestimmten Programmpunkten die Mehrheit der Gauleiter sich für den Führer, nicht für das Programm entschied. Tatsächlich bot das Strasser-Programm auch keine klare Alternative. Trotz anderer Akzentuierung (mehr Antikapitalismus, weniger Antisemitismus) hielt es an der Grundintention der völkischen Weltanschauung fest. Hitlers Beschwörung des nationalen Sozialismus war insofern sogar folgerichtiger als die völkisch-ständestaatliche Mixtur des Strasser-Kurses, als sie eindeutig propagandistisch, nicht programmatisch orientiert, nämlich primär darauf abgestellt war, soziales Mißbehagen in nationale Dynamik umzusetzen und gegen völkische Feinde im Innern und in Richtung auf machtpolitische Expansion abzulenken.

Wie dem nationalen Sozialismus eignete auch den meisten anderen ideologisch-propagandistischen Leitmotiven des Nationalsozialismus ein eigenartig zwitterhaftes, halb reaktionäres, halb revolutionäres Verhältnis zur überkommenen Gesellschaft, Staatsordnung und Tradition. Was wir den parasitären Charakter der NS-Bewegung nannten, wird hieran erneut deutlich: Diese Weltanschauung bestand gleichsam aus rückwärts gewandter Utopie. Sie war romantisierten Bildern und Klischees der Vergangenheit, kriegerisch-heroischen, patriarchalischen oder absolutistischen Zeitaltern, Gesellschafts- und Staatsordnungen entlehnt, die zugleich aber ins Massentümliche und Avantgardistische, zu Kampfbegriffen eines totalitären Nationalismus umgesetzt wurden: Aus dem Elitebegriff des aristokratischen Herrentums wurde der völkische »Blutadel« der »Herrenrasse«, aus fürstlichem »Gottesgnadentum« der plebiszitive Volksführer, aus subalterner Untertänigkeit die aktive nationale »Gefolgschaft«.

Die neuen Formeln schienen den alten Widerspruch der kaiserlich-wilhelminischen Zeit zwischen Obrigkeitsstaat und industrieller Gesellschaft aufzuheben und doch zugleich Rückkehr zu den »gesunden« Leitbegriffen der vor-demokratischen Ordnung zu sein. Diese Doppelgesichtigkeit kennzeichnete das ganze Arsenal nationalsozialistischer Phraseologie: Die Beschwörung gleichsam vor-gesellschaftlicher Natürlichkeit und »familiärer« Gemeinschaft, bestimmt von den geheimnisvollen Kräften des Volkstums, des »Blutes und Bodens« und »Ahnenerbes«, wird unvermittelt umgesetzt in die Manipulationstechniken des biologisch-wissenschaftlichen Homo faber, in »Reinigung« durch Sterilisation, Euthanasie und Judenliquidierung, in »Umvolkung« durch Umsiedlung, Rassenauslese, Volkslistenverfahren etc.

Ähnliches gilt auch für die Frage der Kontinuität oder Nichtkontinuität des außenpolitischen Programms. Hitler und die

NSDAP knüpften an die radikalsten Zielsetzungen an, die sich im Wilhelminischen Deutschland aus der Summierung des expansiven Industriekapitalismus, der Macht-Dynamik der Hohenzollernschen Militärmonarchie und den Herrschaftsvorstellungen einer noch weitgehend ständisch autoritären Staatsbürokratie und Führungselite im Zeitalter des Nationalismus ergeben hatten. Doch der fanatisierte Nationalismus der Massen, der in der NSDAP zum Ausdruck kommen und durch sie stärker als je organisiert und aktiviert werden sollte, bedeutete zugleich Zersetzung der elitären und obrigkeitsstaatlichen Voraussetzung jener alten Ordnung. Der nationalsozialistische Rückgriff auf die imperialistisch-alldeutschen Positionen des Wilhelminismus war – nach Weltkrieg und Revolution – nur möglich um den Preis einer plebiszitären Wendung und Dynamisierung, der Wandlung des Patriotismus zum völkischen Totalitarismus, der für den alten Obrigkeitsstaat ebensowenig Raum ließ wie für aristokratisches oder großbürgerliches Honoratiorentum und seine Werte.

Der Erste Weltkrieg hatte zum ersten Male gezeigt, welche Steigerung nationalstaatlicher Energie im Zeichen volksgemeinschaftlichen »Burgfriedens« erreichbar war und daß die totale Mobilisierung des Nationalismus auch das Bewußtsein der sozialen Unterschiede einzuebnen vermochte. Diese Erfahrung sollte für den Nationalsozialismus bahnbrechend werden. Das Rad der Geschichte in die Ausgangsposition von 1914 zurückzudrehen, dabei aber die Mentalität des Krieges und der totalen Mobilmachung schon im Frieden zu organisieren, das war das eigentliche Programm Hitlers, und hierbei konnte der charismatische Führer und Trommler mehr ausrichten als die Überzeugungskraft der Weltanschauung.

Charismatisches Führertum als die »revolutionäre Kraft in traditionell gebundenen Epochen« (Max Weber) mußte im deutschen Mittelstand mit seinen stark traditionalistischen politischen Einstellungen um so mehr auf eine Prädisposition stoßen, je mehr die ohnehin brüchigen Fundamente bisheriger staatlich-politischer Ordnung durch die umwälzenden Ereignisse des Krieges und seiner Folgen zerbrachen. Schon Jahre vor 1914 hatte die nationale Rechtsopposition der Alldeutschen die Ablösung des schwächlichen Kaisertums Wilhelms II. durch einen charismatischen Volksführer herbeigesehnt und prophezeit. Die nationalpsychologisch vorgeformte Bereitschaft für einen charismatischen Führer und »Erneuerer« des Volkes lieferte die Rolle, die Hitler nur aufzunehmen brauchte. Er konnte sie jedoch nur überzeugend und erfolgreich spielen dank ungewöhnlicher propagandistischer Fähigkeiten. Hitlers Suggestivität, sein Führer-Nimbus und Charisma beruhten in extremer Weise auf seinem Redetalent, das buchstäblich auch die Basis seiner politischen Karriere bildete.

Schon aus den frühen Anfängen der NSDAP ist bezeugt, daß Hitler-Reden als eine Art Volksvergnügen »genossen« wurden, dem die Begeisterungswilligen schon vorher wie einer sportlichen Sensation entgegenfieberten. Hier war »etwas los«, hier wurde schonungslos »abgerechnet«. Aber die demagogische Aggressivität allein hätte die Besonderheit der Wirkung nicht zu erzielen vermocht, wenn Hitler es nicht zugleich meisterlich verstanden hätte, den Eindruck »heiligen Ernstes« zu vermitteln. Erst die Verbindung von volkstümlicher Demagogie, die sich auch des sarkastischen Spottes vorzüglich zu bedienen wußte, mit dem feierlichen Gestus des politischen Missionars zeichnete Hitler sowohl vor gröberen Agitatoren wie Hermann Esser oder Julius Streicher wie anderseits vor so effektvollen (aber weniger glaubhaften) intellektuellen Rhetoren wie Joseph Goebbels aus und verschaffte ihm eine Breitenwirkung (bei einfachen und anspruchsvolleren Hörern), die in der Partei nicht ihresgleichen hatte.

Das hohe Maß von Bewußtheit in der Ausspielung seiner rhetorischen Mittel, Wechsel der Tempi und der Tonhöhe, Übergang von »piano« zu »fortissimo«, die einstudierte Technik der Vorbereitung der rechten Stimmung (Flaggenaufmarsch und Musikumrahmung, absichtlich verspäteter Einzug des lang erwarteten Redners in den vollbesetzten Saal u. ä.) können indes nicht darüber hinwegtäuschen, daß Hitler nicht nur Stimmung zu machen wußte, sondern seine Wirksamkeit als Redner auch umgekehrt in hohem Maße von der beifälligen Aufnahmebereitschaft seiner Zuhörer abhing. Das langsame, redende Herantasten an die Stimmung einer Versammlung, die Anlaufzeit, die Hitler jedesmal brauchte, um gleichermaßen sich und die Versammlung »warmzureden«, und die Art, wie er sich dann vom Applaus befeuern und weitertreiben ließ, bezeugen seine Abhängigkeit von der Disposition des Publikums. Namentlich in den politisch ruhigeren (und deshalb für ihn schwierigen) Jahren zwischen 1925 und 1928 lehnte Hitler es auch gelegentlich ab oder zögerte lange, eine Rede zu halten, wenn er einer durchschlagenden Wirkung nicht sicher war.

Mit dem Bild der Entschlossenheit, das er darbot, wußte Hitler zu artikulieren und gleichsam zu zelebrieren, was die Zuhörer halb unbewußt wünschten und fühlten. Er sprach aus, was sie insgeheim dachten und wollten, bekräftigte ihre noch unsicheren Sehnsüchte und Vorurteile und verschaffte ihnen dadurch eine tief befriedigende Selbstbestätigung und das Gefühl, einer neuen Wahrheit und Gewißheit teilhaftig zu werden. Solcherart Führer-Rednertum bedurfte nicht einer verfeinerten geistigen Differenzierung oder einer in sich ruhenden reifen Individualität und Persönlichkeit, sondern im Gegenteil (ähnlich wie bei den Führern anderer faschistischer oder sonstiger irrationaler Massen- und Erweckungsbewegungen) einer psychisch-geistigen Verfassung, die in so extremer Weise selbst von der Krisen- und Panikstimmung ihrer Zeit gezeichnet war, daß sie den Ton des Krisenbewußtseins instinktiv traf, einer Person, die mit dem zunehmenden Selbstbewußtsein des erfolgreichen Agitators dann immer mehr die eigene Mission und die lange Zeit vergeblich gesuchte Erfüllung der eigenen Existenz fand.

Ein solcher Führer war nicht von sich aus und kraft außergewöhnlicher individueller Gaben zu geschichtlich großer Wirkung prädestiniert. Hitlers Besonderheit läßt sich deshalb auch biographisch kaum fassen und erklären. Sein plötzlicher Aufstieg aus geistiger und persönlicher Mediokrität auf die Rampe des politischen Geschehens scheint vielmehr zu bestätigen, daß solches Führertum sich nur im Fluidum einer bestimmten Krisenatmosphäre und Kollektiv-Psychologie entfalten konnte. Die ungewöhnliche Leidenschaft, mit der Hitler der allgemeinen Pathologie des deutschen Nationalismus verfiel und sich mit seiner ganzen Existenz darauf konzentrierte, sie zum Ausdruck zu bringen und in Aktion umzusetzen, ließ ihn zum »Führer« werden. Erst die Krise machte aus dem Exzentriker und Sonderling den treffsicheren Demagogen. Hitler war weit weniger politischer Lehrer als Lenin, eher von der Art des Katalysators, der, ohne Neues beizubringen, gleichwohl als Zündstoff und Beschleunigungsmoment realer Spannungen und Bewußtseinskrisen ungeheure Prozesse und Wirkungen in Gang zu setzen vermag. Seine geschichtliche Rolle bestand wesentlich darin, individuelle politische Neurose in kollektive Neurose zu verwandeln, die verbreitete allgemeine Exaltation zum Resonanzboden der eigenen Besessenheit und Dynamik zu machen und in Aktion umzusetzen. Hitlers Führertum läßt deshalb auch die paradoxe Deutung zu, daß er einerseits nur anonymer Exponent einer tatsächlichen Krisenatmosphäre gewesen ist, andererseits aber diese Exaltation nur durch ihn, als der suggestiven Integrationsfigur, zum politischen Durchbruch kommen konnte.

Unsere Beschreibung geht vom Redner Hitler aus, erklärt aber auch einen erheblichen Teil seiner Wirkung als Partei- und späterer Regierungschef. Spielte doch auch hierbei die Rede, Hitlers außerordentliches Vermögen, seine Mitarbeiter oder Gesprächspartner (Parteifunktionäre, Minister, ausländische Diplomaten o. a.) zu beeindrucken und zu überzeugen, eine wesentliche Rolle. Die von verschiedenen zeitgenössischen Beobachtern übereinstimmend bezeugte virtuose Verstellungs- und Schauspielkunst Hitlers, seine Fähigkeit und Unbedenklichkeit, sich ganz auf den jeweiligen Partner einzustellen, war bis zu einem gewissen Grade nur eine Variante des Demagogentums, das die Mentalität seines Zuhörers erspürte und sie anzusprechen wußte.

Die überlegene rednerisch-agitatorische Potenz als der entscheidende Grund für Hitlers Führerstellung in der Partei ist für die Frühgeschichte der NSDAP evident. Nur mit Hitler als Magnet bestand die kleine NSDAP schon im Frühjahr 1920 das Risiko, mit Massenversammlungen an die Öffentlichkeit Münchens zu treten, wodurch die Partei rasch aus der Anonymität heraustrat, einen beachtlichen Mitgliederzuwachs erlebte und auch Zugang zu politisch und gesellschaftlich einflußreichen Personen und Förderern fand. In 46 Versammlungen, die die NSDAP zwischen November 1919 und November 1920 veranstaltete, trat Hitler 31mal als Hauptredner auf.[1] Hitlers Unentbehrlichkeit als Propagandamotor und Zugkraft der Partei machte es ihm Ende 1921 auch leicht, gegen eine oppositionelle Fraktion der Partei seine Berufung zum Vorsitzenden mit weitgehenden Vollmachten auf ultimative Weise durchzusetzen. Seitdem war die Zeit kollegialer Vorstandsleitung definitiv vorbei. Der Erste Vorsitzende wurde sehr bald zum »Führer« und die NSDAP mehr und mehr zur Hitler-Bewegung.

Die spätere Entwicklung der NSDAP zur breiten Sammlungsbewegung der nationalen Opposition, die auch eine massenhafte Vermehrung der SA zur Folge hatte (die Zahl der Mitglieder der NSDAP wuchs bis Ende 1932 auf rund 800000, die der SA auf rund 500000 an), ließ den Grundzug der fanatischen Kampforganisation unverändert. Ja, erst mit dem Anschwellen der NSDAP und der raschen Folge der Wahlschlachten seit 1929/30, die jetzt im Zeichen allgemeiner politischer Radikalisierung standen, entwickelte sich die zunehmende Ausbreitung des politischen Terrors und der Gewaltsamkeit, vor allem in der Auseinandersetzung mit den Kommunisten und dem Reichsbanner.

Die Zahl der von Nationalsozialisten ermordeten Gegner wie umgekehrt der auf einer »Ehrenliste« verzeichneten nationalsozialistischen »Märtyrer« ging in die Hunderte.* Hitler selbst bekannte sich offen zur politischen Kriminalität seiner Partei, indem er am 22. 8. 1932 in einem veröffentlichten Telegramm seine »unbegrenzte Treue« gegenüber fünf SA-Männern aussprach, die am gleichen Tage auf Grund einer am 9. 8. 1932 erlassenen Notverordnung gegen politischen Terror wegen der bestialischen Ermordung eines kommunistischen Arbeiters in Potempa (Oberschlesien) zum Tode verurteilt worden waren (sie wurden 1933 begnadigt). Der Führer der Nationalsozialisten wußte wohl, daß die Ermordung von Kommunisten weite Teile des verhetzten Bürgertums kaum noch erschreckte, sondern gar mit heimlicher Befriedigung aufgenommen wurde. Eine verhängnisvolle Steigerung der politischen Kriminalität in der Auseinandersetzung zwischen den radikalen Flügelparteien ergab sich vor allem aus der fatalen Frequenz immer neuer Wahlen und Wahlkampagnen (allein im Jahr 1932 fünf große Wahltermine: zwei Wahlgänge für die Reichspräsidentenwahl im März/April 1932; die Landtagswahl in Preußen und anderen Ländern am 24. 4.; die Reichstagswahlen vom 31. 7. und 6. 11.). Die kaum unterbrochenen Wahlschlachten des Jahres 1932 ermöglichten der NSDAP erst in vollem Maße ihre eigentliche Stärke auszuspielen: »Mit unvergleichlichem Eifer stürzten sich die Nationalsozialisten in den Wahlkampf und übertrafen alles, was je an Agitation in Deutschland vorgekommen war.«[2]

Auch in technischer Hinsicht stellte die NSDAP dabei alles bisher Dagewesene in den Schatten. Die erstmalige Benutzung des Flugzeugs für den schnellen Propagandaeinsatz ermöglichte

---

* Eine verläßliche Bilanz fehlt, soweit ich sehe, bis heute. Die später auch in den ›Daten zur Geschichte der NSDAP‹, hrsg. v. H. Volz, enthaltene »Ehrenliste der Ermordeten der Bewegung« nennt folgende Zahlen: 1929: 11; 1930: 17; 1931: 43; 1932: 87. Wie das preußische Innenministerium am 23. 11. 1932 registrierte, wurden in den zehn Tagen vor der Reichstagswahl vom 31. 7. 1932 allein in Preußen infolge politischer Gewalttaten 24 Personen getötet und 285 verletzt, außerdem Dutzende von Sprengstoffanschlägen verübt. Deutsches Zentralarchiv (DZA) Merseburg, Rep. 77, tit. 4043, Nr. 126.

44

es Hitler, auf zwei einwöchigen »Deutschlandflügen« während der Wahlkämpfe im April 1932 in insgesamt 46 Städten und während des 14tägigen dritten »Deutschlandfluges« im Juli 1932 in 50 städtischen Massenversammlungen zu sprechen. Schon das Sensationelle dieser Propaganda, das auch die kritische oder feindliche Presseberichterstattung registrierte, trieb Hunderttausende zu den Hitler-Kundgebungen und ließ den Führer der NSDAP als die dynamischste Figur der deutschen Politik erscheinen. Unter diesen Bedingungen kam auch die schon in den vorangegangenen Jahren erprobte suggestive Aufmachung von Hitler-Kundgebungen voll zur Wirkung: Überall stellten die lokalen Parteiorganisationen mit ihren uniformierten Kadern jenen sinnfälligen Rahmen der entschlossenen Gefolgschaft und sorgten mit Fahnenschmuck, Musik und Vorrednern für das geeignete Rampenlicht, das Hitler wirkungsvoll als den herausragenden Führer beleuchtete und seiner demagogischen Fähigkeit das ideale Milieu bot.

Erst die Entwicklung der NSDAP zur Massenbewegung, die Hitler Gelegenheit gab, in immer neuen Serien von Wahlschlachten sich in direkter Konfrontation mit großen Zuhörermengen als der überlegene Propagandist der Bewegung einer breiten Öffentlichkeit bekannt zu machen, brachte den Hitler-Mythos zur vollen Entfaltung. Erst jetzt erreichte Hitler eine weit über die Partei hinausreichende plebiszitäre Massenakklamation, und diese wirkte unmittelbar auch auf seine Stellung in der Partei zurück, verstärkte auch hier den Hitler-Nimbus, den Führer-Byzantinismus und -Absolutismus anstelle der politischen Kameraderie. Bezeichnend hierfür war, daß sich seit 1929/30, zuerst von Goebbels in Berlin eingeführt, die Gruß- und Kampfformel »Heil Hitler« innerhalb der Partei durchsetzte.

Die Entwicklung zur nationalen Sammlungspartei und die bewußt auf die Masse der bürgerlich-bäuerlichen Wähler aber auch auf das Heer der von der Krise besonders betroffenen industriellen Arbeitnehmer (vor allem Arbeitslose und Angestellte) zielende Wahltaktik bedingte auch eine gewisse Verlagerung der Propaganda. So wurden, was oft übersehen wird, die eigentlich völkisch-antisemitischen Weltanschauungselemente, selbst in Hitlers großen Wahlreden, aber auch im Zentralorgan der NSDAP, dem ›Völkischen Beobachter‹, gegenüber der Frühzeit der NSDAP deutlich heruntergespielt. Weitaus stärker im Vordergrund standen seit 1929/30 die massive Diffamierung der Regierung als eines betrügerischen und bankrotten Handlanger-Systems im Solde der auf die Ausbeutung und Knechtung Deutschlands bedachten Westmächte und ferner die haßerfüllte Rufmordpropaganda gegen die marxistischen Parteien. Das im Jahr 1930 erstmals veröffentlichte Hauptwerk der völkischen und rassetheoretischen NS-Metaphysik, Alfred Rosenbergs ›Der Mythus des 20. Jahrhunderts‹, erschien eigentlich zur Unzeit und wurde von Hitler um so weniger begrüßt, als es namentlich den Kirchen und dem Zentrum neuen Anlaß gab, auf die antichristliche Grundeinstellung des Nationalsozialismus hinzuweisen. Tatsächlich bemühte sich die NSDAP in den letzten Jahren der Republik besonders, ihre positive Stellung zum Christentum unter Beweis zu stellen und durch ihre Kritik des Atheismus der marxistischen Parteien auch die christlich-konservativen Wähler für sich zu gewinnen und sich dem Zentrum, der DNVP und den bürgerlichen Mittelparteien in der Landespolitik (bei der es vielfach gerade um schul- und kulturpolitische Fragen ging) als Koalitionspartner gegen die Sozialdemokraten zu empfehlen. Damit hing auch eine andere, bisher vernachlässigte Richtung der NS-Propaganda zusammen: Die zielstrebige Ausdehnung der Agitation auf das platte Land, vor allem im protestantischen Norden und Osten Deutschlands, wo sich, wie bereits die Agitation gegen den Youngplan gezeigt hatte, die unpolitische Agrarbevölkerung als besonders günstiger Resonanzboden erwies.

Anfang März 1930 ließ die Reichsleitung der NSDAP ein überaus bauernfreundliches, gegen den »jüdischen Wirtschaftsliberalismus« gerichtetes Agrarprogramm veröffentlichen. Und der in der gleichen Zeit als Leiter des agrarpolitischen Referats der Parteileitung angeheuerte völkische Agrarideologe Richard Walter Darré ging energisch daran, mit Hilfe eines Netzes von landwirtschaftlichen Vertrauensmännern der NSDAP parallel zur Parteiorganisation einen eigenen »agrarpolitischen Apparat« aufzubauen. Außerordentlich schnell vermochte sich die NSDAP in den agrarischen Provinzen Nord- und Ostdeutschlands durchzusetzen und zur schärfsten Rivalin der hier bisher weithin tonangebenden DNVP sowie der Landvolkpartei zu werden, nachdem die Agrarkrise, die in Deutschland der eigentlichen Weltwirtschaftskrise vorausging, namentlich unter Kleinbauern, Landarbeitern und Pächtern das traditionelle konservative Wählerverhalten brüchig gemacht hatte. Am drastischsten verlief die Entwicklung in Schleswig-Holstein, dem Zentrum der ersten Bauernrevolten, wo die DNVP zwischen 1928 und 1930 von 23 auf 6,1 Prozent zurückfiel, während die NSDAP im gleichen Zeitraum von 4 auf 27 Prozent anstieg. Radikalisierung des Landvolkes zugunsten der NSDAP bedeutete aber zugleich, daß eine Radikalisierung zugunsten der Linken unterblieb. Insofern diente der Erfolg der NSDAP auf dem Lande als das »kleinere Übel« durchaus auch den Interessen des konservativen und deutschnationalen Großgrundbesitzes, zumal die NSDAP den im Parteiprogramm von 1920 enthaltenen Gedanken einer Bodenreform kaum noch ernsthaft verfocht. Hier wie auf anderen Gebieten trat seit 1929/30 eine bewußt konservative Stilisierung der NSDAP hervor, die die Partei allerdings in den von der Massenarbeitslosigkeit besonders betroffenen Großstädten keineswegs hinderte, auch den nationalen Sozialismus der Hitler-Bewegung herauszustellen.

Stimmabgabe für die NSDAP bedeutete für die Millionen neuer Hitler-Wähler, die (aus psychologischen mehr als aus Interessengründen) mit den marxistischen Parteien nichts zu tun haben wollten und überwiegend einer unpolitischen nur-nationalen Haltung folgten, meist nicht bewußtes Bekenntnis zur NS-Weltanschauung, sondern vor allem Verneinung der bestehenden Verhältnisse und Bejahung der Hitler-Bewegung als der vermeintlich stärksten Kraft der Veränderung. Der für die NSDAP charakteristische Mangel einer rationalen Analyse der gesellschaftlichen und politischen Verhältnisse, ihre programmatische Unklarheit und Vieldeutigkeit wurden dabei kaum als Nachteil empfunden. Sie erschienen vielen im Gegenteil als Flexibilität und Offenheit, unterstützten die Hoffnung des einzelnen und bestimmter Gruppen, daß die Hitler-Bewegung gerade *ihren* Intentionen zum Durchbruch verhelfen werde und in *ihrem* Sinne beeinflußbar sei. Mit bemerkenswerter Virtuosität den jeweiligen regionalen und politisch-gesellschaftlichen Verhältnissen angepaßt, wußte die NS-Propaganda in erstaunlichem Maße, es allen recht zu machen. Daß sie es vermochte, zu gleicher Zeit in Bad Harzburg mit dem Großkapitalisten Alfred Hugenberg zu demonstrieren, während derselbe Hugenberg von der Betriebszellenorganisation der NSDAP als bestgehaßter Vertreter der Reaktion angeprangert wurde, daß die Partei Hitlers zugleich Legalität und Umsturz predigte, daß für ein und dieselbe Partei führende Mit-

glieder des Reichsverbandes der Deutschen Industrie, der groß-
agrarische Reichslandbundvorsitzende Graf Kalckreuth, Hohenzollernprinzen und Generale, aber auch antikapitalistisch und
anarchistisch eingestellte Arbeiter, Studenten und Intellektuelle
votierten, wurde schon von den kritischen Zeitgenossen als
kaum faßliches Phänomen einer universellen Camouflage dia-
gnostiziert.

Auch die verbreitete Annahme, daß vor allem die in ihrer
wirtschaftlichen Existenz durch die Krise besonders schwer
Getroffenen zur NSDAP (oder KPD) gingen, bedarf einiger
Korrektur. Die ökonomische Depression setzte sich vielfach
nicht direkt in politische Radikalisierung um, sondern nahm
erstaunliche psychologische Umwege. Der Grad der wirtschaftlichen Schädigung des Mittelstandes und Kleinbürger-
tums entsprach nicht ohne weiteres dem Maß der Anfälligkeit
für die NSDAP. Nicht in den Industrie-Großstädten, wo die
Masse der arbeitslosen Arbeiter und Angestellten lebte, hatte
die NSDAP die größten Erfolge, sondern auf dem Lande und
in den Kleinstädten. Hier, in noch stark traditionell geordneten
Lebensverhältnissen, wirkte oft der einzelne Bankrott, von dem
alle erfuhren, panikerregender als das Massenelend in den
Großstädten, wo man anderes gewöhnt war und außerdem nur
wenige an den massenhaften anonymen Einzelschicksalen Anteil nehmen konnten. Oft war es auch gar nicht die Not, die
man selber erlitt oder miterlitt, sondern die im engeren Milieu
der Kleinstädte und Dörfer besonders unangenehme Sichtbar-
keit des Elends, die den Ruf nach radikaler Sanierung freisetzte.
Das »Herumlungern« von Arbeitslosen, das Anwachsen der
sich daraus ergebenden Kriminalität und andere öffentlich
spürbare Erscheinungen bedrohter Sauberkeit, Zucht und Ordnung waren in den Augen nicht weniger selbstgerechter Bürger
gleichsam »bolschewistische Zustände« und machten sie besonders empfänglich für nationalsozialistische Parolen, die die
Wiederherstellung peinlicher Ordnung versprachen und dem
»Kultur- und Sittenverfall« das Leitbild der artgemäßen Kultur
und gesunden Volksgemeinschaft entgegenhielten.

Daß es bei der weitgespannten Heterogenität der NS-Propaganda und politischen Programmatik in der Kampfzeit zu keinen nennenswerten Abspaltungen, ja nicht einmal zur Bildung
wirksamer innerparteilicher Oppositionsgruppen kam, erscheint
zunächst besonders auffällig. Die Unfähigkeit zu ideologischer
oder interessenpolitischer Frontbildung innerhalb der NSDAP

bestätigt aber letzten Endes nur, daß der Nationalsozialismus nicht primär eine ideologische und programmatische, sondern eine charismatische Bewegung war, deren Weltanschauung durch den Führer Hitler verkörpert wurde und die ohne ihn alle Integrationskraft verloren hätte. Hitler war nicht nur der Sprecher einer Idee, die auch ohne ihn ähnliche Bedeutung und Bestand gehabt hätte, sondern die abstrakte, utopische und vage NS-Weltanschauung erhielt überhaupt erst Realität und Bestimmtheit durch das Medium Hitler. Deshalb konnte es im Namen der NS-Weltanschauung keine wirksame Opposition gegen Hitler geben. Wo sie dennoch versucht wurde, wie von Otto Strasser und seinem überwiegend intellektuellen Anhang, verwechselten die Betreffenden das aus Emotionen, Ressentiments und Träumen zusammengesetzte Gebilde der NS-Weltanschauung mit einer auf konkretes, sachliches Handeln bezogenen und insofern »durchdachten« Ideologie (die naturgemäß keinen omnipotenten Führer zuließ) und verkannten den charismatischen Grundcharakter der NS-Bewegung. Für das allgemeine Verhalten der Parteifunktionäre aus den verschiedenen Gliederungen der NSDAP ist es vor und nach 1933 weit charakteristischer gewesen, daß sie sich – so sehr sie untereinander oft erbitterte Gegensätze ausfochten – in der Regel nicht gegen Hitler wandten, sondern ihn für ihre jeweiligen Auslegungen der NS-Weltanschauung und Programmatik zu gewinnen suchten, d. h. ihn grundsätzlich als Vermittler der richtigen »Idee« anerkannten und seine oberste Autorität, auch über die Weltanschauung zu befinden, nicht in Frage stellten.

Die soziologische, organisatorische und personelle Verfassung der NSDAP; ihre Gliederungen und Verbände

Geht man von der 1935 herausgegebenen parteiamtlichen Statistik der NSDAP aus, so ergibt sich, daß die Partei zwischen dem 14. 9. 1930 und dem 30. 1. 1933 von 129000 auf 849000 Mitglieder angewachsen war und die Zahl der NSDAP-Ortsgruppen sich zwischen 1928 und 1932 von 1378 auf 11845 vermehrt hatte.[3] Die Frauen, die bekanntermaßen unter den Wählern der NSDAP eine gewichtige Rolle spielten, waren unter den Parteimitgliedern mit nur 5 Prozent auffällig schwach vertreten, was zweifellos noch auf den Männerbund-Charakter der Kampfpartei zurückgeht. Um so höher war der Anteil der

junge Männer in der NSDAP. Nicht weniger als 43 Prozent der insgesamt 720000 zwischen 1930 und 1933 neu in die Partei eingetretenen Mitglieder, befand sich im Alter zwischen 18 und 30 Jahren, 27 Prozent im Alter zwischen 30 und 40. Verglichen mit den bürgerlichen Parteien, aber auch mit der SPD, war die NSDAP eine ausgesprochen »junge Partei«. Für den sächsischen Bezirk Oschatz-Grimma rechnete man im Frühjahr 1931 aus, daß die Parteimitglieder der Altersgruppe 18 bis 30 Jahre bei der SPD nur 19,3 Prozent, bei der NSDAP dagegen 61,3 Prozent ausmachten. Ähnlich dominierten auch in den Parlamenten bei den Nationalsozialisten (ähnlich wie bei den Kommunisten) die jungen Abgeordneten. In dem am 14. 9. 1930 gewählten Reichstag stellten die Abgeordneten unter 40 Jahren bei der SPD nur 10 Prozent, bei der NSDAP- und KPD-Fraktion dagegen ziemlich übereinstimmend rund 60 Prozent.[4]

In soziologischer Hinsicht bestätigt die Partei-Entwicklung nach 1930 mit relativ geringen Abweichungen die schon vorher für die NSDAP charakteristische Zusammensetzung. Sie wird deutlich, wenn man die sozialen bzw. Berufs-Gruppen der erwerbstätigen Parteimitglieder (fast 90 Prozent der Gesamtmitgliedschaft*) aus der Zeit vor und nach 1930 mit den Zahlen bzw. Quoten der entsprechenden Gruppen der Gesamtheit der Erwerbstätigen in Deutschland vergleicht.** Noch klarer tritt die unterschiedliche Repräsentanz der sozialen und Berufs-Gruppen in der NSDAP hervor, wenn man die jeweiligen Quoten der auf sie entfallenden Parteimitglieder gegenüberstellt (Spalte 4 der Tabelle).

Auf den ersten Blick fällt die vielfältige soziologische Schichtung der NSDAP, ihre gleichsam volksparteiliche Struktur auf. Unverkennbar ist dennoch der relativ hohe Anteil der mittelständischen bzw. »kleinbürgerlichen« Sozial- und Berufs-Gruppen. Angestellte, Handwerker, Kaufleute, Beamte, freie Berufe waren prozentual in der NSDAP fast doppelt so stark vertreten wie in der Gesamtheit der Berufstätigen. Der hohe Anteil der Bauern in der NSDAP ist um so bemerkenswerter, als die bäuerliche Bevölkerung normalerweise weniger zu aktiver parteipolitischer Betätigung neigt als die städtische. Die Arbeiterschaft war, verglichen mit ihrem Anteil an der

* Laut ›Parteistatistik‹ von 1935, Bd. 1, S. 70, machten Rentner und Pensionäre 1,7%, Hausfrauen 4%, Studenten und Schüler 1,2%, Parteimitglieder ohne Hauptberuf 5,2% aus.

** Die folgende Statistik geht von den in der ›Parteistatistik‹, Bd. 1, S. 70, enthaltenen Zahlen aus und setzt dazu in Vergleich die im ›Statistischen Jahrbuch des Deutschen Reiches‹ aufgeführten Gruppen der Berufstätigen in Deutschland (auf Grund der Volks- und Berufszählung von 1925).

Soziologische Struktur der NSDAP vor 1933
(Erwerbstätige im Reich und in der NSDAP nach sozialen und Berufs-Gruppen)

Erwerbstätige	Im Reichsgebiet (Volkszählung von 1925)	v. H.	In der NSDAP vor dem 14. 9. 1930	v. H.	Unter den neuen NSDAP-Mitgliedern (zw. 14. 9. 1930 und 30. 1. 1933)	v. H.	v. H. der NSDAP-Mitgl. unter den Erwerbstätigen (vor dem 30. 1. 1933)
Arbeiter	14 443 000	45,1	34 000	28,1	233 000	33,5	1,9
Selbständige							
a) Land- u. Forstwirtschaft (Landwirte)	2 203 000	6,7	17 100	14,1	90 000	13,4	4,9
b) Industrie u. Handwerk (Handwerker und Gewerbetreibende)	1 785 000	5,5	11 000	9,1	56 000	8,4	3,9
c) Handel u. Verkehr (Kaufleute)	1 193 000	3,7	9 900	8,2	49 000	7,5	4,9
d) Freie Berufe	477 000	1,5	3 600	3,0	20 000	3,0	4,9
Beamte							
a) Lehrer	334 000	1,0	2 000	1,7	11 000	1,7	4,0
b) Andere	1 050 000	3,3	8 000	6,6	36 000	5,5	
Angestellte	5 087 000	15,9	31 000	25,6	148 000	22,1	3,4
Mithelfende Fam.-Angehörige (meist weibl.)	5 437 000	17,3	4 400	3,6	27 000	4,9	0,6
Insgesamt	32 009 000	100	121 000	100	670 000	100	2,5

Gesamtheit der Berufstätigen in Deutschland, in der NSDAP deutlich unterrepräsentiert, immerhin entfielen auf sie vor 1930 28 Prozent und zwischen 1930 und 1933 sogar 33,5 Prozent der berufstätigen Parteimitglieder. Eine nähere Spezifizierung des Arbeiter-Anteils ist durch den Mangel statistischer Daten erschwert. Als sicher kann jedoch gelten, daß sich unter den fast 270000 Arbeitern, die vor 1933 der Partei beitraten, rund 120000 bis 150000 Arbeitslose befanden.* Bemerkenswert sind ferner die regionalen Unterschiede bei der Quote der NSDAP-Mitglieder unter der Arbeiterschaft. In den industriellen Ballungsgebieten (z. B. im Rheinland und Westfalen, in Berlin und Oberschlesien) mit einem hohen Anteil von Großbetrieben und einer entsprechend stärker gewerkschaftlich organisierten Arbeiterschaft lag sie deutlich unter dem Durchschnitt, bei ca. 1,5 Prozent, dagegen in Gebieten mit zahlreichen Klein-Industrien (Sachsen, Thüringen und Baden) mit 2 bis 3 Prozent deutlich über dem Durchschnitt.[5]

Das soziologische Bild der NSDAP würde sich zweifellos noch deutlicher in Richtung auf den unteren Mittelstand verschieben, wenn man ähnlich wie die Mitgliedschaft auch die Wählerschaft der NSDAP im Hinblick auf soziale und Berufs-Gruppen exakt messen könnte. Als erwiesen kann z. B. gelten, daß der überwiegende Teil der Kleinbauern und Häusler (landwirtschaftliche Betriebe mit weniger als 5 Hektar machten in Deutschland 1925 rund 75 Prozent der Gesamtzahl, aber nur ein Sechstel der Gesamtfläche aus!) im Jahre 1932 die NSDAP wählte.[6] Ähnliches gilt wohl auch von den Millionen von Angestellten, Rentnern, Pensionären, kleinen Kaufleuten, Handwerkern, die – ökonomisch gesehen – vielfach auf proletarischer Stufe lebten, sich aber sozial zum Mittelstand gehörig fühlten und folglich durch die Wirtschaftskrise psychologisch besonders hart getroffen wurden.

Ebenso wichtig wie die soziologische Analyse der Mitgliedschaft wäre eine solche der Führer und Funktionäre der Partei. Unterlagen hierzu lassen sich nur in sehr begrenztem Maße finden, aber sie liefern doch einige Anhaltspunkte. Für das erste Jahrzehnt der NSDAP-Geschichte, als die kleine Kampfbewegung kaum Aussicht auf Herrschaft und politische Pfründen

* Diese Größenordnung ergibt sich daraus, daß laut ›Parteistatistik‹, München 1935, Bd. 1, S 304, noch am 1. 1. 1935 von den vor dem 30. 1. 1933 eingetretenen Pg.'s 60000 arbeitslos waren. Berücksichtigt man, daß inzwischen die Arbeitslosigkeit im Reich von 6 Millionen (Ende 1932) auf 2,6 Millionen zurückgegangen war und außerdem bei Neueinstellungen nach 1933 Pg.'s oft bevorzugt wurden, so ergibt sich das Zwei- bis Dreifache für 1932.

versprach, war der opportunistische Zustrom, der nach 1930, vor allem aber in den ersten Monaten des Jahres 1933 eine überwältigende Rolle spielte, noch ganz unbedeutend. Die damaligen Aktivisten, SA-Führer, Ortsgruppenführer, Parteiredner und Gauführer, kamen als Gläubige oder um der Aktivität willen zur Partei. Beides, Weltanschauungsglaube und Aktionsbedürfnis, waren selten streng geschieden. Jedenfalls aber konnte unter den Bedingungen der extremen Kampf- und Agitationspartei, die vielfach halb illegal operieren mußte, bis 1928/29 sich als Führer und Funktionär nur durchsetzen und halten, wer außerordentliche Aktivität entfaltete. Dabei waren allerdings die verlangten Talente, und entsprechend die Führungsauslese, in der SA und in der Politischen Organisation (P. O.) der Partei verschieden. In der SA regierte der meist aus jungen Kriegsfreiwilligen (z. T. ehemaligen Studenten), Offizieren und Freikorpskämpfern rekrutierte Typus des bündischen »Anführers«, Draufgängers und Organisators. Die ideologische Überzeugung spielte im allgemeinen eine geringe Rolle, der Kampfbund- und Verschwörergeist herrschte vor. Das herrische Selbstbewußtsein vieler SA-Führer, wie Walter Stennes, Edmund Heines, Graf Helldorf, Manfred v. Killinger, August Schneidhuber, Freiherr v. Eberstein, ebenso wie das oft zynisch-nihilistische Ethos des Männerbundes immunisierten die SA-Landsknechte auch bis zu einem gewissen Grade gegen die gleichsam »feminine« Demagogie und Suggestivität Hitlers. Die Führer adliger Herkunft in der SA waren nicht selten, fehlten dagegen unter den Gauführern der Partei fast ganz.

In der Parteiorganisation, wo es vor allem auch auf die Agitation in Wort und Schrift ankam, genügte der Offiziers- und Söldnerführer-Typ meist nicht. Die meisten Gauführer der NSDAP vor 1933 waren nicht ganz so jung wie die SA- und SS-Führer. Sie gehörten fast alle den Jahrgängen 1890 bis 1900 an, waren also meist schon vor 1914 erwachsen und hatten außer der Volksschule in der Regel eine weiterführende Ausbildung (Realschule, Handelsschule, Lehrerseminar, Universität), meist aber noch keine oder fast keine berufliche Praxis hinter sich, ehe sie als Soldaten oder Offiziere am Ersten Weltkrieg teilnahmen. Die nach 1918 ausgeschiedenen Offiziere, die in der SA eine beachtliche Rolle spielten, waren unter den Gauführern der NSDAP nur selten (Friedrich Wilhelm Loeper, Alfred Meyer, Otto Telschow). Dagegen überwogen unter den alten Gauführern nach beruflicher Ausbildung oder Tätigkeit zwei Kategorien: Die ehemaligen Lehrer oder Lehramtsanwärter (Josef Bürckel, Artur Dinter, Paul Hinkler, Rudolf Jordan, Franz Maierhofer, Bernhard Rust, Hans Schemm, Gustav Simon, Julius Streicher, Josef Wagner, Robert Wagner) und ferner die kaufmännischen Angestellten oder kaufmännisch Tätigen mit mehr als Volksschulbildung (Albert Forster, Josef Grohé, Theo Habicht, Heinrich Lohse, Martin Mutschmann, Fritz Reinhardt, Carl Röver, Josef Terboven). Keiner der Gauführer kam familiär, beruflich und nach seinem Bildungsgang aus rein proletarischem Milieu. Kennzeichnend war vielmehr gehobene Schulbildung (häufig auch Abitur) und eine in der Regel durch den Krieg unterbrochene weiterführende berufliche oder Universitätsausbildung. Abgeschlossenes Hochschulstudium wie bei Joseph Goebbels und Robert Ley war die Ausnahme, dagegen abgebrochene Bildung charakteristisch. Der größte Teil der Gauführer war nach Kriegsende nicht zu Studium oder Beruf zurückgekehrt, sondern hatte sich eine Zeitlang aktiv in irgendwelchen Freikorps und Grenzschutzverbänden betätigt oder war bei dem Versuch, in das Berufsleben zurückzukehren, gescheitert. In den allermeisten Fällen bildete mithin die kriegs- und nachkriegsbedingte Loslösung aus dem normalen bürgerlich-beruflichen Leben den Hintergrund der Übernahme einer aktiven Organisations- und Führungsrolle in der NSDAP.

Schon in Bayern und Süddeutschland vor 1923, noch mehr aber in West-, Nord-, Mittel- und Ostdeutschland nach 1925 vollzog sich die organisatorische Ausbreitung der Partei und SA wesentlich von unten her durch die Initiative lokaler und regionaler Partei- und SA-Führer. Wer eine neue Ortsgruppe der NSDAP gründete und organisierte oder sich in einem größeren Gebiet als Führer durchsetzte und um Bestätigung durch München nachsuchte, wurde in der Regel auch als Ortsgruppen- oder Gauführer anerkannt. Die Bestätigung durch die Parteileitung bzw. durch Hitler war zwar obligatorisch, aber in den meisten Fällen nur eine Formsache. Der dezentrale und vielfach zentrifugale Parteiaufbau war nach 1925 u. a. dadurch bedingt, daß Hitler infolge von Redeverboten z. T. noch bis 1927 in verschiedenen Ländern nicht öffentlich auftreten konnte. Außerdem war Hitler hier, wie bei der späteren Organisation der Herrschaft im Staate, grundsätzlich der Meinung, daß der beste Mann für die Bewegung derjenige sei, der

sich selbst durch seine Aktivität, aber auch in der Auseinandersetzung mit Rivalen durchsetzen konnte, wobei er auch (zum
Erschrecken zahlreicher idealistischer Anhänger) eine fast
grenzenlose Nachsicht gegenüber unlauteren Praktiken, Denunziationen, Korruptionsfällen etc. an den Tag legte. Bis 1928
kam es nicht selten vor, daß Ortsgruppenleiter von den Mitgliedern der Partei gewählt wurden. Erst 1929 erließ Hitler ein
förmliches Verbot dieser demokratischen Verfahrensweise.

Der aggressive Agitations- und Kampfstil der NSDAP, der
allein ihr bis 1928/29 zu gewissen lokalen Erfolgen verhalf, der
unermüdliche rednerische Einsatz einzelner Parteiaktivisten,
wie er in Goebbels' Tagebuch von 1925/26 sichtbar wird, die
dauernde Bereitschaft der SA zu Demonstrationsumzügen und
Fahrten etc. verlangte und begünstigte den Einfallsreichtum
und die Spontaneität lokaler NS-Führer und -Gruppen. Das
Schicksal der Hitler-Bewegung hing im ersten Jahrzehnt ihrer
Existenz im hohen Maße von den örtlichen Partei- und SA-
Matadoren, ihren Fähigkeiten oder Unzulänglichkeiten ab. Der
wachsende Erfolg der NSDAP in Berlin unter Goebbels' Leitung seit 1926/27 war dafür ein Beispiel. Sehr häufig kam es
aber auch vor, daß ein Ortsgruppenleiter versagte oder durch
persönliche Intrigen und Zerwürfnisse ein Ortsverband lahmgelegt wurde, was nicht selten zum Parteiaustritt der Mitglieder und zum Verfall ganzer Ortsgruppen führte. Eine außerordentlich starke Frequenz der Partei-Ein- und -Austritte, der
Gründung und Wiederauflösung kleiner Ortsgruppen war in
diesem Jahrzehnt für die NSDAP charakteristisch.

In dieser im ganzen wenig glänzenden Periode der Kampfzeit bildete sich der Führerstamm der »Alten Kämpfer«
heraus, der auch später die Spitzenstellungen der Partei, vor
allem die Positionen der Gauleiter besetzt hielt. Dieser alte
Stamm der örtlichen »Hoheitsträger« der NSDAP verfügte bei
aller Abhängigkeit von Hitler und der Münchner Parteizentrale doch über eine relativ starke plebiszitäre und organisatorische Hausmachtbasis (auch in Gestalt von örtlichen Füh-
rungscliquen und Geldgebern) und damit über relativ weiten
Ermessens-Spielraum. Das Führerprinzip bedeutete für diese
alte Garde keine strikte hierarchische Abhängigkeit von oben,
sie hatte, ebenso wie das SA-Führerkorps, ein ausgeprägtes
Selbstbewußtsein. Hier hielt sich auch der Hitler-Kult vor 1933
noch in Grenzen. Das Handeln auf eigene Faust und die Bean-
spruchung einer eigenen Führerrolle spielte bei den altgedien-

ten, robusten Parteiführern eine wesentliche Rolle. Und von daher erwies es sich als überaus schwierig, ja oft unmöglich, die Partei bürokratischer, hierarchischer durchzuorganisieren, als der Massenzuwachs seit 1930 eine solche straffere Organisation gebieterisch forderte. Auch nach 1933 blieb dies ein schwerwiegendes Problem. Namentlich auf der Ebene der Gauleiter war die NSDAP auch noch in späteren Jahren von Führern repräsentiert, die im Grunde aus der Kampfbundzeit von vor 1930 stammten und schon den Erfordernissen der Massenpartei zwischen 1930 und 1933 vielfach kaum genügten, geschweige denn den Aufgaben der totalitären Herrschaft nach 1933. Auch noch in der Spätzeit des Dritten Reiches schleppte der Hitler-Staat in entscheidenden Positionen diese »Alten Kämpfer« aus der Frühzeit der NS-Bewegung mit sich, und Hitler scheute sich bis zuletzt, ihre Positionen anzutasten. Im Zweiten Weltkrieg, vor allem in den besetzten Gebieten, wo Hitler die Einsetzung ehrgeiziger und tatkräftiger Satrapen für die beste Herrschaftsmethode hielt, erhielten eine Reihe der alten Gauleiter (Bürckel, Terboven, Koch, Lohse, Forster) schließlich sogar vielfach vergrößerte Macht eingeräumt. Der selbstherrliche, von keiner zentralen Reichsverwaltung, nicht einmal von Himmlers SS und Sicherheitspolizei zu kontrollierende Machtgebrauch, zu dem es dabei kam (extremstes Beispiel: die Herrschaft Erich Kochs im Reichskommissariat Ukraine seit 1941), war gleichsam Rückgriff auf die Kampfzeit-Praxis des Anfangs der NSDAP, nach außen gewendeter Kampf gegen die völkischen Feinde.

Als noch eigenwilliger erwiesen sich die SA und ihr Führerkorps. Nach der Neugründung der NSDAP war Hitler zunächst entschlossen, der SA nicht weiterhin die Stellung eines relativ unabhängigen Wehrverbandes unter eigener Führung einzuräumen. Es kam deshalb zum Bruch mit Röhm (1925). Der von dem bisherigen NS-Gauleiter Franz Pfeffer v. Salomon als Oberstem SA-Führer (OSAF) Ende 1925 in Angriff genommene Neuaufbau verfolgte das Ziel, die SA klar der Politischen Organisation der Partei unterzuordnen (u. a. durch die jetzt eingeführte Pflicht der Parteimitgliedschaft der SA-Männer). In einer Serie grundsätzlicher SA-Befehle schärfte v. Pfeffer der SA ein, daß sie künftig in erster Linie Kampforganisation der Partei zu sein und einen politischen »Kampf ohne Waffen« vor allem durch disziplinierte öffentliche Machtdemonstration zu führen habe. Tatsächlich aber geriet diese für den Kundgebungsstil der Hitler-Bewegung geforderte und eingeübte Disziplinierung immer wieder in Konflikt mit dem permanenten Revoluzzertum der SA.

Dem entsprach strukturell der Gegensatz zwischen dem notwendigen hierarchischen Reglement der Gesamtorganisation der SA und dem gleichzeitig beibehaltenen bündischen und Bandencharakter der unteren SA-Einheiten (der Trupps und Stürme). Hier herrschte nach wie vor die aus den Freikorpszeiten stammende, um den Anführer gescharte Kameraderie des Männerbundes. Die noch in manchen nach 1933 erschienenen Erinnerungsbüchern aus der Kampfzeit der SA zutage tretende Gaunersprache und Rabaukenmentalität[7], Schlagringe und andere Ersatzwaffen der SA, die SA-Lokale und »Kneipen« in den Großstädten zeigen, wie sehr die SA dabei ins Kriminelle abglitt und eine Bandenmoral entwickelte.

Trotz der Pfefferschen Reformen ließ sich der latente Zustand der Spannung zwischen SA und Politischer Organisation (P. O.) der Partei nicht beheben. Dem beanspruchten Primat der Hoheitsträger der P. O. stand entgegen, daß sich die SA mit Recht als die eigentliche »kämpfende Truppe« der Bewegung und als ihr schlagkräftigster Teil betrachtete. Die Devise, daß der SA-Mann nicht zu reden, sondern zu kämpfen habe, spiegelte diesen Unterschied der Mentalität wider.

Mit dem quantitativen Wachstum und mancher veränderten taktischen Einstellung der Partei seit 1930 verstärkten sich diese Unterschiede ebenso wie die Tendenz zur organisatorischen Verselbständigung der SA. Während der Legalitätskurs Hitlers sowie die in verschiedenen Landes- und Stadtregierungen praktizierte Kollaboration mit Bürgerlichen und Deutschnationalen die Optik einer Rechtsschwenkung erzeugte, war die SA infolge des Massenzuwachses von Erwerbslosen eher nach links gerückt und ihr proletarisches Element (vor allem in den Großstädten) stark vermehrt worden. Der von der SA gegenüber den Hoheitsträgern der Partei erhobene Vorwurf des Bonzentums gründete sich u. a. darauf, daß den SA-Führern ihrer Meinung nach nur ein ungenügender Anteil an den der NSDAP in Reich, Ländern und Kommunen zufallenden Abgeordnetenmandaten und -diäten eingeräumt und die SA überhaupt finanziell von der Parteiorganisation stiefmütterlich behandelt würde. Schwere Auseinandersetzungen zwischen der Berliner SA unter ihrem Führer Hauptmann a. D. Walter Stennes und der Berliner Parteiorganisation unter Goebbels im September

1930 konnte Hitler noch durch persönliches Eingreifen schlichten. Nach dem gleichzeitigen Rücktritt des OSAF v. Pfeffer übernahm Hitler selbst die Stellung des Obersten SA-Führers, um seine persönliche Führung auch der SA gegenüber stärker zur Geltung zu bringen. Und seit Oktober 1930 wurde von jedem SA-Führer ein unbedingtes Treuegelöbnis gegenüber der Person des Partei- und Obersten SA-Führers Hitler gefordert. Da die faktische Ausübung der Führung und Befehlsgebung gleichwohl beim Stabschef der SA (seit Anfang 1931 erneut Ernst Röhm) lag, war damit aber wenig gewonnen, zumal die organisatorische Verselbständigung und Ausweitung der SA erst jetzt in ihr entscheidendes Stadium trat.

Während die Parteiorganisation entsprechend der für sie vorrangigen Wahlpropaganda regional nach Gauen gegliedert war, die (seit 1928) mehr oder weniger den insgesamt 35 Reichstagswahlkreisen entsprachen und denen jeweils Gaustürme der SA nebengeordnet waren, setzte Röhm in der SA 1931 oberhalb dieser Ebene 10 SA-Gruppenführer (einschließlich Österreich) ein, die in der Territorialgliederung der Partei keine Entsprechung hatten. Die SA-Gruppenführer, die in der Regel in mehreren Gauen befehligten, unterstanden nur dem Stabschef der SA und Hitler. In der gleichen Zeit wurde, ebenfalls z. T. bedingt durch den enormen Mitgliederzuwachs, das militärische Organisationsprinzip der SA wieder verstärkt. Durch Einrichtung einer besonderen SA-Reserve (für SA-Männer ab 40 Jahre) hatte die SA-Führung schon 1929 dafür gesorgt, daß die aktiven Kader jungen Männern vorbehalten blieben. Bereits 1930 waren außerdem eine Reihe von SA-Sondereinheiten errichtet worden: Motor-SA, Reiter-SA, Flieger-SA, Marine-SA sowie Nachrichten-, Pionier- und Sanitätsstürme der SA, außerdem das NS-Automobil-Korps (NSAK), am 20. 4. 1931 in NS-Kraftfahrer-Korps (NSKK) umbenannt, das zunächst die Funktion einer Reserve der Motor-SA hatte, bis es später (nach der Röhm-Affäre 1934), mit den Motorstürmen vereinigt, aus der SA herausgelöst und zum eigenen »angeschlossenen Verband« der NSDAP (unter dem Korpsführer Adolf Hühnlein) verselbständigt wurde. Kennzeichnend für die weitgehend autonome Stellung der SA war ferner die Errichtung von SA-Führerschulen (Eröffnung der Reichsführerschule der SA in München im Juni 1931), SA-Zeugmeistereien, SA-Küchen, einer Vielzahl von SA-Heimen und des SA-Hilfswerkes (einer Art Bettelorganisation). Diese

SA-Einrichtungen gewannen insbesondere für die große Zahl der erwerbslosen SA-Männer in den Großstädten erhebliche Bedeutung. Um die Risiken des SA-Einsatzes wenigstens einigermaßen abzufangen, war außerdem 1929 eine SA-Versicherung gegründet worden, die 1930 zur allgemeinen »Hilfskasse der NSDAP« erweitert wurde. Gegen regelmäßige Versicherungsbeiträge (30 Pfg. pro Monat, die für die SA-Männer Pflicht waren) zahlte die »Hilfskasse« bei Todesfällen, Invalidität und Verletzungen, die auf den Parteieinsatz zurückzuführen waren, einmalige Leistungen oder regelmäßige Unterstützungen. Die »Hilfskasse« entwickelte sich schnell zu einem bedeutenden Unternehmen der Partei und verschaffte ihrem Leiter, Martin Bormann, eine einflußreiche Stelle in der zentralen Finanzverwaltung der Partei.

Im April 1931, nach der von Röhm verfügten Entlassung Stennes', kam es erneut zur Auflehnung der Berliner SA. Dabei trat, gleichsam als innerparteiliche Ordnungsexekutive, zum erstenmal die SS unter ihrem Berliner Gruppenführer Kurt Daluege gegen rebellische Teile der SA auf. Vorläufer der SS war die persönliche Stabswache, die sich Hitler 1922/23 aus einer Reihe von zuverlässigen und draufgängerischen Leibwächtern (Ulrich Graf, Christian Weber u. a.) gebildet hatte und die wenig später zu dem etwa 50 Mann umfassenden »Stoßtrupp Hitler« erweitert worden war. Schon damals kam es zur Bildung dieser Führer-Garde, weil Hitler der SA, in deren Oberleitung er sich mit Offizieren nicht-nationalsozialistischer Provenienz teilen mußte, nicht in jeder Hinsicht sicher war. An der Spitze seines »Stoßtrupps« agierte Hitler in den entscheidenden Tagen vom 8./9. November 1923, und alte Mitglieder des »Stoßtrupps« bildeten den Kern der im Frühjahr 1925 in München erneut ins Leben gerufenen Stabswache. Nach ihrem Muster wurden dann auch in anderen Ortsgruppen Zehnerschaften zum Schutz von Parteiführern und Parteiversammlungen aufgestellt, die seit dem Spätsommer 1925 als Schutzstaffeln (SS) bezeichnet und mit denselben Abzeichen (schwarze Skimütze mit Totenkopf und schwarz umrandete Hakenkreuzbinde) versehen wurden wie einst der »Stoßtrupp Hitler«.

Nach der Neugründung der SA wurde der Ausbau der SS aber zunächst nicht weiter verfolgt. Sie stagnierte unter wechselnder Führung (Schreck, Berchtold, Heiden) mit wenigen hundert Mitgliedern bis 1928. OSAF v. Pfeffer setzte sogar durch, daß der Reichsführer-SS dem Obersten SA-Führer unterstellt wurde.

Erst mit der Ernennung Heinrich Himmlers zum neuen Reichsführer (6. 1. 1929) begann die SS, die Ende 1929 ca. 1000 Mann zählte, rasch an Bedeutung zu gewinnen. Subaltern, aber ungeheuer fleißig und beflissen, ging Himmler, der sich besonders der völkischen Agrarideologie, der Rassen-, Blut- und Boden-Theorie verschrieben hatte, methodisch daran, den alten Treuekodex der Leibwache zum Inhalt einer spezifischen Ordens- und Elite-Idee der SS zu verwandeln und für die SS besonders strenge Aufnahme- und Dienstvorschriften zu erlassen. Je rascher sich die SA im Verlaufe des Massenzustroms neuer Mitglieder seit 1929/30 zur braunen Massenarmee mit stark proletarischem Einschlag entwickelte, um so mehr wuchs die »schwarze« SS in die Rolle der Partei-Elite hinein, die nunmehr auch Anziehungskraft auf ehemalige Offiziere, aus der Bahn geworfene Akademiker oder Adlige ausübte.

Die nach der Niederwerfung der Berliner SA-Revolte im April 1931 von Hitler ausgegebene Losung: »SS-Mann, Deine Ehre heißt Treue«, wurde zum Grundgesetz der SS und ihrer künftigen Aufgabe als eines polizeiähnlichen Ordnungsdienstes innerhalb der Partei. Die Unterstellung des Reichsführers-SS unter den Stabschef der SA blieb zwar nominell (bis 1934) bestehen, ersterer konnte aber fortan die Ernennung von SS-Führern in eigener Zuständigkeit vornehmen. Bedeutsamer war aber, daß die SS, der schon bisher der besondere Schutz der höheren Parteiführer sowie der Hitler-Versammlungen übertragen worden war (hieraus entstand später die SS-»Leibstandarte Adolf Hitler«), im August 1931 unter Leitung des aus der Marine entlassenen Nachrichtenoffiziers Reinhard Heydrich mit dem Aufbau eines eigenen Ic-Dienstes (Sicherheitsdienst – SD) begann. Dieser konkurrierte zunächst mit ähnlichen geheimen Nachrichten- und Beobachter-Diensten, die schon vorher von verschiedenen Gauleitungen der NSDAP wie innerhalb der SA zur Ausspionierung gegnerischer Kräfte wie auch der Reichswehr aufgebaut worden waren. Nachdem aber die Tätigkeit des Ic-Dienstes der SA durch verschiedene Indiskretionen und schließlich durch die polizeilichen Beschlagnahmeaktionen nach dem SA-Verbot weitgehend aufgedeckt und damit stark entwertet worden war, ging im Sommer 1932 das nachrichtendienstliche Monopol an die SS über. Im Januar 1932 hatte diese auch den Auftrag erhalten, für sicherheitsdienstliche Abschirmung des Braunen Hauses in München zu sorgen.

Das Bemühen Himmlers, die SS zur Partei-Elite zu machen, hatte mit der Erlangung des nachrichtendienstlichen Monopols zu einem bedeutenden Erfolg geführt. Demselben Grundgedanken diente auch die Errichtung eines Rasseamtes (später: Rasse- und Siedlungsamt) innerhalb der Reichsführung-SS im Januar 1932. Leiter dieses Amtes wurde (in Personalunion) der seit Juni 1930 in der Reichsleitung der NSDAP angestellte agrarpolitische Experte Darré, der sich dem Reichsführer-SS durch seine völkisch-rassischen Blut-und-Boden-Theorien als Gesinnungsbruder empfohlen hatte. Aus dieser Personalunion entwickelte sich später das SS-Monopol auf dem Gebiet der nationalsozialistischen Rasse- und Siedlungspolitik.

Die Entwicklung zur Massenbewegung hatte aber auch für die Parteiorganisation selbst nachhaltige Konsequenzen. Es ging keineswegs spurlos an der NSDAP vorbei, daß sie seit 1930 alles auf den Wahlerfolg setzte. Die opportunistische Virtuosität der Propaganda, die geschickt heterogenen Interessengruppen nach dem Munde redete, hatte zur Folge, daß sich nunmehr die NSDAP selbst zum Konzern eines vielfältigen Interessen-Pluralismus ausweitete.

Zu den alten Verbänden gehörte auch die »Hitler-Jugend« (HJ), die 1926 aus einem Zweig der »Großdeutschen Jugend« hervorgegangen war und, wie die SS, dem Stabschef der SA unterstand (Gründer und langjähriger Führer der HJ: Kurt Gruber, seit 1931 der bisherige Führer des NS-Studentenbundes Baldur v. Schirach). Dazu trat seit 1929/30 eine Vielzahl neuer Gliederungen der NSDAP, die jeweils zum Sammelpunkt und Ausdruck spezifischer beruflicher und wirtschaftlich-sozialer Gruppen und ihrer Spezial-Ideologien wurden. Schon im Oktober 1928 war als erste derartige Gliederung der »Bund Nationalsozialistischer Deutscher Juristen« (BNSDJ) durch den jungen Münchener Rechtsanwalt Dr. Hans Frank, den Verteidiger Hitlers in politischen Prozessen, gebildet worden (seit Mai 1936: Nationalsozialistischer Rechtswahrerbund – NSRB), der seit 1931 auch ein eigenes Organ, die Monatsschrift ›Deutsches Recht‹, zur Propagierung völkisch-nationalsozialistischer »Rechtserneuerung« herausgab. Drei weitere Gründungen folgten im Jahre 1929: der »Kampfbund für deutsche Kultur« unter Alfred Rosenberg, der »Nationalsozialistische Deutsche

Ärztebund« (seit 1932 unter Leitung von Dr. Gerhard Wagner) und der »Nationalsozialistische Lehrerbund« (NSLB) unter dem Gauleiter in der Bayerischen Ostmark, Hans Schemm, der seit August 1929 auch die ›Nationalsozialistische Lehrerzeitung‹ herausbrachte. Erheblich größere Bedeutung erlangten aber die 1930 entstandenen besonderen nationalsozialistischen Organisationen innerhalb der Landwirtschaft und der Arbeiterschaft.

Im Hinblick auf die besonderen Chancen, die sich die NSDAP unter Bauern und Landwirten ausrechnete, war es symptomatisch, daß sie hier einen anderen und schließlich erfolgreicheren Weg als den der Bildung einer speziellen NS-Bauernorganisation einschlug. Der von Darré aufgebaute agrarpolitische Apparat der NSDAP stellte nicht eine separate Parteigliederung dar, sondern, mit seinem System von Gau-, Kreis-, Ortsgruppen-Fachberatern und landwirtschaftlichen Vertrauensleuten (LVL), einen Bestandteil der politischen Organisation der Partei. Mit Hilfe des in den agrarischen Gebieten stark ausgebauten agrarpolitischen Apparats gab sich die NSDAP hier weitgehend den Anstrich einer Bauernpartei. Außer dem seit September 1931 von Darré herausgegebenen Wochenblatt ›Nationalsozialistische Landpost‹ dienten landwirtschaftliche Beiblätter in den Gau-Zeitungen der NSDAP der zielstrebig betriebenen Agrarpropaganda. Es war dabei von vornherein nicht allein auf die Gewinnung nationalsozialistischer Stimmen auf dem Lande abgesehen, sondern ebensosehr auf die Infiltration der bestehenden landwirtschaftlichen Verbände, vor allem des Reichslandbundes und der Landwirtschaftskammern, durch Mitglieder der NSDAP.

Die 1931 von Hitler und Darré ausgegebene Parole »Hinein in den Reichslandbund« führte, nach harten Auseinandersetzungen mit der Christlich-Nationalen Bauern- und Landvolkpartei wie mit der Deutschnationalen Volkspartei, zu überraschend schnellen Erfolgen. Ende 1931 nahm der von Graf Kalckreuth geführte Reichslandbund Darrés Stellvertreter Werner Willikens in sein Präsidium auf. Bei den Ende 1931 stattfindenden Wahlen zu den Landwirtschaftskammern erlangten nationalsozialistische Kandidaten im Durchschnitt über ein Drittel der neuen Mitgliedersitze. Und schon seit dem Frühjahr 1932 trat der Reichslandbund auch politisch offen auf nationalsozialistische Seite. Beim zweiten Wahlgang zur Reichspräsidentenwahl unterstützte er Hitler, nicht Hindenburg, und er marschierte schließlich an der Spitze der landwirtschaftlichen

Fronde, die im Winter 1932/33 Hindenburg bestürmte, Schleicher fallenzulassen und Hitler zum Reichskanzler zu ernennen. In den landwirtschaftlichen Organisationen und Selbstverwaltungskörperschaften war die nationalsozialistische Unterwanderung bereits vor dem 30. 1. 1933 weiter gediehen als in jedem anderen Sektor der Gesellschaft.

Um so erstaunlicher ist es, daß es der NSDAP in der gleichen Zeit gelang, auch nach links hin, in der Arbeiterschaft, Fuß zu fassen und in Gestalt der Nationalsozialistischen Betriebszellenorganisation (NSBO) eine Arbeitnehmer-Sektion der Partei zu bilden. Seit 1925/26, im Rahmen der Diskussionen um die Auslegung des nationalen Sozialismus, war, namentlich vom nordwestdeutschen linken Flügel der NSDAP, bei aller Ablehnung der marxistischen Orientierung der Gewerkschaften, die Einrichtung der Gewerkschaften an sich bejaht und in die Konzeption einer künftigen antikapitalistischen ständischen Gesellschaftsordnung des Nationalsozialismus aufgenommen worden.

Dem Gedanken, eigene nationalsozialistische Gewerkschaften zu gründen, der auf den Parteitagen seit 1926 wiederholt erörtert wurde, versagte Hitler zwar seine Zustimmung, infolge des Wachstums der Partei, das auch die Zahl der Arbeiter in der NSDAP vergrößerte, blieb er aber lebendig.

Den Ansatz für die Gründung einer nationalsozialistischen Arbeitnehmerorganisation bildeten Zusammenschlüsse von Parteigenossen in verschiedenen Großbetrieben, zu denen es in Berlin in den Jahren 1927/28 zuerst in der Knorr-Bremse A. G., bei Siemens, Borsig, der AEG und der Berliner Verkehrsgesellschaft gekommen war. Diese ersten nationalsozialistischen Betriebszellen, die bald im Ruhrgebiet, in Sachsen und anderswo kopiert wurden, setzten sich zunächst überwiegend aus Werkmeistern, Facharbeitern und Angestellten zusammen, die der proletarisch-marxistischen Gewerkschaft ablehnend gegenüberstanden. Die antimarxistische Einstellung war konstitutiv für die Anfänge der NS-Betriebszellen. Infolge der Wirtschaftskrise und Massenarbeitslosigkeit, die überall auch die sozialen Auseinandersetzungen verschärfte und zahlreiche Streikbewegungen auslöste, gerieten aber auch die NS-Betriebszellen immer mehr in antikapitalistisches und sozialistisches Fahrwasser.

Bahnbrechend für die weitere Entwicklung war der Gang der Dinge in Berlin, wo unter maßgeblicher Initiative des talentierten jungen Organisationsleiters des Gaues Berlin, Reinhold Muchow, 1928 innerhalb der Gauleitung ein »Sekretariat für Arbeiterangelegenheiten« eingerichtet und Muchow gleichzeitig von Goebbels zum Organisationsleiter der aufzubauenden NS-Betriebsorganisation ernannt wurde. Wie bei seinem später von der gesamten NSDAP übernommenen Organisationsmodell für die Berliner Parteiorganisation (Bildung von Straßenzellen und Stützpunkten), orientierte sich Muchow auch bei der nationalsozialistischen Aktivität in den Betrieben an dem von den Kommunisten (Rote Gewerkschaftsorganisation) angewandten Prinzip primär politischer und propagandistischer (nicht gewerkschaftlicher) Zellenbildung, wodurch in den Betrieben vor allem die Vorherrschaft der (sozialdemokratischen) Freien Gewerkschaften gebrochen werden sollte. Der beträchtliche Erfolg des Berliner Experiments, das von Gregor Strasser, dem Reichsorganisationsleiter der Partei, kräftig unterstützt wurde, veranlaßte schließlich auch Hitler, die neue Arbeitnehmerorganisation zu sanktionieren. Die Tatsache, daß im Frühjahr 1931 zahlreiche Betriebsrätewahlen bevorstanden, an denen sich die nationalsozialistischen Betriebsgruppen selbständig zu beteiligen wünschten, erhöhte die Dringlichkeit der Sache und führte dazu, daß, basierend auf dem Berliner Modell, im Januar 1931 innerhalb der Parteileitung in München unter Gregor Strasser eine »Reichs-Betriebszellen-Abteilung« (RBA) eingerichtet und die »Nationalsozialistische Betriebszellenorganisation« (NSBO) als Arbeitnehmerorganisation der Partei anerkannt wurde. Als ihr Organ erschien ab März 1931 vierzehntägig die von Muchow herausgegebene Zeitschrift ›Arbeitertum. Blätter für Theorie und Praxis der NSBO‹.

Bis Ende 1931 wuchs die Zahl der NSBO-Mitglieder auf 39 000, bis Mitte 1932 auf 100 000 an. Führend blieb weiterhin Berlin, wo Goebbels im Jahre 1932 unter dem Motto »Keine Arbeitsstelle ohne Nazizelle« eine großangelegte »Hib«-Aktion (»Hinein in die Betriebe«) und den entschiedenen Kampf gegen den »Betriebsmarxismus« proklamiert hatte.[8] Überzeugendster Exponent der neuen Welle des »nationalen Sozialismus« blieb aber Gregor Strasser, der mit seiner Reichstagsrede vom 10. 5. 1932 wirkungsvoll die »antikapitalistische Sehnsucht« der durch die Wirtschaftskrise betroffenen und verängstigten Massen beschwor.

Blieb die NSBO, die sich als »SA in den Betrieben« verstand, auch bis 1933, verglichen mit den Millionen von Mitgliedern der Freien Gewerkschaften, nur eine Randerscheinung in den Betrieben, so stellte sie innerhalb der NSDAP doch eine Gruppe von beachtlicher Stärke und besonderer Aktivität dar. Das von der NSBO prinzipiell anerkannte Streikrecht, die unter ihrem Einfluß durchgesetzte nationalsozialistische Beteiligung an verschiedenen lokalen und regionalen Streiks im Jahre 1932, bei denen die NSBO teilweise auch mit den Kommunisten gemeinsame Sache machte, so beim Streik gegen die Berliner Verkehrsgesellschaft (3. bis 8. 11. 1932), auch die Tatsache, daß schon damals vereinzelt Kommunisten in die aktivistische NSBO übertraten und daß in der NSBO und im »Arbeitertum« eine sehr entschiedene, aggressive Sprache gegen »Reaktion« und »Kapitalismus« geführt wurde, nährte 1931/32 erneut bürgerliche und deutschnationale Befürchtungen vor den »sozialistischen« Tendenzen der NSDAP.

Kurz vor der Machtübernahme Hitlers wurde nach dem Vorbild der NSBO im Dezember 1932 auch ein nationalsozialistischer »Kampfbund für den gewerblichen Mittelstand« unter Adrian v. Renteln gebildet, welcher die Vielfalt gesellschaftspolitischer Parteigliederungen noch vermehrte.

Die Sonderstellung der SA, der SS und HJ und die Vielzahl der neuen Parteigliederungen machen evident, daß die persönliche Führung der Gesamtbewegung durch Hitler, die politisch kaum je ernsthaft in Frage gestellt wurde, doch anderseits noch keine institutionelle und bürokratische Einheit des Parteiapparates verbürgte. Von früh an wurde im Gegenteil deutlich, daß bei einem derart auf die *Person* Hitlers, nicht auf sein *Amt* als Parteivorsitzender, gegründeten Führertum die sich daraus ergebenden Strukturen (der Klientel, der Clique oder der Führergarde) den Grundsätzen rationaler bürokratischer Verwaltung und Organisation vielfach widersprachen.

Führungsstruktur, Personen und Ämter
der Reichsleitung der NSDAP

Nach dem Übergang des Parteivorsitzes der NSDAP an Hitler hatten Leute seiner engeren Klientel die Verwaltungsgeschäfte der NSDAP in München übernommen: sein ehemaliger Feldwebel Max Amann als Parteigeschäftsführer (später Leiter des parteieigenen Eher-Verlages), der Landwehr-Leutnant Franz Xaver Schwarz als Kassenleiter, später Reichsschatzmeister der

NSDAP, Philipp Bouhler zunächst als kaufmännischer Leiter des ›Völkischen Beobachters‹, später Parteigeschäftsführer (und ab 1934 Chef der »Kanzlei des Führers«) und der von »seinem Führer« begeisterte Student Rudolf Heß als persönlicher Sekretär. Hitler hatte es hier mit einem Kreis von Personen zu tun, die sich ihm willig unterordneten und sich mehr oder weniger auf Verwaltungsgeschäfte beschränkten, deren Bedeutung aber mit dem Wachstum der Partei kontinuierlich zunahm. Nicht zuletzt daraus erklärt sich die Loyalität dieser alten Geschäftsführerclique, die sich als stabiler erwies als das Verhältnis Hitlers zu manchen politisch einflußreichen und ambitionierten Gau- oder SA-Führern.

Auf die Loyalität und Gewissenhaftigkeit der Parteigeschäftsführung war Hitler um so mehr angewiesen, als er selbst sich um regelmäßige Amtsführung wenig kümmerte, vielmehr neben der eigentlichen Geschäftsstelle der NSDAP von früh an eine Art persönliche Hofhaltung entwickelte, die ein merkwürdiges Gemisch von Bohème-Welt und Kondottieri-Stil darstellte. Den alten Bummelanten-Gewohnheiten Hitlers entstammte sein Bedürfnis, sich mit Kunstfreunden und Unterhaltern wie »Putzi« Hanfstaengl oder dem Fotografen Heinrich Hoffmann, mit zweifelhaften, oft hochstaplerischen Verbindungsleuten zur »großen Welt« des In- und Auslandes, wie Kurt Luedecke, zu umgeben, sich in den Salons gesellschaftlich führender Kreise von den Damen verwöhnen zu lassen, mit schnellen Autos über Land zu fahren oder sich in das Ferienidyll von Haus Wachenfeld bei Berchtesgaden zurückzuziehen. Österreichisch-südländischer Kampfbundführer-Stil äußerte sich in dem Verlangen, persönliche Diener, Leibwächter und Fahrer um sich zu haben – meist Personen einfältigen Gemüts bajuwarischer Herkunft (darunter der bis 1945 als Adjutant dienende Julius Schaub) – und eine persönliche Schutztruppe zu unterhalten. Von früh an konkurrierte dieser halb private, halb politische Stab Hitlers mit den amtlichen Mitarbeitern des Parteivorsitzenden. Aber auch auf die Organisation der Parteileitung selbst wirkte sich das persönliche Führertum Hitlers stärkstens aus.

Die am 30. 6. 1926 im Amtsgericht München eingetragene Satzung der NSDAP bestätigte, daß der alleinige Vorsitzende Hitler die Partei unabhängig von Majoritätsbeschlüssen des Vorstandes und der Ausschüsse leiten könne. Die in der Satzung festgehaltene Verantwortlichkeit des Vorsitzenden gegenüber der Generalmitgliederversammlung der NSDAP war demgegenüber nur von nomineller Bedeutung. Aber auch das laut Satzung bestehende Kollegialprinzip der sechs Ausschüsse der Parteileitung (für Propaganda, Parteiorganisation, Finanzen, Jugendorganisation, SA, Untersuchung und Schlichtung) mit ihren jeweiligen Vorsitzenden und Beisitzern wurde in der Praxis illusorisch. Die Funktionen der Ausschüsse wurden in der Folgezeit faktisch durch von Hitler eingesetzte Amtsleiter (ab 1933: Reichsleiter) übernommen. Lediglich der Untersuchungs- und Schlichtungsausschuß (Uschla), Vorläufer des späteren Parteigerichts der NSDAP (ab 1. 1. 1934), blieb nominell und der äußeren Form nach kollegial organisiert.

Die Ernennung zentraler Amtsleiter für besondere Parteiaufgaben lief praktisch auf eine Delegation des Führerprinzips hinaus und bedeutete die vertikale und personale Aufsplitterung der Parteiführung, ihre Zentrierung bei einzelnen Personen. Es war bezeichnend, daß Gregor Strasser seine Befugnisse als Amtsleiter für Propaganda (1925 bis 1928) und für Parteiorganisation (1928 bis 1932) ebenso wie Goebbels sein Amt als Propagandaleiter (seit 1929) vielfach nicht von München aus, dem Sitz der Parteizentrale, ausübte. Die Verbindung zwischen den obersten Parteiämtern war weder örtlich noch institutionell gewährleistet, sondern letztlich nur durch die jeweilige persönliche Verbindung zu Hitler.

Die daraus folgende mangelnde Kohärenz der obersten Parteileitung, die kein kollegiales Sitzungs- und Beschlußverfahren kannte, war ein charakteristisches Merkmal der Führungsstruktur der NSDAP. Eine Reichsleitung der NSDAP im Sinne eines kollegialen Gremiums hat es immer nur theoretisch gegeben. Abgesehen von der Parteigeschäftsstelle mit der Zentralmitgliederkartei und der Parteikasse, die stets in München zentralisiert blieben und den Kern der bürokratischen Parteileitung ausmachten, handelten jeweils nur einzelne Amtsleiter mit ihrer größeren oder geringeren, ressortmäßig oder persönlich begründeten Machtfülle. Ihre Koordination untereinander blieb ein mehr oder weniger unlösbares Problem.

Nicht die Amtsführung war entscheidend, sondern die Unterordnung unter Hitler. Es war bezeichnend für die NSDAP (und hier wird der Unterschied des nationalsozialistischen Führerprinzips zum hierarchischen Prinzip im Beamtentum und Militär deutlich), daß der Begriff der »Pflichterfüllung«, der immer auch sachliche Bindung an die Regeln und Gesetze der

Amtsführung bedeutet, klar hinter dem Begriff der »Treue«, als einer (letzten Endes blinden) personalen Gefolgschaft, rangierte. Daraus ergab sich aber auch erst jener abgeleitete Führerabsolutismus einzelner Parteigrößen. Wenn nur die Loyalität Hitler gegenüber nicht fraglich war und solange Hitler selbst nicht anders entschied, konnten sie im Rahmen ihrer Möglichkeiten selbst weitgehend unbehindert entscheiden und Initiative entfalten. Parteibefehle und innerparteiliche Regeln hatten demgegenüber oft nur ein schwaches Gewicht. Die Bewegung beruhte primär auf einem Geflecht von Personenbindungen, wobei sich auf allen Stufen der Parteiorganisation ähnliche Formen der Klientel und des Cliquenwesens ergaben wie an der Spitze der Partei und die Personenbeziehungen (auch persönliche Gönnerschaften, Rivalitäten und Fehden) weit größere Bedeutung erhielten als innerhalb eines hierarchisch geordneten, regelhaften bürokratischen Apparates. Da die Verfahrensregeln sekundär waren, wurden in der Partei (wie später im Herrschaftsgefüge des Hitler-Staates) die jeweilige Personenauswahl und Personenkonstellation in den wichtigsten Machtpositionen zu den eigentlichen, entscheidenden Verfassungstatsachen.

Naturgemäß war auch für die NSDAP mit dem Anwachsen zur Massenpartei eine gewisse organisatorische und bürokratische Straffung unvermeidlich. Sie setzte sich am wenigsten bei den nach Größe und Bevölkerungszahl sehr unterschiedlichen Gauen durch, wo die Hausmacht und Beharrungskraft der alten Gauführer am stärksten zur Geltung kam. Hier blieb es im wesentlichen bei der provisorischen Gaueinteilung vom Oktober 1928. Dagegen wurde 1931/32 die Zwischenstufe der Kreise (und Kreisleiter) gleichmäßig eingeführt. Im Unterschied zu den Gauen waren die insgesamt etwa 850 NSDAP-Kreise fast durchweg mit den unteren staatlichen Verwaltungsgebieten (preußische Landkreise, bayerische Bezirke, sächsische Amtshauptmannschaften, württembergische Oberämter, kreisfreie Städte) kongruent. Eine weitere Untergliederung und Vereinheitlichung wurde im Sommer 1932 angeordnet. Danach waren die Ortsgruppen bzw. – in den Städten – die Ortsgruppensektionen (Höchstgrenze 500 Parteimitglieder) jeweils in mehrere »Stützpunkte« und diese wiederum in Haus- oder Straßen-Blocks aufzugliedern. Eine stärkere Zentralisierung und Beaufsichtigung der Parteiorganisation wurde ferner im Sommer 1932 mit der Einrichtung von zwei dem Reichsorganisationsleiter beigeordneten Reichsinspekteuren beabsichtigt, denen für ihre Gebiete jeweils fünf Landesinspekteure unterstanden. Als Reichsinspekteur I fungierte Oberleutnant a. D. Paul Schulz, der als Organisator verschiedener Fememorde zu Beginn der zwanziger Jahre von sich reden gemacht hatte, als Reichsinspekteur II Dr. Robert Ley, der 1931 sein Amt als Gauleiter im Rheinland mit der Übernahme zentraler Organisationsaufgaben in der Reichsleitung in München vertauscht hatte.

Daß als Landesinspekteure besonders verdiente oder erfahrene Gauleiter berufen wurden (Rust, Lohse, Loeper, Goebbels, Brückner, Mutschmann, Sprenger, Haake, Ley; für Österreich Theodor Habicht), die naturgemäß in denjenigen Teilen ihres Inspektionsgebietes, das nicht zugleich ihr Gaugebiet war, von den dort amtierenden Gauleitern als lästige Aufpasser und Rivalen empfunden wurden, läßt schon die Problematik dieses Zentralisierungsversuchs erkennen. Symptomatisch für die Schwäche der Reichs- und Landesinspekteure war auch die Regelung, daß sie Amtsenthebungen von Kreisleitern nur mit Bestätigung des Reichsorganisationsleiters vornehmen durften und die Absetzung von Gauleitern allein durch Hitler selbst veranlaßt werden konnte. Hieran wurde abermals deutlich, daß es zwischen dem omnipotenten Führer und den Gauleitern im Grunde keine mächtige Parteizentrale gab. Der großartigen äußerlichen Fassade der Parteileitung in München, die Anfang 1931 von der Geschäftsstelle in der Schellingstraße in das von Hitlers Architekten Troost zum »Braunen Haus« umgebaute Barlow-Palais in der Nähe des Königsplatzes umgezogen war, entsprach wenig reale Macht.

Auf dem besonders wichtigen Gebiet der Parteifinanzen gelang es immerhin, die zentrale Kontrolle zu straffen und ein größeres Maß an bürokratischer Regelmäßigkeit zu erreichen. Eine notariell beglaubigte Verfügung Hitlers vom 16. 9. 1931, die den Schatzmeister Schwarz mit der vollen Wahrnehmung und Vertretung aller Vermögensangelegenheiten der Partei bevollmächtigte, verschaffte Schwarz eine förmliche Rechtsbasis und erleichterte es ihm, durch seine Revisoren eine strengere Aufsicht über die Parteikassen der Gaue und angeschlossenen Verbände zu führen, einheitliche Buchführungen anzuordnen, energischer auf die fristgemäße Abführung der Mitgliederbeiträge zu drängen und auch durch Instruktion und Schulung der Gauschatzmeister auf eine solidere bürokratische Finanzgebarung hinzuwirken.

Die Runderlasse des Reichsschatzmeisters an die Gauleitungen aus den Jahren 1930 bis 1933 zeigen jedoch, daß das Ziel einer verläßlichen und einheitlichen Finanzverwaltung der Partei noch weit entfernt lag. Veruntreuungen von Parteigeldern durch Gauleiter oder Gauschatzmeister, vor allem aber unbefugte Verwendung der der Reichsleitung der Partei zustehenden Anteile der eingehenden Mitgliederbeiträge durch Ortsgruppen und Gauleitungen für ihre Zwecke, Abhaltung unbefugter Geldsammlungen durch Gliederungen und untergeordnete Organe der Partei, der selbstherrliche Abschluß von Rechtsgeschäften und Vermögenstransaktionen durch die Gauleiter, die sich dabei z. T. auf persönliche Ermächtigungen durch Hitler beriefen, bildeten den Gegenstand ständiger Klagen und Ermahnungen. Noch in seinem Rechenschaftsbericht vom 27. 1. 1933 mußte Schwarz feststellen, daß von insgesamt 34 Gauleitungen nur 11 ihren Beitragsverpflichtungen einigermaßen termingemäß nachgekommen, dagegen alle anderen »mit der Abführung z. T. 3 Monate und mehr im Rückstand« seien.

Ein Sondergebiet, auf dem sich diese Gegensätze stark entzündeten, war das der Parteipresse. Entgegen der Tendenz der Parteileitung, in erster Linie die Auflage des Zentralorgans der NSDAP, des ›Völkischen Beobachters‹ (VB), sowie des seit 1926 wöchentlich mit Hitlers politischen Kommentaren erscheinenden ›Illustrierten Beobachters‹ zu vergrößern und eine zentral geleitete Parteipresse auf solider Finanzgrundlage zu entwickeln,* entstanden seit 1929/30 zahlreiche neue, aber meist überaus unzulänglich aufgemachte und vielfach stark verschuldete regionale Parteizeitungen in Gau-Verlagen oder nationalsozialistischen Privat-Verlagen. Die insgesamt 59 Tageszeitungen, die im Jahre 1932 entweder als offizielle Gauorgane der NSDAP erschienen oder von der Parteileitung als nationalsozialistische Zeitungen anerkannt waren, erreichten zusammen nur eine Auflage von rund 780000 Exemplaren.[9] Daraus ist ersichtlich, daß der Nationalsozialismus im deutschen Pressewesen bis 1933 nur einen sehr schmalen Sektor besetzen konnte und daß es sich dabei überwiegend um eine recht dürftige Winkelpresse handelte.

Verglichen mit dem Münchener Zentralverlag der NSDAP

* Die Gesamtauflage des ›VB‹ stieg zwischen 1929 und 1932 von 18000 auf rund 120000. Seit 1930, als infolge des Ausscheidens von Otto Strasser der Berliner Kampfverlag der NSDAP und die von Otto Strasser herausgegebenen nord- und mitteldeutschen NS-Zeitungen (›Der nationale Sozialist‹) eingestellt wurden, erschien außer der Münchener auch eine Berliner Ausgabe des ›VB‹.

(Eher-Verlag), der sich unter Max Amanns geschicktem Management schon in den Jahren zwischen 1930 und 1933 zum modernen und leistungsfähigen Großunternehmen zu entwickeln anfing* und auch Wert auf die redaktionelle Qualität und Aufmachung seiner Publikationen zu legen begann, bot das NS-Pressewesen auf Gauebene überwiegend den Anblick armseliger Improvisation. Ging man von dieser lokalen Presse aus, so erschien die Massenpartei der Nationalsozialisten noch 1932 keineswegs als einheitliche Großorganisation, sondern eher als Ansammlung provinzieller Kleinorganisationen.

Die im Frühjahr 1931 eingerichtete Pressestelle der Parteileitung unter Otto Dietrich (eines ehemaligen Redakteurs der alldeutsch-deutschnationalen Essener ›Nationalzeitung‹), der seit 1932 durch Herausgabe einer ›Nationalsozialistischen Parteikorrespondenz‹ (NSK) auf eine bessere Berichterstattung der Parteipresse hinzuwirken suchte, vermochte daran zunächst kaum mehr zu ändern als Amanns Versuche, auf wirtschaftlichem Wege die Selbständigkeit der Gau-Verlage zugunsten des Eher-Verlages zu brechen. Das Nebeneinander beider Funktionen (Dietrich als Hitler direkt unterstehender »Leiter der Reichspressestelle der NSDAP«, Amann, seit 1932, als »Amtsleiter für die Presse« innerhalb der Parteileitung) war im übrigen ein Musterbeispiel für unklar abgegrenzte Doppelbesetzungen in der Parteizentrale, woraus sich in Zukunft noch beträchtlicher Kompetenzstreit entwickeln sollte.

Ähnliches galt für andere Teile der Reichsleitung. Diese bestand zunächst aus dem vereinsrechtlichen Vorstand der NSDAP, dem neben Hitler als dem »Vorsitzenden des Nationalsozialistischen Deutschen Arbeitervereins e. V.« nur der Schatzmeister (Schwarz) und der Schriftführer (Fiehler) angehörten. Gleichzeitig hatte die Parteileitung die Funktion einer zentralen Parteibehörde mit einzelnen Ämtern, Abteilungen und Referaten, aber auch die eines Hitler attachierten persönlichen Stabes. Beide Funktionen sind nie säuberlich getrennt worden. Ausschließlich zum persönlichen Stab Hitlers gehörten sein Privatsekretär Rudolf Heß, der Leiter des Privatsekretariats Albert Bormann (ein Bruder Martin Bor-

---

* Im Eher-Verlag erschienen außer den parteiamtlichen Verordnungsblättern auch die meisten NS-Zeitschriften sowie die von den angeschlossenen Verbänden und Gliederungen der Partei herausgegebenen Spezial-Blätter, so z. B. die satirische antisemitische Zeitschrift ›Die Brennessel‹, die ›Nationalsozialistische Landpost‹, die ›Nationalsozialistischen Monatshefte‹ (sämtlich seit 1930), die vom Reichspropagandaleiter der NSDAP herausgegebene Monatsschrift ›Unser Wille und Weg‹ (seit 1931), ›Der SA-Mann‹, ›Arbeitertum‹ und ›Deutsches Recht‹ (sämtlich seit 1932).

manns) und Hitlers Adjutant Wilhelm Brückner; außerdem Otto Dietrich in seiner Eigenschaft als Hitlers Pressechef. Zum Funktionsbereich der obersten Parteibehörde gehörten dagegen die Amtsleiter. Zu den schon in der Parteisatzung von 1926 vorgesehenen Amtsleiterbereichen des Schatzmeisters (Schwarz), des Reichsorganisationsleiters (Strasser), des Reichspropagandaleiters (Goebbels), des Stabschefs der SA (Röhm), des Reichsjugendführers (v. Schirach), des Vorsitzenden des »Uschla« (Buch) und des Parteigeschäftsführers (Bouhler) kamen bis 1932 neu hinzu: Hans Frank als Leiter der rechtspolitischen Abteilung (RPA), der finanzpolitische Experte der Partei, Fritz Reinhardt, als Propagandaleiter II (für Wirtschafts-, Arbeitsbeschaffungspropaganda u. ä.), Max Amann als »Amtsleiter für die Presse«.

Sofern die Amtsleiter nicht eigene Parteiverbände befehligten (wie Röhm oder Schirach), konnten sie ihr sachliches Weisungsrecht nur mit Hilfe der Gauleiter durchsetzen. Wie die Gau- und Kreisschatzmeister unterstanden auch die Rechtsberater, die Presse- und Propagandareferenten in den Gauen und Kreisen den jeweiligen Hoheitsträgern (Gauleitern bzw. Kreisleitern) und erhielten nur über diese ihre sachlichen Weisungen von der Parteileitung. Die Amtsleiter für Propaganda, Rechtsfragen und Presse waren insofern nur weisungsberechtigte Referenten der Parteizentrale ohne eigene vertikale Fachverwaltungen und entsprechende direkte Anordnungsbefugnis. Sie unterschieden sich im Hinblick auf ihre faktische Machtstellung grundsätzlich nicht von den Leitern der Fachreferate oder Fachabteilungen, die seit 1929/30 teils in der Reichsleitung (im Rahmen der Reichsorganisationsabteilung II), teils auch bei der Reichstagsfraktion der NSDAP errichtet worden waren und vor allem die Funktion hatten, auf den verschiedenen politischen Sachgebieten sowohl eine zentrale Information und Beratung der Parteiführung und NS-Fraktionen zu gewährleisten, als auch nationalsozialistische Reformvorschläge bzw. propagandistische Leitlinien auszuarbeiten und vorzulegen.

Manche dieser Referate bzw. Abteilungen hatten seit 1930/31 die Ressorts einzelner Amtsleiter längst an Bedeutung übertroffen. Das galt insbesondere für Darrés agrarpolitisches Referat und die dem Reichsorganisationsleiter Strasser unterstehende Reichs-Betriebszellen-Abteilung unter Walter Schuhmann und Reinhold Muchow.

Die auf Vorschlag Gregor Strassers im Sommer 1932 beschlossene neue Gliederung der Reichsleitung und Parteiorganisation, die in der »Dienstvorschrift der P.O. der NSDAP« vom 15. 7. 1932 fixiert wurde, suchte der tatsächlichen Bedeutung der einzelnen Ämter, Abteilungen und Referate besser gerecht zu werden und zwischen ihnen wenigstens ein gewisses Maß von Kooperation herzustellen. Auf Grund dieser Reform wurden praktisch alle Fachressorts der Parteileitung dem Reichsorganisationsleiter unterstellt. Unabhängige Amtsleiter blieben nur der Schatzmeister, der Parteigeschäftsführer, der Vorsitzende der Uschla, der Stabschef der SA, der Reichsjugendführer, der Direktor des Eher-Verlages und – bezeichnenderweise – der Reichspropagandaleiter (Goebbels), dessen Verhältnis zu Strasser seit 1927 äußerst gespannt war und der sich als Gauleiter der Reichshauptstadt sowie wegen seiner Propagandafertigkeit inzwischen eine klare Immediatstellung bei Hitler erworben hatte.

Auf Grund dieser Reorganisation figurierten die Reichsinspektionen I und II als Hauptabteilungen I und II der Reichsorganisationsleitung. Der agrarpolitische Apparat und die NSBO wurden entsprechend ihrer starken Stellung zu selbständigen Hauptabteilungen V und VI erhoben, und die verschiedenen wirtschaftspolitischen Berater mit ihren Stäben zu einer besonderen Hauptabteilung (IV) zusammengefaßt. Alle übrigen bisherigen Amtsleiter-Ressorts oder Referate innerhalb der Reichsleitung wurden zur Hauptabteilung III zusammengeschlossen, die nunmehr aus 12 bunt gemischten Abteilungen bestand: Innenpolitik, Rechtspolitik, Kommunalpolitik, Beamtenpolitik, Volksbildung, Kriegsopferversorgung, Frauenarbeit, Volksgesundheit, Deutsche im Ausland, Ingenieurtechnik, Presse und Seefahrt.

Tatsächlich war diese Gliederung der Hauptabteilung III nur eine nominelle Papierzusammenfassung für separate, kaum miteinander verbundene Parteistellen und Aktivitäten. Teilweise waren die Leiter und Mitarbeiter der betreffenden Abteilungen gar nicht in München seßhaft. Das galt z. B. für die Abteilung Deutsche im Ausland, eine Gründung aus dem Jahre 1931 zum geregelten Kontakt mit den seit einigen Jahren in Südamerika und anderswo unter den Reichsdeutschen im Ausland entstandenen nationalsozialistischen Ortsgruppen. Strasser hatte die Leitung dieser improvisierten Dienststelle dem Hamburger Gauorganisationsleiter und Reichstagsabgeordneten Dr. Hans

Nieland übertragen, der als Referent für Auslandsdeutschtum in der NS-Fraktion des Reichstags tätig war und von Hamburg aus die neue Abteilung leitete, aus der 1933 die Auslandsorganisation (A. O.) der NSDAP (unter Ernst Wilhelm Bohle) hervorging. Dabei überschnitt sich Nielands Kompetenz durchaus mit der anderer Stellen und Personen der Reichsleitung der NSDAP. Abgesehen von Danzig und Österreich, wo die NSDAP in der Form eigener Gaue bzw. Landesinspektionen direkt der Reichsleitung der P. O. angegliedert war, wurde auch der Kontakt mit den reichsdeutschen Nationalsozialisten in der Schweiz und in Italien unmittelbar von München aus wahrgenommen, während für die Beziehungen zu den Reichs- und Volksdeutschen in Osteuropa im Rahmen der Hauptabteilung V eine besondere Gruppe Ostland (unter Karl Motz) bestand, aber auch Goebbels in seiner Eigenschaft als Reichspropagandaleiter in Berlin eine Unterabteilung für den Nachrichtendienst zu den Deutschen im Ausland unterhielt.

Gleichfalls außerhalb Münchens war die von dem hessischen Gauleiter Jakob Sprenger geleitete beamtenpolitische Abteilung (Sitz in Frankfurt) organisiert. Sprenger, der selbst mittlerer Postbeamter gewesen und seit 1929 Frankfurter Stadtrat war, galt schon seit 1930 als beamtenpolitischer Experte der Partei, hatte von Hessen aus eine lose Organisation der Beamten innerhalb der NSDAP betrieben und gab seit 1932 in Frankfurt auch die ›Nationalsozialistische Beamten-Zeitung‹ heraus. Es zeigte sich freilich gerade im Sommer 1932, daß Sprenger in Fragen der künftigen NS-Beamtenpolitik kräftige Konkurrenz durch andere prominente Ratgeber erhielt, so z. B. durch Hans Pfundtner, einen Vertrauensmann Hugenbergs, der im Juni 1932 eine Denkschrift über ›Verwaltungsmaßnahmen einer nationalen Regierung im Reich und in Preußen‹ an führende Nationalsozialisten versandt hatte und 1933 als neuer Staatssekretär im Reichsinnenministerium unter Dr. Wilhelm Frick wesentlichen Einfluß auf die beamtenpolitischen Maßnahmen der Hitler-Regierung erlangte.

Relativ unumstritten war die Stellung Karl Fiehlers als Leiter der kommunalpolitischen Abteilung. Als ehemaliger Verwaltungsangestellter und langjähriger Stadtrat in München verfügte Fiehler, der 1933 Münchener Oberbürgermeister und Vorsitzender des Deutschen Gemeindetages wurde, über besonders gute kommunalpolitische Erfahrungen und Kenntnisse innerhalb der Partei und gehörte als Schriftführer des Parteivorstandes seit 1927 zur Geschäftsführungszentrale der Reichsleitung.

Der »alten Garde« der bayerischen NSDAP entstammte auch der schwerkriegsverletzte NS-Stadtrat von Straubing, Hanns Oberlindober, der als Reichsredner und Reichstagsabgeordneter (seit 1930) tätig war, ehe er zum Experten für die Versorgung der Kriegsopfer avancierte. Das von ihm ab 1932 herausgegebene NS-Blatt ›Der Dank des Vaterlandes‹ bildete die Basis der 1933 gegründeten Sonderorganisation »NS-Kriegsopfer«, in der schließlich die verschiedenen deutschen Kriegsopferverbände unter Oberlindobers Führung gleichgeschaltet wurden.

Eine Neueinrichtung des Jahres 1932 war die ingenieurtechnische Abteilung unter Fritz Todt, dem Straßenbaufachmann und späteren Autobahnbauer Hitlers, der 1931 zur NSDAP gestoßen war und seitdem auch dem Stab der Obersten SA-Führung angehörte. Aus dem Parteiamt sollte sich auch hier 1933 eine neue NS-Gliederung, der »NS-Bund Deutscher Technik«, entwickeln.

Umgekehrt stand es mit der Abteilung für Volksgesundheit, die erst wegen des schon vorher gegründeten »NS-Ärztebundes« eingerichtet wurde. Neben ihrem Leiter, dem Münchener Arzt Dr. Gerhard Wagner, spielten sich schon vor 1933 auch andere völkische Mediziner innerhalb der Partei nach vorn, so u. a. der Wandsbeker Amtsarzt Dr. Arthur Gütt, Mitglied des Rasse- und Siedlungsamtes der SS, den Frick im Mai 1933 als Referent (Ministerialrat) für Bevölkerungspolitik, Erb- und Rassenpflege (1934: Ministerialdirektor und Leiter der Abteilung für Volksgesundheit) in das Reichsministerium des Innern holte.

Ähnlich ergab sich die Einrichtung einer Abteilung für Frauenarbeit aus einer schon vorher bestehenden Gliederung der Partei: der im Oktober 1931 unter Elsbeth Zander gegründeten »NS-Frauenschaft« (vormals »Deutscher Frauenorden«).

Wichtiger, aber auch problematischer war die Stellung des 1931 zum Leiter der innenpolitischen Abteilung berufenen Dr. Helmuth Nicolai, der schon seit Jahren mit einer Reihe von Schriften zur »lebensgesetzlichen« Erneuerung staatlichen Rechts hervorgetreten und 1931 wegen nationalsozialistischer Betätigung aus dem preußischen Staatsdienst (Regierung Oppeln) entlassen worden war (seit April 1932 NS-Abgeordneter im Preußischen Landtag). Mit seinen relativ konkreten

Reformvorstellungen erwies er sich – ebenso wie Frick – als einer jener Verwaltungsjuristen innerhalb der Partei, die ungeachtet ihrer völkischen Rechtstheorien und ihrer Verneinung der bestehenden Staatsverfassung doch von der Vorstellung einer verfassungsmäßig klar bestimmten künftigen nationalsozialistischen Staatsordnung ausgingen und deshalb über kurz oder lang mit der Staatspraxis Hitlers in Konflikt gerieten.

Die ebenfalls besonders wichtige Abteilung für Volksbildung wurde von Dr. Rudolf Buttmann, dem Führer der NS-Fraktion im Bayerischen Landtag, geleitet. Seine nominelle Leitung konnte aber nicht darüber hinwegtäuschen, daß daneben als kulturpolitische Exponenten der Partei sehr unterschiedliche Geister tätig waren: der Führer des NS-Lehrerbundes, Hans Schemm, der 1933 bayerischer Kultusminister wurde (im März 1935 tödlich verunglückt); der hannoversche Gauleiter, Studienrat Bernhard Rust (1933 preußischer Kultusminister); der preußische NS-Landtagsabgeordnete Hans Kerrl (1933 preußischer Justizminister, 1935 Reichskirchenminister) als Vertreter jener nationalen Protestanten, die an das »positive Christentum des Nationalsozialismus« glaubten; Alfred Rosenberg, der sich mit dem ›Mythus des 20. Jahrhunderts‹ zum Wortführer antichristlicher NS-Mythologie gemacht hatte, welche Kerrl und Buttmann durchaus ablehnten; ein ganz anderer Typ wiederum: der junge Intellektuelle, Schriftsteller und Freikorpskämpfer Hans Hinkel (Berlin), der vor 1930 enger Mitarbeiter Otto Strassers und Schriftleiter verschiedener im Kampf-Verlag herausgegebener NS-Blätter gewesen war, seit 1930 NS-Reichstagsabgeordneter, Goebbels' Presseleiter im Gau Berlin und führendes Mitglied des »Kampfbundes für Deutsche Kultur«. Die spätere Aufspaltung der NS-Kulturpolitik in einen Rosenberg-, einen Goebbels-, einen Rust- und einen Kerrl-Flügel zeichnete sich hier bereits ab.

Die wehrpolitische Abteilung der Reichsleitung der NSDAP, bisher von Oberst a. D. Konstantin Hierl und dem ehemaligen Freikorpsführer und Generalmajor Franz v. Epp geleitet, wurde 1932 dem Stab der SA eingegliedert. Hierl behielt innerhalb der Reichsleitung aber die besondere Aufgabe der Leitung des freiwilligen nationalsozialistischen Arbeitsdienstes, der zwar keine nationalsozialistische Erfindung war, aber seit 1930 aus wehrpolitischen Gründen wie zur Bekämpfung der Arbeitslosigkeit von seiten der NSDAP besonders propagiert wurde.

Nicht weniger problematisch war die reale Bedeutung der Hauptabteilung IV mit ihren verschiedenen wirtschafts- und sozialpolitischen Beratern und »Experten«. Die nominelle Leitung lag bei Hauptmann a. D. Otto Wagener, einem ehemaligen Stabsoffizier der »Baltischen Legion« mit alten Beziehungen zur SA, der in den zwanziger Jahren als kleiner Unternehmer (Besitzer einer Nähmaschinenfabrik) in Karlsruhe und seit 1930 als Berater Hitlers in Wirtschaftsfragen und Intendanturangelegenheiten der SA (im Herbst 1930 interimistisch auch als Stabschef der SA) tätig gewesen war. Wagener vertrat einen entschieden antigewerkschaftlichen Standpunkt und eine »organische« ständestaatliche Verbindung von Wirtschaft und autoritärem Staat. Weniger dogmatisch als Gottfried Feder, dessen wirtschaftspolitische Theorien seit 1930 für die NSDAP erheblich an Propagandawert eingebüßt hatten, vermochte Wagener doch kaum mehr zu bieten. Als brauchbarer erwies sich z. B. der Steuer- und Finanzexperte Fritz Reinhardt, der nach zweijähriger Leitung des Gaues Oberbayern (1928 bis 1930) zum führenden NS-Sprecher im Haushaltsausschuß des Reichstages avanciert und als aktiver wirtschaftspolitischer Propagandist der Partei (Herausgeber des Rednermaterials und Leiter der Rednerschule der NSDAP) hervorgetreten war.

Daneben gehörten seit 1931 vor allem Bernhard Köhler, Walter Funk und Theodor Adrian v. Renteln zum engeren Kreis der wirtschaftspolitischen Parteiexperten. Köhler, akademisch vorgebildeter Volkswirt, hatte schon 1919/20 Dietrich Eckart und Gottfried Feder nahegestanden und 1920 kurzfristig die Schriftleitung des ›VB‹ innegehabt, war dann aber erst 1930 ebenso wie Walter Funk, der Wirtschaftsredakteur der rechtsgerichteten ›Berliner Börsenzeitung‹, durch Vermittlung Wageners zum wirtschaftspolitischen Beraterkreis Hitlers bzw. der Parteileitung herangezogen worden. Köhler spezialisierte sich propagandistisch und theoretisch vor allem auf das Gebiet der Arbeitsbeschaffungspolitik (er war offenbar Hauptverfasser des anläßlich des Wahlkampfs im Juli 1932 vorgelegten nationalsozialistischen »Sofortprogramms« der Arbeitsbeschaffung); Funk, der die Redaktion der wirtschaftspolitischen Korrespondenz der NSDAP übernahm, vertrat dagegen einen deutlichen wirtschaftspolitischen Rechtskurs, während v. Renteln, der Führer des »Kampfbundes für den gewerblichen Mittelstand«, Exponent mittelständischer Wirtschafts- und Sozialpolitik war. Als Sonderreferent für ständestaatliche Konzepte war in der Reichsleitung seit 1931 außerdem der junge Dr. Max Frauendorffer zuständig.

Wie wenig Hitler indessen die personelle Zusammensetzung und Kompetenzverteilung der Wirtschaftsabteilung der Parteileitung als verbindliches Programm oder als Anwartschaft auf spätere staatliche Kompetenzen verstand, zeigte sich schon dadurch, daß er die erst im Frühsommer 1932 förmlich institutionalisierte Hauptabteilung IV schon am 22. 9. 1932 durch die Verfügung entwertete, als »oberstes Organ für alle wirtschaftlichen Fragen« innerhalb der Partei einen »Reichswirtschaftsrat« der NSDAP zu bilden. Feder und Funk wurden zum 1. und 2. Vorsitzenden des Wirtschaftsrates berufen, dem ex officio aber auch der Reichsorganisationsleiter, die Leiter der NSBO und des agrarpolitischen Apparates sowie sonstige von Hitler zu ernennende »Einzelpersönlichkeiten« angehören sollten.[10] Die weiterbestehende Wirtschaftsabteilung sollte künftig an die Richtlinien des Wirtschaftsrates gebunden sein. Welche besonderen Motive auch immer zu dieser Verfügung führten, die keine sonderliche Bedeutung mehr erlangte, so wurde durch solche nominelle Verteilung und Umverteilung parteipolitischer Zuständigkeiten doch vor allem bewirkt, daß die Parteiexperten sich gegenseitig in Schach hielten, während sich Hitler in wirtschaftspolitischer Hinsicht alle Türen offen halten konnte.

Tatsächlich hatte Hitler sich seit eh und je auch auf andere Ratgeber gestützt. Zu ihnen gehörte u. a. der Leiter der Elektrochemischen Werke in München-Höllriegelskreuth, Albert Pietzsch (seit 1933 Präsident der Münchener Industrie- und Handelskammer), der Hitler und die Partei schon seit 1923 auch finanziell unterstützt hatte; der Generaldirektor der Allianz-Versicherung, Dr. Kurt Schmitt (1933/34 Wirtschaftsminister Hitlers); ferner, seit Ende 1931, der Inhaber einer fotochemischen Fabrik in Ebersbach (Bayern), Wilhelm Keppler, der Verbindungen zum IG-Farben-Konzern zu schaffen half und 1931/32 auch maßgeblich an der Bildung jenes industriellen »Freundeskreises« der NSDAP beteiligt war, vor dem Hitler am 18. 5. 1932 im Hotel »Kaiserhof« in Berlin eine Ansprache hielt und dabei für den Fall nationalsozialistischer Machtergreifung u. a. die Beseitigung der Gewerkschaften versprach. Hinzu kamen persönliche Kontakte mit prominenten Wirtschaftsführern (Fritz Thyssen, Schacht, v. Stauß u. a.), die vor allem Göring seit 1930 von Berlin aus vermittelte.

Vergleicht man diese persönlichen Verbindungen und das Feld der mit ihrer Hilfe ins Werk gesetzten wirtschaftspolitischen Stimmungsmache und vertraulichen Versprechungen mit den parteiamtlichen Verlautbarungen, so ergibt sich ein sehr unterschiedliches Bild. Der nationale Sozialismus und Antikapitalismus, der in der offiziellen Parteiliteratur theoretisch und propagandistisch noch immer eine erhebliche Rolle spielte, wurde auf dem Wege vertraulicher Adressen und Kontakte zumindest weitgehend abgeschwächt, wenn nicht gar unter der Hand desavouiert. Die mangelnde Vollmacht und Kompetenz der Wirtschaftsabteilung der Reichsleitung der NSDAP wirkte insofern auch als Mittel zur Frustrierung jener sozialistischen und sozialreformerischen Bestrebungen innerhalb der Partei, die den künftigen Regierungspartnern Hitlers besondere Sorge machten.

Im übrigen brachte die desolate Verfassung der Wirtschaftsabteilung nur besonders kraß den überaus provisorischen und unter dem Gesichtspunkt rationaler bürokratischer Parteiorganisation wenig effektiven Charakter der gesamten Reichsleitung der NSDAP zum Ausdruck. Mochten dabei auch persönliche und politische Unzulänglichkeiten, nicht zuletzt die fundamentale programmatische Schwäche des Nationalsozialismus, eine gewichtige Rolle spielen, so stand dahinter doch gleichwohl Methode. Die Reichsleitung der Partei erlangte nur jenes Minimum an zentraler Vollmacht, das zur Beratung und technischen Handhabung des riesigen Parteiapparates unbedingt notwendig war. Damit blieb die Möglichkeit einer Machtzusammenballung an der Spitze dieses Apparates gering und Hitler als Integrator der Partei unentbehrlich.

Diese Methode wurde nach dem Bruch Hitlers mit Gregor Strasser im Dezember 1932 besonders deutlich. Allein Strasser hatte Chancen gehabt, mit Hilfe der neuen Gliederung der Reichsleitung vom Sommer 1932 eine Art Generalsekretär der Partei mit umfassenden Vollmachten zu werden. Nach seiner Abdankung löste Hitler sofort die unter Strasser entwickelte Verbindung von technisch-organisatorischer und politischer Leitung des Parteiapparates wieder auf.

Robert Ley, der bisherige Vertreter Strassers und neue Reichsorganisationsleiter, blieb klar auf die technische Organisationskompetenz beschränkt. Seine Macht beruhte künftig nicht primär auf seiner Stellung als Organisationsleiter der Partei, sondern auf der gleichfalls von Strasser übernommenen

Oberleitung über die NSBO. Gleichzeitig verselbständigte Hitler den agrarpolitischen Apparat und ernannte Darré zum Amtsleiter (später Reichsleiter) der Partei, während alle anderen politischen Aufsichtsfunktionen (Oberleitung über die bisherigen Hauptabteilungen III und IV) auf die neugeschaffene »politische Zentralkommission« übergingen, deren Leitung Hitler nicht einem Strasser vergleichbaren prominenten Parteiführer, sondern seinem Privatsekretär Rudolf Heß übertrug. Die Ernennung des schwachen Rudolf Heß, der keinerlei Parteihausmacht besaß und sich stets nur als Sekretär seines Führers gefühlt hatte, machte mehr als alles andere deutlich, daß Hitler an der Spitze des Parteiapparates keinen machtbewußten Parteiführer, sondern lediglich einen mehr oder weniger tauglichen, vor allem aber ihm persönlich unbedingt ergebenen Geschäftsführer sehen wollte.

Das infolgedessen noch vergrößerte machtpolitische Vakuum in der Parteizentrale mußte die Zentrifugalkraft der partikularen Parteiverbände und regionalen Parteiapparate und -führer weiter stärken, während anderseits besondere Günstlinge und Favoriten Hitlers zu führendem Einfluß gelangten.

Charakteristisch hierfür war die Karriere Hermann Görings, der vom Ausscheiden Gregor Strassers insofern am meisten profitierte, als er nunmehr unbestritten der zweite Mann nach Hitler wurde. Nach seiner kurzfristigen Verwendung als Stabschef der SA (1923) hatte sich Göring mehrere Jahre im Ausland (Schweden) aufgehalten und erst 1928 als Reichstagsabgeordneter der NSDAP wieder eine Funktion (aber kein Parteiamt) übernommen. Nach dem Wahlerfolg vom September 1930 war er stellvertretender Führer der NS-Reichstagsfraktion geworden. Dank seiner gesellschaftlichen Verbindungen und auf Grund seines undogmatischen Auftretens und Umgangstones hatte er sich aber zugleich – und das war entscheidend – die Position eines persönlichen Vertrauensmannes und politischen Beauftragten Hitlers in Berlin erworben. Göring vermittelte für Hitler seit 1930/31 nicht nur die meisten vertraulichen Kontakte und Gespräche mit Staatsmännern, Parteiführern und einflußreichen Personen des öffentlichen Lebens im Inland. Er reiste auch schon im Mai 1931 im Auftrag Hitlers zu Mussolini und zum Vatikan und half – nach den feindlichen Erklärungen der deutschen Bischöfe –, eine wohlwollendere Haltung des Papstes gegenüber dem Nationalsozialismus anzubahnen. Im Sommer 1932 zum Reichstagspräsidenten gewählt, trat Göring, der schon im Oktober 1931 den ersten Empfang Hitlers durch Hindenburg arrangiert hatte, immer mehr ins Rampenlicht der Politik, und es war keine Frage, daß dem ebenso ambitionierten wie eitlen politischen Hasardeur, der zweifellos über erhebliches politisches und diplomatisches Geschick verfügte, im Falle einer nationalsozialistischen Machtergreifung eine Schlüsselposition zufallen würde.

Görings Aufstieg gründete fast ausschließlich auf der persönlichen Patronage durch Hitler und den Diensten, die er Hitler (nicht der Partei) politisch und persönlich leistete. In seiner Karriere war schon symbolisch das Prinzip und Instrument der persönlichen Herrschaft und persönlichen Machtdelegation vorweggenommen, durch das Hitler nach der Ernennung zum Reichskanzler zu regieren trachtete.

Ohne die schon in der Weimarer Zeit seit längerem angebahnte, 1932 unter Papen in Preußen auch mit Staatsstreich-
mitteln herbeigeführte Verlagerung der Macht auf die konservativen und reaktionären Gruppen der politischen Rechten und
die gleichzeitige faktische Entwertung des Parlamentarismus
und der politischen Parteien wäre es Hitler schwerlich möglich
gewesen, binnen eines halben Jahres einen gewaltsamen Schluß-
strich unter den Parteienstaat zu ziehen und die nationalsozialistische Massenbewegung zur einzigen politischen Kraft
Deutschlands zu machen.

Was die Ausschaltung des Parlamentarismus und die Etablierung einer dauerhaften autoritären Regierung betraf, so
waren sich Hitler und seine konservativen und deutschnationalen Partner im Kabinett ebenso einig wie in dem Willen, die
kommunistische Linke und möglichst auch die Sozialdemokratie notfalls mit Gewalt gänzlich aus dem politischen Leben
Deutschlands auszuschalten. Die am 1. Februar 1933 über den
Rundfunk verbreitete Regierungserklärung des Kabinetts der
»nationalen Erhebung«, die die »Parteien des Marxismus« für
das Trümmerfeld der deutschen Zustände verantwortlich
machte und an das deutsche Volk appellierte, den neuen Männern »vier Jahre Zeit« zu geben, ließ über diese Absicht keinen
Zweifel.

Inwieweit das Gewicht der nationalsozialistischen Massenbewegung auch gegen die Regierungspartner Hitlers würde
ausgespielt werden können, hing dabei allerdings auch davon
ab, ob die neue Regierung ihrem Wesen nach präsidiales und
autoritäres Kabinett bleiben oder ob Hitler, wie er es wünschte,
Gelegenheit erhalten würde, die zunächst beschränkte Macht
der nationalsozialistischen Bewegung in der Regierung durch
einen nochmaligen plebiszitären Wahlakt zu verstärken.

Die Entwicklung im Februar 1933

Hitlers Partner verkannten, daß die gewaltsame Ausschaltung
der Linken naturgemäß die zahlen- und machtmäßige Überlegenheit der NS-Bewegung gegenüber den verbleibenden Mit-

tel- und Rechtsparteien noch stärker zum Ausdruck bringen mußte und so auch ihre Kapitulation vorbereiten würde. Hatte die aggressive politische Kampfansage gegen die Linke und die methodische Herausdrängung der sozialdemokratischen Massenpartei aus der politischen Macht und Verantwortung schon vor 1933 eine wesentliche Vorbedingung für die Faschisierung des öffentlichen Lebens gebildet, so schuf die nunmehr von der »nationalen Regierung« mit staatlichen Machtmitteln forcierte Unterdrückung der Linksparteien die entscheidenden machtpolitischen, institutionellen und ausnahmegesetzlichen Hebel, die sich dann auch gegen die anderen Parteien zur Herstellung eines politischen Monopols der NSDAP gebrauchen ließen. Diese Entwicklung vollzog sich in zwei aufeinanderfolgenden Etappen: zuerst im Februar, März, April 1933 als noch überwiegend gemeinsames Vorgehen der Regierungspartner zur Ausschaltung der Linken, dann, im späten Frühjahr 1933: in Gestalt des Einsatzes der NSDAP und der von ihr inzwischen besetzten exekutiven Machtpositionen, um auch die bürgerlichen Parteien und deutschnationalen Partner zur Aufgabe ihrer politischen Eigenständigkeit zu zwingen.

Wie ihre Vorgänger seit dem Herbst 1930 war die Regierung Hitler ein Präsidialkabinett, das seine Berufung dem Notverordnungsrecht des Reichspräsidenten, nicht einer parlamentarischen Mehrheit verdankte. Der Reichspräsident, der nach den Worten der Regierungserklärung den »Männern der nationalen Regierung« den Auftrag zu entscheidender neuer Tat gegeben hatte[1], war bemüht gewesen, die Kontinuität mit den vorausgegangenen Kabinetten durch die Beibehaltung konservativ-deutschnational eingestellter Fachminister auf dem Gebiet der Außenpolitik (v. Neurath), der Finanzen (Schwerin v. Krosigk), der Justiz (Dr. Gürtner) sowie des Post- und Verkehrswesens (v. Eltz-Rübenach) möglichst weitgehend zu sichern, ferner durch die Heranziehung des Stahlhelmführers Seldte (Reichsarbeitsministerium) und vor allem durch die Verleihung starker Kompetenzen an Papen und Hugenberg Gegengewichte gegen Hitler einzubauen. Hitler hatte sich damit zufriedengegeben, daß außer ihm nur zwei Nationalsozialisten (Göring als Reichskommissar für das preußische Innenministerium sowie als Reichskommissar für Luftfahrt, Dr. Frick als Reichsinnenminister) der neuen Reichsregierung angehörten. Diese »Bescheidenheit« war bei Papen und Hindenburg wohlwollend vermerkt worden und hatte Hitler anderseits instand gesetzt, trotz starker deutschnationaler Bedenken die Übertragung der Kompetenz für die preußische Polizei an Göring durchzusetzen. Den wohlbegründeten Widerstand gegen diese Regelung hatte Hugenberg schließlich aufgegeben, als ihm selbst durch Überlassung der Reichsministerien für Wirtschaft und Landwirtschaft (einschließlich der Befugnisse des Reichskommissars für die Osthilfe) die Stellung eines »Wirtschaftsdiktators« in der neuen Regierung eingeräumt wurde, die seinen Ambitionen besonders entsprach und am 4. Februar durch die Übertragung der kommissarischen Leitung auch der preußischen Ressorts für Wirtschaft, Landwirtschaft und Arbeit komplettiert wurde. Außerdem tröstete man sich damit, daß Papen zusätzlich zu dem Posten des Vizekanzlers die Kompetenz des Reichskommissars für Preußen übertragen erhielt und somit nominell Göring übergeordnet war. Auch die Abmachung, daß der Vizekanzler bei allen Vorträgen des Reichskanzlers beim Reichspräsidenten beteiligt werden müsse, schien eine Zähmung und Eindämmung etwaiger nationalsozialistischer Alleingänge zu gewährleisten. Und schließlich verließ man sich auch darauf, daß die verfassungsmäßig unter dem Oberbefehl des Reichspräsidenten stehende Reichswehr die neue Regierung nicht in eine Parteiherrschaft der Nationalsozialisten ausarten lassen würde. Der neue Reichswehrminister, General v. Blomberg, und sein neuer Chef des Ministeramtes, Oberst v. Reichenau, die an die Stelle v. Schleichers und v. Bredows traten, standen dem Nationalsozialismus zwar wohlwollender gegenüber als die meisten anderen Generale und hohen Offiziere. Aber auch Blomberg machte in seinem Aufruf an die Wehrmacht vom 1. Februar deutlich, daß er, wie seine Amtsvorgänger, den »festen Willen« habe, die Reichswehr als »überparteiliches Machtmittel des Staates« zu erhalten.

Auch unterhalb der Ministerebene hielt sich – rein personell gesehen – der nationalsozialistische Einfluß in den Ressorts der Reichsregierung zunächst in engen Grenzen. Als Staatssekretäre in der Reichskanzlei und im Reichsinnenministerium wurden mit Heinrich Lammers (bisher Ministerialrat im Reichsinnenministerium) und Hans Pfundtner erfahrene Fachleute berufen, die zwar seit einiger Zeit mit der NS-Bewegung sympathisierten, aber keine Parteifunktionäre waren. Lediglich der neue Pressechef der Reichsregierung, Walter Funk, gehörte zum engeren Kreis der Parteiberater Hitlers. Der Wunsch, auch in anderen Ressorts nationalsozialistische Staatssekretäre unterzubringen, wurde mit Rücksicht auf die Regierungspartner zunächst zurückgestellt und erst im März/April 1933, als sich die Lage erheblich verändert hatte, durchgesetzt (Ernennung von Fritz Reinhardt und Konstantin Hierl zu Staatssekretären im Reichsfinanz- und Reichsarbeitsministerium). Auch in den anderen großen Ressorts der Reichsregierung kam es zunächst zu keiner stärkeren personellen Infiltration von NS-Seite: Staatssekretär im Auswärtigen Amt blieb weiterhin Bernhard Wilhelm v. Bülow, im Reichsjustizministerium der schon seit 1924 amtierende Staatssekretär Schlegelberger, und in den Reichsministerien für Wirtschaft und Landwirtschaft setzte Hugenberg zwei prominente Deutschnationale, den alldeutschen Oberfinanzrat Bang und das Vorstandsmitglied des Reichslandbundes v. Rohr-Demmin, als neue Staatssekretäre ein.

Von daher schien die »Einrahmung« der Nationalsozialisten weitgehend gelungen. Daran glaubte am sichersten und leichtfertigsten der geschäftige Schöpfer des Kabinetts, Franz v. Papen. Dagegen regten sich im Stahlhelm (Duesterberg) und in der DNVP (Kleist-Schmenzin, Oberfohren u. a.), wo man zahlreiche trübe Erfahrungen mit der Vertragstreue und Partnerschaft der NSDAP hinter sich hatte, von Anfang an Stimmen der Opposition gegen die Beteiligung an einem Kabinett Hitler. Bemerkenswert ist anderseits, daß damals sowohl in der KPD wie in großen Teilen der SPD und des Zentrums Hitler als der »Gefangene« der deutschnationalen Reaktion und diese als der eigentliche Sieger des 30. Januar angesehen wurde. Diese anfängliche Fehleinschätzung war bei Kommunisten und Sozialdemokraten vor allem dem ideologischen Dogma von der monopolkapitalistischen Steuerung des Faschismus zuzuschreiben, das z. T. auch den fatalistischen Attentismus beider Parteien in der Folgezeit bestimmte und sie noch in den Anfangsjahren der Emigration immer wieder veranlaßte, den vermeintlich kurz bevorstehenden Zusammenbruch des widersprüchlichen kapitalistisch-faschistischen Systems zu prophezeien.

Die Zentrumsführung war vor allem verstimmt, daß sie an den Vorverhandlungen zur Regierungsbildung überhaupt nicht beteiligt worden war, obwohl doch eine nationale Regierung mit breiter Mehrheit, wie Hindenburg sie gewünscht hatte, bei den bestehenden Stärkeverhältnissen der Parteien ohne das Zentrum nicht erreichbar schien. Die Frage einer Aufnahme des Zentrums in die Regierung war tatsächlich mit Rücksicht auf den Reichspräsidenten zunächst noch offengelassen worden. Hitler war sich aber mit Hugenberg schnell einig, daß dadurch nur »die Einheitlichkeit der Willensbildung gefährdet«[2] würde. Die folgenden Verhandlungen Hitlers mit den Zentrumsführern Kaas und Perlitius am 31. Januar wurden nur zum Schein geführt. Da diese eine Tolerierung der Regierung und eine eventuelle Zustimmung zu einem Ermächtigungsgesetz von befriedigenden Antworten Hitlers auf eine Reihe von schriftlichen Fragen vor allem bezüglich grundsätzlicher verfassungsrechtlicher Punkte abhängig machten, konnte Hitler im Kabinett und gegenüber dem Reichspräsidenten erklären: diese »unzumutbaren« Bedingungen hätten weitere Verhandlungen zur Erweiterung der Regierung unmöglich gemacht, und es müsse folglich eine parlamentarische Mehrheit der Regierung auf anderem Wege gesucht werden.

Schon am 30. Januar, noch vor der Vereidigung des Kabinetts, hatte Hitler die Auflösung des Reichstages und Neuwahlen gefordert, war dabei aber auf starken Widerspruch Hugenbergs gestoßen, so daß die Entscheidung der Frage Hindenburg überlassen worden war. In nochmaligen Neuwahlen sah Hitler die entscheidende Voraussetzung der nationalsozialistischen Machterweiterung und einer künftigen Korrektur des auf Grund der Kabinettsbildung und Ressortverteilung noch relativ schmalen nationalsozialistischen Regierungsanteils. Mit Recht erwartete er eine erhebliche Stärkung der NSDAP, wenn diese ihre Wahlpropaganda von der Regierungsplattform und mit Unterstützung der Exekutive betreiben konnte und nun zum erstenmal auch das wahlpolitisch noch immer höchst wirksame Wohlwollen des Reichspräsidenten hinter sich hatte. Das Ergebnis solcher Wahlen würde vor allem auch zeigen, bei wem innerhalb der Regierungskoalition die eigentliche Stärke lag, und es würde, wenn es gelang, mehr als 50 Prozent der Stimmen für die Hitler-Koalition zu erlangen, diese Regierung auch vom Reichspräsidenten stärker unabhängig machen.

Es war deshalb das erste große Versagen des »Zähmungskonzepts«, dessen sich Hitlers Regierungspartner schuldig machten, daß sie sich seinem Drängen auf Reichstagsauflösung und Neuwahlen in der Kabinettssitzung vom 31. 1. 1933 nicht entschieden widersetzten, sondern, uneinheitlich argumentierend, schließlich nachgaben, so daß Hitler noch am gleichen

Tage auch Hindenburg hierfür gewinnen konnte. Hugenberg hätte es lieber gesehen, durch ein sofortiges Verbot der KPD die nötige Stimmenmehrheit im Reichstag für die Regierung zu sichern. Doch Hitler warnte in der Attitüde des legalitäts-beflissenen Kanzlers vor einem solchen übereilten Schritt, der möglicherweise einen kommunistischen Aufstand provozieren und damit auch die Reichswehr vor eine schwierige Situation stellen könne. Aber auch der näherliegende Vorschlag Papens, es zuerst mit einem Ermächtigungsgesetz zu versuchen (was in der damaligen Situation im Reichstag nur Aussicht auf Erfolg gehabt hätte, wenn die Regierung dem Zentrum gegenüber zu verfassungsrechtlichen Garantien bereit gewesen wäre), wurde von den nichtnationalsozialistischen Ministern nicht mit Nach-druck weiterverfolgt.

Als Hitler zur Beruhigung seiner Partner hoch und heilig versprochen hatte, daß durch die Neuwahl nichts an der per-sonellen Zusammensetzung des Kabinetts geändert werde, leistete Papen schließlich dem Kanzler noch unfreiwillige Hilfsdienste, indem er erklärte, daß es sich um die definitiv letzte Wahl handeln müsse. Damit war – in völliger Verkeh-rung des verfassungsmäßigen Verhältnisses von Wahl und Re-gierungsbildung – die bevorstehende Neuwahl von Hitlers Partnern selbst zur bloßen Akklamation der bestehenden Re-gierung abgestempelt worden, was nach Lage der Dinge vor allem heißen mußte: Akklamation der Reichskanzlerschaft Hitlers.

Mit der am 1. Februar durch Notverordnung des Reichs-präsidenten vollzogenen Reichstagsauflösung und der Fest-setzung der Neuwahlen für den 5. März hatte Hitler mit Erfolg die erste Weiche auf dem Wege zu nationalsozialistischer Alleinherrschaft gestellt.

Einige Schwierigkeiten bereitete allerdings noch der Reichs-tagsausschuß zur Wahrung der Rechte der Volksvertretung (so-genannter Überwachungsausschuß), der von der Reichstags-auflösung nicht betroffen war und von seinem Vorsitzenden, dem langjährigen sozialdemokratischen Reichstagspräsidenten Paul Löbe, am 7. Februar einberufen wurde, um über einen SPD-Antrag zur Sicherung der Wahlfreiheit zu beraten. Eine solche Beratung hätte um so peinlicher sein können, als der Überwachungsausschuß das Recht hatte, selbst den Kanzler oder die Reichsminister vorzuladen. Die Nationalsozialisten behalfen sich deshalb in diesem Falle mit Terror und Boykott von unten. Den nationalsozialistischen Ausschußmitgliedern, angeführt von dem NS-Juristen Hans Frank, fiel die Rolle zu, eine Beratung des Ausschusses durch Dauerproteste und Tumulte gegen Löbe unmöglich zu machen. Das wurde auch erreicht, und als der Ausschuß, nach einer Beschwerde Löbes beim Reichstagspräsidenten Göring, eine Woche später erneut zusammentrat, wiederholte sich dasselbe Spiel in noch krasserer Form. Zentrum, SPD und KPD protestierten zwar erneut aufs schärfste, gaben aber den Versuch auf, den Ausschuß ein drittes Mal einzuberufen. Der Fall war typisch für die sich ausbreitende Resignation.

Um mit den Machtmitteln des Staates die Voraussetzungen der neuen Regierung für den Wahlkampf so günstig wie möglich zu gestalten, veranlaßte das Kabinett den Reichspräsidenten, am 4. Februar unter Hinweis auf die am 31. 1. 1933 ergangene kommunistische Aufforderung zum Generalstreik eine Notverordnung »zum Schutz des deutschen Volkes« zu erlassen. Diese sogenannte »Schubladenverordnung« war schon von den Vorgänger-Regierungen entworfen worden. Sie erlaubte vor allem Zeitungs- und Versammlungsverbote für den Fall, daß »Organe, Einrichtungen, Behörden oder leitende Beamte des Staates beschimpft oder verächtlich gemacht« oder »offensichtlich unrichtige Nachrichten« verbreitet würden, die »lebenswichtige Interessen des Staates gefährden«. Diese dehnbaren Bestimmungen schufen eine weitreichende Handhabe, um gegnerische Parteien mundtot zu machen. Dabei war allerdings der Beschwerdeweg beim Reichsgericht ausdrücklich offengelassen. Auch die in Paragraph 22 der Verordnung für bestimmte Fälle »staatsfeindlichen Tatverdachts« vorgesehene Anordnung von Polizeihaft ließ die Möglichkeit richterlichen Einspruchs zu und war außerdem auf eine Höchstdauer von drei Monaten begrenzt.

Bei der Anwendung dieser und anderer Mittel kam es infolgedessen vor allem darauf an, in wessen Händen die Polizei und innere Verwaltung lag. Es zeigte sich jetzt, wie wichtig es war, daß es nicht nur in einigen kleinen Ländern schon nationalsozialistische Regierungen gab, sondern daß vor allem Preußen infolge des Papenschen Staatsstreiches vom 20. 7. 1932 unter die kommissarische Leitung des Reiches gestellt und mithin die neue Reichsregierung auch die kommissarische Leitung Preußens in die Hand bekommen hatte und hier durch Görings Ernennung eine besonders günstige Voraussetzung bestand, um die Machtmittel des Staates in nationalsozialistische Hände zu spielen.

Der von der Papen-Regierung schon im Sommer 1932 unternommene Versuch, mit Hilfe der Gleichschaltung Preußens eine Reichsreform im Sinne autoritärer Verfassungsumgestaltung voranzutreiben, war durch das Kompromißurteil des Staatsgerichtshofes (25. 10. 1932) blockiert und teilweise revidiert worden. So galt die damals aus der tatsächlichen Leitung der preußischen Ressorts verdrängte sozialdemokratische Regierung Braun-Severing weiter als verfassungsmäßige Regierung, was vor allem zur Folge hatte, daß sie (nicht die kommissarische Regierung des Reiches) sowohl im preußischen Staatsrat wie im Reichsrat die Vertretung der preußischen Regierung stellte. Außerdem mußte die Kommissariatsregierung des Reiches, in der neben Papen, Göring, Hugenberg und dem übernommenen kommissarischen Finanzminister Professor Popitz seit dem 4. 2. 1933 auch der hannoversche Gauleiter der NSDAP, Studienrat a. D. Bernhard Rust, als neuer kommissarischer Kultusminister vertreten war, mit Querschüssen und Mißtrauensvoten durch den preußischen Landtag und den Staatsrat rechnen, in denen NSDAP und DNVP noch keine Mehrheit besaßen. Um diese Verhältnisse zu ändern, verfügte die Kommissariatsregierung schon am 5. Februar die Auflösung sämtlicher preußischer Provinziallandtage, der Kreistage, Gemeindevertretungen und anderer lokaler Vertretungskörperschaften und setzte Neuwahlen für den 12. 3. 1933 fest.[3] Diese Verfügung, die u. a. mit der Vereinfachung und Vereinheitlichung kommunaler Wahlen motiviert wurde, sollte vor allem eine neue Zusammensetzung des preußischen Staatsrates herbeiführen. Ihre Urheber waren sich des Risikos einer Verfassungsklage beim Staatsgerichtshof durchaus bewußt, zu der es (u. a. durch den hannoverschen Provinzialausschuß) auch kam.[4] Sie konnten aber damit rechnen, daß sich ein entsprechendes Verfahren so lange hinziehen lassen würde, bis faktisch nicht mehr rückgängig zu machende neue Verhältnisse geschaffen waren.

Gleichzeitig wurde die Auflösung des preußischen Landtages in die Wege geleitet. Eine am 4. Februar von der NS-Fraktion beantragte Selbstauflösung des Landtages war durch die Landtagsmehrheit abgelehnt worden. Und in dem ebenfalls zu Landtagsauflösungen befugten Dreimänner-Kollegium war der nationalsozialistische Landtagspräsident Kerrl mit einem entsprechenden Antrag an den beiden Gegenstimmen des preußischen Ministerpräsidenten Braun und des Staatsratspräsidenten Konrad Adenauer gescheitert.

Nach Absprache im Reichskabinett erwirkte Papen daraufhin am 6. Februar eine Notverordnung des Reichspräsidenten »zur Herstellung geordneter Regierungsverhältnisse in Preußen«, die kurzerhand sämtliche der Regierung Braun noch verbliebenen Befugnisse (darunter auch die Vertretung im Reichsrat) auf die Kommissariatsregierung übertrug. Diese Annullierung des Urteils des Staatsgerichtshofes war klarer Rechtsbruch und erneuter Staatsstreich. Die Regierung Braun reichte wiederum Klage beim Staatsgerichtshof ein, aber die bewußte Verzögerungstaktik der Reichsregierung bei Einreichung ihrer Klage-Erwiderung verschob das Verfahren mehrfach und machte es schließlich gegenstandslos, als infolge der Neuwahlen vom 5. März in Preußen ein neuer Verfassungszustand eingetreten war.* Auf Grund der Verordnung des Reichspräsidenten beschlossen Papen und Kerrl gegen Adenauers Protest noch am 6. Februar im Dreimänner-Kollegium die ·Auflösung des Preußischen Landtages und die Abhaltung von Neuwahlen am 5. März.

An dem Vorgehen in Preußen zeigte sich: Das Notverordnungsrecht des Reichspräsidenten blieb auch nach dem 30. 1. 1933 zunächst das wichtigste Instrument der Hitler-Regierung auf dem weiteren Wege der Machtkonzentration. Es machte vor allem den Weg frei für Göring, unter dessen maßgeblicher Initiative sich die preußische Exekutive, als die bei weitem bedeutendste Landesexekutive in Deutschland, zu einem wirksamen Arm der neuen Machthaber und teilweise schon im Februar zu einem neuen Feld unmittelbarer NS-Einflüsse entwickelte.

Hatte schon Papens »Preußenschlag« vom 20. 7. 1932 zur Ablösung zahlreicher republikanisch gesinnter politischer Beamter (darunter in hohem Maße Sozialdemokraten) durch Görings Vorgänger, Franz Bracht, geführt**, so kam es nunmehr

* Inwieweit der Empfang des Reichsgerichtspräsidenten Dr. Bumke durch Hitler am 11. 2. 1933 dabei mitspielte, läßt sich nur mutmaßen. Auffällig ist jedoch, daß der Staatsgerichtshof dem Ersuchen der Hitler-Regierung, die Frist zur Beantwortung der Klage der Regierung Braun zu verlängern, nachgab und in Erwiderung des Ersuchens Brauns auf Verfahrenseröffnung noch vor den Neuwahlen durch seinen Vorsitzenden am 24. Februar erklären ließ, daß eine Entscheidung bei der »Schwierigkeit des Streitfalles« nicht vor dem 5. März möglich sei. Vgl. ›Frankfurter Zeitung‹ vom 12., 18. und 25. 2. 1933.

** Vgl. dazu Wolfgang Runge, Politik und Beamtentum im Parteienstaat. Stuttgart 1965, S. 237 ff. Danach waren von Bracht bis Ende 1932 u. a. abgelöst worden: 5 Oberpräsidenten, 8 Regierungspräsidenten, 3 Regierungsvizepräsidenten und – mit Hilfe der Zusammenlegung von Landkreisen –

zu einem neuen umfangreichen Beamtenschub, der außer den noch in Spitzenstellungen der Verwaltung amtierenden Sozialdemokraten auch höhere Beamte betraf, die dem Zentrum und der Staatspartei angehörten.

Allein 14 Polizeipräsidenten in preußischen Großstädten, daneben eine ganze Reihe von Regierungs- oder Regierungsvizepräsidenten und Landräten, in Münster auch der dem Zentrum angehörende Oberpräsident (Gronowski), wurden im Februar 1933 von der neuen kommissarischen Preußen-Regierung zwangsweise in den Ruhestand versetzt. Aus beamtenrechtlichen Gründen und wegen der noch gebotenen Rücksichtnahme auf die deutschnationalen Partner konnte Göring dabei allerdings nur z. T. die Wünsche nationalsozialistischer Nachfolge-Aspiranten berücksichtigen, so in Dortmund und Hannover, wo die SA-Gruppenführer Schepmann und Lutze als neue, zunächst kommissarische, Polizeipräsidenten eingesetzt wurden. Meist dagegen fiel das Revirement im Februar, wie schon der vorangegangene Beamtenschub unter Bracht, zugunsten konservativer und deutschnationaler Verwaltungsfachleute, teils auch konservativ gesinnter adliger Gutsbesitzer, ehemaliger Offiziere und industrieller Manager aus, wodurch auch der späteren nationalsozialistischen Infiltration in wichtige Ämter der preußischen inneren Verwaltung Barrieren gesetzt wurden, die nicht mehr so ohne weiteres zu beseitigen waren. So fiel der Posten des westfälischen Oberpräsidenten an den Freiherrn Ferdinand v. Lüninck, einen deutschnationalen Vorkämpfer des westfälischen Stahlhelms und der Grünen Front. Auch in Berlin ließ sich die Kandidatur des jungen Berliner SA-Gruppenführers Graf Helldorf zunächst nicht durchsetzen (er wurde im März 1933 Polizeipräsident von Potsdam und erhielt erst im Juli 1935 den begehrten Berliner Posten). Die Wahl fiel stattdessen auf Konteradmiral a. D. v. Levetzow, der als reaktionärer Führer vaterländischer Verbände hervorgetreten war, seit 1932 zwar als Reichstagsabgeordneter der NSDAP angehörte, aber doch als ein Mann ohne Parteihausmacht den Deutschnationalen akzeptabler erschien als Helldorf. Unter Levetzows Leitung wurde sehr bald vor allem die Abteilung IA (Politische Polizei) des Berliner Polizeipräsidiums von republikanischen Beamten gesäubert. Die Leitung der Ab-

rund 70 Landräte, außerdem 11 Polizeipräsidentin nin größeren Städten und, gleichfalls mit Hilfe von Zusammenlegungen und Einsparungen (die jedoch bewußt vor allem republikanisch gesinnte Beamte betrafen), 69 Ministerialbeamte der preußischen Ministerien.

teilung, die später zum Geheimen Staatspolizeiamt verselbständigt wurde, erhielt Ende Februar 1933 Oberregierungsrat Diels, der sich schon bei der Vorbereitung des »Preußenschlages« im Preußischen Innenministerium als Zuträger für Deutschnationale und Nationalsozialisten gegen seine damaligen Vorgesetzten (Severing und Abegg) »bewährt« hatte.

Im Preußischen Innenministerium selbst hielt sich das Revirement noch in Grenzen. Am bedeutsamsten war, daß der den Nationalsozialisten gegenüber besonders kritisch eingestellte (als Führer der Katholischen Aktion bekannte) Leiter der Polizeiabteilung, Erich Klausener, ins Reichsverkehrsministerium abgeschoben und durch Ludwig Grauert ersetzt wurde, der als bisheriger Leiter der Arbeitgeberverbände der nordwestdeutschen Eisen- und Stahlindustrie seit längerem zu Görings intimen Beratern aus der Industrie gehörte und auch den Deutschnationalen genehm war. Dagegen mußte sich der Berliner SS-Gruppenführer Kurt Daluege zunächst mit dem ehrenamtlichen Posten eines »Kommissars zur besonderen Verwendung« im Preußischen Innenministerium begnügen. Tatsächlich übte Daluege in dieser Eigenschaft aber bereits im Februar/März 1933 eine für die politische Säuberung der preußischen Polizei wichtige Tätigkeit aus, ehe er im April 1933 als Nachfolger Grauerts (der zum Staatssekretär ernannt wurde) auch offiziell die Leitung der Polizeiabteilung übernehmen konnte. Die Praxis, zur Umgehung etat- und beamtenrechtlicher Hindernisse ehrenamtliche »Kommissare z. b. V.« einzuschleusen, befolgte man auch anderswo. Mit Recht vermerkte die ›Frankfurter Zeitung‹ im Hinblick auf Daluege am 9. 2. 1933, daß die Exekutive »auf dem Wege über solche ehrenamtliche Kommissare« dem »Einfluß von Männern überantwortet wird, die in Wahrheit Privatpersonen sind« und zu dem Staate, dem sie dienen sollen, »gar nicht im Pflichtverhältnis des Beamten stehen«.

Durch personelle Eingriffe im Bereich der Preußischen inneren und Polizei-Verwaltung im Februar 1933 waren wirksame Voraussetzungen für eine Begünstigung der Regierungskoalition und eine Benachteiligung der anderen politischen Kräfte, vor allem der Linken, geschaffen. Göring sorgte außerdem durch ungewöhnlich scharfe mündliche Weisungen an die Ober- und Regierungspräsidenten sowie verschiedene Runderlasse dafür, daß unzweifelhaft wurde, welches Verhalten die neue Regierung im Wahlkampf von der Exekutive erwartete. Besonders drastisch war der Erlaß vom 17. 2. 1933 an die

Polizeibehörden, die angewiesen wurden, »gegenüber den nationalen Verbänden« (SA, SS, Stahlhelm), »in deren Kreisen die wichtigsten staatserhaltenden Kräfte vertreten sind, das beste Einvernehmen herzustellen«. Außerdem sei »die nationale Propaganda mit allen Kräften zu unterstützen«, dagegen aber »dem Treiben staatsfeindlicher Organisationen mit den schärfsten Mitteln entgegenzutreten«, und, »wenn nötig, rücksichtslos von der Schußwaffe Gebrauch zu machen«. Und die praktische Wirkung eines »Schießbefehls« mußte es haben, wenn der kommissarische preußische Innenminister dem noch hinzufügte: »Polizeibeamte, die in Ausübung dieser Pflichten von der Schußwaffe Gebrauch machen, werden ohne Rücksicht auf die Folgen des Schußwaffengebrauchs von mir gedeckt; wer hingegen in falscher Rücksichtnahme versagt, hat dienststrafrechtliche Folgen zu gewärtigen.«[5]

Infolge dieser und vorangegangener Weisungen Görings kam es in Preußen besonders gegenüber den Wahlkundgebungen und Presseaufrufen der Linksparteien zu einer scharfen Verbotspraxis. Kommunistische Versammlungen und Demonstrationen unter freiem Himmel wurden ebenso wie in den nationalsozialistisch regierten Ländern Thüringen, Braunschweig und Oldenburg schon Anfang Februar generell verboten. Eine erste Beschlagnahme der kommunistischen ›Roten Fahne‹ und ein erstes dreitägiges Verbot des sozialdemokratischen ›Vorwärts‹ ließ der Berliner Polizeipräsident schon vor Inkrafttreten der Notverordnung vom 4. Februar vornehmen. Eine umfangreiche Serie von Zeitungsverboten wurde in Preußen dann vor allem seit dem 10./11. Februar erlassen, als der Wahlkampf mit den Wahlaufrufen der Parteien stärker in Gang kam. Die kommunistische Presse wurde davon am härtesten betroffen und, z. T. auch außerhalb Preußens, weitgehend unterdrückt. Polizeiliche Durchsuchungen und Beschlagnahmungen im Karl-Liebknecht-Haus in Berlin (am 2. und erneut am 23. Februar) und lokaler Parteibüros zwangen die KPD schon damals z. T. in die Illegalität. In Preußen richteten sich die polizeilichen Verbote in starkem Maße auch gegen die SPD-Presse. Mitte Februar wurden der ›Vorwärts‹ erneut für eine Woche sowie Dutzende von regionalen und örtlichen SPD-Zeitungen auf längere oder kürzere Zeit verboten, ebenso die Organe des Reichsbanners, der Freien Gewerkschaften, Otto Strassers ›Schwarze Front‹, vereinzelt auch Zentrumsblätter, so Mitte Februar in Neiße (Schlesien). Ein schon ausgesprochenes Verbot des Hauptorgans des Zentrums, der ›Germania‹, konnte durch persönliche Rücksprache von Reichskanzler a. D. Marx bei Göring gerade noch rückgängig gemacht werden. Am 19. Februar verbot die Polizei in Berlin ferner eine Tagung des Sozialistischen Kulturbundes. Auch der Kongreß »Das freie Wort«, der auf Initiative von linken Intellektuellen und Künstlern am gleichen Tage im Festsaal der Krolloper stattfand (der ehemalige preußische Kultusminister Grimme verlas hier das eindrucksvolle, gegen den Nationalsozialismus gerichtete Bekenntnis Thomas Manns zu Humanismus, Demokratie und Sozialismus), wurde vor Beginn der Diskussion von der Polizei wegen angeblich atheistischer Äußerungen (!) abgebrochen.

Mit der drakonischen Verbotspraxis in Preußen hatte sich Göring jedoch z. T. übernommen. Die meisten gegen die sozialdemokratische Presse wegen angeblicher Verleumdung der Regierung oder »hochverräterischer« Aufrufe gerichteten Verbote wurden schon binnen weniger Tage auf entsprechende Klagen hin vom Reichsgericht wieder aufgehoben. Die Tatsache, daß den massenhaften Verboten in der zweiten Februarhälfte zahlreiche reichsgerichtliche Verbotsaufhebungen folgten, stellte der Rechtmäßigkeit des Vorgehens der preußischen Exekutive ein denkbar schlechtes Zeugnis aus und war der NSDAP auch politisch nicht unbedingt zuträglich. Anderseits bewirkten die den Linksparteien schon bei scharfer politischer Kampfansage gegen die NSDAP drohenden Verbote eine starke Einschüchterung ihrer Zeitungen und Verlage. Und die Tatsache, daß schon Beleidigung und Verächtlichmachung der Regierung unter ausdrückliches Verbot gestellt waren, hatte zur Folge, daß selbst führende liberale und republikanische Zeitungen wie die ›Frankfurter Zeitung‹ oder die ›Deutsche Allgemeine Zeitung‹ sich bei ihrer Kritik an dem neuen Regime eines in der Form zurückhaltenden Tones zu befleißigen suchten und somit der nationalsozialistischen Führung doch indirekt auch Respekt verschafften.

Durch Görings Anweisungen an die Polizei war ferner Sorge dafür getragen, daß SA- oder SS-Terroristen, die während des Wahlkampfes gegnerische Versammlungen sprengten oder gewaltsame Anschläge verübten, wie am 12. Februar in Eisleben gegen die kommunistische Parteizentrale, in den offiziellen Verlautbarungen der Polizei nicht genannt bzw. ihre Aktionen verschleiert oder frisiert wurden.[6] Ein Erfolg des »Schießerlasses« war es schließlich auch, daß die preußische Polizei dem SA-Terror vielfach tatenlos zusah, so am 22. Februar in Krefeld, wo in einer Zentrumsversammlung Reichsminister a. D. Stegerwald von SA-Männern niedergeschlagen wurde. Dringende Appelle der Zentrumsführung an den Reichspräsidenten und den Vizekanzler, »den unglaublichen Zuständen ein Ende zu bereiten« (so die ›Germania‹ am 22. 2. 1933), veranlaßten schließlich Hitler und Göring, die NSDAP zur Disziplin zu ermahnen und vor »Provokationen« zu warnen.

Von besonders weittragenden politischen und institutionellen Folgen war ein damals noch relativ wenig beachteter unveröffentlichter Polizeierlaß Görings vom 22. 2. 1933, der zur Bekämpfung »zunehmender Ausschreitungen von linksradikaler, insbesondere kommunistischer Seite« eine Polizeiverstärkung durch den Einsatz freiwilliger »Hilfspolizei« anordnete. Zum Dienst in der Hilfspolizei wurden fast ausschließlich Angehörige »nationaler Verbände« (SA, SS, Stahlhelm) herangezogen, die in ihren Uniformen auftraten und lediglich eine weiße Armbinde trugen, die mit der Aufschrift »Hilfspolizei« versehen war. Der Erlaß bestimmte zwar, daß die Aufstellung der Hilfspolizei der Genehmigung des Regierungspräsidenten bedurfte und die Hilfspolizisten unter der Führung von Polizeioffizieren stünden,[7] die Praxis sah aber bald anders aus.

Die Furcht vor der Überlegenheit der Massenorganisationen der NSDAP hatte Papens und Hugenbergs Aversion gegen neue Reichstagswahlen vor allem begründet. Um mit den nationalsozialistischen Partnern wenigstens einigermaßen mithalten zu können, versuchte Papen den Rechtsblock von Deutschnationalen und Stahlhelm nach der Mitte hin zu einer christlich-nationalen Einheitsfront zu erweitern. Aber dieser Versuch scheiterte vor allem an der Intransigenz Hugenbergs. Die daraufhin gebildete »Kampffront Schwarz-Weiß-Rot«, die nominell von Hugenberg, Seldte und Papen geleitet wurde, konnte sich organisatorisch im Grunde nur auf die DNVP stützen und brachte ihre von den Nationalsozialisten abweichenden Vorstellungen im Wahlkampf nur vorsichtig zum Ausdruck, so daß die Mehrzahl der Wähler hierin keine Alternative, sondern nur eine schwächlichere Ausgabe der nationalsozialistischen Propaganda erblicken mußte.

Papen, Hugenberg und die anderen Kabinettsminister täuschten sich aber noch immer über die Möglichkeiten partnerschaftlicher Kooperation mit Hitler. Zu dieser Täuschung trug wesentlich bei, daß Hitler sich in diesen Wochen bei der Ausübung der Richtlinien-Kompetenz des Kanzlers durchaus zurückhielt, scharfe Konfrontationen vermied und im Kabinett auch Vorschläge Fricks oder Görings gelegentlich stillschweigend fallenließ, wenn sich dagegen deutlicher Widerstand bemerkbar machte. Ein Beispiel war die Kabinettssitzung vom 16. Februar, in der Frick, zweifellos in Übereinstimmung mit Hitler, angesichts der Aufhebung zahlreicher Zeitungsverbote durch das Reichsgericht, den Vorschlag machte, die reichsgerichtliche Beschwerdeninstanz durch eine Ergänzung der Notverordnung vom 4. 2. 1933 auszuschalten, dabei aber auf den Widerspruch Hugenbergs stieß. Hugenberg registrierte sicherlich auch mit Genugtuung, daß Hitler kaum Einwände gegen seine ersten wirtschaftspolitischen Maßnahmen und Gesetzesvorlagen (landwirtschaftlicher Vollstreckungsschutz, Getreidesubventionen u. a.) erhob, die einseitig vor allem der Landwirtschaft zugute kamen.

Ganz bewußt ordnete Hitler die drängenden sachlichen Probleme der Wirtschafts-, Finanz-, Sozialpolitik und Arbeitsbeschaffung in diesen Wochen den wahlpolitischen Erwägungen unter. Hugenbergs landwirtschaftsfreundliche Politik paßte insofern in dieses Konzept, als es hierbei nicht zuletzt um eine Stimmungsverbesserung in der breiten Schicht der agrarischen Bevölkerung ging, von der sich die NSDAP bei den Wahlen mehr als von der Arbeiterschaft versprechen konnte. Im Gegensatz zu Hugenberg wünschte Hitler aber jede wirtschaftspolitische Festlegung zu vermeiden. Es war sehr bezeichnend, daß er in der Kabinettssitzung vom 8. Februar empfahl, »bei der Wahlpropaganda alle genaueren Angaben über ein Wirtschaftsprogramm der Reichsregierung zu vermeiden. Die Reichsregierung müsse 18 bis 19 Millionen Wählerstimmen hinter sich bringen. Ein Wirtschaftsprogramm, das die Zustimmung einer derartig großen Wählermasse finden könne, gebe es auf der ganzen Welt nicht«. Auch in seiner Ansprache vor führenden Industriellen am 20. Februar ließ Hitler jedes konkrete Wirtschaftsprogramm vermissen und speiste seine Gäste statt dessen damit ab, daß er das biologische »Gesetz« vom Recht des Starken auf die »Unternehmerpersönlichkeit« anwandte, die im autoritären Staat geachtet sein würde, während die Demokratie eine Organisation zum Schutz der Schwachen und der unselbständigen Masse sei. Bei aller Dogmatik eine geschickte Werbung! Sie wurde dadurch unterstrichen, daß Göring und Schacht die anwesenden Herren (darunter Krupp v. Bohlen und Halbach, Generaldirektor Vögler von den Vereinigten Stahlwerken, v. Schnitzler vom IG-Farben-Konzern) anschließend zur Kasse baten und einen Wahlhilfsfonds für die NSDAP in Höhe von einigen Millionen Reichsmark einsammelten.[8]

Die großzügige Spende war ein deutliches Beispiel dafür, wie sehr die materiellen und technischen Voraussetzungen nationalsozialistischer Wahlpropaganda sich verbessert hatten, seit Hitler Kanzler geworden war. Zwar lehnte Hitler im Kabinett im Einvernehmen mit Finanzminister Schwerin-Krosigk den Vorschlag Fricks ab, Regierungsfonds für die Wahlpropaganda der Hitler-Koalition zu benutzen. Um so hemmungsloser nützte er aber in anderer Hinsicht den Regierungsvorteil für die Parteipropaganda aus. So veranlaßte Frick z. B., daß der Text des »Aufrufes an das Deutsche Volk«, den Hitler am 1. Februar im Rundfunk verlesen hatte, auf amtlichem Wege, u. a. auch in den Schulen, verbreitet[9] und somit zu einem Schlager im Wahlkampf wurde. Nach vierzehn Jahren tiefster Schmach und Erniedrigung – so lautete sein Haupttenor – sei jetzt die große Stunde der nationalen Erhebung gekommen. Der Aufruf malte das vergangene »System« in den schwärzesten Farben und rückte die »geschichtliche Wende« des 30. Januar um so mehr ins Licht. Mit Hochachtung wurde der Entschluß des noch vor kurzem von der Goebbels-Presse scharf attackierten »Generalfeldmarschalls« zur Bildung der neuen Regierung gepriesen, und der Aufruf schloß mit einer demütigen Segensbitte an den Allmächtigen. Die Vagheit und programmatische Inhaltslosigkeit, die auch die gegnerischen Parteien aufs Korn nahmen, tat der Wirkung des Aufrufes wie auch den ähnlich gearteten großen Wahlreden Hitlers kaum Abbruch. Die Nationalsozialisten verstanden es noch mehr als früher, einen Taumel blinder Glaubensseligkeit zu erzeugen. Was allen politisch Mündigen als schiere Phrase erscheinen mußte, nahmen Millionen zufrieden und begeistert hin, so, wenn Frick am 19. Februar in einer Wahlrede in Dresden erklärte: »Wenn man sagt, wir hätten kein Programm, so ist doch der Name Hitler Programm genug. Das Entscheidende ist der Wille und die Kraft zur Tat.«[10]

Zum erstenmal bot sich den Nationalsozialisten jetzt auch die Verfügungsgewalt über ein Medium, das solcher Stimmungspolitik besonders entgegenkam und sie vervielfältigte:

der Rundfunk. Die Verfassung des damaligen deutschen Rundfunks, die beherrschende Stellung der Regierung in der Reichsrundfunkgesellschaft, die ihrerseits die Rundfunkgesellschaften der einzelnen regionalen Sender kontrollierte, erwies sich als besonders günstige Voraussetzung der Gleichschaltung von oben. Auch die Weimarer Regierungen hatten das Rundfunkmonopol verschiedentlich für sich eingespannt, aber erst Hitler und Goebbels wußten die Möglichkeiten dieses Instruments technisch virtuos zu nutzen. Der Rundfunk kam auch Hugenberg, Papen und Seldte zugute, aber Hitler profitierte davon weitaus mehr, zumal er durchsetzte, daß seine großen Wahlreden sämtlich von allen deutschen Sendern übertragen wurden. Goebbels erfand dabei eine besondere Spezialität, die seine Anwartschaft auf den künftigen Posten des Reichspropagandaministers nachdrücklich unterstrich: Er selbst leitete als Reporter im Rundfunk die jeweiligen Hitler-Kundgebungen ein, zum erstenmal anläßlich der Wahleröffnungskundgebung im Berliner Sportpalast am 10. Februar, und »vermittelte« die rechte Stimmung bis in jedes Wohnzimmer. Die ›Frankfurter Zeitung‹ glossierte am 12. Februar Goebbels' ersten Auftritt als Reporter seines Führers: »Herr Goebbels produzierte sich vorher als der geborene Superlativ: hinreißend – einzigartig – fieberhafte Spannung – fieberhaft wachsende Spannung – die Menschenmassen ballen sich – alles eine Masse Mensch, in der Menschen schon nicht mehr zu erkennen sind.«

Die von Berlin aus angeordnete Verbreitung des »Aufrufes« vom 1. Februar ebenso wie die Zwangsübertragung der Hitlerreden stieß naturgemäß vor allem in den Ländern mit nichtnationalsozialistischen Regierungen auf Widerspruch. In Stuttgart, wo Hitler am Abend des 15. Februar in der Stadthalle sprach, zerschnitten unbekannte Täter das Rundfunkkabel, das die Post von der Halle zum Telegrafenamt gelegt hatte, so daß die Übertragung der Rede plötzlich abbrach. Hitler reagierte auf diesen Vorfall wütend, veranlaßte den Reichspostminister zu scharfem Vorgehen gegen die Postbeamten, die es an der nötigen Überwachung hatten fehlen lassen, und erklärte am 16. 2. 1933 im Kabinett, »daß er nicht gesonnen sei, sich Vorkommnisse wie die in Stuttgart nochmals bieten zu lassen«.

Die Brandlegung des ehemaligen holländischen Kommunisten Marinus van der Lubbe im Reichstagsgebäude am Abend des 27. 2. 1933 veranlaßte die nationalsozialistische Führung, von der ursprünglich zurechtgelegten Taktik, die bis zum Wahltag am 5. März nur eine vorsichtig graduelle Eskalation der Einschüchterung politischer Gegner, aber keine sensationelle Aktion vorsah, abzugehen. Unter dem unmittelbaren Eindruck des Feuers im Reichstag glaubten Hitler, Göring, Goebbels und Frick anscheinend tatsächlich an das Fanal zu einer allgemeinen kommunistischen Aufstandsaktion. NS-Ideologie und -Propaganda, die seit eh und je ein phantastisches Zerrbild kommunistischer Verschwörung ausgemalt hatten, förderten durch Selbstinduktion diese Annahme, obwohl das überwiegend defensive Verhalten der Kommunisten seit dem 30. Januar ebenso wie das bisher beschlagnahmte Material eine solche Deutung kaum stützten und ein kommunistischer Umsturzversuch auch offensichtlich aussichtslos gewesen wäre. Naturgemäß lag es allerdings angesichts der Größe des Brandes und der psychologischen und politischen Situation dieser Tage nahe, an eine organisierte politische Aktion zu denken, während die alleinige individuelle Täterschaft des auf frischer Tat ertappten van der Lubbe den meisten Beobachtern und Kommentatoren recht unwahrscheinlich erschien.

Die anfangs nicht grundsätzlich auszuschließende Möglichkeit einer planvollen kommunistischen Aktion wurde aber, und hier begann von vornherein die bewußte Entstellung, schon in den ersten Verlautbarungen Görings und Goebbels' in der Brandnacht sowie in den offiziellen Erklärungen und Meldungen der folgenden Tage sofort als Tatsache behauptet, wobei man außerdem ohne jegliche Beweisgründe auch die Sozialdemokratie der Komplicen- oder Mitwisserschaft verdächtigte. An dieser Version, die, wie die ›Frankfurter Zeitung‹ schon am 1. März mit Recht feststellte, »die Möglichkeit eines individuellen Terroraktes nicht berücksichtigte«, hielt man auch starr fest, als auf Grund der Feststellungen und Vernehmungen der nächsten Tage die Wahrscheinlichkeit eines von langer Hand her organisierten kommunistischen Anschlages immer brüchiger wurde. Erst dadurch verhalfen die Nationalsozialisten der antifaschistischen Gegenthese und -propaganda, die nun ihrerseits, maßgeblich organisiert durch die getarnte Komintern-zentrale Willi Münzenbergs in Paris, eine Brandstiftung durch die Nazis behauptete und zu beweisen suchte, zu so durchschlagendem Erfolg, daß selbst die Geschichtswissenschaft noch lange Zeit nach 1945 überwiegend von einer Brandstiftung durch die Nationalsozialisten ausging und die Alleintäterschaft van der Lubbes, die beiden Seiten nicht in den Kram paßte, erst neuerdings als wohl nicht mehr widerlegbares Faktum rekonstruiert wurde.[11]

Die These von der Täterschaft und Anstiftung durch die KPD und der Mitverantwortung der SPD war aber für die NS-Führung vor allem deshalb kaum noch revidierbar, weil sie sich darauf nicht nur mit Worten, sondern mit überaus folgenschweren Ausnahmeverordnungen und Gewaltmaßnahmen festgelegt hatte.

Schon in der Nacht vom 27. zum 28. Februar ordnete Göring die Verhaftung der Abgeordneten und führenden Funktionäre der KPD, die Schließung aller kommunistischen Parteibüros und -verkehrslokale und das unbefristete Verbot der gesamten KPD-Presse sowie auch ein vierzehntägiges Verbot der sozialdemokratischen Publikationsorgane in Preußen an. Vor allem aber erwirkte die Hitler-Regierung schon am Tage nach dem Reichstagsbrand den eiligen Erlaß einer neuen Notverordnung des Reichspräsidenten »zum Schutz von Volk und Staat«, die »zur Abwehr kommunistischer staatsgefährdender Gewaltakte« einen weitgehenden Ausnahmezustand herbeiführte, der sehr schnell grundlegende, über den Anlaß des Reichstagsbrandes und die Abwehr vermeintlicher kommunistischer Bedrohung hinausgehende Bedeutung für die Machtdurchsetzung des Nationalsozialismus erhalten sollte.

Die nach Vorbesprechungen im Preußischen Innenministerium unter Federführung des Reichsministers des Innern am 28. Februar schnell improvisierte Verordnung war nach kurzer Erörterung im Reichskabinett noch am gleichen Tage vom Reichspräsidenten unterschrieben worden. Wie sehr gerade solche Improvisation, welche auf die klare gesetzliche Definition von Rechtsveränderungen und Ermächtigungen verzichtete und sich stattdessen mit der pauschalen Außerkraftsetzung bestehender Grund- und Verfassungsrechte behalf, zum Einlaßtor polizeistaatlicher Willkür wurde, dafür war die Reichstagsbrand-Verordnung das früheste und vielleicht überhaupt das bedeutendste Beispiel in nationalsozialistischer Zeit.

Den Zweck der Verordnung bezeichnete Hitler am 28. Februar im Kabinett sehr deutlich: Es gehe jetzt um die »rücksichtslose Auseinandersetzung mit der KPD«, die ursprünglich für die Zeit nach den Wahlen geplant war und im Prinzip auch von den nicht-nationalsozialistischen Regierungspartnern begrüßt wurde, zumal der Reichstagsbrand dafür eine ideale Begründung geliefert hatte. Um dieses Zweckes willen wurden mit einem Federstrich (§ 1 der Verordnung) alle auf Grund des Notverordnungsparagraphen 48 suspendierbaren Grundrechte der Weimarer Verfassung (die Freiheit der Person, das Recht auf freie Meinungsäußerung, die Presse-, Vereins- und Versammlungsfreiheit, die Unverletzlichkeit des Brief-, Post- und Fernsprechgeheimnisses, der verfassungsmäßige Schutz von Eigentum und Wohnung) bis auf weiteres außer Kraft gesetzt; außerdem ermächtigte die Verordnung die Reichsregierung (§ 2), die »Befugnisse der obersten Landesbehörde vorübergehend wahrzunehmen«, wenn »in einem Lande die zur Wiederherstellung der öffentlichen Sicherheit und Ordnung nötigen Maßnahmen nicht getroffen« würden.[12]

Ein besonderer Mangel der Verordnung, die auch (§§ 4 und 6) drakonische Strafandrohungen (Todesstrafe oder Zuchthaus) bei gewaltsamer Zuwiderhandlung gegen die Verordnung sowie bei Mordanschlägen gegen Regierungsmitglieder, Brandstiftung in öffentlichen Gebäuden oder schwerem Aufruhr enthielt, bestand darin, daß ihr keine Ausführungsvorschriften des Reichsinnenministers folgten, der Erlaß näherer Bestimmungen vielmehr den Ländern überlassen blieb, wodurch vor allem Göring in Preußen in den Stand gesetzt wurde, die Verordnung von vornherein außerordentlich weit auszulegen.

Während die nicht-nationalsozialistisch regierten Länder sich im wesentlichen auf Verbote der kommunistischen Presse, kommunistischer Versammlungen und Kundgebungen, die Schließung kommunistischer Parteibüros und die Festnahme der namhaften KPD-Funktionäre und -Abgeordneten beschränkten, ging man in Preußen bei Verhaftungen von KPD-Funktionären äußerst summarisch vor. Schon in den ersten Tagen nach dem Reichstagsbrand wurden hier Tausende von KPD-Funktionären inhaftiert. Teilmeldungen der Polizeipräsidenten aus 24 preußischen Regierungsbezirken (von insgesamt 34, ohne Berlin!) ergeben für die Tage bis zum 15. März eine Zahl von 7784 auf Grund der Verordnung vom 28. 2. 1933 verhafteten Personen[13] (zu 95 Prozent Kommunisten). Die Gesamtzahl der Verhafteten in Preußen dürfte schon in diesem Zeitraum mehr als 10000 betragen haben.

Die KPD hatte sich auf die Illegalität zwar seit geraumer Zeit vorbereitet, wurde aber durch die Aktion nach dem Reichstagsbrand dennoch überrascht. Die Verhaftungen trafen vor allem den größeren Teil der mittleren Funktionärskader, die entsprechend der bürokratisch-zentralistischen Struktur der KPD daran gewöhnt waren, auf Anweisungen der Zentrale zu warten. Da die preußische Politische Polizei z. T. die geheimen Ausweichquartiere der Kommunisten kannte, gelang ihr auch die Verhaftung einiger prominenter Führer, so am 3. März in Berlin die des KPD-Vorsitzenden Ernst Thälmann mit einer Reihe seiner Vertrauten. Andere KPD-Führer und ZK-Mitglieder gingen schon in diesen Tagen oder den folgenden Wochen in die Emigration, so u. a. Willi Münzenberg, Alexander Abusch, Wilhelm Pieck; andere hielten sich noch bis zum Sommer oder Herbst 1933 versteckt in Deutschland auf, darunter auch Walter Ulbricht. Der Hauptorganisator der illegalen KPD, John Schehr, fiel noch im Herbst 1933 der Polizei in die Hände und wurde am 2. 2. 1934 ermordet. Zu den Verhafteten der ersten Tage gehörten auch namhafte Personen der intellektuellen und literarischen Linken: Erich Mühsam, Ludwig Renn, Egon Erwin Kisch, Karl v. Ossietzky, Bernhard Rubinstein, Professor Felix Halle, der Pazifist Lehmann-Rußbüldt und viele andere.

In der Kabinettssitzung vom 2. 3. 1933 regte Außenminister v. Neurath an, der starken ausländischen Pressekritik an den Maßnahmen in Deutschland doch wenigstens durch eine Milderung oder Aufhebung der »Maßnahmen gegen die SPD« den Boden zu entziehen, doch Göring widersprach dem entschieden: Ein scharfes Vorgehen gegen die SPD ließe im Gegenteil erwarten, daß diese »zum Vorteil für die NSDAP« bei der bevorstehenden Wahl »erheblich an Anhängerschaft verlieren würde«.

Hitler und Göring wußten wohl, daß außer dem emotionalen Appell an die Führungssehnsucht und Gläubigkeit der unpolitisch-nationalen Wählerschichten, den Goebbels zielsicher besorgte, indem er den 5. März schon vorweg als »Tag der erwachenden Nation« proklamierte, auch die Einschüchterung und methodische Diskriminierung der politischen Linken ihre Wirkung auf zahlreiche ängstliche und unsichere Wähler ausüben würden. Es entsprach dabei der besonderen Mentalität der nationalsozialistischen Führung, daß sie auf die ausländische Pressekritik eher noch mit verstärkter Aggressivität reagierte, so wenn Göring am 2. März öffentlich erklärte:

»Meine Hauptaufgabe wird es sein, daß die Pest des Kommunismus ausgerottet wird, ich gehe auf der ganzen Linie zum entscheidenden Angriff über ... Das haben die Kommunisten nicht erwartet, daß 48 Stunden später schon 2000 ihrer Obergauner hinter Schloß und Riegel sitzen ... Ich brauche nicht den Brand im Reichstag, um gegen den Kommunismus vorzugehen, und ich verrate auch kein Geheimnis, daß – wäre es nach mir und Hitler gegangen – der Täter heute schon am Galgen hinge.«[14]

Die gleiche verschärfende Tendenz enthielt Görings Runderlaß vom 3. März an die Polizeibehörden zur Durchführung der Verordnung zum Schutz von Volk und Staat.[15] Außer den Grundrechten der Verfassung, so hieß es dort, seien durch die Verordnung »auch alle sonstigen für das Tätigwerden der Polizei ... gezogenen reichs- und landesgesetzlichen Schranken«, vor allem die Vorschriften des preußischen Polizeiverwaltungsgesetzes (PVG) vom 1. 6. 1931*, »beseitigt« worden, »soweit es zur Erreichung des mit der VO erstrebten Zieles zweckmäßig und erforderlich ist«. Der Erlaß weitete außerdem in starkem Maße aus, was unter der »Abwehr kommunistischer staatsgefährdender Gewaltakte« zu verstehen sei: »Nach Zweck und Ziel der VO werden sich die nach ihr zulässigen erweiterten Maßnahmen in erster Linie gegen die Kommunisten, dann aber auch gegen diejenigen zu richten haben, die mit den Kommunisten zusammenarbeiten und deren verbrecherische Ziele, wenn auch nur mittelbar, unterstützen oder fördern. Zur Vermeidung von Mißgriffen weise ich darauf hin, daß Maßnahmen, die gegen Angehörige oder Einrichtungen anderer als kommunistischer, anarchistischer oder sozialdemokratischer Parteien oder Organisationen notwendig werden, auf die VO zum Schutz von Volk und Staat vom 28. 2. 1933 nur dann zu stützen sind, wenn sie der Abwehr solcher kommunistischer Bestrebungen im weitesten Sinne dienen.«

Hier waren also bereits »Kommunisten, Anarchisten und Sozialdemokraten« grundsätzlich über einen Kamm geschoren

---

* Ausdrücklich wurde vor allem § 41 des preußischen PVG außer Kraft gesetzt, der bestimmte, daß polizeiliche Maßnahmen zur Beseitigung von Störungen der öffentlichen Sicherheit nur gültig sind, wenn es sich um »eine im einzelnen Falle bevorstehende Gefahr« handelt, und der im übrigen vorschrieb, daß bei dem entsprechenden Vorgehen »das den Betroffenen und die Allgemeinheit am wenigsten beeinträchtigende Mittel zu wählen« sei.

und gleichermaßen unter Acht und Bann gestellt, während bei »bürgerlichen« politischen Gegnern noch der besondere Nachweis der direkten oder indirekten Förderung kommunistischer Bestrebungen verlangt wurde, wenn die Verordnung gegen sie angewendet werden sollte. Wenige Monate später galten aber auch diese Vorbehalte nicht mehr: in einem an die preußischen Polizeibehörden gerichteten Erlaß vom 22. 6. 1933 »Zur Bekämpfung des sog. Miesmachertums« ging Göring so weit, selbst bloße Äußerungen, »die geeignet sind, Unzufriedenheit über die von der nationalen Regierung getroffenen Maßnahmen zu erzeugen« als »Fortsetzung der marxistischen Hetze« zu bezeichnen und die Behörden aufzufordern, die betreffenden »Miesmacher« entsprechend zu bekämpfen.[16]

Trotz solcher schon frühzeitig sichtbaren Anzeichen nicht absehbarer Ausweitung der Auslegung und Handhabung der Reichstagsbrand-Verordnung waren sich die meisten Zeitgenossen, vor allem auch die deutschnationalen Partner Hitlers, im Frühjahr 1933 der Tragweite des leichtfertig beschlossenen Ausnahmezustandes offenbar nicht bewußt. Die anfänglich ganz überwiegend gegen die Kommunisten gerichteten Verhaftungen mochten den Vergleich mit früheren Ausnahmezuständen nahelegen, zu denen in der Anfangszeit der Republik auch Ebert und verfassungstreue Weimarer Regierungen hatten Zuflucht nehmen müssen, wobei auch (freilich unter militärischer, nicht polizeilicher vollziehender Gewalt) schon das Instrument der Schutzhaft gegen Spartakisten und Kommunisten angewendet worden war. Auch beruhigende Erklärungen Hitlers unterstützten die Annahme einer nur zeitweiligen Dauer des Rechtsvakuums. So antwortete Hitler auf die Frage eines Korrespondenten des ›Daily Express‹, ob die gegenwärtige Aufhebung der persönlichen Freiheit ein dauernder Zustand bleiben werde, am 2. März ausdrücklich: »Nein! Wenn die kommunistische Gefahr beseitigt ist, wird die normale Ordnung der Dinge zurückkehren.«[17]

Auch nachdem die SA- und SS-Hilfspolizei in der zweiten Hälfte des Jahres 1933 bzw. (in Bayern) Anfang 1934 aufgelöst wurde, blieb die Leitung und Verwaltung der Konzentrationslager für politische Häftlinge eine Domäne der SA und SS (nach dem 30. 6. 1934 allein der SS), die insoweit weiterhin einen Sektor staatlicher Macht okkupierten, ohne dabei von den ordentlichen Organen der staatlichen Verwaltung und Justiz kontrolliert zu werden. Das auf die Reichstagsbrand-Verordnung zurückgehende Zwangsmittel der sogenannten Schutzhaftverhängung begründete mithin nicht nur die souveräne polizeistaatliche Gewalt und Freiheitsberaubung (neben der justiziellen Untersuchungs- oder Strafhaft) außerhalb jeder richterlichen und rechtsstaatlichen Kontrolle, sondern darüber hinaus ein dauerhaftes Instrument außerstaatlicher (Privat-) Gewalt der Partei, genauer: der SS.

Diese weitreichenden Konsequenzen der Reichstagsbrand-Verordnung waren freilich in den ersten Märztagen 1933 noch nicht absehbar und auch nicht zwangsläufig. Es war bezeichnend, daß es zur hemmungslosen revolutionären und terroristischen Ausnutzung des mit der Reichstagsbrand-Verordnung geschaffenen Ausnahmezustandes erst kam, nachdem die Wahlen vom 5. März die Anwendung terroristischer Gewalt gleichsam plebiszitär abgesichert hatten.

Die Wahl vom 5. März 1933

Der Ausgang der Wahl, die bereits unter den Bedingungen weitgehenden Ausnahmezustandes stattfand, aber unter diesem Vorbehalt dennoch für das deutsche Volk eine letzte demokratische Wahlmöglichkeit bot, erreichte das Ziel ihrer Urheber, die absolute Stimmenmehrheit für die hinter der Hitler-Regierung stehenden Kräfte zu gewinnen, nur mit knapper Not. NSDAP und »Kampffront Schwarz-Weiß-Rot« erhielten zusammen 51,8 Prozent, die NSDAP allein 43,9 Prozent der Stimmen. Trotz des großen Propagandavorteils und der gewaltsamen Behinderung oder Unterdrückung gegnerischer Parteien blieb die NSDAP noch immer weit von der Mehrheit entfernt. Der Ausgang der Wahl erfüllte gleichwohl die entscheidende ihr zugedachte Funktion: Sie erbrachte der neuen Regierung eine plebiszitäre Legitimation, die als moralischer Rückhalt um so wichtiger war, als mit Hilfe dieses Mandats die parlamentarische Demokratie endgültig zugunsten einer autoritären Führung verabschiedet werden sollte.

Besonders auffällig an der Wahl und schon ein deutliches Zeichen ihres plebiszitären Charakters war die Rekord-Wahlbeteiligung von über 88 Prozent, die noch um 5 Prozent höher lag als bei der Juli-Wahl von 1932, die bereits alle anderen Wahlbeteiligungsquoten der Weimarer Zeit übertroffen hatte. Es war gelungen, dreieinhalb Millionen Wahlberechtigte, die der letzten Reichstagswahl vom November 1932 (Wahlbeteiligung: 80 Prozent) ferngeblieben waren, zu mobilisieren. Und offensichtlich bestand mindestens die Hälfte der fünfeinhalb Millionen neuen Hitler-Wähler (17,2 Millionen am 5. 3. 1933 gegenüber 11,7 Millionen am 6. 11. 1932) aus diesen bisherigen Nichtwählern. Die Werbekraft der Person Hitlers als des Führers und Kanzlers, darin waren sich die meisten Beobachter einig, hatte dabei mehr als die der NSDAP den Ausschlag gegeben. Das Abschneiden der anderen Parteien erklärt, woher die übrigen Stimmen kamen. DNVP (Kampffront Schwarz-Weiß-Rot) und Zentrum gewannen je rund 200000 Stimmen, SPD und Staatspartei hielten sich bei nur geringem Verlust (70000), dagegen büßten die DVP sowie die kleinen Mittelstands- und Bauernparteien insgesamt rund 850000 Stimmen und die KPD (von 5,9 Millionen Stimmen bei der Wahl vom 6. 11. 1932) mehr als 1,1 Millionen ein. Letztere kamen anscheinend zum großen Teil der NSDAP zugute. Hier bestätigte sich erneut die beträchtliche unterschwellige Affinität zwischen Links- und Rechtsradikalismus, wenn es sich auch bei den meisten KPD-Wählern, die zur NSDAP übergingen, um ideologisch weniger festgelegte bzw. unsichere KPD-Anhänger gehandelt haben dürfte, die erst im Laufe der Wirtschaftskrise zur KPD gestoßen waren, aber wieder von ihr abfielen und für die erfolgreichere Radikalpartei optierten, seitdem die KPD praktisch schon mehr oder weniger unterdrückt war. Zumindest einen Teil dieser Stimmen hatte die NSDAP wohl den Gewaltmaßnahmen nach dem Reichstagsbrand zu verdanken. Daß Terror und Verfemung von oben das Wählerverhalten in dieser Weise zu bestimmen vermochten, wurde vollends bestätigt durch die eine Woche später (am 12. 3. 1933) in Preußen stattfindenden Kommunalwahlen. Die umwälzenden Vorgänge, die sich in dieser einen Woche vollzogen, wobei SPD, Zentrum, Staatspartei und DVP aus den außerpreußischen Länderregierungen ausgeschaltet wurden, führten dazu, daß die KPD weitere drastische Stimmenverluste, aber nun auch SPD, Zentrum und Staatspartei, die sich am 5. März noch erstaunlich gut gehalten hatten, starke Verluste erlitten.

Die Reichstagswahlen vom 5. März, die in Preußen mit der Neuwahl des Landtages gekoppelt waren und dort zu ähnlichen Ergebnissen führten (NSDAP: 44,1, Kampffront Schwarz-Weiß-Rot: 8,8 Prozent), waren für die NSDAP nicht zuletzt deshalb ein bedeutsamer Erfolg, weil es ihr dabei erstmals gelang, auch in den süddeutschen Ländern Württemberg und Bayern, wo sie bisher nur unterdurchschnittlich vertreten war, ähnlich hohe Stimmenanteile zu erzielen wie im Reichsdurchschnitt (Bayern: 43,1, Württemberg: 42 Prozent).

Die Zunahme des NSDAP-Stimmenanteils gegenüber den Novemberwahlen 1932 (im Reichsdurchschnitt: +11 Prozent) war hier besonders hoch, namentlich in den Wahlkreisen Niederbayern (+20,7 Prozent) und Oberbayern–Schwaben (+16,3 Prozent), die bisher eine Domäne der Bayerischen Volkspartei gebildet hatten, aber auch im Wahlkreis Württemberg (+13,8 Prozent). Hierbei wirkte sich die hohe Wahlbeteiligung besonders in den ländlichen Kreisen aus, die teilweise (so auch z. B. in den hessischen Landkreisen) bis zu 95 Prozent erreichte.

Der NSDAP war es jetzt in Süddeutschland in weitem Maße gelungen, zum Sammelbecken bisher zersplitterter Kräfte zu werden, die sich gegen die Vorherrschaft des politischen Katholizismus auf dem Lande wandten. Damit war aber auch die auf Wahrung der Landessouveränität gegenüber der Hitler-Regierung in Berlin bedachte Politik vor allem der bayerischen und württembergischen Landesregierungen erheblich geschwächt, wenn nicht gar desavouiert worden.

Die regionale Stärke der NSDAP auf Grund der Reichstagswahl vom 5. März 1933
(Reichswahlkreise in der Reihenfolge des nationalsozialistischen Stimmenanteils)[18]

Ostpreußen	56,5	Potsdam I	44,4
Pommern	56,3	Dresden-Bautzen	43,6
Frankfurt/Oder	55,2	Oppeln	43,2
Osthannover	54,3	Württemberg	42,0
Liegnitz	54,0	Weser-Ems	41,4
Schleswig-Holstein	53,2	Oberbayern-Schwaben	40,9
Breslau	50,2	Leipzig	40,0
Chemnitz-Zwickau	50,0	Niederbayern	39,2
Hessen-Nassau	49,4	Hamburg	38,9
Südhann.-Braunschweig	48,7	Koblenz-Trier	38,4
Mecklenburg	48,0	Potsdam II	38,2
Hessen-Darmstadt	47,4	Düsseldorf-Ost	37,4
Magdeburg	47,3	Düsseldorf-West	35,2
Thüringen	47,2	Düsseldorf-Nord	34,9
Pfalz	46,5	Westfalen-Süd	33,8
Merseburg	46,4	Berlin	31,3
Franken	45,7	Köln-Aachen	30,1
Baden	45,4	Reich insgesamt	43,9

Die Übersicht zeigt, daß die NSDAP erneut vor allem in den agrarischen Provinzen Nord- und Ostdeutschlands hohe Wahlgewinne, dabei in 7 Wahlkreisen sogar die absolute Mehrheit, erzielen konnte, daß anderseits aber in 11 Wahlkreisen, vor allem in den städtisch-industriellen Zentren Mitteldeutschlands und im katholischen Westen, der Stimmenanteil der NSDAP nur zwischen 30 und 40 Prozent lag. Für eine nationalsozialistische Alleinregierung hatte sich der Wählerwille jedenfalls nicht ausgesprochen. Aber gerade auf dieses Ziel waren jetzt alle Anstrengungen der NS-Führung gerichtet, und die durch das Wahlergebnis demonstrierte Stärke der NSDAP erleichterte den Prozeß der nun erst eigentlich schlagartig einsetzenden, von oben gesteuerten und legalisierten, aber erst durch Druck und Terror von unten ermöglichten nationalsozialistischen Revolution.

Die Zeit, in der Hitler zurückhaltend von der »nationalen Regierung« sprach, war jetzt vorbei. In den Kommentaren der NS-Presse wurde das Wahlergebnis sofort einheitlich allein als Sieg der NSDAP und als revolutionäre Entscheidung hingestellt. Selbst im Reichskabinett erklärte Hitler am 7. März, er betrachte die Wahl als eine »Revolution«. Die bisherige Rücksichtnahme auf die deutschnationalen Partner schwand sichtlich und machte einem neuen herrischen und diktatorischen Ton Platz. Da sämtliche kommunistischen Mandate im Reichstag und Preußischen Landtag infolge der vorangegangenen Verhaftungen vakant waren, verfügte die NSDAP jetzt faktisch auch ohne die Deutschnationalen über eine absolute Mehrheit in beiden Parlamenten. Die Taktik, die KPD-Abgeordneten zu verhaften, dennoch aber ein förmliches KPD-Verbot zu vermeiden und eine KPD-Liste bei der Wahl zuzulassen, hatte sich gelohnt, nicht zuletzt im Hinblick auf das geplante Ermächtigungsgesetz.

Die Parteirevolution von unten
und das Ermächtigungsgesetz

Das Wahlergebnis vom 5. März bildete den Ausgangspunkt für die binnen einer Woche durchgeführte Gleichschaltung derjenigen Länder, die bisher noch nicht unter nationalsozialistischer Führung standen. Die Ausschaltung des föderativen Gegengewichts gegen die in Berlin etablierte Hitler-Regierung war indessen auf dem Verordnungswege allein, selbst unter Bezug auf die Reichstagsbrand-Verordnung, schwerlich in

Kürze zu erreichen. Hier zum erstenmal bedurfte es in entscheidendem Maße des Druckes der nationalsozialistischen Bewegung von unten. Damit aber kam im März 1933 rasch eine terroristisch-revolutionäre Bewegung in Gang, die bald auf der ganzen Linie die der NSDAP durch die Regierungsbildung vom 30. Januar noch gezogene Machtgrenze durchbrach und die Entwicklung zur nationalsozialistischen Alleinherrschaft zunächst auf der Straße und in der Öffentlichkeit weitgehend usurpierte, ehe diese dann auch formell legalisiert wurde.

Unterstützt durch die ihnen nun auch außerhalb Preußens zugewiesenen hilfspolizeilichen Befugnisse, besetzten SA- und SS-Kommandos Rathäuser, Zeitungsredaktionen, Gewerkschaftsbüros, Konsumgenossenschaften, aber auch Finanzämter, Banken, Gerichte u. a. m., beschlagnahmten Einrichtungsgegenstände und erzwangen die Absetzung oder Festnahme »unzuverlässiger« oder jüdischer Amtspersonen. Unter dem Druck des öffentlichen Umschwungs, des Straßenterrors und der ultimativen Forderungen der nationalsozialistischen Verbände setzte in nahezu allen Behörden eine Welle von Zwangsbeurlaubungen und kommissarischen Neubesetzungen ein. War der durch die Reichstagsbrand-Verordnung geschaffene Ausnahmezustand zunächst vor allem in Preußen fühlbar geworden, wo SA- und SS-Hilfspolizei schon in der Woche vor der Reichstagswahl vielfach auf eigene Faust Jagd auf Kommunisten und andere Gegner gemacht hatte und zahlreiche weitere Personalveränderungen vor allem in leitenden Positionen der Polizei erzwungen worden waren, so kam es jetzt überall zu ähnlichen Erscheinungen. Die Personalunion zwischen der Führung der lokalen Kampfverbände der NSDAP und der Führung der staatlichen Polizei pervertierte die »Ordnungsaufgabe« der Polizeigewalt mehr und mehr zum terroristischen Instrument der Partei. In allen Teilen des Reiches ergab sich dabei ein ähnliches Bild: während die staatliche Gendarmerie und Schutzpolizei sich bei der Verhaftung führender »marxistischer« Funktionäre noch einigermaßen an den Wortlaut der Reichstagsbrand-Verordnung und der entsprechenden Ausführungserlasse zu halten suchten und, zu gesetzlichem Vorgehen erzogen, auf ordentlichen Vollzug und bürokratische Meldung aller Einzelmaßnahmen Wert legten, benutzten die jetzt überall aufgestellten Hilfspolizeiverbände der SA und SS die Reichstagsbrand-Verordnung weitgehend als Freibrief zu jeder Art von politischer »Gegnerbekämpfung« und -terrori-

sierung, wobei die formelle Unterstellung der »Hilfspolizei«
unter die ordentliche Polizei, damit aber auch die staatliche
Kontrolle bzw. die Verbindlichkeit irgendwelcher Polizei-
erlasse weitgehend illusorisch wurde. Ortsbekannte Gegner des
Nationalsozialismus, gleichgültig welcher politischen Provenienz, wurden öffentlich gedemütigt, mißhandelt oder verhaftet. Die SA boykottierte in Berlin und anderen Großstädten
Warenhäuser und jüdische Geschäfte, sie erzwang in Breslau
die sofortige Dienstentlassung jüdischer Richter und Staatsanwälte, befreite in Königsberg nationalsozialistische Strafgefangene. Unter der jetzt erheblich verschärften Verbots- und
Boykottgefahr wagten auch die großen politisch unabhängigen
deutschen Zeitungen, die bis zum 28. Februàr und selbst noch
bis zum 5. März ausführlich und kritisch über das nationalsozialistische Vorgehen berichtet hatten, von Tag zu Tag weniger eine deutliche Berichterstattung und hielten sich mit der
Kommentierung mehr und mehr zurück.

Rudolf Diels, der damalige Leiter des politischen Polizei-
dezernats in Berlin, hat in seinen Erinnerungen[19] diese »Machtergreifung« der SA und SS im März 1933 ausführlich und pla-
stisch geschildert. Neben der polizeilichen Festnahme politischer Gegner (sogenannte Schutzhäftlinge), deren zahlenmäßi-
ger Umfang infolge der bürokratischen Registrierung durch
die Polizeibehörden vielfach aktenkundig ist (in Preußen be-
lief sich die Gesamtzahl der im März/April 1933 inhaftierten
Schutzhäftlinge auf rund 25 000[20]), kam es zu zahllosen unkon-
trollierten, auch nachträglich nicht mehr annähernd rekon-
struierbaren Verhaftungsaktionen durch SA und SS, wobei die
Festgenommenen vielfach in SA-Heime oder in irgendwelche
Keller oder »wilde« Lager verschleppt wurden.

Hitler wies in diesen Tagen auch Klagen aus den Reihen
seiner deutschnationalen Partner, die sich auf die Rechtsunsicherheit im Lande und den wachsenden SA-Terror bezogen, unwillig und schroff zurück. Sein besonderes Mißfallen
erregte ein anschließend in der deutschnationalen Presse veröffentlichter Brief des stellvertretenden Vorsitzenden der
DNVP, v. Winterfeld, vom 10. März, in dem dieser den Reichskanzler eindringlich ersuchte, »den unverletzlichen Charakter
des Rechtsstaates, wie ihn das alte Preußen Friedrichs des Großen bereits gehabt« habe, zu wahren.[21] Als am 19. März auch
Papen in einem Telefongespräch SA-Übergriffe gegenüber ausländischen Staatsbürgern zur Sprache brachte, reagierte Hitler

am folgenden Tage mit einem geharnischten Antwortbrief an den Vizekanzler. Er habe den Eindruck, so begründete Hitler seine schriftliche Stellungnahme, »daß augenblicklich ein planmäßiges Trommelfeuer stattfinde, mit dem Zweck, die nationale Erhebung abzustoppen«. Lang und breit führte er sodann aus, daß die »bedauerlichen« Übergriffe in keinem Verhältnis zu dem »Hochverrat« der Novemberverbrecher und der Unterdrückung der NSDAP in der Weimarer Zeit stünden. Er »bewundere vielmehr die unerhörte Disziplin« seiner SA- und SS-Männer und glaube eher, »das Urteil der Geschichte wird uns einmal den Vorwurf nicht ersparen, daß wir in einer historischen Stunde, vielleicht selbst schon angekränkelt von der Schwäche und Feigheit unserer bürgerlichen Welt, mit Glacéhandschuhen vorgegangen sind statt mit eiserner Faust«. Er lasse sich »von niemandem wegbringen von der Mission« der »Vernichtung und Ausrottung des Marxismus« und bitte ihn, v. Papen, deshalb »auf das eindringlichste, künftighin nicht mehr diese Beschwerden vorbringen zu wollen. Sie sind nicht berechtigt«. Dieser Brief, von dem Hitler mit Bedacht Abschriften für den Reichspräsidenten und den Reichswehrminister ausfertigen ließ,[22] war eine deutliche und z. T. schon drohende Abfuhr. Er beleuchtet, daß die »Vernichtung des Marxismus« zur stereotypen Rechtfertigung des Umsturzes von Verfassung und Rechtsordnung herhalten mußte.

Hitler wußte aber wohl, daß es mit dem politischen Terror allein nicht getan war, daß daneben die aktive Begeisterung für das Regime treten mußte. Bereits in der ersten Kabinettssitzung nach der Reichstagswahl vom 5. März unterbreitete er dem Kabinett den Entschluß zur Errichtung eines »Reichsministeriums für Volksaufklärung und Propaganda«. Es dürfe, so führte Hitler aus, »keine politische Lethargie aufkommen«. Der Gefahr, daß die am 5. März für die NSDAP gewonnenen Nichtwähler wieder zur Passivität zurückkehrten, müsse begegnet und die bisherigen Wähler des Zentrums und der Bayerischen Volkspartei müßten erst noch »erobert« werden. Außerdem gelte es künftig, notwendige Maßnahmen der Regierung jeweils auf geeignete Weise propagandistisch vorzubereiten. Schon am 11. März stimmte das Kabinett, trotz mancher Bedenken Hugenbergs und einiger anderer nicht-nationalsozialistischer Minister, der Errichtung des neuen Ministeriums zu, dessen Leiter Joseph Goebbels auch die Zahl der Nationalsozialisten in der Reichsregierung verstärkte. Am 15. März erklärte Hitler im Kabinett, es sei »nunmehr notwendig, die gesamte Aktivität des Volkes auf das rein Politische abzulenken, weil die wirtschaftlichen Entschlüsse noch abgewartet werden müssen«.[23]

Was damit gemeint war, wurde am 21. 3. 1933 deutlich, als das neue Regime mit der Konstituierung des am 5. März gewählten Reichstages in der Potsdamer Garnisonkirche das erste jener nationalen Feste veranstaltete, auf deren publikumswirksame Inszenierung sich Hitler und Goebbels großartig verstanden. In anscheinend beziehungslosem Kontrast zu dem Terror der SA und SS, den Tausenden von Schutzhaftgefangenen und den ersten Konzentrationslagern, die in Dachau, Oranienburg, im Columbiahaus in Berlin, in Sachsenburg, in der Vulkanwerft bei Stettin, in Dürrgoy bei Breslau, bei Papenburg im Emsland und anderswo in diesen Märztagen entstanden, stellte sich die nationalsozialistische Führung beim Festakt in der Potsdamer Garnisonkirche als junge, gläubige und idealistische Mannschaft dar, die anscheinend im vollen Einklang mit den großen Traditionen preußischer und deutscher Geschichte stand. Der Kanzler verbeugte sich ehrerbietig vor dem Feldmarschall, SA und SS waren in disziplinierter Ordnung neben der Reichswehr aufmarschiert, und die Kirche sprach den Segen zu der Versöhnung von Alt und Jung und der Rückkehr der deutschen Politik von Weimar nach Potsdam. Der durch Bild, Funk und Schrift intensiv verbreitete »Glanz« des »Tages von Potsdam« war die in ihrer Wirkung kaum zu überschätzende andere Spielart nationalsozialistischer Politik neben Konzentrationslagern und Judenboykott. Sie war aber, das begriff ein Teil der Nation auch lange später noch nicht, kein Gegensatz dazu, sondern entstammte demselben Hang zum Aufbau einer mit den Klischees der Vergangenheit ausstaffierten Traumwelt, derselben Verdrängung der Wirklichkeit, aus der sich auch der skrupellose Haß gegen den »niederziehenden« und »zersetzenden« marxistischen, jüdischen und intellektuellen Einfluß herleitete. Der »Tag von Potsdam« war die große stimmungsmäßige Vorbereitung auf die Verabschiedung des Ermächtigungsgesetzes am 23. März.

Die nationalsozialistische Führung hatte keinen Hehl daraus gemacht, daß der am 21. März in Potsdam eröffnete Reichstag nur *ein* Mandat haben sollte: die Verabschiedung eines auf vier Jahre befristeten Gesetzes, das die Regierung ermächtigen sollte, zur »Behebung der Not von Volk und Reich« aus eigener Vollmacht (nicht wie bisher nur gestützt auf das Notverordnungsrecht des Reichspräsidenten) gesetzliche Maßnahmen, auch verfassungsändernden Inhalts, zu ergreifen. Nachdem schon der Ausgang der Wahl vom 5. März die politische Bedeutung der nicht-nationalsozialistischen Parteien erheblich geschmälert hatte, waren diese infolge des mit der Reichstagsbrand-Verordnung und der Gleichschaltung der Länder in Gang gesetzten NS-Terrors von unten auch erheblich in ihrer Bewegungsfreiheit und Betätigungsmöglichkeit beeinträchtigt worden. Die KPD war Mitte März bereits völlig in die Illegalität verbannt. Die auf die Reichstagsbrand-Verordnung gestützte Welle neuer Verbote (gegen die das Reichsgericht keine Einspruchsmöglichkeiten mehr besaß) hatte aber auch die Presse der SPD fast gänzlich lahmgelegt und die Funktionsfähigkeit des sozialdemokratischen Parteiapparates stark beeinträchtigt. Die meisten SPD-Beamten in Staats- und Kommunalverwaltungen verloren schon in der zweiten Märzhälfte ihre Posten. Beamte des Zentrums und der bürgerlichen Parteien wurden zumindest aus führenden Positionen verdrängt.

Machtpolitisch hatten die außerhalb der Regierung stehenden Parteien mithin schon vor dem Ermächtigungsgesetz ausgespielt. Ein organisierter Machtkampf gegen die NS-Bewegung, auf den man es im Februar seitens der SPD (wie des Reichsbanners) und der Gewerkschaften nicht hatte ankommen lassen, um dem Regime nicht selbst Veranlassung zum Verfassungsbruch zu geben, war im März gänzlich aussichtslos geworden. Aber auch der Wille zum Widerstand und zur Selbstbehauptung zerbröckelte jetzt merklich. Geblendet von der Suggestivität und Dynamik der NS-Bewegung und eingeschüchtert durch ihre terroristisch-revolutionären Maßnahmen, begannen zahlreiche Mitglieder und bisherige Anhänger der bürgerlichen Parteien Anschluß bei der siegreichen NSDAP zu suchen, wo man die Masse dieser »Märzgefallenen« zunächst unbeschränkt aufnahm.

Auch die sozialdemokratisch-gewerkschaftliche Linke blieb von der Welle opportunistischer Anpassung nicht verschont. Manche Angehörige des Reichsbanners suchten beim »Stahlhelm« Unterschlupf. Und die Führung des Allgemeinen Deutschen Gewerkschaftsbundes (ADGB) ließ durch eine Erklärung vom 20. März erkennen, daß sie, um die Organisation und die Einrichtungen der Gewerkschaften in den neuen Staat hinüberzuretten, bereit sei, ihre bisherige politische Bindung zur SPD zu lösen und »loyal« mit der Hitler-Regierung zusammenzuarbeiten.

Diese schon im März rasch um sich greifende Demoralisierung und organisatorische Zersetzung, die vor allem bei den kleinen bürgerlichen Parteien, teilweise aber auch beim Zentrum zu mancherlei Auflösungserscheinungen führte, kam Hitler bei der Einbringung des Ermächtigungsgesetzes außerordentlich zugute, und sie macht deutlich, daß es hierbei schon nicht mehr um eine wirklich freie Entscheidung ging. Woher sollte z. B. bei der kleinen Fraktion der Deutschen Volkspartei der Wille zum festen Widerstand kommen, wenn sie wußte, daß die Parteimitglieder im Lande eine solche Haltung nicht mehr unterstützten, sondern überwiegend darauf aus waren, einen Modus vivendi mit der NS-Bewegung zu finden.

Hinzu kam, daß man von der Entschlossenheit der nationalsozialistischen Führung wußte, im Falle einer Verweigerung der erforderlichen Zweidrittelmehrheit sich die erwünschten diktatorischen Vollmachten auf gewaltsame Weise zu ertrotzen. Die Tatsache, daß die Krolloper, in der am 23. März die entscheidende Reichstagssitzung stattfand, von SA und SS abgesperrt war, machte schon optisch sichtbar, wie die Alternative beim Nichtzustandekommen einer Zweidrittelmehrheit aussehen würde. Unter diesen Umständen kam dem Ergebnis der Abstimmung nicht mehr eine machtpolitisch entscheidende, sondern nur noch eine formale, im Hinblick auf die von der NS-Führung erstrebte Anerkennung der Legalität ihres Vorgehens aber doch sehr wesentliche Bedeutung zu. Obwohl keiner der am 5. März gewählten, entweder verhafteten oder untergetauchten 81 kommunistischen Abgeordneten an der Sitzung teilnahm und auch einige SPD-Abgeordnete sich bereits in Schutzhaft befanden, fehlten den Regierungsparteien noch fast 40 Stimmen zur Zweidrittelmehrheit. Es kam daher entscheidend auf die Haltung des Zentrums (74 Mandate) und der Bayerischen Volkspartei (18 Mandate) an. Dagegen vermochten DVP und Staatspartei mit zusammen 7 Mandaten den Ausgang der Abstimmung so oder so nicht wesentlich zu beeinflussen.

Während die NS-Führung keine erkennbaren Anstrengungen machte, die SPD für eine Zustimmung zu gewinnen und an einer Unterstützung von dieser Seite offensichtlich gar nicht interessiert war, gelang es ihr, den überwiegenden Teil der Zentrumsfraktion zu einem positiven Votum für die geforderte

Generalermächtigung zu bewegen. Ihr kam dabei vor allem zugute, daß nach dem Sieg der NSDAP bei den Wahlen vom 5. März ein erheblicher Teil der vom Zentrum repräsentierten katholischen Bevölkerung, einschließlich einiger Bischöfe, darunter Kardinal Faulhaber (München), ein besseres Verhältnis mit der Hitler-Partei herzustellen und die bisherigen pastoralen Stellungnahmen zu den nationalsozialistischen »Irrlehren« durch eine positivere Haltung zu revidieren wünschte.[24] Schon am 7. 3. 1933 hatte Hitler im Kabinett erklärt, die Wähler des Zentrums und der Bayerischen Volkspartei seien »erst dann für die nationalen Parteien zu erobern, wenn die Kurie die beiden Parteien fallen lasse«.[25] Durch entsprechendes Drängen (Besuch Papens bei Kardinal Bertram am 18. 3. 1933) und Hervorkehrung ihrer positiven Einstellung zur katholischen Kirche förderte die Hitler-Regierung in der Folgezeit bewußt diese Tendenz. Und auch in den Besprechungen, die Hitler und Frick am 20. und 22. März mit den Zentrumsführern Kaas, Stegerwald und Hackelsberger wegen des Ermächtigungsgesetzes führten, spielten die kirchenpolitischen Probleme, die den Parteivorsitzenden Kaas kaum weniger als die verfassungspolitischen Erklärungen Hitlers interessierten, eine erhebliche Rolle. Hitler versprach, die Konfessionsschule und die zwischen dem Vatikan und den Ländern Bayern, Baden und Preußen bestehenden Konkordate zu wahren. Wenngleich er präzise Versprechungen dieser Art in seiner öffentlichen Rede zur Begründung des Ermächtigungsgesetzes vermied, so war doch anderseits gerade diese Rede, die in starken Worten die hohe Einschätzung von Kirche und Christentum durch die neue Regierung betonte (»Die nationale Regierung sieht in den beiden christlichen Konfessionen die wichtigsten Faktoren unseres Volkstums«) und auch den Willen zu guten Beziehungen mit dem Vatikan unterstrich, bewußt auf eine Hofierung der katholischen Kirche angelegt.

Wenige Tage nach der Verabschiedung des Gesetzes kam die veränderte Haltung der deutschen katholischen Kirche in einer Erklärung der Fuldaer Bischofskonferenz vom 28. 3. 1933 in aller Deutlichkeit zum Ausdruck. Diese widerrief offiziell frühere Warnungen und Verbote an die Gläubigen hinsichtlich der nationalsozialistischen Bewegung und proklamierte statt dessen die Bereitschaft zu positiver Mitarbeit der katholischen Bevölkerung im neuen Reich.[26]

Hitler hatte sich aber auch bemüht, die staats- und verfassungspolitischen Bedenken des Zentrums hinsichtlich des Ermächtigungsgesetzes zu zerstreuen. Er sagte zu, die Reichsregierung würde künftig einen Zentrumsausschuß darüber informieren, welche Gesetze auf Grund des Ermächtigungsgesetzes erlassen werden sollten, und sie würde die Meinung des Ausschusses anhören.* Auch versprach er, daß kein vollständiger Abbau der Zentrumsbeamten beabsichtigt sei und die Regierung die Unabhängigkeit der Justiz, das Prinzip des Berufsbeamtentums und die Existenz der Länder aufrechterhalten werde.

In den Text des Ermächtigungsgesetzes selbst wurde allerdings nur der Vorbehalt aufgenommen, daß die Vollmachten der Reichsregierung zu gesetzgeberischen Maßnahmen nicht die Rechte des Reichspräsidenten schmälern und auch die institutionelle Existenz des Reichstages und Reichsrates nicht berühren würden. Die anderen Versicherungen wiederholte Hitler in der Rede zur Begründung des Ermächtigungsgesetzes nur in allgemeiner Form, ohne daß sie präzise definiert oder gar schriftlich bestätigt wurden, wie es dem Zentrum in der Verhandlung vom 22. März offenbar in Aussicht gestellt worden war.

Unter dem Eindruck der außerordentlich geschickten Rede, die Hitler am 23. März in der Plenarsitzung des Reichstages hielt, stimmte das Zentrum dennoch dem Ermächtigungsgesetz zu. Eine kleine, aber bedeutende Minderheit der Fraktion (mit Brüning, Bolz, Stegerwald), die das pauschale, kaum durch irgendwelche präzise Bestimmungen vor Mißbrauch gesicherte Gesetz als gefährliche Zumutung empfand, hatte sich nicht durchsetzen können. Ähnlich verhielt es sich bei den Demokraten (Staatspartei), wo Theodor Heuss und der ehemalige Finanzminister Dietrich sich für eine Ablehnung eingesetzt hatten, sich aber der gegenteiligen Meinung der Fraktionsmehrheit fügten.

Am Schluß seiner Rede zur Begründung des Gesetzes hatte Hitler unmißverständlich erklärt, die Regierung biete den Vertretern der Parteien die »Möglichkeit einer ruhigen Entwicklung und einer sich daraus in Zukunft anbahnenden Verständigung« an, werde aber »ebenso entschlossen« auf eine »Ansage

* Tatsächlich sollte dieser Ausschuß, der anscheinend nur Anfang April einmal zusammentrat, keinerlei Rolle spielen. Schon am 24. März, am Tage der Inkraftsetzung des Ermächtigungsgesetzes, erklärte Hitler im Kabinett, daß er nicht willens sei, dem Ausschuß irgendwelchen Einfluß auf die Regierungsentscheidung einzuräumen, und über seine Einberufung allein vom Kabinett entschieden werde.

des Widerstandes« reagieren. »Mögen Sie, meine Herren, nunmehr selbst entscheiden über Frieden und Krieg!« Zentrum und bürgerliche Parteien wählten den »Frieden«. Allein die sozialdemokratische Fraktion, die sich die nüchterne Erkenntnis bewahrt hatte, daß ein solches unverläßliches Friedens- und Toleranzangebot ohnehin nicht für sie gelten würde, lehnte die Vorlage ab und setzte mit der Erklärung ihres Sprechers Otto Wels ein Denkmal der Unerschrockenheit an diesem deprimierendsten Tag des deutschen Parlamentarismus.

Als gänzlich illusorisch sollte sich die Befristung des Ermächtigungsgesetzes erweisen. Als am 1. 4. 1937 der ursprünglich vorgesehene Zeitpunkt des Außerkrafttretens eintrat, wurde das Gesetz prompt auf weitere vier Jahre verlängert*, ohne daß die Öffentlichkeit dies überhaupt noch zur Kenntnis nahm. So sehr hatte sich inzwischen die Verfassungswirklichkeit verändert.

Das Ende der Parteien und der erste plebiszitäre Reichstag

Die Selbstausschaltung des Reichstages, der am 31. 3. 1933 durch das erste Gleichschaltungsgesetz auch die Ermächtigung der Länderregierungen zur unbeschränkten Gesetzgebung ohne Beteiligung der Landtage folgte**, bedeutete naturgemäß vor allem, daß die politischen Parteien in Deutschland ihre Existenzberechtigung verloren hatten. Das »Ende der Parteien« ließ tatsächlich auch nicht lange auf sich warten.

Charakteristisch an dem Vorgang war sowohl die zeitliche Staffelung wie die unterschiedliche Dosierung des Zwanges und der Gewalt. Am schnellsten und drakonischsten wurde das Ende der »marxistischen« Parteien herbeigeführt. Weitaus glimpflicher und mehr auf dem Wege der Nachhilfe zur Selbstauflösung verfuhr man mit den bürgerlichen Parteien. Nicht verschont blieben aber auch die DNVP und der Stahlhelm, wenngleich gegenüber diesen »Partnern« der NSDAP die meisten Konzessionen gemacht wurden.

* Gesetz zur Verlängerung des Gesetzes zur Behebung der Not von Volk und Reich vom 30. 1. 1937 (RGBl. I, S. 105). Weitere Verlängerungen der Geltungsdauer des Ermächtigungsgesetzes erfolgten durch das vom Reichstag beschlossene Gesetz vom 30. 1. 1939 (RGBl. I, S. 95) und – unbegrenzt – durch Führererlaß vom 10. 5. 1943 (RGBl. I, S. 295).

** Die meisten nationalsozialistischen Landesregierungen brachten auf Grund dessen in den folgenden Wochen ebenfalls Ermächtigungsgesetze ein, die gegen den alleinigen Widerstand der SPD-Fraktionen angenommen wurden, so am 29. April in Bayern, am 18. Mai in Preußen, am 23. Mai in Sachsen, am 8./9. Juni in Württemberg und Baden.

Die kommunistische Partei und ihre Nebenorganisationen waren schon durch die Notverordnung vom 28. 2. 1933 und die daraufhin gegen ihre Funktionäre, ihre Presse und ihre offiziellen Einrichtungen ergangenen pauschalen polizeilichen Zwangsmaßnahmen in Acht und Bann getan worden. Die Bestimmung des ersten Gleichschaltungsgesetzes vom 31. März, wonach bei der Neuzusammensetzung der Länder-, Provinzial- und Kommunalvertretungen alle kommunistischen Mandate zu kassieren seien, bedeutete darüber hinaus, daß die KPD als politische Partei nicht mehr zugelassen sei. Allerdings sah die Hitler-Regierung davon ab, ein formelles Verbot der KPD auszusprechen. Im Kabinett erklärte Hitler, ein solches Verbot sei nicht sinnvoll, da man nicht alle Kommunisten deportieren könne. Wahrscheinlich wollte man sich auch die Mühe einer auf Grund der Weimarer Verfassung und der bestehenden Rechtslage nicht so ohne weiteres möglichen rechtlichen Begründung eines Dauerverbots ersparen, zumal es recht mißlich gewesen wäre, die »Staatsfeindlichkeit« der Kommunisten anhand einer Staatsverfassung nachzuweisen, die man selbst umgestürzt hatte. Die einzige in Gesetzesform ausgedrückte Maßnahme zur Liquidierung der KPD erfolgte später mit dem am 26. 5. 1933 erlassenen »Gesetz über die Einziehung kommunistischen Vermögens« (RGBl. I, S. 293), das nachträglich die inzwischen längst geschehene Beschlagnahme des Vermögens der KPD und ihrer Nebenorganisationen legalisierte und einheitlich die Länder zu Vermögensnachfolgern bestimmte.

Ähnlich verhielt es sich mit dem »Reichsbanner«, das sich als militante sozialdemokratisch-republikanische Kampforganisation den besonderen Haß der Nationalsozialisten zugezogen hatte. Die Büros, Einrichtungen und Verbände des Reichsbanners waren in Preußen schon im Februar und dann vor allem in den ersten Märztagen durch polizeiliche Zwangsmaßnahmen weitgehend lahmgelegt worden, ohne daß es zu einem allgemeinen Verbot kam. In Thüringen, Bayern und Sachsen ergingen gegen das Reichsbanner in der Woche nach dem 5. März förmliche Verbote. Und in der gleichen Zeit kam es auch in Braunschweig, Anhalt und anderen Ländern zu scharfen polizeilichen Verfolgungen des Reichsbanners, dessen Gaue und Gauführer dann im Laufe des April verschiedentlich auch zu Selbstauflösungen schritten. Um drohender Verhaftung zu entkommen, ging der Vorsitzende des Reichsbanners, Karl Höltermann, am 2. Mai nach London in die Emigration und suchte vom Ausland aus eine Zeitlang mit einzelnen in Deutschland noch illegal tätigen Reichsbanner-Gruppen Fühlung zu halten. Ein reichseinheitliches Verbot des Reichsbanners durch die Hitler-Regierung erfolgte nicht. In manchen Gegenden, so in Pommern, wurden die Reichsbanner-Büros erst Anfang Mai geschlossen.[27]

Etwas länger, bis zum 22. 6. 1933, konnten sich Reste des Vorstands und der Parteiorganisation der SPD legal betätigen. Der schon im März begonnene Prozeß der Zersetzung und Abbröckelung (des Austritts von Mitgliedern und der Schließung von Ortsgruppen) setzte sich aber im April verstärkt fort. Und nachdem am 2. Mai trotz der Anpassungsbereitschaft der ADGB-Führung die Häuser der Freien Gewerkschaften von SA und NSBO schlagartig besetzt worden waren, rechnete auch die SPD täglich mit ähnlicher vollständiger Unterdrückung, zumal die NS-Presse seit der sozialdemokratischen Ablehnung des Ermächtigungsgesetzes einen kontinuierlich verschärften Feldzug gegen die Partei, ihre angeblichen ausländischen Hintermänner und »verräterischen Umtriebe« führte und nach der Welle der Kommunistenverhaftungen im März jetzt SPD-Funktionäre und Gewerkschaftler in großer Zahl in Schutzhaft genommen wurden.

Infolgedessen gingen Anfang Mai einige Mitglieder des Vorstandes, darunter der Chefredakteur des ›Vorwärts‹, Friedrich Stampfer, nach Prag, um eine etwa notwendig werdende Emigration des Vorstandes vorzubereiten. Die Frage, ob die Parteiführung insgesamt in die Emigration gehen sollte, um von dort aus wenigstens eine freie Sprache sprechen und in gewissem Umfang eine illegale sozialdemokratische Tätigkeit in Deutschland organisieren zu können, oder ob sie trotz immer mehr eingeschnürter Bewegungsfreiheit noch die letzte Möglichkeit legaler Arbeit wahrnehmen solle, um allein durch ihre Existenz den Prozeß nationalsozialistischer Gleichschaltung zu hemmen, entzweite in den letzten Wochen auch den Parteivorstand. Auslösendes Moment war die Sitzung des Reichstages vom 17. 5. 1933, die Hitler einberufen hatte, um in Form einer Reichstagsresolution einen größeren Resonanzboden für seine propagandistische Friedensrede und das Verlangen nach Gleichberechtigung zu erhalten, womit vor allem die Beschwichtigung des Auslandes und eine Verbesserung der infolge des NS-Terrors im Inland erheblich geschwächten deutschen Stellung bei den Abrüstungsgesprächen in Genf und anderen internationalen

Verhandlungen bezweckt war. Nachdem Frick in einer Vor-
besprechung im Ältestenrat des Reichstags die SPD drohend gewarnt hatte, gegen die Regierungsresolution zu stimmen, fand
sich die Mehrheit der SPD-Fraktion bereit, an der Reichstagssitzung teilzunehmen und auf ein negatives Votum zu verzichten. Hauptvertreter dieser Gruppe war Paul Löbe. Die Mehrheit des Vorstandes mit Otto Wels an der Spitze sprach sich
jedoch gegen dieses Verhalten aus und begab sich nun ebenfalls in die Emigration. Die in der Folgezeit eintretende Trennung zwischen Prager und Berliner SPD-Vorstand lieferte
dem Regime aber nur noch weitere Vorwände, um gegen die
legale SPD-Organisation im Reich vorzugehen. Nachdem am
18. Juni die erste Nummer des ›Neuen Vorwärts‹ in Prag erschienen war, nahm man die Tätigkeit des Prager Exil-Vor-
standes zum Anlaß, um am 22. Juni der SPD jede Tätigkeit im
Reich zu untersagen. In dem am 23. 6. 1933 für Preußen herausgegebenen Erlaß Görings hieß es u. a.:
»Die Sozialdemokratische Partei Deutschlands ist namentlich
nach ihrer Betätigung in den letzten Tagen und Wochen als
staats- und volksfeindliche Organisation anzusehen. Ich ordne
daher folgendes an: sämtliche Mitglieder der Sozialdemokratischen Partei Deutschlands, die heute noch den Volksvertretungen und Gemeindevertretungen angehören, sind sofort von der
weiteren Ausübung ihrer Mandate auszuschließen . . .
Arbeitnehmer, die der Sozialdemokratischen Partei Deutschlands angehören, sind als staatsfeindlich im Sinne des Art. II
des Gesetzes über Betriebsvertretungen und über wirtschaftliche Vereinigungen vom 4. 4. 1933 anzusehen . . .
Vermögensgegenstände der Sozialdemokratischen Partei
Deutschlands und ihrer Hilfs- und Ersatzorganisationen sind
nach Maßgabe der Vorschriften der Verordnung zum Schutz
von Volk und Staat vom 28. 2. 1933 . . . polizeilich zu beschlagnahmen . . .«[28]
Das Betätigungsverbot für die SPD hatte mittelbare Auswirkungen auch für die kleinen bürgerlichen Parteien. Weil die
Staatspartei (vormals Deutsche Demokratische Partei) bei den
Wahlen vom 5. März Listenverbindungen mit der SPD eingegangen war, wurden nach dem 22. Juni auch ihre Mandate
im Preußischen Landtag kassiert. Die Partei beschloß daraufhin am 28. Juni ihre Selbstauflösung. Dies veranlaßte einen Tag
später (29. Juni) auch den Parteivorsitzenden der Deutschen
Volkspartei, Eduard Dingeldey, die von der Mehrheit seiner

Parteifreunde seit Wochen geforderte Auflösung der DVP zu vollziehen.

Während diese beiden bürgerlichen Parteien längst vorher alle Bedeutung verloren hatten, stand für die NSDAP im Mai/Juni 1933 vor allem die Auseinandersetzung mit den deutschnationalen »Bundesgenossen« im Vordergrund.

Schon nach dem Wahlerfolg der NSDAP vom 5. März hatte die bisherige Rücksichtnahme Hitlers gegenüber Hugenberg – wie unter anderem die Kabinettsprotokolle zeigen – einem selbstherrlicheren Umgangston Platz gemacht, während sich in der DNVP und im Stahlhelm die Stimmen derer mehrten, die sich, angesichts der überlegenen Stärke der NSDAP und ihrer Verbände, unter Verzicht auf organisatorische und parteipolitische Eigenständigkeit für einen Anschluß an die Hitler-Bewegung aussprachen. Auch in der Reichstagsfraktion der DNVP kam diese Tendenz zum Ausdruck. Sie vor allem hatte den Plan Hugenbergs vereitelt, mit Rückendeckung des Zentrums einen eigenen Antrag zur Begrenzung des Ermächtigungsgesetzes einzubringen. Nach dem Erlaß dieses Gesetzes wurden die Bemühungen der DNVP, durch die Bildung deutschnationaler Kampfringe und anderer Sondergliederungen auch organisatorisch den Anspruch auf Gleichberechtigung mit der NSDAP hervorzukehren und auf die Wiederherstellung rechtsstaatlicher Ordnung zu drängen, von NS-Seite mit um so heftigeren Attacken beantwortet. Ein Hauptvorwurf war dabei, daß DNVP und Stahlhelm von den Mitgliedern anderer, auch »marxistischer« Parteien unterwandert würden und deren Zwecke besorgten. Die am 29. März von der Berliner Polizei vorgenommene Haussuchung im Büro des Vorsitzenden der DNVP-Reichstagsfraktion, Ernst Oberfohrens, die verschiedenes Material über die antinationalsozialistische Oppositionstätigkeit Oberfohrens zutage förderte und dessen Rücktritt unvermeidlich machte*, war ein erstes deutliches Zeichen der gespannten Verhältnisse.

Etwa gleichzeitig kam es in Braunschweig zu besonders scharfen Auseinandersetzungen zwischen Stahlhelm und NSDAP, die in der Folgezeit die Kluft zwischen der NS-freundlichen Seldte- und der oppositionellen Duesterberg-Richtung im Stahlhelm vertieften und Seldte schon am 26. April

---

* Inwieweit damit auch der mysteriöse Selbstmord Oberfohrens am 7. Mai zusammenhing, ist nicht klar. Die Version, daß sich Oberfohren die Schußwunde, mit der er aufgefunden wurde, gar nicht selbst beigebracht habe, steht nach wie vor der Selbstmordthese entgegen.

veranlaßten, selbst der NSDAP beizutreten und Hitler die Führung des Stahlhelms anzutragen. Da zahlreiche Stahlhelmer der DNVP angehörten, wurde dadurch auch die Stellung der deutschnationalen Partei stärkstens in Mitleidenschaft gezogen.

Durch Umbenennung in »Deutschnationale Front« (DNF) suchte die DNVP-Führung Anfang Mai äußerlich zu bekunden, daß sie sich noch konsequenter als die NSDAP vom Parteien-Staat abgewandt habe und gleichberechtigter Teil der »nationalen Bewegung« sei. Sie konnte damit aber nicht verhindern, daß sich die Übertritte zur NSDAP weiter vermehrten und bald auch namhafte Fraktionsmitglieder (Martin Spahn, Eduard Stadtler u. a.) diesen Weg einschlugen, während gleichzeitig die nationalsozialistischen Angriffe auf die Deutschnationalen an Schärfe zunahmen und es im Mai auch zu zahlreichen Verhaftungen, insbesondere von Mitgliedern der deutschnationalen Kampfringe, kam. Mitte Juni gingen einzelne nationalsozialistische Polizeipräsidenten dazu über, die deutschnationalen Kampfstaffeln unter Berufung auf die Reichstagsbrand-Verordnung (!) förmlich zu verbieten, und am 21. Juni startete Hitler selbst den Generalangriff auf die DNF, indem er die Landesregierungen über die Reichsstatthalter zur sofortigen Auflösung der deutschnationalen Kampfstaffeln ersuchte. Die Zwangsmaßnahme gegen die militanten Organe der DNF wurde ermöglicht und ergänzt durch die gleichzeitige Isolierung Hugenbergs im Reichskabinett. Nachdem schon seit April/Mai konzentrische Angriffe auf Hugenbergs Position als Wirtschafts- und Landwirtschaftsminister der Regierung von seiten der NS-Mittelstandsorganisation und vor allem durch die inzwischen unter Führung des NS-Agrarexperten Darré gleichgeschalteten landwirtschaftlichen Organisationen vorgetragen worden waren, gab sich Hugenberg durch seine eigenmächtige und diplomatisch ungeschickte Verhandlungsweise auf der Weltwirtschaftskonferenz in London* auch im Kabinett eine Blöße, die Hitler geschickt ausnutzen konnte.

In der Kabinettssitzung vom 23. Juni, in der sich Hugenberg wiederum sehr ungeschickt verhielt, hatte der deutsch-

---

* Hugenberg hatte dem Wirtschaftsausschuß der Konferenz am 16. Juni eine Denkschrift zur Überwindung der Krise überreicht, in der zur Gesundung Deutschlands u. a. die Wiedererrichtung eines deutschen Kolonialreiches in Afrika und die Erlangung neuer Siedlungsgebiete gefordert wurden. Das Vorbringen dieser alldeutschen Forderungen war mit dem Kabinett und mit Hitler nicht abgesprochen worden und wurde mit Recht als ungeschicktes Vorprellen und als Kompetenzüberschreitung Hugenbergs gerügt.

nationale Parteiführer nicht nur Hitler, sondern alle anderen Minister, vor allem auch Außenminister v. Neurath, gegen sich. Wenn Hugenberg noch im Mai geglaubt hatte, daß sein Ausscheiden aus dem Kabinett die Voraussetzungen, unter denen diese Regierung gebildet und auch das Ermächtigungsgesetz beschlossen worden war, nachträglich erschüttern und deshalb auch von Hindenburg nicht gebilligt werden würde, so wartete er jetzt vergebens auf einen Rückhalt des Reichspräsidenten. Sein Rücktrittsgesuch am 26. Juni bedeutete auch das Ende der Partei.

Nachdem schon am 21. Juni, unter dem Eindruck der Maßnahmen gegen die deutschnationalen Kampfstaffeln, der Stahlhelmführer Seldte ein Abkommen mit Hitler geschlossen hatte, auf Grund dessen den Mitgliedern des Stahlhelms verboten wurde, einer anderen Partei als der NSDAP anzugehören, und das ferner die künftige Überführung des Stahlhelms in die SA vorsah, unterzeichnete am 27. Juni auch der deutschnationale Parteivorstand ein »Freundschaftsabkommen« mit Hitler über die Auflösung der Deutschnationalen Front.[29] Das Abkommen sah vor, daß die Angehörigen der Partei künftig »als volle und gleichberechtigte Mitkämpfer des nationalen Deutschland anerkannt und vor jeder Kränkung und Zurücksetzung beschützt« würden. Hitler sagte die unverzügliche Entlassung der verhafteten Mitglieder der DNF sowie die Aufnahme von deutschnationalen Abgeordneten in die Fraktionen und Vorstände der NSDAP im Reichstag, in den Landtagen und den kommunalen Vertretungen zu. Dieses freilich nicht immer eingehaltene Versprechen war die nicht unbedeutende Konzession, mit der den Mitgliedern des Stahlhelms und der Deutschnationalen Front das Ende ihrer organisatorischen Eigenständigkeit versüßt wurde. Mit geringerem Erfolg suchte auch das Zentrum, das als einzige Partei Ende Juni noch existierte, ein solches Entgegenkommen zu erwirken.

War schon die Zustimmung des Zentrums zum Ermächtigungsgesetz in starkem Maße »erkauft« worden durch die sehr konzilianten Äußerungen und Zusagen, die Hitler an die Adresse der katholischen Kirche gerichtet hatte, so stand das unrühmliche Ende der Zentrumspartei in engstem Zusammenhang mit den seit dem April in Rom stattfindenden Verhandlungen über ein Reichskonkordat, das am 20. 7. 1933 mit dem Heiligen Stuhl abgeschlossen wurde (RGBl. II, S. 679). Seitdem die Fuldaer Bischofskonferenz am 28. März zur loyalen Unterstützung des

Regimes aufgerufen hatte, wurden in Fragen des Verhältnisses zu dem neuen Staat anstelle der Führer des Zentrums mehr und mehr die Oberhirten der katholischen Kirche, so vor allem Kardinal Faulhaber (München), Kardinal Bertram (Breslau), Erzbischof Gröber (Freiburg) und Bischof Berning (Osnabrück), zu Hauptsprechern des deutschen Katholizismus und auch zu primären Verhandlungspartnern Hitlers. Für sie ebenso wie für Papst Pius XI. und dessen Kardinalstaatssekretär Pacelli hatte aber die Frage der Stellung der katholischen Kirche in Deutschland, des katholischen Einflusses im Schul- und Vereinswesen den absoluten Vorrang vor der Partei-Organisation des politischen Katholizismus. Die Tatsache, daß der geistliche Führer des Zentrums, Prälat Kaas, selbst Anfang April Deutschland verließ, seine Partei aufgab und in Rom maßgeblich an den von Papen geführten Konkordatsverhandlungen mitwirkte, war symbolisch für die desperate Lage des Zentrums. Ein letzter Versuch, in »das Schiff des Nationalsozialismus einzusteigen«, dabei aber unter Leitung des neuen »Reichsführers« Heinrich Brüning einen Rest organisatorisch-politischer Eigenständigkeit zu wahren, begegnete auf nationalsozialistischer Seite starkem Mißtrauen und fand beim Vatikan und dem Klerus in Deutschland keinen Rückhalt. Unter diesen Umständen zerbrach der anscheinend so festgefügte »Zentrumssturm«, der sich in den Wahlen bis zum 5. März in so erstaunlicher Weise gehalten hatte, in den folgenden Monaten überraschend schnell. Massenaustritte aus dem Zentrum, ideologische und phraseologische Anpassungen an das neue Regime beschleunigten den Zerfall der Anfang 1933 rund 200000 Mitglieder umfassenden Zentrumspartei.

Nachdem Hitler im Mai und Anfang Juni, wahrscheinlich um ein Gegengewicht gegen den lästigen Hugenberg zu bilden und um auf diese Weise das Zentrum weiter zu korrumpieren, dem Parteivorsitzenden Brüning noch einen offiziellen Regierungsauftrag angeboten hatte, worauf Brüning jedoch mißtrauisch und ausweichend reagierte, wurde seit Mitte Juni von NS-Seite immer deutlicher die Auflösung des Zentrums gefordert. Gleichzeitig verstärkte sich, durch Verhaftungen von Angehörigen des Zentrums und der Bayerischen Volkspartei, durch administrative Behinderung der noch relativ intakten Zentrumsjugend der »Windhorstbunde«, durch die mehr oder weniger erzwungene Selbstauflösung der christlichen Gewerkschaften und andere Maßnahmen, die gewaltsame Pression. Vollends aussichtslos wurde die Situation des Zentrums dadurch, daß der Vatikan selbst in Artikel 32 des Reichskonkordats in die von Hitler gewünschte Bedingung einwilligte, daß den katholischen Geistlichen in Deutschland künftig eine politische Betätigung untersagt sei. Damit war auch über die Geistlichkeit hinaus, zumindest mittelbar, der politische Katholizismus überhaupt desavouiert. Während der letzten Etappe der Konkordatsverhandlungen seit Ende Juni trat die Tendenz des Klerus, im Interesse des Konkordats die Zentrumspartei aufzuopfern, auch anderweitig zutage.[30] Nicht zuletzt deshalb beschloß die Zentrumspartei am 5. Juli als letzte der politischen Parteien resignierend und enttäuscht ihre Selbstauflösung, noch ehe drei Tage später das Reichskonkordat paraphiert wurde. Schon einen Tag vorher hatte sich die Bayerische Volkspartei aufgelöst, nachdem Himmlers Bayerische Politische Polizei in den letzten Junitagen eine Großaktion zur Festnahme von fast 2000 führenden Funktionären der BVP gestartet hatte, um der Partei den letzten Stoß zu geben.[31]

Das Reichskonkordat, der erste völkerrechtliche Vertrag des neuen Regimes, trug nicht nur dazu bei, den Hitler-Staat außenpolitisch respektabel zu machen, er brachte Hitler auch begeistertes Lob der katholischen Kirche im Innern ein und neutralisierte damit wenigstens in der prekären Anfangszeit des Regimes die starke potentielle Gegenkraft, die der in weiten Teilen der Bevölkerung noch stark verwurzelte Katholizismus gegenüber dem Nationalsozialismus hätte sein können. Eine der Folgen des Konkordatsabschlusses war aber vor allem, wie Hitler selbst im Kabinett ausführte, die »Auflösung des Zentrums«, die »erst mit Abschluß des Konkordats als endgültig zu bezeichnen« sei, »nachdem der Vatikan die Entfernung der Priester aus der Parteipolitik angeordnet« habe.[32]

In der letzten Phase der vor allem mit Frick und dem kurmärkischen Gauleiter Kube geführten Verhandlungen über die Liquidation der Zentrumspartei suchte diese ein ähnliches Abkommen zu erreichen wie die Deutschnationale Volkspartei. Die nationalsozialistische Führung war jedoch nur zu einer unverbindlichen Erklärung bereit. Demzufolge sollte nach Auflösung der Partei eine Demütigung ihrer ehemaligen Mitglieder vermieden werden (tatsächlich wurden auch die meisten in den Tagen zuvor in Schutzhaft genommenen Zentrums- und BVP-Funktionäre im Juli wieder freigelassen). Auch dem Wunsch zahlreicher Zentrumsabgeordneter, als Hospitanten den NS-Fraktionen im Reich, in den Ländern und Kommunen beizutreten, wollte man nach Möglichkeit stattgeben. Anders als gegenüber der DNVP sagten Hitler und Frick jedoch keine generelle Aufnahme der Zentrumsabgeordneten in die NSDAP zu, zumal innerhalb der Partei starker Widerstand gegen diesen wenig erwünschten Zuwachs bestand. Viele Zentrumsabgeordnete machten deshalb von dieser Möglichkeit auch keinen Gebrauch, deklarierten sich als »parteilos« oder legten ihre Mandate nieder. Brüning selbst, bitter enttäuscht, nicht zuletzt über Kaas und die Haltung des Vatikans, entzog sich bald darauf drohender Verhaftung durch die Emigration, während Bischof Berning in Anerkennung seiner Verdienste um die Konkordatsverhandlungen am 11. 7. 1933 zum Preußischen Staatsrat ernannt wurde.

Neun Tage nach der Auflösung der Zentrumspartei, am 14. 7. 1933, erließ die Reichsregierung das »Gesetz gegen die Neubildung von Parteien« (RGBl. I, S. 479), das die NSDAP zur einzigen legalen politischen Partei Deutschlands erklärte und jeden Versuch, »den organisatorischen Zusammenhalt« anderer Parteien »aufrechtzuerhalten« oder »eine neue politische Partei zu bilden«, unter Strafe stellte (Gefängnis oder Zuchthaus bis zu drei Jahren). Durch ein gleichzeitiges Gesetz »über die Einziehung volks- und staatsfeindlichen Vermögens« (RGBl. I, S. 479) wurde über die SPD und KPD hinaus auch die Enteignung solchen Vermögens angedroht, das »zur Förderung marxistischer oder anderer volks- oder staatsfeindlicher Bestrebungen gebraucht« werde, wobei es dem Reichsinnenminister obliegen sollte, diese äußerst vage Rechtsnorm im Einzelfall verbindlich zu bestimmen. Ein weiteres Gesetz vom 14. 7. 1933 schuf die Voraussetzung zur Ausbürgerung politischer und jüdischer Emigranten und zur Konfiszierung ihres Vermögens.

Jetzt war der Einparteienstaat perfekt. Der Besitz des absoluten parteipolitischen Monopols durch die NSDAP hatte zur Folge, daß legale politische Willensbildung nur noch innerhalb der NSDAP möglich war und nunmehr Hitlers absolute Führerstellung in der Partei auch auf Regierung und Staat übertragen wurde. Nationalsozialistischer Einparteienstaat bedeutete zugleich Führerstaat.

Es war deshalb nur folgerichtig, wenn Reichsinnenminister Frick am 20. 7. 1933 die Staatsbeamten anwies, den Hitler-Gruß »allgemein als deutschen Gruß« anzuwenden, »nachdem der Parteienstaat in Deutschland überwunden ist und die gesamte Verwaltung im Deutschen Reich unter der Leitung des Reichskanzlers Adolf Hitler steht«.[33]

Die erstmalig anläßlich der Reichstagssitzung vom 17. Mai bekundete Tendenz, den Parlamentarismus künftig durch plebiszitäre Abstimmungen und akklamative Resolutionen zu ersetzen, kam auch in einem ebenfalls am 14. 7. 1933 erlassenen »Gesetz über Volksabstimmungen« zum Ausdruck. Die künftige Praxis, einzelne Gesetze nicht auf Grund des Ermächtigungsgesetzes auf dem Wege der Regierungsgesetzgebung, sondern durch den gleichgeschalteten Reichstag zu verabschieden oder bestimmte Maßnahmen der Regierung durch Volksabstimmung gutheißen zu lassen, entwickelte sich seitdem zum mehrfach wiederholten Mittel, um die plebiszitäre Übereinstimmung zwischen diktatorischer Regierung und Volksmehrheit nach innen und außen zur Schau zu stellen.

Das erste Bedürfnis nach einer solchen plebiszitären Rückenstärkung ergab sich nach dem Austritt aus dem Völkerbund, den Hitler am 14. Oktober abermals in einem »Aufruf an das deutsche Volk« verkündet hatte. Diesen unter den damaligen Verhältnissen riskanten Akt durch ein innenpolitisches Vertrauensvotum abzusichern, erschien besonders wünschenswert. Außerdem bot gerade dieser Anlaß, der von dem Regime so dargestellt werden konnte, als handle es sich dabei um einen nationalen Protest gegen die Deutschland verweigerte Gleichberechtigung, die denkbar beste Voraussetzung, um auch weite Kreise außerhalb der bisherigen Hitler-Wähler zu einem Vertrauensvotum für die Regierung zu bewegen.

Die unter diesen Umständen am 12. 11. 1933 abgehaltene Volksabstimmung, mit der zugleich die Wahl eines neuen Reichstags gekoppelt wurde, war die erste im Stile eines Glaubensbekenntnisses aufgemachte plebiszitäre Abstimmung des Dritten Reiches.* Die mit dem Massenaufgebot der NS-Propaganda zur Ableistung ihres Treuegelöbnisses angehaltenen Bürger hatten keine Alternative, diesen oder jenen Abgeordneten zu wählen. Ihnen lag nur eine vorher präparierte Einheitsliste vor (bezeichnenderweise nicht als Liste der NSDAP, sondern als »Liste des Führers« deklariert). Die naheliegende

---

* Bezeichnend war die der Volksabstimmung zugrunde liegende Frage: »Billigst du, deutscher Mann, und du, deutsche Frau, diese Politik deiner Reichsregierung und bist du bereit, sie als den Ausdruck deiner eigenen Auffassung und deines eigenen Willens zu erklären und dich feierlich zu ihr zu bekennen?«

Befürchtung, daß das Wahlgeheimnis nicht gewährleistet sei und eine Nichtbeteiligung an der Wahl üble Folgen haben könne*, tat ein übriges. So stimmten 95 Prozent der Bevölkerung mit »Ja«, und 92 Prozent unterstützten die neue Reichstagseinheitsliste. Hitler hatte seinen ersten »überwältigenden« Abstimmungserfolg und konnte nun die »Legitimation« in Anspruch nehmen, Führer des »ganzen Volkes« zu sein. Bei dem Entschluß, nicht nur eine Volksabstimmung abzuhalten, sondern gleichzeitig einen neuen Reichstag zu wählen, sprach auch die Absicht mit, die unliebsamen Hospitanten der ehemaligen DNVP und des Zentrums loszuwerden. In dem neuen Akklamations-Reichstag sollten nur noch die wirklich würdigen Vertreter des Regimes sitzen. Dabei konnte man nun freilich den Kreis großzügig über die Alten Kämpfer hinaus erweitern und auch neu hinzugekommene einflußreiche Kräfte aus Staat und Gesellschaft berücksichtigen. Hatte sich die NSDAP inzwischen doch zur Dreimillionen-Partei entwickelt, unter der die Altparteigenossen von vor 1933 nur noch eine Minderheit darstellten.

War dieser neue Reichstag nach demokratischen Maßstäben nur eine Farce, so diente er doch nicht nur als Forum, vor dem Hitler Reden halten und wichtige Erklärungen abgeben konnte, sondern auch weiterhin gelegentlich als gesetzgeberisches Organ des Dritten Reiches. Er war insbesondere ein nützliches Instrument, wenn es darum ging, verfassungsändernde Gesetze, die selbst durch das Ermächtigungsgesetz nicht gedeckt waren, in scheinlegaler Form zu verabschieden oder (auf Kommando) einzelne Rechtsbestimmungen eilig durchzusetzen, wenn Hitler glaubte, daß diese nicht allein der noch stark konservativ bestimmten Ministerialbürokratie und ihrem Normalverfahren der Gesetzesausarbeitung überlassen werden dürfe. In dem erstgenannten Sinne wurde der neue Reichstag schon am 30. 1. 1934 tätig, als er auf Vorschlag des Reichsinnenministers das Gesetz über den »Neuaufbau des Reiches« beschloß, das den Übergang der Hoheitsrechte der Länder auf das Reich verfügte und somit ein »verbessertes Ermächtigungsgesetz« darstellte, auf Grund dessen die Reichsregierung vierzehn Tage später auch die Aufhebung des Reichsrates durch einfaches Regierungsgesetz anordnen konnte. Ein wichtiges Beispiel für die zweitgenannte Funktion war u. a. die Verabschiedung der

* Tatsächlich ergriff die Partei gegen einzelne Nichtwähler Repressalien.

antisemitischen »Nürnberger Blutschutzgesetze« im Jahre 1935, die vor den (in Nürnberg zusammentretenden) Reichstag gebracht wurden, weil Hitler nicht den langsameren Gang der normalen ministeriellen Regierungsgesetzgebung abwarten wollte.

4. Kapitel
Die Gleichschaltung der Länder und das neue Problem
des Zentralismus und Partikularismus

Die Machtübernahme in den außerpreußischen Ländern
im März 1933

Rein theoretisch stellten die verfassungsmäßig garantierte Selbständigkeit der deutschen Länder und der Reichsrat, als zweites verfassungsgebendes Organ neben dem Reichstag, die stärksten Hindernisse für die Errichtung einer Diktatur in Deutschland dar. Tatsächlich aber war schon vor 1933, infolge der kommissarischen Übernahme der preußischen Regierungsgewalt durch die Reichsregierung (20. 7. 1932), der bedeutendste Eckstein des Föderalismus lahmgelegt und statt dessen, in Anlehnung an die Verfassung des Kaiserreiches, eine erneute Verbindung der Reichsregierung mit der preußischen Landesregierung hergestellt und im Zusammenhang damit auch die bismarckisch-wilhelminische Tradition der konservativ-protestantischen preußischen Vormacht wiederbelebt worden.

Der gewaltsame Bruch der Selbständigkeit Preußens lieferte die preußische Exekutive nach dem 30. 1. 1933 dem Oberbefehl Görings aus und schuf (mit der Instanz des Reichskommissars) zugleich das Modell für weitere künftige Gleichschaltungsmaßnahmen gegenüber den außerpreußischen Ländern. Das nationalsozialistische Kommando über die preußische Exekutive war naturgemäß weit wichtiger als die schon eine Zeitlang in einigen kleineren Ländern bestehenden nationalsozialistischen Regierungen (so in Thüringen unter Gauleiter Fritz Sauckel als Ministerpräsident, in Braunschweig unter Dietrich Klagges, in Oldenburg unter Gauleiter Carl Röver, in Anhalt unter Leitung des nationalsozialistischen Rechtsanwaltes Alfred Freyberg).

Demzufolge löste auch der mit der Notverordnung vom 6. 2. 1933 inszenierte zweite Staatsstreich gegen Preußen stärkste Beunruhigung bei den anderen großen Ländern aus, zumal die Kommissariatsregierung des Reiches nunmehr eine neue Vertretung der preußischen Staatsregierung in den Reichsrat entsandte, obwohl der Staatsgerichtshof am 25. 10. 1932 in seinem Urteil eindeutig erklärt hatte: »Reichskommissare sind

Organe des Reiches und von der Reichsgewalt abhängig. Sie können daher das Land nicht im Reichsrat vertreten.«

Am 16. Februar beschäftigte sich der Reichsrat selbst mit der dadurch entstandenen Lage. Die Mehrheit seiner Mitglieder erklärte, entsprechend einem Antrag der süddeutschen Länder, daß der Reichsrat von den willkürlich eingesetzten Vertretern der preußischen Kommissariatsregierung Kenntnis nehme, die Frage ihrer Legitimität aber bis zu einem entsprechenden Entscheid des Staatsgerichtshofes offenlasse. Auch die meisten Vertretungen der preußischen Provinzen, vor allem aus den westlichen Provinzen Preußens, schlossen sich dieser Erklärung an und machten sich darüber hinaus zum Sprecher der widerrechtlich abgesetzten Regierung Braun. Dieses Votum des Reichsrates bedeutete einen empfindlichen Prestigeverlust für die Reichsregierung, löste bei Hitler, Göring und Frick aber nur vermehrte Aggressivität gegen die ehemalige Preußenregierung aus, die durch ihre Klage beim Staatsgerichtshof die neuen Machthaber besonders gereizt hatte. Die NS-Hetze gegen Braun und Severing, denen u. a. die Veruntreuung öffentlicher Gelder vorgeworfen wurde, ging selbst Papen zu weit, der sich daraufhin am 18. Februar veranlaßt sah, eine öffentliche Erklärung über »die persönliche Integrität« Brauns und Severings abzugeben.

Um so bedauernswerter war es, daß es dem Widerstand des Reichsrates und der Länder an der nötigen Energie und Entschlossenheit fehlte. Der Druck des Reichsrates auf die Reichsregierung hätte erheblich stärker ausfallen und für die Reichsregierung zu einer förmlichen Niederlage führen können, wenn die Mehrheit des Reichsrates, wie es ein Teil seiner Mitglieder vorschlug, sich dazu hätte entschließen können, die Legitimität der Vertreter der preußischen Kommissariatsregierung im Reichsrat selbst zu überprüfen und zu verneinen, statt auf die Entscheidung des Staatsgerichtshofes zu vertrösten. Besonders aber der Entschluß des Reichsrates, angesichts der fraglichen Legitimität eines Teiles seiner Mitglieder weitere Sitzungen vorerst nach Möglichkeit zu vertagen, war Rückzug hinter eine legalistische Haltung, die politisch auf Selbstausschaltung hinauslief und von Reichsinnenminister Frick im Reichskabinett auch entsprechend kommentiert wurde. Schwache Stellen des unharmonischen Konzerts der nicht-nationalsozialistisch regierten Länder waren besonders Sachsen und Baden, wo Vertreter der Volkspartei die maßgeblichen Regierungsposten innehatten. So half der geschäftsführende sächsische Ministerpräsident Schieck (DVP) selbst die Eigenständigkeit der Länder zu untergraben, wenn er von sich aus das Recht des Reichsrates, die Legitimation seiner Mitglieder zu überprüfen, in Abrede stellte.

Im Zusammenhang mit der Wahlpropaganda vor dem 5. März verstärkte sich rasch die Kampagne der regionalen nationalsozialistischen Parteiorganisationen gegen die noch vom Zentrum, der SPD, DVP und Staatspartei regierten oder mitregierten Länder. Ähnlich wie in Preußen hatten die NS-Fraktionen in den süddeutschen Ländern, in Hessen, Sachsen und den Hansestädten Hamburg, Bremen und Lübeck Anfang Februar Landtagsauflösungen und Neuwahlen beantragt, was aber überall abgelehnt worden war. Die Tatsache, daß die Mehrzahl der Landesregierungen, so in Bayern, Württemberg, Hessen, Sachsen und Hamburg, nur geschäftsführende Minderheitenregierungen darstellten, erleichterte die Angriffe der regionalen NS-Organisationen und ihrer Führer, die z. T. unverhohlen die Einsetzung von Reichskommissaren auch außerhalb Preußens sowie die Ablösung bestimmter Spitzenbeamter oder das Verbot bestimmter Zeitungen forderten und auch entsprechende Gesuche an den Reichskanzler oder den Reichsinnenminister richteten.

In Hessen entfachten die Nationalsozialisten eine besonders heftige Kampagne, die sich vor allem gegen den sozialdemokratischen Innenminister Leuschner richtete, dem u. a. vorgeworfen wurde, den Intentionen der Notverordnungen vom 4. 2. 1933 zuwiderzuhandeln.

Frick und Hitler hatten zwar nach dem 30. Januar ihr »Verständnis für den föderativen Staatsaufbau des Reiches« betont und versichert, daß sie die Rechte der Länder und des Reichsrates nicht antasten wollten. Tatsächlich vermehrten sich unter dem Druck der nationalsozialistischen Kampagne die Spannungen aber schnell. Außer den SPD-Ministern in Hessen traten insbesondere der dem Zentrum angehörende württembergische Staatspräsident Bolz und der bayerische Ministerpräsident Held (Bayerische Volkspartei) während des Wahlkampfes den Ambitionen der Nationalsozialisten, die in Bayern und Württemberg bei den bisherigen Wahlen relativ schlecht abgeschnitten hatten, energisch entgegen und warnten vor etwaiger Verletzung der Ländersouveränität. Es war auch bezeichnend, daß die meisten nicht-nationalsozialistisch regierten Länder sehr viel geringeren Gebrauch von den Verbotsmöglichkeiten der Notverordnung vom 4. Februar machten als Preußen und gelegentlich auch direkte Aufforderungen der Reichsregierung, mit Verboten gegen bestimmte Zeitungen oder Organisationen vorzugehen, ablehnten.*

Daneben gab es aber auch Beispiele der Nachgiebigkeit, die manchmal schon den Anschein einer Rückversicherung erweckten; so wenn die bürgerliche Regierung Badens, die auch im Verhängen von Zeitungsverboten auffällig eifrig war, den von der NSDAP besonders heftig attackierten Leiter des Polizeireferates im Badischen Innenministerium (Dr. Barck) von sich aus versetzte.[1]

Solch kampfloses Zurückweichen stärkte naturgemäß bei Hitler und Frick den Eindruck, daß sie eine förmliche Gleichschaltung der Länder riskieren könnten. In den letzten Februartagen schwebte die Drohung des Reichskommissars immer deutlicher über den Landesregierungen. In Stuttgart sprach der nationalsozialistische Landtagspräsident Mergenthaler offen von Maßnahmen »gegen renitente Staatspräsidenten«. In bezug auf Bayern erklärte Frick am 23. Februar, daß er gegen etwaige separatistische Bestrebungen (bayerische Monarchisten arbeiteten damals mit Unterstützung weiter Kreise der Bayerischen Volkspartei auf eine Restauration der Wittelsbacher unter dem populären Kronprinzen Rupprecht hin) rücksichtslos vorgehen werde.[2] Und im Reichskabinett kündigte Göring am 27. Februar an, daß er spätestens am 6. März »um die Ermächtigung bitten müsse, die Polizei in Hamburg dem Reichsminister des Innern zu unterstellen«, da – angeblich – »die KPD in Hamburg völlig freie Hand habe«.[3]

Schon zu dieser Zeit war offensichtlich fest geplant, unmittelbar nach den Wahlen vom 5. März zum Schlag gegen die Länder auszuholen, zumal die Reichstagsbrand-Verordnung vom 28. 2. 1933 der Reichsregierung die Handhabe zur Einsetzung von Reichs-Polizeikommissaren lieferte. Da die nichtnationalsozialistischen Landesregierungen aber um so vorsichtiger alles vermieden, was dem Reich hierfür als Anlaß dienen konnte, bedurfte es des Druckes der Partei von unten, um entsprechende Vorwände zu schaffen. Der Parteiführer Hitler arbeitete dabei dem Kanzler Hitler, bzw. seinem Reichsinnen-

* So lehnte z. B. die bayerische Regierung am 20. 2. 1933 das Ersuchen, die ›Münchener Neuesten Nachrichten‹ zu verbieten, ab; vgl. ›Frankfurter Zeitung‹ vom 21. 2. 1933. Interessantes Material hierzu auch in den Akten der Reichskanzlei, BA: R 43 II/482.

minister, der sich auf »spontane« Aktionen der Partei berufen konnte, geschickt in die Hände. Mittels revolutionären Drukkes von unten und dadurch ermöglichten Eingriffs von oben wurden binnen weniger Tage, zwischen dem 5. und 9. 3. 1933, nacheinander in Hamburg, Bremen, Lübeck, Schaumburg-Lippe, Hessen, Baden, Württemberg, Sachsen und Bayern zunächst nationalsozialistische Reichskommissare mit der Wahrnehmung der polizeilichen Befugnisse beauftragt und danach in kurzer Zeit die Bildung nationalsozialistisch geführter Landesregierungen erzwungen.

Nach dem Modell des Vorgehens in Preußen war der Griff nach der Polizei, dem Angelpunkt der Exekutive, überall der entscheidende Anfang. Die Vorgänge in Hamburg, wo der Gleichschaltungsprozeß am frühesten begann, sind dafür beispielhaft. Die bürgerliche Senatsmehrheit hatte nicht gewagt, das nachdrückliche Verlangen Reichsinnenminister Fricks nach einem vierzehntägigen Verbot der SPD-Zeitung ›Hamburger Echo‹ abzulehnen. Daraufhin waren die drei SPD-Senatoren, darunter der Polizeisenator Schönfelder, am 3. März zurückgetreten, und einen Tag später erklärte auch der seit 1924 amtierende, um die demokratische Kontinuität der Senatsregierung hochverdiente, aber jetzt schwer erkrankte Senatspräsident Dr. Carl Petersen (Staatspartei) seinen Rücktritt. Dem dadurch erheblich geschwächten bürgerlichen Rumpfsenat begegnete die Hamburger NSDAP-Leitung sofort mit noch schärferen Forderungen, vor allem mit dem Verlangen nach Übergabe der Leitung der Polizei an einen Nationalsozialisten, und eine entsprechende »Empfehlung« sprach auch Frick gegenüber dem Vertreter Hamburgs in Berlin schon am 4. März aus. Der Rumpfsenat beurlaubte den der SPD angehörenden Kommandeur der Hamburger Ordnungspolizei, Oberst Danner, widersetzte sich aber den weitergehenden Forderungen. Daraufhin gingen nationalsozialistische Beamte der Hamburger Polizei selbst zur Aktion über und hißten am 5. März Hakenkreuzflaggen auf Polizeikasernen und -gebäuden. Das war zunächst eine Machtergreifungsgeste von bloß symbolischer Bedeutung, sie wurde aber zum entscheidenden Prestigeerfolg, da der Rumpfsenat sich nicht entschließen konnte, der Mehrheit der durchaus loyalen Polizeioffiziere und -mannschaften entsprechend eindeutige Befehle zur Rückgängigmachung der unerlaubten Flaggenhissung zu geben. Die Stunden der Entscheidungslosigkeit und Unsicherheit am Abend des 5. März nützte

Frick, der von der NS-Gauleitung in Hamburg ständig auf dem laufenden gehalten wurde, sofort aus. Unter Bezug auf die Notverordnung vom 28. 2. 1933 und die angeblich durch den Hamburger Senat nicht mehr gewährte öffentliche Sicherheit ordnete er telegrafisch am gleichen Abend die Einsetzung des Hamburger SA-Standartenführers Polizeioberleutnant a. D. Alfred Richter als Kommissarischen Polizeibeauftragten des Reiches an.[4]

Unter ähnlichen Voraussetzungen kam es am folgenden Tage (6. März) zur Einsetzung eines Polizeikommissars des Reiches in Bremen, wobei auf Veranlassung des Bremer Kreisleiters die Wahl nicht auf einen »Alten Kämpfer«, sondern – mangels anderer als honorig und qualifiziert genug geltender Pg.'s – auf den erst 1931 zur NSDAP gestoßenen Arbeitsamtsdirektor Dr. Richard Markert fiel.[5] Auch hier war ein öffentlicher Prestigeerfolg der NSDAP gegenüber der polizeilichen Exekutive, die Ausdehnung nationalsozialistischer Massenkundgebungen auf die (für politische Demonstranten grundsätzlich gesperrte) Bannmeile rund um den Domhof und die Regierungsgebäude, vorangegangen. Und wie in Hamburg erwies sich die Nachgiebigkeit der Senatsmehrheit in der Frage der Flaggenhissung (sie veranlaßte die SPD-Senatoren, darunter auch Wilhelm Kaisen, zum Rücktritt) und ihre mangelnde Entschlossenheit zur Anwendung exekutiver Gewalt gegenüber den nationalsozialistischen Herausforderungen als entscheidender Autoritätsverlust. In Lübeck entsprach am gleichen Tage der Senat von sich aus den nationalsozialistischen Forderungen und beauftragte einen Nationalsozialisten, den Gauinspektor Walter Schröder, mit der Übernahme der Polizeigewalt, was Frick allerdings nicht davon abhielt, fünf Tage später doch noch einen Reichskommissar (den Syndikus Dr. Friedrich Völtzer) einzusetzen.

Während in Hamburg die Entscheidung im Grunde schon vor der Reichstagswahl gefallen war, bildeten in allen anderen Ländern die gesteuerten und bewußt als revolutionsähnliche Siegeskundgebungen stilisierten Massenansammlungen von NSDAP-Anhängern sowie vor allem die Aufmärsche von SA und SS im Zentrum der Landeshauptstädte und vor den Regierungsgebäuden den Hintergrund und das Druckmittel der Machtergreifung. Das erstmals in Hamburg vorexerzierte, dann auch in Bremen zur Prestigefrage gemachte Hissen von schwarz-weiß-roten und Hakenkreuzfahnen auf Rathäusern und öffentlichen Gebäuden bildete dabei meist den Anlaß drohender oder tatsächlich entstehender Konflikte mit der Polizeiexekutive. Das Schauspiel solcher mehr theatralischen als wirklichen »Revolution« verriet gleichwohl erneut die nationalsozialistische Meisterschaft in Fragen des psychologischen Kalküls. Mit dem Hissen der Hakenkreuzflagge sollte anscheinend nur eine öffentliche symbolische Anerkennung der Bewegung durchgesetzt werden, die am 5. März den Wahlsieg errungen hatte. Tatsächlich aber lief die Nachgiebigkeit gegenüber solchem öffentlichen Kulissenwechsel darauf hinaus, daß die amtierenden Landesregierungen sich gleichsam symbolisch selbst ins Unrecht setzten und bekannten, im Widerspruch mit der überwiegenden Volksmeinung zu stehen. Sie räumten den Organisatoren des plebiszitären Drucks ein »Recht« ein, das diesen auch gegenüber den ja durchaus verfassungsmäßigen geschäftsführenden Landesregierungen keineswegs zustand.

Die Mischung von gewaltsam-revolutionärer Macht-»Ergreifung« und sang- und klangloser Abdankung war auch ein Kennzeichen der ebenfalls schon am 6. März vollzogenen Gleichschaltung in Hessen. SA- und SS-Kolonnen, die aus der weiteren Umgebung verstärkt worden waren, usurpierten an diesem Tage offenbar unter Duldung der regulären Polizei die Aufstellung bewaffneter Hilfspolizeieinheiten, die die Straßen der Landeshauptstadt Darmstadt beherrschten und dabei durch Schutzpolizeieinheiten begleitet wurden, so daß in der Öffentlichkeit der Eindruck entstehen konnte, als seien die NS-Kampfverbände bereits als neue »Ordnungsmacht« akzeptiert und anerkannt. Erst als SA- und SS-Trupps Flaggenhissungen an Regierungsgebäuden erzwangen und die Parteileitung die Übergabe der Polizei durch Besetzung des Innenministeriums zu ertrotzen suchte, während eine entsprechende Anordnung Fricks schon unterwegs war, kam es vereinzelt zu Zusammenstößen. Eine Bereitschaft der Schutzpolizei wurde gewaltsam entwaffnet. Bewaffnete SA-Posten hinderten Ministerpräsident Adelung und Innenminister Leuschner in der Nacht vom 6. zum 7. März, ihre Wohnungen zu verlassen und telefonische Verbindung zur Außenwelt aufzunehmen, während der Reichskommissar, Oberregierungsrat Dr. Heinrich Müller, ein enger Mitarbeiter des Gauleiters Sprenger und Verwaltungsexperte der Partei im hessischen Landtag[6], die Geschäfte im Innenministerium übernahm und den jungen, der SS angehörenden

Landtagsabgeordneten und Rechtsberater der Partei, Dr. Werner Best, zum Sonderkommissar für die hessische Polizei ernannte.[7]

In den Hansestädten und in Hessen, wo die SPD noch an der Regierung beteiligt war, ließ sich unter Ausnutzung der durch den Reichstagsbrand verschärften Verketzerung und Diskriminierung des »Marxismus« die Übergabe der Polizei an die Nationalsozialisten noch am leichtesten motivieren. Aber zwei Tage später, am 8. März, kam es auch in Baden, Württemberg und Sachsen zur Einsetzung von Reichskommissaren. Druck und ultimative Drohungen der Partei waren dabei noch rücksichtsloser, und im Zuge der inzwischen überall entfesselten revolutionären Machtdynamik der Partei kamen auch ihre Ansprüche ungeschminkter zur Geltung. Nicht irgendwelche Verwaltungs- oder Polizeifachleute der NS-Fraktionen, sondern die örtlichen Spitzenfiguren der Partei oder SA wurden nunmehr als Kommissare des Reiches eingesetzt: Gauleiter Robert Wagner in Baden, SA-Gruppenführer Dietrich v. Jagow in Württemberg und SA-Gruppenführer Manfred v. Killinger in Sachsen.

Am dramatischsten verlief der Staatsstreich zur Ablösung der amtierenden Länderregierungen in Bayern. Obgleich Ministerpräsident Held noch am 8. März eine Versicherung des Reichspräsidenten erhalten hatte, daß die Einsetzung eines Reichskommissars in München nicht beabsichtigt sei, wurden auch hier am 9. März die Dinge mit SA-Aufmärschen und erzwungenen Flaggenhissungen am Rathaus und an verschiedenen Regierungsgebäuden nach dem bewährten Schema ins Rollen gebracht. Die bayerische Regierung, die nicht gesonnen war, der öffentlichen Einschüchterung einfach zu weichen, mobilisierte dagegen demonstrativ die Landespolizei, mußte aber vom Reichswehrministerium erfahren, daß die Wehrmacht für »interne Auseinandersetzungen« nicht zur Verfügung stehe. Dennoch lehnte sie die von Gauleiter Adolf Wagner, Ernst Röhm und Heinrich Himmler unter Drohungen mit einem SA-Aufstand ultimativ geforderte Berufung des ehemaligen Freikorps-Generals und Reichsleiters der NSDAP Franz Xaver v. Epp zum Generalstaatskommissar ab. Erst als am Abend des 9. März eine Order des Reichsinnenministers eintraf, die Epp zum Reichskommissar in Bayern ernannte, wich man unter Protest dem allein durch den Machtwillen der nationalsozialistischen Führung begründeten Eingriff in die Souveränität des Landes.

Die Einsetzung von Reichskommissaren in den Ländern war klarer Verfassungsbruch, und auch die Notverordnung vom 28. 2. 1933 lieferte dafür keine Berechtigung. Ging es doch bei den »drohenden Unruhen«, die der Reichsinnenminister als Vorwand benutzte, in keinem Falle um die »Abwehr kommunistischer staatsgefährdender Gewaltakte«, sondern stets um die von Exponenten und Verbänden der NSDAP selbst angezettelten Massenaufmärsche, Übergriffe und Drohungen. Es blieb aber nicht bei diesem ersten Rechtsbruch. Obwohl nach der Einsetzung nationalsozialistischer Polizeikommissare fast alle davon betroffenen Landesregierungen bereit waren, durch schleunige Einberufung der Landesparlamente bzw. deren Auflösung und Neuwahl auf verfassungsmäßigem Wege die Bildung neuer rechtsgerichteter Regierungen zu ermöglichen und insofern der gewünschten Gleichschaltung der politischen Führung von Reich und Ländern zu entsprechen, wofür auf Grund der Verfassung keinerlei Notwendigkeit vorlag, ließen sich die neuen Machthaber in den meisten Fällen auf diese ihnen zu langwierig und unsicher erscheinende Prozedur nicht ein.

Lediglich in Hamburg, Württemberg und Hessen wurden zwischen dem 8. und 13. März durch die zuständigen Parlamente neue nationalsozialistische Regierungen auf legale Weise förmlich gewählt, nachdem die Vakanz der kommunistischen Sitze und die demonstrative Stimmenthaltung der SPD die Bildung nationalsozialistisch-deutschnationaler Abstimmungsmehrheiten ermöglicht hatte. Auf diese Weise wurde der dem Hamburger Bürgertum akzeptabel erscheinende Kaufmann und Reeder Carl Vinzent Krogmann, der sich erst seit 1932 der NSDAP zur Verfügung gestellt hatte, neuer Hamburger Senatspräsident und Regierender Bürgermeister. In Hessen übernahmen der nationalsozialistische Landtagspräsident Professor Ferdinand Werner, ein Veteran der völkischen Bewegung der Vorkriegszeit, als Staatspräsident und Kultusminister und Dr. Heinrich Müller als Innen-, Justiz- und Finanzminister die Regierung. Und in Württemberg teilten sich Gauleiter Wilhelm Murr als Staatspräsident, Innen- und Wirtschaftsminister und sein Hauptrivale in der NS-Landespolitik, der bisherige Landtagspräsident Christian Mergenthaler als Kultus- und Justizminister, zusammen mit dem aus der Regierung Bolz übernommenen deutschnationalen Finanzminister Dr. Alfred Dehlinger die Macht.

In allen anderen Ländern unterbanden die eingesetzten nationalsozialistischen Polizeibeauftragten verfassungsmäßige Regierungsneubildungen, setzten vielmehr nationalsozialistische Sonderkommissare für die einzelnen Regierungsressorts ein und zwangen (abermals unter dem durchsichtigen und drohenden Hinweis auf die anders nicht zu gewährleistende öffentliche Sicherheit und Ordnung) die amtierenden Landesregierungen auf mehr oder weniger rabiate Weise zum Rücktritt. In Bremen, Baden und Sachsen übernahmen die Reichskommissare (Markert, R. Wagner und Killinger) selbst die Leitung und Bildung kommissarischer nationalsozialistischer Landesregierungen. In Bayern, wo dem Reichskommissar (v. Epp) von vornherein nicht nur polizeiliche, sondern allgemeine Vollmachten zur Ausübung der Reichsaufsicht erteilt worden waren, trat die Regierung Held nach der völligen Aushöhlung ihrer Zuständigkeiten durch die neuernannten Kommissare am 16. März als letzte der alten Landesregierungen zurück. Reichskommissar v. Epp setzte als kommissarischen Ministerpräsidenten und Finanzminister den bisherigen Oberbürgermeister von Lindau und Landtagsabgeordneten Ludwig Siebert ein. Der entscheidende Einfluß ging aber rasch auf die alten Mitarbeiter Hitlers und machtbewußten Exponenten der Partei über, die in der »Hauptstadt der Bewegung« ihren Sitz hatten und durch Epp zu kommissarischen Staatsministern ernannt wurden: den Münchener Gauleiter Adolf Wagner (kommissarischer Innenminister), Hans Frank (kommissarischer Justizminister) und Hans Schemm (kommissarischer Kultusminister). Besonders weittragende Folgen hatten aber zwei andere, schon in der Nacht vom 9. zum 10. 3. 1933 in München vollzogene Ernennungen: die Bestellung des Stabschefs der SA Ernst Röhm zum Staatskommissar z. b. V. und des Reichsführers-SS Heinrich Himmler zum Leiter der Polizeidirektion München, zu der (als Abt. VI) auch die jetzt von SS-Standartenführer Reinhard Heydrich übernommene Zentrale der Bayerischen Politischen Polizei gehörte.

Die Ernennung Röhms und Himmlers wie auch die Übernahme von Ministerpräsidenten- und Ministerposten durch Gauleiter oder SA-Gruppenführer ließ erkennen, daß die Gleichschaltung der außerpreußischen Länderregierungen nach dem 5. März in weit stärkerem Maße als dies noch im Februar bei Görings Beamtenpolitik in Preußen der Fall war, einseitig vor allem den führenden Exponenten der nationalsozialistischen

Partei und ihrer Kampfverbände zugute kam bzw. von ihnen aktiv erzwungen wurde. Von einer angemessenen Berücksichtigung der deutschnationalen Partner war bei der Gleichschaltung der Landesregierungen im März 1933 kaum noch etwas zu spüren.

Die »Machtergreifung der Partei« wurde nunmehr aber auch in Preußen nachgeholt. Seit der zweiten Märzwoche erhielten regionale SA- und SS-Führer auch hier einen großen Teil der wichtigsten Polizeipräsidentenposten zugeschanzt.*

Die neuen Oberpräsidenten in Preußen und die Institution der Reichsstatthalter

Weder Papen noch die protestierenden Deutschnationalen konnten verhindern, daß nunmehr auch an der Spitze der preußischen Provinzen überwiegend Gauleiter der NSDAP oder SA-Gruppenführer als neue Oberpräsidenten eingesetzt wurden[8]: so noch Ende März in den Provinzen Brandenburg (Gauleiter Wilhelm Kube, Nachfolger 1936: Emil Stürck), Schleswig-Holstein (Gauleiter Hinrich Lohse), Schlesien (Gauleiter Helmut Brückner, ab 1934: Gauleiter Joseph Wagner) und in Hannover (SA-Gruppenführer Viktor Lutze). Als weitere Oberpräsidenten, die in Personalunion Gauleiter oder hohe SA-Führer waren, kamen in den folgenden Monaten hinzu: Gauleiter Erich Koch in Ostpreußen und SA-Obergruppenführer Curt v. Ulrich in der Provinz Sachsen (Magdeburg) sowie (1934) Gauleiter Franz Schwede in Pommern (Stettin). Lediglich in den westlichen Provinzen Preußens wurden als Oberpräsidenten Personen gewählt, die in der Parteihierarchie keine oder eine wenig bedeutende Rolle spielten und nach Karriere und Stand eher den deutschnationalen Honoratioren zuzurechnen waren: Prinz Philipp v. Hessen, der durch Vermittlung des pronazistischen Hohenzollernprinzen August Wilhelm (»Auwi«) für die NSDAP geworben worden war, als Oberpräsident der Provinz Hessen-Nassau (Kassel) und Freiherr Hermann v. Lüninck als Oberpräsident der Rheinprovinz (Koblenz). Letzterer war ebenso wie sein schon im Februar zum

* So z. B. SA-Obergruppenführer Edmund Heines in Breslau, SA-Gruppenführer v. Fichte in Erfurt, SA-Gruppenführer v. Helldorf in Potsdam, SA-Oberführer Wetter in Koblenz, der frühere OSAF v. Pfeffer in Kassel, SS-Gruppenführer Weitzel in Düsseldorf, SS-Oberführer Zech in Essen, SA-Gruppenführer Schragmüller in Magdeburg u. a. m. (vgl. dazu die Angaben über »Persönliche Angelegenheiten« im MBliV, 1933).

Oberpräsidenten in Westfalen (Münster) ernannter älterer Bruder Ferdinand auf Grund seiner antirepublikanischen Einstellung in den frühen zwanziger Jahren aus dem Staatsdienst ausgeschieden und seitdem als Wortführer der nationalen Opposition und der »Grünen Front« im Rheinland hervorgetreten (er wurde als Oberpräsident 1935 von Gauleiter Josef Terboven abgelöst).

Durch die Verordnung zur Vereinfachung der preußischen Inneren Verwaltung vom 17. 3. 1933[9] sorgte Göring außerdem dafür, daß die politische Führungsaufgabe der Oberpräsidenten als der ständigen Vertreter der Staatsregierung in den Provinzen unter Entlastung von Verwaltungsgeschäften verstärkt wurde. Die Oberpräsidenten besaßen auf Grund dessen zwar kein sachliches Weisungsrecht gegenüber der dem preußischen Innenministerium direkt unterstellten Mittelinstanz der Regierungspräsidenten. Die Verordnung bekräftigte aber ausdrücklich, daß der »Meinungsäußerung des Oberpräsidenten«, der im Notfalle auch direkt Anordnungen treffen konnte, »ein ganz besonderes Gewicht zukommt«, das von den Regierungspräsidenten nicht stillschweigend übergangen werden könne.[10] In allen Fällen, in denen die Oberpräsidenten zugleich Gauleiter waren und mithin in Personalunion Partei- und Staatsführung repräsentierten, wurde schon dadurch der Respektierung der »Wünsche« der Oberpräsidenten durch die Regierungspräsidenten gehöriger Nachdruck verschafft.

Infolge der in Preußen besonders starken Nichtübereinstimmung von Provinz- und Gaugrenzen (den 12 preußischen Provinzen standen etwa doppelt soviel Partei-Gaue und Gauleiter gegenüber), blieb ein großer Teil der Gauleiter in Preußen ohne Staatsamt, so daß hier Verwaltungen und Partei einander oft feindlich gegenüberstanden und die Gauleiter (und hohen SA- und SS-Führer) sich besonders als »Aufpasser« der Regierungspräsidenten betätigen zu müssen glaubten. Um dem entgegenzuwirken, verfügte der preußische Innenminister (Göring) in einem Erlaß vom 29. 5. 1933 über die »Zusammenarbeit der Ober- und Regierungspräsidenten mit den Gauleitern der NSDAP«[11], daß die Leiter der Landesverwaltung »ständig mit den führenden Persönlichkeiten der nationalsozialistischen Bewegung, das heißt mit den zuständigen Gauleitern, Fühlung zu halten« hätten, »vor wichtigen Maßnahmen« mit ihnen »in Verbindung treten« und insbesondere in Personalfragen die Stellungnahme des Gauleiters einholen müßten. Auch die später, nach der Auflösung der anderen Parteien, verfügte Ernennung sämtlicher Gauleiter in Preußen zu Preußischen Staatsräten (Gesetz über den Preußischen Staatsrat vom 8. 7. 1933[12]) sollte diese *staats*politische Führungs- und Repräsentationsfunktion der Gauleiter der NSDAP unterstreichen, ohne daß diese dadurch formelle Weisungsrechte gegenüber der Exekutive erhielten. Die Verleihung des nur noch repräsentativen und politisch bedeutungslosen Staatsratstitels war insofern weitgehend nur eine Vertröstung für diejenigen Gauleiter in Preußen, die bei der Verteilung der staatlichen Oberpräsidentenposten leer ausgegangen waren*, während anderseits die Personalunion von Gauleiter- und Oberpräsidentenamt an der Spitze der preußischen Provinzen ein Machtgewicht schuf, das als neues regionales Gegengewicht der Zentrale der preußischen Regierung und der Einheitlichkeit der preußischen Verwaltung häufig im Wege stand.

Zu ähnlichen Konsequenzen führte die Gleichschaltung in den außerpreußischen Ländern.

Unter dem Gesichtspunkt einer einheitlichen Staatsdiktatur und der auch im Parteiprogramm der NSDAP geforderten Stärkung der Zentralgewalt des Reiches war es zweifellos problematisch, daß als Folge der nationalsozialistischen Machtergreifung in den außerpreußischen Ländern machtbewußte Führer der Partei als Staatspräsidenten, Ministerpräsidenten und Minister ans Ruder gekommen waren, die der Selbständigkeit der Länder und der Institution der Länderregierungen unter der Decke der parteipolitischen Gleichschaltung neues Gewicht verliehen. Aber in dieser frühen Phase, als das Ermächtigungsgesetz noch nicht unter Dach und Fach war und namentlich das Zentrum seine Zustimmung zu einer vierjährigen Vertagung des Reichstages u. a. davon abhängig machte, daß die föderative Grundstruktur des Reiches und die Institution des Reichsrates erhalten blieb, konnte Hitler die Eigenstaatlichkeit der Länder nicht einfach mit einem Federstrich löschen. Deshalb berührte die Machtergreifung in den Ländern im März 1933 zunächst nicht deren verfassungsrechtliche Souveränität und institutionelle Eigenständigkeit. Das am 24. März in Kraft gesetzte Ermächtigungsgesetz erkannte noch aus-

* Vor allem die Gauleiter in den preußischen Provinzen West- und Mitteldeutschlands: Florian (Düsseldorf), Grohé (Köln-Aachen), Simon (Koblenz-Trier), Telschow (Hannover-Ost), Weinrich (Hessen-Kassel), Jordan (Halle-Merseburg). Andere »preußische« Gauleiter, so Meyer (Westfalen-Nord) und Loeper (Magdeburg), wurden im Mai/Juni 1933 zu Reichsstatthaltern benachbarter außerpreußischer Gebiete ernannt.

drücklich die weitere Existenz des Reichsrates an und nährte die Illusion, daß der föderative Staatsaufbau des Reiches beibehalten werden würde.

Dementsprechend bestimmte das erste Gleichschaltungsgesetz vom 31. 3. 1933[13], daß die Landesregierungen ermächtigt seien, ohne Beschlußfassung der Landtage Gesetze (auch verfassungsändernden Inhalts) zu erlassen und Neuordnungen der Landesverwaltung vorzunehmen, nachdem sich einzelne der neuen nationalsozialistischen Landesregierungen, so z. B. in Württemberg, schon vorher von ihren Landtagen entsprechende Ermächtigungen hatten erteilen lassen. Die weitere Existenz der auf diese Weise weitgehend bedeutungslos gewordenen Institution der Länderparlamente wurde nichtsdestoweniger (sehr bezeichnend für die bloß formelle Respektierung der acht Tage vorher von Hitler versprochenen Erhaltung der Länderselbständigkeit) ausdrücklich bestätigt. Gleichzeitig schrieb das Gesetz jedoch eine Neubildung der Landtage nach der Verteilung der bei der Reichstagswahl vom 5. März auf die einzelnen Parteien entfallenen Stimmen vor, wobei die Gesamtzahl der Mandate verringert und die der KPD zustehenden Sitze jetzt auch gesetzlich annulliert wurden. Gleiches geschah auf Grund des Gesetzes mit den Gemeinde-Selbstverwaltungskörperschaften, so daß nunmehr auch hier Vertreter der »nationalen Regierung« so gut wie ausnahmslos die absolute Mehrheit zugeschanzt erhielten.*

Wenige Tage später, am 7. 4. 1933, erließ die Reichsregierung das »Zweite Gesetz zur Gleichschaltung der Länder mit dem Reich« (RGBl. I, S. 173), das nunmehr, über die politische Gleichschaltung hinaus, auch verfassungsrechtlich das Verhältnis zwischen Reich und Ländern durch die neue Institution der Reichsstatthalter entscheidend veränderte und die Landessouveränität weiter entwertete. Die eilige Schaffung der neuen Institution ging auf Hitler selbst zurück, der in der Kabinettssitzung vom 29. März auf eine solche Regelung gedrängt hatte. Daraufhin war unter dem Vorsitz Papens schnell eine Regierungskommission gebildet worden, der Reichsinnenminister Frick, der mit Fragen der Reichs- und Verwaltungsreform besonders vertraute preußische Finanzminister Popitz und der Kölner Staats- und Völkerrechtler Carl Schmitt angehörten, um

---

* Das im folgenden erörterte zweite Gleichschaltungsgesetz vom 7. 3. 1933 erklärte außerdem »Mißtrauensbeschlüsse der Landtage gegen Vorsitzende und Mitglieder der Landesregierungen« schlankweg für »unzulässig« (§ 4).

der »Anregung« Hitlers eine »gesetzliche Form zu geben«.[14] Daß diese Frage in solcher Eile innerhalb weniger Tage entschieden wurde, ist um so auffälliger, als damit künftige Reichsreformpläne erheblich präjudiziert wurden, noch ehe der Prozeß der Machtergreifung zu Ende gekommen und mithin andere zentrale Probleme einer solchen Reform (territoriale Neugliederung, Verwaltungsvereinheitlichung, die Sonderstellung Preußens) umfassend und zusammenhängend geklärt und gelöst werden konnten.

Da zu dieser Zeit außerdem die nicht-nationalsozialistischen Kräfte in den Länderregierungen praktisch schon ausgeschaltet waren und insofern ein neuer Eingriff in die Landesregierungen nicht mehr nötig war, spricht alles dafür, daß andere Überlegungen im Vordergrund standen.

Die Reichsstatthalter (Hitler sprach in der Kabinettssitzung vom 29. 3. 1933 noch von der Einsetzung von »Staatspräsidenten« in den Ländern) sollten künftig anstelle der entmachteten Länder-Volksvertretungen die eigentlichen Repräsentanten der Ländersouveränität sein und auf Landesebene gleichsam die Rolle des Reichspräsidenten (mit dem Recht der Regierungs- und Beamtenernennung sowie dem Begnadigungsrecht) spielen, gleichzeitig aber als vom Reichspräsidenten auf Vorschlag des Reichskanzlers zu ernennende »Aufseher« des Reiches »für die Beobachtung der vom Reichskanzler aufgestellten Richtlinien der Politik« in den Ländern sorgen. Hitler wollte damit offensichtlich nicht zuletzt den Gefahren einer partikularen Machtbildung entgegenwirken, die seiner Führung in Regierung und Partei durch die Machtergreifung von Partei- und SA-Führern in den Ländern drohen konnte. Das zweite Gleichschaltungsgesetz stand insofern schon im Zusammenhang mit den von Hitler und der Reichsregierung ausgehenden Bemühungen zur Drosselung der SA- und Parteirevolution. Tatsächlich bedienten sich Hitler und Frick in den folgenden Monaten vor allem der Reichsstatthalter und der zunächst ziemlich regelmäßigen Reichsstatthalter-Konferenzen (solche fanden am 26. 5., am 6. 7., am 28. 9. 1933 in Berlin statt), um einem Weitertreiben der Parteirevolution entgegenzutreten. Darauf deutet auch die Tatsache hin, daß in Bayern bzw. in München, wo die Leitung der Parteiorganisation, der SA und SS ihren Sitz hatten und die »Machtergreifung« seit dem 9. März in besonderem Maße den Charakter einer selbstbewußt von der Partei gesteuerten Revolution annahm, bereits am 10. 4. 1933, das

heißt unmittelbar nach Erlaß des zweiten Gleichschaltungsgesetzes, ein Reichsstatthalter eingesetzt wurde, während die
Reichsstatthalter-Ernennungen in den anderen Ländern erst im
Mai oder gar noch später vollzogen wurden. Außerdem war
der in Bayern eingesetzte Reichsstatthalter (v. Epp) der einzige,
der nicht in Personalunion gleichzeitig Gauleiter oder Höherer
SA-Führer war. Fast scheint es, daß das Reichsstatthaltergesetz
von Hitler primär im Hinblick auf Bayern, das heißt als Bremse
einer von dort zu befürchtenden, gegen Berlin gerichteten
Revolution der Partei gedacht war.

Wie wenig die neue und nie mehr rückgängig gemachte Einrichtung der Reichsstatthalter unter dem Gesichtspunkt einer
umfassenden und einheitlichen Reichsreform befriedigen
konnte, wie sehr sie vielmehr vor allem aktuellen Bedürfnissen
diente, zeigte sich auch an der Sonderregelung für Preußen.
Hier gingen die Rechte des Reichsstatthalters auf den Reichskanzler selbst über. Damit wurde die bisherige Funktion Papens
als Reichskommissar für Preußen praktisch hinfällig, ehe die
infolge der Neuwahlen zum Preußischen Landtag fällige Neubildung einer preußischen Regierung erfolgte, wofür schon am
10. 4. 1933 nicht Papen, sondern Göring als preußischer Ministerpräsident (und Innenminister) bestellt wurde, dem Hitler
am 25. April auch die Ausübung der Rechte des Reichsstatthalters in Preußen übertrug. Das zweite Gleichschaltungsgesetz trug somit auch dazu bei, Görings führende Rolle in
Preußen endgültig zu befestigen und Papens Stellung im
Reichskabinett weiter zu schwächen. Durch die Hinzuziehung
eines weiteren Nationalsozialisten, die Ernennung des bisherigen Landtagspräsidenten Hans Kerrl zum neuen preußischen
Justizminister (21. 4. 1933), wurden die nicht-nationalsozialistischen Ressortchefs in der Preußenregierung schon im April
auf Hugenberg und Popitz reduziert.

Da Göring die Reichsstatthalter-Kompetenz nur in Vertretung des Reichskanzlers ausübte, bedeutete die Reichsstatthalter-
Regelung für Preußen verfassungspolitisch gleichwohl eine erneute Bekräftigung der schon von Papen 1932 herbeigeführten
Restauration der bismarckisch-wilhelminischen Verquickung
von Reichsleitung und preußischer Staatsregierung. Göring
trat insofern, wie auch die spätere institutionelle Verschmelzung der preußischen und Reichs-Ministerien zeigen sollte, in
die Fußstapfen der alten Politik, welche die Macht und Autorität der Reichsregierung wesentlich auf die Vormacht Preußens

und seiner zentralistischen Regierung gründete, damit aber eine Reichsreform mit dem Ziel einheitlicher Ausbalancierung von Zentralregierung und regionaler Selbstverwaltung gerade im Wege stand.

Dem Ziel der territorialen Vereinheitlichung, insbesondere der Zusammenfassung der kleinen Länder zu größeren Einheiten, entsprachen die Bestimmungen des zweiten Gleichschaltungsgesetzes nur insofern, als sie vorsahen, daß *ein* Reichsstatthalter für mehrere Länder, die weniger als 2 Millionen Einwohner hatten, eingesetzt werden könne. Tatsächlich war dadurch aber wenig erreichbar, solange man das Problem nur von der politisch erwünschten Reichsstatthalter-Institution her anpacken konnte, während die Pläne einer territorialen Neugliederung der Länder dadurch im Grunde nicht gefördert, sondern – wie sich zeigen sollte – ad Calendas Graecas vertagt wurden.

Von den insgesamt zehn Reichsstatthaltern, die (abgesehen von Epp in Bayern) im Mai/Juni 1933 ernannt wurden, waren sechs je für eines der größeren Länder (Sachsen, Württemberg, Baden, Hessen, Thüringen und Hamburg) zuständig. Lediglich Lippe-Detmold und Lippe-Schaumburg, Bremen und Oldenburg, Braunschweig und Anhalt sowie die beiden Mecklenburgs und Lübeck wurden zu je einem Reichsstatthalterbezirk zusammengefaßt. Auf diese Weise blieben auch außerhalb Preußens noch immer beträchtliche Größenunterschiede. Während Bayern und Sachsen 7 bzw. 5 Millionen Einwohner zählten, hatte der vereinigte Reichsstatthalterbezirk Lippe nur 250000 Einwohner.

Von erheblicher Bedeutung für die reale macht- und verfassungspolitische Funktion der neuen Einrichtung mußte aber vor allem die Auswahl der Personen sein, denen die Reichsstatthalter-Kompetenz zufiel. Angesichts der Tatsache, daß nach dem Wortlaut des Gesetzes vom 7. 4. 1933 den Reichsstatthaltern vor allem die Durchsetzung der Richtlinien der Politik der Reichsregierung in den Ländern obliegen sollte, ist es erstaunlich, daß Hitler als Reichsstatthalter fast ausschließlich Gauleiter der NSDAP ernennen ließ[15], deren parteipolitische Machtbasis in den Ländern lag, von denen mithin zu erwarten war, daß sie sich vor allem als Führer und Repräsentanten ihrer Gaue fühlen würden. Aber tatsächlich hatte Hitler kaum eine andere Möglichkeit. Nur die Gauleiter waren imstande, sich gegenüber den von führenden Vertretern der Partei besetzten Landesregierungen Respekt zu verschaffen, da die NSDAP, wie sich schon früher gezeigt hatte, oberhalb der Ebene der Gauleiter über keine starke kollektive Reichsleitung verfügte, die es ermöglicht hätte, mächtige und in ihrer Autorität anerkannte zentrale Amtsleiter der Partei den im Zuge der Machtergreifung in den Ländern miteinander verquickten Führungsorgan von Partei und Staat vorzusetzen. Die Ernennung von Gauleitern zu Reichsstatthaltern folgte somit außerhalb Bayerns dem alten Prinzip, das schon 1932 bei der Ernennung von Landesinspekteuren der NSDAP angewandt worden war: Man hob die auf Grund der Größe ihrer Gaue besonders mächtigen oder besonders tatkräftigen Gauleiter durch ihre Ernennung zu Reichsstatthaltern aus dem Kreis der übrigen Gauleiter hervor, mußte aber riskieren, daß diese Personalunion von Partei- und Staatsamt nicht nur der Durchsetzung der von Hitler bestimmten Richtlinien der Reichspolitik, sondern auch der Bildung neuer partikularer Machtschwerpunkte in den Ländern dienen würde. Es war bezeichnend, daß der Personenkreis der neuen Reichsstatthalter bzw. die Gruppe der zu Oberpräsidenten ernannten Gauleiter in Preußen etwa zur Hälfte identisch war mit den früheren Landesinspekteuren der NSDAP.

So wurden in Sachsen Gauleiter Martin Mutschmann, in Hessen Gauleiter Jakob Sprenger, in Hamburg Gauleiter Karl Kaufmann, für die Länder Braunschweig und Sachsen-Anhalt der Leiter des Gaues Magdeburg-Anhalt, Friedrich Wilhelm Loeper*, für die Länder Mecklenburg** und Lübeck der Gauleiter des Gaues Mecklenburg, Friedrich Hildebrandt, und für die Länder Lippe und Schaumburg-Lippe der Leiter des Gaues Westfalen-Nord, Dr. Alfred Meyer, zu Reichsstatthaltern ernannt.

In denjenigen Ländern, wo die Gauleiter schon seit 1932 oder seit dem März 1933 das Amt des Ministerpräsidenten innehatten, übernahmen sie nunmehr das im Zuge der zu erwartenden weiteren Reichsreform wichtiger erscheinende Amt des Reichsstatthalters: so in Württemberg Wilhelm Murr (Nachfolger als Ministerpräsident: Christian Mergenthaler), in Baden Robert Wagner (Nachfolger als Ministerpräsident: Walther Köhler), in Thüringen Fritz Sauckel (Nachfolger als Mi-

---

* Am 23. 10. 1935 verstorben; neuer Reichsstatthalter wurde daraufhin der Gauleiter des Gaues Halle-Merseburg, Rudolf Jordan.
** Mecklenburg-Strelitz und Mecklenburg-Schwerin wurden am 15. 12. 1933 zu einem Land vereinigt. Vgl. RGBl. 1933 I, S. 1065.

nisterpräsident: Wilhelm Marschler), für die Länder Oldenburg und Bremen der oldenburgische Gauleiter Carl Röver (Nachfolger als Ministerpräsident in Oldenburg: Georg Joel).

Waren in diesen Gebieten bisher oberstes Partei- und Staatsamt in einer Hand vereinigt gewesen, so trat anstelle dieser kompakten Macht mit der Einrichtung der Reichsstatthalter-Institution nunmehr auch hier ein neuer Dualismus, der insbesondere dort eine Aufsplitterung in rivalisierende Machtträger bedeutete, wo hinter der Konstellation Reichsstatthalter – Ministerpräsident alte Partei- und Amtsrivalitäten standen, etwa das Verhältnis Gauleiter – Gauleiterstellvertreter (wie im Falle Röver – Joel), das Verhältnis Gauleiter – NS-Landtagspräsident (wie im Falle Murr – Mergenthaler) oder das Verhältnis Gauleiter – SA-Gruppenführer (wie im Falle Mutschmann – Killinger).

Die Rivalität verschiedener alteingesessener Machtpositionen konnte vor allem in Bayern durch die Gleichschaltung und die Reichsstatthalter-Regelung nicht überwunden werden. Von den insgesamt sechs Gauleitern auf dem Gebiet Bayerns hatten zwei, Adolf Wagner (Oberbayern) und Hans Schemm (Bayerische Ostmark), Ministerposten in der Bayerischen Staatsregierung erhalten. Die vier anderen, Julius Streicher (Mittelfranken), Otto Hellmuth (Unterfranken), Karl Wahl (Schwaben) und Josef Bürckel (Rheinpfalz), blieben zunächst ohne Staatsamt. Hellmuth und Wahl wurden im Sommer 1934 zu Regierungspräsidenten in ihren Bezirken ernannt. Streicher und Bürckel, zwei besonders selbstbewußte Gauleiter, lehnten ein solches, ihnen inferior erscheinendes Amt jedoch ab und betrieben von Anfang an in ihren Gauen eine höchst eigenwillige, die staatlichen Instanzen vielfach mißachtende oder sie unter Druck setzende Politik. Beide sahen in dem bayerischen Innenminister Wagner, der zugleich Gauleiter von Oberbayern war, nur ihresgleichen und ließen sich noch weniger von Epp und dem von diesem ernannten bayerischen Ministerpräsidenten Siebert beeindrucken, die keine Parteihausmacht hinter sich hatten. Bei Bürckel machte sich schon bald auch, verquickt mit pfälzischen Bestrebungen zur Loslösung von Bayern, ein separatistischer Sonderwille bemerkbar, der später, nach der gleichzeitigen Bestellung Bürckels zum Kommissar für die Eingliederung des Saargebietes, in einer besonderen »Westmark«-Ideologie Ausdruck fand. Ähnliche nationale Grenzgau-Ideologien, welche das Sonderbewußtsein stärkten, traten im

Gau Bayerische Ostmark und im Gau Ostpreußen hervor. Diese fanden auch Ausdruck in gaueigenen Wirtschafts- oder Siedlungsunternehmungen, zu denen die Gauleiter bestimmte regionale Wirtschaftszweige drängten und mit deren Hilfe sie sich zusätzliche außerstaatliche Einflußmöglichkeiten schufen.

Noch stärker machte sich aber in Bayern (sowohl gegenüber der Staatsregierung wie gegenüber dem Reichsstatthalter) der Eigenwille des Stabschefs der SA und des Reichsführers-SS bemerkbar. Röhm hatte mit seiner Ernennung zum bayerischen Staatskommissar z. b. V. von vornherein eine Sonderstellung außerhalb der Ministerialressorts inne, die er als eine allgemeine, durch die SA auszuübende revolutionäre Kontrollaufgabe auffaßte. Auf Grund dessen entstand in Bayern seit Mitte März 1933 ein System von SA-Sonderkommissaren bei den bayerischen Kreisregierungen und Bezirksämtern, die bis zum 30. 6. 1934 als außerstaatliche Kontrollinstanz neben der staatlichen Verwaltung und in häufigem Konflikt mit ihr existierten. Aber auch die SS, die unter Himmlers Leitung die Spitzenstellungen der Politischen Polizei in Bayern besetzte und dadurch zunächst in Bayern die neue Rolle der politisch-polizeilichen Exekutive übernahm, erlangte damit eine besondere Machtstellung, die dem formalen Unterstellungsverhältnis unter den bayerischen Innenminister nicht entsprach und sich noch mehr der Kontrolle des Reichsstatthalters entzog.

Am 13. 6. 1933 stellte Epp fest: »Ein direkter Krieg [von SA, SS und Polizei] gegen die Staatsregierung [und den Reichsstatthalter] ist im Gange.« Und noch im Frühjahr 1934 beklagte er sich verbittert über das »Steuern und Minieren auf dem Parteiweg oder entlang von Parteibeziehungen«: »Streicher reist alle Augenblicke nach Berlin und läßt seine Sonderdinge [von Hitler] sanktionieren. Andere läßt Wagner sanktionieren, andere reisen zum SA-Chef, andere zum Kommandeur der Polizeien [Himmler].«[16] Die Stellung des fünfundsechzigjährigen Epp (wie die Sieberts) litt vor allem unter dem Mangel einer Parteihausmacht*. Sein formell hoher Rang als Reichsleiter der NSDAP machte demgegenüber nichts aus, am wenigsten im Hinblick auf Röhm, der selbst diesen Rang bekleidete.

Dort aber, wo das Reichsstatthalteramt in Personalunion mit dem Parteiamt des Gauleiters ausgeübt wurde, stellte es 1933

---

* So war es bezeichnend, daß Epp schon am 13. 6. 1933 (vergeblich) verlangte, er müsse, wenn er seine Reichsstatthalter-Aufgabe wirksam erfüllen solle, auch »über die in seinem Bereich stehenden SA-, SS- und Parteiorganisationen Befehlsgewalt« erhalten. In: Epp-Material, IfZ: MA – 1236.

zunächst eine beträchtliche Machtposition dar, zumal die Reichsstatthalter mit dem Beamtenernennungs- und -entlassungsrecht in dieser Zeit auch die Oberaufsicht über die Durchführung des am 7. 4. 1933 erlassenen Gesetzes zur Wiederherstellung des Berufsbeamtentums in den Ländern bzw. auch in den Kommunen innehatten. Hitler selbst bezeichnete die Stellung der Reichsstatthalter noch in der Reichsstatthalter-Konferenz vom 22. 3. 1934 als die von »Vizekönigen des Reiches« und fügte dem Sinne nach hinzu: jeder müsse das daraus machen, was er machen könne[17] – eine für Hitler typische, den Reichsinnenminister um so mehr erschreckende, weil mit den Regeln einer geordneten Staatsverwaltung nicht zu vereinbarende Devise.

Tatsächlich sprach Hitler damit aber nur aus, was ohnehin in der Natur dieser Personalunion angelegt war: die Tendenz zur egozentrischen Machtbehauptung und Machtausdehnung, wobei das jeweilige Vermögen, die jeweilige Hausmacht und nicht zuletzt das jeweilige Verhältnis dieser »Alten Kämpfer« zu Hitler meist den Ausschlag gaben, inwieweit der einzelne Reichsstatthalter sich als staatliches Aufsichtsorgan der Reichsgewalt oder vielmehr als bevollmächtigter und mithin in seinem Bereich absoluter Statthalter Hitlers fühlte.

Solange Hitler den revolutionären Druck der SA, SS, Partei, NSBO und sonstiger NS-Kampforganisationen und -Gliederungen noch für die Ausschaltung der anderen Parteien brauchte, vermochte er dem Bedürfnis nach Wiederherstellung der Staatsautorität und Rechtssicherheit gegenüber den weiterwirkenden »Revoluzzer«-Tendenzen in der Partei nur vorsichtig und partiell Ausdruck zu geben. Nachdem aber im Juli die Monopolisierung der politischen Macht durch die NS-Bewegung abgeschlossen war, riß er das Steuer schnell herum und proklamierte das Ende der NS-Revolution: Alle weitere Umgestaltung in Staat und Gesellschaft müsse evolutionär, in einheitlicher und von oben geregelter Weise vollzogen werden. Die NSDAP habe jetzt nicht mehr primär eine Kampf-, sondern eine Erziehungsaufgabe zu leisten.

Im Zusammenhang dieser Kursänderung unterstützte Hitler nunmehr auch nachdrücklicher das Bestreben der Reichsministerien in Berlin, die staatliche Zentralgewalt und ihre Autorität zu verstärken und wieder zur Geltung zu bringen. Von daher war auch die weitere Entwicklung des Reich-Länder-Verhältnisses zunächst bestimmt.

Auf Initiative Fricks und seines Beraters Dr. Helmuth Nicolai, der Ende 1933 als NS-Verfassungs- und Verwaltungsexperte in das Reichsinnenministerium berufen worden war, beschloß der neue, am 12. 11. 1933 gewählte Einheits-Reichstag am 30. 1. 1934 das verfassungsändernde »Gesetz über den Neuaufbau des Reiches«, das lakonisch bestimmte: »Die Volksvertretungen der Länder werden aufgehoben. Die Hoheitsrechte der Länder gehen auf das Reich über. Die Länderregierungen unterstehen der Reichsregierung. Die Reichsstatthalter unterstehen der Dienstaufsicht des Reichsministers des Innern . . .« (RGBl. I, S. 75).*

Die außerordentliche verfassungsrechtliche Bedeutung des Gesetzes kontrastierte auffällig (für den Hitlerschen Gesetzgebungsstil jedoch sehr charakteristisch) mit der Kürze seines Inhalts. Im Grunde handelte es sich eigentlich mehr um eine politische Willenserklärung als um eine gesetzgeberische Tat. Die von ihm erwarteten Folgen des Schrittes schon vorwegnehmend, erklärte Frick einen Tag später im Rundfunk emphatisch: »Der Traum von Jahrhunderten ist erfüllt. Deutschland ist kein schwacher Bundesstaat mehr, sondern ein starker nationaler Einheitsstaat.« Das war eine sehr verfrühte Erklärung, hatte man doch vorläufig im wesentlichen nur das alte föderative Verfassungsrecht außer Kraft gesetzt, während über die Art und Weise der Neuorganisation und beabsichtigten »Verreichlichung« noch sehr wenig ausgemacht war.

Einige Folgen waren allerdings schon impliziert: So gingen mit der Auflösung der Ländersouveränität einzelne konkrete Hoheitsrechte, wie das in dieser Zeit der politischen »Säuberung« nicht unwichtige Recht der Begnadigung, auf die Reichsregierung über. Vor allem aber unterstellte das Gesetz die Reichsstatthalter nunmehr expressis verbis der Aufsicht des Reichsinnenministers, wodurch sie eigentlich aufhörten, »Statthalter« (Hitlers) zu sein.

An dieser Regelung entzündete sich deshalb auch sofort der Streit. Während die Staatsrechtler Carl Schmitt und Nicolai klar das Vorgesetztenverhältnis der Reichsregierung gegenüber den

---

* Eine erste Durchführungsverordnung vom 2. 2. 1934 beschränkte sich im wesentlichen auf die Feststellung, daß Landesgesetze künftig der Zustimmung des zuständigen Reichsministers bedürften und Landesbeamte in den Reichsdienst versetzt werden könnten.

Landesregierungen und Reichsstatthaltern herausstellten[18], widersprachen letztere, so z. B. Reichsstatthalter und Gauleiter Sprenger (Frankfurt), dieser Auslegung. Obwohl Hitler in dieser Phase, als das öffentliche und wirtschaftliche Leben noch immer in erheblichem Maße von revolutionären Forderungen und Ambitionen der Partei beunruhigt wurde, dem Grundgedanken einer strengeren Bindung der lokalen Parteigewalten an die zentrale Reichsregierung grundsätzlich positiv gegenüberstand, scheute er sich doch, dies in aller Deutlichkeit seinen alten Mitkämpfern gegenüber auszusprechen. So wies er in der Reichsstatthalter-Konferenz vom 22. 3. 1934 zwar erneut darauf hin, daß die wirtschaftliche Lage Eigenmächtigkeiten und Eingriffe lokaler Parteiinstanzen nicht erlaube und der neue Reichsaufbau »auf ein einheitliches Reich mit einheitlicher Verwaltung« hinziele, wodurch allein die nötige »enorme Kraftentfaltung des Volkes sichergestellt« werden könne.[19] Gleichwohl vertröstete er die Reichsstatthalter mit Bemerkungen wie der, daß jeder von ihnen »seine Bedeutung aus seiner Qualität [selbst] ableiten« könne, und verhinderte Frick, eine in dieser Frage sehr viel schärfere Erklärung abzugeben.[20] Auf Grund der dadurch erneut geschaffenen Zweideutigkeit fragte am 7. 4. 1934 Reichsstatthalter Loeper (Braunschweig und Anhalt) förmlich beim Chef der Reichskanzlei (Staatssekretär Lammers) an, »ob der Reichsstatthalter seine alte Stellung noch beibehalten hat oder eine dem Reichsinnenministerium nachgeordnete Behörde geworden ist«. Sollte ersteres der Fall sein, gehe es nicht an, daß der Reichsinnenminister oder in seinem Auftrag ein Ministerialrat mit dem Reichsstatthalter wie mit einer untergeordneten Dienststelle verkehre. Er (Loeper) könne sich denken, »daß die zünftige Bürokratie gern die Gelegenheit benutze, um die vom Führer gewollte Stellung der Reichsstatthalter zu schmälern«, zumal er sich wohl entsinne, daß der Führer den Reichsstatthaltern bei ihrer Ernennung wörtlich erklärt habe: »Was Sie aus dieser Stellung machen, das wird später einmal sein.«[21] In ähnlichem Sinne vertrat sechs Wochen später Reichsstatthalter Sauckel die Ansicht, der Reichsinnenminister und andere Reichsminister könnten in Fragen der Landesgesetzgebung nicht einfach befehlen, vielmehr solle im Falle einer Meinungsverschiedenheit zwischen den Ministern der Reichsregierung und den Reichsstatthaltern bzw. Landesregierungen die Meinung des Führers eingeholt werden. Der Reichsinnenminister

reagierte darauf in einem Schreiben an die Reichskanzlei vom
4. 6. 1934 klar ablehnend:

»Wenn an dem Gedanken einer zentralen und einheitlichen
Führung des Reiches durch den Herrn Reichskanzler und die
ihm zur Seite stehenden Fachminister, die in ihrer Gesamtheit
zusammen mit dem Reichskanzler die Reichsregierung bilden,
festgehalten werden soll, dann ist es nicht möglich, Meinungsverschiedenheiten zwischen einem Reichsfachminister einerseits und einem Statthalter andererseits ... der Entscheidung
durch den Herrn Reichskanzler zu unterbreiten. Vielmehr muß
die Entscheidung des Reichsministers, der hinsichtlich seines
Zuständigkeitsbereichs die Reichsregierung vertritt, von dem
Reichsstatthalter anerkannt werden, ohne daß ihm auf gesetz-
geberischem Gebiet eine Art Rechtsmittelzug gegen eine Entscheidung des Reichsministers eröffnet wird.«[22]

Diese Stellungnahme war logisch und konsequent, wenn
man vom verfassungsrechtlichen Staatszentralismus und von
der geschäftsordnungsmäßigen Stellung der Reichsminister
ausging, sie war aber durchaus hypothetisch, sofern sie die aus
der Verquickung von Partei und Staatsamt stammende reale
Machtposition der Reichsstatthalter/Gauleiter und die von Hitler beanspruchte absolute Führerstellung im Kabinett außer
acht ließ. Bezeichnend war deshalb auch, was Hitler dem
Reichsinnenminister durch Lammers ausrichten ließ:

»Der Herr Reichskanzler ist gleichfalls der Meinung, daß es
im allgemeinen [!] nicht möglich ist, Meinungsverschiedenheiten zwischen einem Reichsfachminister und einem Reichsstatthalter über die Recht- oder Zweckmäßigkeit eines Landes-
gesetzes seiner Entscheidung zu unterbreiten. Eine Ausnahme
muß jedoch nach Auffassung des Herrn Reichskanzlers für die
Fälle gelten, in denen es sich um Fragen von besonderer politischer Bedeutung handelt. Eine derartige Regelung entspricht
nach der Auffassung des Reichskanzlers seiner Führerstellung.«

Der Vorbehalt war typisch, auch im Hinblick auf die allgemeine Verfassungsentwicklung: In Sachen von *politischer
Bedeutung* sollten die jeweiligen Exponenten der Partei bzw.
Hitler selber das entscheidende Wort haben, wobei naturgemäß weit auslegbar war, *was* als Angelegenheit von politischer Bedeutung anzusehen sei. Es ist evident, daß Hitler damit
die vom Verfassungsminister auf Grund des Neuaufbau-
gesetzes geforderte eindeutige Vorgesetztenstellung der Reichsressorts gegenüber den Partikulargewalten in den Ländern

durchaus fraglich machte. Manche der neuen »Gaufürsten«, so äußerte sich der Reichsfinanzminister Schwerin-Krosigk später, erwiesen sich als »viel hartnäckigere Föderalisten als vor ihnen die Länderministerpräsidenten«.[23] Ihnen kam dabei vor allem zugute, daß sie dank ihrer alten Parteibeziehungen oft eher Zutritt und Gehör bei Hitler fanden als die Reichsminister, zumal wenn diese nicht der NSDAP entstammten. Aber auch Frick, der selbst »alter Parteigenosse« war, sollte diesen Mißstand in den kommenden Jahren noch häufig bitter beklagen.

Im ganzen gesehen verloren die Reichsstatthalter ebenso wie die Landesregierungen gleichwohl in den Jahren 1934 bis 1938 gegenüber der Reichsregierung schon dadurch an Gewicht, daß im Laufe der Zeit immer mehr Gesetzgebungs- und Verwaltungsmaterien direkt an die zentralen Reichsressorts übergingen. Am zeitigsten und konsequentesten geschah die »Verreichlichung« auf dem Gebiet der Justiz, nachdem ein erstes Gesetz »zur Überleitung der Rechtspflege auf das Reich« schon am 16. 2. 1934 ergangen war.[24] Das Reichsjustizministerium, das bisher primär nur Gesetzgebungsministerium gewesen war, erhielt nunmehr unter Zusammenlegung mit dem Preußischen Justizministerium in Berlin die oberste Verwaltungskompetenz für sämtliche Gerichte und Justizbeamten in Deutschland. Mit Wirkung vom 1. 4. 1935 wurden die Landesjustizministerien und -behörden aufgelöst und in rund 30 einheitliche, dem Reichsjustizminister unterstehende Oberlandesgerichtsverwaltungen übergeführt.

Im Hinblick auf die reale Verfassungssituation des Dritten Reiches waren die Auswirkungen dieser Maßnahme konträrer Natur. In der damaligen Situation verstärkte sie jedenfalls das Gewicht des autoritären Einheitsstaates, was zu dieser Zeit (1934/35) auch eine Schwächung des Parteieinflusses bedeutete. Nicht nur, daß eine Reihe von führenden alten Parteigenossen, die im Zusammenhang mit der Gleichschaltung der Länder die Landesjustizministerien übernommen hatten, ihr Amt verloren, so Kerrl in Preußen, Hitlers Kronjurist Hans Frank in Bayern und Otto Georg Thierack in Sachsen. Durch die direkte Unterordnung unter das Reichsjustizministerium, als dessen Leiter bis zu seinem Tode 1941 der Deutschnationale Dr. Gürtner amtierte, wurden die regionalen Gerichtsvorsitzenden auch stärker dem Einfluß und Druck lokaler und regionaler Parteigewalten entzogen. Die Tatsache z. B., daß das Begnadigungsrecht künftig in das Ressort Gürtners fiel, sofern nicht Hitler als Staatsoberhaupt (ab 2. 8. 1934) selbst davon Gebrauch machte[25], sicherte im ganzen eine fairere Handhabung als durch die Reichsstatthalter. Auf der andern Seite, und dies wog langfristig sicher schwerer, erleichterte die Zentralisierung der gesamten Justiz ihre autoritäre Lenkung, die zunehmende Selbstanpassung, vor allem auch durch (weisungsgemäße) Unterlassung von Anklagen und Ermittlungen durch die Staatsanwaltschaften in denjenigen Fällen, wo das Regime oder seine Exponenten selbst politische Verbrechen begingen oder veranlaßten.

Zur bewußten Zentralisierung kam es von vornherein auch in dem Ressort des im April 1933 neuerrichteten Reichsministeriums für Volksaufklärung und Propaganda mit seinen Außenstellen in den Ländern und Provinzen (»Landesstellen«), die, personell und organisatorisch weitgehend mit den Gaupropagandaleitungen der NSDAP verquickt und aus ihnen hervorgegangen, 1937 den förmlichen Status nachgeordneter Reichsbehörden erhielten. Die Bedeutung des neuen Ministeriums als einer zentralen Lenkungsbehörde war um so größer, als es nicht nur die reichseinheitliche Steuerung von Rundfunk und Presse besorgte, sondern über die im Herbst 1933 errichtete Reichskulturkammer[26] mit ihren Einzelkammern (für Theater, Musik, Bildende Künste, Film, Schrifttum) auf Kosten der Kultus- und Innenminister auch den gesamten Bereich der Kunst- und Kulturpolitik an sich zog.[27]

Auch die Bildung weiterer neuer Reichsministerien oder Oberster Reichsbehörden, die meist auf Kosten der bestehenden »klassischen« Ressorts ging, so die Einsetzung eines »Generalinspekteurs für das deutsche Straßenwesen« (30. 11. 1933), die Einrichtung eines besonderen Reichskirchenministeriums (anstelle des bisherigen Zuständigkeitsbereichs der kirchenpolitischen Abteilung des Innenministeriums) am 6. 7. 1935 und die Schaffung einer Reichsstelle für Raumordnung am 26. 6. 1935, die beide Hans Kerrl unterstellt wurden; die Herausgrenzung des Forst- und Jagdwesens aus dem Bereich der Landwirtschaftsministerien und die Einsetzung eines Reichsforst- und -jägermeisters (Hermann Göring) im Juli 1934[28] trugen in diesen Jahren dazu bei, daß sich das Gewicht der staatlichen Verwaltung und Lenkung auf die zentralen Reichsressorts verlagerte.

Auch im Bereich der Finanz-, Wirtschafts-, Arbeits- und

Kultusverwaltung machte sich diese Verlagerung mehr und mehr bemerkbar, wenngleich man hier nicht so zügig und systematisch vorging wie bei der Verreichlichung der Justiz, sondern die Entwicklung pragmatischen Ad-hoc-Maßnahmen überließ, die den Nachteil hatten, daß das Verhältnis von Reichs- und Landesverwaltungen weiterhin sehr verwirrend blieb.

Wie sehr solche Einzel- oder Teil-Lösungen einer befriedigenden Reform des Verhältnisses von Zentralregierung und regionaler Selbstverwaltung im Wege stehen konnten, zeigte sich insbesondere an der 1934/35 durchgeführten Verschmelzung der preußischen und Reichs-Ministerien für Inneres, Wirtschaft, Landwirtschaft und Arbeit (einzig das preußische Finanzministerium blieb noch als preußisches Ressort bestehen). Besonders bedeutsam war hierbei vor allem die Vereinigung der innenpolitischen Ressorts zum »Reichs- und Preußischen Ministerium des Innern« unter Wilhelm Frick, der erst dadurch zum Chef einer mächtigen zentralen Verwaltungsbehörde wurde. Unzweifelhaft bedeutete die Verschmelzung der zentralen preußischen und Reichs-Ressorts eine weitere Etappe der schon mit der Kommissariatsregierung erneut angebahnten »Verpreußung« der Reichsregierung, schon allein dadurch, daß nunmehr Hunderte von preußischen Ministerialbeamten in die Reichsressorts einströmten, wodurch auch das protestantische und spezifisch preußisch-konservative Element in den Reichsministerien, insbesondere im Ministerium Fricks, verstärkt wurde.

Die von Frick im Einvernehmen mit Göring betriebene Zusammenlegung der Reichs- und preußischen Ressorts war nur als erster Schritt einer umfassenden Reichsreform gedacht, die auf der Basis einer gleichmäßigen Untergliederung des Reiches in Reichsprovinzen (bzw. Reichsgaue) die Mittelinstanz der Reichsverwaltung, die Provinzialselbstverwaltung und die Gauverwaltung einheitlich zusammenzufassen suchte und dabei auch den Unterschied zwischen den Oberpräsidenten (in den preußischen Provinzen) und den Reichsstatthaltern in den außerpreußischen Ländern sowie die hier noch neben den Reichsstatthaltern bestehenden Landesregierungen abschaffen sollte. Einen Vorgriff auf dieses Ziel bildete das Gesetz über die Oberpräsidenten vom 27. 11. 1934, durch welches diese (ähnlich wie die Reichsstatthalter) gleichzeitig die Stellung von Repräsentanten der Reichsregierung in ihren Provinzen zugesprochen erhielten.

Größere Erwartungen knüpfte man aber an ein vom Reichsinnenministerium Ende 1934 ausgearbeitetes neues Gesetz über
die Reichsstatthalter, das diesen anstelle der Landesregierungen
die eigentliche Führung der Mittelinstanz bei klarer Unterordnung unter die Reichsregierung übertragen wollte. Hitler
stimmte dem Grundgedanken des Entwurfs zunächst zu,
äußerte dann aber starke Bedenken, so daß das »Zweite Reichsstatthaltergesetz« am 30. 1. 1935 eine sehr verwässerte Form
erhielt und nur die Möglichkeit der Verbindung der bisherigen
Ämter des Reichsstatthalters und des Länderministerpräsidenten zuließ, diese aber nicht zur Regel und Vorschrift machte.

Lediglich in Hessen, wo der machtbesessene Gauleiter und
Reichsstatthalter Sprenger schon im Sommer 1933 auf rabiate
Weise den parteipolitisch schwachen NS-Ministerpräsidenten
von Hessen, Dr. Werner, ausgebootet und durch einen ihm
ergebenen Nachfolger ersetzt hatte, und in Sachsen, wo der
bisherige Ministerpräsident, SA-Gruppenführer von Killinger,
als ehemaliger Mitstreiter Röhms nach der gewaltsamen Entmachtung der SA vor Gauleiter und Reichsstatthalter Mutschmann kapitulieren mußte, kam es Anfang 1935 zur Vereinigung
der Ämter des Reichsstatthalters und Ministerpräsidenten in
der Hand der Gauleiter. Für Württemberg, Baden und Thüringen hatte Hitler entsprechende Beauftragungen der Reichsstatthalter im Mai 1935 auf Ersuchen Fricks schon unterzeich-
net, ihr Vollzug wurde dann aber von Hitler immer wieder
vertagt und schließlich fallengelassen. Schon im März 1935
hatte Hitler auch angeordnet, daß künftig »jegliche öffentliche
Erörterung über die Reichsreform, vor allem über [territoriale]
Neugliederungsfragen in schriftlicher und mündlicher Form
zu unterbleiben habe«.[29] Das war insbesondere auch auf Fricks
Mitarbeiter Nicolai gemünzt, der sich durch seine Entwürfe
einer Neugliederung des Reiches die besondere Ungnade der
Gauleiter zugezogen hatte, die fürchten mußten, durch eine
solche Reform ihre Ämter oder Teile ihres Hoheitsgebietes
zu verlieren. Noch 1935 schied Nicolai aus dem Reichsinnenministerium aus. Sein erfolgreicherer Nachfolger in der verfassungsrechtlichen Abteilung des Ministeriums wurde der
junge NS-Jurist Wilhelm Stuckart, der sich 1933 im preußischen Kultusministerium mit Rust überworfen hatte.

Ehe es zu dem Stop weiterer Reformen kam, hatte das
Reichsministerium des Innern am 30. 1. 1935 lediglich den Erlaß einer »Deutschen Gemeindeordnung« (RGBl. I, S. 49)

durchsetzen können, nachdem in Preußen schon am 15. 12. 1933 ein neues Gemeindeverfassungsgesetz verabschiedet worden war. Anstelle der Wahl durch die Gemeindeversammlung sah die neue Ordnung eine Berufung der Bürgermeister, Beigeordneten und Gemeinderäte durch die staatlichen Aufsichtsbehörden (je nach Größe der Gemeinde durch den Regierungspräsidenten, den Reichsstatthalter oder das Reichsinnenministerium) vor. Dabei lag das Vorschlagsrecht bei dem »Beauftragten der NSDAP« (in der Regel dem örtlichen Kreisleiter). Erst im Falle zweimaliger Nichtübereinstimmung der staatlichen Aufsichtsbehörde mit den Vorschlägen des »Beauftragten der NSDAP« konnte erstere die Berufung von sich aus vornehmen. Diese Neuregelung, die mit der Einführung des Führerprinzips in den Gemeinden den Grundsatz kommunaler Selbstverwaltung weitgehend durchlöcherte, war bezeichnend für den von Frick verfolgten Kurs: der Partei sollte ein gesetzlich klar bestimmter Einfluß bei der Berufung der Führer der Gemeindeverwaltung eingeräumt werden, die letzte Entscheidung aber bei der staatlichen Aufsichtsbehörde, das heißt letztlich beim Reichsinnenministerium, liegen.

Das einzige weitere Element einer umfassenden Reichsreform, das noch Wirklichkeit werden sollte, bildete das schon 1935 im Entwurf fertiggestellte, aber wegen der hinhaltenden Bedenken Hitlers erst am 26. 1. 1937 verabschiedete »Deutsche Beamtengesetz«, das in anderem Zusammenhang zu erörtern ist. Alle anderen Bestandteile einer Reichsreform, vor allem die territoriale Neugliederung und, im Zusammenhang damit, die Schaffung einer einheitlichen und vereinfachten Regionalinstanz der Verwaltungsführung bei klarer Bestimmung ihrer Selbstverwaltungsrechte und ihres Unterstellungsverhältnisses gegenüber der Reichsregierung kamen nicht zustande. Görings Hauptberater in Fragen der Reichsreform, Ministerialdirigent Friedrich Gramsch (Preußisches Staatsministerium), stellte später rückblickend fest, im Jahre 1935 sei »ungefähr klar« geworden, daß »Hitler eine schriftlich fixierte systematische Reichsreform durchaus nicht wollte«.[30]

Es war offenbar eine Reihe von Gründen, die diese Haltung Hitlers bestimmte. Schon 1933/34 hatte sich gezeigt, daß in der Partei mangels programmatischer Vorarbeit und Festlegung, infolge der Ineffizienz der Reichsleitung und der Interessenunterschiede der Gauleiter zwischen den verschiedenen Vorschlägen zur Reichsreform, die u. a. von den Gauleitern Adolf

Wagner, Carl Röver und Fritz Sauckel vorgelegt wurden, eine Übereinstimmung nicht zu erreichen war. Selbst kleinste Korrekturen, wie sie später zwischen dem Land Braunschweig und Preußen vorgenommen werden sollten[31], zeigten, wie eifersüchtig die inzwischen als Reichsstatthalter, Oberpräsidenten oder Landesminister etablierten Gauleiter auf die Erhaltung ihrer Ämter und Einflußgebiete bedacht waren.* Da sich die Gauleiter in dieser Frage 1933/34 gegenseitig selbst schachmatt setzten, konnten in dieser Phase die sehr viel bestimmteren Reformvorstellungen der preußischen und Reichsministerialbürokratie, die das Ohr Görings und Fricks fanden und auf eine klare Prärogative der Reichsregierung und eine Zusammenfassung der Verwaltung (anstelle unkoordinierter Reichsfachverwaltungen) auch in der Mittelinstanz bedacht waren, zunächst Boden gewinnen, z. B. durch die Zusammenlegung der preußischen und Reichs-Ressorts. Der dagegen von den Reichsstatthaltern oder Landesministern außerhalb Preußens, so u. a. vom bayerischen Innenminister Wagner in einem längeren Schreiben an Frick am 23. 6. 1934 erhobene Einspruch** schlug so lange bei Hitler nicht durch, solange dieser allein schon um der Stärkung seiner eigenen Führungsautorität willen an einer Zurückdrängung der Parteieinflüsse auf den Staat und namentlich auch der regionalen Gewalt der Gauleiter und SA-Führer gelegen war.

Mit dem Ende Juni 1934 erfolgten gewaltsamen Schlag gegen die SA-Führung, der die Wirkung einer allgemeinen Einschüchterung der revolutionären Tendenzen und Ambi-

* Schon bei der Besprechung der Reichsstatthalter am 28. 9. 1933 ersuchte der Stabsleiter des Stellvertreters des Führers, Martin Bormann, im Namen Hitlers darum, wegen dieser Streitigkeiten eine öffentliche Erörterung der Reichsreform zu unterlassen. IfZ: Fa 600/1, S. 25.
** Wagner kritisierte dabei selbst das langsame Vorgehen bei der Reichsreform und beklagte, daß wegen der uneinheitlichen Ad-hoc-Maßnahmen »im heutigen nationalsozialistisch regierten Reich mehr Minister vorhanden sind als jemals im parlamentarischen Staat«, wozu noch die Reichsstatthalter kämen, »die es früher überhaupt nicht gab«. Er schlage deshalb vor, daß »die vielen Reichsstatthalter, Ministerpräsidenten und Minister schleunigst abgeschafft und die bisherigen [Landes-]Ministerien zu Außendienststellen des Reiches« gemacht würden. Dagegen rufe die in Berlin betriebene Zusammenlegung der Reichsministerien mit den preußischen Ministerien, durch welche erstere sich den »noch fehlenden Unterleib« der Exekutive zu verschaffen suchten und ein neuer »Wasserkopf« der Ministerialbürokratie in Berlin entstehe, große Beunruhigung hervor und erwecke das »Gespenst der Verpreußung« zu neuem Leben. Bemerkenswert auch die direkt auf Frick gemünzte Kritik Wagners an den bestehenden Rechtsverhältnissen: »Nach der heutigen Rechtslage unterstehen Ihnen als dem Reichsinnenminister die Reichsstatthalter. Adolf Hitler ist Reichsstatthalter in Preußen. Er hat seine Rechte an den preußischen Ministerpräsidenten delegiert. Sie selbst sind aber auch preußischer Innenminister. Als Reichsinnenminister untersteht Ihnen also rechtlich Adolf Hitler und der preußische Ministerpräsident. Da Sie personengleich mit dem preußischen Innenminister sind, unterstehen Sie wiederum dem preußischen Ministerpräsidenten und sich selbst als Reichsinnenminister. Ich bin zwar kein Rechtsgelehrter und Historiker, glaube aber, daß es eine solche Konstruktion kaum jemals gegeben hat.« BA: R 43 II/495.

tionen der Partei hatte, und mit der Festigung seiner Führer-stellung durch die Übernahme des Amtes des Reichspräsiden-ten nach Hindenburgs Tod (2. 8. 1934) verloren diese Gründe aber bedeutend an Gewicht. Jetzt machte sich vielmehr bei Hitler zunehmend die Tendenz bemerkbar, einer weiteren Stärkung und Konsolidierung der autoritären und konserva-tiven Kräfte in der Staatsverwaltung, namentlich der Ministerial-bürokratie in Berlin, entgegenzuwirken. Ein erstes Anzeichen dafür war seine Ansprache vor 200000 Politischen Leitern der NSDAP auf dem Nürnberger Parteitag am 7. 9. 1934: »Nicht der Staat befiehlt uns, sondern wir befehlen dem Staat! Nicht der Staat hat uns geschaffen, sondern wir schaffen uns unseren Staat.«[32] War diese Formel (»*Wir* befehlen ...«) zwar nicht wörtlich dasselbe wie die seitdem in der NSDAP vergröberte Version »*Die Partei* befiehlt dem Staat« (eine Interpretation des Hitler-Ausspruchs, gegen die Frick, Lammers und andere Exponenten der Reichsregierung scharf Front machten), so war die Tendenz dieser Führer-Äußerung doch nicht mißver-ständlich. Sie kam noch deutlicher in der Reichsstatthalter-Konferenz vom 1. 11. 1934 zum Ausdruck, in der Hitler von der »ernsten Tatsache« sprach, »daß der Staat auch heute noch unter den Beamten Zehntausende teils versteckter, teils lethargischer Gegner habe«, die zur »passiven Resistenz über-gegangen« seien. Bei der Schwierigkeit, qualifizierten Nach-wuchs aus den Reihen der NS-Bewegung heranzuziehen, werde es noch rund 10 Jahre dauern, »bis man eine Bürokratie habe, die auch wirklich mitgehen wolle«.[33]

Infolge dieser seit dem Sommer 1934 spürbaren Einstellung sah Hitler in einer weiteren Verfolgung der Reichsreformpläne des Reichsinnenministeriums vor allem die Gefahr einer weite-ren Stärkung des zentralen Beamtenregiments. Hinzu kam, wie in der zitierten Äußerung Gramschs zutreffend erkannt ist, der für Hitler charakteristische Widerstand gegen jedes ihm nicht unbedingt notwendig erscheinende Maß an Festlegung und Kodifizierung der inneren Verfassungsverhältnisse, weil diese seiner eigenen Entscheidungswillkür und künftig etwa zweck-mäßig erscheinenden Änderungen im Wege stehen könnten.

Infolge des Stops der Reichsreform wurde der provisorische Zustand der Jahre 1933 bis 1935 praktisch eingefroren: die situationsbedingte Einrichtung der Reichsstatthalter neben den alten Länderministerien, die vielfältige Überschneidung zwi-schen den Grenzen der Parteigaue, der Provinzen, Länder und der Reichsstatthalterbezirke, die verschiedenen »Arten« von Reichsstatthaltern (mit und ohne Gauleiterfunktion, mit und ohne Auftrag zur Führung der Landesregierung).

Ähnlich blieb in den Jahren 1935 bis 1938 das Verhältnis zwischen der zentralen Reichsregierung und den eng mit der Partei verquickten Partikulargewalten der Oberpräsidenten, Reichsstatthalter und Landesminister weiterhin in der Schwebe und dem jeweiligen Machtkampf und Durchsetzungsvermögen überlassen. Standen gewichtige Reichsinteressen wie die Autarkie- und Rüstungswirtschaft auf dem Spiel, konnten sich einzelne energische Reichsminister, so z. B. Schacht, auch gegenüber den Parteigewaltigen in den Ländern und Provinzen in der Regel durchsetzen, und es kam dabei zeitweilig zu merkwürdigen Frontbildungen (etwa zur Unterstützung des »Freimaurers« Schacht durch einzelne Gauleiter bei dem Bemühen, die Eigenwilligkeit und Selbständigkeit der Agrar- und Reichsnährstandspolitik und -organisation Darrés zu stoppen). In einer Reihe von Fällen mußten Oberpräsidenten oder Reichsstatthalter, die sich als unabhängige Gaukönige aufspielten, schließlich nachgeben, so z. B. 1938 Oberpräsident Koch in Ostpreußen, der es zunächst abgelehnt hatte, einen vom Reichsfinanzminister in Ostpreußen eingesetzten Oberfinanzpräsidenten anzuerkennen, dann aber zum Einlenken veranlaßt wurde, nachdem auch der Stellvertreter des Führers gegen Koch Stellung genommen hatte. Auch das Reichsinnenministerium konnte im großen ganzen in dieser Phase seine Autorität im Bereich der inneren Verwaltung (wenn auch längst nicht mehr auf dem Gebiet der Polizei) behaupten. Gleichwohl blieb die Selbstherrlichkeit der auf die Personalunion von Staats- und Parteiamt gestützten ehrgeizigen Gauleiter und ihrer Gaustäbe (in geringerem Maße auch der Kreisleiter als parteipolitisches Gegen- und Kontrollorgan gegenüber den Landräten bzw. Amtshauptleuten) ein dauerndes Störungselement, durch das die Effektivität der Zentralregierung immer wieder in Frage gestellt wurde.

Die Entwicklung während der zweiten Hälfte des Dritten Reiches, vor allem während des Krieges, beschleunigte in vieler Hinsicht die weitere Stärkung des Gewichts der zentralen Ressorts. Ein Beispiel bildete die Arbeitsverwaltung: Entsprechend dem wachsenden Bedürfnis des Regimes, den Einsatz der schon seit 1936 in manchen Industriezweigen knappen Arbeitskräfte zu lenken, wurden die Arbeitsämter im gesamten Reich seit 1938 Teil einer zentralisierten Arbeitseinsatzverwaltung, die im Krieg immer größere Bedeutung erlangte und auch den Masseneinsatz sogenannter Fremdarbeiter zu organisieren hatte. Ähnlich stand es mit der staatlichen Kontingentierung und Zuteilung von Wirtschaftsgütern, die vor 1939 vor allem auf Rohstoffe beschränkt war, dann nach und nach auf den größten Teil auch der Nahrungsmittel und Konsumgüter ausgedehnt wurde, wodurch die den Wirtschaftsministerien bzw. dem »Vierjahresplan« unterstehenden Wirtschafts- und Ernährungsämter zu einer riesenhaften, zentral gesteuerten Bürokratie anwuchsen. Die gleiche Entwicklung zu einer neuen zentralistischen Verwaltung zeigte sich auf dem Rüstungssektor in Form der militärischen (dem Oberkommando der Wehrmacht unterstehenden) Rüstungsinspektionen in den Wehrkreisen und den (1942 eingerichteten) Rüstungskommissionen des Reichsministers für Rüstung und Kriegsproduktion (Speer) mit ihren Obmännern in den Gauen. Hinzu kamen weitere kriegsbedingte Einrichtungen wie der »Luftschutz«, eine dem Reichsminister für Luftfahrt und Oberbefehlshaber der Luftwaffe (Göring) unterstehende Organisation, die schon 1935 ins Leben gerufen worden war, aber erst nach Kriegsbeginn und vor allem infolge der starken Zunahme der alliierten Bombenangriffe seit 1942 stark an Kompetenz und Umfang zunahm.

Es ist evident, daß diese mehr kriegsbedingte als für das NS-Regime charakteristische Vermehrung zentralistischer Sonderverwaltungen und -organisationen die Koordinierung, Gesamtübersicht und organisatorische Einheit der Staatsverwaltung in jedem Falle zu einem schwierigen Problem machen mußte.

Die insbesondere von Frick und anderen Verfechtern einer nationalsozialistischen Reichs- und Verwaltungsreform immer wieder postulierte, aber nie erreichte einheitliche Führung der

Verwaltung, die der Reichsinnenminister (seit Kriegsbeginn in der Stellung eines »Generalbevollmächtigten für die Reichsverwaltung«) gegenüber den anderen Obersten Reichsbehörden für sich beanspruchte und in der Mittelinstanz den Reichsstatthaltern bzw. Oberpräsidenten (unter Aufsicht des Reichsministers des Innern) einräumen wollte, wurde dadurch im Krieg vollends von der Inflation der Fach- und Sonderverwaltungen überwuchert. Daran vermochte auch wenig zu ändern, daß der Ministerrat für die Reichsverteidigung am Tage des Kriegsausbruches (1. 9. 1939) Reichsverteidigungskommissare für jeden der insgesamt 18 Wehrkreise im Großdeutschen Reich bestellte, wozu in der Regel Reichsstatthalter und Oberpräsidenten (in München der eigentliche »starke Mann«: Gauleiter und Innenminister Wagner) herangezogen wurden. Diese neue für den Kriegsnotstand gedachte Maßnahme, die den mächtigsten Gauleitern praktisch die Rolle von Kriegsbefehlshabern im zivilen Bereich einräumen sollte und sie auf enge Zusammenarbeit mit den militärischen Wehrkreisbefehlshabern verwies, konnte sich schon deshalb zunächst wenig durchsetzen, weil sie eine weitere Überkreuzung mit den ohnehin inkongruenten Gebietsgliederungen und Ämtern der staatlichen Verwaltung und der Parteiorganisationen darstellte, die zahlreiche Konflikte verursachen mußte.

Erst 1942, als mit dem Übergang zur totalen Kriegswirtschaft Ad-hoc-Zusammenfassungen aller Kräfte des Staates und der Partei in der Mittelinstanz nötig wurden, erhielt die Institution der Reichsverteidigungskommissare größere Bedeutung. Die Neuregelung durch die Verordnung vom 16. 11. 1942 ging nunmehr von der Wehrkreiseinteilung ab, machte generell die Gaugebiete der Partei zu Reichsverteidigungsbezirken und bestellte die Gauleiter zu Reichsverteidigungskommissaren, gleich ob sie schon bisher (als Reichsstatthalter oder Oberpräsidenten) ein Staatsamt bekleideten oder nicht. Das bedeutete eine klare Aufwertung und Machtzunahme der Gauleiter, zumal nunmehr auch die neu errichteten Wirtschaftsämter, Rüstungskommissionen etc. den Reichsverteidigungsbezirken in der Regel angepaßt wurden. Gleichzeitig verstärkte sich aber die Anordnungsbefugnis einzelner kriegswichtiger Ressorts (wie des Rüstungsministers) auch gegenüber den Reichsverteidigungskommissaren, während die Koordinierungsmöglichkeit des Reichsinnenministeriums immer mehr abnahm.

Die seinerzeit abgebrochene Reichsreform machte die neue

Improvisation nötig; damit überlagerte aber nur eine Improvisation die andere. Die faktische, zunehmend von Tages-Bedürfnissen geleitete Kriegsverwaltung unterschied sich immer mehr von der rechtlichen Verwaltungsordnung, und es wurde immer schwieriger, sich in dem Gestrüpp der Verwaltungszuständigkeiten zurechtzufinden, unter denen die neuen Partikulargewalten der Gauleiter und Reichsverteidigungskommissare bei Kriegsende eine starke, oft eigenwillig und eigensüchtig genutzte Position innehatten. Noch typischer für die Verfassung des NS-Regimes war aber die Entwicklung des Verhältnisses der Reichszentrale zu den neu eingesetzten Machthabern in den seit 1938 annektierten Gebieten des Reiches.

Auffällig war es schon, daß das Saargebiet, das auf Grund der Volksabstimmung vom 13. 1. 1935 Deutschland angegliedert wurde, der Verwaltung des benachbarten rheinpfälzischen Gauleiters Bürckel unterstellt wurde, der vorher als deutscher Abstimmungskommissar in dem Gebiet schon eine politisch führende Rolle gespielt hatte. Die Einsetzung einer reichsunmittelbaren Verwaltung unter einem »Reichskommissar« (ohne die Zwischenstufe einer saarländischen Landesverwaltung) geschah damals jedoch offenbar noch als Vorgriff auf eine beabsichtigte Reichsreform (hieß es doch in dem Gesetz über die »vorläufige Verwaltung des Saargebietes« vom 30. 1. 1935: »bis zur Eingliederung in einen Reichsgau«[34]). Dafür spricht auch, daß man ähnlich verfuhr, als Anfang 1937, vor allem aus wirtschaftlichen Gründen, der Stadtstaat Hamburg, bei gleichzeitiger Arrondierung durch Gebiete der preußischen Provinz Schleswig-Holstein, zum Land »Groß-Hamburg« unter einem mit der Regierungsführung beauftragten Reichsstatthalter (Gauleiter Karl Kaufmann) gemacht wurde.[35] Offenbar aber sah Bürckel seine Einsetzung als Reichskommissar im Saargebiet auch als Auftrag an, hier (im westlichen Grenzgebiet) noch stärker als im Altreich für eine nationalsozialistische Führung der Verwaltung zu sorgen, wobei er in der Folgezeit mit einzelnen Reichsressorts in manchen Konflikt geriet, aber Rückenstärkung bei Hitler und dem Stellvertreter des Führers erhielt.[36] Anscheinend gerade auf Grund dieser der Reichsministerialbürokratie gegenüber sehr selbstbewußten Politik im Saargebiet empfahl sich Bürckel bei Hitler auch für andere ähnliche Aufgaben, zunächst (1938 bis 1940) als »Reichskommissar für die Wiedervereinigung Österreichs«, später (1941 bis 1944) als Chef der Zivilverwaltung in Lothringen.

In Österreich wurde der politische Sonderauftrag Bürckels und die Abweichung vom Modell bisheriger Reichsstatthalter-Beauftragungen schon daran ersichtlich, daß Bürckel als Reichskommissar in Wien erst nach der Abhaltung der Volksabstimmung über den Anschluß Österreichs (20. 4. 1938) auf Grund eines Führererlasses vom 23. 4. 1938 tätig zu werden begann, während schon vorher wegen ihrer Verdienste um den »Anschluß« der Österreicher Arthur Seyß-Inquart als erster Reichsstatthalter und Wilhelm Keppler (vorher in geheimer Mission in Wien) als Reichsbeauftragter für Österreich (insbesondere für wirtschaftliche Fragen) eingesetzt worden waren. Der von Hitler erteilte Sonderauftrag Bürckels für die politische Angleichung Österreichs an das Reich entwickelte sich zum ersten eklatanten Fall, der zeigte, daß Hitler jetzt, im Jahre 1938, keineswegs mehr in gleichem Maße wie 1933/34 bei der Gleichschaltung der Länder auf die Steuerung durch die Berliner Ministerialbürokratie zurückgreifen wollte, sondern sich dabei lieber auf machtbewußte Führer aus der alten Garde der Partei stützte. Schon Ende April 1938 wurde der dringende Wunsch des Reichsinnenministers, seine Anordnungsbefugnis gegenüber Bürckel bestätigt zu bekommen, von Hitler ablehnend beschieden: der Reichskommissar sei ihm (Hitler) »unmittelbar unterstellt«.[37] Und Mitte Mai 1938 mußte Frick feststellen, »daß Dienststellen des Landes Österreich Ersuchen der Reichsminister nicht nachkommen unter Berufung darauf, daß der Reichskommissar Widerspruch erhoben habe«.[38] Auch ein direktes Schreiben Fricks an Hitler vermochte daran nichts zu ändern, und eine persönliche Besprechung bei Hitler (23. 5. 1938) führte im wesentlichen nur zur Bestätigung des Bürckelschen Standpunktes, der dem Führer dankbar ausrichten ließ, daß »die Aufbauarbeit nun frei von Zuständigkeitshemmungen fortschreiten kann«.[39] Auseinandersetzungen zwischen Bürckel (bzw. dem von Bürckel weitgehend bevormundeten Reichsstatthalter Seyß-Inquart) und den Reichsressorts ergaben sich in den folgenden Wochen vor allem anläßlich der in Österreich verschärften Säuberung der Beamtenschaft nach dem Gesetz zur Wiederherstellung des Berufsbeamtentums vom 7. 4. 1933, wobei Bürckel den betroffenen Beamten, mit ausdrücklicher Zustimmung des Stellvertreters des Führers und Hitlers, jede Beschwerdemöglichkeit bei den Reichsressorts absprach.[40] Da Bürckel auch verlangte, daß der gesamte Verkehr des Reichsressorts mit den Landesressorts in Österreich ausschließlich über ihn geleitet würde, war das Reichsinnenministerium im Sommer 1938 drauf und dran, die ihm als der behördlichen Zentralstelle obliegende weitere Federführung für den administrativen Anschluß Österreichs angesichts der »unmittelbaren Unterstellung« Bürckels unter Hitler an den Chef der Reichskanzlei abzugeben.[41] Bemerkenswert, weil sehr viel herrischer als dies noch in den Jahren 1934/35 möglich gewesen wäre, war auch die Tonart Bürckels, so z. B. in einem Schreiben an das Reichsministerium des Innern vom 18. 6. 1938:

»Soweit Beauftragte der Reichsministerien hier noch tätig sind, sind sie entweder abzuberufen oder, soweit ein dringendes Bedürfnis besteht, der Behörde des Reichsstatthalters einzugliedern. Dabei werde ich allerdings auf das strengste verbieten, daß ihnen eine Sonderstellung – etwa eine unmittelbare, mich übergehende Berichterstattung – zugestanden wird. Die Errichtung weiterer Abwicklungsstellen für österreichische Ministerien durch Reichsministerien werde ich nicht dulden; . . . soweit es sich um bereits zugelassene Abwicklungsstellen handelt, werde ich auf keinen Fall zulassen, daß diese Stellen die Befugnis erhalten, der Landesregierung Weisung zu geben oder Handhabungen der Landesregierung von ihrer Zustimmung abhängig zu machen. Sollten sich künftig Beamte der Abwicklungsstellen solche Befugnisse anmaßen, müßte ich sie sofort entfernen.«[42]

Seyß-Inquart und Bürckel scheuten sich schließlich auch nicht, was den schärfsten Protest Fricks auslöste, die Verwaltungsbereiche der ehemaligen österreichischen Bundesländer durch »einstweilige Anordnung« von sich aus zu ändern, ohne mit dem Reichsinnenminister Fühlung zu nehmen.[43]

Die heftigen Kompetenzstreitigkeiten zwischen dem Reichsinnenminister und Reichskommissar Bürckel in Wien stellten indessen nur einen Vorgeschmack der noch schärferen Spannungen dar, die sich nach Beginn des Krieges zwischen der Zentrale der Reichsregierung und den neuen Partikulargewalten ergeben sollten, die in anderen eingegliederten oder annektierten Gebieten tätig wurden, wobei stets entweder die »unmittelbare Unterstellung« unter Hitler (die faktisch weitgehende Freiheit von Kontrolle überhaupt bedeutete) oder auf Hitler zurückgehende »Sonderermächtigungen« den Angelpunkt der Loslösung aus der Rechts- und Verwaltungseinheit des Reiches bildeten.

Bürckels Amtszeit in Wien, während der der Parteieinfluß in

Österreich kräftig verankert werden konnte, dauerte bis zum April 1940. Erst dann trat die administrative Neuregelung in Kraft, welche Österreich in sieben Reichsgaue mit sieben Gauleitern und Reichsstatthaltern (in Personalunion) aufgliederte, wobei der Begriff des Reichsgaues zum erstenmal sowohl das staatliche Verwaltungs- wie das Partei-Hoheitsgebiet bezeichnete und der Reichsstatthalter, wie seit 1938 in Groß-Hamburg, ohne Nebenordnung einer Landesregierung zugleich Verwaltungschef des Gebietes war. Dieses neue Modell des »Reichsgaus« (als Mittelinstanz der Reichsverwaltung und als Gau-Selbstverwaltungskörperschaft) wurde 1939 auch auf das Sudetenland (unter Konrad Henlein als Gauleiter) und die am 7. 10. 1939 dem Reich einverleibten westpolnischen Gebiete (Reichsgau Danzig-Westpreußen unter Gauleiter Forster und Reichsgau Wartheland unter Gauleiter Greiser) angewandt, soweit diese nicht als neue Regierungsbezirke (Kattowitz, Zichenau) preußischen Provinzen und dort regierenden Oberpräsidenten/Gauleitern zugeschlagen wurden. Auf das »Altreich« dagegen vermochte diese späte Praktizierung von Reichsreform-Vorstellungen nicht mehr zurückzuwirken. Hier blieb es bis zuletzt bei dem anachronistischen Nebeneinander von Gauleitern, Reichsstatthaltern, Landesministerpräsidenten und den einander überschneidenden Territorialbereichen.

Die Reichsunmittelbarkeit der neuen »Reichsgaue« war jedoch keineswegs identisch mit einer Straffung der Reichsverwaltung. Sie bedeutete vielmehr vor allem Führer-Unmittelbarkeit der eingesetzten Würdenträger, und insofern verursachte die Ausweitung zum Großdeutschen Reich das Ende der Rechts- und Verwaltungseinheit des Hitler-Staates.

Wenn Hitler schon in Österreich einen Reichskommissar mit besonderen Vollmachten einsetzte, um eine möglichst effektive politische Säuberung und Nazifizierung zu ermöglichen, so mußten sich solche Vollmachten ins Ungemessene ausweiten, wo es nicht nur um die Nazifizierung einer deutschen Bevölkerung, sondern um die Germanisierung von Gebieten ging, die mit Waffengewalt erobert und von mehr oder weniger starken nichtdeutschen Bevölkerungsgruppen bewohnt wurden. Die schnelle Angliederung an das Reich (wie im Falle der ehemals polnischen »eingegliederten Ostgebiete«) bzw. die schnelle Errichtung einer Zivilverwaltung (wie im Generalgouvernement für die besetzten polnischen Gebiete, in Elsaß-Lothringen, im Reichskommissariat Niederlande, in den ehemals jugoslawischen Gebieten der Untersteiermark und Krains, schließlich in den weiten Territorien der Reichskommissariate Ostland [Baltikum, Weißruthenien] und Ukraine) hatte nicht den Sinn, nach der Kriegsführung möglichst schnell ordentliche Verwaltungsverhältnisse zu schaffen. Vielmehr ging es in allen diesen Fällen darum, die Militärverwaltung, die Hitler, im Sinne seiner politischen und weltanschaulichen Ziele, für ebenso unbrauchbar hielt wie die Bürokratie der inneren Verwaltung im Altreich, durch NS-Führungsorgane zu ersetzen, die weniger an der Regelhaftigkeit und Gesetzmäßigkeit der Verwaltung interessiert, um so mehr aber bereit waren, politische Ziele der Germanisierung und Nazifizierung im Stile alter Kampfmethoden der NS-Bewegung rücksichtslos in Angriff zu nehmen.

Im Falle der polnischen Westgebiete, die 1939/40 zum ersten großen Experimentierfeld einer umfassenden völkischen »Flurbereinigung« wurden, kam dies besonders deutlich zum Ausdruck, weil Hitler hier sogleich auch die förmliche Angliederung an das Reich beschloß, wodurch die dort in Gang gesetzten Maßnahmen zur gewaltsamen Entpolnisierung, Entjudung und Germanisierung scharf mit den Rechts- und Verwaltungsnormen kollidierten, die sonst im Reichsgebiet für die Zivilverwaltung Geltung hatten.

Weitaus krasser als in Österreich entzündete sich der Streit bezeichnenderweise zuerst an der Frage der neu einzusetzenden Verwaltungsbeamten (der Bürgermeister, Landräte, Regierungspräsidenten). Hitler und die von ihm bevollmächtigten neuen Verwaltungsleiter der »eingegliederten« westpolnischen Gebiete, vor allem die Gauleiter Koch, Forster und Greiser, konnten naturgemäß nicht mit Verwaltungsbeamten alter Schule die gewünschte rücksichtslose Germanisierung und Niederhaltung des Polentums bewirken. Deshalb kam es hier zur massenhaften Einsetzung von Parteiführern (ohne Verwaltungserfahrung) in leitende Verwaltungsposten, während vom Reichsinnenministerium entsandte Verwaltungsbeamte z. T. einfach zurückgeschickt wurden. Bei diesen und anderen Konflikten zwischen den Reichsstatthaltern in den neuen Ostgebieten und dem Reichsinnenminister ging es schließlich stets um die Hauptfrage: wie die Sonderermächtigung Hitlers mit der (schon aus wirtschaftlichen und anderen Gründen zwingenden) Notwendigkeit einheitlicher Verwaltungs- und Rechtsverhältnisse zu vereinbaren sei. Die Praxis, selbstherrliche Parteifunktionäre als leitende Beamte einzusetzen, so beklagte sich Frick im Dezember 1939, müsse dazu führen, »daß die allgemeine und innere Verwaltung zerfällt und die Sonderverwaltungen nicht nur nicht einbezogen werden, sondern sich immer neu bilden, so daß der Staatsapparat letzten Endes atomisiert wird«.[44]

Mochte es dem Nationalsozialisten Frick dabei auch primär um die Kompetenz und Autorität seines Ressorts gehen, so bestand doch, wie sich gerade in den annektierten polnischen Gebieten zeigte, ein überaus enger Zusammenhang zwischen dem Inhalt und der Form der Herrschaft. Das vorsätzlich herbeigeführte Vakuum der Gesetz- und Regellosigkeit, das zwischen dem Abbruch der Militärverwaltung im Oktober 1939 und der Etablierung einer wenigstens halbwegs geordneten Zivilverwaltung im Frühjahr 1940 in den eingegliederten Ostgebieten herrschte, begünstigte und ermöglichte z. T. erst die Exzesse der Polen- und Judenmassaker, die von Spezialeinheiten der Sicherheitspolizei und SS wie des Volksdeutschen Selbstschutzes, teils auch auf Initiative lokaler Parteifunktionäre, in dieser Zeit ausgeführt wurden. Schließlich aber förderte der verwaltungsmäßige Ausnahmezustand, dem diese Gebiete trotz der formellen Eingliederung in das Reich teilweise weiterhin unterworfen blieben, ganz allgemein in viel höherem Maße als im Altreich das Entstehen und Umsichgreifen neuer Formen der Sonderherrschaft neben der regulären staatlichen Verwaltung und Exekutive. Hier zuerst konnte die SS und Polizei mit »Höheren SS- und Polizeiführern« als Vertretern Himmlers gleichsam eine eigene Territorialherrschaft neben der der Verwaltung und Partei etablieren.

Umfangreiche neue Behörden, die (ebenso wie die von der SS usurpierte Sicherheitspolizei) nominell staatliche Sonderorgane darstellten, tatsächlich aber von Exponenten der Partei beherrscht wurden und dem Struktur-, Aktions- und Führerprinzip der NS-Bewegung unterworfen waren, verdankten allein den »völkischen« Sonderaufgaben in den Ostgebieten ihre Existenz und gewannen dort einen bedeutenden Einfluß auch auf allgemeine Verwaltungsgeschäfte, so z. B. die im Herbst 1939 entstehenden Dienststellen des am 7. 10. 1939 ernannten »Reichskommissars für die Festigung Deutschen Volkstums« (Himmler), von denen noch in anderem Zusammenhang die Rede sein wird.

Es war ferner bezeichnend, daß die Dienststelle des Stellvertreters des Führers (ab 1941: Parteikanzlei), die im Altreichsgebiet vor Kriegsbeginn nur beschränkten Einfluß auf die staatliche Verwaltung, Beamtenpolitik und Gesetzgebung zu nehmen vermochte, neben dem Sonderregiment der SS und der Partikularherrschaft der von Hitler bevollmächtigten Gauleiter und Reichsstatthalter ebenfalls in den neuen Ostgebieten zuerst zusätzliche Sonderkompetenzen eingeräumt erhielt. So veranlaßte Hitler in einem Geheimerlaß Ende 1940 oder Anfang 1941, daß dem Reichskirchenminister im Reichsgau Wartheland jede Zuständigkeit entzogen wurde, vielmehr der Reichsstatthalter (Gauleiter Greiser) im Benehmen mit der Parteikanzlei (nicht der Reichsregierung) vom Altreich abweichende kirchenrechtliche Regelungen treffen könne. Tatsächlich schuf die von Bormann inspirierte Sonder-Kirchenverordnung Greisers vom 13. 9. 1941, die die Kirchen im Warthegau auf den Status privater Vereine herabdrückte, in einer wichtigen Materie des Reichsrechts ein partikulares Sonderrecht. Schon am 1. 8. 1940 hatte ein Beamter der Reichskanzlei in einer Aktennotiz sorgenvoll vermerkt: »Der Frage der Bildung von Gaupartikularrecht auf reichsrechtlich geregeltem Gebiet . . . wird angesichts der sehr entgegenkommenden Haltung gegenüber den Reichsstatthaltern, namentlich im Osten, und ihrer großen Bedeutung für die Reichseinheit erhöhte Aufmerksamkeit zu schenken sein.«[45]

Wenn Greiser und andere Reichsstatthalter (oder Oberpräsidenten) im Osten die Sonderpolitik in ihren Gebieten als eine vom Altreich verschiedene, perfektere Form nationalsozialistischer Herrschaft verstanden und stolz auf ihre »Mustergaue« waren, so drückte sich darin nur aus, daß sich hier tatsächlich ein veränderter Verfassungszustand des Hitler-Staates entwickelte. »Der mir vom Führer erteilte Auftrag zum Aufbau des Reichsgaues Wartheland«, so schrieb Greiser am 29. 9. 1941 an den Reichsminister des Innern, »ist nicht ein eingeschränkter und auch nicht ein an die Ablehnung oder Einschränkung durch Reichsressorts gebundener, sondern ein vollkommener und totaler politischer und völkischer Auftrag.«[46]

Solcher totaler Herrschaftsanspruch bedeutete aber auch, entsprechend den seit jeher in der NSDAP und ihren Gliederungen geltenden »Bewegungsgesetzen«, daß die jeweilige Politik und Verwaltung noch weit mehr als im Altreich von der Person des Gau-Führers, seinen Fähigkeiten und Ambitionen, seinen Verbindungen zu anderen Machtgruppen in Staat und Partei und insbesondere seinem Verhältnis zu Hitler abhing. Die national-

sozialistischen Satrapien der Ostgaue (noch mehr der Reichskommissariate in den besetzten ehemals sowjetischen Ostgebieten) spiegelten aber auch insofern die Struktur der Hitler-
Bewegung (mehr als des autoritären Ordnungsstaates) wider,
als hier selbst in Grundsatzfragen der NS-Politik, so etwa in
den Methoden der Germanisierung, nicht miteinander zu vereinbarende Widersprüche bestanden und praktiziert wurden.

Während Greiser, der bis 1939 Senatspräsident in Danzig
gewesen war und keine alte Parteihausmacht hinter sich hatte,
sich vor allem auf Himmler und Bormann stützte und den von
beiden geförderten Doktrinarismus der Rassen- und Weltanschauungspolitik nachahmte, ließen sich Forster und Koch,
die über alte Direktbeziehungen zu Hitler verfügten, auch von
Himmler und der SS bei der Willkürpolitik in ihren Gauen
nicht einschüchtern.

Der Dauerkonflikt Himmlers und der SS mit diesen beiden
Gaukönigen im Osten war ebenso typisch wie deren Konflikt
mit den Reichsressorts. Denn es ging dabei nicht nur um das
Verhältnis von Staat und Partei, sondern vor allem um den Gegensatz zwischen bürokratischer und personaler Führer-Herr-
schaft. Totaler nationalsozialistischer Herrschaftsanspruch, wie
er von Greiser, Koch, Forster und anderen in ihren Gebieten
vertreten wurde, war immer nur durchzusetzen um den Preis
der Anarchie.

Um so wichtiger war es aber für das »Funktionieren« des
Hitler-Staates, daß daneben jene von Frick verkörperte NS-
Vorstellung vom autoritären Ordnungsstaat in Kraft blieb, die,
unterstützt von der alten konservativen Bürokratie, zwar den
Eigenwillen partikularer nationalsozialistischer Machthaber und
die Ausnahmeherrschaft von Sonderorganisationen nicht verhindern konnte, aber doch um den Ausnahmezustand herum
den Verwaltungsstaat so weit in Ordnung zu halten vermochte, daß Rechtsvakuum und Regellosigkeit keine regimegefähr-
denden Ausmaße annahmen. Erst dieses *Nebeneinander* von
Staatszentralismus und Partikularherrschaft (wie überhaupt von
Rechtseinheit und Ausnahmerecht) machte das Wesen des
Hitler-Staates aus. Und es war bezeichnend, daß hohe Beamte
der Reichsregierung namentlich in der Reichskanzlei, die als
Mittler zwischen Hitler (bzw. den von Hitler bevollmächtigten
Gaufürsten) und der zentralen Reichsregierung im Mittelpunkt
der auseinanderstrebenden Verfassungstendenzen standen, es
schließlich in den Jahren des Krieges aufgaben, überhaupt noch

eine Klärung des Verhältnisses von Zentralregierung und Partikularherrschaft herbeizuführen, und statt dessen für einen einigermaßen erträglichen Modus vivendi plädierten. So hieß es in einem Vermerk der Reichskanzlei vom 8. 10. 1941 zu den »in erregter Form« geführten Auseinandersetzungen zwischen dem Reichsinnenminister und Reichsstatthalter Greiser (es ging dabei um die spezielle Frage des beiderseitigen Weisungsrechts gegenüber den Regierungspräsidenten): »Eine grundsätzliche Klärung der Frage wird erst im Verlaufe der Reichsreform erfolgen können. Es dürfte sich jetzt lediglich darum handeln, einen modus vivendi zu finden.«[47]

5. Kapitel
Grundlegung und Veränderung der gesellschaftlichen Verfassung

Der politische und wirtschaftliche Hintergrund

Der Kampf um die beherrschende Macht im Innern hatte für die nationalsozialistische Führung bis zum Sommer 1933 den klaren Vorrang vor politischen Sachentscheidungen. Alle ihre Energie war in diesen Monaten darauf gerichtet gewesen, Zug um Zug diejenigen Verfassungsschranken und politischen Gegenkräfte auszuschalten, die der Erlangung umfassender Regierungsvollmachten und der Inbesitznahme der Exekutive in Reich, Ländern und Kommunen im Wege standen. Bei der Verfolgung dieser negativen Zielsetzung, der Beseitigung wesentlicher Elemente der schon vor 1933 vielfach brüchig gewordenen Verfassungsordnung der Weimarer Republik, bewies die nationalsozialistische Bewegung äußerste Zielstrebigkeit und Folgerichtigkeit. In dieser Hinsicht ergänzten sich die Ausnahmeverordnungen von oben und die Ermächtigungen der nationalsozialistisch geführten Regierung des Reiches und der Länder in nahezu perfekter Weise mit dem Terror und der Machtusurpation der Partei und ihrer Kampfverbände von unten. Und aus der Verbindung von diktatorischer Staatsmacht und plebiszitärer weltanschaulicher Massenbewegung ergab sich von Anfang an eine spezifisch totalitäre Tendenz dieser Machtzusammenballung, die sogleich auch in den »vorpolitischen Raum« des gesellschaftlichen und öffentlichen Lebens expandierte, um auch dort durch staatliches Reglement oder parteipolitische Gleichschaltung und Kontrolle unerwünschte Einflüsse auszuschalten und die Energien der Nation so vollständig wie möglich zu erfassen.

Diese totalitäre Expansion der Macht begann schon mit der Parteirevolution von unten im März 1933. Die meisten grundlegenden Entscheidungen und Gesetze sowie die Bildung der wichtigsten Organisationen und Instanzen zur Gleichschaltung, Kontrolle oder Reglementierung wirtschaftlicher und beruflicher Interessengruppen sowie der Organe der öffentlichen Meinungsbildung, Erziehung und kulturellen Tätigkeit fielen jedoch erst in den zweiten Abschnitt der revolutionären Anfangsphase des Regimes, ohne daß dieser Prozeß im Sommer 1934 schon abgeschlossen gewesen wäre.

Dabei zeigte sich jedoch, daß die Folgerichtigkeit, welche die nationalsozialistische »Revolution« bei der Destruktion der bestehenden Verfassungsordnung an den Tag legte, weithin fehlte, wo es um die konstruktive Organisation und den einheitlichen Gebrauch der eroberten Macht ging. Vielmehr bewirkten die ersten Monate der Machtergreifung, daß das ideologisch und strukturell ohnehin zentrifugale und vielgesichtige Gebilde der NS-Bewegung weiter zersplittert wurde; schon allein dadurch, daß im Verlaufe dieses Prozesses einzelne Exponenten und Organe der Partei staatliche und gesellschaftliche Machtpositionen einnehmen und deren Autorität für sich in Anspruch nehmen und ausspielen konnten, während andere Kräfte der Partei die Kontrolle staatlicher oder gesellschaftlicher Macht durch weitere Revolutionierung erst zu gewinnen trachteten. Das im Juli 1933 etablierte politische Monopol der NSDAP bedeutete deshalb nicht Monopol im Sinne einheitlicher Handhabung der Macht. Die teils von oben, teils von unten durchgesetzte und von verschiedenen regionalen Gliederungen oder einzelnen Verbänden der Partei unter den Bedingungen des Ausnahmezustandes erzwungene Änderung der bestehenden Regierungs- und Verfassungsverhältnisse und die Gleichschaltung einzelner wirtschaftlicher, beruflicher oder kultureller Institutionen nahm oft die Form einer wilden »Wucherung« nationalsozialistischer Macht an, wobei sich neben der mehr oder weniger usurpierten Macht der Partei und der Verfügungsgewalt über die Staatsexekutive vielfältige Zwischenformen und Personalunionen von Partei-, Staats- und (gesellschaftlichen) Selbstverwaltungskompetenzen mit unklaren Abgrenzungen und antagonistischen disziplinären und Loyalitäts-Verhältnissen ergaben.

Auch die Welle der Anpassungen seit dem 30. 1. 1933, die im Bereich der staatlichen Verwaltung vor allem Zulauf aus dem Lager konservativer und deutschnationaler Kräfte, dagegen bei der SA oder NSBO eine beträchtliche Vermehrung auch durch bisher sozialistisch oder kommunistisch eingestellte Arbeiter und Arbeitslose bedeutete, verstärkte die Verschiedenheit der Intentionen und Interessen im Lager des NS-Regimes und der NS-Bewegung.

Erschien die Reibungslosigkeit und formale Legalität der wichtigsten Akte der Machtergreifung einem erheblichen Teil der Parteimitglieder und -exponenten als begrüßenswertes Kriterium des von ihnen erstrebten autoritären Ordnungsstaates, so sahen andere Gruppen der Partei darin gerade ein Anzeichen dafür, daß die erhoffte vollständige Destruktion und Veränderung des bisherigen »Systems« noch nicht erzielt, vielmehr durch die schnelle Anpassung der alten Kräfte in Staat und Gesellschaft eher verhindert worden sei und es deshalb eines zweiten Aktes der Revolution bedürfe.

Die Gleichschaltung im vorpolitischen Raum des gesellschaftlichen Lebens wirkte deshalb nicht nur als totalitäre Ergänzung der Staatsmacht. Sie verschärfte auch das Problem des Machtdualismus zwischen Partei und Staat, zumal auch die Reglementierung der Interessen- und Berufsverbände teilweise von der Partei, teilweise vom Staat ausging. Sie verdient aber auch deshalb besonderes Interesse, weil die zeitliche Staffelung und die jeweilige Form und Intensität der sehr verschiedenartigen »Gleichschaltung« der einzelnen gesellschaftlichen Gruppen die ihnen jeweils eingeräumte größere oder geringere Bedeutung und Selbständigkeit erkennen läßt.

Sieht man von den gesellschaftlichen Machtverhältnissen und Interessen ab, die diesen Gang der Dinge mitbestimmten, so wirkte sich hierbei vor allem auch der für Hitler und seine führenden Mitarbeiter in der Regierung bestehende Zwang aus, nach Wochen innenpolitischer Machtkämpfe die sachliche Leistungsfähigkeit und den Veränderungswillen des Regimes vor allem durch Erfolg in der Bekämpfung der Wirtschaftskrise zu beweisen. Hitler war sich wohl bewußt, daß nur durch eine handgreifliche Besserung der materiellen Lage der notleidenden Massen auch sein persönliches Prestige bestätigt und gestärkt werden könne. Je mehr aber durch solche Erfolge, vor allem bei der Bekämpfung der Arbeitslosigkeit, seine plebiszitäre Machtbasis zunahm, um so eher konnte er auch die Unzufriedenheit aus Kreisen der NSDAP über die Unzulänglichkeit der nationalsozialistischen Revolution in Kauf nehmen.

Noch ehe im Sommer 1933 das allgemeine Ende der NS-Revolution proklamiert wurde, hatte Hitler schon im Frühjahr vornehmlich die Wirtschaft aus dem Kampf um die Macht herauszuhalten gesucht. Der Beruhigung der am Leitbild des autoritären Ordnungsstaates und wirtschaftlicher Rechtssicherheit orientierten Führungskräfte der Wirtschaft diente u. a. die am 17. 3. 1933 vollzogene Ernennung Hjalmar Schachts zum Reichsbankpräsidenten (anstelle des zum Rücktritt veranlaßten Reichskanzlers a. D. Luther). Die Wahl Schachts für den

wichtigen Posten, statt eines Parteimannes, war geeignet, der
Hitler-Regierung das Vertrauen der in- und ausländischen
Wirtschaft zu verschaffen und die durch Gottfried Feder und
andere NS-»Theoretiker« genährte Befürchtung vor möglichen
nationalsozialistischen Experimenten auf dem Gebiet des Bank-
wesens und der Währungspolitik zu entkräften. In der Partei
stieß die Ernennung des »Hochgradfreimaurers« Schacht dagegen auf ähnliche Opposition wie die Überlassung der Wirtschaftsressorts an Hugenberg.*

Bis zum Juni 1933, solange Hugenberg als Reichswirtschaftsminister amtierte, kamen, entgegen der vorangegangenen lautstarken NS-Propaganda, eigene nationalsozialistische Maßnahmen zur Bekämpfung der Arbeitslosigkeit nicht in Gang. Die
Hitler-Regierung beschränkte sich zunächst im wesentlichen
darauf, das schon vom Kabinett Schleicher beschlossene »So-
fortprogramm« der Arbeitsbeschaffung weiterzuführen, in
dessen Rahmen schließlich insgesamt 600 Millionen Mark für
die Vergabe öffentlicher Aufträge (vor allem für landwirtschaftliche Meliorationen, Haus- und Straßenbau) bewilligt wurden.**
Das schon im Winter 1932/33 bemerkbare leichte Abflauen
der Wirtschaftskrise sowie die unter Papen und Schleicher ergriffenen Maßnahmen zur Ankurbelung der Wirtschaft und zur
Arbeitsbeschaffung zeigten erste positive Auswirkungen. Aber
die Zahl der Arbeitslosen betrug trotz des saisonbedingten
Rückgangs im Juli 1933 noch immer rund viereinhalb Millionen.
Nach auffällig langem Zögern, das sich wohl auch aus der Unsicherheit Hitlers und der NS-Führung in wirtschaftlichen Fragen erklärt, wurde nach vorheriger Rücksprache mit führenden
Industriellen am 1. 6. 1933 ein zusätzliches Programm der NS-
Führung »zur Verminderung der Arbeitslosigkeit« (sogenann-
tes Reinhardt-Programm) gesetzlich verkündet.[1]

Die in dem Programm vorgesehene Ausgabe von Arbeits-
schatzanweisungen bis zu einer Gesamthöhe von einer Milliarde
Reichsmark zur Finanzierung öffentlicher Bauarbeiten (zur An-

* Im Auftrage Hitlers wandte sich der Staatssekretär der Reichskanzlei, Lammers, am 22. 3. 1933
an den Verbindungsstab der NSDAP in Berlin und ersuchte im Namen des Kanzlers, alle von
Parteiseite gegen Schacht gerichteten Angriffe zu unterbinden. BA: R 43 II/233.

** Hierbei, wie bei dem im Juni 1933 beschlossenen zusätzlichen Reinhardt-Programm zur Verminderung der Arbeitslosigkeit, ließ sich die schon im Februar 1933 im Kabinett abgegebene Erklärung Hitlers, daß die öffentliche Arbeitsbeschaffung vor allem der Rüstung zugute kommen
müsse, zunächst nicht realisieren. Reichswehrminister v. Blomberg hatte bereits im Frühjahr 1933
erklärt, daß die Reichswehr im Etatjahr 1933 nicht imstande sei, mehr als 50 Millionen Mark für
zusätzliche Beschaffungen auszugeben. Vgl. hierzu Dieter Petzina, Hauptprobleme der deutschen
Wirtschaftspolitik 1932–1933. In: VJHZ, 15. Jg. 1967, H. 1.

lage und Instandsetzung von Autobahnen, Straßen, Wasserwegen, öffentlichen Gebäuden und Versorgungseinrichtungen) und zur Bezuschussung bestimmter Sektoren der privaten Bautätigkeit (vorstädtische Siedlung, Instandsetzung von Altbauten) sowie die gleichzeitig gewährten Steuervergünstigungen bei der Anschaffung im Inland produzierter Maschinen und Geräte durch industrielle, handwerkliche und landwirtschaftliche Betriebe demonstrierten unzweifelhaft den energischen Willen zu aktiver und möglichst schneller Bekämpfung der Arbeitslosigkeit. Aber manche Bestimmungen dieses Programms, das auch ideologische und parteipolitische Motivierungen erkennen ließ (Begünstigung des Ausscheidens von Frauen aus dem Arbeitsleben durch Ehestandsdarlehen; vordringliche Beschäftigung von Arbeitslosen aus den Reihen der SA und SS), liefen mehr auf eine Reduzierung der *Zahl* der Arbeitslosen (durch Förderung der Kurzarbeit, Bevorzugung von Handarbeit ohne Verwendung von Maschinen) als auf eine rationelle Belebung der Produktion hinaus und wurden deshalb von weiten Kreisen der Industrie zunächst mit starker Skepsis aufgenommen. Das galt auch prinzipiell von der Arbeitsbeschaffung durch Aufträge der öffentlichen Hand, hinter denen man staatssozialistische oder staatskapitalistische Tendenzen argwöhnte. Selbst der NSDAP angehörende Generaldirektor der Allianz-Versicherung, Dr. Kurt Schmitt, den Hitler (nicht zuletzt, um die führenden Kreise der Wirtschaft zu beruhigen*) am 29. 6. 1933 anstelle Hugenbergs zum Reichswirtschaftsminister ernannte, stand manchen Aspekten des Reinhardt-Programms und der gleichzeitig verstärkten Parteiaktivität zur Schaffung zusätzlicher Arbeitsplätze kritisch gegenüber.** Etwas anders verhielt es sich mit dem von Hitler schon am 1. 5. 1933 öffentlich proklamierten und am 29. 5. 1933

---

* Am 13. 7. 1933 erklärte Schmitt vor führenden Persönlichkeiten der Wirtschaft: »Der Führer hat wiederholt ausgesprochen, daß es nicht ohne die Köpfe der Wirtschaft geht und jeder Versuch einer Sozialisierung der Wirtschaft an den Menschen scheitern muß.« Die NS-Führung sei sich bewußt, daß »so schnell wie möglich« in unserer Wirtschaft die Sicherheit des wirtschaftlichen Kalkulierens ein »Höchstmaß« erreichen müsse und daß ohne Rechtssicherheit und wirtschaftliche Kalkulationsmöglichkeit »der Kaufmann in seinen Entschlüssen auf das schwerste gehemmt wird«. Zitiert nach Schulthess, Europäischer Geschichtskalender, 1933.
** Am 13. 8. 1933 führte Schmitt in einer Rede in Köln aus, die öffentlichen Arbeitsbeschaffungsmaßnahmen könnten immer nur eine Zündung und Ankurbelung bedeuten. Mit Aufrufen wie »Deutsche, gebt Aufträge!« und entsprechenden Eingriffen und Pressionen gegenüber einzelnen Unternehmen oder mit parteioffiziellen Siegesmeldungen über die Beseitigung der Arbeitslosigkeit in einzelnen Gebieten (das bezog sich vor allem auf das Vorgehen des Gauleiters und Oberpräsidenten Erich Koch in Ostpreußen) seien die großen Probleme der wirklichen Überwindung der Arbeitslosigkeit nicht zu meistern. Schulthess, a. a. O., 1933.

nochmals führenden Vertretern der Wirtschaft und Großindustrie in Berlin vorgetragenen Projekt der Inangriffnahme des großzügigen Baus moderner Autobahnen, das mit Mitteln des Reinhardt-Programms im Herbst 1933 allmählich anlief.[2] Diente dieses Projekt doch ganz bewußt außer der Arbeitsbeschaffung (und strategisch-militärischen Zwecken) auch der Verstärkung des Automobilverkehrs und der Kraftwagenproduktion, wozu ebenfalls die vorsorgliche Reduzierung der Kraftfahrzeugsteuer für neuzugelassene Wagen beitragen sollte.[3]

Erst in der zweiten Hälfte des Jahres 1933, als sich erste Erfolge der Arbeitsbeschaffungspolitik der Hitler-Regierung zeigten und (was kaum weniger wichtig war) die zuvor infolge zahlreicher Parteieingriffe und -verlautbarungen erneut in führenden Kreisen der Wirtschaft entstandene Besorgnis vor gesellschafts- und wirtschaftspolitischen Experimenten durch gegenteilige Erklärungen, Anordnungen und Maßnahmen Hitlers und seiner Minister weitgehend beschwichtigt war, konnte das Regime mit der Unterstützung des größten Teils der Industrie, insbesondere der Schwerindustrie, rechnen. Vor allem Montan-, chemische und Bau-Industrie profitierten dann in der Folgezeit in besonderem Maße von der forcierten Rüstungs- und wehrwirtschaftlichen Autarkiepolitik, die ab 1934 in schnellem Tempo anlief* und, durch Schachts ingeniöses System der Mefo-Wechsel finanziert, dann erst den eigentlichen Durchbruch zur Ankurbelung der industriellen Produktion und zur Überwindung der Arbeitslosigkeit brachte (Rückgang auf durchschnittlich nur noch 3 Millionen Arbeitslose im Jahre 1934).

Die Aktivität, die die NS-Führung seit dem Sommer 1933 der Beseitigung der Arbeitslosigkeit widmete (Hitler bezeichnete sie auf dem Parteitag der NSDAP in Nürnberg am 31. 8. 1933 als wichtigste Aufgabe der Partei), die jetzt mit starkem Einsatz der NS-Propaganda und -Organisation in Gang kommende Welle öffentlicher Aufrufe, Aktionen, Spendensammlungen zur Beschaffung und Finanzierung neuer Arbeitsplätze (von manchen Unternehmen als Pression empfunden) und die

---

* Der Anteil der Wehrmachtsausgaben an den öffentlichen Investitionen in Deutschland stieg von 25% (1932) und 23% (1933) im Jahre 1934 auf 49% an (1935: 56%, 1936: 68%, 1937: 70%, 1938: 74%). Noch deutlicher wird die Zäsur der Rüstungsankurbelung seit 1934 durch den Vergleich der absoluten Zahlen für Wehrmachtsinvestitionen (jeweils in Millionen RM): 1933: 720, 1934: 3300, 1935: 5150, 1936: 9000, 1937: 10850, 1938: 15500. Im Jahre 1938 machten diese Ausgaben rund 19% des gesamten Volkseinkommens aus.

amtlichen Appelle an die Opferbereitschaft zur Hilfe für Arbeitslose und Notleidende vor Beginn des Winters 1933/34* hatten eine doppelte Wirkung: Diese Betriebsamkeit gab der Partei eine neue Beschäftigung, zog sie, wenigstens zum Teil, vom Kampf um die politische Macht ab und lenkte sie auf Ziele im Dienst der Staatsführung hin. Gleichzeitig erzeugte diese breite Aktivität, selbst wenn das unmittelbare Ergebnis der materiellen Hilfe nicht übermäßig bedeutsam war und die propagandistisch stark herausgestrichenen Erfolge der Partei bei der Schaffung neuer Arbeitsplätze volkswirtschaftlich zunächst nicht sonderlich zu Buche schlugen, doch zweifellos in weiten Kreisen der Bevölkerung ein verstärktes Bewußtsein volksgemeinschaftlicher Solidarität und die Überzeugung, daß die neue Führung zur Bekämpfung der wirtschaftlichen Not alle Kraft einsetze. Diese Bewußtseinstatsache, mochte sie auch suggeriert oder manipuliert sein, das erfaßte Hitler sehr genau, wirkte aber naturgemäß auch volkswirtschaftlich stimulierend. Und sie verdeckte und kompensierte überdies, daß in der gleichen Zeit, als das Regime die Besserung der materiellen Lage der Notleidenden und die Wiederbeschäftigung der Arbeitslosen mit Energie betrieb, die gesellschaftliche Autonomie der Arbeitnehmer und ihre freiheitlichen Rechte weitgehend zerschlagen wurden.

Standen die ersten zwei Jahre der Hitler-Regierung vor allem im Zeichen der zwar mehr und mehr gemilderten, aber auch im Sommer 1934 noch keineswegs überwundenen Arbeitslosigkeit, so waren andere Aspekte der Wirtschaftskrise in dieser Zeit nicht weniger deprimierend. Dazu gehörte vor allem der chronische Devisenmangel. Zu seiner Verschärfung trug wesentlich bei, daß der politische Umsturz in Deutschland und die Reaktion, die das diktatorische und terroristische NS-Regime vor allem im westlichen Ausland auslöste, den Export deutscher Waren beeinträchtigte. Diese Wirkung wurde noch weiter dadurch potenziert, daß die neue Reichsregierung die Zölle für Agrar- und Rohstoffimporte zum Schutz heimischer Erzeugnisse heraufsetzte und sich einer verstärkten Autarkiepolitik zuwandte. Das Anfang Juni 1933 auf Initiative Schachts verordnete partielle Moratorium des Transfers von

---

* Eröffnung der ersten »Winterhilfsaktion gegen Hunger und Kälte« im Reichspropagandaministerium am 13. 9. 1933. (Dabei Eröffnungsrede Hitlers, die mit dem Satz schloß: »Die internationale Solidarität des Proletariats haben wir zerbrochen, dafür wollen wir aufbauen die lebendige nationale Solidarität des Deutschen Volkes.«) Vgl. Max Domarus, Hitler. Reden und Proklamationen 1932–1945. München 2. Aufl. 1965, Bd. 1, S. 300 f.

Devisen-Zinszahlungen an ausländische Gläubiger[4] und die statt dessen eingerichteten Reichsmark-Guthaben-Konten (Sperrmark) waren Ausdruck der verzweifelten Lage. Diese einseitige Maßnahme, die um so mehr Anstoß erregte, als sie später durch bilaterale Kreditabkommen mit einzelnen Handelspartnern (Holland, Schweiz) ergänzt wurde und insofern den Eindruck einer ungleichen Behandlung der ausländischen Gläubiger erwecken mußte, schadete dem deutschen Kredit im westlichen Ausland erheblich[5] und wirkte hier kaum weniger nachteilig als die Verfolgung und Diskriminierung von Juden und politischen Gegnern des Regimes, die im westlichen Ausland Zuflucht suchten. Auch die Erwartung, das Ausland durch die Errichtung von Guthaben-Sperrkonten, die mit Wareneinkäufen in Deutschland verrechnet werden konnten, zum vermehrten Import deutscher Waren bewegen zu können, erfüllte sich nur in geringem Maße. Vielmehr schrumpften die Handelsbeziehungen mit bisher bedeutenden Handelspartnern im Westen weiter zusammen.

Strengere Vorschriften der Devisenbewirtschaftung im Inland[6], eine erneute, einseitige Erklärung der Reichsbank, die eine noch stärkere Einschränkung des Zinsentransfers gegenüber ausländischen Gläubigern ankündigte (18. 12. 1933), und die gleichzeitige Gründung einer besonderen Reichsstelle für Devisenbewirtschaftung[7] waren weitere Schritte auf dem Wege zur Autarkiewirtschaft, durch die sich Deutschland mehr und mehr vom Weltmarkt abschloß, was insbesondere die exportabhängigen Wirtschaftszweige (Leicht- und Gebrauchswarenindustrie, Elektroindustrie, Schiffsbauindustrie u. a.) schädigte. Vor dem Hintergrund dieser allgemeinen, hier nur kurz skizzierten wirtschaftlichen Situation des Reiches, ist auch die Politik des Regimes gegenüber den großen gesellschaftlichen Gruppen in der Anfangsphase des Hitler-Staates zu sehen.

Die Stellung der Arbeitnehmer: Von der Zerschlagung der Gewerkschaften bis zum gelenkten Arbeitseinsatz

Schon in der zweiten Märzwoche 1933 wurden bei Einzelaktionen der SA und SS in verschiedenen Städten Deutschlands, so in Dresden, Berlin und München, verschiedene Gewerkschaftshäuser besetzt und teilweise unter die Kontrolle der NSBO gestellt. Insbesondere der den Sozialdemokraten nahestehende ADGB hatte unter diesen Aktionen zu leiden, die seinen Vorsitzenden Theodor Leipart am 10. 3. 1933 zu einem Schreiben an den Reichspräsidenten veranlaßten, in dem er um Wiederherstellung der Rechtssicherheit bat.* Die Haltung der NSDAP zu den Gewerkschaften war in dieser Zeit aber durchaus noch uneinheitlich. Im allgemeinen herrschte der Eindruck vor, daß lediglich eine politisch-ideologische Gleichschaltung und »Säuberung« durchgeführt, die gewerkschaftlichen Errungenschaften als solche aber nicht angetastet werden sollten. Solche Erwartungen hegten auch die nationalen und christlichen Arbeiter- und Angestelltengewerkschaften**, und sie bestärkten die Führung des ADGB in der irrigen Annahme, durch Bekenntnisse zu »positiver Mitarbeit« und Verzicht auf alle politischen Bestrebungen ihre Organisation in das neue Regime überführen zu können.***

Sofern von NS-Seite überhaupt an eine mehr oder weniger gewaltlose Gleichschaltung der bestehenden Gewerkschaften unter maßgeblicher Einschaltung der NSBO gedacht worden war, lag eine wesentliche Schwierigkeit darin, daß die Arbeiter- und Angestelltenschaft sich im Gegensatz zu anderen Sozialgruppen auch im März 1933 noch mit überwiegender Mehrheit von der NSDAP fernhielt. Bei den im März 1933 anlaufenden Betriebsrätewahlen erreichte die NSBO infolge der veränderten Lage und der Befürchtung zahlreicher Arbeiter und Angestellten, daß linke Mandate künftig kassiert würden, zwar mit durchschnittlich 25 Prozent einen erheblich höheren Stimmenanteil als 1932 (4 Prozent), blieb aber nach wie vor weit von der

* Enthalten in den Akten der Reichskanzlei, BA: R 43 II/531. Ein erneutes Schreiben des ADGB an Hindenburg, dem zahlreiche Anlagen mit Meldungen über einzelne Zwangsmaßnahmen gegen Funktionäre und Einrichtungen des ADGB beigefügt waren, erging am 5. 4. 1933 (ebd.). Daraus ergibt sich u. a., daß am 25. 3. 1933 in rund 40 größeren und kleineren Städten Deutschlands die Verwaltungsgebäude und Büros des ADGB von SA, SS oder Polizei besetzt waren und auch in den folgenden Tagen weitere Besetzungen und Beschlagnahmen von Gewerkschaftseinrichtungen und -vermögen erfolgten, die in den betreffenden Orten die Arbeit der Freien Gewerkschaften praktisch lahmlegten. Die Gewerkschaftsfunktionäre hätten »ungeheuren Terror« zu erdulden. Die Zahl der Verhafteten gehe »in die Hunderte«.

** Bezeichnend hierfür verschiedene Aufrufe und Eingaben dieser Verbände an die neue Reichsregierung, die in den Akten der Reichskanzlei (BA: R 43 II/531) enthalten sind; so Schreiben des Deutschnationalen Handlungsgehilfen-Verbandes (DHV) vom 1. 2. und des Vorsitzenden des Hauptausschusses nationaler Industriearbeiter und -berufsverbände vom 15. 3. und 20. 4. und des Gesamtverbandes der christlichen Gewerkschaften vom 21. 4. 1933.

*** Einen weiteren Beleg dieser bekannten Bestrebungen bildet ein Schreiben des neu eingesetzten nationalsozialistischen Staatskommissars beim Oberbürgermeister von Berlin, Dr. Lippert, vom 12. 4. 1933 an die Reichskanzlei. Lippert teilte darin mit, führende Vertreter des ADGB hätten ihre Bereitschaft zu »positiver Mitarbeit« erkennen lassen, und er empfahl einen Empfang Leiparts durch den Chef der Reichskanzlei. Dieser sah davon jedoch nach Rücksprache mit Hitler, der zur gewaltsamen Ausschaltung der Gewerkschaften offensichtlich schon entschlossen war, ab. BA: R 43 II/531.

Mehrheit entfernt. Offenbar fürchteten Hitler und Robert Ley, der als Nachfolger Gregor Strassers die Leitung der NSBO übernommen hatte, daß auf Grund dessen die Betriebsräte Organe antinationalsozialistischer Bestrebungen bleiben könnten. Jedenfalls hing es mit den für die NS-Führung enttäuschenden ersten Betriebsrätewahlen zusammen, daß die Reichsregierung am 4. 4. 1933 durch das »Gesetz über Betriebsvertretungen und wirtschaftliche Vereinigungen«[8] alle weiteren Betriebsrätewahlen auf ein halbes Jahr aussetzte und überdies die Arbeitgeber (!) ermächtigte, bei »Verdacht staatsfeindlicher Betätigung« Betriebsangehörige jederzeit zu entlassen, ohne daß dagegen arbeitsrechtlicher Einspruch möglich war. Das Gesetz bestimmte weiterhin, daß anstelle der von solchen Entlassungen betroffenen Betriebsratsmitglieder die oberste Landesbehörde von sich aus neue Betriebsratsmitglieder ohne Wahl einsetzen könne. Damit war bis auf weiteres die innerbetriebliche Mitbestimmung und die starke Stellung der Freien Gewerkschaften in den Betrieben aus den Angeln gehoben.

Bald darauf wurde in der Stille durch ein geheimes »Aktionskomitee zum Schutze der Deutschen Arbeit« (unter Leitung von Ley und Muchow) der entscheidende Schlag gegen die dem ADGB angeschlossenen Gewerkschaften vorbereitet. Er begann aber bezeichnenderweise mit einer großangelegten, von Goebbels meisterhaft inszenierten arbeiterfreundlichen Propaganda des Regimes. Diese erreichte ihren Höhepunkt am 1. Mai, dem Ehrentag der internationalen Arbeiterbewegung, den man jetzt erstmalig zum gesetzlichen Feiertag (»Tag der nationalen Arbeit«) erhob.[9] Hatte der »Tag von Potsdam« am 21. 3. 1933 die vermeintliche Harmonie von Preußentum und Nationalsozialismus beschworen, so gab sich das Regime jetzt als volksgemeinschaftlicher Arbeiterstaat und inszenierte ein Massenfest zur Ehre der »schaffenden Arbeiter aller Stände«. Vor rund einer Million Menschen sprach Hitler auf dem Tempelhofer Feld in Berlin tadelnd über Standesdünkel, die falsche Geringschätzung der Handarbeit und die »verbrecherische« marxistische Devise des sozialen »Bruderkampfes«. Im neuen Deutschland müsse die gegenseitige Abschließung der Klassen und Stände aufhören. Der Nationalsozialismus wolle das Volk zusammenführen und die verschiedenen »Stände« zu besserem Sichkennenlernen und gegenseitiger Achtung erziehen. Mit dem bekannten Gestus des nationalen Missionars pries Hitler die Arbeitskraft und den Fleiß des Volkes als größtes nationales

Kapital, das nicht länger brachliegen dürfe. Die neue Regierung rufe alle auf, durch entschlossene Maßnahmen der Arbeitsbeschaffung die Sorge um die Sicherheit des Arbeitsplatzes aus der Welt zu schaffen. Ganz auf die im Vordergrund stehende materielle Not eingehend, enthielt die schöngesetzte Rede Hitlers außer der Ankündigung der Arbeitsdienstpflicht als einer sozialen Schule der jungen Generation bezeichnenderweise keinerlei konkrete Angaben über die künftigen sozialen Rechte der Arbeitnehmer.

Zweifellos war es dem Regime aber bei den Massenveranstaltungen am 1. Mai gelungen, mit den lautstarken, für viele überzeugend klingenden Bekundungen des Willens zum sozialen Frieden und zur Behebung der materiellen Not eine Vertrauensstimmung zu schaffen, die es ermöglichte, den schon seit Tagen geplanten Schlag gegen die als »marxistisch« abgestempelten Freien Gewerkschaften am darauffolgenden Tag (2. 5. 1933) ohne größeres öffentliches Aufsehen fast widerstandslos durchzuführen. Bei dieser Maßnahme verzichtete die NS-Führung gänzlich auf eine gesetzliche Begründung und beschritt vielmehr den Weg einer außerlegalen, aber präzise vorbereiteten Parteiaktion. Schlagartig um zehn Uhr vormittags fuhren im ganzen Reich SA- und SS-Hilfspolizei unter Leitung örtlicher Hoheitsträger und NSBO-Funktionäre vor den Volkshäusern, Büros, Banken und Redaktionen der Freien Gewerkschaften vor, besetzten und beschlagnahmten deren Vermögen und ihre gesamten Einrichtungen. Eine Reihe führender Gewerkschaftler, darunter auch die ADGB-Vorsitzenden Leipart und Graßmann, wurden in Schutzhaft genommen, dagegen der Masse der Gewerkschaftsangestellten angeboten, unter der Leitung neueingesetzter NSBO-Kommissare weiterzuarbeiten.[10] Nach dieser Machtdemonstration unterstellten sich in den folgenden Tagen auch die meisten anderen Gewerkschaften, so der Hirsch-Dunckersche Gewerkschaftsring und der einflußreiche Deutschnationale Handlungsgehilfen-Verband (DHV), dem »Aktionskomitee zum Schutze der deutschen Arbeit«, nachdem Robert Ley am 2. Mai in einem Aufruf den Zusammenschluß der bisherigen Gewerkschaften zu einer »Deutschen Arbeitsfront« (DAF) proklamiert hatte. Lediglich die christlichen Gewerkschaften erhielten, vor allem mit Rücksicht auf die Konkordatsverhandlungen und die besondere Situation im Saargebiet, noch eine gewisse Sonderstellung eingeräumt, bis auch sie Ende Juni zwangsweise der DAF eingegliedert wurden.

Erst nachträglich wurde der Schlag gegen die Freien Gewerkschaften durch eine Beschlagnahmeverfügung des Berliner Generalstaatsanwalts im Zuge eines Ermittlungsverfahrens »gegen Leipart und Genossen« zu legalisieren versucht. Es ist aber bezeichnend, daß sich zwar die NS-Propaganda in den folgenden Tagen und Wochen mit Schmähungen und Verleumdungen der »Gewerkschaftsbonzen« und ihrer angeblichen Veruntreuung von »Arbeitergroschen« überbot, daß es aber nie zu einem Prozeß »gegen Leipart und Genossen« kam. Mithin blieb auch der Besitz des Gewerkschaftsvermögens durch die neugebildete »Deutsche Arbeitsfront« bis zum Ende des NS-Regimes illegal, und die sich daraus ergebende vermögensrechtliche Problematik sollte der DAF noch lange Schwierigkeiten machen.

Am 10. Mai 1933 wurde unter Beteiligung der gesamten Prominenz der NSDAP und Regierung in Berlin der »Erste Kongreß der Deutschen Arbeitsfront« als formeller Gründungsakt der neuen Einheitsorganisation unter der »Schirmherrschaft« Hitlers veranstaltet. Das dabei bekanntgegebene Organisationsschema der DAF schloß die gleichgeschalteten und übernommenen Verbände in einen »Gesamtverband der deutschen Arbeiter« (unter Leitung des NSBO-Führers Walter Schuhmann) und einen »Gesamtverband der Deutschen Angestellten« (unter dem aus der NS-Mittelstandsbewegung hervorgegangenen Danziger Gauleiter Albert Forster) zusammen. Beide Gesamtverbände waren als erste »Säulen« einer ständischen Gesamtorganisation gedacht, der man später die industriellen Arbeitgeber als dritte und den handwerklichen und gewerblichen Mittelstand als vierte Säule hoffte eingliedern zu können. Der Schwerpunkt lag aber zunächst bei den nach dem Berufs- und Branchenprinzip unterteilten 14 bzw. 9 Einzelverbänden der Arbeiter- und Angestelltenschaft mit ihren Einzelmitgliedschaften. Als Dachorganisation diente das »Zentralbüro der DAF« mit 11 Fachämtern unter Leitung von Robert Ley. Territorial wurde die Gesamtorganisation in 13 Bezirke (mit jeweiligen Bezirksleitern der DAF) und diese wiederum in Kreise und Ortsgruppen gegliedert. Der Zusammenhang mit der Partei war vorläufig nicht rechtlich und institutionell, sondern nur dadurch gegeben, daß Ley in Personalunion Stabsleiter der Politischen Organisation (P. O.) der NSDAP war und fast alle Führungspositionen der DAF mit NSBO-Führern besetzt wurden.

Im übrigen hielt dieses erste Organisationsprogramm schon

mit Rücksicht auf die in den unteren Chargen der DAF zunächst gar nicht entbehrlichen übernommenen Gewerkschaftsangestellten und, um einen Massenaustritt der ehemaligen Gewerkschaftsmitglieder zu verhindern, an typischen gewerkschaftlichen Organisationsprinzipien fest und suchte den Eindruck zu erwecken, als stelle die DAF die Erfüllung des in der Weimarer Zeit nicht verwirklichten Traumes einer großen Einheitsgewerkschaft dar. Einzelne Einrichtungen wie die Bildung eines kleinen und großen Arbeitskonvents (zur Beratung wichtiger sozial- und arbeitspolitischer Fragen), die sich vor allem aus den Führern der Einzel- und Fachverbände zusammensetzten, bedeuteten sogar eine Durchbrechung des reinen Führerprinzips, wenngleich diese Konvente nur beratende Funktion hatten und außerdem nach einiger Zeit sang- und klanglos verschwanden. Die neue Mammutorganisation der DAF hätte eine machtvolle Vertretung der Arbeitnehmerinteressen sein können, zumal bei zahlreichen NSBO-Führern sozialrevolutionäre Vorstellungen noch eine beträchtliche Rolle spielten. Aber es zeigte sich schnell, daß diejenigen Kräfte einflußreicher waren, die auf jeden Fall verhindern wollten, daß hier unter NS-Flagge ein Machtfaktor entstand, der mit der Übernahme traditioneller gewerkschaftlicher Rechte bedeutenden Einfluß auf die Wirtschafts- und Sozialpolitik hätte ausüben können.

Nachdem schon in der ersten Maihälfte Funktionäre der NSBO, z. T. von Ley selbst mit Bemerkungen über die »Profitgier« der Arbeitgeber ermuntert*, ihre neugewonnene Macht als Kommissare der gleichgeschalteten Gewerkschaften zu verschiedenen Eingriffen in die Betriebsführungen wirtschaftlicher Unternehmen benutzt hatten, ergingen (auf Betreiben Schachts, führender Industrieller und maßgeblicher Vertreter der staatlichen Wirtschaftsbürokratie) bald scharfe Parteibefehle Hitlers gegen alle derartigen Übergriffe. Noch in einer Anordnung vom 15. Mai, in der er den gleichgeschalteten Einzelverbänden Tarifverhandlungen und den Abschluß von Tarifverträgen untersagte, hatte Ley angekündigt, daß solche Verhandlungen »fortab nur zentral vom Aktionskomitee zum Schutze der Deutschen Arbeit geführt werden«.[11] Das vier Tage später, am

---

* In einer am 15. 5. 1933 im NSBO-Organ ›Arbeitertum‹ veröffentlichten Anordnung hatte Ley eine Warnung an »unverantwortliche Elemente im Arbeitgeberlager« ausgesprochen, die die Auflösung der Gewerkschaften benutzten, »um zu Tarifkündigungen zu schreiten und damit ihrer Profitgier zu dienen«.

19. Mai, erlassene Gesetz über die Einsetzung von staatlichen »Treuhändern der Arbeit«[12] beschränkte diese Ambitionen der DAF jedoch drastisch und machte die Hoffnung zunichte, daß DAF oder NSBO bisherige gewerkschaftliche Funktionen auf dem wichtigsten Sektor der Sozialpolitik (den Tarifverhandlungen) fortführen könnten. Das Gesetz erweckte den Eindruck, daß die Treuhänder nur eine Übergangslösung »bis zur Neuordnung der Sozialverfassung« seien (§ 2) und nur in der Zwischenzeit anstelle der Arbeitnehmer- und Arbeitgebervereinigungen die Bedingungen für den Abschluß von Arbeitsverträgen »rechtsverbindlich« zu regeln hätten. Tatsächlich sollten sich die Treuhänder zu einer Dauereinrichtung entwickeln, wenn auch anfangs unklar und umstritten blieb, ob sie primär als staatliche Zwangsschlichter (im Streitfall) fungieren oder die volle und alleinige Tarifsetzungsvollmacht ausüben sollten.

Jedenfalls war damit die Aufhebung der Tarifautonomie der Arbeitnehmer *und* Arbeitgeber angebahnt. Staatliche Zwangsregelung von Arbeitsstreitigkeiten und Tarifregelungen trat an die Stelle der freien Sozialpartnerschaft. Dabei zeigte es sich, daß die auf Vorschlag der Landesregierungen bzw. des Reichsarbeitsministers von Hitler Mitte Juni 1933 ernannten 13 Reichstreuhänder der Arbeit (ihre Amtsbereiche waren identisch mit denen der ehemaligen fakultativen staatlichen Schlichter und den 13 DAF-Bezirken) z. T. schon ihrer bisherigen Herkunft und Tätigkeit nach* den Interessen der Wirtschaft bzw. dem Standpunkt der damit vielfach konformen staatlichen Arbeitsverwaltung und Wirtschaftsbürokratie meist näher standen als den Interessen der Arbeitnehmer oder den Ambitionen der NSBO.

Während von Zerwürfnissen zwischen Arbeitgebervereinigungen und den Treuhändern wenig bekannt ist**, erstere

---

* Die Meldung des WTB vom 15. 6. 1933 (enthalten in: BA: R 43 II/532) gibt eine Übersicht über den Lebenslauf und beruflichen Werdegang der an diesem Tage von Hitler ernannten Treuhänder der Arbeit. Die meisten von ihnen waren Fachleute auf dem Gebiet des Arbeitsrechts, kamen von der Industrie, Industrie- und Handelskammern oder staatlichen Arbeits- und Wirtschaftsverwaltungen her, wo sie z. T. schon als Schlichter tätig gewesen waren. Nur wenige waren alte Mitglieder der NSDAP, die Mehrzahl dürfte der deutschnationalen Rechten, auch in der Sozialauffassung, nähergestanden haben. Zwei von ihnen, Dr. Klein (Wirtschaftsgebiet Westfalen) und Völtzer (Gebiet Nordmark), waren Anhänger Othmar Spanns und seiner ständestaatlichen Ideen. Vgl. hierzu u. a. die 1936 von der Sicherheitspolizei zusammengestellte Akte ›Der Spannkreis‹. IfZ: Dc 15.15, S. 7 f.

** Zum Teil verknüpften sich politische Aversionen gegen einzelne Treuhänder mit den Sonderinteressen einzelner Wirtschaftszweige, die sich nicht genügend unterstützt fühlten. In Sachsen machte sich Gauleiter und Reichsstatthalter Mutschmann (im Gegensatz zu Ministerpräsident v. Killinger) zum Fürsprecher kleingewerblicher Organisationen, die im August 1933 die Abberufung des sächsischen Treuhänders der Arbeit, Ministerialrat Hoppe, forderten, wobei mit-

vielmehr ziemlich einhellig die neue Instanz und die dafür ausgewählten Personen begrüßten, kam es in einer Reihe von Wirtschaftsgebieten, so vor allem in Oberschlesien und im westfälischen Industriegebiet, wo die NSBO ziemlich links eingestellt war, zu manchen scharfen Auseinandersetzungen zwischen den Treuhändern und den NSBO-Funktionären in den Betrieben und in den gleichgeschalteten Arbeiterverbänden. So forderten in Schlesien der Leiter des sozialpolitischen Amtes der DAF und der Leiter des Steinarbeiterverbandes am 7. 11. 1933 durch persönliche Vorsprache in der Reichskanzlei in Berlin die Abberufung des Treuhänders Dr. Nagel, der durch Lohnherabsetzung in einer unrentablen oberschlesischen Hütte das Mißfallen der NSBO und des Arbeiterverbandes erregt hatte. Wenn Nagel nicht sofort abberufen würde, so führten die NSBO-Funktionäre aus, sei dringend zu befürchten, »daß sich die durch das Verhalten des Treuhänders geschaffene Stimmung in der Arbeiterschaft bei den bevorstehenden Wahlen [12. 11. 1933] in einem beträchtlichen Stimmenverlust auswirken werde«.[13] Wenn die NSBO-Funktionäre dem Treuhänder u. a. vorwarfen, daß er bei seiner Entscheidung in Tariffragen »nicht die Verbände heranziehe«, so konnte das Reichsarbeitsministerium darauf hinweisen, daß die Treuhänder ja gerade angewiesen seien, »die Verbände als solche nicht mehr nach dem bisherigen Schlichtungsmuster zu Lohnverhandlungen heranzuziehen, sondern sich nach Möglichkeit einzelner Sachverständiger aus Arbeitgeber- und Arbeitnehmerkreisen zu bedienen«. Der Wirtschaftsbeauftragte des Führers, Pg. Keppler, habe ebenfalls diesen Standpunkt vertreten, und auch verschiedenen Erklärungen Leys sei zu entnehmen, daß die DAF »nicht die Aufgabe« habe, »Lohnverhandlungen zu führen«. Gleiches gelte für die NSBO, die rein politische Aufgaben habe.[14] Bemerkenswert war in diesem Falle auch, daß sich bereits vorher die Zentralstelle der schlesischen Arbeitgeberverbände an den Reichsarbeitsminister gewandt und der »Stimmungsmache« der NSBO gegen den Treuhänder Nagel entgegengetreten war. Verfolge diese doch nur den Zweck, »das von Herrn Dr. Nagel in

spielte, daß sich Mutschmann bei der Berufung Hoppes übergangen fühlte. So ersuchte er in einem Schreiben an Killinger vom 30. 8. 1933, Hoppe von seinem Posten abzuberufen, »an dem er ohne meine Zustimmung gekommen ist«. Im Einvernehmen mit dem Reichsarbeitsministerium wehrte sich Killinger aber mit Erfolg gegen dieses Verlangen. Erst später, im März 1934, wurde anstelle Hoppes, der wegen dieser Schwierigkeiten aus eigenem Wunsch zurücktrat, der auch der kleingewerblichen Wirtschaft genehme NSBO-Obmann für Sachsen, Stiehler, als neuer Treuhänder eingesetzt. Vgl. hierzu das Material in: BA: R 43 II/532.

voller Übereinstimmung mit uns [!] erstrebte Ziel des harmonischen Zusammenwirkens zwischen Unternehmern, Arbeitern und Angestellten zu zerstören«. Wenn die schlesische Wirtschaft, so schrieben die Sprecher von 47 schlesischen Arbeitgeberverbänden, »vor schweren Erschütterungen bewahrt werden soll, die im Interesse der deutschen Gesamtpolitik unter allen Umständen vermieden werden müssen, so ist hierzu unerläßliche Voraussetzung, daß die Autorität des Treuhänders ... fest stabilisiert wird«.[15]

Hier wie in ähnlichen Fällen wurde es auch üblich, die NSBO versteckter marxistischer Tendenzen zu verdächtigen, was auch der schlesische Treuhänder bei diesem Anlaß besorgte.* Gleichzeitig macht dieser Fall, in dem das von der NSBO erstrebte Ziel zunächst nicht erreicht wurde**, aber auch deutlich, daß zahlreiche NSBO-Obmänner persönlich bzw. in ihrer Amtsführung so erhebliche Angriffsflächen boten, daß darunter auch die von ihnen vertretenen Interessen zu leiden hatten. Wogen in der Wirtschaftskrise die Meinungen der Wirtschaftsführer und Unternehmer ohnehin schwerer als die sozialpolitischen Forderungen der Arbeitnehmer, so wurden letztere gerade durch die vorangegangene Zerschlagung der Gewerkschaften, welche auch die Kontinuität disziplinierter und qualifizierter (und insofern überzeugender) Vertretung der Arbeitnehmerinteressen durch die erfahrene alte Gewerkschaftsführung unterbrach und vielfach recht zweifelhaften »lumpenproletarischen« Elementen aus der NSBO in den Sattel verhalf, zusätzlich diskreditiert. Auch bei manchen aus kleinbürgerlichen Verhältnissen herkommenden Führern der NSDAP, die nach der Erlangung einflußreicher Staats- und Parteistellungen ihre,

* Schreiben des Treuhänders Dr. Nagel vom 14. 11. 1933 an den Reichsarbeitsminister (BA: R 43 II/532). Schon am 5. 8. 1933 hatte sich Dr. Nagel bei einer persönlichen Vorsprache im Reichsarbeitsministerium sehr kritisch über die NSBO geäußert und zur Ergänzung am 7. 8. 1933 einen vierseitigen schriftlichen Bericht an das Ministerium gesandt, in dem es u. a. hieß: Entsprechend der Unterwanderung der NSBO durch marxistische und klassenkämpferische Tendenzen sei verschiedentlich festzustellen, »daß bei Tarifverhandlungen seitens der NSBO der reine Lohnkampfstandpunkt in den Vordergrund tritt und dementsprechend wieder die Arbeitgeber in die entgegengesetzte Richtung gedrängt werden ... Aus diesem reinen Kampfbewußtsein erklären sich auch die vielfachen Eingriffe seitens der NSBO in die Wirtschaft«. In seinem Bezirk seien folgende Fälle vorgekommen: eine Meuterei in Oberhütte-Gleiwitz, ein Streik in der Hohenzollerngrube, ein Eingriff in die Leitung der Henriettenhütte in Primkenau, bewußte »Leistungs- und Maschinensabotage« in der Ton- und Steinzeugfabrik Freiwaldau, eine Streikandrohung in einer Ziegelei nach Bekanntmachung des von ihm (Dr. Nagel) festgesetzten neuen Tarifs sowie Streikandrohungen in mehreren Betrieben nach der Entlassung von einzelnen Arbeitern (BA: R 43 II/532).
** Nagel trat aber später auf eigenen Wunsch zurück und wurde im Frühjahr durch Dr. Jüngst ersetzt.

vielfach bezweifelte, fachliche Qualifikation zu beweisen suchten und auf Anpassung an die etablierte alte Gesellschaft bedacht waren, machte sich unter diesen Umständen schon im
Sommer und Herbst 1933 gegenüber der »revoluzzerhaften«
NSBO (ähnlich wie gegenüber der SA) wachsende Kritik bemerkbar, was ebenfalls unmittelbar und mittelbar zur Stärkung
der Unternehmerseite und zur Isolierung der NSBO und DAF
im Rahmen des Regimes beitrug.*

Auch im westfälischen Industrierevier entwickelten sich 1933
zwischen dem Treuhänder der Arbeit (Dr. Klein) bzw. seinem
Sonderbeauftragten für Arbeiterfragen (Hutmacher) und den
örtlichen DAF- und NSBO-Funktionären heftige Auseinandersetzungen, wobei erstere sogar vor der Androhung polizeilicher
Gewaltmittel nicht zurückschreckten. Die darüber in einem
umfangreichen Bericht Hutmachers vom März 1934[16] enthaltenen Angaben sind um so bemerkenswerter, als Klein und Hutmacher im Gauwirtschaftsstab der NSDAP in Düsseldorf zu
den besonders engagierten Förderern Spannscher Ständestaats-
ideen gehörten und auch in engem Kontakt mit dem im April
1933 gegründeten und von Fritz Thyssen finanzierten »Institut
für Ständewesen« in Düsseldorf standen, dessen Leitung der
Spann-Schüler Paul Karrenbrock innehatte. Hutmacher, der als
Politischer Leiter der NSDAP im Frühjahr 1933 zunächst den
Posten eines Kommissars bei der Industrie- und Handelskammer in Düsseldorf innegehabt hatte, berichtete über seine neun-
monatige Tätigkeit als Sonderbeauftragter des Treuhänders: Er
habe bei zahlreichen Verhandlungen mit NSBO-Vertretern »in
erschreckendem Maße noch rein klassenkämpferischen Geist
vorgefunden«. »Des öfteren« habe er NSBO-Obleuten und
nationalsozialistischen Betriebsratsvorsitzenden »mit der Geheimen Staatspolizei drohen« und sich »größtenteils für die
Unternehmer einsetzen müssen«, weil der »klassenkämpferische
Geist auf der Gefolgschaftsseite die Wirtschaft zu ersticken
drohte«. Er und sein Vorgesetzter Dr. Klein hätten immer wieder gepredigt: » Jeder Arbeiter habe sich als Soldat in der Wirtschaft zu betrachten.«

Solche Berichte sprechen für sich selbst. Sie zeigen, daß die

---

* Aus Thüringen berichtete Gauleiter Sauckel in seinem ersten Tätigkeitsbericht als Reichsstatthalter am 10. 6. 1933 von vermehrten Schwierigkeiten für die Autorität der politischen Leitung der
NSDAP durch Eingriffe der NSBO in die Wirtschaft. Der NSBO hätten sich viele Erwerbslose an-
geschlossen und bevorzugt Arbeitsplätze erhalten, während die Erwerbslosen der SA und SS vielfach stellungslos geblieben seien. Deshalb habe sich auch eine starke »Stimmung innerhalb der SA
und SS gegen die NSBO bemerkbar« gemacht (BA: R 43 II/1382).

Treuhänder der Arbeit, auch wenn sie weniger »energisch« zu Werke gingen, doch insofern den Arbeitgeberinteressen dienten, als sie einen erheblichen Teil des von der NSBO, den Arbeiterverbänden und Betriebsräten auf die Arbeitgeber ausgeübten Druckes (im Hinblick auf Lohnerhöhungen, Einstellung von Arbeitslosen etc.) abfingen, während nur in seltenen Ausnahmen von den Treuhändern ein massiver Druck auf die Unternehmer ausgeübt worden zu sein scheint.* Der Gegensatz der Interessen, der die Kluft zwischen den verschiedenen Exponenten des NS-Regimes fühlbar machte, zeigte sich in dieser Zeit auch an der unterschiedlichen Bewertung der forcierten Arbeitsbeschaffung. Die von Unternehmerseite, aber auch von Reichswirtschaftsminister Schmitt im Spätsommer 1933 wiederholt geäußerte Kritik an mancher »künstlichen Arbeitsbeschaffung« wurde von der NSBO, wo man in solchen nur wirtschaftlichen Argumenten eine typisch kapitalistische Verneinung des »Rechts auf Arbeit« sah, scharf zurückgewiesen[17], und wenigstens in diesem Punkt (erheblich weniger dagegen in den Tariffragen) pflichtete auch Hitler dem Standpunkt der Partei bzw. NSBO bei.

Alles in allem bahnte sich jedoch nach der grundsätzlichen Entscheidung, die mit der Einsetzung staatlicher Treuhänder der Arbeit getroffen worden war, schon in der zweiten Hälfte des Jahres 1933 eine zunehmende »Ent-Gewerkschaftlichung« der DAF und NSBO an. Offenbar auf Weisung Hitlers startete Ley im Oktober 1933 eine vor allem auf die Volksabstimmung vom 12. 11. 1933 zielende Propaganda der DAF in den Betrieben, die zum Arbeitsfrieden aufrief und den »Gefolgschaftsgedanken« im Betrieb propagierte.** Ein von Ley Anfang

* Zu diesen Ausnahmen gehörte der Treuhänder der Arbeit für das Rheinland, Wilhelm Börger, der (seit 1930) Landesobmann der NSBO war und als einziger Treuhänder der Arbeit 1933 im NSBO-Organ ›Arbeitertum‹ positiv erwähnt wurde (u. a. sein Ausspruch: »Wir sind nicht Treuhänder des Geldsacks, sondern Treuhänder der Arbeit.« In: ›Arbeitertum‹ vom 15. 7. 1933, S. 9; vgl. auch Börgers Artikel in: ›Arbeitertum‹ vom 15. 9. 1933, S. 3 f.). Börger berichtete nach dem Krieg, er habe schon 1933 zusammen mit dem NSBO-Leiter W. Schuhmann über Heß zu verhindern versucht, daß die NSBO Ley in die Hände gespielt wurde und dann 1934 einen schweren Zusammenstoß mit Ley gehabt. IfZ: ZS 834.

** Vgl. die in ›Arbeitertum‹ vom 1. 11. 1933 veröffentlichte Rede Leys vor der Belegschaft des Siemens-Werkes in Berlin, in der er u. a. ausführte: »Wir alle sind Soldaten der Arbeit, von denen die einen befehlen und die anderen gehorchen. Gehorsam und Verantwortung, das muß wieder bei uns einziehen. Soldaten der Arbeit, der eine steht an dem Platz und der andere an dem Platz. Wir können nicht alle auf dem Kommandoturm sein; dann sind keine da, die die Segel aufziehen und die Taue ziehen. Nein, das können wir nicht alle, das müssen wir erfassen.« Natürlich müsse auch »ein gerechter Lohn sein«. »Kein Unternehmer hat ein Interesse daran, eine schlechtbezahlte Arbeiterschaft zu haben.« Diese Ausführungen sind besonders typisch für die doppeldeutige, balancierende Ausdrucksweise Leys.

September 1933 eingereichter erster Entwurf eines Gesetzes über die DAF, der vor allem bezweckte, dieser Dachorganisation eine klare Rechtsgrundlage (als Körperschaft öffentlichen Rechts) zu verschaffen und sie damit sowohl vermögensrechtlich wie politisch als Einheitsorganisation des vielberedeten ständischen Sozialaufbaus aufzuwerten, wurde von der Reichsregierung nicht weiterverfolgt, vielmehr die Gesetzesinitiative bei der sogenannten Sozialreform dem Reichsarbeitsministerium überlassen.[18]

Im Gegensatz zu Gregor Strasser erwies sich Ley bei alledem als ein äußerst unzuverlässiger und opportunistischer Fürsprecher der sozialistischen und sozialreformerischen Bestrebungen innerhalb der NSDAP, der vor allem nach dem Wohlgefallen Hitlers schielte und deshalb selbst erheblich dazu beitrug, daß sich DAF und NSBO mehr und mehr zu Großorganisationen der Propaganda entwickelten und an Einfluß auf die sozialpolitischen Entscheidungen verloren. Auch andere personelle Änderungen, so der Ausfall Reinhold Muchows, des eigentlichen Gründers und Organisators der NSBO, der am 12. 9. 1933 einem Unfall zum Opfer fiel, schwächten die sozialrevolutionären Impulse der NSBO. Bis Anfang August 1933 auf 1,1 Millionen Mitglieder angewachsen[19], betrachtete sich die NSBO zwar noch weiterhin als den Führungskader der NS-Bewegung in den Betrieben und innerhalb der Verbände und Amtsstellen der DAF, aber es wurde ihr immer stärker verwehrt, selbst in die Verbände und Betriebsräte hineinzuregieren.

Im November 1933 sahen auch die industriellen Arbeitgeber- und Unternehmerverbände keine Gefahr mehr darin, der DAF beizutreten, nachdem deren sozialpolitische Kompetenz so offensichtlich beschnitten und auch die Wahrscheinlichkeit einer echten ständischen Selbstverwaltung durch die DAF (bei der die Unternehmer gegenüber den anderen Gesamtverbänden hätten den Kürzeren ziehen können) stark geschwunden war.

Ausschlaggebend dafür wurde die nach der Wahl vom 12. 11. 1933 begonnene Umorganisation der DAF. Zwar gab Ley das von der Mehrheit der alten NSBO-Führung erstrebte Ziel einer aktiven Einschaltung der DAF in die Arbeits- und Sozialpolitik des Regimes noch nicht auf und erklärte in der zweiten Novemberhälfte in einer Führerbesprechung im Zentralbüro der DAF, er habe den »Führer gebeten«, ihm »die Bearbeitung von Arbeitsrecht, Arbeitsordnung, Betriebsordnung und Tarifordnung zu übertragen bzw. zu überlassen«[20], tatsächlich mußte er sich aber nach der Wahl vom 12. November zu öffentlichen Erklärungen und Maßnahmen verpflichten, die auf eine völlige Beseitigung der Reste der gewerkschaftlichen Verbandsstruktur der DAF hinausliefen und eine weitere Festlegung auf primär propagandistische Aktivität bedeuteten. Schon auf der Münchener Reichskonferenz der NSBO am 21. 11. 1933 führte Ley aus: »Die soziale Frage ist kein Problem der Tarifverträge, sondern ein Problem der Erziehung und Schulung.«[21] Und sechs Tage später (27. 11. 1933) mußte sich der Führer der DAF dazu bequemen, gemeinsam mit dem Reichsarbeitsminister (Seldte), dem Reichswirtschaftsminister (Schmitt) und dem Parteibeauftragten Hitlers für Wirtschaftsfragen (Keppler) einen gemeinsamen »Aufruf an alle schaffenden Deutschen« zu unterzeichnen, in dem die künftige Auflösung der eigenständigen Gesamtverbände der Arbeitnehmer zugunsten einer unterschiedslosen Einheitsmitgliedschaft von Arbeitgebern und Arbeitnehmern in der DAF proklamiert und der DAF jede Zuständigkeit in der materiellen Arbeits- und Sozialpolitik abgesprochen wurde:

»... Die Deutsche Arbeitsfront ist die Zusammenfassung aller im Arbeitsleben stehenden Menschen ohne Unterschied ihrer wirtschaftlichen und sozialen Stellung. In ihr soll der Arbeiter neben dem Unternehmer stehen, nicht mehr getrennt durch Gruppen und Verbände, die der Wahrung besonderer wirtschaftlicher oder sozialer Schichtungen und Interessen dienen. Der Wert der Persönlichkeit, einerlei ob Arbeiter oder Unternehmer, soll in der Deutschen Arbeitsfront den Ausschlag geben ...

Nach dem Willen unseres Führers Adolf Hitler ist die Deutsche Arbeitsfront nicht die Stätte, wo die materiellen Fragen des täglichen Arbeitslebens entschieden, die natürlichen [!] Unterschiede der Interessen der einzelnen Arbeitsmenschen aufeinander abgestimmt werden.

Für die Regelung der Arbeitsbedingungen werden in kurzer Zeit Formen geschaffen werden, die dem Führer und der Gefolgschaft eines Betriebes die Stellung zuweisen, die die nationalsozialistische Weltanschauung vorschreibt. Das hohe Ziel der Arbeitsfront ist die Erziehung aller im Arbeitsleben stehenden Deutschen zum nationalsozialistischen Staat und zur nationalsozialistischen Gesinnung. Sie übernimmt insbesondere die Schulung der Menschen, die dazu berufen werden, im Betrieb und in den Organen der Sozialverfassung, der Arbeitsgerichte und der Sozialversicherung maßgebend mitzuwirken ...«[22]

Um dem Eindruck der aus diesem Dokument klar ersichtlichen Verwässerung der DAF vorzubeugen, war mit großem Pathos schon am 17. November die Begründung eines Feierabendwerkes der DAF bekanntgegeben worden, das der Sache und dem Namen nach (»Nach der Arbeit«) eine einfallslose Kopie des faschistischen italienischen Vorbildes (»Dopo Lavoro«) darstellte und erst später als NS-Gemeinschaft »Kraft durch Freude« (KdF) einen anderen (kaum glücklicheren) Namen erhielt. Mit dieser Einrichtung war der Weg vorgezeichnet, auf dem die DAF in der Folgezeit eine besonders auffällige und propagandistisch wirksame Tätigkeit entfalten sollte: als eine Einheits-Reisegesellschaft und Freizeitgestaltungsorganisation mit billigsten Eintrittspreisen.

Daran aber hatten die Arbeitgeberorganisationen nichts auszusetzen. Der inzwischen aus der Zusammenfassung einzelner Industriellenverbände gebildete »Reichsstand der Deutschen Industrie« unter seinem »Führer« Krupp v. Bohlen und Halbach rief schon am 28. 11. 1933 in einem Rundschreiben an seine Mitglieder die industriellen Unternehmer zum Eintritt in die DAF auf, wobei ausdrücklich auf den im Wortlaut mitgeteilten »Aufruf« vom Vortage verwiesen und erleichtert festgestellt wurde, daß dadurch »die Stellung und der Aufgabenkreis der Deutschen Arbeitsfront ... endgültig klargestellt« seien und die deutschen Unternehmer an dem »hohen Ziel« der »Herstellung einer wahren Volksgemeinschaft« nunmehr »freudig mitarbeiten« würden.[23]

Inzwischen war unter Federführung des Reichsarbeitsministeriums* zwar nicht die in Aussicht gestellte umfassende Sozialreform, aber ein Gesetz »zur Ordnung der nationalen Arbeit« unter starker Einschaltung des Reichswirtschaftsministeriums[24] vorbereitet worden. Im Hinblick darauf betonte am 1. 12. 1933 Wirtschaftsminister Schmitt im Kabinett nochmals: zu den Aufgaben der DAF gehöre »nicht die Behandlung von Lohnfragen in der Form, daß die Arbeitsfront hierbei Partei« sei. »Ebensowenig solle die Arbeitsfront wirtschaftliche Betriebe besitzen«, da sonst »die übrige Wirtschaft erdrückt werden würde«. Bei der künftigen Regelung der Lohntarife und Arbeitsverträge solle (auch dies war eine klar gegen die freigewerkschaftliche Tradition gerichtete Forderung) nicht von

---

* Zuständig hier vor allem Ministerialdirektor Dr. Werner Mansfeld, der nach früherer Tätigkeit als Justitiar des Vereins für die bergbaulichen Interessen erst im Mai 1933 als Fachmann für Arbeitsrecht von Hugenberg in das Ministerium geholt worden war.

industriellen Branchen, sondern von den einzelnen Betrieben ausgegangen werden und wie bisher den Treuhändern der Arbeit die Entscheidung zufallen. Im Einzelbetrieb aber müsse entsprechend dem nationalsozialistischen Führerprinzip »der Leiter des Werkes . . . auch der Führer sein«. Ein Vertrauensrat »aus höchstens 10 Personen« solle »nur beratend« mitwirken und im Einvernehmen zwischen Betriebsführer und dem Obmann der NSBO gebildet werden. »Falls eine Einigung [bei der Zusammensetzung des Vertrauensrates] nicht erzielt werde, solle der Treuhänder entscheiden.«[25]

Der in großer Eile im Dezember 1933 fertiggestellte, schon am 12. 1. 1934 trotz der Bedenken mehrerer Minister gegen dieses Eilverfahren abschließend im Kabinett beratene Entwurf des dann am 20. 1. 1934 erlassenen Gesetzes zur »Ordnung der nationalen Arbeit«[26] räumte der Arbeitsfront in Tarif- und Arbeitsvertragsfragen nur noch eine beratende Funktion ein (Vorschlagsrecht für drei Viertel der Angehörigen des Sachverständigenbeirats beim Treuhänder der Arbeit). Im übrigen blieben nur kümmerliche Reste der Arbeitnehmermitbestimmung übrig. Die Regelung, daß jährlich neu im Einvernehmen zwischen Betriebsführer und NSBO-Obmann eine Vertrauensmännerliste aufzustellen und von der Betriebs-»Gefolgschaft« in geheimer Abstimmung dazu Stellung genommen werden solle, aber bei Ablehnung der Liste durch die Gefolgschaft der Treuhänder der Arbeit den Vertrauensrat von sich aus einsetzen könne (§ 9), zeigt, welche Farce aus den ehemaligen Betriebsräten geworden war. Das Gesetz machte die Treuhänder der Arbeit zur Dauereinrichtung und präzisierte, daß diese der Dienstaufsicht des Reichsarbeitsministeriums unterstehende und weisungsgebundene Reichsbeamte seien. Außer dem Reichsarbeitsminister wurde auch der Reichswirtschaftsminister ermächtigt, den Treuhändern der Arbeit »weitere Aufgaben zu übertragen«.

Etwas mehr hatten DAF bzw. NSBO in Fragen des Rechtsschutzes der Arbeitnehmer erreichen können. So enthielt das Gesetz die Vorschrift (§ 20), daß der Unternehmer Entlassungen von mehr als 10 Prozent der Beschäftigten vom Treuhänder der Arbeit genehmigen lassen müsse. Auch war er verpflichtet, eine Betriebsordnung zu fixieren, in der die Arbeitszeit, der Modus der Entlohnung, Bedingungen der Akkordarbeit, Kündigungsbedingungen etc. enthalten sein mußten, so daß die Arbeitnehmer wenigstens in den wichtigsten Fragen gegen private Unternehmerwillkür abgesichert waren. Ein typisches Produkt der NS-Ideologie, das an die Stelle rechtlicher und materieller Sicherung der Arbeitnehmerinteressen die qualligen Begriffe der sozialen Gesinnung und Ehre setzte, und das auch als Druckmittel gegenüber den »Gefolgschaftsmitgliedern« verwandt werden konnte, war die Einführung einer »sozialen Ehrengerichtsbarkeit«, die im Falle kränkender Behandlung von Arbeitnehmern, aber auch bei »Verhetzung« der Gefolgschaft gegen den Betriebsführer und anderen Verstößen gegen die »Betriebsgemeinschaft« anwendbar sein und durch ein besonderes Ehrengericht ausgeübt werden sollte.*

Waren DAF bzw. NSBO bei der Fixierung des Gesetzes wenig imstande gewesen, in den entscheidenden Punkten (Tarifverhandlungen, Mitbestimmung) die den Interessen der Unternehmer entgegenstehenden ehemaligen gewerkschaftlichen Errungenschaften aufrechtzuerhalten bzw. für sich in Anspruch zu nehmen, so vermochten sie dies jedoch dort, wo davon weniger die Unternehmer als das Prestige eines im Dritten Reich besonders mißachteten Standes, nämlich die Rechtsanwaltschaft, betroffen war. So sah das Gesetz in Abänderung des Arbeitsgerichtsgesetzes vor (§ 66), daß die Prozeßvertretung vor Arbeitsgerichten in der Regel von den Rechtsberatungsstellen der DAF bzw. durch besondere von der DAF ermächtigte Rechtsanwälte vorzunehmen sei.** In den diesbezüglichen arbeitsrechtlichen Bestimmungen des Gesetzes, bei denen es ja um den Austrag von Interessengegensätzen ging, zeigte es sich überdies, daß an der Fiktion der Gemeinschaft von Betriebsführern und Gefolgschaftsmitgliedern nicht festgehalten werden konnte. Die ursprüngliche Absicht, bei der DAF gemeinsame Rechtsberatungsstellen für Arbeitgeber *und* Arbeitnehmer einzurichten, mußte fallengelassen und statt

* Das Ehrengericht sollte sich aus einem vom Reichsjustizminister im Einvernehmen mit dem Reichsarbeitsminister zu ernennenden richterlichen Beamten (als Vorsitzenden) sowie einem Betriebsführer und einem Vertrauensmann (als Beisitzern) zusammensetzen und folgende Strafen verhängen können: Verwarnung, Verweis, Ordnungsstrafe bis zu 10000 RM, Aberkennung der Betriebsführer- oder Vertrauensmann-Befähigung, Entfernung vom Arbeitsplatz. Die Rechtsprechung der sozialen Ehrengerichte scheint sich im ganzen meist zuungunsten der Betriebsführer ausgewirkt zu haben. Vgl. David Schoenbaum, Die Braune Revolution. Köln, Berlin 1968, S. 128.

** Die ursprünglich von der DAF gewünschte Fassung sah die ausschließliche Rechtsvertretung durch die DAF vor. Dagegen nahmen aber im Dezember 1933 sowohl der »Bund Nationalsozialistischer Deutscher Juristen« (u. a. in einem Schreiben an Ley vom 12. 12. 1933) wie der Reichsjustizminister gegenüber dem Reichsarbeitsminister entschieden Stellung mit dem Argument, daß eine solche Regelung auf eine Diffamierung und Diskriminierung der Rechtsanwälte hinauslaufe. Vgl. hierzu BA: R 43 II/548b. Schon durch Gesetz vom 18. 5. 1933 (RGBl. I, S. 276) war der DAF das alleinige Vorschlagsrecht bei der Berufung der Beisitzer und Arbeitsgerichte eingeräumt worden.

dessen der Grundsatz getrennter Beratungsstellen vorgeschrieben werden, nachdem der Reichsjustizminister darauf hingewiesen hatte, daß sonst gegen juristische Grundnormen der Parteien-Vertretung verstoßen würde.[27]

Schließlich spiegelte sich in dem Gesetz neben dem verstärkten Gewicht des Unternehmerstandpunktes auch die vergrößerte Potenz des autoritären Verwaltungsstaates wider: Auf Veranlassung des Reichsinnenministers wurden Arbeiter und Angestellte des öffentlichen Dienstes (einschließlich der Reichsbahn und des Unternehmens Reichsautobahnen) von den Bestimmungen des Gesetzes zunächst ausgenommen (§ 63).

Wesentliches Ergebnis des Gesetzes zur Ordnung der nationalen Arbeit, das das sozialpolitische Grundgesetz des Dritten Reiches bleiben sollte, war – zur Enttäuschung der »antikapitalistischen Sehnsucht« – der Abbau von Arbeitnehmerrechten zugunsten staatlichen Reglements und der sozialen Partnerschaft zugunsten eines Führer–Gefolgschaftsverhältnisses im Betrieb. Logischerweise mußte auf Grund dessen auch die schon vorher angebahnte Umorganisation der DAF fortschreiten, wozu Ley Ende Januar 1934 die Weichen stellte. Ihr Resultat bestand vor allem darin, daß die Einzelverbände von Arbeitern und Angestellten aufgelöst wurden, wobei die Überführung in sogenannte Reichsbetriebsgruppen (RBG) nur eine bis 1938/39 geltende, sachlich und politisch bedeutungslose Zwischenlösung (vor allem zur Unterbringung der bisherigen Amtswalter der Verbände) darstellte, während im übrigen eine rein vertikale und zentralistische Organisation der DAF analog zur Gliederung der NSDAP (mit Bezirks-, Gau-, Kreis-, Ortsgruppenwaltern und Betriebs-, Zellen- und Straßen-Blockwarten der DAF) entstand. Die entscheidenden Zuständigkeiten fielen dabei den Fachämtern im Zentralbüro der DAF bzw. in den jeweils untergeordneten (Gau-, Kreis-, Ortsgruppen-)Dienststellen der DAF zu (am wichtigsten: Organisationsamt, Personalamt, Presse- und Propagandaamt, Amt für Rechtsberatung, Sozialamt, Amt für Berufserziehung und Betriebsführung[28]).

Gleichzeitig verlor die einst als Kampforganisation in den Betrieben gegründete NSBO, die ab Sommer 1934 auch keine gesonderten Mitgliedsbeiträge mehr erheben durfte, allmählich alle politische Bedeutung und organisatorische Eigenständigkeit. Aus Gründen der Pietät wurde sie zwar in den folgenden Jahren noch weiterhin im Organisationsbuch der NSDAP geführt; ihre Aufgaben waren aber, wie es dort später

(1938) lakonisch hieß, »in die Deutsche Arbeitsfront über-
gegangen«.[29] Nur als Personenverband der Parteigenossen
innerhalb der Massenorganisation der DAF, in die praktisch
jeder im industriell-gewerblichen Sektor tätige Deutsche
hineingezwungen wurde*, spielte die NSBO noch eine nominelle Führungsrolle.

Dieser Prozeß der Umorganisation war jedoch mit starken
Widerständen im Lager der NSBO und DAF verbunden und
ging 1934 nur langsam und widerspruchsvoll vonstatten. Nach
mancher anfänglichen Euphorie nahm die Mißstimmung innerhalb der Arbeiter- und Angestelltenschaft Anfang 1934 deutlich zu, wobei auch die Reaktion auf das Gesetz zur Ordnung
der nationalen Arbeit neben anderen Erscheinungen verstärkter autoritärer Herrschaft in Staat und Gesellschaft (nicht zuletzt auch die Verteuerung der Lebensmittel infolge der die
Bauern begünstigenden Reichsnährstandspolitik) in dieser
Phase eine Rolle spielten.** Ley bekam die Enttäuschung und
den Widerstand der noch immer starken linken Kräfte unter den
»Alten Kämpfern« der NSBO zu spüren. Dabei wirkte sich
unter anderem aus, daß das Zentralbüro der DAF, anders als
die Reichsleitung der NSDAP, eine starke bürokratisch-kol-
legiale Spitzenorganisation darstellte, die Ley in Stabs- und
Führerbesprechungen ebenso zu Rate ziehen mußte wie die
Gauwalter der DAF. Ley selbst hat später rückblickend die
Zeit zwischen dem Frühjahr und Herbst 1934 als einen »ewigen
Kampf nach innen« bezeichnet, wobei er die »letzten Ge-
heimnisse« oft habe verschweigen müssen und »leider Got-
tes mancher auf der Strecke« blieb, den er habe entfernen müs-

* Die im Reichsnährstand zusammengeschlossenen Berufstätigen der Agrarwirtschaft waren in
der Regel nicht Einzelmitglieder der DAF (eine gewisse Ausnahme bildeten die Landarbeiter); vielmehr wurde der Reichsnährstand, um die Fiktion des ständischen Systems aufrechtzuerhalten,
korporatives Mitglied der DAF.
** Als ein Beleg unter anderen sei aus dem Bericht Reichsstatthalter Sauckels (Thüringen) vom
13. 3. 1934 an Hitler zitiert: ». . . so muß ich doch berichten, daß augenblicklich in der Stimmung
besonders der Industriebevölkerung und der Industriearbeiterschaft ein gewisser Umschwung nach
der schlechten Seite eingetreten ist. Die Symptome dafür halte ich für sehr beachtenswert und sehr
ernst. Sie sind in dem teilweisen Bestreben gewisser Kreise zu suchen, Verteuerungen der Lebensmittel und der Kleidungsstücke, aber auch von Roh- und Baumaterialien eintreten zu lassen, während fast gleichzeitig einige Firmen die Herabsetzung von Lohnsätzen propagierten und sogar
durchgeführt haben. Hier setzte innerhalb der NSBO und der Arbeitsfront selbstverständlich eine
äußerst starke Kritik ein, die sich auf die Massen der Arbeiterschaft unheilvoll auswirken muß,
wenn nicht sofort Gegenmaßnahmen und sachliche Aufklärungen veranlaßt werden . . . Angesichts
des Stimmungsumschwungs, der nicht nur von mir, sondern in einer gestrigen Besprechung der
nationalsozialistischen Kreisleiter Thüringens einstimmig festgestellt wurde, möchte ich darauf
aufmerksam machen, daß es unbedingt notwendig ist, der Autorität der Gauleitungen den übrigen
Parteiorganisationen gegenüber, die in erster Linie nur an sich, aber nicht an das Ganze denken, unbedingt wieder hergestellt werden muß . . .« BA: R 43 II/1382.

sen, weil er sich ihm (Ley) in den Weg gestellt habe.[30] Zur Ausbootung ehemals tonangebender NSBO-Funktionäre kam es vor allem im Sommer 1934 nach der Röhm-Affäre. Daß im Zusammenhang mit der Erschießung hoher SA-Führer am 30. 6. und 1. 7. 1934 auch Gregor Strasser ermordet wurde, auf dessen Rehabilitierung und Rückkehr (anstelle Leys) manche alten NSBO-Führer gehofft hatten, war ein deutliches Signal dafür, daß bei dieser Aktion nicht nur die Ambitionen der SA, sondern auch die sozialistische Linke innerhalb der NSDAP und NSBO unterdrückt werden sollte. Acht Wochen später (24. 8. 1934) folgte die Amtsentlassung prominenter NSBO-Führer (Bruckner, Krüger, Hauenstein), die alte Anhänger Strassers und enge Mitarbeiter Muchows gewesen waren. Und am 18. 9. 1934 wurde auch der Leiter des Presse- und Propagandaamtes der DAF (zugleich Hauptschriftleiter des DAF-Organs ›Der Deutsche‹), Karl Busch, ein alter NSBO-Propagandist, kaltgestellt.[31]

Dennoch erreichten die Versuche, die DAF stärker in die aktive Sozialpolitik einzuschalten, im Herbst 1934 nochmals einen Höhepunkt. Dabei machte sich vor allem der Druck des durch die Zentralisierung und engere Verklammerung mit der Parteiorganisation eher verstärkten als geschwächten Apparates der DAF bemerkbar, der nach weiterer Kompetenz drängte. Wenn Ley (als Nachfolger Strassers) zugleich Stabsleiter der Politischen Organisation der NSDAP (ab November 1934 mit dem Titel: Reichsorganisationsleiter der NSDAP) geworden war, so hatte dieses Amt an sich nach der Beauftragung Rudolf Heß' mit der politischen Leitung der Partei und der Errichtung der Dienststelle des Stellvertreters des Führers nur noch eine problematische Existenzberechtigung. Es erfuhr seine eigentliche Aufwertung jedoch dadurch, daß Ley mit Hilfe des Riesenapparates der DAF und der bedeutenden finanziellen Einnahmen dieser Organisation auch die Reichsorganisationsleitung der NSDAP zu einem gewichtigen zentralen Parteibüro (mit verschiedenen Ämtern in München und Berlin) ausbauen konnte.*

---

* Die maßgeblichen Amtsleiter im Bereich des Reichsorganisationsleiters der NSDAP waren in Personalunion zugleich Amtsleiter der entsprechenden Leitungsinstanzen der DAF. Tatsächlich kam die überwiegende Mehrzahl des leitenden Personals der Reichsorganisationsleitung aber aus der Führung der DAF. Der Reichsorganisationsleiter hatte seinen Sitz in München, Barer Straße 15. Die meisten Ämter des Zentralbüros der DAF waren dagegen in Berlin auf verschiedene Dienststellen verteilt; die wichtigsten Ämter Potsdamer Straße 180. Die auf Grund ihrer eigenen Finanzquellen (DAF-Mitgliedsbeiträge) besonders starke und eigenständige Organisation der DAF erregte

Umgekehrt verstärkte diese Verbindung aber die politische Potenz der DAF im Gefüge des NS-Systems. Die Folge war z. B., daß die Arbeitnehmer sich mehr oder weniger gezwungen sahen, der DAF beizutreten und die lokalen Amtswalter der DAF neben den Ortsgruppen- und Kreisleitern der NSDAP zu gewichtigen parteipolitischen Exponenten wurden, die (mit oder ohne offizielle Vollmachten) namentlich gegenüber kleinen und mittleren Unternehmern entsprechenden Druck ausüben konnten. So ergab sich allein schon aus dem zahlenmäßigen Anwachsen, der Zentralisierung und bürokratischen Konsolidierung der DAF als einer nationalsozialistischen Parallelorganisation eine neue Form der Einwirkung auf die Betriebe, die der Intention des Gesetzes zur Ordnung der nationalen Arbeit widersprach.*

Wenngleich Ley nicht gezögert hatte, bestimmte Exponenten des linken sozialrevolutionären Flügels der DAF auszuschalten, so ließ er sich doch anderseits im Herbst 1934 von den alten Führungskräften in der NSBO in dem Versuch bestärken, die DAF doch noch aktiv in die Sozialpolitik einzuschalten. Es ging ihm dabei offensichtlich weniger um sozialpolitische Prinzipien als um die erweiterte Zuständigkeit der DAF, die Ley mit sprichwörtlicher Kompetenzwut zu einem alles umfassenden Massenkollektiv des NS-Regimes zu machen suchte.

Der ehemalige Treuhänder der Arbeit in Pommern, Graf Rüdiger von der Goltz, der auf Grund des Gesetzes »zur Vorbereitung des organischen Aufbaus der deutschen Wirtschaft« vom 27. 2. 1934 mit der Anbahnung einer Neuorganisation und

auch das besondere Mißfallen des Reichswirtschafts-, des Reichsfinanz- und des Reichsarbeitsministers, die in einer Chefbesprechung am 13. 7. 1934 feststellten, daß die DAF »bei etwa 20 Millionen Mitgliedern monatlich 26 Millionen vereinnahme«, wovon nicht weniger als 45% für Verwaltungskosten verausgabt würden. Der Finanzminister forderte auf Grund dessen die Unterstellung der DAF unter seine Finanzkontrolle. Diese Forderung ging offenbar aber auch Hitler zu weit, der dem Reichsfinanzminister durch den Staatssekretär in der Reichskanzlei mitteilen ließ, er wünsche, daß bei einer weiteren Besprechung des Problems der Führer der DAF, Dr. Ley, hinzugezogen werde (BA: R 43 II/531). Tatsächlich wurde die DAF nicht der Finanzaufsicht des Reichsfinanzministers, sondern (ab 1935) den Reichsschatzmeisters der NSDAP unterworfen.

* Wie stark dieser Druck empfunden wurde, zeigt z. B. ein Schreiben der Maschinenfabrik August Reißmann AG in Saalfeld (Thüringen) vom 27. 10. 1934, das sowohl an den Reichsstatthalter und die Landesregierung wie an die Wirtschaftskammer gerichtet war und in dem u. a. Klage darüber geführt wird, daß die DAF mit immer neuen Spendenforderungen an die Betriebe herantrete. »Die Vorgängerin der Deutschen Arbeitsfront, die Gewerkschaften, ist mit einem Bruchteil der Mittel ausgekommen, die jetzt die Deutsche Arbeitsfront anfordert ... Wir fordern systematischen und wirksamen Abbau aller dieser Überorganisationen.« Der Kreiswalter der DAF in Saalfeld nahm am 5. 11. 1934 äußerst kritisch zu diesem Schreiben der Firma Reißmann Stellung und diffamierte die unsoziale und antinationalsozialistische Einstellung der Betriebsführung. Für das kaum gebrochene Machtbewußtsein der DAF und NSBO ist es bezeichnend, wenn es in diesem Schreiben heißt: »Die in der Firma beschäftigten Pgg und NSBO-Männer erwarten, daß dieser ›Betriebsführer‹ ... zu erledigen sein müßte« (BA: R 43 II/531).

Vereinheitlichung der Wirtschaftskammern und sonstigen Vertretungskörperschaften der gewerblichen Wirtschaft beauftragt worden war, berichtete Ende Oktober 1934 der Reichskanzlei voller Bestürzung über diese Entwicklung: Noch Mitte Juli 1934 habe Hitler ihm (v. d. Goltz) bestätigt, daß sich die Arbeitsfront nicht mit wirtschaftspolitischen Fragen und sozialpolitischen Verhandlungen zu befassen habe.[32] Tatsächlich sei die Entwicklung aber anders verlaufen: »Die Gauleiter der Arbeitsfront beklagten sich in einer Ende September stattgefundenen Berliner Besprechung und schon in einer etwa 4 Wochen vorher stattgehabten Besprechung bitter darüber, daß die Arbeitsfront nur auf die Erziehungsaufgaben angewiesen sei und infolgedessen der Arbeiter das Vertrauen zur Arbeitsfront verlöre. Dr. Ley erklärte in einer Versammlung Ende September, daß die Arbeitsfront jetzt auch wieder den sozialpolitischen Ausgleich übernehmen würde, worauf einer der Teilnehmer es begrüßte, daß wieder der sozialpolitische Kampf aufgenommen werden könne, und nachdem Dr. Ley unterbrach: ›Nicht Kampf, sondern Ausgleich‹, hinzufügte ›na also Ausgleich‹.«

Ley habe schließlich – unter solchem Drängen – auch in einem öffentlichen Aufruf am 1. 10. 1934 erklärt, »daß die Amtswalter der Arbeitsfront niemals als betriebsfremde Elemente von den Betrieben ferngehalten werden dürften«. Mit alledem sei klar der Boden des Gesetzes zur Ordnung der nationalen Arbeit wie des vorangegangenen, auch von Ley unterzeichneten gemeinsamen Aufrufes vom 27. 11. 1933 verlassen worden. Er (v. d. Goltz) habe sich deshalb Anfang Oktober 1934 mit dem Organisationsleiter der DAF, Claus Selzner, in Verbindung gesetzt und diesem erklärt, »daß Dr. Ley sich in offenen Widerspruch mit den Gesetzen gestellt habe«, so daß er (v. d. Goltz) »in die peinliche Lage versetzt« sei, den Unternehmern seinerseits mitzuteilen, »daß sich an den Gesetzen und Verordnungen nicht das mindeste geändert habe und der Aufruf des Dr. Ley hieran nichts ändern könne«.

Graf v. d. Goltz berichtete sodann ausführlich über die aus diesem Anlaß zwischen ihm und Selzner am 19. 10. 1934 zustande gekommene Unterredung, bei der es ersterem vor allem darum ging, zu erfahren bzw. zu klären, »was nun eigentlich die Arbeitsfront in den Betrieben zu tun hätte und was sie nicht zu tun hätte, da hierüber im Lande sowohl bei der Arbeitsfront wie bei den Betriebsführern völlige Unklarheit herrsche, und letzten Endes die Amtswalter der Arbeitsfront in brauner Uniform und mit aller äußeren Autorität die einzelnen Betriebsführer – vielfach gerade kleine Betriebsführer – terrorisierten«. Selzner sei aber bei dem Gespräch allen Versuchen einer schriftlichen Festlegung dessen, was künftig gültig sein solle und wie es sich mit den bestehenden Gesetzen vereinbaren lasse, geflissentlich ausgewichen und habe statt dessen erklärt, manchmal sei es notwendig, auf dem Wege politischen Drucks »einen Notstand herbeizuführen«, wie es Schacht ja seinerseits auch unter Berufung auf das Ausland etc. mit der Wirtschaftspolitik mache.

»Ich erklärte, daß so etwas doch nicht gegenüber geltenden Gesetzen des Führers gemacht werden könne. S. erwiderte, daß er auch hier wieder nur auf Herrn Dr. Schacht zu verweisen brauche, der Herrn Minister Schmitt derartig an die Wand gequetscht habe, daß schließlich der Führer gesehen habe, Schacht ist der Stärkere, sein eigenes Gesetz aufgehoben und Schacht zum Minister gemacht habe. Ich erklärte darauf sehr bestimmt, daß, wenn diese Methoden überhaupt angewandt worden wären, sie sich doch wohl bestimmt nicht für die Personen Ley, Selzner, Goltz als Nationalsozialisten eignen könnten, worauf S. sofort zurückzog und erklärte, so sei das natürlich nicht gemeint gewesen, und natürlich solle dem Führer nicht durch eine derartige Lage ein Gesetz abgezwungen werden. Aber man müsse bedenken, daß der Führer nicht die Gesetze mache, sondern die Ministerien sie machen, daß in den Ministerien viele Nicht-Nationalsozialisten säßen, und daß der Führer die Folgerungen aus den neuen Paragraphen gar nicht übersehen könne; dafür sei die Partei da, um diese Folgerungen praktisch zu demonstrieren und auf diese Weise dafür zu sorgen, daß schließlich doch immer das Richtige geschehe.«[33]

Diese von Graf v. d. Goltz geschilderte, auch in ihrem taktischen Kalkül sehr bemerkenswerte Tendenz der DAF-Leitung kam offen zum Vorschein, als Ley am 24. 10. 1934 Hitler zu bewegen vermochte, eine von ihm (Ley) vorbereitete »Verordnung des Führers über die Deutsche Arbeitsfront« zu unterschreiben, in der die DAF nicht nur als Organisation aller »Schaffenden der Stirn und der Faust« bezeichnet, sondern ihre Kompetenzen erheblich stärker herausgestrichen waren. So hieß es in § 7 dieser Verordnung: »Die DAF hat den Arbeitsfrieden dadurch zu sichern, daß bei den Betriebsführern das Verständnis für die berechtigten Ansprüche ihrer Gefolgschaft, bei den Gefolgschaften das Verständnis für die Lage und die Möglichkeiten ihres Betriebes geschaffen wird. Die DAF hat die Aufgabe, zwischen den berechtigten Interessen aller Beteiligten jenen Ausgleich zu finden, der den national-sozialistischen Grundsätzen entspricht und die Anzahl der Fälle einschränkt, die nach dem Gesetz vom 20. 1. 1934 zur Entscheidung allein zuständigen staatlichen Organen zu überweisen sind. Die für diesen Ausgleich notwendige Vertretung aller Beteiligten ist ausschließlich Sache der Deutschen Arbeitsfront. Die Bildung anderer Organisationen oder ihrer Betätigung auf diesem Gebiet ist unzulässig.«[34]

Diese am nächsten Tage (25. 10. 1934) durch das Deutsche Nachrichten-Büro veröffentlichte Verordnung, die Ley ohne Beteiligung der Reichsressorts und des Stellvertreters des Führers erwirkt hatte*, rief sofort den schärfsten Einspruch Schachts (der inzwischen das Reichswirtschaftsministerium übernommen hatte) sowie der Reichsminister Seldte, Frick und Heß hervor. Hitler kam in eine bedenkliche Zwangslage, da seine »Verordnung« in deutlichem Widerspruch zu dem Gesetz zur Ordnung der nationalen Arbeit stand und außerdem der Rechtscharakter einer »Führer-Verordnung«, die ohne Gegenzeichnung eines Reichsministers erlassen und auch nicht im Reichsgesetzblatt veröffentlicht worden war, erhebliche Zweifel hervorrufen mußte.

Da Hitler sich aber nicht selbst desavouieren wollte, blieb es bei der Verordnung (und ihrer fraglichen Rechtsverbindlichkeit). Gleichzeitig wurden aber die intervenierenden Reichsminister von Hitler angewiesen, »nähere gesetzliche Ausführungsbestimmungen« auszuarbeiten und ihm vorzulegen, durch die anscheinend wesentliche Inhalte der Verordnung wieder korrigiert werden und bis dahin eine weitere öffentliche Erörterung der Verordnung vermieden werden sollte.** Ein

* Der Stabsleiter des Stellvertreters des Führers, Martin Bormann, teilte dreieinhalb Jahre später, als noch immer um den Entwurf eines DAF-Gesetzes gestritten wurde, dem Chef der Reichskanzlei (Schreiben vom 5. 3. 1938) mit, am 23. 10. 1934 habe der Stellvertreter des Führers (Heß) Ley einen Gesetzesentwurf über die DAF zugesandt (in dem u. a. vorgesehen war, daß der Führer die Satzung der DAF bestimme). Daraufhin sei Ley, »ohne den Stellvertreter des Führers zu unterrichten, am nächsten Tage, den 24. 10. 1934, zum Führer« gegangen und habe sich »die bekannte Verordnung unterschreiben« lassen, die »weder mit den beteiligten Parteidienststellen noch mit den beteiligten Staatsstellen abgesprochen worden« sei (BA: R 43 II/530a).

** Vermerk des Chefs der Reichskanzlei (Lammers) nach Vortrag der Bedenken der Reichsminister bei Hitler am 27. 10. 1934 (BA: R 43 II/530). Heß schrieb am 31. 10. 1934 an Ley: »Die Verordnung des Führers vom 24. 10. 1934 muß und soll Ergänzung und – soweit notwendig – Richtigstellung erfahren. Im Einvernehmen mit dem Führer ersuche ich Sie daher, bis zur Hinausgabe der neuen Anordnung keine Ausführungsbestimmungen zu der Verordnung vom 24. 10. zu erlassen; ferner soll die Erörterung der Verordnung in der Presse möglichst unterbleiben.« (BA: R 43 II/530a.)

überaus fragwürdiges, aber für das Gesetzgebungs- und Verordnungsverfahren des »Führerstaates« höchst bemerkenswertes Vorgehen!

Von der Goltz nahm die vorangegangenen Eröffnungen Selzners und die Verordnung vom 24. 10. 1934 zum Anlaß, um der Reichskanzlei die stärksten Bedenken der Unternehmer vorzutragen: Sollte es bei der Verordnung und den kaum verhüllten Ansprüchen der DAF bleiben, dann müsse »offen herausgesagt werden, daß diese Entwicklung die Gefahr einer Gewerkschaft von ungeheurer Dynamik bedeutet«.[35] Tatsächlich bildete die von Ley mehr oder weniger erschlichene Führer-Verordnung vom 24. 10. 1934, die sowohl von den zuständigen Reichsministern und der Industrie als auch von der Partei (Heß – Bormann) entschieden mißbilligt wurde, den letzten (mißlungenen) Versuch, die mit dem Gesetz zur Ordnung der nationalen Arbeit dem Staat übertragene materielle Arbeits- und Lohnpolitik doch noch in die Hände der DAF zu bekommen.

Im März 1935 mußte Ley schließlich eine neue Vereinbarung mit dem Reichswirtschaftsminister (Schacht) und dem Reichsarbeitsminister treffen (sogenannte Leipziger Vereinbarung[36]), die zwar den Betriebsobmann bzw. den Ortsobmann der DAF als zuständiges Organ der »sozialen Selbstverantwortung« anerkannte, ihn aber zugleich in allen wichtigen Fragen an die Beschlüsse von örtlichen Arbeitsausschüssen bzw. der in jedem Treuhänderbezirk eingerichteten Arbeits- und Wirtschaftsräte band, in denen Betriebsführer (bzw. Wirtschaftskammern) und DAF-Amtswalter (Arbeitskammern) paritätisch vertreten waren, so daß einem Alleingang der DAF vorgebaut war. Auch an der letztinstanzlichen Zuständigkeit des Treuhänders der Arbeit änderte sich nichts, wenngleich die neu vorgesehenen Ausschüsse und Räte versuchen sollten, möglichst von sich aus, in den schwebenden Fragen der Tarifordnung und Sozialpolitik zu einer Einigung zu gelangen. Zur gleichen Zeit (Ende März 1935) erhielt die DAF den formellen Status eines »angeschlossenen Verbandes« der NSDAP[37], wodurch ihre Eigenständigkeit auch von seiten der Partei begrenzt wurde.

Der organisatorische Ausbau der DAF sollte zwar auch in der Zukunft weitergehen und, beherrscht von dem Ehrgeiz Leys, Dimensionen annehmen*, welche die DAF auch künftig

---

* Mit einem Stab von 30000 bis 40000 hauptamtlichen Angestellten wurde die DAF mit Abstand zur umfangreichsten Neben-Organisation der NSDAP; vgl. David Schoenbaum, Die Braune Revolution. Köln, Berlin 1968, S. 120.

in vielfache Konflikte mit den staatlichen und anderen Partei-Dienststellen brachte, aber die Zeit, in der NSBO und DAF sich noch in starkem Maße als Organisation und Sprachrohr autonomer Arbeitnehmerinteressen verstanden und zu betätigen versucht hatten, war endgültig vorbei. Statt dessen entwickelte sich die DAF mehr und mehr zu einer totalitären Großorganisation, welche zur Unterstützung der wirtschaftlichen (und rüstungswirtschaftlichen) Ziele des Regimes in großem Maßstab die kulturelle und soziale Betreuung wie die fachliche Berufsausbildung und -förderung mit der ideologischen Schulung verband und in den Dienst gesteigerter Leistungsfähigkeit und erhöhter Arbeitsproduktivität stellte. So bedeutend ihre Anstrengungen auf diesem Gebiet waren und so sehr sie durch Unternehmen wie »Kraft durch Freude« und andere Aktivitäten das subjektive Status-Bewußtsein des Arbeiters zu heben vermochte, so führte die universale Betreuung und Erfassung doch letzten Endes nur noch zu weiterer Verkümmerung der Autonomie und zunehmender Entmündigung der Arbeitnehmer.

Bezeichnenderweise fanden die jährlichen Abstimmungen über die betrieblichen Vertrauensmänner (das armselige Relikt der einstigen Mitbestimmung), die 1934/35 unter starker Stimmenthaltung vielfach zu Ergebnissen geführt hatten, welche für das Regime wenig erfreulich waren und folglich auch nicht veröffentlicht wurden[38], im April 1935 zum letzten Male statt. Auf ausdrückliche Veranlassung Hitlers wurden die Ämter der Vertrauensmänner sowohl 1936 wie 1937 jeweils ohne Wahl durch Gesetz für ein Jahr und 1938 schließlich auf unbegrenzte Zeit verlängert.*

Auch in anderer Hinsicht, vor allem im Hinblick auf die

---

* Gesetze vom 31. 3. 1936 (RGBl. I, S. 335), 9. 3. 1937 (RGBl. I, S. 282) und 1. 4. 1938 (RGBl. I, S. 358). Zur Genesis dieser Gesetze Unterlagen in: BA: R 43 II/547 b. Wie aus einem dort enthaltenen Schreiben des Reichsarbeitsministers vom 24. 5. 1938 an die Reichskanzlei ersichtlich ist, plädierten für die Abschaffung der Vertrauensratswahlen insbesondere der Stellvertreter des Führers und der Reichswirtschaftsminister. Der Reichsarbeitsminister selbst, aber auch der Reichsinnenminister und der Reichsführer-SS äußerten dagegen Bedenken, u. a. mit der Begründung, daß dadurch der Eindruck entstehen könne, »als ob der nationalsozialistische Staat der Unterstützung durch die Arbeiterschaft nicht mehr sicher sei« und »man die Wahlen aus Furcht vor einem ungewissen Ergebnis scheue«. Insbesondere Reichsinnenminister Frick hatte schon in einem Schreiben vom 20. 11. 1937 zu bedenken gegeben: Es bestehe die Gefahr, daß die Gesetzesänderung »in weiten Kreisen der Arbeiterschaft als ein Eingriff in ihre soziale Selbstverantwortung angesehen wird ... Wenn die Vertrauensmänner grundsätzlich nicht mehr das Vertrauen der Gefolgschaft benötigen, so sind sie in den Augen der Gefolgschaft auch nicht mehr ihre Vertrauensmänner, sondern allenfalls Vertrauensmänner des Betriebsführers oder der DAF, jedenfalls von außen her bestellte Organe. Es wäre alsdann die Frage aufzuwerfen, ob die Bezeichnung ›Vertrauensrat‹ noch ihre Berechtigung hat«.

Freizügigkeit der Berufswahl und des Arbeitsplatzes, wurden die Arbeitnehmerrechte zugunsten staatlicher Arbeitseinsatzlenkung seit 1934/35 zunehmend verkürzt: zunächst durch das Gesetz »zur Regelung des Arbeitseinsatzes« vom 15. 5. 1934, das u. a. den Zuzug in Großstädte mit starker Arbeitslosigkeit sperrte und den Landarbeitern die Annahme nichtlandwirtschaftlicher Arbeitsverhältnisse erschwerte. Ein weiteres Gesetz »zur Befriedigung des Arbeitskräftebedarfs in der Landwirtschaft« vom 26. 2. 1935 ermächtigte die Behörden darüber hinaus, auch in schon bestehende Arbeitsverhältnisse einzugreifen und solche Arbeiter und Angestellte, die früher in der Landwirtschaft tätig gewesen waren, »zwangsweise in ihre alte landwirtschaftliche Tätigkeit zurückzuführen«.[39]

Am gleichen Tage (26. 2. 1935) wurde für alle Arbeiter und Angestellten das »Arbeitsbuch« gesetzlich eingeführt und damit die technische Voraussetzung für eine umfassende Kontrolle und Lenkung des Arbeitseinsatzes geschaffen, welche nach der Behebung der Arbeitslosigkeit vor allem diejenigen Sparten (Bau- und Metallarbeiter) betraf, bei denen sich infolge der rüstungswirtschaftlichen Schwerpunktbildung des Regimes seit 1935/36 zunehmender Arbeitskräftemangel bemerkbar machte.*

Die Wiedereinführung des überall in Deutschland im zweiten Drittel des 19. Jahrhunderts im Zuge bürgerlicher Freizügigkeit aufgehobenen Arbeitsbuches zeigte deutlich die Rückkehr zu einer jetzt von Staats wegen wiederhergestellten unfreien Arbeits-Zunft-Verfassung an. Institutionell waren dafür schon im Frühjahr 1933 dadurch die Weichen gestellt worden, daß die bisher autonome Reichsanstalt für Arbeitsvermittlung und Arbeitslosenversicherung ihren Selbstverwaltungscharakter verlor. Statt dessen wurde die Reichsanstalt und die ihr unterstehenden Arbeits- und Landesarbeitsämter später (1938) unmittelbare Reichsbehörden unter Aufsicht des Reichsarbeitsministers (der Präsident der Reichsanstalt, Dr. Friedrich Syrup, wurde Staatssekretär im Reichsarbeitsministerium). Mit Hilfe dieser reichsunmittelbaren Arbeitseinsatzverwaltung, die in den folgenden Jahren zu einer immer stärker werdenden Büro-

---

* Von diesen späteren Maßnahmen sind vor allem zu nennen: Die Gesetze und Verordnungen zur »Sicherstellung des Arbeitskräftebedarfs in der Metallindustrie« vom 7. 11. 1936 und 11. 2. 1937, die Einführung einer Genehmigungspflicht bei Neueinstellung von Bauarbeitern durch Verordnungen vom 6. 10. 1937 und 30. 5. 1938; schließlich die Dienstpflicht-Verordnung vom 22. 6. 1938, die auf Grund der Verordnung vom 13. 2. 1939 auch zeitlich unbeschränkte Dienstverpflichtungen vorsah.

kratie heranwuchs und schließlich sogar in der Lohnpolitik mitwirkte, vermochte das NS-Regime künftig in immer höherem Maße Arbeitslenkung, -kontrolle und -verpflichtung anstelle der freien Arbeitsplatzwahl vorzunehmen.*

Kennzeichnend für die Zäsur, die das Jahr 1935 in dieser Entwicklung darstellte, war auch die Einführung des obligatorischen Arbeitsdienstes am 26. 6. 1935 anstelle des bisher Freiwilligen Arbeitsdienstes, wodurch sich der Reichsarbeitsdienst (RAD), der zunächst vor allem als Auffangbecken für jugendliche Arbeitslose gedient hatte, zu einer neuen staatlichen Organisation entwickelte, in der sich nationalsozialistische Schulung mit staatlicher Arbeitseinsatzlenkung und vormilitärischer Ausbildung aufs engste verbanden.

Wie in anderer Weise im Rahmen der DAF und der NS-Gemeinschaft KdF kam im RAD ein Grundzug der nationalsozialistischen Gesellschaftspolitik zum Ausdruck: die bewußte ideologisch-propagandistische Aufwertung der manuellen Arbeit (»Arbeit adelt«), die einerseits das Selbstbewußtsein des Arbeiters, vor allem aber seinen Leistungs- und Arbeitswillen ansprach und anspornte und damit zugleich dem sozialen Quietismus wie der Mobilisierung der Arbeitsenergien diente.

Daß es dem NS-Regime in erheblichem Maße gelang, den Eindruck sozialer Befriedigung zu erzielen und trotz weiterbestehender starker Reserviertheit der Arbeiter doch den aktiven und passiven Widerstand der früher überwiegend freigewerkschaftlich organisierten Arbeitnehmerschaft weitgehend zu überwinden, obwohl ihr die restriktive Lohnpolitik des Regimes weniger Anteil an dem seit 1934/35 zunehmend vergrößerten volkswirtschaftlichen »Bruttosozialprodukt« gewährte als den Unternehmern, lag jedoch nicht primär an der Überzeugungskraft weltanschaulicher Parolen. Das grundlegende und entscheidende Erlebnis für Arbeiter und Angestellte im Dritten Reich war vielmehr, nach den Jahren der Wirtschaftskrise, die wiederhergestellte Sicherheit des Arbeitsplatzes. Daß es Hitler, mit welchen Mitteln und im Hinblick auf welche Ziele auch immer, schon 1935 gelang, die Arbeitslosigkeit fast ganz zu beseitigen und damit das elementare Existenzrisiko für Millionen von Arbeitnehmern aus der Welt zu schaffen, war die

* Vgl. F. Syrup, Hundert Jahre staatliche Sozialpolitik. Stuttgart 1957, S. 407 ff. Seit 1. 8. 1939 fungierten die Leiter der Arbeitsämter zugleich als Beauftragte der Treuhänder der Arbeit. Das bedeutete, daß die für die Arbeitsämter vordringlichen Gesichtspunkte des Arbeitseinsatzes (anstelle sozialpolitischer Aspekte) jetzt mehr und mehr auch die ganze Lohnpolitik beherrschten.

Grundvoraussetzung für den Erfolg der Arbeitseinsatz- und Sozialpolitik des Dritten Reiches mit ihren zahlreichen Zumutungen und Bevormundungen. Die existentielle Sicherheit kompensierte bei den meisten auch den Verlust der gesellschaftspolitischen Freiheit und Autonomie. Und im übrigen bewirkte die – wenn auch verschieden abgestufte – Reglementierung *aller* Sozialschichten eine psychologische Egalisierung, die gerade von den unteren Sozialklassen positiv als Verringerung des Abstandes zu den bisher höheren Klassen empfunden wurde. In die gleiche Richtung wirkten die Förderung der Berufsausbildung wie auch die jährlichen »Reichsberufswettkämpfe« der Hitler-Jugend, welche die Aufstiegschancen für Arbeiter und Angestellte namentlich der jüngeren Generation verbesserten. In diesem Zusammenhang ist aber vor allem auch die Rolle der Partei (und ihrer zahlreichen Gliederungen, einschließlich der DAF) gar nicht zu überschätzen. Das weitverzweigte System von NS-Organisationen und -Gliederungen bot auf dem Weg der politischen Karriere Millionen von Arbeitern, Angestellten und »Kleinbürgern« die Möglichkeit, weit über ihre beruflich-gesellschaftliche Herkunft hinaus und gleichsam unter Umgehung der mühsamen Stufen des normalen sozialen Aufstiegs (als HJ-, SS-Führer, als Amtswalter der DAF oder NSDAP etc.) Prestige, Einfluß und teilweise auch einen ansehnlichen materiellen Status zu erlangen, der dem der alten Oberschichten als ebenbürtig gelten konnte. Insofern veränderte das Netz der NS-Gliederungen, das über die Nation geworfen wurde und Hunderttausende von Funktionären produzierte, die sich als neue Elite verstanden, auch die gesellschaftlichen Tatsachen. Es lockerte (im Zeichen der breiten, wenig exklusiven Klasse der neuen Funktionäre) die alten Klassenschranken und vergrößerte die gesellschaftliche Mobilität.

Gleichschaltung von Handel und Handwerk;
nationalsozialistische Mittelstandspolitik

Die Frühjahrsmonate des Jahres 1933, in denen die terroristisch-revolutionäre Aktivität des linken, sozialistischen Flügels der NSDAP mit der Unterdrückung und Gleichschaltung der Gewerkschaften ihre gewaltsamste Form annahm, bildeten auch den Höhepunkt der Erwartungen und der Betriebsamkeit der mittelständischen Interessengruppen innerhalb der Partei. Ihnen kam zugute, daß mittelständische Ideologien und Forderungen den ältesten Kern der NS-Bewegung ausmachten und vor 1933 in besonderem Maße die offizielle Programmatik und Propaganda der NSDAP, z. T. auch schon ihre praktische Politik in einzelnen Kommunen und Ländern, bestimmt hatten. Auf die Kampagne gegen Warenhäuser, Filialgeschäfte, Konsumgenossenschaften, anonyme Kapitalgesellschaften etc. war die NSDAP eingeübt und eingeschworen, und hier erwartete sie schnelle Erfolge. Das änderte aber nichts daran, daß die Mittelstandsgruppen erheblich geringeres ökonomisches und gesellschaftspolitisches Gewicht besaßen als Großindustrie und Arbeitnehmerschaft. Diese Diskrepanz zwischen der starken Bedeutung der Mittelstands-Ideologie innerhalb der traditionellen Parteiprogrammatik und der relativen Schwäche des mittelständischen Gewerbes innerhalb der gesellschaftlichen Machtblöcke und der Gesamt-Volkswirtschaft wurde bald offenkundig. Sie führte schließlich dazu, daß die mittelständischen Forderungen der NSDAP zwar 1933 im Verlaufe der Parteirevolution von unten einige schnelle Anfangserfolge erzielen konnten und auf lokaler Parteiebene auch in den folgenden Jahren in großer Zählebigkeit fortdauerten, im ganzen aber von der autoritären und diktatorischen Führung des Regimes noch weniger berücksichtigt wurden als die Erwartungen des linken NSBO-Flügels.

Bereits im Februar 1933 wandten sich mittelständische Verbände, darunter der Reichsverband des Deutschen Handwerks, in dessen Regionalverbänden Vertreter der NSDAP teilweise bereits führende Positionen innehatten*, mit wiederholten Eingaben an die neue »nationale Regierung« und ersuchten um stärkere Berücksichtigung ihrer Interessen, insbesondere durch die Ernennung eines »unmittelbaren Vertreters der gewerblichen Mittelstandsinteressen« an führender Stelle der Regierung. Schon vor den Wahlen vom 5. März trat dabei der NS-Kampfbund für den gewerblichen Mittelstand unter Theodor Adrian v. Renteln lautstark hervor und suchte mit Unterstützung des Referenten für Handwerk und Gewerbe im

---

* So z. B. der preußische Landtagsabgeordnete der NSDAP Schmidt-Nordstemmen als 2. Vorsitzender des Nordwestdeutschen Handwerkerbundes, der die stärkste und einflußreichste Gruppe innerhalb des »Reichsverbandes« darstellte; vgl. Schreiben der NS-Abgeordneten Brusch, Schramm und Heinke vom 2. 2. 1933 an Hitler. BA: R 43 II/277.

Braunen Haus, Karl Zeleny, die Forderungen der mittelständischen Verbände in sein Fahrwasser zu leiten.*

Der erst im Dezember 1932 gegründete, zahlenmäßig noch relativ schwache »Kampfbund«, der zwar eifrige Propagandisten, aber nur wenige erfahrene und qualifizierte Verbandsfunktionäre unter seinen Mitgliedern zählte, hatte allerdings im Gegensatz zu Darrés agrarpolitischem Apparat wenig Chancen, auf regulärem Wege die Mehrheit und den entscheidenden Einfluß in den Innungen, Verbänden und Kammern des mittelständischen Gewerbes zu erlangen. Auch kam Hugenberg den Forderungen des »Kampfbundes« zunächst zuvor, indem er sich am 21. 2. 1933 vom Kabinett bevollmächtigen ließ, den deutschnationalen Syndikus der Handwerkskammer in Hannover, Dr. Wienbeck, zum Reichskommissar für den gewerblichen Mittelstand in seinem Ministerium zu ernennen.[40] Zeleny übermittelte daraufhin Anfang März 1933 dem Reichskanzler empörte Stellungnahmen von NS-Vertretern aus Mittelstandsverbänden, die Hugenbergs »Manöver« heftig kritisierten und dringend forderten, einen nationalsozialistischen Staatssekretär für den Mittelstand in das Reichswirtschaftsministerium einzubauen.[41] Wienbecks Ernennung zum Reichskommissar für den Mittelstand (im Range eines Ministerialdirektors) wurde dennoch im März vollzogen, und er trat am 1. 4. 1933 sein Amt an.

Inzwischen hatte sich aber infolge der Gleichschaltung der Länderregierungen und der Parteirevolte von unten nach dem 5. 3. 1933 die Lage grundsätzlich zugunsten der NS-Bewegung verändert. Druck und Terror der NS-Kampfverbände drangen jetzt binnen weniger Tage und Wochen auch in die Innungen und Verbände des Handwerks und Handels ein, erzwangen hier wesentliche personelle und organisatorische Veränderungen und z. T. auch schon bestimmte gesetzliche Kampfmaßnahmen gegen Warenhäuser und Filialgeschäfte durch einzelne nationalsozialistische Landesregierungen.** Vor allem begann schon in der zweiten Märzwoche überall im Lande der von der Partei unter maßgeblicher Mitwirkung des »Kampf-

* Am 17. 2. 1933 empfing Hitler das Präsidium des Reichsverbandes des Dt. Handwerks ohne Hinzuziehung des Wirtschaftsministers (Hugenberg), aber in Gegenwart v. Rentelns und Zelenys, in der Reichskanzlei und sagte die Ernennung eines Vertrauensmannes der mittelständischen Wirtschaft an »entscheidender Stelle« zu. Vermerk hierüber in: BA: R 43 II/277.

** So führte die NS-Regierung in Hessen am 27. 3. 1933 eine Verdopplung der bestehenden Warenhaussteuer sowie deren Ausdehnung auf Einheitspreis- und Filialgeschäfte ein; vgl. Heinrich Uhlig, Die Warenhäuser im Dritten Reich. Köln, Opladen 1956, S. 96.

bundes« organisierte Boykott jüdischer Geschäfte sowie der Warenhäuser, Filialgeschäfte und Konsumgenossenschaften, wobei es zu zahlreichen Gewaltmaßnahmen, Erpressungen etc. kam. Ihren Höhepunkt erreichte diese Kampagne mit dem von der Staatsleitung offiziell sanktionierten Boykott jüdischer Gewerbe (einschließlich jüdischer Ärzte und Rechtsanwälte), der am 1. April als Antwort auf die ausländische »Greuelhetze« unter Leitung des radikal antisemitischen Nürnberger Gauleiters Julius Streicher im ganzen Reich durchgeführt wurde. Die beabsichtigte Ruinierung jüdischer Konkurrenten und jener Großbetriebsformen des Handels, die dem Handwerk, Kleingewerbe und Einzelhandel ein Dorn im Auge waren, ging dabei Hand in Hand mit der unter Einschüchterung und Terror erzwungenen Gleichschaltung der mittelständischen Interessenverbände.

Nachdem sich schon am 21. März das bisherige Präsidium des »Verbandes der Deutschen Waren- und Kaufhäuser e.V.« zum Rücktritt gezwungen sah und einer neuen kommissarischen Leitung Platz machen mußte (im Mai 1933 als »Reichsverband der Mittel- und Großbetriebe des Deutschen Einzelhandels« unter Leitung eines Fachmannes neu organisiert), setzte der Kampfbund am 25. 3. 1933 durch, daß in der Hauptgemeinschaft des Deutschen Einzelhandels die wichtigsten Spitzenpositionen in die Hände von Kampfbund-Funktionären übergingen. Neuer Geschäftsführer wurde v. Rentelns Stellvertreter im Kampfbund, Dr. Paul Hilland. Anschließend wurde der Rücktritt aller jüdischen Vorstandsmitglieder und per Satzungsänderung die Einführung des Führerprinzips beschlossen. Ähnlich vollzog sich die Gleichschaltung in den Innungen und Verbänden des Handwerks. Der Berliner Obmann des Kampfbundes schrieb 1934 rückblickend:

»Abgeschlossen wurde der Kampf äußerlich mit der Besitzergreifung von Innungen und Verbänden im März vorigen Jahres. War sie auch in vielen Fällen nur eine äußerliche Gleichschaltung, bestand in der Kürze der Zeit wegen des geringen Umfangs der Mitgliederzahl des damaligen ›Kampfbundes des gewerblichen Mittelstandes‹ nicht immer die Möglichkeit, die richtigen Leute an den richtigen Platz zu bringen, so wurden doch zumindest jene Verbände, die sich bis dahin hermetisch gegen den Nationalsozialismus abgeschlossen hatten, der Idee Adolf Hitlers erschlossen. In der Regel legten die damaligen Führer ihre Ämter freiwillig nieder. In Einzelfällen mußte aber gegen liberalistische Machtcliquen ein erbitterter Kampf geführt werden.«[42]

Am 3. und 4. Mai, unmittelbar nach der Aktion gegen die Gewerkschaften, wurde in getrennten Versammlungen von Handwerks- und Einzelhandels-Vertretern in Berlin, die v. Renteln und Zeleny veranlaßt hatten, die offizielle Gleichschaltung beider Spitzenverbände »feierlich« verkündet, die nunmehr als »Reichsstand des Deutschen Handwerks« und »Reichsstand des Deutschen Handels« eine Art Zwangskartell unter autoritärer NS-Führung (v. Renteln) im Rahmen des beabsichtigten ständischen Aufbaus der Wirtschafts- und Sozialordnung bilden sollten.

Noch bedeutungsvoller war, daß der Kampfbund des gewerblichen Mittelstandes mit Hilfe der SA und SS im April/Mai 1933 auch einen großen Teil der örtlichen Industrie- und Handelskammern durch Einsetzung von Kommissaren unter seinen Einfluß gebracht und damit in diesen öffentlich-rechtlichen Körperschaften des Gesamtgewerbes mittelständisch orientierten Funktionären das entscheidende Gewicht verschafft hatte. Als im Mai 1933 das bisherige Präsidium des Deutschen Industrie- und Handelstages kurzerhand abgesetzt wurde und v. Renteln und Dr. Hilland die Funktion des Präsidenten bzw. Geschäftsführers usurpierten, protestierte auch Hugenberg scharf gegen diesen Eingriff (19. 5. 1933), vermochte sich aber nicht durchzusetzen, zumal v. Renteln es zu bewerkstelligen wußte, daß eine inzwischen »gesäuberte« Vollversammlung des Industrie- und Handelstages ihn am 22. 6. 1933 förmlich zum neuen Präsidenten wählte.

Zu diesem Zeitpunkt waren jedoch den mittelständischen Interessenvertretern der NSDAP eine Reihe anderer, gewichtigerer Widerstände erwachsen, die ihren Ambitionen enge Grenzen setzten. Eine erhebliche Rolle spielte dabei, daß es namentlich im Bereich des Einzelhandels im Zusammenhang mit dem Kampf gegen Warenhäuser und Konsumgenossenschaften und infolge des momentanen Machtbewußtseins des NS-Kampfbundes (z. T. allerdings auch infolge der gleichzeitig verstärkten Agrarschutzpolitik) im Frühjahr 1933 zu einer Welle von Preissteigerungen in den Geschäften kam, die zu scharfen Reaktionen anderer NS-Organisationen (SA, NSBO) führten. Die vielfach in den Köpfen der Mittelstandsvertreter der Partei herrschende naive Vorstellung von ständischer Wirtschaft, die davon ausging, daß nunmehr jede Gruppe von

Erzeugern und Kaufleuten sich selbst den »gerechten Preis« zudiktieren könne, zeitigte bald chaotische Auswirkungen. In München befaßte sich am 16. 5. 1933 der bayerische Ministerrat mit dem Problem der »ungerechtfertigten Preissteigerungen« und beschloß, »gegebenenfalls mit den schärfsten polizeilichen Maßnahmen« gegen solche »volksschädigende Preissteigerungen« vorzugehen.[43] Tatsächlich wurden in den folgenden Tagen allein in München rund 200 Personen festgenommen, ihre Geschäfte geschlossen und mit einem Schild versehen: »Geschäft wegen Preiswuchers polizeilich geschlossen – Geschäftsinhaber in Schutzhaft in Dachau.«[44]

Auch die weitgespannten Wünsche hinsichtlich eines umfassenden Reichsgesetzes zur Begünstigung der mittelständischen gewerblichen Wirtschaft, denen der nationalsozialistische Staatssekretär im Reichsfinanzministerium, Fritz Reinhardt, noch Mitte April öffentlich Ausdruck gegeben hatte[45], erfüllten sich nur in geringem Maße. Das schließlich unter Federführung des Hugenbergschen Wirtschaftsministeriums am 12. 5. 1933 erlassene »Gesetz zum Schutze des Einzelhandels« (RGBl. I, S. 262) beschränkte sich im wesentlichen auf ein befristetes Verbot der Errichtung neuer Einzelhandelsgeschäfte und neuer Warenhäuser oder Filialgeschäfte* sowie auf die Abänderung einzelner Bestimmungen der Gewerbeordnung, durch die die staatlichen und kommunalen Behörden stärkere Vollmachten zum Entzug oder zur Verweigerung von Geschäftskonzessionen (bei Betrug und unlauterem Wettbewerb sowie bei »mangelndem Bedürfnis«) erhielten. Das spätere Durchführungsgesetz vom 23. 7. 1934 ging schließlich zur allgemeinen staatlichen Konzessionspflicht über, die sowohl im Handel wie im Handwerk die weitere Entwicklung bestimmte und (im Gegensatz zur Idee ständischer Selbstverwaltung) anstelle der Gewerbefreiheit eine staatlich reglementierte Ordnung des mittelständischen Gewerbes setzte.

Besonders enttäuschend mußte es für die Mittelstandsgruppen innerhalb der Partei sein, daß die Hitler-Regierung auch den jahrelang gepredigten Kampf gegen die Warenhäuser, deren Liquidierung oder »Kommunalisierung« das Parteiprogramm ausdrücklich gefordert hatte, schließlich abbrach, weil sich der wirtschafts- und sozialpolitische Widersinn dieser gegen moderne und rationalisierte Verkaufs- und Betriebs-

---

* Die zunächst bis zum 1. 11. 1933 geltende Frist wurde durch spätere Abänderungsgesetze mehrfach verlängert.

formen gerichteten Kampagne deutlich herausstellte. Durch Fortführung des Boykotts vom März/April 1933, der den Umsatz der Warenhäuser schwer schädigte, wäre es ein leichtes gewesen, diesen Geschäftszweig völlig zu ruinieren. Daran hatten aber angesichts der gleichzeitigen Preissteigerungen in den Einzelhandelsgeschäften auch diejenigen Parteigliederungen, die mit der Masse von Arbeitslosen und der wenig verdienenden Arbeiter und Angestellten zu rechnen hatten, vor allem die NSBO, kein Interesse. Der drohende Bankrott großer Warenhauskonzerne hätte außerdem Zehntausende von Arbeitern und Angestellten brotlos gemacht, zahlreiche Zulieferungsbetriebe und nicht zuletzt die hinter den Warenhäusern stehenden Kapitalgesellschaften und Banken schwer geschädigt. Arbeitnehmerschaft und Großwirtschaft waren mithin gleichermaßen daran interessiert, daß ein Zusammenbruch dieses Geschäftszweiges vermieden wurde. An ihrem Widerstand scheiterten im Frühsommer 1933 die Pläne zur Einführung einer drastischen Warenhaus-Reichssteuer.* Als Ende Juni einer der größten Warenhauskonzerne, der jüdische Hermann-Tietz-Konzern (Hertie) mit 14000 Angestellten, vor der Frage des Bankrotts oder der Sanierung stand, setzte sich der neuernannte Reichswirtschaftsminister Schmitt bei Hitler energisch für eine Sanierung unter Beteiligung des Reiches ein. Hitler lehnte zunächst entrüstet ab, zumal die Hertie-Kaufhäuser eine besondere Zielscheibe des Partei-Boykotts im März/April gebildet hatten, mußte sich aber schließlich den wirtschaftspolitischen Argumenten beugen. Dr. Hilland, der stellvertretende Führer des »Kampfbundes«, der von diesem Einschwenken Hitlers nichts wußte, forderte nach Bekanntwerden des Sanierungsplans noch Anfang Juli in der NS-Presse, gegen die hinter diesem Plan stehenden »unverantwortlichen« Interessengruppen müsse »rücksichtslos« vorgegangen werden.[46] Aber wenig später, am 7. 7. 1933, sah sich Hitlers Stellvertreter Heß gezwungen, die Partei auf die veränderte Haltung in der Warenhausfrage auszurichten: »... In einer Zeit, da die nationalsozialistische Regierung ihre Hauptaufgabe darin sieht, möglichst zahlreichen arbeitslosen Volksgenossen zu Arbeit und

* Das am 15.7. 1933 erlassene Gesetz zur Regelung der Warenhaussteuer und der Filialsteuer für das Jahr 1933 (RGBl. I, S 492) ermächtigte die Landesregierungen oder Kommunen, bei denen das Besteuerungsrecht lag, im Höchstfalle zur Verdoppelung der Steuersätze. Im Gegensatz zur Mehrzahl der anderen Länder machte Preußen unter dem Einfluß Görings und des preußischen Finanzministers Popitz nicht einmal hiervon Gebrauch. Vgl. H. Uhlig, Die Warenhäuser im Dritten Reich. Köln, Opladen 1956, S. 100.

Brot zu verhelfen, darf die nationalsozialistische Bewegung dem nicht entgegenwirken, indem sie Hunderttausenden von Arbeitern und Angestellten in den Warenhäusern und den von ihnen abhängigen Betrieben die Arbeitsplätze nimmt. Den Gliederungen der NSDAP wird daher untersagt, bis auf weiteres Aktionen gegen Warenhäuser und warenhausähnliche Betriebe zu unternehmen.«[47]

Die lokalen Parteiorganisationen standen diesem Erlaß vielfach fassungslos gegenüber. Als einzelne Kaufhäuser den Parteierlaß in ihre Schaufenster hängten, um vor weiterer Belästigung sicher zu sein, zogen sie um so mehr die Parteiwut auf sich. Da das Heßsche Toleranzedikt zur Beruhigung der Parteigenossen erklärt hatte, daß die Einstellung zur Warenhausfrage »im grundsätzlichen« unverändert bleibe und eine Lösung »zur geeigneten Zeit im Sinne des nationalsozialistischen Programms« erfolgen würde, ging die örtliche Kampagne, die die Parteigenossen dazu aufrief, nicht in Warenhäusern zu kaufen, noch jahrelang weiter und führte noch zu manchen Boykottaktionen. Tatsächlich setzte sich aber auf die Dauer der Standpunkt des Reichswirtschaftsministers durch, der schon im September 1933 anstelle der im Parteiprogramm vorgesehenen Liquidierung der Warenhäuser lediglich für eine Restriktion ihres Geschäftsumfangs plädiert hatte. Diese bestand vor allem in der 1935 eingeführten Umsatzsteuererhöhung für Großbetriebe und der gesetzlichen Schließung von Erfrischungsräumen, Speisebetrieben und Handwerksbetrieben (später auch der Buchabteilungen) in Warenhäusern sowie dem Verbot von Sonderverkäufen außerhalb der gesetzlich festgelegten dreitägigen Saisonschlußverkaufszeiten im Sommer und Winter sowie in Einschränkungen der Rabattgewährung.[48] Nach Überwindung des Tiefstandes von 1935, als der Gesamtumsatz der Warenhäuser in Deutschland auf 54 Prozent des Rekordumsatzes von 1928 fiel, konnten sie sich in den folgenden Jahren trotz der gesetzlichen Beschränkungen wieder etwas erholen (1936: 59, 1937: 63,9, 1938: 70,1 Prozent des Umsatzes von 1928).[49]

Nachdem im Zusammenhang mit dem organisierten Judenpogrom der Reichskristallnacht (9./10. 11. 1938) insgesamt 29 jüdische Warenhäuser angezündet und zerstört und zahlreiche andere »arisiert« worden waren, verebbte weitgehend auch die Anti-Warenhaus-Kampagne der Partei. Die durch die gewaltsame Ausschaltung der jüdischen Unternehmer z. T. gekräftigten arischen Warenhäuser mit ihrem rationalisierten Verteilermechanismus erwiesen sich später unter den Bedingungen kriegswirtschaftlicher Kontingentierung sogar als ideale Instrumente der Bewirtschaftung. Mit Wirkung vom 1. 4. 1940 wurde die diskriminierende Warenhaussteuer endgültig abgeschafft. Erst infolge kriegswirtschaftlicher Zwangsmaßnahmen zur Einsparung im Handel kam es 1943 bei den Warenhäusern wie auch im Einzelhandel zu einer Reihe von Geschäftsschließungen, wobei z. T. noch einmal die alten Anti-Warenhaus-Motive der Gauleiter und Kreisleiter der Partei eine Rolle spielten. Alles in allem aber hatten sich zu dieser Zeit längst die reinen Zweckmäßigkeitsprinzipien staatlich gelenkter Wirtschaft über die mittelständischen Ideologien hinweggesetzt.

Schon lange vorher und viel eindeutiger als im Falle der NSBO und DAF verlor die mittelständische Interessengruppierung als gesonderte Gliederung der Partei ihre Eigenständigkeit und ihr politisches Gewicht. Nachdem die Aktivität des NS-Kampfbundes für den gewerblichen Mittelstand im Frühjahr 1933 eine wachsende Beunruhigung der Industrie- und Großwirtschaft wie der Wirtschaftsbürokratie verursacht hatte, war es schon im Juni/Juli 1933 zu scharfen Reaktionen gekommen. So wandten sich am 2. 6. 1933 Hugenberg und Göring in einem Schreiben an v. Renteln entschieden gegen den »Kampfbund«, durch dessen Eingreifen (Kommissarwesen) in den Industrie- und Handelskammern »mittlere und größere Betriebe von der Beteiligung an der Leitung der Kammern« zugunsten kleingewerblicher Interessen »zurückgedrängt« worden seien. Der Leiter der wirtschaftspolitischen Abteilung der NSDAP, Otto Wagener, der am 1. 4. 1933 (zusammen mit dem Deutschnationalen Möllers) zum Wirtschaftskommissar berufen worden war, sah sich im Juni gezwungen, dem Kampfbund die weitere Einsetzung von Kommissaren und direkte Eingriffe in das Geschäftsleben zu untersagen. Nachdem Hitler im Juli 1933 das Ende der nationalsozialistischen Revolution proklamiert hatte, wurde am 8. 8. 1933 der »Kampfbund« auch formell aufgelöst und in die »Nationalsozialistische Handwerks-, Handels- und Gewerbe-Organisation« (NS-Hago) überführt, die, ohne das Recht weiterer Mitgliederwerbung, nur noch eine mehr oder weniger nominelle Zusammenfassung der alten Kampfbundmitglieder innerhalb der NSDAP darstellte und genauso auf dem Absterbeetat stand wie die NSBO. Ebensowenig erfüllten sich die anfänglichen Erwartungen berufsständischer Selbstverantwortung, die noch Pate gestanden hatten, als im Sommer 1933 ein »Gesamtverband Deutscher Handwerker, Kaufleute und Gewerbetreibender« innerhalb der DAF gebildet wurde. Der Gesamtverband, wie ähnliche nominell ständische Formen der Umorganisation im Bereich der industriellen Verbände, stellte nur eine kurze Zwischenlösung dar, bis die entscheidende Initiative auf staatliche Stellen überging. Im Bereich des Handels geschah dies vor allem über die 1934 wiederbelebte Instanz des Reichskommissars für die Preisbildung und mit Hilfe einer Reihe von Gesetzen, welche strengere Maßstäbe an Ausbildung, Befähigungsnachweise und Geschäftsführung legten, im Bereich des Handwerks durch die staatliche Einführung einer obligatorischen Zunftverfassung unter Aufsicht der Handwerkskammern und der staatlichen Wirtschaftsbürokratie. Das Gesetz vom 29. 11. 1933 »über den vorläufigen Aufbau des deutschen Handwerks« (RGBl. I, S. 1015) beauftragte den Reichswirtschaftsminister und den Reichsarbeitsminister mit der Schaffung einer einheitlichen Zwangsorganisation »auf der Grundlage allgemeiner Pflichtinnungen und des Führergrundsatzes«. Den Reichsministern oblag es auf Grund des Gesetzes auch, den Führer des »Reichsstandes des Deutschen Handwerks« zu ernennen. Die daraufhin am 15. 6. 1934 erlassene »erste Verordnung« des Reichswirtschafts- und Reichsarbeitsministers »über den vorläufigen Aufbau des deutschen Handwerks« (RGBl. I, S. 493) setzte anstelle der freien beruflichen Interessenzusammenschlüsse ein hierarchisch gegliedertes System öffentlich-rechtlicher Handwerkerinnungen mit Zwangsmitgliedschaft und unter Führung von Obermeistern, die von den Handwerkskammern berufen wurden und gemäß dem Führerprinzip autoritäres Anordnungs- und Ordnungsstrafrecht gegenüber den Mitgliedern besaßen, während die von der Innungsversammlung zu fassenden Beschlüsse und die von ihr zu wählenden Beiräte und »Warte« nur subsidiäre und beratende Funktion besaßen. Wie in den Innungsfachverbänden der verschiedenen Handwerkszweige, so war auch bei der regionalen Zusammenfassung der Innungen zu Kreishandwerksschaften (zusammengesetzt aus den Obermeistern der Innungen und geleitet von einem durch die Handwerkskammer ernannten Kreishandwerksführer) das Führerprinzip gewahrt. An der Spitze der hierarchischen Pyramide stand der Reichshandwerksmeister, dessen gleichzeitige Bezeichnung als Führer des Reichs*standes* des Deutschen Handwerks nicht darüber hinwegtäuschen konnte, daß diese staatlich verordnete Pflichtzunft vor allem ein Hilfsorgan staatlicher Wirtschaftsaufsicht und -lenkung darstellte.

Wie wenig es sich dabei noch um eine Interessenvertretung oder um eine berufsständische Organisation zur Pflege des Mittelstandes handelte, wurde in den folgenden Jahren deutlich, als der »Reichsstand des Handwerks« selbst dazu beitragen mußte, die Handwerksbetriebe im Hinblick auf Leistungsfähigkeit und -bedarf gründlich zu durchforsten. Die Einführung des »Großen Befähigungsnachweises« (1935) und andere Maßnahmen zur »Berufsbereinigung« und zur Liquidation »lebensunfähiger« Betriebe führten in den Jahren 1936 bis 1939 zur Schließung von rund 180000 Handwerksbetrieben (über 10 Prozent).[50] Andere Betriebe blieben zwar nominell selbständig, standen aber praktisch im Industrieeinsatz; teilweise wurden auch handwerkliche Betriebsgemeinschaften geschlossen in Industriewerke verpflanzt oder zu Gemeinschaftswerkstätten zusammengeschlossen.

Ähnliche Wirkungen hatten die im Zusammenhang mit der gleichzeitig forcierten staatlichen Arbeitseinsatzlenkung verordneten Maßnahmen zur »Beseitigung der Übersetzung im Einzelhandel« (Verordnung vom 16. 3. 1939). Den nennenswertesten Erfolg des »arischen« Einzelhandels und ein wohlfeiles Trostpflaster für sonst unerfüllt gebliebene ökonomische und soziale Erwartungen bildete die 1938 gewaltsam erzwungene Ausschaltung der jüdischen Konkurrenz. Im übrigen hatte der Einzelhandel nur einen relativ geringen Anteil an dem volkswirtschaftlichen Aufschwung nach 1934/35. Nur in der von der Steuer- und Bevölkerungspolitik (Ehestandsdarlehen etc.) begünstigten Möbel- und Hausratbranche übertrafen die Umsätze von 1938 die des Jahres 1928. In allen anderen Verkaufsbranchen lagen sie darunter. Welche stiefmütterliche Rolle der Einzelhandel in der Volkswirtschaft unter dem NS-Regime spielte, zeigte sich u. a. daran, daß die kaufmännischen Angestellten zwischen 1933 und 1939 um 9 Prozent abnahmen und durch mithelfende Familienangehörige ersetzt werden mußten[51], während in der Gesamtvolkswirtschaft im gleichen Zeitraum ca. 7 Millionen Arbeitnehmer neu oder wieder beschäftigt wurden.

Aus alledem ergibt sich, daß der kleingewerbliche Mittelstand im Dritten Reich keineswegs sorgsam umhegt wurde, wie es eine romantisch-nationale Mittelstandsideologie erträumt hatte, sondern zugunsten der industriellen Großwirtschaft noch schneller und stärker zurückfiel, als dies in den Jahrzehnten vorher im Rahmen der zwangsläufig immer stärkeren Mechanisierung und Industrialisierung schon der Fall gewesen war. Darin drückte sich vor allem die Vernachlässigung der Konsumwirtschaft zugunsten der aus staatspolitischen Gründen bevorzugten Bau-, Rohstoff- und Rüstungswirtschaft aus. Wenn als positives Nebenergebnis zu verzeichnen war, daß die kleingewerbliche Wirtschaft im Dritten Reich einem scharfen, von Staats wegen aufoktroyierten Leistungsprinzip unterworfen und so unter erheblicher Reduzierung der Zahl der Betriebe zu rationellerer Betriebsweise gezwungen wurde, so war doch vor allem die den zivilen Bedarf einschränkende rüstungswirtschaftliche Priorität der ausschlaggebende Faktor, an dem die mittelständischen Ideologien zerschellten. Diese Priorität bestimmte auch die Vorzugsstellung wenigstens eines Teiles der Industrie im Staate Hitlers.

Die Stellung der Industrie in den ersten Jahren des NS-Regimes

Zeigte schon die gewaltsame Liquidierung der Freien Gewerkschaften und die Nazifizierung der Verbände des gewerblichen Mittelstandes einen unterschiedlichen Grad der Gewaltsamkeit und Intensität der Gleichschaltung, so war die Interessenvertretung der Industrie von der parteipolitischen Gleichschaltung am wenigsten betroffen bzw. mehr als andere Gruppen imstande, die ihr von seiten der NSDAP drohenden Eingriffe und Zwangsmaßnahmen abzuwehren. Am 1. 4. 1933 drangen auch in die Geschäftsstelle des Reichsverbandes der Deutschen Industrie SA-Leute ein, setzten den Rücktritt des jüdischen Geschäftsführers, Geheimrat Kastl, durch und erzwangen das Ausscheiden weiterer jüdischer Vorstandsmitglieder. Gleichzeitig wurde auf Veranlassung des Wirtschaftspolitischen Kommissars der NSDAP, Dr. Wagener, ein Vertrauensmann der Partei, Dr. Hans v. Lucke, in die Geschäftsführung des Reichsverbandes entsandt.

Diesen Versuch, direkte Parteikontrolle im Dachverband der Industrie zu etablieren, vermochten die führenden Vertreter großer Industrieunternehmen (Krupp, Thyssen, Siemens u. a.) aber dank ihres Ansehens bei Hitler und der Rückendeckung, die sie nicht nur bei Schacht, Hugenberg oder Schmitt, sondern auch bei Göring und anderen maßgeblichen Männern der Partei, schon im Hinblick auf die insgeheim beschlossene verstärkte Rüstungspolitik, besaßen, relativ schnell abzuwenden. Um die Kontrolle der NS-Kommissare loszuwerden, nahm Gustav Krupp v. Bohlen und Halbach im Einverständnis mit Hitler im April 1933 als neugewählter Führer des Reichsverbandes selbst eine Umorganisation vor, die darauf abzielte, diesen lockeren Dachverband zu einer autoritär geführten Zentralorganisation der Industrie umzugestalten. Es ging dabei nicht nur um die Anpassung an das neue führerstaatliche Prinzip. Man hoffte außerdem durch die verstärkte Kompetenz des industriellen Spitzenverbandes ein Organ zu schaffen, das in engem Kontakt mit der staatlichen Wirtschaftsbürokratie selbst größeren Einfluß auf die Wirtschaftspolitik der Regierung nehmen könne.

Die Tatsache, daß Hitler am 29. 5. 1933 rund zwanzig führende Industrielle und Bankdirektoren (darunter Krupp, Thyssen, v. Siemens, Stinnes, Springorum, Bosch, Vögler und v. Stauß) zusammen mit den Leitern der Wirtschaftsressorts der Regierung und wirtschaftspolitischen Beratern der Partei zu Besprechungen über die Politik der Arbeitsbeschaffung in die Reichskanzlei berief, um den Rat der Industriellen anzuhören, und daß auf Grund dieser ersten Beratung Mitte Juli 1933 beschlossen wurde, einen ständigen »Generalrat der Wirtschaft« ins Leben zu rufen, in dem die Schwerindustrie besonders stark vertreten war[52], schien diese Erwartungen durchaus zu erfüllen.

Auch zeigte es sich, daß in der Großindustrie und im Bankwesen (mehr als in anderen Wirtschaftszweigen) schon seit April/Mai 1933 auf Geheiß Hitlers den Parteieingriffen besonders nachdrücklich entgegengetreten wurde. Energisch sorgte insbesondere Schacht dafür, daß die mittelständischen NS-Parolen gegen das »raffende Finanzkapital« in der revolutionären Praxis keinen Boden gewannen. Schon am 27. 4. 1933 mußte der NS-Wirtschaftskommissar Wagener eine Kundmachung erlassen, die der NSDAP einschärfte, daß Eingriffe in die industrielle Wirtschaft, insbesondere jede »selbständige Einsetzung von Kommissaren irgendwelcher Art« künftig nicht ungestraft bliebe, nachdem »die Spitzenverbände bereits umgestellt« seien und »unser Einfluß überall gesichert« sei.[53] Als Hitler Anfang Mai erfuhr, daß gleichwohl in der Dresdner Bank ein der NSDAP angehörender Bankangestellter mit Hilfe der SA seine Aufnahme in den Vorstand zu erzwingen versucht hatte, befahl er unverzüglich, den Betreffenden zur Rechenschaft zu ziehen und aus der Partei auszuschließen.[54]

Bezeichnend für die Rücksichtnahme Hitlers auf die industrielle Wirtschaft war auch sein Erlaß vom 31. 5. 1933 an die Reichsstatthalter und den preußischen Ministerpräsidenten, in dem er die Welle von Partei-Denunziationen und Maßnahmen gegen angeblich korrupte Wirtschaftsführer zu stoppen suchte, die sich, nach der langjährigen Skandalpropaganda der NSDAP während der Kampfzeit, im Frühjahr 1933 stark ausbreitete. Damit die jetzt in erster Linie wichtige wirtschaftliche »Aufbauarbeit nicht gestört wird«, so hieß es in dem Erlaß, »ist es erforderlich, daß die in den letzten Wochen beobachtete Sucht, überall Nachforschungen nach Vergehen aus früherer Zeit anzustellen und die Schuldigen noch nach Jahren zur Verantwortung zu ziehen, aufhört«. Hinter dem Bestreben, »führende Männer der Wirtschaft vor Gericht zu ziehen«, stünden vielfach »nicht das Verlangen nach Gerechtigkeit«, sondern »oft persönliche Gefühle, vielfach sogar Rachsucht und die Verfolgung eigener egoistischer Ziele«. Dadurch aber entstehe »bei den Führern der Wirtschaft ein Gefühl der Vogelfreiheit, das geradezu die Lähmung der verantwortlichen Leitung der wirtschaftlichen Unternehmen nach sich zieht«. In vielen Fällen seien auch vergangene »Verfehlungen weniger aus gemeinem Eigennutz als vielmehr im Ringen um die nackte Existenz der geschäftlichen Betriebe begangen worden. Gegenüber solchen Verfehlungen der Vergangenheit ist eine großzügige Stellungnahme der staatlichen Organe am Platze«, um deren Berücksichtigung er (Hitler) ersuche.[55]

Dieser für die Sorgen des gewerblichen Unternehmertums ungemein »verständnisvolle« Erlaß Hitlers wurde zwei Tage später ergänzt durch eine Weisung des Reichsjustizministers an die Landesjustizverwaltungen, der »eine weitherzige Handhabung« der strafprozessualen Vorschriften mit dem Zweck einer Verfahrenseinstellung im Falle von Parteianklagen in Korruptionsfällen sowie »besondere Vorsicht« bei der Behandlung der zahlreichen bei den nationalen Verbänden eingehenden Denunziationen anriet. Auch solle »von der Anwendung polizeilicher Haft in Korruptionsfällen grundsätzlich Abstand genommen werden«.* Diese Initiative zum Schutz von Unter-

---

* Erlaß des Reichsjustizministers vom 2. 6. 1933. BA: R 43 II/1263. Tatsächlich konnte durch die genannten Erlasse jedoch nicht vollständig verhindert werden, daß auch künftig noch Unternehmer, die der Partei besonders unliebsam waren, in Schutzhaft genommen wurden. So berichtete

nehmern und Wirtschaftsführern gegen Parteieingriffe war anscheinend ein Ergebnis der Besprechung mit führenden Industriellen am 29. 5. 1933. Der der NSDAP eng verbundene Generaldirektor der Allianz-Versicherung, Dr. Schmitt, hatte dabei erklärt: Die Wirtschaft begrüße es, daß »wir heute Gott sei Dank einen Staat« haben, »in dem man nicht Sorge haben muß, daß in sechs Wochen andere Politik betrieben wird«. Aber die dadurch gegebene »Sicherheit des wirtschaftlichen Disponierens« sei gegenwärtig noch gehemmt und werde z. T. aufgehoben durch die Tatsache, »daß in der Wirtschaft noch zuviel von berufenen und unberufenen Stellen dazwischen geredet wird«.[56]

Wenn schließlich Ende Juni 1933 anstelle Hugenbergs nicht Wagener oder ein anderer Exponent der Parteileitung, sondern Schmitt zum Reichswirtschaftsminister ernannt wurde, so war auch dies eine weitere Konzession an die privatkapitalistische Großwirtschaft, zumal Mitte Juli auch Wageners Funktion als Wirtschaftskommissar aufgehoben wurde. Die gleichzeitige Ernennung Gottfried Feders zum Staatssekretär im Reichswirtschaftsministerium (eine beruhigende Geste gegenüber der Partei, die Hitler anscheinend für unumgänglich hielt,

das NSBO-Organ ›Arbeitertum‹ noch in der Nummer vom 15. 10. 1933 (S. 9) mit kaum verhohlener Genugtuung von zwei namentlich genannten Solinger Fabrikanten, die »auf Veranlassung der zuständigen Dienststelle der Deutschen Arbeitsfront ins Konzentrationslager Wuppertal-Beyenburg gebracht« worden seien, weil sie sich nicht an die zwischen dem Metallarbeiterverband und den Unternehmern festgesetzten und von den Treuhändern der Arbeit bestätigten Preislisten gehalten hätten. Überhaupt läßt sich feststellen, daß seitens der Partei und ihrer Organe bei den mehr oder weniger terroristischen Schutzhaftvollstreckungen im Frühjahr und Sommer 1933 Mißgunst gegen Personen aus bessergestellten Klassen, reiche Juden u. a. als Motiv verschiedentlich eine vorrangige Rolle spielten, so daß sich Hitlers Erlaß vom 31. 5. 1933 zweifellos nicht immer durchsetzte. Charakteristisch hierfür (und in dieser Beziehung ein Unikum an naiver Offenheit, wie es nur in dieser Frühzeit vorkam) war eine Bekanntmachung des Gauleiters Bürckel in der rheinpfälzischen Gau-Zeitung ›Rhein-Front‹ vom 19. 4. 1933, die wegen ihres Seltenheitswertes im folgenden wörtlich und vollständig wiedergegeben werden soll: »Eine Reihe von Gesuchen liegt hier vor, die sich mit der Freilassung von politischen Schutzhaftgefangenen befassen. Es muß festgestellt werden, daß die Gesuchsteller sich in der Hauptsache für verhaftete Juden und bessergestellte Schutzhäftlinge einsetzen. Nicht zuletzt möchte ich in diesem Zusammenhang auch auf die vorliegenden ärztlichen Gutachten hinweisen, welche die Haftunfähigkeit, insbesondere von Juden, feststellen. *Um arme Arbeiter, die sich in Schutzhaft befinden, hat sich bis jetzt noch kein Mensch angenommen!* Ich halte es daher für richtig, bekanntzugeben,

1. daß in erster Linie jene inhaftierten Arbeiter freigegeben werden, um die sich bisher niemand angenommen hat.

2. Jene politischen Gefangenen, für die die meisten Gesuche vorliegen, *werden zuletzt entlassen.* Unter diesen wiederum werden am Schlusse diejenigen entlassen, die für sich selbst Kommerzienräte eingesetzt haben.

3. Juden können in Zukunft nur noch entlassen werden, wenn je zwei Bittsteller bzw. die die Juden krankschreibenden Ärzte an Stelle der Juden die Haft antreten.

Neustadt, d. 18. April 1933   Der Gauleiter«

Ein Zeitungsausschnitt mit dieser Bekanntmachung befand sich in den Akten einer (wahrscheinlich staatlichen) Behörde [jetzt BA: Sammlung Schumacher Nr. 271] mit folgendem ebenfalls sehr bezeichnenden Vermerk eines Referenten: »Wie lange darf dieser Narr [Gauleiter Bürckel] die erhabene national-sozialistische Revolution der allgemeinen Lächerlichkeit noch preisgeben?«

nachdem die NSDAP seit dem März 1933 gegen die deutschnationale Herrschaft in den Wirtschaftsressorts Sturm gelaufen
war) mochte zwar einen Teil dieses Effekts aufheben. Die
Folgezeit ergab aber, daß Feder nahezu gänzlich einflußlos
blieb. Als Schacht ein Jahr später das Reichswirtschaftsministerium übernahm, setzte er ohne Schwierigkeiten Feders Entlassung durch. Der älteste Wirtschaftstheoretiker der NSDAP
verschwand seitdem gänzlich in der politischen Versenkung.

Sowohl die freiwillige Gleichschaltung des Reichsverbandes
der Deutschen Industrie (zum »Reichsstand der Deutschen Industrie«) unter Führung Krupps wie die Einrichtung des »Generalrates der Wirtschaft«, der nur ein einziges Mal (im September 1933) einberufen wurde, waren mehr oder weniger ex-
perimentelle und nominelle Anpassungen an die damals von
Teilen der NSDAP stark propagierte (gleichwohl sehr unter-
schiedlich interpretierte) Idee eines »ständischen Aufbaus« der
Wirtschaft. Innerhalb der Schwerindustrie wurde diese Idee
am entschiedensten von Fritz Thyssen vertreten, der schon seit
1923 mit Hitler in Verbindung stand und der NSDAP als langjähriger Geldgeber und Vermittler dienstbar gewesen war. Aus
eigenen Mitteln hatte Thyssen in Düsseldorf in Zusammenarbeit mit ständestaatlichen Reformern im Gaustab der NSDAP
schon vor der Machtübernahme ein »Institut für Ständewesen«
errichtet, das den Gedanken eines korporativen ständischen
Wirtschaftssystems zu präzisieren und durch Abhaltung von
Schulungskursen in der Partei stärker zu verankern suchte.
Nach der Liquidierung der Gewerkschaften und der Bildung
der Arbeitsfront erhielt Thyssen, der anschließend von Göring
zum Preußischen Staatsrat auf Lebenszeit ernannt wurde, am
19. 5. 1933 die Zustimmung Hitlers zu diesen Bestrebungen
und die förmliche Ermächtigung, die Idee des »ständischen
Aufbaus« von Düsseldorf aus weiter zu entwickeln. Hitler
unterstützte Thyssen in den folgenden Wochen und Monaten
bei verschiedenen Gelegenheiten auch ostentativ gegenüber
Angriffen aus der NSBO und DAF.[57] Thyssen galt somit, insbesondere im Rheinland, im Sommer 1933 auch bei einigen
Gauleitern der Partei als besondere Autorität in Fragen der
künftigen Wirtschaftsverfassung.

Doch es wurde bald offenkundig, daß Hitler die Verfechter
einer korporativen ständischen Wirtschaftsorganisation, die
sowohl dem Wirtschaftsliberalismus wie dem Staatsdirigismus
Grenzen setzen wollte, nur so lange gewähren ließ, solange

sie andere, gewichtigere Zielsetzungen des Regimes nicht störten bzw. solange sie zur Eindämmung der sozialistischen Aspirationen der NSBO und des linken Flügels der NSDAP nützlich waren.

Neue gesetzliche Maßnahmen, wie die am 15. 7. 1933 erlassenen beiden Kartellgesetze (RGBl. I, S. 487 und 488), welche den Reichswirtschaftsminister (und für den agrarischen Bereich den Reichslandwirtschaftsminister) ermächtigten, »zum Zwecke der Marktregelung« Zwangskartelle (auch zur Inbetriebnahme neuer Produktionsanlagen) einzuführen, deren Rechtsform und Preisgestaltung der Aufsicht und Genehmigung der staatlichen Wirtschaftsbürokratie unterlagen, machten schon im Sommer 1933 deutlich, daß die autoritäre Staatsführung die Wirtschaftslenkung keineswegs aus der Hand zu geben gewillt war. Die Kartellgesetze, die in vieler Hinsicht durchaus im Interesse der schon bestehenden Kartelle lagen und deren Einfluß auf bisher nicht kartellmäßig gebundene Unternehmer ausdehnten, waren anderseits ein erstes Beispiel der Interessenharmonie zwischen dem NS-Regime und der monopolistischen Großwirtschaft, die selbst eine Form des »organisierten Kapitalismus« darstellte, zumal die staatliche Beaufsichtigung der Kartell- und Preisbildung in den ersten Jahren des Dritten Reiches (bis zur Verstärkung der Kompetenz und bürokratischen Effizienz des Reichspreiskommissars im Rahmen des Vierjahresplans von 1936) relativ liberal gehandhabt wurde und oft mehr eine Formsache war.[58]

Der neue Reichswirtschaftsminister Schmitt sah sich jedoch bald Bestrebungen gegenüber, die den Staatsdirigismus erheblich weiter ausdehnen wollten, als ihm und auch großen Teilen der Schwerindustrie angenehm war. Diese kamen nicht nur aus den Reihen der NSDAP, sondern namentlich auch von seiten der Reichswehr, wo man jetzt, nach der Machtübernahme Hitlers, die Zeit gekommen sah, um eine stärker wehrwirtschaftliche Orientierung der gesamten Volkswirtschaft unter einem eng mit dem Reichswehrminister kooperierenden »Wirtschaftsdiktator« durchzusetzen.[59] Tatsächlich war es nicht zuletzt auf den Einfluß des Reichswehrministeriums zurückzuführen, daß im Juli 1934 die Leitung des Reichswirtschaftsministeriums von Schmitt auf Schacht überging, der in seiner dreifachen Eigenschaft als Reichsbankpräsident, Reichswirtschaftsminister und Generalbevollmächtigter für die Kriegswirtschaft tatsächlich die Position eines Wirtschaftsdiktators einnahm und sich – mehr als Schmitt – auch gegenüber der Partei durchzusetzen wußte.

Der Wehrmacht ging es bei alledem nicht zuletzt um die Realisierung der schon seit 1930 vom Heereswaffenamt erhobenen Forderung nach verstärktem Ausbau der heimischen wehrwirtschaftlichen Rohstoffproduktion (Treibstoff, Gummi, Erz u. a.). Diese Pläne, die bei Schmitt auf wenig Wohlwollen stießen, fanden um so mehr Unterstützung bei Hitlers neuem Sonderbeauftragten für Wirtschaftsfragen, Wilhelm Keppler, der seit August 1933, anstelle Wageners, die Position des parteioffiziellen Wirtschaftsberaters des Führers (mit Sitz in der Reichskanzlei!) einnahm[60] und künftig den besonderen Auftrag erhielt, neue Möglichkeiten der Produktion deutscher Roh- und Werkstoffe zu sondieren. Von industrieller Seite war am Aufbau einer staatlich subventionierten Rohstofferzeugung, insbesondere der synthetischen Treibstoffproduktion, vor allem die I. G. Farben interessiert, die den militärischen Stellen schon im September 1933 eine entsprechende Denkschrift ihres Direktors Carl Krauch vorlegte.[61]

Die erste konkrete Auswirkung dieser verschiedenen Bestrebungen, deren Initiative im wesentlichen außerhalb des Reichswirtschaftsministeriums lag, bestand in dem am 14. 12. 1933 zwischen der I. G. Farben und der Reichsregierung abgeschlossenen »Benzinvertrag«, welcher gegen Abnahme- und Preisgarantien des Reiches den schnellen Ausbau der von der I. G. entwickelten und monopolisierten synthetischen Treibstofferzeugung in die Wege leitete. Weitere Schritte in dieser Richtung waren: die Gründung der Braunkohle-Benzin-A. G. (»Brabag«) im Herbst 1934, einer auf nachdrückliche Initiative des Wehrwirtschaftsstabes herbeigeführten Pflichtgemeinschaft der Braunkohlenindustrie zur Anlage neuer Braunkohle-Hydrierwerke, und der Aufbau einer deutschen Zellwoll-Industrie, meist ebenfalls in der Form staatlich subventionierter Pflichtgemeinschaften der Textilindustrie (Gründung der Rheinischen, Süddeutschen, Thüringischen, Schlesischen und Sächsischen Zellwolle-Aktiengesellschaften).[62]

Infolge des Widerstandes der Privatindustrie und des Reichswirtschaftsministeriums, das sich in der Ära Schacht einer übermäßigen Ausweitung der Produktion autarker (Ersatz-) Rohstoffe, die auf dem Weltmarkt nicht unterzubringen waren, widersetzte, verzögerte sich dagegen die Realisierung anderer Projekte bis in die Zeit des Vierjahresplans (1936), so die

Produktion von synthetischem Gummi (Buna), die Einrichtung neuer Werke zum Abbau (minderwertiger) einheimischer Erze, der später von den 1937 gegründeten staatlichen Hermann-Göring-Werken in Salzgitter übernommen wurde, aus anderen Gründen auch die Einrichtung eines eigenen (von der DAF finanzierten) Werkes zur Produktion des »KdF-Wagens« (»Volkswagens«), dessen Entwicklung 1934 begonnen worden war.[63]

Gleichwohl waren schon Anfang 1934, als die direkte und indirekte Aufrüstungspolitik mit voller Unterstützung Schachts anlief, die Weichen auf verstärkten staatlichen Dirigismus in der Wirtschaft gestellt. Als wichtigstes Instrument hierfür dienten zunächst die zweckgebundenen staatlichen Kredite in Gestalt der seit 1934 von der Reichsbank ausgegebenen Wechsel der Metallurgischen Forschungs-GmbH (Mefo), einer eigens für diese Wechselkonstruktion gegründeten Reichsgesellschaft, auf deren Namen insbesondere die mit Rüstungsaufträgen versehenen großen Firmen (Krupp, Siemens u. a.) umfangreiche Kredite zur Ausweitung der Produktion erhielten. Die Gesamtsumme der bis 1938 ausgegebenen Mefo-Wechsel bezifferte sich auf 12 Milliarden Reichsmark. Das waren nicht weniger als 62 Prozent der gesamten Staatsausgaben und 16 Prozent des gesamten Volkseinkommens in dieser Zeit. Schon 1934 machten die Wehrmachtsausgaben 49 Prozent der öffentlichen Investitionen aus (1933: 23 Prozent), bis 1938 stiegen sie auf 74 Prozent.[64] Weitere Instrumente der Wirtschaftslenkung waren die Devisenbewirtschaftung und die infolge der prekären Devisenlage im März 1933 eingeführte staatliche Überwachung der Einfuhr, des Verbrauchs und der Lagerung industrieller Rohstoffe.[65] Hinzu kam ferner die mit Schachts »Neuem Plan« im Außenhandel seit 1934 beginnende Umstellung des Imports und Exports auf bilaterale Warenaustauschprogramme, woraus sich für die deutsche Volkswirtschaft u. a. eine stärkere Berücksichtigung des Bedarfs und der Produktionsmöglichkeiten der ost- und südosteuropäischen Länder ergab.

Diese zunehmende Bindung der industriellen Wirtschaft an staatliche Kontroll- und Lenkungsinstrumente war jedenfalls schon 1934 schwerlich noch mit einer ständischen Selbstverwaltung der Wirtschaft nach den Vorstellungen Thyssens vereinbar. Thyssens Gesinnungsgenossen, so der westfälische Treuhänder der Arbeit, Dr. Klein, und die leitenden Personen des Instituts für Ständewesen (Dr. Walter Heinrich, Dr. Paul Karrenbrock,

Dr. Dornow), sahen sich seit dem Herbst 1933 zunehmenden Angriffen von seiten der DAF und sonstiger Parteistellen ausgesetzt, zumal sie fast ausnahmslos Anhänger und Schüler des Wiener Soziologen Othmar Spann waren, dessen katholische Ständestaatslehre Alfred Rosenberg und andere Partei-Ideologen klar als nicht-nationalsozialistisch bezeichnet hatten. Hitlers Wirtschaftsbeauftragter Keppler teilte dem Staatssekretär der Reichskanzlei auf dessen Anfrage am 21. 3. 1934 kurz und bündig mit, daß die von den Dozenten des Düsseldorfer Instituts vertretenen Spannschen »Anschauungen über den künftigen Ständeaufbau nicht in Einklang stehen mit dem Vorhaben unseres Führers«. »Das Auftreten dieser Lehrkräfte« und die Tatsache, »daß zuviel Theorie für die Wirtschaft keineswegs gut ist, läßt die Gründung dieses Instituts als nicht besonders glückliche Einrichtung erscheinen«.[66] Auch der Leiter des Amtes für ständischen Aufbau in der Parteileitung, Max Frauendorfer, schlug sich auf Kepplers Seite und veranlaßte den Boykott der vom Düsseldorfer Institut veranstalteten Kurse durch die Partei.[67] Obwohl eine definitive Stellungnahme der Reichsleitung der NSDAP wegen der abweichenden Meinung einzelner Gauleiter noch im Juni 1934 nicht herbeigeführt werden konnte*, war es offensichtlich, daß der »ständische Aufbau« abgeschrieben war. Als sich Thyssen selbst Anfang Juni 1934 mit einer ausführlichen, über Göring geleiteten Denkschrift an Hitler wandte, in der er die scharfen Angriffe gegen sein Institut unter Berufung auf die noch vor Jahresfrist von Hitler selbst ausdrücklich befürwortete Arbeit des Instituts zurückwies, den Kurs der DAF heftig kritisierte und erneut die Grundgedanken korporativer Selbstverwaltung der Wirtschaft verteidigte, erhielt er keine Antwort. Hitler begnügte sich, dem Staatssekretär der Reichskanzlei gegenüber, mit der lakonischen Bemerkung, daß er mit dem Inhalt des Thyssenschen Berichts »nicht einverstanden« sei.[68] Im Jahre 1935 wurde das Institut für Ständewesen aufgelöst, und Hitler untersagte der Partei jede weitere Diskussion über den »ständischen Aufbau«. Auf Grund einer Anordnung des Stellvertreters des Führers vom 18. 2. 1936 stellte auch das Amt für ständischen Aufbau in der Parteileitung seine Tätigkeit ein. Im gleichen Jahr legte die Gestapo eine Akte über den »Spannkreis« an, in der die ehemaligen Dozen-

---

* Der Stabsleiter der Dienststelle des Stellvertreters des Führers, Martin Bormann, teilte Lammers am 12. 6. 1934 mit, Heß wolle wegen des Düsseldorfer Instituts noch einmal ausführlich »mit den beteiligten Gauleitern [im Rheinland] Rücksprache nehmen«. BA: R 43 II/527 b.

ten des Düsseldorfer Instituts als verkappte Gegner des Na-
tionalsozialismus figurierten. Zwei Jahre später, nach dem
»Anschluß«, kam es zu einer Verhaftungsaktion gegen die
Spannianer in Österreich wie im Reich, und Thyssen entzog
sich weiteren Schwierigkeiten durch die Emigration in die
USA.[69]

Wie sich die Regierung des Dritten Reiches zunehmend len-
kend in den Bereich der industriellen Produktion einschaltete,
so sicherte sie sich auch im Bereich des industriellen Verbandswesens die Vollmacht zu regulierenden und kontrollierenden
Eingriffen. Das Gesetz »zur Vorbereitung des organischen
Aufbaus der deutschen Wirtschaft« vom 27. 2. 1934 (RGBl. I,
S. 185) ermächtigte den Reichswirtschaftsminister, das ganze
Verbandswesen der Wirtschaft neu zu ordnen, einheitliche
Pflichtverbände für einzelne Wirtschaftszweige zu errichten,
deren Satzungen zu bestimmen, »insbesondere den Führer-
grundsatz einzuführen« und »die Führer von Wirtschaftsver-
bänden zu bestellen und abzuberufen«. Die auf Grund dessen
in Angriff genommene Neuordnung nahm jedoch infolge
der unterschiedlichen Konzeptionen fast aller Beteiligten einen
schleppenden und wechselvollen Verlauf. Erst Ende 1934, nach
der von Schacht als neuem Reichswirtschaftsminister veranlaßten ersten Durchführungsverordnung vom 27. 11. 1934 (RGBl.
I, S. 1194), kam die Neuorganisation des industriellen Verbandswesens zu einem gewissen Abschluß: anstelle des
»Reichsverbandes« trat jetzt die »Reichsgruppe Industrie« mit
nachgeordneten Wirtschaftsgruppen und Fachgruppen, wobei
gleichzeitig auf regionaler Basis (in den analog zu den Treu-
händerbezirken eingerichteten Wirtschaftsbezirken) das Verbandswesen enger mit der öffentlich-rechtlichen Instanz der
Industrie- und Handelskammern verklammert wurde, denen
gegenüber sich der Reichswirtschaftsminister (Schacht) schon
im August 1934 ebenfalls das Aufsichts- und Ernennungsrecht
gesichert hatte.[70] Wenngleich verschiedentlich neue Führer der
Reichs- und Wirtschaftsgruppen bzw. neue Vorsitzende der
»Kammern« ernannt wurden (sowohl Krupp als Führer des
Reichsverbandes der Industrie wie v. Renteln als Präsident des
Industrie- und Handelstages wurden abgelöst), so vermochten
die alten industriellen Verbände, unter geschickter Anpassung
an die neuen Organisationsstrukturen, doch weitgehend das
Gewicht der in ihnen vertretenen Unternehmen und Persön-
lichkeiten zu bewahren. Das galt namentlich für den schwer-

industriellen Sektor: in die neue »Wirtschaftsgruppe Eisen-schaffende Industrie« konnte der ehemalige »Verein Deutscher Eisen- und Stahlindustrieller« unter der gleichen Führung (Ernst Poensgen) ohne Schwierigkeiten überführt werden, und auch die alten Bezirksgruppen (Nordwestliche, Südwestliche, Mitteldeutsche Gruppe etc.) blieben unter veränderten Bezeichnungen weitgehend identisch.

Insofern als in den Fachgruppen mehr als bisher Betriebe gleicher Fertigungsart zusammengefaßt waren, »näherten sich Konzernorganisation und Verbandsorganisation einander an«.[71] Der Pflichtcharakter, die stärker autoritäre Struktur der Verbände, ihre engere Verbindung mit den Industrie- und Handelskammern und der staatlichen Wirtschaftsbürokratie machten sie zu einem eigenartigen Zwitter, der nur noch schwer unterscheiden ließ, wo die interessenpolitische Selbstverwaltung aufhörte und die staatliche »Auftragsverwaltung« anfing.

Ähnliches gilt umgekehrt für manche der neuen staatlichen Lenkungsorgane. Einrichtungen wie die 1934 in der Form einer GmbH gegründete »Wirtschaftliche Forschungsgemeinschaft« (Wifo), eine nachgeordnete Stelle des Reichswirtschaftsministeriums, die als Auftraggeber insbesondere für die Anlage von Treibstoffvorratslagern in strategisch günstig gelegenen Gebieten auftrat, waren nicht nur der äußeren Form nach (als GmbHs) privatkapitalistisch organisiert, sondern auch in ihren Geschäftsformen und Vollmachten offenbar von staatlich-bürokratischen Hemmnissen weitgehend frei. Das bedeutete: das Regime des Dritten Reiches, das das Prinzip der kapitalistischen Privatwirtschaft nicht antastete, aber durch starken Einfluß auf die Produktionsrichtung die freie Entschließung des Unternehmers erheblich einschränkte, suchte bei der Lenkung der Wirtschaft mit einem Minimum an zusätzlicher staatlicher Bürokratie auszukommen, räumte damit aber bestimmten Fachleuten und Interessenten der industriellen Wirtschaft starken Einfluß auf die nach privatwirtschaftlichen Gesichtspunkten konstruierten Lenkungsorgane des Regimes ein. Schon frühzeitig wurde hier ein später auch für Görings Vierjahresplan-Organisation oder für die Kriegswirtschaftsorganisation Todts und Speers charakteristisches Merkmal des nationalsozialistischen Wirtschaftsdirigismus sichtbar: neben relativ wenigen Elementen direkter staatlich-bürokratischer Aufsicht, Kontrolle und Planung bediente sich das NS-Regime sowohl des stärker von der Regierung abhängig gemachten Verbandswesens der Wirtschaft wie der begünstigten und ausgeweiteten Organisationsform der Kartelle und Großmonopole der industriellen Wirtschaft als gleichsam subsidiärer Lenkungsinstanzen. Letztere blieben dabei an bestimmte Grundlinien der ihnen gesetzten Aufträge gebunden und wurden insofern kontrolliert, vermochten innerhalb dieses Rahmens aber selbst weitgehend die Initiative der Planung und Produktion zu ergreifen, über das zweckmäßigste Vorgehen zu entscheiden und insoweit auch für einzelne großunternehmerische Interessen amtliche Billigung und Priorität zu erlangen. Wenn somit bestimmte große Unternehmen namentlich im Bereich der Montan- und chemischen Industrie sowohl in gesellschaftspolitischer (machtmäßiger) als auch in materieller Beziehung von der Wirtschaftspolitik des Dritten Reiches stark profitierten, so wirkte sich diese Politik doch anderseits für zahlreiche kleine und mittlere Betriebe, besonders der Gebrauchsgüterindustrie, zunehmend als hemmende Kontingentierungs-, Genehmigungs- und Kommandowirtschaft aus.

Stellte es sich im allgemeinen heraus, daß die NS-Ideologie »meistens vor der Tür des Direktionszimmers, der Börse oder der Bank haltmachte«[72], so gab es doch auch einige Veränderungen im Bereich der industriellen Wirtschaft, die primär ideologisch bedingt waren. Sie betrafen insbesondere das »anonyme Finanzkapital«. So schränkten die 1934/35 erlassenen Veränderungen des Aktienrechts die Zahl der Aktiengesellschaften zugunsten der Personengesellschaften stark ein (nur noch Gesellschaften mit mindestens 500 000 RM Grundkapital wurden als Aktiengesellschaften zugelassen). Desgleichen wurden die Zahl der Aktien (durch Heraufsetzung des Mindestnennwerts einer Aktie auf 1 000 RM), die Rechte der Aktionäre (zugunsten des Vorstandes) sowie die Dividendengewinne und Aufsichtsratstantiemen z. T. stark reduziert. Erhöhungen der Körperschafts- und Umsatzsteuer beschränkten auch den Zuwachs der Unternehmergewinne, ließen aber den unter den Bedingungen der NS-Wirtschaftspolitik besonders florierenden Unternehmen dennoch eine beträchtliche Gewinnspanne.

Sicherlich lag aber in der Vergrößerung des privatkapitalistischen Profits nicht die entscheidende Wirkung der NS-Wirtschaftspolitik. Auch war es nicht der freie Unternehmer, der im Dritten Reich gedeihen konnte. Herangezüchtet wurde vielmehr ein Typus des Wirtschaftsführers, der halb Funktionär des Regimes, halb privater Unternehmer war. Und auch diejenigen Unternehmen und Industriezweige, die im Dritten Reich besonders prosperierten, hatten dies mit der Unterwerfung unter zunehmend stärker werdende Bedingungen der Unfreiheit zu erkaufen.

Der Reichsnährstand und die Grundlinien der NS-Agrarpolitik

Stärker als in anderen Sektoren der Wirtschaft hatte die NSDAP schon vor dem 30. 1. 1933 in den landwirtschaftlichen Interessenverbänden und Landwirtschaftskammern Fuß gefaßt.[73] Als deshalb nach dem 5. 3. 1933 die allgemeine »Umstellung« der innenpolitischen Kräfteverhältnisse auf die nationalsozialistische Führung einsetzte, gelang es dem von Richard Walter Darré geführten agrarpolitischen Apparat der NSDAP schnell, sich in den agrarischen Spitzenorganisationen die Führung zu verschaffen. Ihm kam dabei zugute, daß die schon seit Jahren verfolgten Bestrebungen zur Vereinheitlichung des landwirtschaftlichen Verbandswesens, die mit der Bildung der »Grünen Front« im Jahre 1929 ein erstes Ergebnis erzielt und infolge der Wirtschaftskrise neue Nahrung erhalten hatten, sowohl auf seiten der regionalen Bauernvereine wie des Reichslandbundes nach der Bildung der betont agrarfreundlichen Regierung Hitler – Hugenberg verstärkt hervortraten.

Eine wirkungsvolle »Nachhilfe« erfuhren diese von Anfang an stark unter NS-Einfluß stehenden Bestrebungen u. a. dadurch, daß der Präsident der Vereinigung der christlichen Bauernvereine, Andreas Hermes, der sich bisher stets gegen einen Zusammenschluß mit dem großagrarischen Reichslandbund ausgesprochen hatte und auch der NSDAP gegenüber sehr kritisch eingestellt war, am 20. 3. 1933 angeblich wegen Veruntreuung verhaftet wurde. Als an seine Stelle der mit der NS-Bewegung sympathisierende Bonner Landwirtschaftskammerpräsident Hermann v. Lüninck (später Oberpräsident der Provinz Rheinland) rückte, begannen schon am 31. März in Berlin Fusionsverhandlungen zwischen den Bauernvereinen und dem Reichslandbund, die rasch einen der NSDAP günstigen Verlauf nahmen, zumal auch in das Reichslandbundpräsidium unter dem (parteilosen) geschäftsführenden Präsidenten Kalckreuth im März 1933 neben Werner Willikens mit Wilhelm Meinberg ein weiterer enger Mitarbeiter Darrés eingerückt war. Nachdem Darré am 2. 4. 1933 öffentlich im ›Völkischen Beobachter‹ gefordert hatte, daß bei der Bildung einer Einheitsorganisation keine Gegner des Nationalsozialismus im Präsidium geduldet werden könnten und der agrarpolitische Apparat der NSDAP maßgeblich vertreten sein müsse, wurde Darré am 4. April einstimmig »gebeten«, den Vorsitz der »Reichsführergemeinschaft« der zu vereinigenden landwirtschaftlichen Verbände zu übernehmen.

Die Verhaftung Hermes', der zugleich Präsident des »Reichsverbandes der deutschen landwirtschaftlichen Genossenschaften – Raiffeisen« gewesen war, ebnete Darré aber auch den Zugang zur Führung des landwirtschaftlichen Genossenschaftswesens, in das die NSDAP bisher in sehr viel geringerem Maße hatte eindringen können als in die landwirtschaftlichen Interessenverbände. Als der Verwaltungsrat des »Reichsverbandes« am 19. April zusammentrat, um zur Festnahme des Vorsitzenden Hermes Stellung zu nehmen, erschien Darré mit einigen Begleitern seines Stabes persönlich in der Sitzung, veranlaßte den geschäftsführenden Vorstand ultimativ zum Rücktritt und die Neuwahl eines Vorstandes, in dem drei Mitglieder des agrarpolitischen Apparates der NSDAP vertreten waren. Am 20. 4. 1933, zum »Geburtstag des Führers«, konnte Darré melden, daß er nunmehr auch die »Führung von 40 000 ländlichen Genossenschaften«, die im Reichsverband zusammengeschlossen waren, übernommen habe.

Daraufhin ordnete sich widerstandslos auch die »dritte Säule« der Landwirtschaft, der »Deutsche Landwirtschaftsrat« (die Spitzenorganisation der Landwirtschaftskammern), der NS-Führung unter. Sein Präsident, Dr. Brandes, hatte Hitler schon am 31. 1. 1933 eine Entschließung des Landwirtschaftsrates zugeleitet, in der die neue Regierung, »deren Führung und Zusammensetzung die Entwicklung der Wirtschaftspolitik in nationalwirtschaftlicher Richtung erwarten läßt«, herzlich begrüßt und die Erwartung einer »Stärkung des Binnenmarktes« und einer »dauernden Wiederherstellung der landwirtschaftlichen Rentabilität« ausgesprochen worden war.[74] Auf Einladung von Brandes erschien Hitler am 5. April persönlich auf der Vollversammlung des Landwirtschaftsrates in Berlin und bekannte sich mit Emphase zur Politik der »Erhaltung des Bauerntums« als des tragenden Fundaments des deutschen Volkstums (»daß unser Volk ohne Städter bestehen kann, das wissen wir aus der Geschichte, daß es ohne Bauerntum bestehen kann, ist unmöglich«), forderte das Bauerntum zugleich aber auch nachdrücklich auf, »sich unbedingt hinter die Regierung zu stellen«.[75] Die Vollversammlung »gelobte« daraufhin, wie Brandes am 6. 4. 1933 dem Reichskanzler mitteilte, in einer »einmütig angenommenen Entschließung« der Regierung »rückhaltlose und geschlossene Gefolgschaft«.[76]

Gerade in diesen Tagen wurde aber durch die Verhaftung von deutschnationalen Vorsitzenden und führenden Mitgliedern örtlicher Landwirtschaftskammern deutlich, daß die NSDAP in den landwirtschaftlichen Organisationen die alleinige Führung anstrebte, durch die sie die ihr vorenthaltene Führung der von Hugenberg geleiteten staatlichen Agrarpolitik wettzumachen suchte. Auch Kalckreuth und Brandes waren unter diesen Umständen nicht mehr erwünscht. Gegen ersteren wurden Anfang Mai in der NS-Presse scharfe Angriffe lanciert, die Kalckreuth der persönlichen Bereicherung beschuldigten und ihn am 5. Mai zum Rücktritt und zur Beantragung eines Untersuchungsverfahrens veranlaßten. Neuer geschäftsführender Präsident des Reichslandbundes und zugleich Geschäftsführer der »Reichsführergemeinschaft« der landwirtschaftlichen Verbände wurde Darrés Stabsleiter Wilhelm Meinberg. Brandes zog von sich aus die Konsequenzen, indem er am 12. Mai den Vorstandsmitgliedern des Landwirtschaftsrates den Rücktritt empfahl, um den Weg freizumachen für eine Vereinigung aller Gruppen des landwirtschaftlichen Berufsstandes »in einer Hand«; woraufhin Darré, zunächst kommissarisch, den Vorsitz auch im Landwirtschaftsrat erhielt.

Nachdem bald darauf Freiherr v. Lüninck auf den Posten des rheinischen Oberpräsidenten wegbefördert worden war, ließ sich Darré auf einer Sitzung der »Reichsführergemeinschaft« der landwirtschaftlichen Verbände am 28. 5. 1933 unumschränkte Vollmachten und den Titel »Reichsbauernführer« erteilen. Damit waren die Befugnisse des Leiters des agrarpolitischen Apparats der NSDAP und die Führung sämtlicher Selbstverwaltungsorgane und Berufsorganisationen der Landwirtschaft in Darrés Hand vereinigt. Der persönlich und wegen seiner relativ jungen Parteikarriere auch als Mitglied der Reichsleitung der NSDAP gar nicht sonderlich »starke«, wenn auch außerordentlich ehrgeizige Darré hatte sich infolge der günstigen Voraussetzungen, die für die NS-Machtergreifung in der Landwirtschaft bestanden, auf Grund des Fehlens ernsthafter Konkurrenten und wohl auch infolge der in der Agrarpolitik zum Ausdruck kommenden größeren ideologisch-programmatischen Zielsicherheit der NSDAP klarer durchsetzen können als Ley oder v. Renteln bei der Gleichschaltung der Arbeitnehmerverbände. Darré sollte es darüber hinaus gelingen, auch die Führung der *staatlichen* Agrarpolitik in die Hand zu bekommen.

Angriffsmöglichkeiten gegenüber der starken Position Hugenbergs als Chef sowohl des Reichs- wie des preußischen Ministeriums für Ernährung und Landwirtschaft wurden der NSDAP zunächst dadurch erschwert, daß die von Hugenberg energisch betriebene Politik zur Stützung der Landwirtschaft, das eigentliche Kernstück seiner Wirtschaftspolitik, die er, unterstützt von seinem Staatssekretär von Rohr, vor allem durch Hebung der Preise für landwirtschaftliche Produkte wie durch staatliche Sanierung verschuldeter landwirtschaftlicher Betriebe (»Vollstreckungsschutz«) zu erreichen suchte, in sachlicher Hinsicht kaum zu überbieten war. Um so mehr konzentrierten sich Darré und seine Mitarbeiter auf ideologische Kritik: Hugenbergs agrarische Sanierungspolitik sei noch immer zu stark »kapitalistisch«, sie berücksichtige zu sehr die Interessen des Großgrundbesitzes und lasse die klare Grundlage völkisch-rassischer Weltanschauung vermissen.

Da nicht abzusehen war, daß Hugenbergs Ministertätigkeit nur noch von kurzer Dauer sein würde, suchte Darré dem Grundgedanken seines Agrarprogramms (Einführung des Prinzips unveräußerlicher Erbhöfe in der Größenordnung einer im Familienbetrieb zu bewirtschaftenden »Ackernahrung«) Anfang Mai 1933 über die nationalsozialistisch geführte Preußenregierung amtliche Geltung zu verschaffen. Mit Zustimmung des Preußischen Ministerpräsidenten Göring übernahm der nationalsozialistische preußische Justizminister Kerrl die Einbringung eines vom agrarpolitischen Apparat der NSDAP ausgearbeiteten Gesetzes über das »Bäuerliche Erbhofrecht«, das gegen den Widerstand Hugenbergs am 15. 5. 1933 vom preußischen Staatsministerium verabschiedet wurde.[77] Der Erlaß dieses Gesetzes, das noch klarer als das spätere Reichserbhofgesetz vom 29. 9. 1933 die Handschrift des Blut-und-Boden-Ideologen Darré erkennen ließ, dafür aber erhebliche rechtsformale Mängel und Verschwommenheiten aufwies*, war ein deutlicher Affront gegenüber Hugenberg, der jetzt auch einwilligen mußte, daß einer der Veteranen unter den

---

* So z. B. den juristisch unqualifizierten Satz (§ 1, Abs. 3): »Der Bauer hat nur ein Kind, welches den Erbhof übernehmen kann.«

NS-Bauernführern im Stabe Darrés, Major a. D. Werner Willikens (seit 1930 einer der Präsidenten des Reichslandbundes), als Staatssekretär in das preußische Landwirtschaftsministerium einzog.* Gleichzeitig verschärften sich auch die öffentlichen Angriffe der NS-Presse und der gleichgeschalteten Landwirtschaftsverbände gegen den deutschnationalen Landwirtschaftsminister.

Als Hugenberg Ende Juni 1933 von allen Ämtern in der Regierung Hitler zurücktrat, war die Nachfolge Darrés, des vierten nationalsozialistischen Reichsministers neben Göring, Frick und Goebbels, unvermeidlich. Hugenbergs (parteiloser) Staatssekretär v. Rohr blieb noch drei Monate im Amt, wurde dann aber, nachdem er die Agrarpolitik Darrés öffentlich kritisiert hatte, Ende September 1933 durch den studierten Landwirt und bisherigen NS-Abgeordneten im Preußischen Landtag, Herbert Backe, abgelöst. Abgesehen von dem neuen Ressort der Propaganda (Goebbels) war die Agrarpolitik der einzige Bereich, in dem der führende Funktionär der Parteileitung zugleich die Leitung sowohl der gleichgeschalteten Berufsorganisation wie des zuständigen Ministeriums übernahm. Auf dem Sektor der Landwirtschaft waren deshalb die Voraussetzungen einer besonders intensiven, durch Personalunion und Ämterakkumulation auch an der Spitze gewährleisteten Gleichschaltung gegeben, und allein auf diesem Wirtschaftssektor wurde der sogenannte berufsständische Aufbau nicht nur projektiert, sondern (wenn auch nicht im Sinne Othmar Spanns) gesetzliche Wirklichkeit und Teil eines umfassenden Systems der öffentlichen Kartellisierung und Lenkung anstelle der bisherigen Gewerbefreiheit und freien Marktwirtschaft. Auf Grund der Gesetze »über die Zuständigkeit des Reiches für die Regelung des ständischen Aufbaus der Landwirtschaft« vom 15. 7. 1933 (RGBl. I, S. 495) und »über den vorläufigen Aufbau des Reichsnährstandes und Maßnahmen zur Markt- und Preisregelung für landwirtschaftliche Erzeugnisse« vom 13. 9. 1933 (RGBl. I, S. 626) und einer Reihe ergänzender Verordnungen wurde bis zum Frühjahr 1934 das Grundgerüst der umfassenden Reichsnährstandsorganisation aufgebaut, deren Führungsstab (mit Hermann Reischle als Stabsführer und Wil-

---

* Willikens gab nach 1945 zu Protokoll, er habe bei seiner Einsetzung von Hitler die ausdrückliche Weisung erhalten, Hugenberg als Minister beiseitezudrängen. Da er dies aber nicht vermocht habe, sei ihm Mangel an »Mumm« vorgeworfen worden. Als späterer zweiter Staatssekretär im vereinigten Reichs- und Preußischen Ministerium für Ernährung und Landwirtschaft habe er, Willikens, neben Herbert Backe keine nennenswerte Rolle mehr gespielt. IfZ: ZS 1622.

helm Meinberg als Verwaltungsführer) aus dem agrarpolitischen Apparat der NSDAP hervorgegangen war.[78] Die neue, auch die Fischwirtschaft, den Handel und die Verarbeitungsbetriebe auf dem Gebiet der Ernährungswirtschaft umfassende Zwangsorganisation stellte mit ihrem hierarchischen Aufbau (Reichsbauernführer, Landesbauernführer, Kreisbauernführer, Ortsbauernführer) einerseits eine am parteipolitischen Führerprinzip orientierte berufsständische Einheitsorganisation dar. Anderseits erhielt sie als ein der Aufsicht und dem Eingriff des Reichsministers für Ernährung und Landwirtschaft unterliegendes öffentlich-rechtliches Mammut-Syndikat von Genossenschaften, Wirtschaftsvereinigungen und Fachämtern zahlreiche Vollmachten zur Regelung des Absatzes, der Festsetzung von Preisen und Handelsspannen, der Standardisierung und Planung (Einschränkung oder Förderung) der Produktion und des Verkaufs (einschließlich des Rechts zur Verhängung von Ordnungsstrafen) delegiert. Gleichzeitig wurde der Verkehr mit bestimmten, für die Volkswirtschaft besonders wichtigen landwirtschaftlichen Produkten (Getreide, Milch, Eier, Vieh und Fette), wie z. T. schon vor 1933 oder unter Hugenberg, in verstärktem Maße unmittelbarer staatlicher Überwachung und Preisfestsetzung unterworfen (einheitliche Festsetzung der Preise für Brotgetreide und Butter 1933 bzw. 1934) und direkt durch dem Ministerium nachgeordnete staatliche »Reichsstellen« oder Kommissare kontrolliert.

Die Organisatoren des Reichsnährstandes, die sich zugegebenermaßen an das schon vor dem Ersten Weltkrieg vom Theoretiker des »Bundes der Landwirte«, Gustav Ruhland, entwickelte neophysiokratische »System der politischen Ökonomie« hielten[79], machten keinen Hehl daraus, daß sie für den Bereich der Land- und Ernährungswirtschaft eine klare Abkehr von der Gewerbefreiheit und freien Marktwirtschaft vollzogen. Sie verfuhren aber, was weniger ein Verdienst des Ideologen Darré als seiner Mitarbeiter war, recht erfolgreich in der Improvisation jeweils nach Priorität und volkswirtschaftlicher Bedeutung gestaffelter Maßnahmen der Kontrolle, Kontingentierung und Preisregelung. Man vermied eine rein bürokratische Form der Planwirtschaft und benutzte vielmehr in vielen Bereichen die »Marktbeauftragten« und wirtschaftlichen Kartelle des Reichsnährstandes als Instrument eines gleichsam indirekten, differenzierten Dirigismus, auf dessen Handhabung außer dem Staat auch die gleichgeschalteten Interessengruppen und die Partei (in Gestalt der landwirtschaftlichen Fachberater) Einfluß ausüben konnten.

Neben der Organisation des Reichsnährstandes bildete das Reichserbhofgesetz vom 29. 9. 1933 die wichtigste Neuerung der NS-Agrarpolitik, wenngleich die Bedeutung des Gesetzes mehr auf ideologischem als auf ökonomischem Gebiet lag. Das für rund ein Drittel der landwirtschaftlichen Betriebe eingeführte Erbhofrecht (ausgenommen waren der landwirtschaftliche Zwergbesitz und Güter über 125 Hektar) sollte eine Bevorzugung darstellen und den deutschblütigen, als Bauern tätigen und »bauernfähigen« Besitzern leistungsfähiger mittlerer Betriebe vorbehalten sein, denen künftig allein die zum Ehrenbegriff erhobene Bezeichnung »Bauer« (im Gegensatz zu »Landwirt«) zukam. Die Eintragung als Erbhof, über die in letzter Instanz die Erbhofgerichte entschieden, bedeutete die staatliche Garantie des unveräußerlichen und unteilbaren, nur bis zu einer Mindestgrenze belastbaren und nur an einen Nachkommen vererbbaren Familienbesitzes. Die unaufhebbare Bindung des Erbhofbauern an den Boden war der eigentliche Sinn des Gesetzes, der das Erbrecht der Miterben willkürlich beschnitt. Einen wirklichen Erfolg im Sinne einer völkischen Stabilisierung des bäuerlichen Besitzes oder gar im Sinne einer Reagrarisierung hätte das Gesetz aber nur haben können, wenn der lebensfähige Familien-Erbhof zur Norm des bäuerlichen Besitzes gemacht und sowohl der Großgrundbesitz wie der Zwergbesitz allmählich durch Aufteilung oder Zusammenlegung in Erbhofbesitz verwandelt worden wäre. An eine solche Bodenreform ist die NS-Führung aber nie herangegangen. Der zahlenmäßige Anteil der Erbhöfe kam über die 35 Prozent des Jahres 1933 nicht hinaus.[80] Und die Vorteile der Besitzgarantie wurden in vieler Hinsicht aufgewogen durch die Nachteile staatlicher Bevormundung und wirtschaftlicher Unfreiheit. Schon bei der Beratung des Gesetzes im Reichskabinett am 26. 9. 1933 machten Reichsjustizminister Gürtner, Reichswirtschaftsminister Schmitt und Vizekanzler v. Papen Bedenken dagegen geltend, daß der Erbhofbauer durch das Gesetz gänzlich »aus Handel und Wandel herausgenommen« und zum verbeamteten Lehensträger gemacht würde, woraus sich auch eine rückläufige Produktion ergeben könne. Darré und Hitler bestanden aber auf der Vorrangigkeit der bevölkerungspolitischen Gesichtspunkte. Weitaus schärfer war die Kritik, die Hugenbergs ehemaliger Staatssekretär v. Rohr in einer im August 1934 der Reichskanzlei zugeleiteten Denkschrift aussprach, »um auch noch ohne Amt dem Vaterland und dem Herrn Reichskanzler zu dienen«: Durch das Erbhofrecht »werde ein ganz neuer, wenig erfreulicher Typ gesättigten Bauerntums geschaffen«. Die Mehrzahl der Bauern lehne das Gesetz ab, »weil es ihrer Rechtsauffassung widerspricht und ihr Freiheitsgefühl verletzt«. Das Gesetz sei offenbar mehr von bauerntümlichem Schrifttum als von bäuerlicher Praxis diktiert. »Wenn der Bauer seinen Hof behalten muß, auch wenn der Hof ihn nicht ernährt, wenn der Hoferbe den bäuerlichen Beruf ergreifen muß, auch wenn jeder andere Beruf ihm mehr Aussicht bietet, wird die Bindung an den Hof zu einer erdrückenden Fessel.«[81]

Rohrs Feststellungen wurden bestätigt durch gleichzeitige Stimmungsberichte der preußischen Ober- und Regierungspräsidenten, die u. a. darlegten, daß sich auf dem Lande die Überzeugung »von der Richtigkeit der Erbhofgesetzgebung noch nicht überall durchgesetzt« habe, daß diese Gesetzgebung »von vielen Landwirten ... scharf kritisiert« werde und insbesondere Zweifel geäußert würden, »ob es notwendig war, das Recht der Bauern zur Bestimmung des Anerben soweit zu beschränken, wie es das Gesetz vorsieht«.[82]

Tatsächlich bewirkten die aus dem Erbhofrecht resultierenden Bindungen vielfach eine ökonomische Stagnation und Immobilität. Die Beschränkung der Möglichkeiten der Kreditaufnahme trug u. a. dazu bei, daß die Landwirtschaft im Dritten Reich nicht in dem nötigen und sonst möglichen Maße modernisiert und mechanisiert wurde. Hier lag wohl auch der Hauptgrund dafür, daß in den folgenden Jahren, als die landwirtschaftliche Produktivität der wichtigste Maßstab wurde und die Verwirklichung der Ideologie der Reagrarisierung durch die Unvermeidbarkeit einer neuen Landflucht, ausgelöst durch die Anziehungskraft der wieder erholten Industrie, mehr und mehr in die Ferne rückte, keine nennenswerten Maßnahmen ergriffen wurden, um die Zahl der Erbhöfe zu vergrößern.

Kaum weniger umstritten als das Erbhofrecht waren die Organisation und Politik des Reichsnährstandes. Die bereits zitierten Berichte der preußischen Ober- und Regierungspräsidenten vom Sommer 1934 lassen erkennen, daß zahlreiche Bauern die Überorganisation des Reichsnährstandes und das sich dabei entwickelnde Funktionärstum der Orts- und Kreisbauernführer mißbilligten. Gleichwohl hat die in den Jahren 1933/34 von Hugenberg und Darré forcierte Politik zur Sanierung der Landwirtschaft, deren Lasten in diesen Jahren der Krise bewußt auf andere Teile des Volkes abgewälzt wurden, weil dem Bauerntum die ideologische Priorität zukam, auf dem Lande zweifellos einen starken politischen Eindruck gemacht. Dieser korrigierte sich erst in den folgenden Jahren allmählich, als es trotz der jährlich auf dem Bückeberg gefeierten Feste zu Ehren des Bauern und anderer ideologisch-propagandistischer Veranstaltungen deutlich wurde, daß auch unter dem NS-Regime die Landwirtschaft nicht mit dem sonstigen Anwachsen des Volkseinkommens Schritt hielt[83], sondern weiterhin ein zwar vom Landdienst der HJ oder vom Arbeitsdienst (oft mit mehr Propagandaaufwand als realem Nutzen) umsorgter, aber eben doch ein dauernd hilfsbedürftiger Teil der Volkswirtschaft blieb.

Die Reichsnährstandsorganisation wie die Gleichschaltung anderer Wirtschaftsgruppen und Verbände vermochten die ökonomischen Gesetze ebensowenig wie die sozialen Gegensätze aus der Welt zu schaffen, sondern verliehen ihnen nur anderen Ausdruck. Als eine in sich geschlossene und besonders eng mit dem agrarpolitischen Apparat der NSDAP verquickte Großorganisation eigener Zuständigkeit wurde der Reichsnährstand sowohl von staatlichen wie von Partei-Dienststellen als »Staat im Staat« oder als »Partei in der Partei« empfunden. Gegen das ideologische Schoßkind »Reichsnährstand« vermochte sich selbst Schacht in den Jahren seines größten Einflusses (1934/35) vielfach nicht durchzusetzen, und der sich zum Dauerkonflikt entwickelnde Gegensatz Schacht – Darré sollte 1935/36 ein wesentlicher Anlaß dafür werden, daß Göring zunächst als Vermittler und schließlich (als Beauftragter des Vierjahresplanes) zum wirtschaftlichen Superminister aufsteigen sollte, der dann sowohl Schacht wie Darré ausmanövrierte und den Reichsnährstand zur Teilorganisation des Vierjahresplanes machte.

Als eine zwar theoretisch außerhalb der Partei stehende, tatsächlich aber personell und institutionell eng mit dem agrarpolitischen Apparat der NSDAP verzahnte und nach nationalsozialistischem Führerprinzip aufgebaute Organisation geriet der Reichsnährstand namentlich in den agrarischen Provinzen des Reiches verschiedentlich in heftige Konflikte mit der NSDAP, der SA und der DAF. Kompetenzkämpfe und

Organisationsrivalitäten waren dabei oft Ausdruck sozial- und wirtschaftspolitischer Meinungsverschiedenheiten und Interessengegensätze. In Ostpreußen, wo der aus dem Ruhrgebiet stammende, dem sozialistischen Flügel der NSDAP zuneigende Gauleiter und Oberpräsident Erich Koch von jeher in der ländlichen konservativen »Reaktion« den Hauptfeind der Partei erblickt hatte und die NSDAP unter Kleinbauern und Landarbeitern besonders starken Anhang hatte, kam es schon im Sommer 1933 zu schweren Zerwürfnissen mit den von Darré eingesetzten Bauernführern und landwirtschaftlichen Fachberatern. Der ostpreußische Landesobmann des Reichsnährstandes und Vizepräsident der ostpreußischen Landwirtschaftskammer, Hans Witt, beschwerte sich in einem an Hitler gerichteten Brief vom 19. 7. 1933 bitter darüber, daß Koch vor den Amtswaltern der Partei den »berufsständischen Aufbau« der Landwirtschaft scharf kritisiert und als »eine Neuauflage der (Interessen-)Parteien« bezeichnet habe, die nur die »Reaktion und Konterrevolution fördere«. Witt denunzierte Koch demgegenüber bei Hitler als Verfechter einer »absoluten Parteidiktatur nach bolschewistischem Muster auf allen Gebieten des Lebens« und »unter Negierung jedes organisch gewachsenen Staatsaufbaus«. Koch habe klar zum Ausdruck gebracht, daß er von »freien Bauern« nichts halte und daß er (Witt) und andere Bauernführer ihm (Koch) »nicht genug Proleten« seien. Auch habe Koch deutlich auf »die reaktionären Querverbindungen um den Führer« angespielt, er spreche überhaupt »immer von der Konterrevolution«.

Nachdem Koch erfuhr, daß Darrés Untergebene in Ostpreußen sowohl Hitler wie den »Stellvertreter des Führers« (Heß) in München mit Material gegen ihn versorgten, ließ er im Sommer 1933 eine Reihe von landwirtschaftlichen Fachberatern kurzerhand aus der Partei ausschließen und drohte ihnen Konzentrationslager an. Diese Maßnahmen wurden auf Beschwerde Darrés hin zwar durch einen Beschluß des Obersten Parteigerichts (Reichs-Uschla) im Herbst 1933 rückgängig gemacht[84], die Gegensätze blieben aber noch lange bestehen. Ähnliche scharfe Konflikte erlebte Darré mit anderen Gauleitern oder SA-Führern. Der Chef des Führungsamtes im Stabe Röhm, SA-Obergruppenführer Krauße, beklagte sich in einem Schreiben vom 24. 5. 1934 an Darré über die den Erwartungen der SA gänzlich widersprechende »Behandlung der Siedlungsfrage durch den Reichsnährstand« und kündigte

drohend an, daß er vom Stabschef der SA Anordnungen er-
bitten werde, »um dem SA-feindlichen Verhalten des Reichsnährstandes wirksam zu begegnen«.[85]

Gauleiter Karpenstein (Pommern) erklärte in einem Rundschreiben an die Politischen Leiter seines Gaues vom 12. 6.
1934: Das Verhalten des Landesbauernführers mache deutlich,
daß sich »der Reichsnährstand in Pommern von der politischen
Organisation losgelöst« habe. »Die Funktionäre des Reichsnährstandes« hätten insbesondere »gegen die Dienststellen der
Arbeitsfront im Lande einen folgenschweren Kampf begonnen«, der »gegen die ehrlichen Grundsätze der nationalsozialistischen Volksgemeinschaft« verstoße. Deutlich wurden dabei
die Bauernführer des Reichsnährstandes als neue eigennützige
Klasse hingestellt.[86]

Diese Auseinandersetzungen waren während der Frühzeit
des NS-Regimes besonders heftig, setzten sich aber auch später
fort. Im Frühjahr 1938 wurde erneut ein Streit zwischen dem
Reichsbauernführer und der DAF an die Reichskanzlei heran-
getragen. Ley hatte Darré vorgeworfen, der Reichsnährstand
sei selbst an der Landflucht der Landarbeiter mitschuldig:
»Das Abwandern in die nicht so stark lohn- und preisgebun-
dene Industrie ist nicht verwunderlich, wenn die teilweise noch
katastrophalen Verhältnisse an den Arbeits- und Wohnplätzen
der landwirtschaftlichen Gefolgschaft berücksichtigt werden.«
Die zur Abwendung dieser Landflucht nötige soziale Betreuung der Landarbeiter, so schloß Ley sein Schreiben an Darré,
könne nicht durch eine »einseitige Interessenvertretung«, sondern »einzig und allein« von der Partei und der DAF durchgeführt werden. Darré beschwerte sich über die in den folgenden Monaten fortgesetzte Kritik der DAF, die den Eindruck
erwecke, »als ob der Reichsnährstand bisher nichts für die
landwirtschaftliche Gefolgschaft getan habe«, schlug seinerseits gereizt zurück und beschuldigte die DAF ständiger
Bestrebungen zur Ausdehnung ihrer Kompetenzen.[87]

Diese und ähnliche Vorgänge zeigen deutlich, daß die so-
zialen und ökonomischen Interessengegensätze im Zuge der
Gleichschaltung keineswegs ausgelöscht, aber so sehr mit den
Kompetenzen und Machtinteressen der rivalisierenden NS-
Organe und ihrer jeweiligen »Führer« verfilzt worden waren,
daß ein offener und aufrichtiger Austrag kaum noch möglich
war. Gerade weil die Realität des sozialen und ökonomischen
Interessenpluralismus von der NS-Ideologie und Propaganda

als volksgemeinschaftswidrig diffamiert und tabuisiert wurde, nahm die Interessenpolitik die unerfreulichste und hinterlistigste Form an. Die Unvereinbarkeit von Ideologie und Realität trat im Bereich der NS-Agrarpolitik schnell zutage. Mit Recht aber hat David Schoenbaum in seiner Untersuchung über die »Braune Revolution« des Dritten Reiches darauf hingewiesen, daß die nationale Boden- und Bauern-Ideologie im Gegensatz zur ständischen Mittelstandsideologie einen festen Bestandteil Hitlerschen Denkens ausmachte und in diesem Falle die Diskrepanz zwischen Weltanschauung und Wirklichkeit nicht auf Zynismus zurückzuführen, sondern von den harten ökonomischen Realitäten erzwungen worden ist. Um so mehr trug Hitler das unerfüllte Wunschbild der Blut-und-Boden-Nation mit sich herum und projizierte in die utopische Ferne eines mit dem Schwert zu erobernden agrarischen Großraumes, was innerhalb der Grenzen Deutschlands bis 1939 nicht zu verwirklichen war.

Auf dem agrarpolitischen Sektor bestätigte sich überdies erneut, daß die nationalsozialistischen Machthaber bei der Gleichschaltung der großen wirtschaftlichen Interessengruppen durchaus uneinheitlich und opportunistisch verfuhren. Je nach den sich bietenden Möglichkeiten, nach der traditionellen politischen Einstellung der Verbände und je nach der Bedeutung, die den einzelnen gesellschaftlichen Kräften innenpolitisch und im Hinblick auf die primären wehr- und autarkiewirtschaftlichen Ziele des Regimes zukam, wählte man ein toleranteres oder diktatorischeres Vorgehen, eine strengere oder lockerere Form der Kontrolle durch den Staat bzw. die Partei oder durch die zunftmäßig verfaßten neuen Einheitsorganisationen.

Die ökonomische Zweckmäßigkeit und die Ausschaltung derjenigen personellen und politisch-weltanschaulichen Einflüsse, die dem Regime am meisten im Wege standen, waren dabei primäre Gesichtspunkte. Dieser Gleichschaltung fehlte dagegen jeglicher konstruktive Gehalt im Sinne einer umfassenden gesellschaftspolitischen Reform. Statt einer systematischen Neuordnung des Verhältnisses der gesellschaftlichen Kräfte, auf die die Sozialisten innerhalb der NSDAP ebenso wie die Ständestaats-Theoretiker vergeblich hofften, verstärkte sich nur die allgemeine Abhängigkeit aller Interessengruppen von Staat und Partei. Was als Entspannung der Interessenkonflikte erscheinen konnte und propagandistisch als solche hingestellt wurde, war in Wirklichkeit das Ergebnis dieser jeweiligen politischen Bindung, die aus den gleichgeschalteten Interessenverbänden selbst subsidiäre Organe des politischen Regimes machte. Die ökonomischen und sozialen Interessengegensätze wurden durch die Gleichschaltung nicht aufgehoben, sondern über die Transmissionsriemen des politischen Systems geleitet.

Innerhalb dieses politischen Systems bewirkte die Gleichschaltung eine weitere Vervielfältigung der Institutionen, Kompetenzen, Führungsansprüche und Machtpositionen. Der gesellschaftliche Pluralismus verwandelte sich in einen Pluralismus neuer Gliederungen des Regimes in Gestalt zusätzlicher staatlicher, quasistaatlicher, parteipolitischer Instanzen und Organisationen. Und die ohnehin innerhalb des Gefüges der NS-Bewegung bestehende permanente Kampfdynamik rivalisierender Gruppen und Führer (ein unvermeidliches Pendant des NS-Führerprinzips) wurde durch die zwar tabuisierten, aber nicht aus der Welt geschafften ökonomisch-sozialen Interessengegensätze zusätzlich aufgeladen und verschärft.

Die verschiedenartige Form der Gleichschaltung, die namentlich im industriellen und agrarischen Bereich die Interessenpolitik mehr kaschierte als ausschaltete, macht ferner evident, daß dem NS-Regime auf wirtschaftlichem Gebiet deutliche Grenzen der Diktatur gesetzt waren. Als eine Bewegung, die selbst aus der Panik und den Ressentiments der bürgerlichen Gesellschaft hervorgegangen war, mußte der Nationalsozialismus vor solchen Zwangsmaßnahmen Halt machen, die die Grundlage der privatwirtschaftlichen bürgerlich-nationalen Gesellschaft nicht nur tangiert, sondern revolutionär verändert hätten (etwa durch Verstaatlichung und volle Planwirtschaft). Ihm war nur jenes Maß totalitärer Beschränkung privatwirtschaftlicher Initiative möglich, das seiner Natur nach kompensierbar war: zunächst (in der Krise) durch wirtschaftliche Sicherheit, ferner durch staatlich garantierte Produktions- und Absatzsteigerung auf bestimmten Gebieten und schließlich durch die systematisch angestachelte nationale Zukunftsspekulation, die sich von den Erfolgen nationalsozialistischer Politik eine grandiose Erweiterung der Grundlagen der nationalen Wirtschaft erhoffte. Diese Erwartung einer künftigen territorialen und politischen Machtausweitung des Reiches, die, wenn auch nicht voll bewußt, so doch

»atmosphärisch« die Haltung auch der Wirtschaft in den Jahren 1935 bis 1938 bestimmte und ihr zunächst den erweiterten großdeutschen Markt und schließlich eine Hegemonialstellúng zu Lasten anderer Nationen versprach, war letzten Endes wohl die gewichtigste Kompensation für den partiellen Verlust privatwirtschaftlicher Freiheit. Der Imperialismus war das notwendige Ventil einer schon im Frieden zunehmend auf Kriegsbedingungen umgestellten und kommandierten Volkswirtschaft.

Vor 1933 hatten die aktivsten Kader der NSDAP, namentlich ihre uniformierten Verbände (SA, SS, HJ), jahrelang in hartem und oft illegalem Kampf nicht nur mit politischen Gegnern, sondern auch mit der bestehenden Staatsordnung und ihren Organen gelegen. Terroristische und anarchistische Tendenzen waren infolge zwölfjähriger »Kampfzeit« tief in der Hitler-Bewegung verwurzelt, und das aus Frontkämpfer- und Freikorps-Traditionen entwickelte bündisch-personalistische Strukturprinzip dieser Bewegung entzog sich der Form staatlichen Reglements ebenso, wie sich 1919/20 die Freikorps der Integration in die neue staatliche Organisation der Reichswehr widersetzten. Auf der anderen Seite hatte die NSDAP in Übereinstimmung mit anderen Kräften der nationalen Rechten selbst einen »starken Staat« gefordert und in diesem Zusammenhang z.B. seit 1929/30 unter der Parole der »Wiederherstellung des Berufsbeamtentums« die Ämter-Patronage der demokratischen Parteien scharf angegriffen. Unter den Motiven, die seit 1929/30 Millionen von Deutschen veranlaßten, für Hitler zu stimmen, spielte das aus obrigkeitsstaatlicher Tradition herkommende und durch die Panik in der Wirtschaftskrise gesteigerte Verlangen nach einer starken Führung, nach mehr Einheitlichkeit, Disziplinierung und Effektivität der Staatsorganisation und Regierung eine ganz wesentliche Rolle. Die meisten Wähler Hitlers wurden sicherlich von der zur Schau gestellten militärischen Disziplin der SA mehr angezogen als von ihrem revolutionären Gebaren. Sie wünschten eine Restauration des autoritären Ordnungsstaates auf plebiszitärer Basis, einen »totalen« Staat anstelle der Instabilität der Weimarer Regierungen. Das Verhältnis des Nationalsozialismus zum Staate selbst war mithin kontrovers: Die Sehnsucht nach einer neuen Ordnung ließ sich nicht verwirklichen ohne die gewaltsame Zerstörung der bisherigen Staatsverfassung. Die Restauration bediente sich der terroristischen Revolution. Legale und illegale Techniken der Machteroberung waren eng miteinander verzahnt.

Der schnelle Prozeß der Machtergreifung im Jahre 1933 beseitigte in wenigen Monaten den Pluralismus politischer Parteien, die Aufteilung der Staatsmacht zwischen Reich und Länder, die grundrechtlichen Schranken der Machtausübung und vollends auch die Balance von Legislative und Exekutive, die durch die vorangegangenen Präsidialregierungen schon stark gestört worden war. Die Gleichschaltung hatte scharfe prohibitive Wirkungen und schloß bestimmte Personen, Konzeptionen und Organisationsformen bei der Etablierung des Hitler-Regimes kategorisch aus. Sie bedeutete aber – das kam u. a. bei der Gleichschaltung der gesellschaftlichen und wirtschaftlichen Interessenverbände zum Ausdruck – noch keine konstruktive Einheit und Homogenität des Regimes. Vielmehr ergab sich auf Grund der teils von oben, teils von unten vorgetriebenen Machtergreifung eine neue antagonistische Rollenverteilung der Macht. Einige Exponenten und Organe der Partei übernahmen staatliche Machtpositionen, andere standen »dem Staat« nach wie vor feindlich und kritisch mit dem Anspruch auf Kontrolle und weitergehende Revolutionierung gegenüber. Die NSDAP war außerdem nicht der einzige Nutznießer der Beseitigung der Demokratie. Die konservativen Kräfte, namentlich in Reichswehr und Bürokratie, die hinter der Fassade unpolitischen Staatsdienertums gleichwohl die Tendenz zum autoritären Staat verkörperten, hatten beträchtlichen Anteil an der »Machtergreifung«. Und der traditionell starke Zusammenhalt und Korpsgeist in Wehrmacht und Verwaltung erwies sich von vornherein als ein retardierendes Gegengewicht gegenüber der Dynamik der NSDAP.

Die Frage, wie nach der Monopolisierung der politischen Macht das Verhältnis von Staat und Partei zu bestimmen sei, ob letztere, wie dies in anderen europäischen Diktaturen der Zwischenkriegszeit geschehen war, auf die Rolle einer Staatspartei und subsidiären Hilfsorganisation herabzustufen sei mit der Aufgabe, die autoritäre Staatsdiktatur propagandistisch und organisatorisch zu ergänzen, oder ob sie, wie in der Sowjetunion, die Stellung einer klar über der Regierung stehenden Vormacht einzunehmen habe, bildete von Anfang an ein Grundproblem des Hitler-Staates. Tatsächlich wurde diese Frage nie gelöst, sondern stets in der Schwebe gehalten. Zu einer machtpolitischen oder gar verfassungspolitischen Fixierung des Dualismus von Staat und Partei kam es vor allem deshalb nicht, weil beide keine souveräne, sondern nur abgeleitete, dem charismatischen Führer unterworfene Macht besaßen. Der ungebundene Wille des Führers und die von ihm erwartete personale (nicht primär amtsbezogene) Loyalität bewirkten, wie schon vorher in der Partei, so nun zunehmend auch im Staat, die Auflösung allgemeinverbindlicher Verfahrensweisen und institutioneller, körperschaftlicher Einheit und Geschlossenheit der Regierung. Der Prozeß der Machtergreifung und die weitere dynamische Entwicklung des Dritten Reiches stellten vielmehr der Heterogenität der Parteigliederungen in zunehmendem Maße eine Polykratie staatlicher Ressorts an die Seite, wobei sich alle möglichen Formen der Verquickung, des Neben- und Gegeneinanders von Partei- und Staatsämtern und -zuständigkeiten ergaben.

Sofern überhaupt von einem durchgängigen Dualismus von Partei und Staat die Rede sein kann, bildete er folglich eine sekundäre Erscheinung des NS-Regimes, letzten Endes beherrscht und jeweils in dieser oder jener Richtung modifiziert durch die gleichermaßen von Partei und Staat losgelöste, aber beide wechselseitig benutzende Führergewalt. Da sich der absolute Führer gleichwohl nur auf dem Wege der Partei- oder der Staatsmacht durchsetzen konnte und insoweit selbst von beiden abhängig blieb, könnte man von einem Trialismus Partei – Staat – Führerabsolutismus als der Grundfigur des NS-Regimes sprechen. Entscheidend für die Herausbildung dieses Trialismus war die Tatsache, daß der Prozeß der Machtergreifung keineswegs einen einlinigen Verlauf nahm, vielmehr Revolution und autoritärer Stop der Revolution sich ablösten und miteinander verzahnten.

Erfolge und Grenzen der Parteirevolution im Frühjahr 1933

Während die Machtübernahme Hitlers am 30. 1. 1933 begann, setzte die Machtergreifung der Partei erst nach der Reichstagswahl vom 5. 3. 1933 ein. Diese Wahl war in nicht geringem Maße ein Erfolg der Partei gewesen, und als Hitler bei der folgenden Gleichschaltung der Länder die aktive revolutionäre und terroristische Mithilfe der Partei brauchte, war das in den Wochen zuvor noch zurückgehaltene Revolutionsverlangen der NSDAP nicht mehr zu bremsen. Erst diese Revolution von unten durchbrach auf der ganzen Linie die der NSDAP bei der Ernennung Hitlers zum Reichskanzler in einem Kabinett der Koalition mit der deutschnationalen Rechten noch gezogene Machtgrenze und ebnete den Weg zur nationalsozialistischen Alleinherrschaft. Institutionelle Formen dieser Parteirevolution von unten waren vor allem die SA- und SS-Hilfspolizei sowie das seit dem März 1933 installierte System von Kommissaren.

Die Ernennung führender Exponenten der Partei zu Reichskommissaren in den Ländern gab den Anstoß dafür, daß, ausgehend von diesen Kommissaren, weitere Sondervollmachten zur Gleichschaltung der verschiedenen zentralen Ressortverwaltungen wie der mittleren und unteren Behörden der Staatsverwaltung meist an zuverlässige Nationalsozialisten delegiert wurden. Vielfach beanspruchten und usurpierten die regionalen und örtlichen Führer der NSDAP, der SA, SS und NSBO, nachdem die Führung der Landesregierung in nationalsozialistische Hände gelangt war, auch von sich aus die Befugnis politischer Kommissare in staatlichen und kommunalen Behörden, aber auch in öffentlichen und privaten Betrieben. Bei der Ausübung solcher übertragenen oder angemaßten Kommissarbefugnisse kam den SA-, SS- und NSBO-Führern vor allem zugute, daß sie mit der SA- oder SS-Hilfspolizei über eine eigene revolutionäre Exekutive verfügten, deren nominelle »Hilfs«funktion tatsächlich meist in das Gegenteil verkehrt wurde: Nicht Polizeioffiziere, sondern SA- oder SS-Führer bestimmten die Aktionen, und die sie begleitenden, infolge der neuen NS-Kommandogewalt vielfach eingeschüchterten Polizisten hatten häufig nur das Dekorum der Legalität abzugeben. Noch am 30. 5. 1933 bestimmte der Stabschef der SA in einer SA-Verfügung selbstherrlich: Die Sonderkommissare der SA seien »ebenso wie die (der SA angehörenden) Polizeipräsidenten usw. in erster Linie SA-Führer, in zweiter Linie Organe der Staatsverwaltung«. Auch sei eindeutig festzustellen, »daß der Hilfspolizist in erster Linie SA- und SS-Mann bleibt. Ich ersuche dies allen zur Hilfspolizei abgestellten SA- und SS-Führern und -Männern ganz nachdrücklich in Erinnerung zu bringen«.[1]

Eine besondere Funktion kam bei dem Prozeß der politischen Säuberung den Obmännern und Vertrauensleuten der Partei in den Behörden und Betrieben zu. Diese maßten sich z. T. selbst die Funktion von NS-Kommissaren an und machten ihre – meist personalpolitischen – Forderungen direkt gegenüber den jeweiligen Behördenchefs oder Betriebsleitern geltend oder fungierten als Denunzianten und Agenten, die über die Partei oder nationalsozialistische Ressortminister von außen her »Säuberungsmaßnahmen« anforderten. So wurden im März/April 1933 auch in fast allen Reichs- und Landesministerien und ihren nachgeordneten Behörden Sonderkommissare tätig, die Vernehmungen und Untersuchungen anstellten und auf die Ablösung politisch unerwünschter oder jüdischer Beamter und Angestellter hinwirkten. Einzelne erhalten gebliebene Dokumente über die Tätigkeit dieser Behörden-Sonderkommissare bezeugen, in welchem Maße das Denunziantentum, das sich dabei entwickelte, von Postenjägerei und Beamtenquerelen bestimmt und nur dürftig mit politisch-weltanschaulichen Motiven verkleidet wurde.*

Handelte es sich bei diesen Behörden-Sonderkommissaren überwiegend um Beauftragte, die von den Behördenchefs selbst, wenn auch auf Verlangen der Partei und ihrer Exponenten, eingesetzt worden waren und insofern *formell* staatliche Kommissare darstellten, so gab es daneben eine Vielzahl von Kommissaren, die von der Partei und ihren Gliederungen, vor allem der SA, aus eigener Machtvollkommenheit in öffentliche Betriebe, Gewerkschaftshäuser, Wirtschaftsunternehmen und lokale Verwaltungen entsandt worden waren. Gegen sie und ihre zweifelhafte Legitimität wandten sich in zunehmendem Maße führende Vertreter der Wirtschaft, die deutschnationalen Partner Hitlers, aber auch zahlreiche der inzwischen an die Spitze staatlicher Behörden gelangten Nationalsozialisten, die jetzt das Führerprinzip für sich und die Staatsgewalt in Anspruch nahmen und durch das Nebenregiment der Kreis- oder Gauleiter wie der Sonderkommissare der SA ihre Autorität bedroht sahen.

Besonders in Bayern, dem Traditionsland der NS-Bewegung mit dem Sitz der Parteizentrale, wurde der Herrschaftsanspruch der NSDAP, SA und SS gegenüber der staatlichen Verwaltung nach dem 9. März mit Entschiedenheit, wenn auch auf verschiedenen Wegen, vorangetragen. Hier erlangte auch die revolutionäre Machtinstanz der SA-Sonderkommissare besonders großes, den staatlichen Behörden unangenehmes Gewicht.

Schon am 12. und 14. März hatte Röhm als bayerischer Staatskommissar z. b. V. die Einsetzung von SA-Sonderkommissaren bei den sechs bayerischen Kreisregierungen (Regierungsbezirken) und den Bezirksämtern angeordnet[2] und ihnen gleichzeitig das Kommando über die Hilfspolizei ihres Bereichs

<hr />

* Ein aufschlußreiches Beispiel bilden die in den Akten der Reichskanzlei (BA: R 43 II/1157e) enthaltenen Unterlagen über die Tätigkeit des »Sonderkommissars des Reichswirtschaftsministers für Personal- und Organisationsangelegenheiten des Statistischen Reichsamtes«, der auf Betreiben der NS-Vertrauensleute eingesetzt wurde und schon am 17. März die Beurlaubung des Präsidenten des Reichsamtes, Prof. Wagemann, sowie anderer leitender Beamter veranlaßte.

übertragen. Während der Reichsführer-SS Heinrich Himmler (damals noch dem Stabschef der SA unterstehend, aber schon bald erfolgreicher als dieser) sich darauf konzentrierte, die schmale, aber konkrete *staatliche* Befehlskompetenz für die Politische Polizei in Bayern mit Hilfe der SS organisatorisch und personell auszubauen und damit den wichtigsten Teil der Polizeiexekutive zur Domäne der SS zu machen, sah Röhm in den von *außen* auf die Staatsbehörden auszuübenden revolutionären Antrieben die Hauptfunktion der SA und mithin in den außerstaatlichen SA-Kommissaren ein wesentliches Mittel zur Perfektionierung der nationalsozialistischen Machtergreifung. Obwohl nur in Bayern förmlich und nominell zum Staatskommissar berufen, verstand Röhm seine Funktion darüber hinaus als die eines obersten Kommissars des Reiches, der mit der Kampforganisation der SA die Revolution wachzuhalten und ihr vorzeitiges Versanden zu verhindern habe. Durch Ernennung auch außerbayerischer SA-Gruppen- und -Obergruppenführer zu SA-Kommissaren (so z. B. des Gruppenführers Ernst in Berlin und des Obergruppenführers Heines in Breslau) unterstrich er im März 1933 diesen allgemeinen Anspruch, wenn es ihm auch nur in Bayern gelang, ein systematisches Netz von SA-Kommissaren auf sämtlichen Ebenen der inneren Verwaltung aufzubauen.

Dem revolutionären Machtanspruch der SA und der kaum geringeren Selbstherrlichkeit einzelner Gauleiter, die z. T., wie Streicher in Nürnberg oder Bürckel in der Rheinpfalz, durch antisemitische Aktionen (Streicher) oder durch (zwar sympathischere, aber die Rechtssicherheit ebenso beeinträchtigende) »volkssozialistische« Experimente (Bürckel) nationalsozialistische Revolution und Machtergreifung auf eigene Faust betrieben, war so lange schwerlich zu steuern, solange Hitler die terroristische Einschüchterung von unten als Mittel der Machtergreifung noch brauchte. So war es bezeichnend, daß ein Aufruf Hitlers vom 10. 3. 1933, der »die Parteigenossen, SA- und SS-Männer« zur Disziplin ermahnte und ihnen insbesondere »Störungen des Geschäftslebens« untersagte, doch gleichwohl selbst zum Terrorismus aufrief, indem er erklärte: Überall dort, wo den Anordnungen der nationalsozialistischen Staatsführung entgegengearbeitet würde, sei »dieser Widerstand sofort und gründlich zu brechen«, und die Partei solle sich »in keiner Sekunde« von der Parole der »Vernichtung des Marxismus« abbringen lassen.[3] Auf ähnliche Halbheiten lief ein Parteibefehl hinaus, den der Reichsorganisationsleiter der Partei, Robert Ley, am 14. 3. 1933 im Auftrag Hitlers in Fragen der Beamtenpolitik »an die Herren Gauleiter« richtete.[4] Darin hieß es, es sei »nicht angängig, daß sich Ortsgruppen-, Kreisleiter, SA-Truppführer« und sonstige untergeordnete Organe der Partei mit dem Verlangen nach Beamtenentlassung und Neubesetzung von Stellen direkt an die Behörden wendeten. Der Befehl sanktionierte aber insoweit prinzipiell den Anspruch der Partei auf die Kontrolle der Staatsverwaltung, als er feststellte, daß allein die Gauleiter das Recht hätten, entsprechende »Wünsche« auszudrücken, wobei es allerdings auch nötig sei, jeweils geeignete Fachleute als Ersatzleute in Vorschlag zu bringen.

Tatsächlich war im März 1933 die Gefahr groß, daß die staatliche Personalpolitik weitgehend von der Partei usurpiert und der staatliche Verwaltungsapparat mehr und mehr zersetzt werden würde. Vor allem Göring und Frick setzten sich deshalb für den schnellen Erlaß des dann am 7. 4. 1933 verabschiedeten Gesetzes »zur Wiederherstellung des Berufsbeamtentums«[5] ein, das die Säuberung des Beamtenapparates an einigermaßen klare gesetzliche Bestimmungen binden und die Durchführung den staatlichen Stellen selbst übertragen sollte. Bildete dieses Gesetz, das vor allem die Dienstentlassung jüdischer, kommunistischer und sozialdemokratischer Beamter bewirkte, eine wesentliche Grundlage der nationalsozialistischen Machtergreifung in der Verwaltung, so war es doch – von der Situation seiner Entstehung her gesehen – zugleich ein wichtiges Mittel zur Beschränkung der revolutionären Eingriffe der Partei in die Staatsverwaltung und nicht zuletzt auch zur Beruhigung der konservativen Regierungspartner bestimmt, die (so besonders der preußische Finanzminister Popitz) selbst an der Ausarbeitung des Gesetzentwurfs maßgeblich beteiligt waren. Dabei spielte offensichtlich auch die Besorgnis mit, »daß eine zu weit greifende Säuberung der Beamtenschaft ein Umkippen mit sich bringen könnte. Man war sich eben Anfang April 1933 noch nicht unbedingt sicher, daß die Beamtenschaft in unbedingter Loyalität dem ›neuen Staat‹ gegenüber verbleiben würde.«[6] So betonte Frick in der Ministerbesprechung am 25. 4. 1933 die Notwendigkeit einer möglichst kurzen Befristung der Durchführung des Gesetzes, damit die Erschütterung der Rechtssicherheit für die Beamten in erträglichen Grenzen gehalten werde, und Göring erklärte im ausdrücklichen

Auftrag Hitlers, daß auch mit Rücksicht auf »die Person des Herrn Reichspräsidenten« schonend und großzügig vorgegangen werden solle.[7]

Diese in der Beamtenpolitik (ähnlich wie in der Wirtschaftspolitik) schon im Frühjahr klar zum Ausdruck kommende Tendenz zur Eindämmung der Parteirevolution stand in offensichtlichem Widerspruch zu den radikaleren Revolutions- und Machtergreifungsvorstellungen zahlreicher prominenter Parteiführer in den Ländern, Provinzen und Kommunen. Empfand man doch hier die »März-Revolution« der Partei, die am entschiedensten in München von den hier konzentrierten machtbewußten Exponenten der Partei vorgetrieben wurde, z. T. ganz bewußt als Modell der eigentlichen NS-Revolution, die das Berliner Vorspiel des Arrangements zwischen Nationalsozialisten und konservativ-deutschnationalen Kräften ablösen sollte. Das äußerte sich z. B., wenn der bayerische Gauleiter und Innenminister Adolf Wagner in einer Denkschrift über das Verhältnis von Partei und Staat am 24. 3. 1933 ausführte:

»Wenn die Entwicklung im Reich ursprünglich Bayern mit fortgerissen hat, dann sind wir jetzt imstande, von Bayern aus die übrigen Länder und nicht zuletzt das Reich im nationalsozialistischen Sinne mit vorwärts zu reißen. Die Revolution muß deswegen in Bayern so lange in Schwung gesetzt bleiben und so lange fortgesetzt werden, bis die nationalsozialistische Bewegung in Bayern der Staat ist.«[8]

Noch schärfer, aggressiver und zynischer war innerhalb der SA die Kritik an jenen Erscheinungsformen der nationalen »Erhebung«, die mit Siegesfeiern und Deklamationen den Eindruck erweckte, als seien mit der nominellen Anpassung der bürgerlich-konservativen Kräfte an die NS-Bewegung die Revolution und der Kampf schon beendet. Dabei kam erneut die schon aus der Zeit vor 1933 bekannte Unterscheidung zwischen dem soldatischen »Kämpfertum« der SA und SS und dem »Bonzentum« der Politischen Organisation der NSDAP ins Spiel. Kennzeichnend hierfür ist eine Verfügung des Stabschefs der SA, Ernst Röhm, vom 30. 5. 1933, in der es hieß:

»Der Feste sind genug gefeiert. Ich wünsche, daß nunmehr SA und SS sich sichtbar von der Dauerfolge der Feste absetzen und wieder ausschließlich den allein ihnen vorbehaltenen Aufgaben sich widmen. Es gibt solche, die die Siege erfechten, das sind die Soldaten, und solche, die die Siege feiern und sich feiern lassen, das sind die Anderen. SA und SS haben einen Sieg von kaum erhofftem Ausmaß erkämpft, auf den sie mit Recht stolz sein dürfen. Ihre Aufgabe, die nationalsozialistische Revolution zu vollenden und das nationalsozialistische Reich zu schaffen, liegt aber noch vor ihr. Mir scheint, daß noch zähe Arbeit und harter Kampf uns bevorsteht. Darauf gilt es sich vorzubereiten und die Kräfte zu stählen. Entscheidend ist nicht, daß täglich ein ›gleichgeschalteter‹ Bienenzucht- oder Kegelverein Treueerklärungen beschließt oder daß Straßen der Städte zeitgenössische Namen erhalten . . .«*

So sehr Röhm die bisherigen Ergebnisse der Machtergreifung als ungenügend betrachtete, weil zu sehr bestimmt von taktischen Rücksichten (auf Reichswehr, Bürokratie, Wirtschaft, Kirche), so unklar und diffus in der Zielsetzung war das Drängen auf weitere Revolutionierung. Reichsstatthalter v. Epp, der die Ambitionen der SA in München besonders deutlich verspürte, vermerkte dazu am 13. 6. 1933 in einer handschriftlichen Notiz:

»Die SA setzt die Revolution fort. Gegen wen? Mit welchem Ziel? Die Unzufriedenheit allein ergibt kein revolutionäres Recht . . . Partei ohne Führung. Weiß nicht, was sie tun soll. Altes Ziel nicht mehr vorhanden. Die nicht Arrivierten wollen weiter revoluzzen.«[9]

Entwicklung der Parteimitgliedschaft

Die Frage, welche Rolle die NSDAP nach der Machtübernahme im Dritten Reich spielen, ob sie eine ausgewählte Kader- und Elitepartei des Regimes oder eine mehr repräsentative, entpolitisierte Massenorganisation auf breitester Grundlage darstellen sollte, mußte sich nicht zuletzt durch die Mitgliederentwicklung und -zulassung entscheiden. Seit dem 30. 1. 1933 setzte ein schneller Zustrom neuer Parteimitglieder ein. Namentlich im März 1933, unter dem Eindruck der Parteirevolution von unten, drohte die Welle der »Märzgefallenen«, wie man die neuen Proselyten im Parteijargon zynisch nannte, die NSDAP zu überschwemmen. Um dieser Entwicklung Einhalt zu ge-

---

* Epp-Material, IfZ: MA-1236. Bemerkenswert ist die Übereinstimmung im Tenor zwischen dieser Verfügung und Oswald Spenglers etwa gleichzeitig in seiner Schrift ›Jahre der Entscheidung‹ (1933) enthaltenen Kritik an der NS-Machtergreifung, in der es u. a. hieß: »Es ist keine Zeit und kein Anlaß zu Rausch und Triumphgefühl. Wehe denen, welche die Mobilmachung mit dem Sieg verwechseln! Die Machtergreifung hat sich in einem Wirbel von Stärke und Schwäche vollzogen. Ich sehe mit Bedenken, daß sie täglich mit so viel Lärm gefeiert wird.«

bieten, verfügte am 19. April der Reichsschatzmeister der NSDAP mit Wirkung vom 1. 5. 1933 eine Aufnahmesperre für die NSDAP (nicht für SA, SS, HJ), die grundsätzlich bis zum 1. 5. 1939 galt, allerdings für ehemalige Mitglieder des Stahlhelms schon Ende 1935 und für andere in den Nebenorganisationen der Partei bewährte »Parteianwärter« im Frühjahr 1937 gelockert wurde. Da man aber zwischen dem 30. 1. 1933 und der Aufnahmesperre vom 1. 5. 1933 bereits rund 1,6 Millionen neue Mitglieder zugelassen hatte und infolgedessen die 850000 Altparteigenossen (Eintritt vor dem 30. 1. 1933) nur noch gut ein Drittel der Gesamtmitgliedschaft ausmachten, war das Prinzip einer sorgfältig ausgewählten Kaderpartei von Anfang an stark durchlöchert. An dem Prinzip suchte man gleichwohl zunächst festzuhalten. So verfügte der Stellvertreter des Führers am 26. 6. 1933 die Einführung einer zweijährigen Bewährungsfrist für die Neumitglieder, die bis zum Ablauf dieser Frist nur eine Mitgliedskarte, kein Parteibuch erhielten und das Braunhemd noch nicht tragen durften. Auch Hitler unterstrich in dieser Zeit die Elitefunktion der Partei, so wenn er am 3. 9. 1933 auf dem Nürnberger Parteitag erklärte: »Aus 45 Millionen erwachsener Menschen haben sich drei Millionen Kämpfer organisiert als Träger der politischen Führung der Nation.« An diesem Kern sei festzuhalten und die Auswahl habe in Zukunft nicht milder, sondern noch strenger zu geschehen.[10] Tatsächlich war es aber vor allem Hitler selbst, der ab 1935 durch eine Reihe von Auflockerungen dieses Prinzip mehr und mehr durchbrach und seit 1937/38 auch darauf hinwirkte, daß möglichst alle führenden Exponenten des staatlichen und öffentlichen Lebens in die Partei eintraten oder – ohne eigenen Antrag – Ehrenmitgliedschaft der NSDAP oder Ehrenränge der SA oder SS zugesprochen erhielten. Darin kam zum Ausdruck, daß die Partei kaum noch als eine Ausleseorganisation zur politischen Elitebildung betrachtet wurde (was sie der Qualität ihrer Schulung nach auch kaum sein konnte), sondern vielmehr als breite Organisation zur Erfassung, Kontrolle und Disziplinierung der Nation, und namentlich ihrer staatspolitisch wichtigsten Gruppen. Diese veränderte Konzeption setzte sich dann vollends durch, als 1939 die Mitgliedersperre gänzlich aufgehoben wurde und Hitler die Devise ausgab, daß rund ein Zehntel des Volkes in der Partei organisiert sein sollte. Auch die ab 1942 geltende Regelung, wonach die Kreis- und Gauleiter der Partei maßgeblich über die Aufnahme oder Nichtaufnahme von neuen Mitgliedern zu entscheiden hatten, bedeutete kaum noch eine wirksame Auslese der bei Kriegsende auf rund 6 Millionen Mitglieder angewachsenen NSDAP.

Tatsächlich hatte schon der Massenschub neuer Mitglieder im Jahre 1933 die Struktur der NSDAP als einer Partei der kompromißlosen »Alten Kämpfer« stark verändert. In manchen Gauen, in denen die NSDAP vor 1933 noch relativ schwach organisiert war, betrug die Zahl der seit dem 30. 1. 1933 hinzugekommenen Parteigenossen (Pg.s) über 80 Prozent der Gesamtmitgliedschaft, so z. B. in Koblenz-Trier, Köln-Aachen, Mainfranken. Alle Berufsgruppen, auch die Arbeiter, hatten an dem Massenzustrom zur NSDAP im Frühjahr 1933 teil (267000 Arbeiter gehörten ihr schon vor dem 30. 1. 1933 an, 488000 kamen neu hinzu), so daß sich die soziologische Zusammensetzung der Partei im großen und ganzen im Vergleich zum Stande von 1932 nur wenig, in Richtung auf den Mittelstand, veränderte. Bemerkenswert war aber die besonders hohe Quote der Neuzugänge unter Beamten und Lehrern (44000 Beamte und rund 13000 Lehrer gehörten der NSDAP vor dem 30. 1. 1933 an, 179000 Beamte und 71000 Lehrer traten ihr in den Monaten der Machtergreifung bei). Zufolge der offiziellen Parteistatistik (Stand vom 1. 1. 1935) lag die Parteizugehörigkeit bei der Gesamtheit der Berufstätigen bei 7,3 Prozent (bei den Arbeitern 5,1 Prozent, bei Bauern 3,8 Prozent). Demgegenüber waren nicht weniger als 20 Prozent aller Beamten und 30 Prozent aller Lehrer schon 1933/34 Mitglieder der NSDAP (bei den Angestellten betrug der Anteil 12 Prozent, bei Selbständigen 15 Prozent).* Daran wird deutlich, daß den Inhabern öffentlicher Ämter im Frühjahr 1933 der Eintritt in die NSDAP besonders ratsam erschien. Solche Absicherung der Beamtenstellung durch den Parteieintritt unterstrich die Tendenz der Entwicklung der NSDAP zur Staatspartei. Sie trug die Parteiloyalität (in Konkurrenz zur Beamtenpflicht) in den Beamtenkörper hinein, stärkte aber auch umgekehrt die staatskonforme Entwicklung der Partei, ohne daß das Neben- und Gegeneinander von Partei und Staat dadurch aufgehoben wurde.

* Vgl. ›Parteistatistik‹, Bd. 1. Hrsg. vom Reichsorganisationsleiter der NSDAP, München. Auf Grund dieser Bilanz hieß es in der ›Parteistatistik‹, Bd. 1, S. 75: »Hier handelt es sich zweifellos bei einem größeren Teil der Beamten und Lehrer um Konjunkturritter ... Es wird vorgeschlagen, die gesamte Beamten- und Lehrerschaft durch die Hoheitsträger der Partei besonders beobachten und überprüfen zu lassen ...«

Hitler selbst wirkte zunächst im Frühjahr 1933 in mancher Hinsicht auf eine Trennung von Partei und Staat hin, ehe er dann im zweiten Abschnitt der Machtergreifung (ab Sommer 1933) stärker die Bindung der Partei an den Staat betonte, wodurch jener Schwebezustand halber Unterordnung und halber Kontrollfunktion gefördert wurde, der für die zwitterhafte Stellung der Partei im Dritten Reich bestimmend blieb.

Die Trennung von Staat und Partei wurde u. a. präjudiziert durch die Entscheidung, den Sitz der Reichsleitung der NSDAP auch künftig in München zu belassen (was Hitler auf dem Nürnberger Parteitag Anfang September 1933 ausdrücklich bekräftigte), während in der Reichskanzlei in Berlin nur ein kleiner »Verbindungsstab der NSDAP« unterhalten wurde. Das Argument, es sei besser, mit zwei Augen zu sehen und entfernt vom Sitz der Reichsregierung in Berlin die Aufgabe der Volksführung durch die NSDAP in München zu konzentrieren, war dabei sicher nicht allein bestimmend. Vielmehr entsprach diese Entscheidung auch dem Bestreben Hitlers, die Partei von der unmittelbaren Einwirkung auf die Reichsregierung fernzuhalten. Der Wille zu solcher Distanzierung äußerte sich noch klarer in Hitlers Parteiverfügung vom 21. 4. 1933, durch die er den Leiter der politischen Zentralkommission der Reichsleitung der NSDAP, Rudolf Heß, zu seinem Stellvertreter ernannte und ihm die Vollmacht erteilte, »in allen Fragen der Parteiführung in meinem Namen zu entscheiden«.[11]

Die Ernennung Heß' zum »Stellvertreter des Führers« machte erneut sichtbar, daß Hitler keine Aufwertung und Stärkung der Reichsleitung der NSDAP beabsichtigte, sondern im Gegenteil eine starke Machtzusammenballung unterhalb seiner eigenen Führergewalt zu verhindern suchte. Das beste Mittel hierzu war die Bevollmächtigung eines Mannes, der keinerlei Hausmacht in der NSDAP besaß, auch persönlich keine starke Figur war, sondern als ehemaliger Sekretär und ergebener Gefolgsmann »seines Führers« die beste Gewähr dafür bot, daß er in Ausübung der Parteigeschäfte stets nur als loyaler Diener handeln würde. Im Vordergrund stand dabei in dieser Zeit vor allem das Bedürfnis, über Heß und den im Braunen Haus in München eingerichteten Stab des Stellvertreters des Führers (mit Martin Bormann als Stabsleiter) die Eigenwilligkeit einzelner Parteigrößen und Organe zu bremsen. Heß, der auf Vorschlag Hitlers seit Ende Juni 1933 auch das Recht erhielt, an den Sitzungen des Reichskabinetts teilzunehmen[12], diente somit als Puffer zwischen Hitler und einzelnen Parteiführern, der Hitler manche unliebsame direkte Konfrontation abnahm. Das Bestreben, solchen Konfrontationen auszuweichen und sich selbst im Hintergrund zu halten, war ein wesentliches Element der Führungstechnik Hitlers, durch das er sich (auf Kosten anderer) von Konflikten freihielt, um möglichst allen gegenüber die Rolle des letztinstanzlichen und wohlgesinnten Maklers spielen zu können.

In eben dem Maße, in dem die Parteiorganisation schon im Frühjahr 1933 in ihren Aktionen und Ambitionen gebremst und durch die Verbindung von hohen Staats- und Parteiämtern zum Stillhalten gegenüber der Regierungspolitik von oben veranlaßt wurde, verstärkte sich in der SA, die seit der Machtübernahme Hitlers auf über zwei Millionen Mitglieder angewachsen war, das Bestreben, den Schild der Revolution hochzuhalten. Noch deutlicher als in der zitierten SA-Verfügung vom 30. 5. 1933 äußerte Röhm in einem gleichzeitigen Begleitschreiben an die SA-Führer seine Sorgen darüber, daß die Revolution in Stagnation verfallen und SA und SS zur bloßen Propagandatruppe herabsinken könnten. Nur durch Wiederbelebung des »soldatischen Prinzips« sei dem zu begegnen und zu erreichen, daß die »Garde der Revolution«, der noch große Aufgaben bevorstünden, jederzeit einsatzbereit sei.

»SA-Führer! Wir wollen nichts und dürfen nichts für uns wollen. Lassen Sie Posten und Ehrenstellen anderen. Wenn die wenigen von uns, die neben ihrer SA- oder SS-Führerstelle solche Stellen übernommen haben, sehen, daß ihre SA-Führeraufgaben darunter leiden, werden sie gerne diese Stellen zurückgeben und stolz darauf sein, Führer in der braunen Armee zu sein. Denn diese allein hat Deutschlands Geschick gewendet, sie allein wird auch den Sieg des reinen unverfälschlichen Nationalismus und Sozialismus gewinnen und erhalten.«[13]

Hier kam erneut zum Ausdruck, daß Röhm im Gegensatz zu Goebbels, Himmler, Darré und zahlreichen Gauleitern der NSDAP, die seit dem Frühjahr 1933 gerade durch die Verbindung von Staats- und Parteiamt neue dauerhafte Machtpositionen zu errichten vermochten, den entgegengesetzten Weg zu gehen versuchte: durch das Heraushalten der Massenarmee der SA aus dem Staat bei gleichzeitiger kontinuierlicher Kräftevermehrung, verbesserter Ausbildung und Ausrüstung ein unabhängiges Machtinstrument von solchem Gewicht zu schaffen, daß, wie Röhm annahm, die künftige Entwicklung des Dritten Reiches gar nicht über die SA hinweggehen könne. Dabei spielte vor allem die Erwartung mit, daß trotz der gegenteiligen Versicherungen Hitlers gegenüber der Generalität der Reichswehr auf längere Sicht gesehen die SA-Führer (großenteils ehemalige Offiziere oder Freikorpsführer) maßgeblichen Einfluß auf die Wehrmacht erhalten und er (Röhm) die Rolle des künftigen Heeres- und Kriegsministers übernehmen könne. Der Stabschef der SA vermied zwar wohlweislich jede Andeutung eines Gegensatzes zu Hitler, aber naturgemäß suchte er Hitler stärker von der SA abhängig zu machen. Dem Mangel klarer Ziele bei dem Bestreben nach weiterer Revolutionierung entsprach das Ausweichen auf die Taktik der organisatorischen Kräftevermehrung der SA, d. h. der Ausweg auf ein Gebiet, auf dem die besondere Stärke des Militärorganisators Röhm lag. Gerade aber eine solche nicht mit erkennbaren politischen Zielen, sondern nur mit unbestimmter Kritik an der bisherigen Machtergreifung motivierte Verstärkung der militärischen Ausbildung und Vermehrung der SA mußte das besondere Mißtrauen der Reichswehr wachrufen. Letzten Endes ging es Röhm vor allem darum, die Bedeutung der SA, die diese in der »Kampfzeit« stets besessen hatte, in dieser oder jener Form auch im Dritten Reich zu erhalten. Da sich die SA aber mehr als jeder andere Teil der Hitler-Bewegung der Eingliederung in ein bürokratisches, staatliches Herrschaftssystem entzog, nahm der daraus unvermeidlich entstehende Konflikt in zunehmendem Maße die Form revolutionärer Unruhe in der SA an und führte zu einer inhaltlich blinden Dynamik um ihrer selbst willen. Im Juni 1933 nahm Röhm in den ›Nationalsozialistischen Monatsheften‹ öffentlich zum Thema »SA und deutsche Revolution« Stellung und kritisierte scharf die »Spießer und Nörgler«, die fragten, was SA und SS überhaupt noch sollten. Das »Denken mancher ›Gleichgeschalteter‹ und sogar mancher heute nationalsozialistisch sich nennender Würdenträger«, die Ruhe als erste Bürgerpflicht verlangten, sei in Wahrheit Verrat an der Revolution. »Ob es ihnen paßt oder nicht, – wir werden unseren Kampf weiterführen. Wenn sie endlich begreifen, um was es geht: mit ihnen! Wenn sie nicht wollen: ohne sie! Und wenn es sein muß: gegen sie!« Es ist evident, daß diese Sprache des Stabschefs der SA auch Hitler beunruhigen mußte, der durch Göring, Frick und andere in der Kritik an dem revolutionären Treiben der SA bestärkt wurde.

Schon in der Ministerialbesprechung zur Durchführung des Berufsbeamtengesetzes am 25. 4. 1933 hatte Göring erklärt, das »Heer von Kommissaren drohe allmählich die Autorität des neuen Staates zu untergraben und zu erschüttern«[14], und durch seinen Erlaß vom 5. 5. 1933 wurde für Preußen ein erster Abbau des Kommissarwesens verordnet, auf Grund dessen die von der Partei und NSBO in staatlichen Behörden und wirtschaftlichen Betrieben eingesetzten Sonderkommissare zurückgezogen werden mußten.[15] Noch wagte sich Göring aber nicht an die SA- und SS-Kommissare heran. Ein interner Polizeierlaß des preußischen Innenministers vom 7. 6. 1933 über die Organisation der Hilfspolizei in Preußen kam Röhm und Himmler insofern entgegen, als er bestimmte, daß (entsprechend dem in Bayern vorexerzierten Modell) auch in Preußen künftig Hilfspolizeiorgane der Schutzpolizei allein aus der SA, solche der Politischen Polizei ausschließlich aus der SS zu rekrutieren seien. Gleichzeitig suchte Göring aber die unabhängige Befehlskompetenz des Stabschefs der SA und des Reichsführers-SS über die Hilfspolizei in Preußen dadurch zu mediatisieren und zu »verstaatlichen«, daß er beide zu preußischen »Ministerialkommissaren« für die Hilfspolizei ernannte.[16]

Beendigung der »Revolution von unten«

Die entschlossenen Gegenzüge gegen eine Fortsetzung der Revolution von unten setzten im Juli 1933 ein, nachdem die SA mit der terroristischen Nachhilfe zur Auflösung der anderen Parteien ihre letzte wichtige Funktion erfüllt hatte und selbst einzelne SA-Führer im Weitertreiben terroristischer Willkür eine schwere Gefahr für die Staatsautorität erblickten.* Da die

---

* So schrieb der Sonderkommissar der Obersten SA-Führung bei der Regierung von Oberbayern, SA-Gruppenführer Schmid, am 1. 7. 1933 an den bayerischen Ministerpräsidenten Siebert: »Die Autorität des Staates steht in Gefahr durch die allseitigen, unberechtigten Eingriffe politischer Funktionäre in das Räderwerk der normalen Verwaltung. Jeder NSBO-Mann, NSBO-Ortsgruppenleiter, NSBO-Kreisleiter ... jeder politische Stützpunktleiter, Ortsgruppenleiter, politische Kreisleiter erläßt Verfügungen, die in die unteren Befehlsgewalten der Ministerien eingreifen, also in die Befehlsbefugnisse der Kreisregierungen, Bezirksämter, herunter bis zur kleinsten Gendarmeriestation. Jeder verhaftet jeden ..., jeder droht jedem mit Dachau. Geschäfte werden gezwungen, x-beliebige Angestellte zu entlassen, ohne Prüfung der Fachkenntnisse werden Geschäfte gezwungen, Angestellte aufzunehmen ... Bis zur kleinsten Gendarmeriestation ist bei den besten und zuverlässigsten Beamten eine Instanzenunsicherheit eingetreten, die sich unbedingt verheerend und staatszerstörend auswirken muß.« (Epp-Material, IfZ: MA – 1236.)

SA nach der befohlenen Eingliederung des ca. 500000 Mann zählenden Stahlhelms (3. 7. 1933) noch weitere Verstärkung erfahren hatte, schien Hitler jetzt eine klare Sprache um so notwendiger. Mit seiner Ansprache vor den Reichsstatthaltern in Berlin am 6. 7. 1933 gab Hitler den Auftakt der künftigen Erlasse und Maßnahmen zur »Beendigung der Revolution«. Im deutlichen Gegensatz zu Röhm betonte er die »innere Erziehung« der Menschen als die kommende große Aufgabe der Partei nach der »Erringung der äußeren Macht«.

»Es sind mehr Revolutionen im ersten Ansturm gelungen, als gelungene aufgefangen und zum Stehen gebracht worden. Die Revolution ist kein permanenter Zustand ... Man muß den freigewordenen Strom der Revolution in das sichere Bett der Evolution lenken. Die Erziehung der Menschen ist dabei das wichtigste ... Die Ideen unseres Programms verpflichten uns nicht, wie Narren zu handeln und alles umzustürzen, sondern klug und vorsichtig unsere Gedankengänge zu verwirklichen ... Die Partei ist jetzt der Staat geworden, alle Macht liegt bei der Reichsgewalt. Es muß verhindert werden, daß das Schwergewicht des deutschen Lebens wieder in einzelne Gebiete oder gar Organisationen verlagert wird. Es gibt keine Autorität mehr aus einem Teilgebiet des Reiches, sondern nur aus dem deutschen Volksbegriff.«[17]

Frick und Goebbels schlossen sich dem in den nächsten Tagen mit Runderlassen und Kundgebungen an, wobei letzterer auch von »getarnten bolschewistischen Elementen« sprach, gegenüber denen Wachsamkeit am Platze sei. Mit konkreten Maßnahmen ging man wiederum in Preußen voran: Hier wurde am 15. 8. 1933 die Hilfspolizei offiziell aufgelöst.[18] Nachdem der preußische Justizminister Kerrl am 25. 7. 1933 »aus Anlaß der Beendigung der nationalsozialistischen Revolution« eine Amnestie für bisherige, im Eifer der Machtergreifung begangene Straftaten von Parteigenossen erlassen hatte, errichtete das preußische Justizministerium am 1. 8. 1933 unter maßgeblicher Mithilfe des neuernannten nationalsozialistischen Staatssekretärs Roland Freisler als Sonderreferat des Ministeriums eine »Zentralstaatsanwaltschaft«[19], die als mobile Anklagebehörde künftig alle strafwürdigen Ausschreitungen von SA- und SS-Männern an Ort und Stelle untersuchen, notfalls Verhaftungen vornehmen und Gerichtsverfahren einleiten sollte. Schon im Juni 1933 hatte sich das preußische Innenministerium im Benehmen mit dem preußischen Finanzmini-

sterium, vor allem auch durch Streichung der bisher der SA-
und SS-Hilfspolizei zur Verfügung gestellten Gelder, darum
bemüht, die Vielzahl der wilden Schutzhaftlager der SA und SS
abzubauen und in einige große, staatlich anerkannte Lager
(Oranienburg, Lichtenburg, die Moorlager im Emsland) über-
zuführen. Die Gesamtzahl der politischen Schutzhäftlinge, die
in Preußen (Stand vom 31. 7. 1933) rund 15 000 betrug, sollte
künftig auf höchstens 10 000 reduziert und die preußische Landespolizei stärker bei der Bewachung eingeschaltet werden.[20]
Tatsächlich gelang seit dem Sommer 1933 in Preußen eine
beträchtliche Reduzierung der Schutzhaftfälle und der Schutzhaftverhängungen durch strengere Richtlinien des preußischen
Gestapochefs Diels, der in dieser Zeit bei der Zurückdrängung
des SA- und SS-Terrors eng mit Göring zusammenarbeitete.
Im Februar 1934 vermochte die preußische Gestapo im Einvernehmen mit der Zentralstaatsanwaltschaft u. a. das in der
Vulkanwerft bei Stettin eingerichtete illegale Konzentrationslager auszuheben, in dem es zu zahlreichen schweren Mißhandlungen von Häftlingen gekommen war. Mehrere SS-
Führer wurden im April 1934 als Hauptschuldige zu mehr-
jährigen Zuchthaus- und Gefängnisstrafen verurteilt.[21]
    In dieser Beziehung unterschied sich die Lage in Preußen
von der Situation in anderen Ländern, namentlich in Bayern,
wo die Vormacht durchaus noch bei den parteipolitischen Ge-
walten lag. Der Versuch des bayerischen Justizministers Frank
und seiner Staatsanwälte, im Konzentrationslager Dachau Untersuchungen gegen die dortige SS-Führung vorzunehmen, die
eine Reihe von Morden an Häftlingen geduldet und vertuscht
hatte, wurde von Himmler und Röhm im Frühsommer 1933
gemeinsam verhindert. Und als die übermäßige und miß-
bräuchliche Anwendung von Schutzhaftmaßnahmen in Bayern
im Frühjahr 1934 auch zu Beschwerden des Reichsinnenministers und des Reichsstatthalters (v. Epp) beim bayerischen
Innenminister (Gauleiter Wagner) führte, wurden diese (offensichtlich auf Betreiben Himmlers und Heydrichs) mit einem
Bericht beantwortet, der, wie Epp anschließend feststellte, »in
jedem Satz angreifbar und widerlegbar« sei und voller »Un-
richtigkeiten, Verdrehungen, Entstellungen und Verfälschun-
gen« stecke.[22]
    Die im Sommer 1933 mehrfach wiederholten Erklärungen
und Erlasse zur Beendigung der Revolution vermochten den
Stabschef der SA keineswegs zu veranlassen, die beanspruchte

umfassende Wächter- und Kontrollaufgabe der SA beim Staatsaufbau des Dritten Reiches aufzugeben. Nachdem die Hilfspolizei ihre Bedeutung allmählich verlor und der Begriff des
»Kommissars« in Mißkredit gekommen war, verordnete Röhm
am 1. 9. 1933 in Bayern, daß die bisherigen SA-Sonderkommissare in »Sonderbevollmächtigte« (bei den Kreisregierungen)
und »Sonderbeauftragte« (bei den Bezirksämtern) umzubenen-
nen seien, gleichwohl aber weiterhin den Auftrag hätten, darüber zu wachen, »daß die ganze staatliche Entwicklung im
Sinne der nationalsozialistischen Bewegung und Revolution
ausgestaltet wird«.[23] Dieser Erlaß lief auf eine separate Kontrollaufgabe der SA (neben der der Partei) und der inzwischen
von Himmler und der SS usurpierten Bayerischen Politischen
Polizei hinaus. Er stieß deshalb auf scharfen Widerspruch Gauleiter Wagners, und auch der Interessengegensatz Himmlers
und Röhms mußte dadurch verstärkt werden. Röhm konnte
sich solches Vorgehen jedoch nur leisten, weil Hitler (sehr
typisch für seinen intriganten, ausweichenden Führungsstil)
davon absah, in seiner Eigenschaft als Oberster SA-Führer
klare gegenteilige Weisungen zu geben, vielmehr Röhm dem
Scheine nach zustimmend anhörte, wenn dieser (wie er am
20. 10. 1933 in der Sitzung der Bayerischen Staatsregierung
berichtete) Hitler darauf aufmerksam machte, »daß die Beamten
das Ziel verfolgten, alles wieder wie früher friedlich seinen
Gang gehen zu lassen«.[24] Diese Doppelzüngigkeit Hitlers
äußerte sich im Herbst 1933 u. a. darin, daß er einerseits die
Reichsstatthalter (so in der Reichsstatthalter-Konferenz vom
28. 9. 1933) in vertraulichen Sitzungen gegen die SA scharf
machte und andeutete, daß es sich bei den Verfechtern der
»zweiten Revolution« um seine Gegner handele, denen er noch
überraschend das Handwerk legen werde*, anderseits aber
Röhm erlaubte, am 30. 10. 1933 auch in Preußen anstelle der
SA-Hilfspolizeikommissare Sonderbevollmächtigte des Obersten SA-Führers im Staatsministerium, bei den Ober- und

---

* Protokoll der Besprechung in: BA: R 43 II/1392, wo es u. a. über Hitlers Ausführungen heißt:
». . . es sei dringend geboten, die Revolutionserscheinungen restlos abzubauen. Irgendein revolutionäres nationalsozialistisches Ziel gäbe es in Deutschland nicht mehr. Hinter den Kräften, die
derartige Ziele angeblich noch verfolgten, stehe in Wirklichkeit die bereits überwundene politische
Welt. Derartige Kräfte seien Handlanger seiner, des Reichskanzlers, politischer Gegner. Das werde
besonders klar, wenn man bedenke, daß die Reichsregierung und sämtliche Länderregierungen
nationalsozialistisch seien. Er wisse genau, daß es viele unzufriedene Kreaturen gäbe, deren Ehrgeiz nicht saturiert worden sei. Selbstverständlich könne auf diese keine Rücksicht genommen
werden. Er werde sich das Treiben dieser Subjekte nicht mehr lange ansehen, sondern plötzlich
dazwischenfahren.«

Regierungspräsidenten und Landräten einzusetzen, so daß Göring sich zur Abänderung des vorangegangenen Erlasses vom 7. Juni über die SA- und SS-Kommissare veranlaßt sah. Wenn es im Text der neuen Verfügung mehr oder weniger deutlich hieß, die Sonderbevollmächtigten des Obersten SA-Führers bei den preußischen Behörden hätten die Aufgabe, der Verwaltung »Anregungen« zu geben und »Verbesserungen« zu veranlassen, damit die Staatsverwaltung nicht in Selbstgenügsamkeit verfalle, nachdem »durch Beseitigung der Parteien auch jede Opposition beseitigt« worden sei[25], so konnte dies – dem Wortlaut nach – als konstruktive Mitarbeit am Staate erscheinen. Tatsächlich aber bedeutete die weitere Betätigung von SA-Kommissaren die Verlängerung des Gegeneinanders von Staat und Partei.

Die Frage eines »konstruktiven« Einbaus der führenden Exponenten der SA und Partei in den Staat bewegte seit dem Sommer 1933 in zunehmendem Maße die Gemüter. Hitler selbst hatte den Reichsstatthaltern am 28. 9. 1933 erklärt, »er beabsichtige, die nationalsozialistische Partei allmählich in die Reichsgewalt hineinzuführen. Vielleicht sei es zweckmäßig, ein SA-Ministerium zu errichten. Er denke ferner an die Errichtung eines Senats der nationalsozialistischen Bewegung«.[26] Tatsächlich fehlten aber durchaus klare Konzeptionen, und die Bildung einer obersten Parteikörperschaft mit klar geregelten Rechten der Mitsprache und Mitentscheidung in der Staatsführung wäre letztlich mit Hitlers persönlichem Führungsanspruch unvereinbar gewesen. Die Idee eines obersten »Senats der NSDAP« (nach dem Vorbild des italienischen »Gran Consiglio del Fascismo«) existierte schon seit Jahren als Lieblingsidee verschiedener Parteiführer, und im Braunen Haus in München hatte man einen »Senatssaal« schon 1931 vorsorglich eingerichtet. Tatsächlich wurde die Idee, die noch im Organisationsbuch der NSDAP von 1938 als Zukunftsvorstellung figurierte[27], nie verwirklicht. Hitler fürchtete im Gegenteil schon die gemeinsamen Zusammenkünfte einer großen Zahl von namhaften Partei-, SA- und SS-Führern, zu denen es 1933 verschiedentlich in Berlin gekommen war, und stand den u. a. von Walter Buch (dem Vorsitzenden des Partei-Uschla) befürworteten Bestrebungen, die Funktionäre der Bewegung zu einem wirklichen Führerkorps zu machen, auffallend ablehnend und mißtrauisch gegenüber.[28] Am 13. 10. 1933 teilte der Stabsleiter des Stellvertreters des Führers (Bormann) in einem

Parteirundschreiben im Hinblick auf den mehrfach geäußerten Wunsch nach einem »besonderen Zusammenschluß der alten Parteimitglieder« mit, »daß triftiger Gründe halber der Führer« einen solchen Zusammenschluß »für untunlich hält und daher verbietet«.[29] Was statt dessen aus den Vorstellungen einer engeren Verbindung von Partei und Staat herauskam, war das vom Reichsminister des Innern entworfene »Gesetz zur Sicherung der Einheit von Partei und Staat« vom 1. 12. 1933 (RGBl. I, S. 1016)

In dem Gesetz wurde ausgeführt: »Nach dem Sieg der nationalsozialistischen Revolution« sei die NSDAP, die künftig den Status einer Körperschaft des öffentlichen Rechts haben solle, »Trägerin des deutschen Staatsgedankens und mit dem Staat unlöslich verbunden«. Zur »Gewährleistung engster Zusammenarbeit der Dienststellen der Partei und der SA mit den öffentlichen Behörden werden der Stellvertreter des Führers und der Chef des Stabes der SA Mitglied der Reichsregierung«. Des weiteren sah das Gesetz wegen der »erhöhten Pflichten« der Partei- und SA-Mitglieder »gegenüber Führer, Volk und Staat« die Errichtung besonderer Partei- und SA-Gerichte vor, die ermächtigt werden sollten, über Parteidienststrafen hinaus auch »Haft und Arrest« zu verhängen. Tatsächlich kam es dazu nicht. Die Parteigerichtsbarkeit blieb eine Ehrengerichtsbarkeit ohne staatlich-hoheitliche Strafbefugnisse über Freiheit und Leben. Auch sonst erwies sich das Gesetz als recht problematisch, teilweise doppelsinnig oder bloß deklamatorisch. Charakteristisch war, daß das Gesetz die NSDAP nicht zum »Träger des Staates«, sondern nur zur »Trägerin des deutschen Staatsgedankens« erklärte, d. h. es begründete gerade keine *institutionelle* und *verfassungsrechtliche*, sondern lediglich eine vage *ideelle* Vorrangigkeit der Partei gegenüber dem Staat. Von problematischem Wert für die Partei war auch die durch eine spätere Verordnung vom 29. 3. 1935* spezifizierte Umwandlung der NSDAP zu einer Körperschaft öffentlichen Rechts. Das war zwar ein Fortschritt gegenüber dem bisherigen Status

* Auch bekannt als »Zweites Gesetz zur Sicherung der Einheit von Staat und Partei«, RGBl. 1935 I, S. 502. Dieses Gesetz verfügte die förmliche Löschung der NSDAP als eingetragener Verein im Vereinsregister und traf gleichzeitig eine präzisere Unterscheidung zwischen »Gliederungen« und »Angeschlossenen Verbänden« der NSDAP. Zu ersteren, die keine eigene Rechtspersönlichkeit und kein eigenes Vermögen besaßen, gehörten demnach: SA, SS, NSKK, HJ, NS-Deutscher Studentenbund, NS-Frauenschaft; zu letzteren, die eigene Rechtspersönlichkeit und eigenes Vermögen (allerdings unter Aufsicht des Reichsschatzmeisters der NSDAP) besitzen konnten, zählten: der NS-Deutsche Ärztebund e. V., der Bund Nationalsozialistischer Deutscher Juristen e. V., der NS-Lehrerbund e. V., die NS-Volkswohlfahrt e. V., die NS-Kriegsopferversorgung e. V., der Reichsbund der Deutschen Beamten e. V., der NS-Bund Deutscher Techniker, die Deutsche Arbeitsfront.

»eingetragener Verein«, aber doch völlig unbefriedigend für die Verfechter des Supremats der Partei, zumal Körperschaften öffentlichen Rechts grundsätzlich der Aufsicht der Staatsregierung unterstanden, so daß als Rechtskonsequenz aus dem neuen Status gerade die Unterordnung, nicht die Überordnung der Partei gefolgert werden konnte. An dieser »Unzumutbarkeit« hat sich die Parteiführung noch lange gestoßen, aber alle Änderungsvorschläge, so z. B. der Gedanke, die Partei zu einer Körperschaft *besonderen* Rechts (nicht *öffentlichen* Rechts) zu erklären, führten nicht weiter, da niemand imstande war, den Status der Partei mit anderen Rechtsbegriffen zu definieren als denen des öffentlichen Rechts, was stets heißen mußte: des *staatlichen* Rechts.

Mit der Klassifikation als Körperschaft öffentlichen Rechts war immerhin formal legalisiert, daß die NSDAP fortan nicht nur aus eigenen Einkünften (vor allem den Mitgliedsbeiträgen), sondern in immer höherem Maße zusätzlich aus dem staatlichen Etat finanziert wurde. Daraus ergab sich anderseits eine – wenn auch oft nur formelle – Abhängigkeit vom Reichsfinanzminister. Die von dem Fachminister Schwerin-Krosigk geleitete Finanzbürokratie des Reiches wagte tatsächlich nur selten, Finanzwünsche der Partei zurückzuweisen oder zu kürzen, und meist wurden diese vom Reichsschatzmeister der Partei als pauschale, kategorische Forderung, nicht als spezifizierter Antrag mit Einzelbegründungen, vorgebracht.* Dadurch, daß

---

* So berichtete der ehemalige Ministerialrat im Reichsfinanzministerium, Paul Schmidt-Schwarzenberg, in einer eidesstattlichen Erklärung vom 10. 6. 1948, daß in den Jahren 1933/34 nicht nur die Oberste SA-Führung »mit immer neuen Geldforderungen ins Reichsfinanzministerium« kam, was zu »dauernden Differenzen« führte, weil die Vertreter der SA »nicht bereit waren, ihre Geldforderungen hinreichend zu begründen und die geforderten Auskünfte über den Verwendungszweck der Mittel zu erteilen«. Auch der Reichsschatzmeister, der schließlich (1934/35) »gegenüber der Mißwirtschaft der NSDAP« durchgegriffen und nicht mehr geduldet habe, »daß auch seinen Vertreter noch Gliederungsvertreter mit dem Reichsfinanzminister verhandelten«, sei meist »nicht bereit« gewesen, »die geforderten Angaben über Stärke, Zusammensetzung, Geschäftsbedarf, Ausrüstung usw. der Gliederungen zu geben, sondern begnügte sich mit der vom Reichsschatzmeister der NSDAP immer wiederholten Begründung, daß die Partei und ihre Gliederungen staatliche Hoheitsaufgaben durchführten und die Nachprüfung der Ordnungsmäßigkeit und Wirtschaftlichkeit der zu treffenden Maßnahmen allein dem Reichsschatzmeister zustehe«. Schwarz' Vertreter Damson habe es dabei oft vorgezogen, mit dem Staatssekretär (Reinhardt) zu verhandeln, der als Alter Kämpfer und Inhaber eines hohen Partei-Ranges vielleicht vertraulich nähere Auskünfte erhalten habe. Schmidt-Schwarzenberg gab in diesem Zusammenhang an, in den Rechnungsjahren 1934 und 1935 habe der jährliche Reichszuschuß für die Gliederungen der NSDAP (ohne Konzentrationslager, Verfügungstruppen, Mittel zur vormilitärischen Ausbildung durch die SA, österreichische Legion u. a. Sondermittel) rund 50 Mill. RM betragen, im Jahre 1936 sei dieser Betrag auf 70 Mill., 1937 auf 100 Mill. und in der Folgezeit (verursacht vor allem durch Parteibauten, den Ausbau der Parteiorganisationen, Einrichtung zahlreicher neuer Büros für Wirtschafts-, Rechts-, Arbeits-, Kulturberater der Partei etc.) noch schneller gestiegen (1938: 145 Mill., 1939: 245 Mill., 1940: 270 Mill., 1941: 320 Mill., 1942: 400 Mill., 1943: 450 Mill., 1944: 500 Mill.). IfZ: ZS 511.

(seit dem 29. 3. 1935) der Reichsschatzmeister der NSDAP, nicht der Reichsfinanzminister oder der Rechnungshof des Deutschen Reiches, auch die alleinige Prüfung der Parteiausgaben (einschließlich der aus dem Staatsbudget stammenden Mittel) in der Hand hatte, war die NSDAP auf dem Gebiet der Finanzverwaltung tatsächlich weitgehend autonom. Aus dieser besonderen Vollmacht erklärt sich auch die starke Stellung des Reichsschatzmeisters in der Reichsleitung der NSDAP. Er als einziger hatte unzweideutiges und zentrales Weisungsrecht auf seinem Gebiet und vermochte daher auch seit 1935 die Eigenmächtigkeiten einzelner Gauleitungen in der Finanzgebarung meist erfolgreich zu unterbinden.

Sehr viel weniger befriedigend waren für die NSDAP die *politischen* Implikationen des Gesetzes zur Sicherung der Einheit von Partei und Staat. Die Ernennung von Heß und Röhm zu Ministern (ohne Geschäftsbereich!) innerhalb der Reichsregierung verlieh der NSDAP und SA zwar ein Mitspracherecht in der Regierungsgesetzgebung und Beamtenernennung, gab den beiden Parteiministern aber keine exekutiven Mittel in die Hand und war insofern kaum dazu angetan, die Suprematie der NS-Bewegung gegenüber dem Staat zu sichern. Vielmehr lag in dieser Regelung (was zweifellos im Sinne des Frickschen Gesetzesentwurfs war) die Tendenz, den Parteieinfluß auf den Staat primär über den Ministerialweg zu leiten, ihn dadurch zu kanalisieren und die beiden Parteiminister selbst an die Verfahrensweise der Ministerialbürokratie zu binden.

Weit davon entfernt, eine »unlösliche« Verbindung von Partei und Staat zu schaffen, wirkte das Gesetz bei aller optischen Rangerhöhung und Beschwichtigung der Partei doch eher zugunsten des autoritären und zentralen Staatsapparates, und darin lag auch, im Zusammenhang mit dem beabsichtigten Stop der Parteirevolution, seine situationsbedingte primäre Funktion. Es war kein Zufall, wenn Goebbels wenige Tage später (8. 11. 1933) im Sportpalast in Berlin erklärte, die NS-Bewegung habe »von jeher den totalen Staat angestrebt«.[30] Was Hitler in dieser Zeit unter der »Verschmelzung von Partei und Staat« verstand, war die klare Unterordnung der Partei unter die Staatsführung und – anstelle der von unten kommenden Parteidynamik – die Umwandlung der Partei in ein ausschließlich dem absoluten Führer gehorchendes Massenorgan zur propagandistischen und organisatorischen Ergänzung und Potenzierung der Staatsmacht und Regierungspolitik. Das wurde besonders deutlich in der Ansprache, die Hitler am 2. 2. 1934 vor den versammelten Gauleitern in Berlin hielt. In der ungezeichneten Niederschrift (Bormanns?) über diese Ansprache heißt es:[31]

»Der Führer betonte: Wesentliche Aufgaben der Partei seien:
1. Für die beabsichtigten Maßnahmen der Regierung das Volk aufnahmefähig zu machen,
2. angeordnete Maßnahmen der Regierung im Volk zur Durchsetzung zu verhelfen,
3. die Regierung in jeder Art und Weise zu unterstützen.

Der Führer betonte weiter, es seien Narren, die da behaupten, die Revolution sei nicht beendet ... Wir benötigten dagegen einen Verwaltungsapparat auf allen Gebieten, der uns in die Lage versetzte, nationalsozialistisches Gedankengut sofort zu verwirklichen. Dabei müsse Grundsatz bleiben, daß nicht mehr Befehle und Pläne, als die Apparatur verdauen könne, gegeben und erörtert werden ...

Als akute Hauptaufgabe bezeichnete der Führer die Auslese der Menschen, die einerseits fähig, andererseits in blindem Gehorsam bereit seien, die Maßnahmen der Regierung durchzusetzen. Die Partei müsse als Orden die notwendige Stabilität für die ganze deutsche Zukunft bringen; sie müsse diese Stabilität sichern, das könne nicht irgendeine Monarchie. Der erste Führer ist vom Schicksal auserwählt; der zweite muß von vornherein eine getreue, verschworene Gemeinschaft hinter sich haben. Keiner darf gewählt werden, der eine Hausmacht besitzt ...

Wir dürfen keinen Kampf untereinander führen; niemals darf sich eine Differenz zeigen gegenüber Außenstehenden ... Selbst die Folgen von Fehlentscheidungen müssen durch unbedingtes Zusammenhalten ausgeglichen werden ... Daher auch keine überflüssigen Diskussionen! Probleme, über welche die einzelnen Führungsstellen noch nicht im klaren sind, dürfen in der Öffentlichkeit keinesfalls diskutiert werden, denn sonst würde man dadurch der Masse des Volkes die Entscheidung zuschieben. Das war der Wahnwitz der Demokratie, aber dadurch verpraßt man den Wert jeder Führung. Der die Entscheidung zu treffen hat, muß sie treffen, und alle anderen haben dahinter zu stehen ...

Im übrigen dürfen wir jeweils immer nur *einen* Kampf führen.

Ein Kampf nach dem andern; eigentlich müßte es nicht heißen ›viel Feind, viel Ehr‹, sondern ›viele Feinde, viel Dummheit‹. Außerdem kann das Volk nicht zwölf Kämpfe gleichzeitig führen und begreifen. Demgemäß müssen wir das Volk immer nur mit *einem* Gedanken erfüllen, es auf *einen* Gedanken konzentrieren. Gerade für außenpolitische Fragen ist es notwendig, das ganze Volk hypnotisch hinter sich zu haben, die ganze Nation muß geradezu mit Sportgeist, mit Spielerleidenschaft an diesem Kampf interessiert sein; dies ist notwendig. Nimmt die ganze Nation an dem Kampf teil, so verspielt auch sie. Ist sie desinteressiert, verspielt nur die Führung. In dem einen Fall entsteht eine Wut des Volkes über den Gegner, im anderen über den Führer.«

Die künftige Aufgabe der Partei als einer der Führergewalt »blind« ergebenen und sie propagandistisch potenzierenden Massenorganisation hätte nicht deutlicher (und einseitiger) formuliert werden können. Vor allem auch das Wesen dieser totalitären Propaganda, die (mangels eindeutiger Ideologie und Programmatik) gerade nicht auf rationale politische Erziehung, sondern ganz bewußt auf »Hypnose«, auf die Entfesselung der nationalen »Spielerleidenschaft« gerichtet war, kam hier rückhaltlos zum Ausdruck. Mit der taktischen Anweisung, jeweils nur *einen* Kampf zu führen, gab Hitler zugleich eine Devise aus, die er nicht nur in der Außenpolitik, sondern in meisterhaft machiavellistischer Weise in den nächsten Monaten gerade auch in der Innenpolitik beherzigen sollte.

Entmachtung der SA

Seit spätestens März 1934 stellte Hitler die vorher noch feststellbaren Bemühungen ein, die SA-Führung auf gütlichem Wege zur Aufgabe ihrer machtpolitischen Ambitionen zu bewegen, und steuerte statt dessen bewußt auf die gewaltsame Auseinandersetzung hin. Der blutigen Aktion vom 30. 6. 1934 gingen Monate voraus, in denen innerhalb der Partei und des Regimes systematisch die Isolierung und Verketzerung der SA betrieben wurde, wofür diese allerdings durch das hochtrabende und respektlose Gebaren ihrer Führer zahlreiche Vorwände lieferte. Hauptsächliche Verbündete Hitlers (außer Göring und Goebbels in Berlin) waren dabei die SS und die Reichswehr.

Während Hitler über die Reichsstatthalter und Gauleiter bzw. über Heß und einzelne Minister den Ambitionen der SA zunehmend intensiver entgegenarbeiten ließ*, dabei aber nach wie vor selbst im Hintergrund blieb und entsprechende eigene und direkte Befehle an die SA unterließ**, wurde im Winter und Frühjahr 1933/34 die zunächst in Bayern von Himmler und Heydrich etablierte SS-Herrschaft über die Politische Polizei binnen kurzem auf die Politischen Polizeien aller anderen Länder ausgedehnt, deren Leitung in dieser Zeit sämtlich der Reichsführer-SS übernahm; zuletzt, im April 1934, auch in Preußen, wo Görings bisheriger Gestapochef Diels ausschied und Himmler (wenn zunächst auch nominell in Stellvertretung Görings mit der Dienstbezeichnung eines »Inspekteurs«) die faktische Leitung der Preußischen Geheimen Staatspolizei erhielt und Heydrich als neuer Chef des Geheimen Staatspolizeiamtes (Gestapa) in der Prinz-Albrecht-Straße einzog.[32] Diese Zusammenfassung der Politischen Polizei in der Hand des Reichsführers-SS, d. h. des Führers einer Parteigliederung, lag zwar im Zuge der allgemeinen Zusammenfassung der Verwaltung und Exekutive (nach der Aufhebung der Ländersouveränität). Es war aber bezeichnend, daß die Zusammenfassung in diesem Falle (Politische Polizei) gerade nicht durch das zuständige staatliche Zentralressort, den Reichsinnenminister, erfolgte, sondern dessen gleichzeitigen Bestrebungen zur Vereinheitlichung des Vorgehens der Politischen Polizei (Anwendung der Schutzhaft) gerade entgegenwirken und sie neutralisieren mußte. Staatsrechtlich handelte es sich bei Himmlers Zusammenfassung der Politischen Polizei nicht um eine »Verreichlichung«, sondern um eine Addition der Länderkompetenzen, was auch in der damaligen Titel-Akkumulation Himmlers (Politischer Polizeikommandeur Bayerns, Stellver-

---

* So geschah es zweifellos auf Veranlassung Hitlers, wenn Heß am 22. 1. 1934 im ›Völkischen Beobachter‹ schrieb: »Für die SA oder sonstigen Teilorganisationen besteht heute und für künftige Zeiten nicht die geringste Notwendigkeit, ein Eigendasein zu führen … Mehr noch, es wäre ein Schaden für die Gesamtheit, wenn sie ihren Eigennutz vor die Gesamtheit der Partei stellen. Und die Billigung des Führers fänden sie niemals.« Schwerin-Krosigk erklärte später (7. 8. 1952), Hitler habe ihn (Schwerin-Krosigk) seit Anfang 1934 wiederholt veranlaßt, Forderungen Röhms nach Geldmitteln (30 Mill. RM pro Monat) für die militärische Bewaffnung und den Ausbau der SA, die Hitler Röhm gegenüber nicht direkt ablehnen wollte, zurückzuweisen und dies mit der Finanzlage des Reichsetats zu begründen. Vgl. IfZ: ZS 145.

** In einer undatierten Aufzeichnung des Reichsstatthalters v. Epp vom April oder Mai 1934, in der Epp »die Sicherung des autoritären Rechtsstaates« als »Voraussetzung der inneren Gesundung« bezeichnete, wies er besonders darauf hin, daß der seinerzeitige Erlaß des Reichsinnenministers an die Reichsstatthalter zur Beendigung der Revolution vom 10. 7. 1933 vor allem deshalb »nicht den erhofften und erwünschten Erfolg« hatte, »weil die darin angekündigten entsprechenden Weisungen an die SA nicht ergangen sind« (Epp-Material, IfZ: MA–1236).

tretender Chef der preußischen Gestapo, Kommandeur der Politischen Polizei in Baden, Württemberg, Braunschweig, Hessen, Sachsen, Thüringen etc.) zum Ausdruck kam. Bis 1936 (Ernennung Himmlers zum Chef der Deutschen Polizei) gab es rechtlich kein *Reichs*organ der Politischen Polizei, sondern nur, in Gestalt der persönlichen Leitung durch Himmler, ein Organ der Gesamthand der Länder, das institutionell von Preußen aus geleitet wurde, wodurch auch die preußische Bezeichnung (Gestapo) sich allgemein durchsetzte. Im Hinblick auf die Organisation der Herrschaft bedeutete diese Zusammenfassung gerade nicht *Einbau* in die reichseinheitliche Staatsverwaltung, sondern *Ausgrenzung* der Politischen Polizei aus dem Gefüge der inneren Verwaltung, d. h. institutionelle Verselbständigung der Gestapo auf der Grundlage der revolutionären Usurpation der Politischen Polizei durch die SS, wie sie sich im März 1933 in Bayern vollzogen hatte. Damit hing auch die enge Verklammerung der (staatlichen) Politischen Polizei mit dem Parteiorgan des Sicherheitsdienstes (SD) zusammen, die von Heydrich (durch Ämterverbindung in den Führungsstellen der Gestapo und des SD) jetzt überall methodisch betrieben wurde.

Daß Hitler die Politische Polizei nicht der Ministerialbürokratie des Reichsinnenministers unterstellt und an das Reglement der bürokratischen Staatsverwaltung gebunden sehen wollte, entsprach zweifellos seiner grundsätzlichen Absicht, über die Führung dieses für sein Regime unentbehrlichen Instruments direkt bzw. durch einen ihm persönlich treu ergebenen Gefolgsmann (Himmler) verfügen zu können. Deutlicher als in irgendeinem anderen Bereich der Staatsgewalt wurde hier die in der NS-Bewegung ausgebildete Funktionsweise des personalen Führer-Gefolgschaftsverhältnisses zum Strukturelement eines Machtapparates, den man deshalb mit Recht als die klarste Verkörperung der außerhalb von Partei und Staat stehenden »Führergewalt« bezeichnet hat.[33] Da an sich in dieser Zeit (Frühjahr 1934) die Stärkung der Autorität der Reichsregierung gegen die Sondergewalt der Partei im Sinne Hitlers lag, wäre es kaum zu der raschen und zielstrebigen Verselbständigung der Politischen Polizei durch die SS gekommen, wenn dahinter nicht das konkrete Ziel gestanden hätte: die Entmachtung der SA.

So wenig die ganze Hintergrundgeschichte des im Frühjahr 1934 einsetzenden Kesseltreibens gegen die SA schon zutage liegt, so sicher ist doch, daß Himmler und Heydrich dabei, mit Hilfe des SD und der Politischen Polizei und SS, durch Bespitzelung und gezielte Denunziationen das Feuer kräftig anschüren, daß bewaffnete SS-Kommandos dann auch die eigentlichen Exekutoren der Bartholomäusnacht vom 30. Juni waren und die SS schließlich am meisten von dieser Aktion profitierte. Dabei kam es aber, was sich in der weiteren Entwicklung des Dritten Reiches besonders fatal auswirkte, zu einem engen Zusammenspiel zwischen der SS und der Reichswehr. Der Unterschied zwischen den wehrpolitischen Vorstellungen der Reichswehr, die die SA als durchaus willkommene, aber klar ihrem Gefüge und Oberbefehl unterzuordnende Milizverstärkung betrachtete, und den Vorstellungen Röhms, der »den grauen Fels« der Reichswehr »in der braunen Flut« der SA untergehen lassen wollte[34], war in den ersten Monaten des Jahres 1934 zunehmend stärker zum Ausdruck gekommen. Hitler stand in dieser Auseinandersetzung klar auf der Seite der Reichswehr. Da die meisten SA-Führer den als reaktionär und unpolitisch verachteten Reichswehroffizieren den Führungsanspruch über die bewaffnete Macht weiterhin streitig machten, vielerorts zwischen Offizieren und SA-Führern sehr gespannte Verhältnisse entstanden und die bewaffneten Stabswachen der SA, ihre militärischen Übungen etc. das Mißtrauen der Reichswehr zunehmend stärkten, begannen im Frühjahr 1934 auch maßgebliche Männer der Reichswehrführung (vor allem der Chef des Ministeramts v. Reichenau) statt auf eine Überbrückung der Gegensätze auf eine gewaltsame Aktion zu setzen. Als Hitler schließlich im Juni den Überraschungsschlag gegen die in München bzw. Bad Wiessee versammelte SA-Führung vorbereitete, übernahm die Reichswehr durch die Lieferung von Waffen und Transportmitteln für die nach München beorderten Teile der SS-Leibstandarte (unter Sepp Dietrich) und anderer SS-Einheiten eine wesentliche Rolle. Auch stand die Reichswehr bereit, selbst einzugreifen, für den Fall, daß es zu einer stärkeren Gegenwehr der SA gegen die SS-Kommandos kommen sollte. Nicht nur Blomberg und Reichenau, sondern auch der Chef der Heeresleitung, General v. Fritsch, und der damalige Chef des Truppenamtes, Generalleutnant Ludwig Beck (der spätere Leiter der Verschwörung gegen Hitler am 20. 7. 1944), sowie die wichtigsten Stellen in den Wehrkreiskommandos waren über die Aktion (wenn auch nicht über den meuchelmörderischen Stil der Durchführung) im Bilde und bereit, sie aktiv zu unterstützen. Die Version, der Gegensatz zwischen

SA- und Reichswehrführung sei »ohne Zutun der Armee« von Hitler, Himmler, Göring etc. beseitigt worden, ist gerade auf Grund neuer Dokumentenerkenntnisse nicht zu halten.[35]

Die Einzelheiten der Aktion, in deren Verlauf sowohl Röhm wie Dutzende anderer hoher SA-Führer verfahrenslos von bewaffneten SS-Männern im Gefängnis Stadelheim in München oder im Lager Dachau erschossen wurden, während gleichzeitig in Berlin, Breslau und anderen Orten ähnliche Aktionen stattfanden, die z. T. noch Tage andauerten, brauchen hier nicht geschildert zu werden. Die genaue Zahl der Erschossenen, die in die Hunderte ging, steht bis heute nicht fest. Bezeichnend war, daß gleichzeitig mit der Ermordung Röhms und seiner engsten Gefolgsleute aus der SA-Führung nicht nur andere ehemalige »Verräter« (Gregor Strasser) beseitigt und manche persönliche Rechnungen lokaler SS-Führer beglichen, sondern auch alte Gegner Hitlers (v. Kapp, v. Schleicher) sowie prominente konservative und bürgerliche Kritiker, die sich in den vergangenen Wochen und Monaten zu Wort gemeldet hatten (Edgar Jung, Erich Klausener), heimtückisch umgebracht wurden.

Diese gleichzeitige brutale Abschreckung der Kritik von rechts (auch Papen verlor jetzt seinen Posten als Vizekanzler und diente Hitler künftig in diplomatischer Sondermission in Wien) ließ schon erkennen, daß der Triumph der »staatstragenden« konservativen Kräfte, die mit der machtbewußten SA-Führung Röhms den gefährlichsten Gegenspieler loswurden, langfristig ein Pyrrhussieg war. Gleichwohl bedeutete die vorbeugende, blutige Unterdrückung der Ambitionen der SA, die in der Folgezeit, gleichsam auf den Status eines Wehrsportverbandes herabgedrückt, unter Röhms Nachfolger Viktor Lutze trotz ihrer zahlenmäßigen Stärke als Machtfaktor innerhalb des Dritten Reiches keine nennenswerte Rolle mehr spielte, zunächst und vor allem den definitiven Stop der Parteirevolution von unten. Erst jetzt, nach dem 30. 6. 1934, wurden in Preußen, in Bayern und den anderen Ländern die SA-Sonderbeauftragten abgeschafft, die SA (zugunsten der SS) aus der Leitung und Kontrolle der Konzentrationslager herausgedrängt und die Vertretung der NS-Bewegung im Reichskabinett auf den »Stellvertreter des Führers« beschränkt. Erst jetzt schien der Weg frei für den »autoritären Staat«, und es setzte tatsächlich eine starke Reduzierung der Willkür im öffentlichen Leben des Dritten Reiches, eine bemerkliche Restauration der Rechtssicherheit und eine Zurückdrängung (allerdings keine Abschaffung!) des Ausnahmezustandes ein. In den Jahren bis 1936/37 schien der Hitler-Staat von den konservativen Trägern des Staates und konservativen Ordnungsvorstellungen mindestens ebensosehr geprägt wie von der Dynamik der NS-Bewegung, zumal auch in der Partei in dieser Zeit die Bürokratisierung sich stärker durchsetzte.*

In der Auseinandersetzung mit den konservativen Trägern des Regimes und denjenigen Teilen der NS-Bewegung, von denen am meisten Unruhe und Willkür ausgingen, hatte sich Hitler ganz bewußt auf die Seite der ersteren gestellt. Dabei spielte die Rücksicht auf den Reichspräsidenten, in dessen Umgebung (ebenso wie der Papens und der Reichswehrgenerale) die Kritik an der SA besonders stark war**, um so mehr eine Rolle, als sich das Problem der Nachfolge des Reichspräsidenten infolge der sichtlichen Altersschwäche und Krankheit Hindenburgs schon im Frühjahr und Frühsommer 1934 stellte und Hitler ohne den Rückhalt der Reichswehr schwerlich sicher sein konnte, ob der Übergang des Reichspräsidentenamtes (und damit des verfassungsmäßigen Oberbefehls über die Reichswehr) an ihn selbst reibungslos verlaufen würde. Daß Hindenburg schon fünf Wochen nach der Röhm-Affäre starb, verstärkte die Bedeutung dieses Zusammenhangs. Beide Ereignisse ergänzten sich nunmehr ideal als Schrittmacher der Führerabsolutismus. Der politischen Entmachtung der SA, deren Führung 1933/34 als einzige bedeutende politische Potenz Hitler nicht unterwürfig, sondern nahezu gleichberechtigt gegenübergetreten war, folgte am 2. 8. 1934 die Übernahme der Kompetenz auch des Reichspräsidenten durch Hitler, der nunmehr als Führer der einzigen Partei, Chef der Regierung und Staatsoberhaupt sämtliche Insignien der Macht in seiner Hand vereinigte. Soldaten und Beamte (einschließlich der Minister der Reichsregierung!) hatten nunmehr Adolf Hitler, »dem Führer des deutschen Reiches und Volkes«, den persön-

---

* Symptomatisch in diesem Zusammenhang u. a. ein Schreiben Görings vom 31. 8. 1934 an Heß, in dem ersterer auf Grund der Lageberichte der preußischen Ober- und Regierungspräsidenten erklärte, eine weitere Säuberung sei nicht nur der SA, sondern des ganzen Parteiapparates »von Elementen, an denen das Volk mit Recht Anstoß nimmt«, sei nötig zur »Hebung der Stimmung« in der wirtschaftlich noch immer schlechten Lage. BA: R 43 II/1263.

** Ein Beispiel hierfür waren die Anfang 1934 der Reichskanzlei zugegangenen Auszüge aus dem Brief einer nicht näher bezeichneten hochgestellten Persönlichkeit an den Reichspräsidenten vom 13. 1. 1934, in dem es u. a. hieß: Die Einigkeit des Volkes sei nur zu erhalten, »wenn die oberen Führer so stark sind, um beizeiten unerschüttert durchzugreifen und diejenigen Unterführer abzubauen, die nicht geeignet und daher nicht wert sind, den Namen Führer zu tragen«. BA: R 43 II/193.

lichen Treueeid zu leisten, der an die Stelle des Eides auf die Verfassung trat. Mit der Restauration des persönlichen Treuegelöbnisses war gleichsam ein Stück Monarchie restauriert. Tatsächlich ging der Umfang der Führervollmacht Hitlers aber über die eines Monarchen noch hinaus. Stand doch anstelle des »Gottesgnadentums« der Anspruch, daß der Führer von der Vorsehung bestimmter Heilsbringer und zugleich Verkörperung und Medium des unartikulierten Volkswillens sei.

Der Stop der Parteirevolution von unten, der Hitler den Weg zur Perfektionierung des Führerabsolutismus freimachte, bestand jedoch nicht nur in der definitiven Entmachtung oder zeitweiligen Machteindämmung derjenigen Potenzen innerhalb der NS-Bewegung, die (wie die SA oder die Gauleiter der NSDAP) seit jeher die relativ größte Unabhängigkeit besessen hatten. Sie äußerte sich auch in dem gleichzeitigen Vorgang des Abbaus zahlreicher programmatischer Inhalte und Impulse der NS-Bewegung, die als Erneuerungsideen (wie utopisch auch immer) über den Führerglauben hinaus für zahlreiche Parteigenossen auch eine ideelle Bindung und Hoffnung bedeutet hatten. Nicht zufällig kam es ziemlich gleichzeitig mit der Entmachtung der SA auch zur Enttäuschung der nationalen Sozialisten, der Ständestaats- und der Mittelstandsprogrammatiker und der Verfechter der Reichsreform. Der Stop der Revolution, so wurde es gerade unter den Altparteigenossen weithin empfunden, war zugleich der Verrat Hitlers an den Idealen der Partei. Je nach der Qualität dieser »Ideale« konnte dies aber auch Entdogmatisierung der NS-Bewegung und Zurückdrängung derjenigen Ideologen, Fanatiker und Heißsporne bedeuten, die sich in der Praxis und als »Machttechniker« nicht bewährten. Der Prozeß der Machtergreifung war, und so sah es wohl vor allem Hitler selbst, auch ein verschärfter Ausleseprozeß für die NS-Bewegung, durch den sich für Hitler selbst erst abklärte, mit wem, in welcher Richtung und wie weit man unter den gegebenen Umständen gehen könne. Dabei spielten gerade auch die Niederlagen und Peinlichkeiten, die dem neuen Regime durch das Vorprellen der Partei 1933/34 entstanden, eine wesentliche Rolle. Auf zwei Gebieten wurde das unter anderem deutlich: auf dem der Außenpolitik und in der Kirchenpolitik. Sie sollen deshalb hier als Beispiele durch zwei Exkurse näher veranschaulicht werden.

So ungesichert in vieler Hinsicht bis zum Sommer 1934 die innenpolitische Stabilität des neuen Regimes noch war, so prekär blieb in dieser Zeit auch seine außenpolitische Lage. Abgesehen von einzelnen unangenehmen Beschlüssen der Hitler-Regierung, wie der bereits erwähnten Einstellung bzw. Einschränkung des Schuldendienstes gegenüber ausländischen Gläubigern, war es zunächst vor allem die katastrophale Stimmungsverschlechterung auf Grund der innenpolitischen Ereignisse in Deutschland, die sich im Frühjahr 1933 im Ausland Bahn brach und namentlich in den demokratischen Staaten des Westens direkt und indirekt auch die offizielle Außenpolitik tangierte. Das terroristische Kesseltreiben gegen Juden, Kommunisten, Sozialdemokraten und Demokraten, Massenverhaftungen, Mißhandlungen, Konzentrationslager, Judenboykott, Bücherverbrennungen und die starke Fluchtbewegung von politischen Emigranten und Juden (bis zum Sommer 1933 rund 50000 Flüchtige aus Deutschland[36]) erschreckten um so mehr, weil diese Ereignisse sich in Deutschland, dem zivilisierten Land in der Mitte Europas, abspielten und weil der nationale Fanatismus und Irrationalismus, der hier an die Macht gelangt war, schwere Gefahren auch für die benachbarten Länder befürchten ließ.

Hitler suchte von Anfang an dieser »Greuelpropaganda« des Auslandes entgegenzuwirken, nicht nur durch öffentliche Reden, in denen er die friedfertigen Absichten der neuen nationalen Regierung beteuerte (besonders eindrucksvoll in der Reichstagsrede vom 17. 5. 1933), sondern auch durch eine Reihe von Interviews, insbesondere mit ausgewählten Vertretern der sympathisierenden Auslandspresse. Charakteristisch hierfür sind u. a. die Hitler-Interviews mit dem Chefkorrespondenten Ward Price von der konservativen Londoner ›Daily Mail‹, deren Besitzer Lord Rothermere zu den wenigen englischen Bewunderern Hitlers zählte und 1933/34 eine Reihe von Hitler-Interviews selbst anregte, z. T. auch ihre Themen vorschlug, um in Großbritannien das Eis für Hitler zu brechen.*

---

* Unterlagen über das Zustandekommen und den Inhalt dreier Interviews, die Hitler Mitte Oktober 1933, Mitte Februar 1934 und Anfang Juni 1934 Ward Price gab, befinden sich in den Akten der Reichskanzlei. BA: R 43 II/474. Als ein Beispiel dieser verharmlosenden Interviewtechnik sei hier ein Abschnitt aus der Niederschrift Price's über das Interview vom 16. 2. 1934, drei Wochen nach dem überraschenden Abschluß des deutsch-polnischen Nichtangriffspaktes vom 26. 1. 1934, wiedergegeben. Price schrieb: »I told the Chancellor that his Peace Pact with Poland has

Hitlers rhetorische Bemühungen zur Besänftigung des Auslandes wurden jedoch immer wieder durchkreuzt von gegenteiligen Äußerungen und Aktionen, die den Radikalismus und die Aggressivität des Nationalsozialismus demaskierten. Dabei waren die durchaus uneinheitlichen Zielsetzungen und manches selbstverschuldete Dilemma der frühen Außenpolitik des NS-Regimes vielfach Ausdruck der wechselnden und noch ungeklärten Kompetenz- und Machtverhältnisse im Innern, insbesondere des Neben- und Gegeneinanders von offizieller und Partei-Politik, aber auch der undurchsichtigen und unsicheren Haltung Hitlers, der in dieser Phase keineswegs schon so selbstherrlich wie später über die verschiedenen Kräfte der Partei und des Staates verfügen und eine Mehrgleisigkeit der Außenpolitik zielstrebig manipulieren konnte, sondern noch in starkem Maße Rücksichten zu nehmen hatte und erst allmählich die Initiative auch hier an sich ziehen konnte.

Hitler hatte bei der Bildung seiner Regierung die Leitung des Auswärtigen Amtes dem deutschnationalen Berufsdiplomaten Frhr. v. Neurath überlassen und zusagen müssen, die Partei vom diplomatischen Korps fernzuhalten. Tatsächlich konnte das Auswärtige Amt (ähnlich wie Hugenberg in der Wirtschaftspolitik) zunächst im großen und ganzen den alten Kurs nationaler Revisionspolitik ohne bemerkenswerte Änderungen fortsetzen. Gleichzeitig versuchte aber die NSDAP mehr oder weniger unabhängig von der offiziellen Linie des Auswärtigen Amtes ins Spiel zu kommen, wobei auch Hitler selbst mitunter mehr die Rolle des Parteiführers als die des Regierungschefs spielte.

Charakteristisch hierfür war die Einrichtung eines besonderen Außenpolitischen Amtes (APA) der NSDAP am 1. 4. 1933, mit dessen Leitung Hitlers langjähriger außenpolitischer Berater Alfred Rosenberg beauftragt wurde. Rosenberg, der Hitler vor allem in der antibolschewistischen Doktrin und in der Zielsetzung einer antikommunistischen Zusammenarbeit mit

come as a great surprise to the outside world, and that some people explained it as being intended to form the basis of an ultimate joint attack by Germany and Poland upon Russia with a view for acquiring territory.« Über Hitlers Reaktion hierauf berichtete Price: »He laughed incredulously: ›What? We take territory from Russia? Ridiculous!« Price ersparte Hitler aber bezeichnenderweise die naheliegende Frage, wie denn dann die gegenteiligen Äußerungen in ›Mein Kampf‹ zu bewerten seien und suchte seine englischen Leser statt dessen mit einer eigenen Erklärung zu beruhigen: »I would add here on my own account that although Herr Hitler, in his book ›Mein Kampf‹, written ten years ago, recommends to Germany the aim of acquiring territory in Russia as a home for future settlers, the fall in the German birth-rate which has taken place since then has stopped the expansion of the country's population, so that the need for increased territory is less urgent.«

England und Italien bestärkt hatte, betrachtete sich als eine Art Gegen-Außenminister und suchte vor allem durch Kontakte zu faschistischen oder halbfaschistischen Parteien und Gruppen im Ausland und durch Verbindungen zu antikommunistischen Emigranten innerhalb Deutschlands eine spezifisch partei-politisch-ideologische Note in die Außenpolitik zu bringen. Schon sein erster Besuch in London im Mai 1933, den Rosenberg mit voller Zustimmung Hitlers in dem Glauben unternahm, er könne, gestützt auf die Beziehungen zu einzelnen britischen Gesinnungsgenossen, die antinationalsozialistische Stimmung der englischen öffentlichen Meinung und Regierung durch persönliche Besuche und ideologische Erklärungen wenden, entwickelte sich zu einem kläglichen Fiasko.*

Das von Rosenberg geleitete APA blieb weiter bestehen und konnte sich später gelegentlich auch in die große Politik einschalten. Es hat aber nie ein ernstzunehmendes Gegengewicht gegenüber dem Auswärtigen Amt gebildet. Rosenbergs eigene Tagebuchaufzeichnungen aus dem Jahre 1934[37] bezeugen die Schwäche seiner Stellung, die ihn allerdings nur antrieb, Hitler bei jeder Gelegenheit in der Aversion gegen die »Verschwörer-clique« des Auswärtigen Amtes zu bestärken. Als Kandidat für eine spätere nationalsozialistische Nachfolge v. Neuraths kam Rosenberg schon 1934 nicht mehr in Betracht. Diese Rolle sollte vielmehr in zunehmendem Maße auf den gewandteren Auslandskaufmann Joachim v. Ribbentrop übergehen, der erst in den letzten Jahren vor der Machtübernahme zur NSDAP gestoßen war, Hitler aber in Berlin durch seine gesellschaftlichen und internationalen Verbindungen zu beeindrucken vermocht hatte. Namentlich der Auftrag, England für ein Zusammengehen mit dem Dritten Reich zu bewegen, wurde seit 1933/34 zur Hauptbeschäftigung Ribbentrops, der 1934 ein eigenes von der Partei finanziertes Büro in Berlin (»Dienststelle Ribbentrop«) in Anlehnung an die Parteizentrale unterhalten durfte und von Hitler auch in offizieller Mission ein-

---

* Rosenbergs Auftreten in London führte in der englischen Presse und im Unterhaus zu einem Sturm der Entrüstung, so daß auch Premierminister MacDonald sich weigerte, Rosenberg zu empfangen. Mit kaum verhohlener Genugtuung schrieb der deutsche Botschafter v. Hoesch am 15. 5. 1933 an das Auswärtige Amt, daß der Besuch äußerst unglücklich verlaufen und zu »keinerlei Verbesserung der hiesigen Atmosphäre« geführt habe. Vgl. Documents on German Foreign Policy, Serie C, vol. I, Nr. 237. Zu einer ähnlich deutlichen Kritik des ungeschickten, die Grenzen diplomatischen Takts verletzenden Auftretens führender Nationalsozialisten kam es gleichzeitig anläßlich eines Besuchs des Reichsleiters der NSDAP und bayerischen Justizministers Dr. Hans Frank in Österreich. Vgl. Aufzeichnung des Leiters der Pol. Abt. II im Auswärtigen Amt, Min.-Dir. Köpke vom 19. 5. 1933 (DGFP, Serie C, vol. I, Nr. 249).

gesetzt wurde: zunächst, ab April 1934, als Sondergesandter für Abrüstungsfragen, dann (1935) als Botschafter in London.

Der Schaden, den ungeschicktes Vorprellen von Parteiseite in der Anfangsphase des Dritten Reiches anrichtete, wurde besonders in einem Sektor der Außenpolitik deutlich, in dem die Partei ihre eigentliche Domäne sah und mit schnellen Erfolgen rechnete: in den Beziehungen zu Österreich und anderen Gruppen des benachbarten Auslandsdeutschtums, in denen entweder förmliche Untergliederungen der NSDAP (so in Österreich und Danzig) oder doch stark von der NSDAP beeinflußte nationalsozialistische »Erneuerungsbewegungen« bestanden, die unter dem Einfluß der nationalsozialistischen Machtübernahme im Reich nun ebenfalls zu beherrschendem Einfluß drängten. Von der NSDAP und auch von Hitler her gesehen, handelte es sich dabei nicht eigentlich um Außenpolitik im Sinne von Staatenbeziehungen, sondern um gesamtvölkische Politik im Sinne der NS-Ideologie und insofern um den Versuch einer Expansion der Machtergreifung bzw. Gleichschaltung in die mehrheitlich deutschbewohnten Gebiete jenseits der Grenze, wobei eine Eroberung der Macht von innen vor allem dort möglich und vorteilhaft erschien, wo es sich um eigenstaatliche oder autonome Gebiete handelte (Österreich, Saargebiet, Danzig, Memelgebiet). Tatsächlich scheiterten diese Versuche aber in den wichtigsten Fällen. Lediglich im Freistaat Danzig vermochte die von Gauleiter Albert Forster geleitete NSDAP, die vom Reich her materiell und propagandistisch stärkstens unterstützt wurde, bei den Volkstagswahlen vom 28. 5. 1933 mit 51 Prozent der Stimmen (so auch am 5. 3. 1933 in Ostpreußen!) knapp die absolute Mehrheit zu erlangen und infolgedessen auf legale Weise eine nationalsozialistische Senatsregierung zu bilden (mit Hermann Rauschning, ab Herbst 1934 mit Arthur Greiser als Senatspräsident).

Vorsichtiger mußte die auch weniger starke NSDAP im Saargebiet operieren, um bei der für den Februar 1935 anberaumten Abstimmung die Einheit der für den Anschluß an Deutschland eintretenden deutschen Parteien nicht zu gefährden. Auf Betreiben des Saarbevollmächtigten der NSDAP, des rheinpfälzischen Gauleiters Josef Bürckel, begnügte sie sich schließlich im Juli 1933 mit der Bildung der »Deutschen Front«, einer Koalition der deutschen bürgerlichen Parteien vom Zentrum bis zur NSDAP, in deren Leitung bis 1935 außer

Nationalsozialisten katholische Politiker eine maßgebliche Rolle spielten.

Zum eigentlichen außenpolitischen Experimentierfeld bei dem Versuch, die Machtergreifung zu exportieren, wurde aber Österreich.[38] Obwohl nach Prüfung der objektiven Fakten kaum zweifelhaft sein konnte, daß eine Machtübernahme der österreichischen NSDAP in Wien von den an der Erhaltung der österreichischen Unabhängigkeit interessierten Mächten, vor allem auch der faschistischen Regierung in Italien, nicht toleriert, sondern als verschleierter Anschluß betrachtet werden würde, gab Hitler den hierauf abzielenden Bestrebungen der NSDAP bis zum Juni 1933 seine volle Unterstützung. Angetan von der reibungslosen Machtergreifung der NSDAP in den außerpreußischen Ländern, glaubte man offensichtlich auch in Österreich an einen ähnlich schnellen Erfolg, zumal die österreichische NSDAP, als deren Landesleiter Hitler 1931 den Reichsdeutschen Theo Habicht eingesetzt hatte, unter dem Eindruck der Ereignisse in Deutschland durch den Zusammenschluß mit dem Steirischen Heimatschutz und den Großdeutschen ihre Basis erheblich zu verbreitern und eine Welle nationalsozialistischer Stimmungsmache und Propaganda in Gang zu setzen vermochte. Um der wachsenden Unruhe und Einwirkung von Deutschland her besser begegnen zu können, war die scharf antisozialistische österreichische Regierung unter Bundeskanzler Engelbert Dollfuß, die sich auf die Christlich-Sozialen und die halbfaschistische Heimwehr stützte, Anfang März 1933 infolge der Beschlußunfähigkeit des Nationalrats zu einem Präsidialsystem der Notverordnungen übergegangen. Damit entstand für die NSDAP in Österreich eine ähnliche Situation wie 1932 im Reich unter Papen und Schleicher. Obwohl die Heimwehr und Dollfuß ihrer politischen Couleur nach durchaus geeignete Partner Hitlers hätten sein können, worauf besonders Mussolini und die rechtsgerichtete ungarische Regierung Gömbös in der Erwartung einer gemeinsamen außenpolitischen Blockbildung hinwiesen, arbeitete die Leitung der österreichischen NSDAP unverkennbar auf den Sturz Dollfuß' hin. Bezeichnenderweise setzte sie dabei auf das in Deutschland seit Beginn der Wirtschaftskrise immer wieder bewährte Mittel: die Forderung nach Neuwahlen mit der Begründung, daß die bestehende Regierung nicht mehr der herrschenden Volksmeinung entspreche. Schon im März 1933 machte sich auch Hitler offiziell diese Forderung zu eigen.

Die deutsche Österreich-Politik war somit klar ins Schlepptau der nationalsozialistischen Parteipolitik geraten. Die Forderung war um so brisanter, als der deutsche Reichskanzler zugleich oberster Führer auch der österreichischen NSDAP und mithin Führer der radikalen Opposition in dem benachbarten Land war. Da Dollfuß dem Verlangen der NS-Bewegung keineswegs entsprach, ließ Hitler die Propaganda- und Terroraktionen der österreichischen NSDAP und SA vom Reiche aus durch gezielte Boykottmaßnahmen (Einreisesperre nach Österreich durch Einführung einer 1000-Mark-Gebühr) unterstützen. Bei alledem wurde das Auswärtige Amt, das nur vorsichtig auf die schweren außenpolitischen Gefahren dieser Pressions- und Subversionspolitik aufmerksam machte, weitgehend ausgeschaltet. Ausschließlich Theo Habicht war bis zum Sommer 1933 Hitlers Bevollmächtigter in der Österreich-Politik.

Ein Wandel der Haltung Hitlers zeichnete sich erst ab, als der Konflikt im Juni/Juli eine scharfe Zuspitzung erfuhr und für Deutschland höchst bedenkliche internationale Rückwirkungen auslöste. Dank italienischer Rückendeckung scheute sich die Regierung Dollfuß nicht, die Anfang Juni gefährlich verstärkten Pressionen, Ausschreitungen und Attentate der NSDAP durch die Ausweisung Habichts, die Verhaftung anderer NS-Funktionäre und schließlich (19. 6. 1933) durch ein Betätigungsverbot der NSDAP und die Auflösung der SA in Österreich zu beantworten. Die daraufhin vom Reiche aus ergriffenen Gegenmaßnahmen (Verhaftung des Leiters der Presseabteilung der österreichischen Gesandtschaft, Bildung der österreichischen Legion aus geflüchteten SA- und SS-Männern an der bayerisch-österreichischen Grenze, massive Propaganda der nach München verlegten Landesleitung der österreichischen NSDAP durch Rundfunk und illegale Propagandaflüge über österreichischem Territorium) alarmierten nun aber in Kürze das Ausland und führten zur Gefahr einer förmlichen Intervention Italiens und der Westmächte, die der italienische Botschafter Ende Juli 1933 deutlich ankündigte.

Da nunmehr auch v. Neurath die bisherige Zurückhaltung aufgab und entschiedene Warnungen aussprach, steckte Hitler nolens volens zurück. Habicht wurde zu größerer Zurückhaltung gezwungen, und der Einfluß des Auswärtigen Amtes auf die Österreich-Politik verstärkte sich. Das Mißlingen des Versuchs einer schnellen, gleichsam an die NS-Revolution in Deutschland angehängten Machtergreifung in Österreich war nicht mehr zu übersehen, wenn man sich dies innerhalb der NSDAP auch noch nicht eingestehen wollte.

Hinzu kamen ähnliche gleichzeitige Erfahrungen in anderen Ländern. Auch in den Sudetengebieten wurden die politischen Aussichten der nationalsozialistischen Bewegung (DNSAP), die im Frühjahr 1933 starken Zulauf innerhalb der deutschen Bevölkerung erfahren hatte, durch den Ausgang des von den tschechischen Behörden angestrengten Landesverratsprozesses (»Volkssportprozeß«) und das daraufhin Anfang Oktober 1933 verordnete Verbot der DNSAP gestoppt. Besonders scharfe Reaktionen hatte die nationalsozialistische Propaganda und Aktivität, die auch auf das Deutschtum jenseits der Grenzen hinübergriff, schon vorher bei der polnischen Regierung erzeugt und hier im März/April 1933 sogar den Gedanken bestärkt, durch einen französisch-polnischen Präventivkrieg Hitler in den Arm zu fallen, solange das militärisch noch möglich war.

Aber auch auf internationalem Forum hatte das NS-Regime in dieser Zeit eine Reihe von empfindlichen Schlappen hinnehmen müssen: auf der Weltwirtschaftskonferenz in London im Juni, bei der Debatte über die Verletzung der Oberschlesien-Konvention durch die Verfolgung jüdischer Bürger (Petition Bernheim) im Völkerbundsrat im Mai/Juni 1933, ebenso bei der internationalen Arbeitskonferenz in Genf, die Robert Ley nach schweren Vorwürfen seitens der Delegationen anderer Länder am 19. 6. 1933 brüsk verließ.

Die außenpolitische Isolierung Deutschlands hätte kaum größer sein können als im Juni/Juli 1933. Auch Hitler wurde sich dessen bewußt und suchte nunmehr das um die Wirkung im Ausland mehr oder weniger unbekümmerte gleichzeitige Vorprellen nach allen Seiten zu bremsen und statt dessen bestimmte Prioritäten des außenpolitischen Vorgehens zu setzen. Dabei traten die anfangs angestrebten parteipolitischen und völkischen Nahziele, die infolge der gegenwärtigen Ohnmacht des NS-Regimes nicht erreichbar waren, so auch die Österreichfrage, in den Hintergrund, während die für die machtpolitische Konsolidierung des Regimes und seine langfristigen Zielsetzungen entscheidenden Fragen an die erste Stelle rückten: Dazu gehörten die seit dem Frühsommer mit Polen angebahnten Ausgleichsverhandlungen, die am 26. 1. 1934 zur Unterzeichnung eines deutsch-polnischen Nichtangriffspaktes führten, während gleichzeitig die bis zum Sommer 1933 noch traditionell fortgesetzten Bemühungen um ein gutes Verhältnis mit der Sowjetunion abstarben und die Zusammenarbeit zwischen Reichswehr und Roter Armee abgebrochen wurde. Vor allem versuchte man, die Beziehungen zu Italien wieder zu verbessern, wozu u. a. der Besuch Görings bei Mussolini Anfang November 1933 diente.

In gewisser Weise wirkte sogar der Abbruch der Genfer Verhandlungen über die Rüstungsfragen und der Austritt Deutschlands aus dem Völkerbund (14. 10. 1933) den Parteiambitionen in der Außenpolitik entgegen. Diese Entscheidung, die Hitler noch Ende September hatte vermeiden wollen, zu der er sich nach Rücksprache mit der Reichswehrführung aber entschloß, weil er fürchten mußte, daß die weitere Diskussion über den revidierten englischen Vorschlag zur stufenweisen Verwirklichung der Rüstungsgleichheit unter internationaler Kontrolle den entschlossenen Willen des NS-Regimes zur beschleunigten Aufrüstung demaskieren würde, war zweifellos angesichts der damaligen außenpolitischen Lage des Reiches ziemlich riskant. Nachdem der Schritt einmal getan war und, wie nicht anders zu erwarten, eine erneute starke Belebung des Mißtrauens im Ausland hervorgerufen hatte, zwang er das NS-Regime aber auf anderen Gebieten der Außenpolitik um so mehr zur Vorsicht und Mäßigung.

Das zeigte sich gerade auch in der Österreich-Politik. Als Habicht, der im Herbst und Winter vergeblich versucht hatte, eine persönliche Unterredung mit Dollfuß herbeizuführen, um nunmehr auf gütlichem Wege eine Regierungsbeteiligung der österreichischen NSDAP zu erreichen, Ende Januar 1934 im Bunde mit dem Führer der österreichischen SA erneut eine massive Kampfansage an die Dollfuß-Regierung richtete, bekam er zu spüren, daß dies Hitlers Intentionen nicht mehr entsprach. Hitler unterließ es jedoch (vor allem aus Rücksicht auf die starke Gegenstimmung, die in der Partei und SA auch aus anderen Gründen gegenüber seinem politischen Kurs bestand), Habicht in aller Deutlichkeit zurückzuweisen, sondern suchte sich weiterhin verschiedene Türen offen zu halten. Diese Doppelbödigkeit verursachte eine abermalige starke Belastung des Verhältnisses zu Mussolini, der den neuen, von Hitler nicht energisch desavouierten nationalsozialistischen Druck auf Wien am 17. 3. 1934 durch den Abschluß eines Wirtschafts- und Konsultativabkommens mit Österreich und Ungarn beantwortete (Römische Protokolle), außerdem mit einer engeren

Anlehnung an Frankreich drohte und damit Berlin schnell zum Einlenken zwang. Gleichzeitig verstärkte die mangelnde Entschiedenheit Hitlers aber innerhalb der österreichischen NSDAP (wie bei Habicht) die um sich greifende Stimmung der Ausweglosigkeit, aus der man schließlich durch die »Flucht nach vorn« herauszukommen suchte.

Schien im Juni 1934, nach Hitlers erstem persönlichen Zusammentreffen mit Mussolini in Venedig, das Verhältnis zu Italien wieder leidlich hergestellt, so wurde gerade dieses Treffen von den Verschwörern innerhalb der illegalen österreichischen NSDAP fälschlich als Ende der italienischen Unterstützung für Dollfuß interpretiert und zum Anlaß einer Putschvorbereitung genommen, von der man sich einen anderen österreichischen Bundeskanzler sowie eine Regierungsbeteiligung der NSDAP und entsprechende persönliche Pfründen versprach. Dieser desparate Akt, der am 24. 7. 1934 zur Ermordung Dollfuß' führte, im übrigen aber erfolglos blieb, wurde zum größten Fiasko der frühen nationalsozialistischen Außenpolitik. Die sofortige Entlassung Habichts und die öffentliche Distanzierung Hitlers von dem Putschversuch konnten nicht verhindern, daß das Dritte Reich auf einen neuen Tiefpunkt seines internationalen Prestiges gelangt war, namentlich auch im Verhältnis zu Italien, das mit einem sofortigen Truppenaufmarsch am Brenner deutlich den Willen zur Verteidigung der österreichischen Unabhängigkeit demonstrierte.

Die wiederum verscherzte Freundschaft Italiens bedeutete aber zugleich mittelbare Unterstützung der französischen Politik, die unter Leitung von Außenminister Barthou nach Deutschlands Austritt aus dem Völkerbund und der Entwertung des französisch-polnischen Bündnisses (infolge des deutsch-polnischen Paktes) energisch auf die Stärkung der osteuropäischen kleinen Entente (insbesondere der Allianz mit Prag) hinarbeitete, vor allem aber die Sowjetunion in ein gegen Nazi-Deutschland gerichtetes Sicherheitssystem einzubeziehen suchte. Die Aufnahme der UdSSR in den Völkerbund am 16. 9. 1934 war ein erster, für Hitler sehr peinlicher Erfolg dieser Politik.

Die überwiegend negative außenpolitische Bilanz der ersten eineinhalb Jahre nationalsozialistischer Regierung trug das Ihre dazu bei, daß im Innern Deutschlands die Ambitionen der Partei, die in der Außenpolitik manchen Schaden angerichtet hatten, gebremst wurden. Der fehlgeschlagene Putsch in

Wien, dem am 13. 7. 1934 auch das wegen gewaltsamer Anschläge erlassene Verbot zweier rivalisierender nationalsozialistischer Parteien im Memelgebiet vorangegangen war, bedeutete aber vor allem das Ende des Versuchs, die Machtergreifung mit Hilfe der Partei in deutschbewohnte Gebiete jenseits der Grenze zu exportieren. Die Handlungsfreiheit verschiedener Parteistellen auf dem Gebiet der volksdeutschen Politik (so auch die der Auslandsorganisation der NSDAP) wurde stärker eingeschränkt, teils durch das Auswärtige Amt, teils durch ad hoc gebildete Koordinierungsgremien (»Volksdeutscher Rat«, ab 1935: »Volksdeutsche Mittelstelle«), die in stärkerem Maße aus erfahrenen »Fachleuten« der volksdeutschen Arbeit und weniger aus Parteileuten bestanden. Hier, wie im Falle der Kaltstellung Habichts und der Entsendung Papens nach Wien, zeigten sich besonders deutlich die aus den Mißerfolgen der revolutionären Außenpolitik im Innern gezogenen Konsequenzen.

Exkurs B: Die Auseinandersetzung mit der evangelischen Kirche

Gehörte es zu Hitlers bedeutendsten Erfolgen im Jahre 1933, daß es ihm, vor allem durch das Konkordat, gelang, auch die katholische Kirche zu positiver Stellungnahme und Loyalität gegenüber dem NS-Regime zu bewegen, so kühlten sich diese Beziehungen doch rasch wieder ab, als deutlich wurde, daß das NS-Regime systematisch daran ging, alle über die Seelsorge hinausgehenden Aktivitäten der katholischen Kirche (besonders ihre Jugendorganisationen und Gewerkschaften, die katholische Presse, die Laienbewegung der »Katholischen Aktion« u. a.) zu erschweren, nach und nach gleichzuschalten oder zu unterdrücken. In stärkerem Maße als gegenüber der protestantischen Kirche zeigte sich dabei die prinzipielle Natur dieses Gegensatzes. Der »römische« Katholizismus galt nach den Begriffen der völkischen Ideologie nächst dem Judentum und dem Marxismus als besonderer Feind einer »nordisch-germanisch« bestimmten Weltanschauung. Es war bezeichnend, daß es während der ganzen Zeit des Dritten Reiches in der Gestapo und im SD unter den Abteilungen für Gegnerbeobachtung und -bekämpfung (neben Judentum und Marxismus) stets ein Referat »Politischer Katholizismus« gegeben hat, während der protestantischen Kirche eine solche Einstufung zum grundsätzlichen, ideologisch bestimmten Gegner nicht zuteil wurde. Auch das Ausmaß der politischen Verfolgung war im ganzen verschieden. Hunderten von deutschen katholischen Geistlichen, die z. T. Jahre in den Konzentrationslagern verbrachten, standen nur relativ wenige langfristig verhaftete protestantische Geistliche gegenüber. So unvereinbar letzten Endes Christentum und Nationalsozialismus überhaupt waren, so nahm der Nationalsozialismus doch an der katholischen Kirche wegen ihres universalen, übernationalen Charakters, ihrer stärkeren institutionellen Eigenständigkeit und geistlichen Macht weit mehr Anstoß. Dabei zeigte es sich auch, daß die zunehmende Zurückdrängung und Verfolgung der katholischen Kirche, die Strafprozesse gegen katholische Geistliche, die Schließung öffentlicher katholischer Schulen, die Konfiskation katholischer Klöster etc. bei den konservativen Trägern des Hitler-Staates (in der Verwaltung, Justiz, Wehrmacht) relativ wenig Kritik und Widerstand erfuhren. Bestand doch gegenüber der katholischen Kirche und ihrem starken öffentlichen Einfluß bei der NSDAP und den deutschnationalen und konservativen (ganz überwiegend protestantischen!) Regierungspartnern Hitlers wenigstens bis zu einem gewissen Grade eine übereinstimmende (negative) Grundhaltung.

Anders verhielt es sich von Anfang an mit den protestantischen Kirchen, die schon auf Grund ihrer staatskirchlichen Tradition in der preußisch-konservativen Führungsschicht des Beamtentums und Militärs (auch im Reichspräsidenten) starken Rückhalt hatten. Umgekehrt konnte auch die NSDAP im Lager des Protestantismus 1933 nicht nur mit Wohlwollen und Loyalität, sondern darüber hinaus mit einer beträchtlichen aktiven Gefolgschaft rechnen. Diese ging vor allem von verschiedenen Gruppen unter protestantischen Laien und Pfarrern aus, die sich 1932 zur »Glaubensbewegung Deutsche Christen« zusammengeschlossen hatten und bei den Kirchenwahlen im Gebiet der Altpreußischen Union im November 1932 rund ein Drittel aller Sitze in den kirchlichen Gemeinde- und Synodal-Vertretungen erlangt hatten. Die »Deutschen Christen« unter ihrem »Führer«, dem Pfarrer und Parteigenossen Joachim Hossenfelder, stellten gleichsam eine NS-Fraktion innerhalb der Evangelischen Kirche dar. Von der Machtübernahme der NSDAP versprachen sie sich (wie andere Gliederungen und Richtungen innerhalb der NS-Bewegung auch) die Durchsetzung ihrer speziellen Wünsche und Vorstellungen: die Erneuerung des protestantischen Christentums im Sinne einer »arteigenen« Volkskirche und die Überwindung der landeskirchlichen Zersplitterung und der obrigkeitlich-patriarchalischen Bischofs- und Superintendenten-Verfassung der protestantischen Kirchen durch eine starke von Laien und Pfarrern bestimmte einheitliche nationale Reichskirche.

Innerhalb der NSDAP (wie der deutsch-völkischen Bewegung überhaupt) gab es seit jeher eine Gruppe von alten Parteigängern Hitlers, die im Gegensatz zu den »Atheisten« Alfred Rosenberg, Martin Bormann u. a. im Sinne des »positiven Christentums« (Punkt 24 des Parteiprogramms von 1920) subjektiv aufrichtig an eine Verbindung von Nationalsozialismus und protestantischem Christentum glaubten. Prominente Vertreter dieser Richtung waren u. a. der kurmärkische Gauleiter Wilhelm Kube und der ehemalige Fraktionsführer der NSDAP im preußischen Landtag, Hans Kerrl (seit Frühjahr 1933 preußischer Justizminister). Eine Bestätigung und Unterstützung dieser Richtung schien es zu bedeuten, daß die NSDAP in den Jahren des entscheidenden Kampfes um die Macht vor 1933 bewußt ihre positive Einstellung zum Christentum durch scharfe Angriffe auf den »atheistischen« Marxismus und die Befürwortung völkisch-christlicher Schulerziehung zur Schau stellte. Auch Hitler selbst wußte durch häufige öffentliche Anrufung »des Allmächtigen« und »der Vorsehung« den Eindruck des durchaus frommen, demütigen Führers zu erwecken, und in den protestantischen Gegenden des Reiches wurden SA- und SS-Männer vielfach scharenweise zum Besuch von Gottesdiensten abkommandiert, um diesen Eindruck zu verstärken. Die pseudoreligiöse Stimmungsmache des Nationalsozialismus, die von einer Minderheit protestantischer Christen von vornherein als diabolischer Götzendienst erkannt wurde, verfehlte bei großen Teilen der protestantischen Gläubigen nicht ihre suggestive Wirkung und erklärt die überschwengliche Verehrung, die Hitler gerade aus christlich-protestantischen Kreisen zuteil wurde.

Bis 1933 gab es in der protestantischen Kirche so gut wie keine weltanschaulich motivierten Kirchenaustritte von Nationalsozialisten. Vielmehr bewirkte der Umschwung des Jahres 1933, daß die bislang überwiegend auf die sozialistische Arbeiterschaft entfallenden und in der Zeit der Wirtschaftskrise verstärkten Kirchenaustritte fast gänzlich gestoppt wurden, so daß das Jahr der Machtergreifung geradezu als »ein Jahr der

Kirche« erscheinen konnte.[39] Nicht nur der Kampf gegen den »gottlosen Marxismus« und »jüdischen Materialismus«, auch andere Inhalte der NS-Propaganda fanden bei den Gläubigen beider christlichen Konfessionen in Deutschland vielfach offene Ohren. So die Verurteilung der »entarteten Kunst«, des modernen »Freigeistes« und »Sittenverfalls«, des »zersetzenden Literatentums« oder der Ruf nach neuer Autorität und Führung, nach »organischer Bindung« und sittlicher »Erneuerung der Volksgemeinschaft«. Ein erheblicher Teil dieser Weltanschauungsrhetorik, die die NSDAP aus allen verfügbaren Quellen aufgesogen hatte, war ja selbst Derivat christlicher Überzeugung und Teil der Ressentiments und Ideologien, die sich in christlichem Gemeinschaftsleben in der Auseinandersetzung mit einer nicht begriffenen oder verneinten Umwelt und modernen Entwicklung herausgebildet hatten.

Die aufsehenerregenden Auseinandersetzungen, die im späten Frühjahr 1933 in und mit der protestantischen Kirche in Gang kamen, waren (anders als das Verhältnis zur katholischen Kirche) gerade nicht primär Ausdruck einer vorsätzlichen und mehr oder weniger einheitlichen Kampfpolitik des Regimes, vielmehr Ergebnis der hier durchaus uneinheitlichen Tendenzen im Lager der NS-Bewegung, die sich zugleich überkreuzten mit dem allgemeinen Konflikt zwischen den revolutionären und den konservativ-autoritären Kräften in dieser Phase der Machtergreifung. Der Grundgedanke der Neuverfassung der evangelischen Kirche (Schaffung einer Reichskirche mit einem Reichsbischof), dessen Realisierung den Hauptanlaß der Auseinandersetzungen im Jahre 1933 bildete, wurde im Frühjahr 1933 nicht nur von den Deutschen Christen, sondern auch von den führenden Repräsentanten der Landeskirchen und dem Deutschen Evangelischen Kirchenbund im Prinzip durchaus bejaht. Erst an der Frage, inwieweit die Verfassung und Leitung der neuen Reichskirche von der Kirche selbst bestimmt oder unter dem Druck der Deutschen Christen bzw. von Staats wegen oktroyiert werden würde, entzündete sich der Konflikt. Dabei stand zunächst der Gegensatz zwischen den alten, überwiegend konservativen Kirchenleitungen und den Deutschen Christen, die die Unterstützung der Partei genossen, im Vordergrund. Hitler selbst suchte einen offenen Kampf zwischen diesen Flügeln anfangs zu vermeiden, zumal er von den radikalen Kräften der Deutschen Christen kaum mehr hielt als von den völkischen Schwärmern, die eine heidnisch-germanische

National-Mythologie wiederzubeleben versuchten. Einzelne Versuche der Partei, die Machtergreifung von unten im März/April 1933 auch auf die evangelische Kirche auszudehnen, wurden schnell gestoppt: So veranlaßte Reichsinnenminister Frick im April 1933, daß die Einsetzung eines NS-Kirchenkommissars in Mecklenburg-Schwerin rückgängig gemacht wurde, was den mecklenburgischen Landesbischof Rendtorff veranlaßte, seine Dankbarkeit dadurch zu bezeigen, daß er demonstrativ der NSDAP beitrat und sich öffentlich zu »dem uns von Gott gesandten Führer Adolf Hitler« bekannte[40] (bald wurde auch er anderen Sinnes). Auch die Tatsache, daß Hitler im Zusammenhang mit diesem Vorfall am 25. 4. 1933 den ihm seit Jahren bekannten relativ gemäßigten, staatskirchlich-konservativ gesinnten ehemaligen Königsberger Wehrkreispfarrer Ludwig Müller, nicht einen der radikalen Führer der Deutschen Christen, zu seinem Bevollmächtigten in Angelegenheiten der Evangelischen Kirche bestellte (Hossenfelder erhielt einen Posten als Kirchenreferent im preußischen Kultusministerium), ließ den Willen zur Vermittlung erkennen.

Als neuer Schirmherr der »Glaubensbewegung« vermochte Müller die Deutschen Christen zunächst im Mai 1933 zu einer recht maßvollen Formulierung ihres Programms und zu weitgehender Zurückhaltung gegenüber dem Verfassungsentwurf der neuen Reichskirche zu bewegen, der im Einverständnis mit Hitler unter dem Vorsitz des Präsidenten des Deutschen Evangelischen Kirchenbundes, Hermann Kapler, zur gleichen Zeit ausgearbeitet wurde.

Erst als Müller, von den Deutschen Christen gedrängt, zum Ausdruck brachte, daß er selbst zum Reichsbischof berufen zu werden wünschte, und die Deutschen Christen daraufhin (23. 5. 1933) seine Kandidatur öffentlich proklamierten, die Vertreter der Landeskirchen am 27. 5. 1933 aber mit knapper Mehrheit gegen Müller für den Leiter der Betheler Anstalten, Pfarrer Friedrich v. Bodelschwingh, votierten, war der Konflikt unvermeidlich geworden. Hitler, der ohne das Vorprellen Müllers und der Deutschen Christen wahrscheinlich mit der Kandidatur Bodelschwinghs einverstanden gewesen wäre, konnte sich jetzt, nachdem von seiten der Partei eine erregte Agitation gegen Bodelschwingh in Gang gekommen war, mit dieser Lösung kaum noch abfinden und ließ sein Mißfallen ausdrücken. Als Kapler infolgedessen von seinen Ämtern als Präsident der Kirchenkanzlei und des Evangelischen Kirchenrates der Altpreußischen Union zurücktrat, bot sich in Preußen die Gelegenheit von Staats wegen einzugreifen. Am 24. Juni setzte Kultusminister Rust einen Kirchenkommissar (August Jäger) ein, der nunmehr durch Auflösung der kirchlichen Vertretungen und Einsetzung von Staatsbevollmächtigten den Deutschen Christen die führenden Positionen der Kirchenverwaltung zuspielte (neuer Präsident des Oberkirchenrates wurde der den Deutschen Christen angehörende Rechtsanwalt Dr. Friedrich Werner). Diese und gleichzeitige andere Gewaltmaßnahmen (Besetzung der Gebäude des Deutschen Evangelischen Kirchenbundes durch die SA) erwiesen sich aber als noch weniger geschickt und erfolgreich. Es kam zu einer Welle öffentlicher Proteste, denen sich in ungewohnter Entschiedenheit Ende Juni 1933 auch der Reichspräsident anschloß, indem er von Hitler eine Beilegung des Streites verlangte. Dies vor allem war der Anlaß dafür, daß die im wesentlichen noch vom Kapler-Ausschuß ausgearbeitete neue Verfassung der Evangelischen Kirche schon am 14. 7. 1933 mit den Unterschriften der Leiter sämtlicher 28 Landeskirchen gesetzlich verabschiedet wurde (RGBl. I, S. 471) und gleichzeitig für den 23. 7. 1933 allgemeine Kirchenwahlen in ganz Deutschland anberaumt wurden, von denen man sich eine Legitimierung der Personalmaßnahmen Jägers sowie eine Mehrheit für die Wahl Müllers versprach. Hitler mußte jetzt um seines eigenen Ansehens willen eine neue Niederlage der Partei vermeiden. Er nahm deshalb auch persönlich in den Tagen vor der Wahl für die Deutschen Christen Partei, auf deren Liste schließlich rund zwei Drittel der Stimmen entfielen.

Die Wahl (bei der die von der Partei mobilisierten, normalerweise der Kirche fernstehenden bisherigen Nichtwähler einen großen Einfluß ausübten) und der Zusammentritt der neugewählten altpreußischen Generalsynode (4./5. 9. 1933) sowie die Wahl Müllers zum Reichsbischof auf der nach Wittenberg einberufenen Nationalsynode (27. 9. 1933) bezeichneten den Höhepunkt der Macht und des Prestiges der Deutschen Christen, die zum Entsetzen ausländischer Beobachter mit ihren Braunhemden und radikalen Forderungen das Bild dieser evangelischen Kirchenversammlungen beherrschten.

Die nach den Kirchenwahlen der Evangelischen Kirche deutlich gewordene Gefahr einer Überschwemmung und Durchdringung des Protestantismus durch nationalsozialistisches »Gedankengut« mobilisierte aber auch die Gegenkräfte.

Am 21. 9. 1933 kam es zur Bildung einer organisierten Pfarrer-opposition in Gestalt des »Pfarrernotbundes« (»Bekenntniskirche«), dessen Initiatoren drei prominente Pfarrer im Berliner Westen waren: Martin Niemöller (Pfarrer im Honoratiorenviertel Berlin-Dahlem), Gerhard Jacobi (Pfarrer an der Kaiser-Wilhelm-Gedächtniskirche) und Eitel-Friedrich v. Rabenau (Apostel-Paulus-Kirche, Berlin-Schöneberg). Schon eine Woche später unterzeichneten 2000 evangelische Pfarrer einen Protestaufruf gegen die auf der Wittenberger Nationalsynode ins Leben gerufene neue Kirchenleitung und -ordnung, und bis zum Januar 1934 schlossen sich über 7000 Pfarrer dem Pfarrernotbund an[41], dessen »Bruderrat« von dem Geschäftsführer Martin Niemöller geleitet wurde. Die Opposition der Bekenntnispfarrer, die u. a. auch gegen die Anwendung des Arierparagraphen innerhalb der Kirche protestierten, konnte nicht zuletzt deshalb so schnell Boden gewinnen und so offen auftreten, weil sie meist nicht auf einer prinzipiellen Ablehnung des NS-Regimes beruhte, vielmehr in der Regel die Opposition gegen bestimmte radikale Erscheinungen und Ambitionen der NS-Bewegung mit einer grundsätzlichen Bejahung des Umschwunges von 1933 verband. Die Haltung des ehemaligen kaiserlichen U-Bootkapitäns Martin Niemöller, der im September 1933 den Pfarrernotbund ins Leben gerufen hatte, gleichwohl aber im November 1933 Hitlers Entschluß zum Austritt aus dem Völkerbund in einem Glückwunschtelegramm an Hitler als nationale Tat begrüßte[42], war hierfür charakteristisch.

Der neue Reichsbischof bemühte sich, durch einen relativ gemäßigten Kurs die mit der Gründung des Pfarrernotbundes zutage getretene Spaltung der evangelischen Kirche zu überwinden (der Arierparagraph wurde nicht zum Kirchengesetz erhoben). Am 17. 10. 1933 wies auch der Stellvertreter des Führers die Partei an, in Kirchenfragen Neutralität zu bewahren, was bereits auf eine Distanzierung von den Deutschen Christen hinauslief. Als diese dennoch durch eine Großkundgebung im Berliner Sportpalast am 13. 11. 1933 abermals mit radikalen Forderungen öffentlich hervortraten, die praktisch auf eine völlige Nazifizierung der evangelischen Kirche und ihres Bekenntnisses hinausliefen (Einführung des Führerprinzips, des Arierparagraphen, Ausmerzung der jüdischen Elemente der Bibel etc.) und die Notbundpfarrer darauf mit scharfen Kanzelerklärungen reagierten, sah sich Müller gezwungen, die Schirmherrschaft über die Deutschen Christen niederzulegen, die seitdem des Rückhalts bei Partei und Staat entbehrten, in rivalisierende Gruppen zerfielen und schnell an Bedeutung verloren.

Der Versuch, durch einen mittleren Kurs die Gegensätze zu überbrücken, die intransigenten Pfarrernotbund-Initiatoren zu isolieren und das Kirchenregiment des Reichsbischofs durchzusetzen, hatte im Jahre 1934 in Preußen und gegenüber den kleineren Landeskirchen manche Erfolge aufzuweisen, mißlang aber schließlich doch. Hitler wagte in dieser Auseinandersetzung nicht die äußerste Schärfe des Vorgehens, und so konnte es unter dem sonst so strengen Regime geschehen, daß amtsentlassene Pfarrer wie Niemöller sich von ihren Gemeinden dennoch im Amt bestätigen ließen, ihr Amt weiter ausübten und im Mai 1934 mit der Barmer Bekenntnissynode eine förmliche Gegenorganisation gegen das Müllersche Kirchenregiment aufbauten, die, stark geprägt von der Theologie Karl Barths, entgegen der staatskirchlichen Tradition des deutschen Protestantismus die Gehorsamsverweigerung gegenüber staatlichen Eingriffen in die Kirche auch theologisch begründete. Vor allem die Bischöfe der größten außerpreußischen evangelischen Landeskirchen, Bischof Wurm in Württemberg und Bischof Meiser in Bayern, in deren Kirchen schon 1933 die Deutschen Christen (ebenso wie in Hannover) in der Minderheit geblieben waren, widersprachen den Beschlüssen, die auf der neuen von Reichsbischof Müller im August 1934 einberufenen Nationalsynode gefaßt wurden. Diese sahen u. a. die Einführung eines Diensteides der Pfarrer und Kirchenbeamten (analog zu dem nach Hindenburgs Tod den staatlichen Beamten abverlangten Führereid) vor. Die Gestapo verhängte daraufhin Hausarrest über beide Bischöfe, aber dieser Einsatz staatlicher Machtmittel verstärkte nur den Widerstand der Notbundpfarrer, die am 19./20. 10. 1934 im Dahlemer Gemeindehaus zur zweiten Reichs-Bekenntnissynode zusammentraten, dabei dem Reichsbischof und seinem Kirchenbeauftragten Jäger offen den Kampf ansagten und den »Rat der Deutschen Evangelischen Kirche« als förmliche Gegenorganisation ins Leben riefen. Der Versuch, eine neue, autoritäre Reichskirchenverfassung aufzuoktroyieren, war gescheitert. Müllers Kirchenbeauftragter Jäger wurde entlassen, und im November 1934 sah sich der Reichsbischof gezwungen, das alte Kirchenrecht teilweise wiederherzustellen. Sein völliger Autoritätsverlust zeigte sich darin, daß im Benehmen zwischen dem Bruderrat und den lutherischen Landesbischöfen Ende 1934 eine »Vorläufige Kirchenleitung« (mit dem hannoverschen Bischof Marahrens an der Spitze) geschaffen werden konnte, die die Leitung der Kirche ausübte, obgleich der Reichsbischof das neue Organ als rechtswidrig bezeichnete und allen Pfarrern und Kirchenbeamten verbot, sich ihm zu unterstellen.

Obwohl Reichsbischof Müller nie förmlich aus dem Amt schied, nahm seit 1935 niemand mehr von seiner Existenz Notiz. Gleichzeitig begann aber mit den Gesetzen »über die Vermögensverwaltung der evangelischen Landeskirchen« (11. 3. 1935), »über das Beschlußverfahren in Rechtsangelegenheiten der Deutschen Evangelischen Kirche« (26. 6. 1935) und vor allem durch die Einsetzung eines Reichskirchenministers (Hanns Kerrl) anstelle der kirchenpolitischen Abteilungen des Reichsinnen- und des Kultusministeriums der Versuch, durch Ausdehnung der direkten staatlichen Aufsicht und Bevormundung die evangelischen Kirchen stärker an das Regime zu binden. Kerrls Absicht, durch die Bildung von Kirchenausschüssen in den einzelnen Landeskirchen, in denen die Bekenntnispfarrer ebenso wie die gemäßigten Deutschen Christen vertreten waren, die Gegensätze zu überbrücken, schien zunächst durchaus erfolgreich, zumal der auch in der Bekennenden Kirche hochgeachtete Generalsuperintendent Zoellner sich als Vorsitzender des Reichskirchenausschusses zur Verfügung stellte. Doch wie schon Anfang 1935 die »Vorläufige Kirchenleitung« durch allzu versöhnliche Gesten gegenüber dem Regime (Anordnung zur Abhaltung von Führerbittgottesdiensten anläßlich der »Heimkehr« des Saarlandes) den Protest des jetzt auch in diesen Fragen intransigenten Niemöller-Flügels hervorgerufen hatte, so wurde auch ein nazistisch gefärbter Aufruf des Reichskirchenausschusses (»Wir bejahen die nationalsozialistische Volkwerdung auf der Grundlage von Rasse, Blut und Boden«[43]) zum Anlaß neuer Proteste aus dem Lager der Bekenntniskirche.

Obwohl die bisherige Einheit der Bekennenden Kirche an der Frage des Verhältnisses zum Reichskirchenausschuß zerbrach (der »Reichsbruderrat« lehnte die Zusammenarbeit kategorisch ab, der »Rat der Evangelisch-Lutherischen Kirche« behielt sich Ablehnung oder Zusammenarbeit für den Einzelfall vor), sah sich das neue Kirchenregiment Kerrls 1936 einer ähnlichen Situation gegenüber wie 1934 der Reichsbischof, zumal die gleichzeitigen, von Partei und Hitler-Jugend verstärkten

Bestrebungen zur Entkonfessionalisierung des öffentlichen Lebens und der Erziehung vermehrten Grund zur Klage gaben. In einem am 4. 6. 1936 der Reichskanzlei übersandten Schreiben wandte sich die »Vorläufige Leitung« mit ihren Beschwerden, die u. a. auch der Sorge darüber Ausdruck gaben, daß dem Führer »vielfach Verehrung in einer Form dargebracht wird, die allein Gott zusteht«, direkt an Hitler.[44] Da das Schreiben nicht nur den Reichskirchenminister überging, sondern auch im Ausland bekannt wurde und zur Verhaftung des vermeintlichen Urhebers der Indiskretion (des Justitiars der »Vorläufigen Leitung«, Dr. Weissler) führte, verschärfte sich die Frontbildung erneut. Im Februar 1937 legte auch Dr. Zoellner sein Amt aus Protest gegen das Eingreifen der Gestapo nieder. Hitler, der durch diesen Gang der Dinge in zunehmendem Maße irritiert war, glaubte die Entwicklung durch ein ähnliches Mittel wie im Sommer 1933 doch noch in die Hand bekommen zu können und verfügte am 15. 2. 1937 die Abhaltung neuer Kirchenwahlen, wobei offenbar auch an eine Wiederaufwertung der Deutschen Christen gedacht war. Als sich aber gegen diese Anzeichen rasch eine Einheitsfront der Evangelischen Kirche bildete und zahlreiche offene Erklärungen prominenter Kirchenführer die Runde machten (besonders wirksam ein in Tausenden von Exemplaren verbreiteter Brief des brandenburgischen Superintendenten Otto Dibelius an Hitler), schreckte Hitler zurück. Am 25. 6. 1937 wurden alle kirchenpolitischen Kundgebungen zur Wahlvorbereitung verboten, und die Wahl fand nie statt.

Hitler hatte erneut eine Schlappe erlitten. Dem Reichskirchenminister war die Gleichschaltung der evangelischen Kirche ebensowenig gelungen wie dem Reichsbischof. Das NS-Regime gab den Versuch einer institutionellen Gleichschaltung auf. Statt dessen ging man zu einer schärferen Bekämpfung einzelner gegen das Regime gerichteter Bestrebungen aus den Reihen der evangelischen Kirche über, in deren Rahmen 1938 auch Niemöller (nach Entlassung aus der gerichtlichen Untersuchungshaft) von der Gestapo verhaftet und in das Konzentrationslager Sachsenhausen verbracht wurde. Im Falle Niemöllers änderte auch der 1939 von Hitler für die Dauer des Krieges proklamierte »Burgfriede« in den kirchenpolitischen Auseinandersetzungen nichts an der Unterdrückung. Der streitbare Pfarrer, der durch die regelmäßige Fürbitte der evangelischen Kirchengemeinden im In- und Ausland allgemein bekannt wurde, blieb, wenn auch vor Willkürmaßnahmen der SS durch Sonderunterbringung sorgsam geschützt, bis Kriegsende im Lager.

Selbst noch an diesem Ausnahmefall, in dem die Gestapo direkt zugriff, wird evident, daß sich das NS-Regime der evangelischen Kirche gegenüber in erstaunlicher Weise zur Einhaltung von Toleranzgrenzen veranlaßt sah, die es gegenüber anderen Opponenten (auch der katholischen Kirche) längst nicht mehr respektierte. Die Auseinandersetzung mit der evangelischen Kirche kann im Zusammenhang unserer Betrachtung als Musterbeispiel dafür gelten, wie eng die Grenzen des Durchsetzungsvermögens der NS-Führung waren, wenn sie es von vornherein nicht nur mit dem Widerstand mehr oder weniger großer Gruppen von Pfarrern, Bischöfen und Kirchengemeinden, sondern auch mit einer weitgehend einheitlichen Mißbilligung und Obstruktion einflußreicher protestantisch-konservativer Kräfte in führenden Stellen des Staates (Verwaltung, Justiz, Wehrmacht) zu tun hatte, die sich in dieser Frage (wie sonst in keiner anderen) relativ beherzt hinter die öffentlich angegriffenen Kirchenführer und ihre Gesinnungsgenossen stellten und sie vielfach abzudecken und zu protegieren wußten. In keinem anderen Bereich nationalsozialistischer Gleichschaltungsversuche waren der Reichspräsident, führende Offiziere der Wehrmacht, Minister und leitende Ministerialbeamte, Rechtsanwälte und Richter so selbstbewußt in der Zurückweisung nationalsozialistischer Überfremdung und Indoktrinierung. Und das Wissen um diese direkte und indirekte (moralische und aktive) Unterstützung machte sowohl Niemöller, dessen Gottesdienste in Dahlem demonstrativ von der konservativen gesellschaftlichen Prominenz Berlins besucht wurden, wie anderen Kirchenführern ihr rückhaltloses Auftreten vielfach überhaupt erst möglich. Namentlich die Justiz, die in zahlreichen anderen politischen Prozessen immer stärker zu einer regimekonformen Rechtsprechung gelangte, trug im Falle der evangelischen Kirche zwischen 1934 und 1936 durch eine Reihe von Urteilen, die den Klagen der Kirchen und ihrer Vertreter gegen den Reichsbischof und gegen den Reichskirchenminister Recht gaben, erheblich zum Scheitern der beabsichtigten Zwangsmaßnahmen bei. Wie offen in dieser Phase selbst sonst gänzlich zurückhaltende konservative Fachminister Hitlers sein konnten, wenn es um die Verteidigung der Kirche und der religiösen Erziehung ging, zeigte sich z. B. am 1. 12. 1936 bei der Verabschiedung des Hitler-Jugend-Gesetzes, das die HJ zur obligatorischen Staatsjugend machte und dem Reichsjugendführer v. Schirach die Stellung einer Obersten Reichsbehörde verlieh. Der Reichspost- und Verkehrsminister v. Eltz-Rübenach bemerkte in Gegenwart Hitlers bei dieser Gelegenheit (laut Protokoll): Er stimme dem Gesetzentwurf »unter der Voraussetzung zu, daß die Hitlerjugend, entsprechend der Zusage des Führers, nicht das an religiösen Werten vernichten werde, was das Elternhaus in die Herzen der Jugend pflanze«.[45] Als dem Minister wenige Wochen später, im Januar 1937, wie anderen Ministern auch das Goldene Parteiabzeichen verliehen werden sollte, wandte er abermals ein, er könne die Ehrung nicht annehmen, wenn er dadurch die kirchenfeindliche Haltung der Partei decke. Nach dieser erneuten Brüskierung Hitlers nahm Eltz-Rübenach im Februar 1937 seinen Abschied (Nachfolger: Dr. Ohnesorge für das Reichspost-, Dorpmüller für das Reichsverkehrsministerium).

Bezeichnend war auch, wie relativ wohlwollend die Berliner Ministerialbürokratie verfuhr, wenn sie es mit Anträgen zur Zwangspensionierung von Beamten zu tun hatte, die unter Berufung auf ihre christliche Überzeugung Teile der nationalsozialistischen Weltanschauung offen ablehnten und insofern in Widerspruch zum Deutschen Beamtengesetz (DBG) von 1937 gerieten, das (in § 71) verlangte, daß der Beamte »jederzeit rückhaltlos für den nationalsozialistischen Staat eintreten« müsse. Da solche Zwangspensionierungen letzten Endes der Entscheidung Hitlers oblagen, kamen die betreffenden Anträge zur letztinstanzlichen Vorklärung vielfach an die Reichskanzlei. Und der Chef der Reichskanzlei, der sich solchen Ersuchen gegenüber offensichtlich besonders unsicher und unbehaglich fühlte, ließ mitunter mehrere Referenten und Abteilungsleiter der Reichskanzlei ihr Votum abgeben. *Ein* solcher Fall, der den Halberstädter Studienrat Dr. Walter Hobohm betraf, scheint uns sowohl in der Sache wie dem Verfahren nach symptomatisch und sei deshalb als Beispiel aus den Akten herausgegriffen.

Dr. Hobohm, ein fünfzigjähriger Lehrer für Geschichte, Französisch und Englisch an der I. Oberschule für Jungen in Halberstadt, hatte im Juni 1937 schriftlich um die Streichung seiner Mitgliedschaft aus dem NS-Lehrerbund (NSLB) gebeten, da er auf weltanschaulich-religiösem Gebiet der Partei, die vielfach versuche, ein »bekenntnismäßiges Christentum« im öffentlichen Leben zurückzudrängen, nicht folgen könne. Der Gauamtsleiter des Amtes für Erzieher im Gau Magdeburg-Anhalt und der Kreisleiter der NSDAP im Kreis Halberstadt-Wernigerode (letzterer wies darauf hin, daß H. »durch und durch Bekenntnischrist« sei und durch seinen Austritt aus dem NSLB möglicherweise »ein Präzedenzfall geschaffen werden« könne) verneinten auf Grund dessen die politische Zuverlässigkeit Hobohms. Die hierüber unterrichtete Abteilung für höhere Schulen beim Oberpräsidenten in Magdeburg schloß sich dem in einem Bericht an das Reichs- und Preußische Ministerium für Wissenschaft, Erziehung und Volksbildung an, das daraufhin am 8. 10. 1937 ein Untersuchungsverfahren gegen Hobohm zum Zwecke der Zwangspensionierung nach § 71 DBG einleitete. Hobohm, der dabei gehört wurde, erklärte, daß er die NS-Weltanschauung nicht generell ablehne, wohl aber »die von Reichsleiter Rosenberg vertretene Richtung« nicht billigen könne, »weil sie mit christlichen Grundsätzen in Widerspruch stehe«. Aus »christlicher Auffassung heraus müßte er neben Blut und Rasse auch das Wirken eines Geistes von oben her anerkennen, da man sonst zu einer Art Rassenmaterialismus gelangen würde«. Nachdem auch der in Beamtenfragen mitzuständige Stellvertreter des Führers am 26. 1. 1938 gegenüber dem Reichserziehungsminister erklärt hatte, Hobohm habe »eindeutig zu erkennen gegeben, daß er ganz wichtige Programmpunkte der nationalsozialistischen Bewegung und damit des Staates ablehnt«, kam Staatssekretär Zschintzsch im Reichserziehungsministerium zu dem Ergebnis:

»Wenn es auch zutrifft, daß Studienrat Hobohm von seinen Mitarbeitern dienstlich als ein Mann von strenger Pflichtauffassung und charakterlich als ein Mann von ehrenhafter Gesinnung und starker Überzeugungstreue beurteilt wird, so gehört er nach dem Ergebnis der Untersuchung doch zu den Kreisen, die so eng an das kirchliche Bekenntnis gebunden sind, daß sie den Weg zur nationalsozialistischen Haltung nicht finden können . . . In Übereinstimmung mit dem Urteil des Anstaltsleiters [SA-Obersturmbannführer Knipfer*] muß es als ausgeschlossen angesehen werden, daß Hobohm jemals so tief im Nationalsozialismus wurzeln wird, daß er als Lehrer die ihm anvertrau-

---

* Dieser hatte, wie aus dem Aktenvermerk der Reichskanzlei vom 2. 1. 1939 hervorgeht, während des Untersuchungsverfahrens am 12. 11. 1938 erklärt, »ihm sei Hobohm als anständiger und ehrenhafter Charakter voll starker Überzeugungstreue bekannt. Er habe durchaus gute Unterrichtserfolge und besitze das Vertrauen der Schülerschaft in hohem Maße. Aber gerade wegen dieses Einflusses auf die Jugend halte er ihn als Erzieher und insbesondere als Geschichtslehrer für gefährlich«.

ten Schüler für den Nationalsozialismus begeistern kann . . .
Auch seine Einstellung zu der Judenfrage läßt sich mit den
Forderungen an einen nationalsozialistischen Beamten nicht
vereinbaren. Ein rückhaltloses Eintreten für den nationalsozialistischen Staat und die nationalsozialistische Weltanschauung
wird in Anbetracht der von ihm gemachten Vorbehalte nicht
erwartet werden können . . . Die Voraussetzungen für eine
Zurruhesetzung nach § 71 DBG sind damit erfüllt . . .«

Dieses Schreiben und der ganze »Akt Hobohm« gingen am
13. 12. 1938 der Reichskanzlei zu, wo Ministerialrat Ehrich
(Abt. A) am 2. 1. 1939 ohne eigene abweichende Bemerkungen
vorschlug, eine dem Verlangen des Reichserziehungsministers
entsprechende Entscheidung Hitlers herbeizuführen. Lammers
ließ sich jedoch auch von der für staatsrechtliche Fragen zuständigen Abteilung B der Reichskanzlei ein Votum erstatten.
Reichskabinettsrat Dr. Killy kam dabei am 15. 3. 1939 zu folgender abweichenden Beurteilung:

»Die Sachlage ist mehrfach eingehend geprüft und in Besprechungen erörtert worden. Dem Antrage des Reichserziehungsministers in diesem Falle zu entsprechen, bestehen
u. E. erhebliche Bedenken. . . Die einzige im Untersuchungsverfahren zutage geförderte Tatsache, die den Schluß recht-
fertigen soll, daß der Beamte nicht mehr die Gewähr dafür
biete, daß er jederzeit rückhaltlos für den nationalsozialistischen Staat eintrete, wäre also der Umstand, daß der Beamte
die Auffassungen Rosenbergs ablehnt, soweit sie mit dem
christlichen Glauben in Widerspruch stehen. Aus diesem
Grund allein den Beamten gemäß § 71 DBG in den Ruhestand
zu versetzen, erscheint nicht angängig. Abgesehen davon, daß
Rosenberg selbst sein Werk als rein persönliches Bekenntnis
bezeichnet, das keinen parteiamtlichen Charakter trägt, würde
eine solche Entscheidung im Hinblick auf Art. 24 des Parteiprogramms und die in der Öffentlichkeit vielfach betonte
Gewährleistung der Glaubensfreiheit nicht ohne erhebliche
Bedenken sein. Noch in seiner letzten Reichstagsrede am 30. Januar 1939 hat der Führer folgende ›feierliche Erklärung‹ ab-
gegeben: ›In Deutschland ist niemand wegen seiner religiösen
Einstellung bisher verfolgt worden, noch wird deshalb jemand
verfolgt werden!‹ . . . Bei dieser Sachlage möchten wir der
Meinung sein, daß die Voraussetzung für eine Versetzung in
den Ruhestand nach § 71 DBG nicht dargetan ist und es daher
und im Hinblick auf die oben wiedergegebene Erklärung des

Führers untunlich erscheint, ihm eine Versetzung in den Ruhestand zu empfehlen.«

Der Leiter der Abteilung B, Lammers' Stellvertreter Ministerialdirektor Kritzinger, schloß sich diesem Votum an. Da mithin die Voten der Abteilungen A und B nicht übereinstimmten, bat Lammers außerdem noch seinen persönlichen Referenten, Reichskabinettsrat v. Stutterheim, um eine Beurteilung. Dieser kam nach fünf Monaten, am 4. 8. 1939, zu folgender Stellungnahme:

»Daß die Nichtanerkennung der Rosenberg'schen Richtung die Voraussetzung des § 71 DBG erfüllt, muß entschieden verneint werden. Die bloße Tatsache, daß ein Beamter der Bekenntniskirche angehört, ist meines Erachtens gleichfalls kein Grund für die Zurruhesetzung nach § 71 ... Man könnte Hobohms Versetzung in den Ruhestand nach meiner Auffassung nur damit begründen, daß man bei ihm ... folgende innere Einstellung annimmt. Hobohm erkennt zwar das Parteiprogramm und die entscheidenden Thesen des Nationalsozialismus an. Er hat indessen starke Zweifel, ob die praktische Politik der Partei und des Staates sich an dieses Programm halten und auf die bezeichneten Thesen beschränken wird. Er ist innerlich überzeugt, daß diese Politik letzten Endes auf die Entchristlichung des deutschen Volkes hinauslaufen wird. Diese Entwicklung hält er für so verhängnisvoll, daß er in kritischen Zeiten sich nicht dazu wird aufraffen können, rückhaltlos für den Staat einzutreten, der nach seiner Überzeugung Träger und Vollender dieser Entwicklung sein wird. Ich bin für meinen Teil nicht davon durchdrungen, daß diese Unterstellung im Falle Hobohm das Richtige trifft. Allein gewisse Anhaltspunkte finden sich wohl in den schriftlichen und mündlichen Äußerungen Hobohms, und die Tatsache, daß von einer derartigen Geistesverfassung Hobohms offenbar sowohl die Parteistellen als auch der Erziehungsminister und der Reichsminister des Innern überzeugt sind, kann letzten Endes auch nicht außer Betracht bleiben. Wenn man weiterhin bedenkt, daß die Desavouierung von staatlichen und Parteidienststellen, die in diesem Falle tätig gewesen sind, politisch unerwünscht ist, so halte ich es nicht für unmöglich, dem Führer auch in diesem Falle die Anwendung des § 71 zu empfehlen.«

Lammers neigte, wie Kritzinger am 14. 8. 1939 vermerkte, der Auffassung Stutterheims zu, vermochte aber, trotz des Drängens des Reichserziehungsministers auf baldige Erledigung des Falles (Hobohm war für die Dauer des Verfahrens unter Fortzahlung seiner Bezüge beurlaubt worden), infolge des Kriegsbeginns Hitler den Fall bis zum November 1939 nicht vorzutragen. Um die unangenehme Sache anderweitig aus der Welt zu schaffen, schlug er deshalb am 14. 11. 1939 dem Reichserziehungsminister vor zu prüfen, ob nicht infolge der inzwischen durch den Kriegsbeginn veränderten Lage (Personalmangel) von einer Zwangspensionierung abgesehen werden könne oder ob im Gegenteil »die durch den Krieg geschaffene Lage in verschärftem Maße zu einer Versetzung in den Ruhestand« zwinge. In Anbetracht der während des Krieges erwünscht erscheinenden Eindämmung des Kirchenkampfes kam ein Jahr später (Herbst 1940) der Reichserziehungsminister »nach Anhörung des Oberpräsidenten und im Einvernehmen mit dem Stellvertreter des Führers« zu dem Beschluß, das Verfahren gegen Dr. Hobohm auszusetzen. Dieser wurde wieder verwendet, durfte aber nicht mehr das »Gesinnungsfach« Geschichte lehren.[46]

Der hier absichtlich in aller Ausführlichkeit dargestellte Fall ist gewiß kein Zeugnis der Heldentaten der Ministerialbürokratie. Er demonstriert eher, wie diese doch letzten Endes selbst (Votum Stutterheim) trotz besserer Einsicht nach den politischen Gegebenheiten schielte und zur freiwilligen Anpassung bereit war. Immerhin zeigen Dauer und Aufwand des Verfahrens und die selbst von den Vertretern der Partei zum Ausdruck gebrachte Anerkennung des Bekennermuts gläubiger Christen, wie schwer man sich in solchen Fällen mit scharfen Repressalien tat. Die Vieldeutigkeit der NS-Weltanschauung, die ihrerseits Ausdruck der Tatsache war, daß der Nationalsozialismus wenigstens der Teilübereinstimmung mit traditionellen konservativen Werten und ihren Trägern (dem Beamten- und Offizierskorps, im weiteren Sinne überhaupt dem nationalkonservativ gesinnten Mittelstand) nicht entbehren konnte, verhinderte bei der Bekämpfung kirchlicher und christlicher Opposition die äußerste Schärfe totalitärer Maßnahmen. Und zwar schon deshalb, weil sich bis in den Krieg hinein immer wieder prominente Nationalsozialisten fanden, die selbst unter Berufung auf das »positive Christentum« der NSDAP den gegensätzlichen Intentionen Rosenbergs, Himmlers oder Bormanns widersprachen.

Ein Beispiel dafür bildete der vergebliche Versuch Rosenbergs vom Herbst 1939, seine Stellung als »Beauftragter des

Führers für die Überwachung der gesamten geistigen und weltanschaulichen Schulung und Erziehung der NSDAP« (seit dem 24. 2. 1934) durch ein über die Partei hinausgehendes Weisungsrecht auch gegenüber staatlichen Stellen zu verstärken. Rosenberg ging es dabei vor allem um einen Ausbau seiner Position gegenüber seinem Rivalen Goebbels, dessen flexible Propagandatechnik dem Parteiideologen Rosenberg stets als unverantwortlich »frei« erschienen war. Und der Zeitpunkt schien günstig gewählt, weil der Propagandaminister gerade in dieser Zeit durch eine neuerliche Liebesaffäre (Lida Baarova) bei Hitler in Ungnade gefallen war. Rosenbergs Absicht wurde aber von nahezu allen anderen Stellen der Partei und des Staates, die ebenfalls für Weltanschauungsfragen zuständig oder mitzuständig waren (Reichserziehungsminister Rust, Reichsorganisationsleiter Ley, Stellvertreter des Führers, Reichsführer-SS, Hitlers Kanzleichef Philipp Bouhler, dem seit 1934 auch die Prüfung des amtlichen Schrifttums der NSDAP oblag), kategorisch abgelehnt. In unserem Zusammenhang ist aber besonders der scharfe Widerstand bemerkenswert, den Kirchenminister Kerrl einer Aufwertung Rosenbergs entgegensetzte. Gab Kerrl doch dem Verfasser des ›Mythus‹ einen großen Teil der Schuld daran, daß seine (Kerrls) eigenen Bemühungen, zwischen Kirche und Nationalsozialismus einen Kompromiß zu finden, bisher gescheitert waren. So schrieb Kerrl am 23. 12. 1939 an den Chef der Reichskanzlei:

»Im Verlaufe der verflossenen Jahre ist der Name Rosenberg für weite Volkskreise – dabei kann unerörtert bleiben, ob mit Recht oder Unrecht – gewissermaßen zum Symbol geworden für Feindschaft gegen Kirche und Christentum.«

Und in einer Ressortbesprechung am 10. 2. 1940, an der auch Rosenberg teilnahm, bekräftigte er seine Ablehnung:

»Er sehe in der Berufung Rosenbergs eine Gefahr, weil bei der bestehenden Unklarheit des Begriffs ›Weltanschauung‹ im Verhältnis zur Religion der Auftrag des Reichsleiters Rosenberg als eine gegen das Christentum und die Kirche gerichtete Maßnahme angesehen werden müßte. Das Dritte Reich brauche jedoch das Christentum und die Kirchen, da es nichts an die Stelle der christlichen Religion und der christlichen Moral zu setzen habe. Daß man die jetzige Form der Kirchen, die aus einer politisch überholten Zeit stamme, ablehnen müsse, ändere daran nichts. Im Volk gelte Reichsleiter Rosenberg als der Exponent der kirchen- und christentumsfeindlichen Richtung.

Seine Berufung werde im Volk eine starke Beunruhigung zur Folge haben, was gerade jetzt während des Krieges unter allen Umständen vermieden werden müßte.«[47]

Am 21. Februar vermerkte Lammers, er habe dem Führer »heute Vortrag gehalten«: »Der vom Reichskirchenminister erhobene Widerspruch hat den Führer bedenklich gestimmt. Der Führer hat sich daher nicht entschließen können, einen der vorgelegten Entwürfe zu unterschreiben.«[48]

Obwohl Kerrls Stellung im Gefüge des NS-Regimes selbst denkbar schwach war und noch weiter entwertet werden sollte, sind diese Zeugnisse doch sehr bezeichnend. Auch später, als Heydrich und einzelne Gauleiter den Krieg im Gegenteil gerade zu einer Verschärfung des Kirchenkampfes zu benutzen suchten, als Bormann in einer internen Aufzeichnung vom Juni 1941 rundweg erklärte, daß »Nationalsozialismus und Christentum unvereinbar« seien, und die kirchliche Opposition z. T. ganz offen auf den verbrecherischen Charakter des SS hinwies (Bischof Graf Galen), schreckte Hitler doch stets vor umfassenden Verfolgungsmaßnahmen gegen die Kirchen zurück. Mehr als anderes fürchtete der charismatische Führer die Unberechenbarkeit einer breiten und oppositionellen Glaubensbewegung. Und er fühlte wohl auch instinktiv, daß das Dritte Reich, wie Kerrl erklärt hatte, die Kirchen noch brauche: ihr Glockengeläut bei Siegesfeiern, die Kirchengebete für »Führer, Volk und Vaterland«, die Frömmigkeit großer Teile des Volkes, solange diese politischen Quietismus erzeugte.

Für die Ausprägung der nationalsozialistischen Herrschaft
mußte die Stellung und Politik der neuen Machthaber gegenüber dem Beamtentum und den bürokratischen Körperschaften der Staatsverwaltung von besonderer Bedeutung sein. Von
Anfang an kamen dabei zwei einander entgegengesetzte Tendenzen zum Vorschein.

Die eine, besonders von Reichsinnenminister Frick, dem
NS-Beamtenbund, aber auch von jungen, mit der NS-Bewe-
gung sympathisierenden Kräften der Staatsverwaltung vertre-
ten, ging von einer grundsätzlich positiven Einschätzung des
Berufsbeamtentums aus und suchte die schon in der Zeit des
Präsidialsystems herausgebildete Tendenz zum autoritären
Beamtenstaat aufzunehmen und, in Verbindung mit dem nationalsozialistischen Führerprinzip, in Richtung auf eine elitäre
Führungsrolle des Beamtentums im nationalsozialistischen
Staat fortzuentwickeln. Mit dem Nationalsozialismus, so glaubte
man, sei im Gegensatz zu den wechselnden Regierungen und
politischen Zielsetzungen der Weimarer Republik wieder, wie
in altpreußischen Zeiten, ein einheitlicher Staatswille zum Zuge
gekommen, der für ein neues, im Geiste des Nationalsozialismus erzogenes Staatsbeamtentum die Chance böte, aus der
Rolle der subalternen Exekutive herauszugelangen, statt dessen
selbstverantwortliche und »schöpferische« Führungsaufgaben
zu übernehmen und zu einem »wirklichen Grundpfeiler des
nationalsozialistischen Staates« zu werden.[1] In der NS-Forde-
rung nach Überwindung der teilweise immer noch gültigen
Standesvorrechte bei der Rekrutierung des Beamtentums und
seiner einseitigen juristischen Ausbildung zugunsten einer un-
bedingten Geltung des Leistungsprinzips und mehr pragmati-
scher und politischer Schulung sah man Ansätze zur Herausbildung eines solchen neuen Typs des »Verwaltungsführers«,
wie ihn in Preußen 1933 (für den Justizbeamten-Nachwuchs) der
nationalsozialistische Justizminister Kerrl u. a. durch die Einrichtung von Ausbildungslagern für Referendare zu formen
suchte. In engem Zusammenhang mit diesen Vorstellungen
stand die Forderung nach Verwaltungsvereinfachung und stär-
kerer Zusammenfassung der Fachverwaltungen in der Hand der

Chefs der inneren Verwaltung auf den verschiedenen Ebenen des Staates (Reich, Länder, Provinzen, Regierungsbezirke, Stadt- und Landkreise).

Die andere Tendenz der Beamtenpolitik, die bei der Mehrzahl der »Alten Kämpfer« und Funktionäre der NSDAP vorherrschte, ging von grundsätzlichem Mißtrauen gegen das Beamtentum aus. In den besonderen Rechten des Berufsbeamtentums, seinem traditionell starken Zusammenhalt, der Homogenität des Beamtentums auf Grund ähnlicher Ausbildung und Herkunft, in dem vielfach üblichen Kooptionsverfahren bei der Besetzung der Beamtenstellen des höheren Dienstes sowie in der überwiegend konservativen Grundeinstellung der Beamten sah man eher einen dem nationalsozialistischen Führungsanspruch entgegenstehenden »Staat im Staat«. Hier dominierte infolgedessen das Bestreben, durch politische Säuberungen, durch Infiltration des Beamtentums mit zuverlässigen Nationalsozialisten, Mitsprache der Partei bei Beamtenernennungen und auf anderem Wege permanenten Druck auszuüben und ein System der Kontrolle der Beamtenschaft zu errichten.

Beide Tendenzen hätten nicht unbedingt gegensätzlich sein müssen, da ja auch z. B. Frick eine nationalsozialistisch gesinnte Beamtenschaft anstrebte und eine Mitwirkung der Partei bei der Ernennung leitender Beamter bejahte, wie sie z. B. in der Gemeindeordnung von 1935 geregelt wurde. Wenn dennoch die Tendenz der Schulung und Kontrolle des Beamtentums schließlich zunehmend in Konflikt mit den Vorstellungen eines autoritären Führer-Beamtenstaates geriet, so lag es letzten Endes vor allem daran, daß die einheitliche politische Staatsidee des Nationalsozialismus, von dem die Befürworter des elitären Konzepts einer nationalsozialistischen Staatsbeamtenschaft ausgingen, eine durchaus unzutreffende Fiktion darstellte. Nationalsozialistische Schulung konnte infolge des irrationalen und voluntaristischen Charakters der NS-Weltanschauung und der dezisionistischen Natur des NS-Führerprinzips gerade keine Erziehung zum geschlossenen Staatsführer-Korps bewirken, sondern mußte im Hinblick auf den traditionellen Pflichtenkodex und die bürokratisch-gesetzmäßige Verfahrensweise der Verwaltung eher irritierend und auflösend wirken. Auch widersprach die Vorstellung von einer dezentralisierten, selbstverantwortlichen Verwaltungsführung und Verwaltungszusammenfassung den Zwangsläufigkeiten des Ressort-

Zentralismus und der Polykratie der Ressorts, die gerade dadurch gefördert und verstärkt wurden, daß Hitler die Staatstätigkeit fast völlig mit der Effektivität der jeweils vorrangigen exekutiven Maßnahmen identifizierte und in extremem Maße uninteressiert war an Fragen der Verwaltungsordnung und dauerhaften inneren Staatsorganisation. Die beiden gegenläufigen Tendenzen kamen deutlich schon bei der Frage der politischen Säuberung und Beamtenpersonalpolitik in den Anfängen des Dritten Reiches zur Geltung.

Der Griff nach den wichtigsten Schaltstellen der Staatsverwaltung, mit dem Göring schon im Februar 1933 begann und der dann im März 1933 massive und revolutionäre Formen annahm, war insofern das am wenigsten schwierige Problem, als es sich hierbei überwiegend um »disponible« politische Beamte (Staatssekretäre, Oberpräsidenten, Regierungspräsidenten, Polizeipräsidenten, Landräte etc.) handelte, die auf legalem Wege versetzt oder vorzeitig pensioniert werden konnten. Wohl aber machte sich schon hierbei deutlich bemerkbar, daß die NSDAP kaum über genügend qualifizierten Nachwuchs verfügte, um diese Führungspositionen mit annähernd gleichwertigen Fachkräften zu besetzen. Am radikalsten und pauschalsten geschah die Auswechslung durch NS-Führungskräfte bei den preußischen Oberpräsidenten und bei den Polizeipräsidenten.* Bei den Bürgermeistern der Städte und vor allem der Gemeinden, wo ebenfalls ein starker Wechsel erzwungen wurde, mußte die NSDAP schon in erheblichem Maße auf Personen zurückgreifen, die erst nach dem 30. 1. 1933 der Partei beigetreten waren. Nach der offiziellen Parteistatistik von 1935 waren von den insgesamt 2228 städtischen Oberbürgermeistern und Bürgermeistern 1049 (47 Prozent) Altparteigenossen, 694 (31 Prozent) Neuparteigenossen und 485 (22 Prozent) Nicht-Parteigenossen. Bei den 49443 Gemeindebürgermeistern lagen die Verhältnisse für die NSDAP noch ungünstiger: 9517 (19,3 Prozent) Altparteigenossen, 20114 (40,6 Prozent) Neupartei-

* Wie aus einer für die Dienststelle des Stellvertreters des Führers bestimmten Aufstellung des SA-Obersturmbannführers und Oberregierungsrates Dr. Hanns v. Helms (bis Herbst 1934 Personalreferent für den höheren Dienst der Polizeiverwaltung im preußischen Innenministerium) vom September 1934 hervorgeht, waren bis zum Juni 1934 von insgesamt 40 preußischen Polizeipräsidenten 31 Altparteigenossen, darunter 22 Höhere SA-Führer und 3 SS-Führer. Das traf jedoch nicht für die höheren Beamten der Polizeipräsidien zu, wo die Alt-Pg.s höchstens 10% ausmachten. IfZ: Fa 113. Der hier verwendete Begriff der »Altparteigenossen« bezeichnet (entsprechend der Parteistatistik von 1935) den Kreis der bis zum 30. 1. 1933 in die NSDAP eingetretenen Mitglieder. Abweichend davon wurde auf Grund eines Erlasses des Stellvertreters des Führers vom 8. 5. 1934 seinerzeit für die NSDAP eine Sprachregelung eingeführt, nach der als »Altparteigenossen« alle bis zum 1. 4. 1933 eingeschriebenen NSDAP-Mitglieder galten.

genossen, 19 812 (40,1 Prozent) Nicht-Parteigenossen. Auch bei den – nach dem Stande von 1935 – insgesamt 689 Landräten (bzw. Bezirksamtsvorstehern, Amtshauptmännern, Kreisdirektoren) war das Verhältnis ähnlich: 198 (28,8 Prozent) Altparteigenossen, 235 (34 Prozent) Neuparteigenossen, 256 (37,2 Prozent) Nicht-Parteigenossen.* Eine spätere Aufstellung des Reichsinnenministers vom Mai 1941 über die Besetzung der Landratsämter im Reich[2] enthält dazu noch weitere Angaben. Aus ihnen ist ersichtlich, daß zu diesem Zeitpunkt (1941) in Preußen nur noch 66 von insgesamt 365 Landratsämtern, d. h. knapp ein Fünftel, mit Personen besetzt waren, die dieses Amt schon vor 1933 innehatten. Inzwischen war aber die Mehrzahl von ihnen ebenfalls der Partei beigetreten (1941 gab es in Preußen nur noch 11 Landräte, die nicht der NSDAP angehörten; 152 preußische Landräte waren der Partei nach dem 30. 1. 1933 beigetreten). Rund die Hälfte der Gesamtzahl (365) bestand aus Verwaltungsfachbeamten, die andere Hälfte aus Leuten ohne Verwaltungsfachausbildung. In den außerpreußischen Ländern mit insgesamt 304 Landräten war 1941 die Zahl der Nicht-Parteigenossen ebenfalls auf 11 Personen herabgesunken, die Zahl der Altparteigenossen (42) und besonders die der Nicht-Verwaltungsfachleute (9) aber bedeutend geringer, weil in den außerpreußischen Gebieten selbst die Reichsstatthalter und nationalsozialistischen Innenminister an die hier (vor allem in Süddeutschland) besonders ausgeprägte Tradition des juristisch vorgebildeten leitenden Verwaltungsbeamten meist nicht zu rühren wagten.

Mit Rücksicht auf die nicht-nationalsozialistischen Minister des Reichskabinetts bzw. im Hinblick auf die Vorrangigkeit fachlicher Eignung vor parteipolitischer Zuverlässigkeit waren die Altparteigenossen auch in den höchsten Stellen der Ministerialbürokratie relativ dünn gesät. Selbst unter den Staatssekretären der Reichsministerien konnten als alte Parteifunktionäre eigentlich nur Reinhardt (Finanzministerium), Freisler**

* Das Vorstehende nach den Angaben der ›Parteistatistik‹ der NSDAP (Stand vom 1. 1 1935), Bd. 1, S. 244, 260 u. 264. Dort ist darüber hinaus ersichtlich, welche regionalen Unterschiede hierbei herrschten. So fällt auf, daß bei den Gemeindebürgermeistern in den nord- und ostdeutschen NSDAP-Gauen (Schwerpunkte der Deutschnationalen) die Quote der Nicht-Pg.s teilweise über 50% lag (so in Pommern, Ostpreußen, Ost-Hannover, Weser-Ems), ebenso in dem ländlich-katholischen Gau Koblenz-Trier; während bei den Landräten der Anteil der Nicht-Pg.s vor allem in Süddeutschland sehr hoch war (Schwaben: 90,5%, Bayerische Ostmark: 84,7%, München-Oberbayern: 65,4%, Baden: 62,5%, Franken: 52,9%).

** 1933 von Kerrl als Staatssekretär ins preußische Justizministerium geholt; nach dessen Zusammenlegung mit dem Reichsjustizministerium wurde Freisler dort zweiter Staatssekretär neben dem unpolitischen Fachjuristen Schlegelberger.

(Justizministerium), Darrés Staatssekretäre Willikens und Backe, der dem Arbeitsminister zugeordnete Staatssekretär für den Freiwilligen Arbeitsdienst, Hierl, und der Staatssekretär im Propagandaministerium, Funk, gelten. Die Staatssekretäre Zschintzsch (Erziehungsministerium), Pfundtner und Stuckart (Innenministerium) und Lammers (Reichskanzlei) waren von Hause aus Juristen oder Verwaltungsbeamte und erst spät der NSDAP beigetreten, die Staatssekretäre im Auswärtigen Amt (v. Bülow, 1937: v. Mackensen, ab 1938: v. Weizsäcker), im Wirtschaftsministerium (Posse), im Arbeitsministerium (Krohn), im Verkehrsministerium (Koenigs), im Postministerium (Ohnesorge) und im Luftfahrtministerium (Milch) waren ebenso wie der erste Staatssekretär im Justizministerium (Schlegelberger) unpolitische Fachleute.

Weitaus geringer war die Zahl der Parteigenossen unter den nicht-disponiblen Ministerialbeamten. In einer kritischen Denkschrift über die »nationalsozialistische Personalpolitik in den Zentralbehörden« beschwerte sich SA-Obersturmbannführer v. Helms im Mai 1934 darüber, daß die Posten der Personalreferenten in den Ministerien keineswegs (wie es ein Erlaß Fricks vom 14. 7. 1933 vorgesehen hatte[3]) von »zuverlässigen Nationalsozialisten« besetzt seien und alte Pg.s in der Ministerialbürokratie nur eine verschwindend geringe Rolle spielten; die »Gefahr ist groß, daß selbst nationalsozialistische Behördenleiter in absehbarer Zeit nur einen bürokratischen Behördenapparat hinter sich haben und dessen Träger frei sind von wahrem nationalsozialistischen Gedankengut«.[4] Als Beispiel führte Helms das preußische Innenministerium an, in dem sich unter insgesamt 270 Ministerialbeamten des höheren, mittleren und unteren Dienstes nur 18 Altparteigenossen, 29 Neuparteigenossen und etwa 20 Parteikandidaten befänden, während die Masse von 200 Beamten »es überhaupt nicht für notwendig erachtet« habe, »Mitglied der Partei zu werden«.[5] Noch Anfang 1938 beklagte sich der Stellvertreter des Führers in einem kritischen Schreiben über die Personalpolitik des Arbeitsministeriums darüber, daß sich in diesem Ministerium unter 38 Ministerialräten nur 5 Pg.s befänden, die sämtlich erst nach 1933 der NSDAP beigetreten seien.[6] Ähnlich lagen die Verhältnisse in den meisten anderen Ministerien, aber auch in den nachgeordneten Fachverwaltungen.

Dadurch, daß die Ausführung des Berufsbeamtengesetzes vom 7. 4. 1933 in die Hand der staatlichen Behördenchefs gelegt worden war und die Partei durch ihre Beurteilungen Dienstentlassungen nur vorschlagen konnte, war eine wesentliche Vorentscheidung der Beamtenpolitik getroffen. Da selbst nationalsozialistische Ressortchefs wie Frick vom Prinzip des fachlich vorgebildeten Beamten ausgingen und manche negative Erfahrungen mit anfangs in die Verwaltung eingesetzten NS-Funktionären ihre Überzeugung stärkten, daß auch der nationalsozialistische Staat am Prinzip des Berufsbeamtentums mit klaren Laufbahnbestimmungen, Einhaltung des Stellenplans, einheitlichen Beförderungsvorschriften, absoluter Gültigkeit der innerbehördlichen Dienstaufsicht und Disziplinargewalt festhalten müsse, waren die parteipolitischen Einwirkungsmöglichkeiten von vornherein begrenzt, nachdem das Gesetz zur »Wiederherstellung des Berufsbeamtentums« (BBG) die politische Säuberung in legale Bahnen gelenkt hatte. Die auf Grund dieses Gesetzes mögliche Dienstentlassung aus politischen Gründen wurde strikt vor allem im Hinblick auf kommunistische und meist ebenfalls im Hinblick auf sozialdemokratische Beamte angewandt. Ferner kam es zur pauschalen Entlassung jüdischer Beamter (bis 1935 mit Ausnahme der an der Front eingesetzten Weltkriegsteilnehmer). Da beide Kategorien aber zahlenmäßig in den meisten Verwaltungen (vor allem den Fachverwaltungen) nur eine geringe Rolle spielten, blieben die Auswirkungen des Gesetzes zweifellos hinter den Erwartungen der Partei zurück. Wenn innerhalb der Gesamtheit von 1,5 Millionen Beamten kaum mehr als 1 bis 2 Prozent auf Grund des Berufsbeamtengesetzes aus politischen oder rassischen Gründen in den Ruhestand versetzt oder ohne Pension aus dem Dienst entlassen wurden (das Gesetz sah daneben auch vorzeitige Pensionierung und Versetzung in ein niedereres Amt zur Verwaltungsvereinfachung bzw. auf Grund mangelnder Eignung vor), besagt dies zwar wenig, sofern man berücksichtigt, daß der höhere Dienst der politisch besonders bedeutsamen inneren Verwaltung im allgemeinen weit stärker »gereinigt« wurde* als der mittlere und untere Dienst oder die Fachverwaltungen. Immerhin zeigt sich an dieser niedrigen Quote, daß von einer revolutionären Umschichtung der Beamtenschaft nicht gesprochen werden kann, vielmehr die Säu-

* Weitaus am höchsten, bei ca. 12 Prozent, lag die Quote der Entlassungen aus politischen und rassischen Gründen im höheren Dienst der preußischen inneren Verwaltung, in der es relativ zahlreiche SPD- und DDP-Mitglieder gegeben hatte; vgl. Hans Mommsen, Beamtentum im Dritten Reich. Stuttgart 1966, S. 56.

berungsmaßnahmen »weitgehend an der inneren Geschlossenheit des Beamtenapparates abprallten«.[7]

Die Handhabung des BBG wurde außerdem großzügiger und toleranter, nachdem die ursprünglich vorgesehene Frist der Durchführung (bis 31. 12. 1933) infolge des komplizierten Verfahrens (»Ariernachweis« u. a.) mehrfach verlängert werden mußte und sich inzwischen die politische Grundtendenz zur Beendigung der NS-Revolution durchsetzte. Es war nicht ganz falsch, wenn der ehemalige SA-Beauftragte für Polizeiverwaltungspersonalien im preußischen Innenministerium (v. Helms) Ende Mai 1934 schrieb: »Man wagt bereits wieder, alte bewährte Kämpfer der Bewegung, die aus staatspolitischen Gründen in die Verwaltung hineingenommen wurden, um ein Gegengewicht zu veralteten, abgegriffenen und wenig zuverlässigen Ladenhütern zu bilden, dadurch zu diffamieren, daß man ihnen ein mangelndes Wissen vorwirft und [ihnen] empfiehlt, sich Verwaltungspraxis anzueignen.«[8] Bezeichnenderweise lehnten gerade auch die neuen nationalsozialistischen Ressortchefs, so Frick und Göring, schon im Frühjahr und Sommer 1933 ein Mitspracherecht der Beamtenorganisation der Partei bei Beamtenernennungen kategorisch ab. Und in dem am meisten nationalsozialistischen Ressort, dem Reichsministerium für Volksaufklärung und Propaganda, erbat sich der Minister (Goebbels) in einem Haus-Runderlaß vom 11. 4. 1934 in besonderer Schärfe die Einhaltung des Dienstweges:

»Das Reichsministerium für Volksaufklärung und Propaganda ist ein nationalsozialistisches Ministerium. Es wird sowohl sachlich als auch personell nach streng nationalsozialistischen Gesichtspunkten geleitet. Die maßgebenden Stellen dieses Ministeriums sind fast ausschließlich von alten, zuverlässigen Nationalsozialisten besetzt ... Unter diesen Umständen ist es unzulässig, wenn untergeordnete Dienststellen des Ministeriums bei Differenzen mit Vorgesetzten, die vom Minister selbst an ihren Posten gestellt worden sind, ... außerhalb des Ministeriums stehende Dienst- oder Parteistellen bemühen ... Zu alledem ist der Minister selbst Gauleiter von Berlin und Mitglied der Reichsleitung der NSDAP. Es ist damit die Partei selbst in ihren höchsten Stellen auch im Ministerium verankert. Aus allen diesen Gründen verbiete ich ein für allemal ein Heraustragen von natürlicherweise sich täglich immer wieder ergebenden Schwierigkeiten im Hause über den

Dienstweg des Hauses hinaus. Solche Versuche werden in Zukunft mit fristloser Entlassung oder disziplinär geahndet.«*

Der zitierte Erlaß zeigt nicht nur, daß auch in den personell stark nationalsozialistisch ausgerichteten Ministerien die innere Geschlossenheit der Behörde und Amtshierarchie gegen parteipolitische Außeneinflüsse stark betont wurde; die selbstbewußte Sprache dieses Erlasses macht darüber hinaus deutlich, daß im Gefüge des Hitler-Staates ein Höchstmaß von Macht und Autorität gerade dort in Anspruch genommen werden konnte, wo Partei- und Staatsämter personell oder institutionell so eng miteinander verquickt waren wie im Goebbels-Ministerium.

Das Gegenbeispiel eines nationalsozialistischen Behördenchefs, dessen staatlicher Kompetenz die Abstützung in entsprechenden parteipolitischen Vollmachten fehlte, war der Erziehungsminister Bernhard Rust, der nicht zuletzt deshalb manche Kompetenzen an Goebbels abtreten und zusehen mußte, wie die Kulturpolitik immer stärker an andere staatliche und Partei-Dienststellen überging. Einer der zeitweiligen Mitarbeiter Rusts, der kommissarische Leiter des Amtes Wissenschaft im Reichserziehungsministerium, Dr. Otto Wacker (zugleich SS-Oberführer und nationalsozialistischer Kultusminister in Baden), erkannte diese Schwäche des Rust-Ministeriums sehr deutlich. In einem ausführlichen Brief, den Wacker am 3. 11. 1938 an Rust richtete (eine Abschrift ging gleichzeitig an den Reichsführer-SS), führte er die Tatsache, »daß auf dem Gebiet der Kulturpolitik ... eine Reihe von großen und mächtigen Kräften tätig ist, deren Arbeit ... nebeneinander herläuft«, vor allem auf »den Mangel eines konstruktiven Verhältnisses der Spitze des Ministeriums zur Partei« zurück, die damit »in Gegensatz zu anderen Reichsbehörden« stehe, wo in der Form der Personalunion eine engere Verklammerung von Partei und Staat bestehe. Da »die politische Stellung des Reichserziehungsministeriums tatsächlich eine sehr schwache« sei, würde die Regelung wichtiger Fragen durch das Ministerium ungeheuer erschwert. Sobald »Fragen

---

* BA: R 55/19. Im ursprünglichen Konzept Goebbels hieß es am Ende des letzten Satzes nur »mit fristloser Entlassung bestraft«. Zu der Änderung sah sich der Minister offenbar auf Vorsprache seiner Referenten aus beamtenrechtlichen Gründen veranlaßt, da eine Dienstentlassung von Beamten ohne förmliches Disziplinarverfahren, das letzten Endes nicht in der Hand des Ministers lag, nicht möglich war. Eine interessante Episode, die beleuchtet, daß die selbstherrlichen Führungspraktiken der NSDAP nicht so ohne weiteres auf den rechtlich geordneten Bereich der Verwaltung zu übertragen waren.

von großer und weitgehender Bedeutung auftauchen, insbesondere Fragen von grundsätzlichen Neuschöpfungen aus nationalsozialistischem Geiste heraus, tritt der Mangel und die Schwäche des Reichserziehungsministeriums als eines rein staatlichen und auf den staatlichen Bereich beschränkten Arbeitskörpers sofort bis in alle Einzelheiten in Erscheinung«. Wacker plädierte mit seinem Schreiben dafür, wenigstens auf dem Gebiet der Wissenschaftspolitik eine »organisatorische Verbindung des Amtschefs Wissenschaft im Reichserziehungsministerium mit einer entsprechenden Dienststelle innerhalb der NSDAP« herzustellen, und es ist kaum zweifelhaft, daß er dabei an eine Verbindung mit dem Reichsführer-SS dachte, der (über Heydrich) auch Hitler über die Grundgedanken Wackers informierte.*

Gerade auf dem Sektor Erziehungs- und Kulturpolitik wurde aber auch ersichtlich, daß ein *nur parteipolitischer* Auftrag, wie ihn etwa Rosenberg als »Beauftragter des Führers für die Überwachung der gesamten geistigen und weltanschaulichen Schulung und Erziehung der NSDAP« oder Ley mit dem Schulungsamt des Reichsorganisationsleiters der NSDAP innehatten, ebensowenig zu primärer politischer Macht und Bedeutung verhalf wie die *nur-staatliche* Kompetenz.

Dieser Exkurs vermag bereits deutlich zu machen, daß die relative Stabilität des alten Beamtenkörpers noch wenig über die größere oder geringere politische Bedeutung der einzelnen Ministerial- und Verwaltungsressorts im Dritten Reich besagte, sondern diese Frage letzten Endes weit mehr von anderen Faktoren als der Beamtenpolitik entschieden wurde. Wenn es jedoch im Staate Hitlers zunehmend und schließlich in extremem Maße dazu kam, daß die sachliche Kompetenz einzelner Verwaltungen sich nur durchsetzen konnte, wenn sie in parteipolitischer Macht (oder in einer von Hitler persönlich und unmittelbar erteilten Vollmacht) verankert war, so konnte sich solche Durchdringung geregelter staatlicher Aufgabenverteilung mit den wechselnden und unsicheren Machtstrukturen der NS-Bewegung und Führer-Klientel nur vollziehen, weil die (von Frick und anderen) genährte Vorstellung einer möglichen Verbindung von autoritärer Verwaltung und natio-

* Der gesamte Vorgang in: BA: R 43 II/1154a. Lammers informierte am 23. 12. 1938 Heydrich, daß Hitler über die Denkschrift Wackers unterrichtet worden sei, sich aber dahingehend geäußert habe, »daß es dem Herrn Reichsminister für Wissenschaft, Erziehung und Volksbildung überlassen bleiben müsse, für seinen Geschäftsbereich die angeschnittenen Organisationsfragen zu regeln«.

nalsozialistischem Führerprinzip zum »totalen Staat« nicht den gewünschten Erfolg hatte, vielmehr die relativ erfolgreiche Verteidigung der Autonomie der Verwaltung und des Beamtentums gerade die Tendenz zu ihrer politischen Desavouierung und Degradierung nach sich zog bzw. verstärkte.

In den Jahren 1933/34 war dieser Prozeß freilich noch nicht zwangsläufig. Man konnte noch glauben, daß man mit dem Monopol staatlicher Beamtenpolitik erfolgreich auch dem Konzept des autoritären und einheitlich geführten Staates diente. In diesem Sinne vermochte es auch als ein Erfolg gewertet zu werden, daß nach der Abschaffung der lästigen Sonderkommissare der SA im Sommer 1934 eine Mitwirkung der Partei in der Personalpolitik und Gesetzgebung der Reichsregierung allein auf die Dienststelle des Stellvertreters des Führers beschränkt wurde.

Durch einen Runderlaß »an die Herren Reichsminister« hatte Hitler am 27. 7. 1934 zunächst »angeordnet«, daß »der Stellvertreter des Führers, Reichsminister Heß, bei der Bearbeitung von Gesetzesentwürfen in sämtlichen Reichsressorts die Stellung eines beteiligten Reichsministers erhält«.* Als dem Führer infolge der Übernahme des Reichspräsidentenamtes auch das Beamtenernennungsrecht zugefallen und am 1. 2. 1935 durch entsprechende Führererlasse geregelt worden war, daß Hitler sich die Ernennung der Reichs- und Landesbeamten des höheren Dienstes (ab Besoldungsgruppe A 2 c) persönlich vorbehalte[9], beanspruchte am 7. 2. 1935 der Stellvertreter des Führers eine Mitwirkung auch bei diesen Beamtenernennungen: Die von der Partei abzugebende politische Beurteilung (neben der Beurteilung der fachlichen Qualifikation durch die jeweiligen Ressortchefs) müsse »unbedingt zur Kenntnis des Führers gelangen«, um dessen Entscheidung zu erleichtern und »die Gewähr für die Schaffung eines einwandfreien nationalsozialistischen höheren Beamtenkörpers zu haben«.[10] Nach längeren Verhandlungen, in die von Parteiseite auch der Münchener

* BA: R 43 II/694. Der Erlaß mit der (für Hitlers neuen Umgangston gegenüber den Reichsministern) bemerkenswerten Formel »ich ordne an ...« war in Bayreuth ausgefertigt worden, wo Hitler sich anläßlich der Richard-Wagner-Festspiele aufhielt. Ihm war offenbar eine Unterredung mit Heß, Bormann und anderen Parteiführern in Bayreuth vorausgegangen. Ging es für diese doch nach der Entmachtung der SA (und der Ausschaltung des Stabschefs der SA von der Mitwirkung an der Regierung) um so mehr darum, den Parteieinfluß auf die Regierungstätigkeit auf andere Weise zu sichern. Die Beschränkung dieser Mitwirkung auf den »Stab Heß« sollte anderseits ein willkürliches Übergreifen der Partei in die Staatspolitik verhindern, wie es gerade in diesen Tagen in der Österreich-Politik (Dollfuß-Mord) deutlich geworden war. So ist es vielleicht nicht ganz zufällig, daß der Erlaß zur selben Zeit erging, in der Hitler (ebenfalls von Bayreuth aus) die Ausschaltung Habichts aus der Österreich-Politik und die Entsendung Papens nach Wien beschloß.

Gauleiter Wagner eingeschaltet wurde, kam es am 24. 9. 1935 zu einem »Erlaß des Führers und Reichskanzlers«, der die Beteiligung des Stellvertreters des Führers bei allen von Hitler persönlich zu vollziehenden Beamtenernennungen vorsah.[11] Anders als auf dem Gebiet der Gemeindeverwaltung erhielt die Partei aber kein Vorschlagsrecht eingeräumt. Vielmehr setzte sich die vom Reichsinnenminister empfohlene Praxis durch, wonach die von den Ressorts vorgeschlagenen Ernennungen als vom Stellvertreter des Führers gebilligt angesehen werden konnten, wenn dieser nicht binnen drei oder vier Wochen nach Vorlage des Ernennungsvorschlages Einspruch erhoben hatte.[12] Durch diese Regelung blieb praktisch das Normalverfahren der Beamtenernennung weiterhin ein behördeninterner Vorgang, und nur in Ausnahmefällen kam es zur Intervention der Partei. Wenn auch der Stellvertreter des Führers dieser Übung zustimmte, die den Partei-Einfluß eher eindämmte, so lagen die Gründe hierfür wohl vor allem in der Struktur und Schwäche des Apparates begründet, der dem Stab Heß hierfür zur Verfügung stand.

Als dem Stellvertreter des Führers im Juli 1934 die Mitwirkung bei der Gesetzesvorbereitung übertragen worden war, richteten Heß und sein Stabsleiter Bormann neben der für Parteiangelegenheiten zuständigen politischen Abteilung (Abt. II*) eine besondere Abteilung für sogenannte »staatsrechtliche Fragen« (Abt. III) ein. Diese diente gleichsam als Ministerbüro des Stellvertreters des Führers, und da sie ausschließlich mit Gesetzesvorlagen und Beamtenfragen zu tun hatte, schien es Heß unumgänglich, rechtskundigen und erfahrenen Verwaltungsbeamten die Arbeit dieser Abteilung zu übertragen. Ihr Leiter (im Range eines Ministerialrates) wurde (bis 1941) Walther Sommer, ein der NSDAP angehörender Verwaltungsjurist aus Thüringen, der dort u. a. Vorsitzender des Landesverwaltungsgerichts und des Thüringischen Disziplinarhofes gewesen war. Sommer hatte zunächst nur einen kleinen Stab von Beamten zur Verfügung, die sämtlich, wie er, Beamte waren und auf dem Wege der normalen Beamtenversetzung auf Anforderung des Stellvertreters des Führers von den jeweiligen Reichs- oder Landesressorts in das Braune Haus nach München ausgeliehen wurden. Die Abteilung III des Stellvertreters des Führers, der die »Überwachung« der Gesetzgebung und Personalpolitik der

---

* Seit März 1934 bis Kriegsende geleitet von Helmuth Friedrichs, vorher Gaugeschäftsführer der NSDAP im Gau Hessen-Kassel.

Reichsregierung obliegen sollte und die analog zu den einzelnen Ministerien in jeweilige Referate für Innen-, Rechts- und Wirtschaftspolitik etc. aufgegliedert wurde, war mithin beamten- und etatrechtlich selbst ein Teil der Staatsverwaltung. Es lag von daher nahe, daß die für einige Jahre von einzelnen Ministerien oder anderen staatlichen Verwaltungen in diese Abteilung entsandten Beamten, die zwar in der Regel Pg.s, aber meist keine alten Mitglieder und Funktionäre der NSDAP waren*, in Gesetzgebungs- und Beamtenfragen keinen radikalen Parteistandpunkt einnahmen, sondern eher eine vermittelnde Funktion zwischen den Parteiämtern und den Staatsministerien ausübten, zumal letztere weiterhin ihre Stammbehörden blieben und von ihnen einen unterstützenden Einfluß wohl auch vielfach erwarteten.** Sicher ist jedenfalls, daß die staatsrechtliche Abteilung der Dienststelle des Stellvertreters des Führers (ab 1941: Parteikanzlei unter Leitung von Bormann) wenig geeignet war, die in Parteikreisen gern zitierte Parole »Die Partei befiehlt dem Staat« in die Tat umzusetzen. Eher ließ sich von einer »Verstaatlichung« des hierfür zuständigen Sektors der Parteikanzlei sprechen. Das hätte nicht unbedingt eine Schwächung der Mitwirkung der Parteispitze an Gesetzgebung und Beamtenpolitik der Reichsregierung bedeuten müssen, wenn hinter dem Stab Heß eine starke, straff organisierte Reichsleitung der NSDAP gestanden hätte. Da dies aber nicht der Fall war, der politische Wille der Partei vielmehr auch an keiner anderen Stelle kraftvoll koordiniert und zusammengefaßt wurde, konnte auch der Stab des Stellvertreters des Führers mit dem schwachen Heß an der Spitze kein sonderlich starkes Gegengewicht gegen den Willen der Regierung bilden, solange die Reichsminister in bestimmten Grundsatzfragen einigermaßen einheitlich votierten.

Die in Fragen der Beamtenernennung und -beförderung erforderliche Beurteilung der politischen Zuverlässigkeit durch die Hoheitsträger der NSDAP, für die auf der Ebene der

---

* Einer der späteren Beamten der Abt. III der Parteikanzlei, Dr. Karl Lang, sagte nach Kriegsende aus, noch in den letzten Kriegsjahren seien mehrere leitende Beamte (darunter auch Sommers Nachfolger, Dr. Gerhard Klopfer) in der Abteilung tätig gewesen, die erst 1933 oder später der NSDAP beigetreten waren. Es sei sogar vorgekommen, daß Nichtparteigenossen in die Abteilung abgeordnet wurden und dort blieben. IfZ: ZS 1220. Vgl. auch die diesbezüglichen Angaben anderer ehemaliger Beamter der Abt. III der Parteikanzlei: ZS 812, ZS 352, ZS 683.

** Willi Gölz, ein ehemaliger Beamter der Abt. III der Parteikanzlei, behauptete sogar, die »Zwitterstellung« dieser Beamten zwischen Partei und Staat habe sich »in den meisten Fällen zugunsten der staatlichen Behörden entwickelt, zumal sehr viele Sachbearbeiter mit eindeutigen Aufträgen ihrer Ministerien in die Parteikanzlei gekommen waren«. IfZ: ZS 683, Bl. 15.

Reichsregierung der Stellvertreter des Führers zuständig war, hatte gleichwohl für die Staatsbeamtenschaft weitgehende Wirkungen. Das Bedürfnis zahlreicher Beamter, nicht nur beim Dienstvorgesetzten, sondern auch bei der Partei »gut angeschrieben« zu sein, beeinträchtigte in erheblichem Maße die traditionelle Dienstauffassung des Beamtentums, erzeugte Dauerkonflikte zwischen Dienstpflicht und Karriereehrgeiz und stellte einen der wichtigsten Grundsätze des Berufsbeamtentums, das Anrecht auf dienstaltersmäßige Beförderung, in Frage. Deshalb wehrten sich auch der Beamtenminister Frick und andere Ressortchefs gegen die Auffassung des Stellvertreters des Führers, daß eine negative politische Beurteilung eines Beamten oder Beamtenkandidaten durch die Partei den Behördenchefs definitiv die Hände binde und mithin eine Art Vetorecht der Partei begründe. Später, 1937/38, fand man den Kompromiß, daß die Minister ihre Gegengründe gegen ein solches negatives Votum Hitler vortragen konnten, so daß im Einzelfalle dennoch Ernennungen und Beförderungen nach den Vorschlägen der Minister (trotz einer negativen Parteibeurteilung) möglich waren.[13]

Einzig die Wehrmacht vermochte sich von solchen Parteieinflüssen weiterhin freizuhalten und zu verhindern, daß die militärische Dienstpflicht mit Gesichtspunkten parteipolitischer Zuverlässigkeit in Konflikt geriet. Nachdem das Reichswehrministerium den Angehörigen der Reichswehr schon nach der Röhm-Affäre die gleichzeitige Mitgliedschaft in der SA untersagt hatte, setzte es nach der Wiedereinführung der allgemeinen Wehrpflicht (16. 3. 1935) in Paragraph 26 des neuen Wehrgesetzes vom 21. 5. 1935 (RGBl. I, S. 609) die Bestimmung durch, daß den Soldaten jede politische Betätigung untersagt sei und ihre Zugehörigkeit zur NSDAP oder einer ihrer Gliederungen »für die Dauer des aktiven Wehrdienstes« ruhe. In der nicht veröffentlichten Begründung des Wehrgesetzes hieß es hierzu, daß die Soldaten »einer eigenen Befehls- und Strafgewalt unterliegen und eine klare Trennung der gegenseitigen Befugnisse [von Wehrmacht und Partei] notwendig ist«.[14]

Den Beamten, Angestellten und Arbeitern der Wehrmacht wurde – auf Grund eines Erlasses des Reichswehrministers an die Oberbefehlshaber der drei Wehrmachtsteile vom 10. 9. 1935 – zwar die Zugehörigkeit zur NSDAP und ihren Gliederungen und Verbänden erlaubt, aber die Übernahme irgendwelcher

Parteiämter untersagt. Der Erlaß betonte im übrigen auch für die Wehrmachtsbeamten die absolute Verbindlichkeit des militärischen Dienstweges: »Für die Erledigung dienstlicher Vorkommnisse ist allein der Wehrmachtsdienstweg zulässig. Die Pflicht zur Verschwiegenheit über dienstliche Vorgänge besteht auch gegenüber der Partei.«[15] Hitler nahm dies widerspruchslos hin[16], und auf entschiedenes Verlangen der Wehrmacht entschied er am 25. 10. 1935 auch, daß die Beteiligung des Stellvertreters des Führers bei Beamtenernennungen »für den Bereich der Wehrmacht keine Anwendung finden soll«.[17] Nachdem Spannungen zwischen Partei und Wehrmacht und namentlich zwischen Wehrmacht und SS im zweiten Halbjahr 1934 manche Mißstimmungen innerhalb des konservativen Offizierskorps des Heeres geschaffen hatten, die u. a. auch durch die Auseinandersetzungen um die evangelische Kirche Nahrung erhielten, sah sich Hitler der Wehrmachtführung gegenüber 1934/35 zu einem Kurs bewußter Beschwichtigung veranlaßt. Die Anstrengungen der SS, (anstelle der SA) eigene bewaffnete Einheiten, die SS-Verfügungstruppen und die SS-Totenkopfverbände in den Konzentrationslagern, zu unterhalten, waren auf Verlangen der Heeresleitung auf infanteristisch ausgebildete Kräfte (ohne Artillerie) in der Gesamtstärke von drei Regimentern begrenzt worden. Hitlers Versprechen an die Wehrmachtführung vom 20. 8. 1934, daß er es als seine »heiligste Pflicht ansehen« würde, »für den Bestand und die Unantastbarkeit der Wehrmacht einzutreten« und sie »als einzigen Waffenträger in der Nation zu verankern«, schienen damit zwar nicht dem Buchstaben, aber dem ungefähren Sinne nach bekräftigt. Der Führer hatte überdies bei verschiedenen Gelegenheiten, am eindrucksvollsten bei einer Ansprache vor Offizieren und Parteiführern in der Berliner Staatsoper am 3. 1. 1935, der Wehrmacht sein uneingeschränktes Vertrauen ausgesprochen und dabei auch geschickt den Eindruck zu erzeugen vermocht, daß er – der Führer – über das Gezänk der Partei erhaben und aufrichtig um eine Partnerschaft der »zwei Säulen« des nationalsozialistischen Staates (Wehrmacht und Partei) bemüht sei. Nicht nur Blomberg und Reichenau, sondern auch der Chef der Heeresleitung, General v. Fritsch, in dem zahlreiche Offiziere den Garanten einer konservativen, deutschnationalen Ordnung gegen die Parteiwillkür erblickten, nahmen auf Grund dessen Hitler weitgehend von ihrer Kritik an der Partei aus und suchten sich und ihren

Untergebenen eine Haltung loyaler Mitarbeit im nationalsozialistischen Staat zu eigen zu machen. Zwischen der konservativ-autoritären Staatsauffassung der Wehrmacht und dem ungebundenen Herrschaftstrieb der NS-Bewegung bestand zwar weiterhin eine tiefe Kluft. Aber wie schon die Bereitschaft der Wehrmacht zur Ableistung eines persönlichen Gehorsamseides gegenüber Hitler (anstelle des Eides auf Verfassung, Volk und Vaterland) nach dem Tod Hindenburgs gezeigt hatte, ließ sich das konservative Denken des höheren Offizierskorps um so leichter mit der Anerkennung Hitlers als des absoluten Führers verbinden, als dieses Denken selbst noch in monarchischen Traditionen des persönlichen Regiments und des persönlichen Gehorsams wurzelte.[18]

Im Gegensatz zur Wehrmacht brauchte Hitler, nach der Entmachtung der SA, auf die zivile staatliche Bürokratie weit weniger Rücksicht zu nehmen. Wie schnell hier das Pendel der Einstellung umschlug, zeigt sich, wenn man Hitlers Ausführungen vor den Gauleitern vom Februar 1934, welche die strikte Unterordnung der Partei unter den Staat forderten, mit seinen Bekundungen vom Herbst 1934 vergleicht, als er auf dem Parteitag in Nürnberg die Parole ausgab, »Nicht der Staat befiehlt uns, sondern wir befehlen dem Staat«, und den Reichsstatthaltern gegenüber im November 1934 scharfe Kritik an der politischen Zuverlässigkeit eines großen Teiles der Beamtenschaft übte.* Hitler hatte deshalb auch offensichtlich wenig Interesse daran, nach Abschluß der durch das Berufsbeamtengesetz vom 7. 4. 1933 eingeleiteten Säuberungen die »wohlerworbenen Rechte« des Berufsbeamtentums gesetzlich bald wiederherzustellen. Auf eine klare Fixierung des Beamtenrechtes drängte aber seit 1934 der Reichsinnenminister, zumal die Aufhebung der Ländersouveränität eine einheitliche Fassung des Rechts der Reichs- und Landesbeamten besonders dringlich erscheinen ließ. Ein im Benehmen mit dem Reichsfinanzminister vom Reichsinnenminister ausgearbeiteter Entwurf eines neuen Beamtengesetzes lag schon 1934 vor. Seine Verabschiedung wurde aber, vor allem durch Einwände Hitlers und des Stellvertreters des Führers, über zwei Jahre lang bis

* Bezeichnend dafür auch Hitlers zweckbestimmte Bemerkungen in der Kabinettssitzung vom 24. 1. 1935 anläßlich der Beratung des Entwurfs der Deutschen Gemeindeordnung: »Staat und Gemeinden« seien »noch zu sehr mit Männern der früheren, aufgelösten Parteien durchsetzt«. »In 20–30 Jahren werde sich dieser Zustand grundlegend geändert haben. Die Wehrmacht habe sich stets in vergangenen Jahren von dem früheren Parteiengetriebe ferngehalten. Insofern sei das Verhältnis der Wehrmacht zum neuen Staate auch von Anfang an am klarsten gewesen.«

zum Januar 1937 hinausgezögert. Schon die Tatsache, daß in dem Entwurf neben den »Pflichten« ein Katalog der besonderen »Rechte der Beamten« angeführt war, schien der Partei viel zu sehr von der Vorstellung des »Beamtenstaates« auszugehen. Man einigte sich schließlich auf den Kompromißtitel »Sicherung der rechtlichen Stellung der Beamten«.[19] Desgleichen blieb (in § 71) des Gesetzes eine Tür offen, um einen Beamten auch künftig vorzeitig in den Ruhestand zu versetzen, wenn er »nicht mehr die Gewähr dafür bietet, daß er jederzeit für den nationalsozialistischen Staat eintreten wird«. Wurde dabei auch, wie wir bereits gesehen haben, eine willkürliche Anwendung dadurch eingedämmt, daß in solchen Fällen ein ordentliches dienstliches Untersuchungsverfahren vorgeschrieben war und eine Entlassung nur auf Antrag der staatlichen Dienstbehörde vorgenommen werden konnte*, so war doch das Prinzip des *unpolitischen* Berufsbeamtentums durch diesen Paragraphen noch einmal nachdrücklich aufgehoben. Besonderen Widerstand stellten Hitler und der Stab Heß auch der in dem Gesetzentwurf vorgesehenen Regelung der Versorgungsansprüche der Beamten entgegen. Man traute sich zwar nicht, diesen Eckpfeiler des Berufsbeamtentums anzutasten, hielt gleichwohl eine ausdrückliche Bestätigung durch ein nationalsozialistisches Gesetz für »politisch nicht tragbar«, schon weil dadurch die mindere Rechtsstellung der hauptamtlichen »Hoheitsträger« der NSDAP erneut zum Ausdruck kam.

Bei der jahrelangen Beratung (und Verzögerung) des Deutschen Beamtengesetzes ging der Streit im übrigen vor allem um die möglichen Konflikte zwischen den Beamtenpflichten und den Erfordernissen einer funktionierenden Verwaltung auf der einen Seite und parteipolitischen Ansprüchen gegenüber den Parteigenossen innerhalb der Bürokratie auf der anderen Seite. So wurde u. a. ausgehandelt, daß Beamte, die zugleich höhere

---

* In der Begründung zu § 71 hieß es: »Der nationalsozialistische Staat muß die Möglichkeit haben, das Beamtenverhältnis solcher Beamten zu lösen, die durch Worte, Taten oder Unterlassungen gezeigt haben, daß der nationalsozialistische Staat sich nicht mehr unbedingt auf sie verlassen kann. Um den Beamten vor haltlosen und böswilligen Beschuldigungen zu sichern, kann die Maßnahme nur aufgrund eines Untersuchungsverfahrens erfolgen, in dem der Möglichkeit eidlicher Vernehmung erfolgen, in dem tatsächliche Feststellungen getroffen werden. Die Entscheidung ist in die Hand des Führers und Reichskanzlers gelegt; den erforderlichen Antrag kann nur die oberste Dienstbehörde im Einvernehmen mit dem Reichsminister des Innern an den Führer und Reichskanzler richten.« Vgl. BA: R 43 II/419a. Lediglich beim Austritt oder dem Ausschluß eines Beamten aus der NSDAP hatte der Stellvertreter des Führers selbst das Recht, ein Verfahren nach § 71 zu beantragen. Diese Regelung, die später zu konkreten Mißhelligkeiten führte (vgl. BA: R 43 II/447), konnte im Einzelfall bedeuten, daß Nicht-Pg.s unter den Beamten einen größeren Schutz vor parteipolitisch motivierten Entlassungsforderungen hatten als Pg.s.

Ämter in der Partei oder ihr angeschlossenen Verbänden innehatten (ab Kreisleiter und Standartenführer aufwärts), nur im
Benehmen mit dem Stellvertreter des Führers versetzt werden
sollten. Anderseits wurde die von der Partei gewünschte Ab-
solvierung einer nationalsozialistischen Schulung als Voraussetzung für die Beamtenernennung von den Reichsressorts
nicht akzeptiert, da sich klar definierbare und zumutbare Bedingungen dieser Art nicht formulieren ließen. Auch wurde die
unteilbare Gehorsamspflicht der Beamten gegenüber ihren
Dienstvorgesetzten (§ 7) mit Erfolg verteidigt. In der Durchführungsverordnung vom 29. 6. 1937 hieß es dazu: »Beruft sich
ein Beamter, der Mitglied der NSDAP ist, gegenüber einer Anordnung des Vorgesetzten auf gegenteilige Anordnungen von
Parteistellen, so hat der Vorgesetzte besonders sorgfältig zu
prüfen, in welcher Weise die Belange des Staates sich mit denen
der Partei in Einklang bringen lassen. In Zweifelsfällen hat er
zu versuchen, Unstimmigkeiten durch eine Aussprache mit der
Parteistelle auszuräumen ... Für den Beamten bleibt bis zur
Entscheidung die Anordnung des Vorgesetzten bindend.« Desgleichen wandten sich die staatlichen Ressorts entschieden dagegen, daß Beamte wegen ihrer Amtshandlungen von einem
Parteigericht zur Verantwortung gezogen werden konnten.[*]
Am längsten umstritten war eine vom Stellvertreter des Führers
gewünschte Regelung, wonach es den NSDAP-Mitgliedern
unter den Beamten gestattet sein sollte, über dienstliche Vorgänge, die geeignet seien, der Partei zu schaden, nicht nur ihren
Dienstvorgesetzten, sondern auch dem Stellvertreter des Führers Bericht zu erstatten. Sämtliche Ressortminister, einschließlich Göring und Goebbels, wandten sich scharf gegen dieses
Verlangen. Der Reichsbankpräsident und Wirtschaftsminister
Schacht erklärte am 7. 1. 1937, eine solche Bestimmung sei
nicht nur überflüssig, da »im nationalsozialistischen Staat ...
jeder Minister das Vertrauen des Führers und damit der Partei
genießen« müsse, sondern auch »der Dienstzucht gefährlich,
denn dabei entscheidet zunächst der Beamte und nicht der Fachminister darüber, ob die dienstlichen Vorgänge, die der Beamte an den Stellvertreter des Führers meldet, als schädlich für
die NSDAP anzusehen sind«. Insofern trage der Vorschlag nicht
zur Einheit, sondern »geradezu zur Gegensätzlichkeit von
Staat und Partei bei«.[20] Obwohl der Stellvertreter des Führers

---

[*] In der Durchführungsverordnung vom 29. 6. 1937 (zu § 8) wurde ausdrücklich vermerkt, daß
die dienstliche Aussagegenehmigung vor Gericht auch für die Parteigerichte gelte.

weiter auf seinem Vorschlag beharrte, gab Hitler dem vereinten Widerspruch der Ressorts schließlich nach und entschied statt dessen, daß eine Berichterstattung über parteischädigende Vorgänge außer an den Dienstvorgesetzten an den Führer direkt erfolgen könne und zu diesem Zwecke an den Chef der Reichskanzlei zu adressieren sei. Diese Regelung (§ 42) widersprach zweifellos der Intention Bormanns und war letzten Endes ein Erfolg der staatlichen Ressorts gegenüber der Partei. Dem in dieser Frage weitgehend einheitlichen Drängen der Minister, vor allem einer Vorsprache Fricks bei Hitler, war es überhaupt zuzuschreiben, daß Hitler sich am 26. 1. 1937 mit einer Verabschiedung des Gesetzes im Reichskabinett »schließlich doch einverstanden« erklärte, nachdem er noch am selben Tage wegen des strittigen Paragraphen 42 abermalige Vertagung angeordnet hatte.[21]

Das Deutsche Beamtengesetz (DBG) vom 26. 1. 1937 und die am gleichen Tage erlassene Reichsdienststrafordnung für Beamte waren neben der Deutschen Gemeindeordnung vom 30. 1. 1935 die einzigen umfangreichen Gesetzeswerke, die der Reichsinnenminister im Zusammenhang mit der erstrebten Reichsreform und der davon gleichzeitig erhofften Festigung der autoritären Staatsregierung verwirklichen konnte. Die Verabschiedung war ein (seltenes) Beispiel dafür, was ein solidarisches Kabinett unter Hitler immerhin durchzusetzen vermochte. Sehr bald zeigte sich jedoch, daß in dieser Richtung kein weiterer Fortschritt zu erhoffen war, vielmehr die Entwicklung eher rückläufig zu werden begann.

Nach Verabschiedung des DBG verschärfte sich nicht nur die Kritik an der Beamtenpolitik der Ressorts durch den Stellvertreter des Führers, als dessen Sprecher zunehmend Heß' Stableiter, Reichsleiter Martin Bormann, hervortrat[22]; in die gleiche Zeit fielen auch verstärkte öffentliche Angriffe von seiten der Partei auf das »reaktionäre« Beamtentum.

Es ging dabei nicht nur um den beliebten Vorwurf mangelnder Beweglichkeit infolge »verstaubten« Paragraphendenkens. Anläßlich der Beratung zur Änderung des Beamtenbesoldungsgesetzes kritisierte Hitler im Reichskabinett am 9. 12. 1937 auch das »starre Besoldungsschema« für die Beamten, das durch Ausnahmeregelungen zugunsten »wirklicher Könner« aufgelockert werden müsse, um dem Leistungsprinzip auch in der Verwaltung stärker Geltung zu verschaffen, da die bloße »Ehre, Beamter zu sein«, sonst die »Abwanderung der brauchbaren Kräfte« in die Privatwirtschaft nicht verhindern könne. Hitler, der in diesem Zusammenhang den seiner Meinung nach leistungshemmenden Gleichheitsgrundsatz der Beamtenbesoldung geradezu mit dem Kommunismus verglich[23], erfaßte hier durchaus ein Problem des Berufsbeamtentums in der modernen, mobilen Industriegesellschaft. Es war nicht ganz abwegig, wenn er den schärferen Leistungswettbewerb, wie er in der Privatwirtschaft herrschte, auch für das Beamtentum wünschte. Die Fixierung gleicher und allgemeiner Besoldungsrechte störte Hitler aber wohl nicht zuletzt deshalb, weil sie die Sonderstellung des Beamtentums unterstrich, seinen Status als eines aus den sonstigen Wettbewerbsbedingungen herausgehobenen, materiell zwar nicht bessergestellten, aber stärker *gesicherten* Standes. War doch Leistungswettbewerb im NS-Regime stets mehr oder weniger weltanschaulich-politisch infiziert, weshalb die an sich nicht unbegründete Forderung nach Abbau der Beamten-Sonderrechte durchaus im Sinne der NS-Bewegung lag, die den einzelnen um so sicherer manipulieren konnte, je mehr er aus besonderen Standesbindungen herausgelöst war.

Als es 1938/39 darum ging, in den neu annektierten Gebieten (Österreich, Sudetengebiete, Memelgebiet, eingegliederte Ostgebiete) eine neue Zivilverwaltung zu errichten, sorgte Hitler, wie in anderem Zusammenhang bereits dargelegt, auf seine Weise dafür, daß dem Einfluß des Reichsinnenministers und der anderen Ressorts auf die Beamtenernennungen engere Grenzen gesetzt, dagegen der Parteieinfluß von vornherein verstärkt wurde. Bezeichnend für die verschärfte Wendung Hitlers gegen die bisherige Beamtenpolitik war ein Runderlaß des Chefs der Reichskanzlei an die Reichsminister vom 12. 7. 1938:

»Eine Fülle einzelner Vorgänge hat dem Führer und Reichskanzler Anlaß gegeben, sich über die Tragweite des § 71 des Deutschen Beamtengesetzes zu äußern. Der Führer ist der Auffassung, daß die Anwendung des § 71 DBG nicht nur in solchen Fällen gerechtfertigt ist, in denen ein Beamter die nationalsozialistische Weltanschauung bewußt ablehnt. § 71 DBG muß vielmehr auch dann angewendet werden, wenn ein Beamter die nationalsozialistische Weltanschauung zwar nicht bewußt oder gewollt ablehnt, aber durch die Art seiner Amtstätigkeit, im Besonderen durch die von ihm getroffenen Entscheidungen oder durch seine dienstliche oder außerdienstliche Führung, erkennen läßt, daß er der nationalsozialistischen Weltanschauung gefühls- oder verstandesmäßig fremd gegenübersteht...«[24]

Hatte das DBG in § 171, Abs. 1 ausdrücklich festgestellt, daß bei richterlichen Beamten eine Zwangspensionierung nach § 71 »nicht auf den sachlichen Inhalt einer in Ausübung der richterlichen Tätigkeit getroffenen Entscheidung gestützt werden« dürfe*, so teilte Lammers in dem zitierten Runderlaß vom 12. 7. 1938 mit: dies schließe »nach Ansicht des Führers nicht aus, daß auch eine richterliche Entscheidung zum Anlaß genommen wird, ein Verfahren nach § 71 DBG einzuleiten«, wenn dafür besondere Umstände sprächen. Abschließend hieß es in dem Runderlaß:

»Der Führer wünscht, daß die für die Anwendung des § 71 DBG zuständigen obersten Dienstbehörden unter Beachtung der dieser Vorschrift hiermit gegebenen Auslegung mehr als bisher und unter verschärften Gesichtspunkten als bisher dafür sorgen, daß Beamte, für deren Tätigkeit im Dritten Reich kein Raum mehr ist, entfernt werden.«

Der unduldsamere, aggressivere Ton des letzten Satzes war unüberhörbar. Nur war mit solchen allgemeinen »Willensäußerungen« des Führers gegenüber einer auf klare, justifizierbare Tatbestände angewiesenen Verwaltung wenig anzufangen. Daran zeigte sich, daß es nicht grundlos war, wenn Hitler den Erlaß des DBG, der sich nun nicht mehr so ohne weiteres rückgängig machen ließ, lange Zeit hatte überhaupt verhindern wollen. Charakteristisch hierfür war u. a. folgender Vorfall: Sieben Monate nach dem oben zitierten Erlaß fragte der Personalchef des Reichsjustizministeriums, Ministerialdirektor Nadler, bei seinem Kollegen in der Reichskanzlei, Ministerialdirektor Kritzinger, an, ob es angezeigt sei, eine Entscheidung des Führers herbeizuführen, wenn, wie in letzter Zeit häufig vorgekommen, der Stellvertreter des Führers um Beantragung einer Zwangspensionierung von Justizbeamten nach § 71 DBG ersuche, der Justizminister selbst aber einen Grund hierfür nicht anerkennen könne. Kritzinger, der hierüber am 9. 2. 1939 eine Aktennotiz anfertigte, kam unter Bezugnahme auf den Text des DBG zu dem Schluß, daß »der oberste Dienstvorgesetzte des Beamten selber ... die Voraussetzung einer Zwangspensionierung für gegeben erachten« müsse; andernfalls »scheint mir für den zuständigen Fachminister kein Anlaß

---

* Dieser Passus war auf Verlangen des Reichsjustizministers zum Schutz der richterlichen Unabhängigkeit eingefügt worden.

zu bestehen, eine ›Entscheidung‹ des Führers herbeizuführen«, wenn dieser auch jederzeit von sich aus ein Verfahren nach § 71 anordnen könne.[25] Tatsächlich konnte nach dem geltenden Beamtenrecht auch der Führer nicht einfach eine Beamtenentlassung befehlen, sondern lediglich ein Verfahren der Zwangspensionierung zu diesem Zwecke einleiten.

Ein krasser Fall der Kollision zwischen diktatorischem Führerwillen und gültigem Beamtenrecht ergab sich im Frühjahr 1940, als Hitler erfahren hatte, daß sich Beamte der deutschen Zivilverwaltung in den okkupierten tschechischen und polnischen Gebieten geschlechtlich mit Polinnen oder Tschechinnen eingelassen hatten, und er daraufhin kurzerhand Bormann beauftragte, dem Reichsinnenminister mitzuteilen, er (Hitler) wünsche, daß solche Beamte »augenblicklich und ohne Pension aus dem Staatsdienst zu entlassen seien«.[26] Frick, ohnehin in dieser Zeit schon gehörig eingeschüchtert, war als guter Nationalsozialist im Prinzip durchaus willens, diesem Ansinnen zu entsprechen, und schlug nach längerem Zögern am 31. 7. 1940 der Reichskanzlei vor, sowohl den Beamten wie den Dienststrafgerichten von dieser Willensmeinung des Führers Kenntnis zu geben. Als Generalbevollmächtigter für die Reichsverwaltung gab er aber zu bedenken, ob »aus Gründen der Gleichmäßigkeit« ein solches Verbot des Geschlechtsverkehrs mit Polinnen und Tschechinnen nicht auch auf alle anderen zum Staat oder zur Partei im engeren Verhältnis stehenden Personen (Angestellte des öffentlichen Dienstes, Soldaten, Mitglieder der Partei etc.) auszudehnen sei, und bat außer der Reichskanzlei auch, wegen etwaiger politischer Auswirkungen, den Reichsprotektor in Prag (v. Neurath) und den Generalgouverneur in Krakau (H. Frank) um Stellungnahme. In der Reichskanzlei äußerte man von vornherein die Meinung, daß der vom Reichsinnenminister vorgeschlagene Weg »nicht gangbar« sei, da nach der Rechtslage nur die Einleitung eines förmlichen Dienststrafverfahrens in Frage komme, die auch unentbehrlich sei, »um eine wirkliche Feststellung des Tatbestandes zu sichern«. Während der Generalgouverneur erklärte, nach den Grundsätzen des Führerverbots würde im besetzten Polen bereits gehandelt und es sei vorgesehen, »bei schweren Verstößen ... fristlose Entlassung auszusprechen«, riet der Reichsprotektor von einer Eröffnung gegenüber den Beamten ab, »ehe nicht der Wille des Führers vollkommen geklärt ist«. Er müsse ferner darauf hinweisen, »daß ein Verbot des außerehelichen Geschlechtsverkehrs schwer durchzusetzen sein wird«, zumal Übertretungen »nur durch üble Denunzianten bekannt werden«, die man doch schwerlich großzuziehen wünsche. Da das Verbot doch wohl vor allem eine Rassenmischung verhindern solle, gelte es schließlich zu bedenken, daß die Tschechen »schon jetzt stark mit deutschem Blut vermischt« seien, und mithin müsse man vorher die Grundfrage klären, »inwieweit Tschechen umgevolkt werden können«. Da Hitler wenige Tage später (23. 9. 1940) dem Reichsprotektor gegenüber erklärte, »daß die rassisch brauchbaren und nicht reichsfeindlich eingestellten Elemente des tschechischen Volkes eingedeutscht werden können«, komplizierte sich das Problem einer sinnvollen und rechtsverbindlichen Definition und Präzisierung des Führerwillens noch mehr. Schließlich setzte sich der Standpunkt des Chefs der Reichskanzlei durch, der am 13. 12. 1940 dem Reichsinnenminister mitteilte:

»Es liegt kein Grund für die Annahme vor, daß der Führer mit seiner durch Reichsleiter Bormann übermittelten Willensäußerung für die hier in Betracht kommenden Fälle das von ihm vollzogene Gesetz vom 26. Januar 1937 hat außer Anwendung setzen wollen. Der vom Führer zum Ausdruck gebrachte Wille wird vielmehr dahin zu verstehen sein, daß bei Vorliegen des entsprechenden Tatbestandes beschleunigt das förmliche Dienststrafverfahren mit dem Ziele der Dienstentlassung ohne Ruhegeld einzuleiten und durchzuführen ist.«

Damit nach solcher (den Führerwillen gleichsam in legale Bahnen lenkenden) Interpretation überhaupt etwas geschah, empfahl Lammers gleichzeitig, in einem Erlaß an alle Reichsbehörden die Beamten ganz allgemein »zu einem würdigen Verhalten in und außer Dienst« aufzufordern und darauf aufmerksam zu machen, daß Verstöße gegen diese Pflicht als schweres Dienstvergehen bestraft werden könnten. Dies gelte insbesondere, »wenn Beamte mit Personen polnischen Volkstums in geschlechtliche Beziehungen treten« (das tschechische Problem klammerte man stillschweigend aus). Der Beamte müsse in einem solchen Falle mit unverzüglichem Dienststrafverfahren rechnen, das »nach dem ausdrücklichen Willen des Führers ... grundsätzlich mit der Entfernung aus dem Dienst ohne Ruhegehalt enden solle«. Diesem Vorschlag folgte Frick in einem Runderlaß vom 12. 2. 1941 an sämtliche dafür in Frage kommenden Reichsbehörden. Damit war der »schwarze Peter« letzten Endes an die Dienststrafgerichte weitergegeben.

Wie diese sich in solchen etwa anhängig gewordenen Fällen verhielten, ist nicht bekannt.

Der Vorgang beleuchtet, wie unter den Händen der Staatsverwaltung, die trotz aller politischen Willfährigkeit an einem rechtlich geordneten Verfahren festhalten mußte, wenn sie sich nicht selbst aufgeben wollte, manche willkürlichen Führerbefehle »verwandelt« wurden oder auch leerliefen. Er veranschaulicht aber ebenso, daß die schließlich immer mehr zum Vollzug subalterner Verwaltungs- und Rechtstechniken herabgesunkenen Ressorts der Reichsregierung selbst noch aus den nach Inhalt und Form unzumutbarsten Willenskundgebungen des Führers (die Bormann-Mitteilung umfaßte ganze vier Zeilen!) herausdestillierten, was immer an Rechtsformalität sich daraus machen ließ. Auf diese Weise wirkte die vom Berufsbeamtentum getragene Verwaltung gleichsam wie ein Filter der Führergewalt, der ausschied, was überhaupt nicht in legale Formen zu kleiden war, aber das rechtsformal irgend Mögliche beflissen zu verbindlichen Weisungen und Verordnungen umsetzte und damit erst allgemein praktikabel machte.

Seit 1937/38 beschleunigten sich der Prestigeverlust und Bedeutungsschwund des Staatsbeamtentums trotz der relativ erfolgreichen Verteidigung seiner Position gegenüber den Versuchen direkter Unterhöhlung rapide. Das Scheitern der Frickschen Konzeption vom autoritären nationalsozialistischen Staat mit einem elitären Führerbeamtentum als wichtigstem Träger konnte weder durch die Einführung von Beamtenuniformen noch durch die Annahme von Partei- oder SS-Ehrentiteln durch höhere Beamte bemäntelt werden. Eine vom Stellvertreter des Führers (Bormann) im Frühjahr 1939 gewünschte allgemeine Beförderungssperre für Nicht-Parteigenossen vom Ministerialrat an aufwärts, die nur mit Mühe abgewendet werden konnte[27], das Drängen Bormanns im März 1940, statt »dienstaltersmäßiger« Gesichtspunkte die politischen Aspekte bei Beamtenbeförderungen stärker zu berücksichtigen (daß ein Beamter sich gegen die politischen Grundsätze des Nationalsozialismus nichts habe zuschulden kommen lassen, reiche nicht als Beweis politischer Zuverlässigkeit aus[28]), und andere Beispiele der in den ersten Kriegsjahren zunehmend verschärften Kritik, die Hitler – meist über Bormann – an der Beamtenpolitik des Reichsinnenministers übte, lassen dies deutlich erkennen. In einem aus dieser Zeit (Frühjahr 1941) stammenden Brief Fricks an Hitler[29] stellte der Reichsinnenminister resigniert fest:

»Ich habe, mein Führer, meine Pflicht als Ihr Beamtenminister seit 1933 stets darin erblickt, Ihnen für die großen staatspolitischen Aufgaben ein hochqualifiziertes Berufsbeamtentum bereitzustellen und in ihm die alte preußische Pflichtauffassung und nationalsozialistische Charakterhaltung ebenso zu entwickeln, wie dies bei der deutschen Wehrmacht der Fall ist. Der Verlauf der letzten Jahre läßt es mir jedoch zweifelhaft erscheinen, ob meinen Bemühungen überhaupt noch ein Erfolg beschieden sein kann. In immer steigendem Maße greifen nach meinen und aller übrigen Ressorts übereinstimmenden Beobachtungen im Berufsbeamtentum verbitterte Gefühle mangelnder Würdigung seiner Leistungen und Verdienste sowie ungerechter Zurücksetzung um sich. Das Gefühl schutzlosen Verlassenseins beginnt die besten schöpferischen Kräfte zu lähmen ... Von einer Heraushebung des Berufsbeamtentums als eines Trägers besonderen Vertrauens der Staatsführung kann überhaupt nicht mehr gesprochen werden ... Darüber hinaus ist das Beamtentum in der Öffentlichkeit, ja sogar in der Parteipresse, allen möglichen Angriffen ausgesetzt, die zum Teil auf falscher Information, zum Teil aber auch auf mangelnder Sachkunde oder gar böswilliger Entstellung beruhen, und gelegentliche Fehler, wie sie in allen großen Organisationen einmal vorkommen, zum Ausgangspunkt für verantwortungslose, an die schlimmsten Zeiten des Klassenkampfes erinnernde Verallgemeinerungen nehmen ... Das Beamtentum leidet ferner schwer darunter, daß neue Aufgaben nicht ihm, sondern Parteiorganisationen übertragen werden, obgleich es sich um echte Verwaltungsaufgaben handelt ...«

Die letzte der zitierten Klagen Fricks deutet an, auf welchem Wege die Mattsetzung des Beamtentums und der traditionellen Verwaltung schließlich vor allem erfolgte: So wenig es gelungen war, das innere Gefüge der konservativen Staatsbürokratie in Richtung auf ein blindes Führergefolgschafts-Verhältnis umzumodeln (wenn auch Parteiinfiltration, -kontrolle und -desavouierung die frühere Homogenität und das frühere Selbstbewußtsein des Beamtentums stark zersetzten), so ließ sich doch die Entmachtung der Bürokratie um so sicherer dadurch bewirken, daß das Gefüge der Reichsregierung selbst mehr und mehr durch unmittelbare Sonderbevollmächtigte Hitlers, durch die Kompetenzakkumulation in der Hand einzelner mächtiger Parteisatrapen sowie durch neue, mit der Partei oder der Privatwirtschaft verquickte Zentralorgane aufgelöst wurde. Der

Form nach blieben dabei die alten Regierungsressorts und die ihnen nachgeordneten Verwaltungen unangetastet. Aber die eigentlichen Entscheidungen fielen ohne sie; die alte Ministerialbürokratie wurde mehr und mehr umgangen und politisch lahmgelegt.

In den ersten eineinhalb Jahren des Dritten Reiches mit ihren
umstürzenden Veränderungen in Staat, Gesellschaft und öffentlichem Leben hatten sich drei Gravitationszentren der Macht
herausgebildet, zwischen denen ein spannungsreicher, instabiler Schwebezustand bestand: Gleichzeitig waren die Einparteienherrschaft, die zentralistische Regierungsdiktatur und der
persönliche Führerabsolutismus verwirklicht worden. Die
»Einrahmung« Hitlers durch die konservativen und deutschnationalen Kräfte in der Regierung und mit Hilfe des Reichspräsidenten war mißlungen. Aber die Machtergreifung der auf
völligen Umsturz der Staats- und Gesellschaftsordnung drängenden Kräfte der Partei war gleichwohl von den konservativen Trägern des Staates und den mit Regierungsvollmachten
ausgestatteten Gefolgsleuten Hitlers auf halbem Wege gebremst und während der zweiten Hälfte des Prozesses der
Machtergreifung auf nahezu allen Gebieten zurückgedrängt
worden. Insofern war das Zähmungskonzept keineswegs vollständig gescheitert. Nur Hitler selbst, dessen Führungsanspruch über seine Ämtervollmachten hinausreichte und eine
davon unabhängige plebiszitäre und charismatische Basis hatte,
ging aus den gegenläufigen Prozessen der Revolution und des
Revolutionsstops unversehrt, als der eigentliche Gewinner
hervor.

Die Jahre, die auf die Machtergreifung folgten (bis etwa
1937/38) waren innenpolitisch weniger bestimmt von starken
Veränderungen des Verfassungszustandes, wie er sich 1934 eingependelt hatte, eher von einer Stabilisierung dieses Zustandes,
die aber insofern nur Stagnation bedeutete, als das Neben- und
Gegeneinander konkurrierender Herrschaftsansprüche und
Machtorganisationen nicht entschieden, nicht in ein einheitliches System der Herrschaft gebracht, sondern die in seinen
Widersprüchen liegende Dynamik nur zeitweilig eingefroren
oder retardiert worden war. Das Mißlingen einer förmlichen
Festlegung und Kodifizierung des Herrschaftssystems auf den
verschiedenen Gebieten (Reichs- und Verwaltungsreform, Setzung neuen Staats- und Strafrechts, Bestimmung des Ver-

hältnisses von Partei und Staat, von Führergewalt und Reichsregierung etc.) war das eigentlich Entscheidende in dieser
Phase relativer Normalisierung. Der Mangel solcher Fixierung
erlaubte es aber jederzeit, die Schleusen der nur gestauten Dynamik wieder zu öffnen. Tatsächlich wurde nach einigen Jahren
der Zwischenzustand relativer Stabilisierung durch einen Stoß
neuer Veränderungen im Macht- und Organisationsgefüge des
NS-Regimes beendet, und es kam zur fortschreitenden Über-
lagerung durch neue Improvisationen.

Die schwache Stelle der nationalsozialistischen Machtergreifung schien anfangs vor allem im Reichskabinett zu liegen, in
dem sich Hitler nach dem 30. 1. 1933 zunächst vorbehaltlos nur
auf seine alten Gefolgsleute Göring und Frick stützen konnte.
Daran änderte sich in den ersten Jahren des Dritten Reiches
relativ wenig. Zwar traten bis 1935 mit Goebbels, Darré,
Heß und Kerrl vier weitere NS-Minister in das Kabinett ein,
während Hugenberg und Papen ausschieden. Aber unter den
(1935) insgesamt zwölf Ressortchefs der Reichsregierung be-
hielten die sieben konservativen Fachminister (Neurath, Blomberg, Schacht, Schwerin-Krosigk, Seldte, Gürtner, Eltz-Rübenach) gegenüber fünf Nationalsozialisten (Göring, Frick,
Goebbels, Darré, Kerrl*) nicht nur zahlenmäßig, sondern auch
von der Bedeutung ihrer Ressorts her bis 1937/38 ein starkes
Gewicht.** Die Stellung der Minister und Staatssekretäre als in
ihrem Ressortbereich unabhängiger und allein verantwortlicher
Behördenchefs blieb auch unter Hitler unangetastet, zumal die
1924/26 erlassene »gemeinsame Geschäftsordnung der Reichsministerien« nach 1933 nicht formell außer Kraft gesetzt wurde.
Vielmehr wuchs die Anordnungskompetenz einzelner Ressortminister des Reiches (vor allem auf dem Gebiet der inneren
Verwaltung, der Justiz, der Erziehung, Finanzen, Wirtschaft,
Arbeit) durch die Aufhebung der Ländersouveränität beträchtlich, und das Ermächtigungsgesetz verschaffte ihnen
außerdem eine autonome Gesetzgebungsinitiative in ihren Ressorts.

Bestimmte Verlagerungen der Kompetenzen zwischen den
einzelnen Ministern machten sich allerdings frühzeitig bemerkbar. So wurde die besondere Stellung des Reichsfinanzministers
als des Verantwortlichen für den gesamten Reichshaushalt im

---

* Heß war »Reichsminister ohne Geschäftsbereich«, ebenso wie (seit 1934) Hans Frank.
** Es wurde noch verstärkt durch den preußischen Finanzminister Popitz, der ebenfalls dem
Reichskabinett angehörte.

Zusammenhang mit der forcierten Rüstungspolitik nicht nur gegenüber der Wehrmacht (Globalhaushalt) und dem Luftfahrtministerium Görings, sondern auch gegenüber der Partei mit ihrem eigenen Schatzmeister eingeengt. Immerhin besaß der Reichsfinanzminister, namentlich in den ersten finanzschwachen Jahren des Dritten Reiches, noch starkes Gewicht, das u. a. auch den Aufbau des Goebbels-Ministeriums und das kontinuierliche Wachstum des Apparates der »SS und Polizei« zu bremsen vermochte.[1] Bedeutsamer aber war, daß schon 1933/34 infolge der Gleichschaltung des öffentlichen Lebens, teils auch infolge der Inangriffnahme bestimmter, von Hitler für vordringlich gehaltener Maßnahmen, neben die Minister, oder ihnen nur formell unterstellt, Sonderbevollmächtigte und »Führer« besonderer Reichsorganisationen traten, die, in starkem Maße unabhängig von der Reichsregierung, gestützt auf das persönliche Vertrauen Hitlers, mit Hilfe eigener Führungsapparate ihre jeweilige Sonderpolitik verfolgen konnten und insofern die Regierungseinheit und das Regierungsmonopol des Reichskabinetts in Frage stellten.

Sondervollmachten für Fritz Todt

Erste umfassende Sondervollmachten solcher Art erhielt Hitlers Straßenbauexperte Dr. Fritz Todt, der von Hitler im Zusammenhang mit dem neuen Schwerpunktprogramm des Autobahnbaus am 30. 6. 1933 zum »Generalinspekteur für das deutsche Straßenwesen« ernannt wurde. Hitler handelte dabei weitgehend eigenmächtig. Die Ernennung war, soviel aus den Protokollen der Kabinettssitzungen ersichtlich, im Reichskabinett nicht förmlich beschlossen worden, vielmehr hatte Hitler von sich aus Anfang Juli 1933 Todt zugesichert, er würde »keinem Ministerium angegliedert«, sondern dem Reichskanzler »direkt unterstellt«. Und dabei hatte Hitler offenbar ohne Rücksprache mit dem Reichsverkehrsminister den Auftrag Todts dahingehend bestimmt, daß dieser »für die Überwachung des Gesamtgebietes des deutschen Straßenwesens mit dem Ziel der Erbauung eines großzügigen Netzes reiner Autobahnen« zuständig sein sollte.[2] Todt, der von Hitler von Anfang an besonders gönnerhaft behandelt wurde, verlangte daraufhin im September 1933 selbstbewußt, daß die in seinen neuen Aufgabenkreis fallenden Zuständigkeiten des Verkehrsministers gestrichen würden.³ Letzterer wurde mehr oder weniger vor vollendete Tatsachen gestellt und mußte in einer Besprechung in der Reichskanzlei am 6. 10. 1933 einwilligen, die bisherige Abteilung K (Kraftfahr- und Landstraßenwesen) seines Ressorts an Todt abzutreten, der den Rang einer »höheren Reichsbehörde« erhalten und etatmäßig bei der Reichskanzlei ressortieren sollte.⁴ Wenig später kam Todt aber zu der Überzeugung, daß dies nicht ausreiche und er vielmehr auch gesetzgeberische Vollmachten (im Hinblick auf eine neue Wegegesetzgebung u. a.) und demzufolge den Status einer »Obersten Reichsbehörde« benötige. Gegen einen entsprechenden, von der Reichskanzlei am 1. November vorgelegten Verordnungsentwurf äußerte aber der Reichsinnenminister am 9. 11. 1933 erhebliche Bedenken, da die vorgesehene Regelung seinen Bestrebungen nach »Zusammenfassung gleichartiger und benachbarter Verwaltungsgebiete« und nach »Wegfall von Sonderbehörden« diametral entgegenlaufe. In einer daraufhin am 24. 11. 1933 stattfindenden Chefbesprechung ergänzte Frick in Anwesenheit Hitlers seine Einwände dahingehend, daß es für die Reichskanzlei schon wegen ihres geringen Personalbestandes unmöglich sei, »die erforderliche Aufsicht über den Generalinspektor zu führen«; er halte deshalb eine Etatisierung beim Verkehrsministerium für erforderlich.⁶ Staatssekretär Reinhardt (Reichsfinanzministerium) machte außerdem »staatsrechtliche Bedenken« geltend: »Eine Oberste Reichsbehörde hätte das Vorhandensein eines Reichsministers zur Voraussetzung«; er plädierte deshalb ebenfalls für die Eingliederung des Generalinspekteurs in ein Reichsministerium.

Aber Hitler, der von Todts Autobahnprogramm besonders angetan war und seinem Favoriten ungehemmtes Arbeiten ermöglichen wollte, beharrte auf seinem Standpunkt: Eine schon bestehende Behörde würde die neue Aufgabe »nur nebenbei und deshalb unvollständig lösen«. Eine »derartige neue Aufgabe, wie sie die Schaffung der Reichsautobahnen vorsehe, verlange auch eine neue Institution«. Die »Errichtung eines neuen Ministeriums komme nicht in Frage. Die zu errichtende Behörde müsse nur den Charakter eines Ministeriums [gemeint offenbar: im Hinblick auf die Entscheidungsbefugnisse] haben«, solle sich aber »von jeder Detailarbeit fernhalten, damit sie die lebendige Kraft bleibe, die die ihr zugewiesenen Arbeiten forttreibt«. Sie habe die neue Aufgabe vor allem »in-

spiritiv zu befruchten« und solle »mit der reinen Verwaltung
. . . nichts zu tun haben«. Der Generalinspekteur solle »nur der
Organisator sein, der über der gesamten Apparatur stehe«.
Seine Stellung dürfe deshalb auch »nicht bemessen werden
nach dem Maß der sonstigen Verwaltungsstellen«, was auch
bei der möglichst großzügigen »Bezahlung des Generalinspekteurs zu beachten« sei.* Schon damals erklärte Hitler: »Bei
den weiteren wirtschaftlichen Maßnahmen werde sich voraus-
sichtlich die Notwendigkeit ergeben, noch weitere derartige
Einrichtungen« zu schaffen, »z. B. auf dem Gebiet der Treibstofferzeugung«. Auf besonderes Ersuchen Hitlers wurden
»die vorgebrachten Bedenken« der anderen Ressortchefs »zurückgestellt«, und am 30. 11. 1933 erging der Erlaß des
Reichspräsidenten »über den Generalinspekteur für das deutsche Straßenwesen« (RGBl. I, S. 1057), der diesem den Status
einer dem Reichskanzler direkt unterstehenden Obersten
Reichsbehörde zuerkannte.

Diese ungewöhnliche Konstruktion war ein charakteristisches erstes Beispiel für die Entstehung führerunmittelbarer
Zentralorgane außerhalb der Organisation der Reichsregierung.
Todt hatte zwar eine der Ministerzuständigkeit entsprechende
Kompetenz für Gesetzgebungsinitiativen und Verwaltungsanordnungen erhalten, aber keinen den Ministerien entsprechenden allgemeinen Verwaltungsauftrag, vielmehr einen ganz
speziellen Planungs- und Organisationsauftrag. Bei dessen Ausführung trat er einerseits, den bestehenden Straßen- und Bauverwaltungen gegenüber, als eine zu außerordentlichen Anordnungen befugte Oberste Reichsbehörde auf,** anderseits,
den privaten Baufirmen gegenüber, als staatlicher Auftraggeber
und Organisator zweckbestimmter Firmen-Arbeitsgemein-

* Wie sich aus den Akten (BA: R 43 II/508) ergibt, hatte Hitler es bei der Ernennung Todts diesem überlassen, seine Gehaltswünsche zu äußern. Es war daraufhin ein Gehalt nach Besoldungsgruppe B 2 (Staatssekretär) in Höhe von rund 22 000 RM jährlich festgelegt worden. Ab Januar 1934
wurde Todt außerdem in den Verwaltungsrat der Deutschen Reichsbahn-Gesellschaft berufen. Am
29. 3. 1934 bat er Hitler, die Verwaltungsratsgebühren in Höhe von jährlich 6 000 RM zusätzlich als
Ausgleich für seinen durch zahlreiche Dienstreisen erhöhten Aufwand beziehen zu dürfen, was
Hitler genehmigte. Am 18. 4. 1935 teilte das Reichsfinanzministerium Todt mit, daß er diese Bezüge
nach den gesetzlichen Bestimmungen nicht dürfe, worauf Hitler zusagte, daß er statt
dessen eine gleiche Summe aus einem Hitler persönlich zur Verfügung stehenden Fonds erhalten
könne, was Todt auch in Anspruch nahm.

** Als Chef einer Obersten Reichsbehörde übte Todt auch die Ernennung von Beamten der Bauverwaltung aus. Dies führte jedoch nach 1937 zu Schwierigkeiten, nachdem im DBG das Beamtenernennungsrecht außer dem Führer nur den Reichsministern zugesprochen worden war. Die dennoch von Todt in Unkenntnis dieser Bestimmung illegal vollzogenen Beamtenernennungen wurden
erst durch eine besondere Ausnahmeermächtigung (Führererlaß vom 21. 9. 1940) nachträglich
legalisiert.

schaften und eines entsprechend gelenkten Arbeitseinsatzes von großen Bauarbeitermassen. Mit der unmittelbaren Unterstellung unter Hitler wurde die Vorrangigkeit der Aufgaben des Generalinspekteurs gegenüber den normalen Ressortangelegenheiten der Reichsministerien und seine Befugnis zu außerordentlichen Maßnahmen (z. B. auf dem Gebiet des Wegerechts, der Tarifordnungen u. a.) unterstrichen. Die Bestellung des »Generalinspekteurs für das deutsche Straßenwesen« war gleichsam ein Element unmittelbarer Führer-Regierung (für besonders vordringliche Ad-hoc-Maßnahmen) neben der normalen Staatsregierung und -verwaltung. Der sich aus der Beauftragung Todts entwickelnde Führungsapparat stellte eine eigenartige Mischung von Behörde und wirtschaftlichem Management dar. Die ihm unterstehenden zahlreichen Baustellen, Kontraktfirmen und Autobahn-Arbeiterlager bildeten ein riesiges staatliches Bauunternehmen, das sich gleichzeitig aber, durch die Gesetzgebungs- und Anordnungskompetenz seines Chefs, die erforderlichen verwaltungsmäßigen Sonderbedingungen für eine möglichst effektive Durchführung seines Auftrages selbst sichern konnte. Von daher ergab sich die Grundlage für die spätere Ernennung Todts zum »Generalbevollmächtigten für die Regelung der Bauwirtschaft« im Rahmen der Organisation des Vierjahresplanes (Dezember 1938). Und als 1937/38 das neue militärische Schwerpunktprogramm des Westwallbaus anlief, wurde die beim Autobahnbau durchexerzierte Verbindung von bauwirtschaftlichem Management mit behördlicher Arbeitseinsatzlenkung erneut und in noch massiverer Form unter Leitung Todts angewandt. Die primär für die Zwecke des Westwallbaus erlassenen Verordnungen zur »Sicherung des Kräftebedarfs für Aufgaben von besonderer staatspolitischer Bedeutung« (22. und 30. 6. 1938), die zahlreiche Dienstverpflichtungen von Bauarbeitern und -firmen ermöglichte, bildete eine wesentliche weitere Grundlage dafür, daß sich das unter Todts Kommando vereinigte Ensemble von Bauverwaltungen, privaten Firmen und dienstverpflichteten Angestellten und Arbeitern zu einer eigenständigen Organisation, der »Organisation Todt« (OT), entwickelte. Eigentlicher Schöpfer und Leiter der OT war der Bauingenieur Xaver Dorsch, den Todt Ende 1933 von einer Münchener Baufirma in die Berliner Zentrale des »Generalinspekteurs« geholt und zum Leiter der Abteilung für Bauwesen gemacht hatte. Während des Krieges, als Todt, der schon im Juni 1939 wegen seiner besonderen Verdienste von Hitler eine Dotation von 100000 RM erhalten hatte, auch zum Reichsminister für Bewaffnung und Munition ernannt wurde (1940), entwickelte sich die OT, deren Zentrale eine Amtsgruppe des neuen Ministeriums bildete, zu einer zunehmend in militärischem Auftrag stehenden Bautruppe mit besonderen, den einzelnen Heeresgruppen zugeteilten OT-Einsatzkommandos und OT-Bauleitungen, denen schließlich auch die Bauformationen der Wehrmacht unterstellt wurden. Die uniformierten OT-Angehörigen in den Frontkommandos unterstanden einer quasi-militärischen Dienstpflicht. Die OT beschäftigte aber auf ihren Baustellen in den besetzten Gebieten und im Reichsgebiet auch Hunderttausende von ausländischen Zivilarbeitern, Kriegsgefangenen, daneben zwangsarbeitsverpflichtete Juden und KZ-Häftlinge. Die dreifache Amtseigenschaft Todts (Generalinspekteur für das deutsche Straßenwesen, Generalbevollmächtigter für die Regelung der Bauwirtschaft, Minister für Bewaffnung und Munition) verschaffte der OT eine außerordentlich starke Stellung und machte sie zu einer der bedeutendsten Sonderorganisationen des Hitler-Staates. Die rechtliche und Kompetenz-Besonderheit der OT lag darin, daß sie die Organisation umfangreicher Zweige und Firmen der privaten Bauwirtschaft sowohl mit den Befugnissen der staatlichen Bauverwaltung wie mit der staatlichen Lenkung der Arbeits- und Dienstpflicht auf dem Bausektor verklammerte. Diese Ad-hoc-Zusammenfassung befreite die OT von zahlreichen Hemmnissen rechtlicher und verwaltungsmäßiger Natur, verschaffte ihr starke Flexibilität, Mobilität und Effektivität, machte sie aber auch (ähnlich wie die Wehrmacht oder die SS und Polizei) zu einem »Staat im Staate«, der der Kontrolle der allgemeinen Staatsverwaltung weitgehend entzogen war, zum typischen Organ der führerunmittelbaren, außerordentlichen Sonderexekutive neben der eigentlichen Reichsregierung und ihren Verwaltungsressorts.

Der Führer des Reichsarbeitsdienstes

Ein weiteres frühes Beispiel für die Entstehung solcher Sondergewalten innerhalb des NS-Staates war der Arbeitsdienst. Nachdem schon 1932 im Zusammenhang mit den Arbeitsbeschaffungsprogrammen der letzten Weimarer Regierungen ein Reichskommissar für den Freiwilligen Arbeitsdienst bestellt worden war, übernahm diese Funktion in der Hitler-Regierung zunächst Reichsarbeitsminister Seldte. Schon am 31. 3. 1933 mußte er jedoch einwilligen, den NS-Beauftragten für den Arbeitsdienst, Konstantin Hierl, zum Leiter des Arbeitsdienstes (mit dem Range eines Staatssekretärs) zu berufen. Hierl schaltete binnen weniger Monate die verschiedenen parteipolitischen, kirchlichen und sonstigen Träger der einzelnen Arbeitsdienstlager aus und machte den Freiwilligen Arbeitsdienst zu einem nationalsozialistischen Verein, der im Februar 1934 den Namen »NS-Arbeitsdienst« erhielt. Die unter Hierls Kommando neu errichteten 30 Gauarbeitsleitungen waren staatliche Dienststellen der Mittelinstanz, aber aus der bisherigen Verbindung mit den Landesarbeitsämtern herausgelöst und zu einer eigenen Arbeitsdienstverwaltung verselbständigt worden, die personell primär aus den Gliederungen und Verbänden der Partei (HJ, SA u. a.) rekrutiert wurde und ihrem inneren Gefüge nach mehr Parteiverband als staatliche Verwaltung darstellte. Nach zahllosen Querelen mit Hierl gab Reichsarbeitsminister Seldte, der auf diese Entwicklung praktisch keinen Einfluß ausüben konnte, im Oktober 1933 dem Drängen Hierls nach und schlug Hitler selbst vor, den Arbeitsdienst aus seinem Ressort herauszunehmen und zu einer gesonderten Obersten Reichsbehörde unter Hierls Leitung zu verselbständigen. Auch dabei kam es jedoch zum Widerspruch des Reichsinnenministers, der von einer solchen Regelung eine »Zersplitterung der Reichsverwaltung« befürchtete und es nicht für angängig hielt, »dem Herrn Reichskanzler immer neue Behörden unmittelbar zu unterstellen«. In diesem Falle setzte sich Frick jedoch durch. Nachdem die von ihm zunächst vorgeschlagene Unterstellung des Arbeitsdienstes unter das geplante SA-Ministerium nach der Entmachtung Röhms hinfällig wurde, erhielt Hierl am 3. 7. 1934 anstelle Seldtes die Befugnisse des Reichskommissars für den Arbeitsdienst, unterstand in dieser Eigenschaft aber dem Reichsinnenminister. Dadurch war zwar nominell die Schaffung einer neuen Obersten Reichsbehörde vermieden worden. Faktisch änderte sich aber an der Selbständigkeit Hierls und seiner Arbeitsdienstverwaltung kaum etwas. Als schließlich am 26. 6. 1935 die Arbeitsdienstpflicht gesetzlich eingeführt wurde (RGBl. I, S. 769), wuchs sich vielmehr der Reichsarbeitsdienst (RAD) neben der Wehrmacht zu einer zunehmend größer werdenden Sonderorganisation aus, die im Kriege (1940) auch eine eigene Gerichtsbarkeit erhielt.[7] Der »Führer des Reichsarbeitsdienstes«, der seiner staatlichen Dienststellung nach dem Reichsinnenminister unterstellter Staatssekretär blieb und nicht Mitglied des Reichskabinetts wurde, war doch faktisch selbständiger Leiter einer besonderen Reichsorganisation. Und die Zwitterstellung des RAD als einer staatlichen Pflichtorganisation des Arbeitseinsatzes und der vormilitärischen Ausbildung, in der jedoch – im Gegensatz zur Wehrmacht – nationalsozialistische Führungsprinzipien und nationalsozialistische Schulung eine bedeutende Rolle spielten, machte ihn überdies zu einem Musterbeispiel der Verquickung von Staat und Partei, die im Hitler-Staat stets die Voraussetzung starker Selbständigkeit bildete. Im August 1943, als Himmler das Reichsinnenministerium übernahm, schied der Arbeitsdienst schließlich auch förmlich aus dem Geschäftsbereich des Innenministeriums aus, und Reichsarbeitsdienstführer Hierl wurde Chef einer selbständigen, Hitler unmittelbar unterstehenden Obersten Reichsbehörde.[8]

Der Reichsjugendführer

Schon viel früher hatte der Führer der Hitler-Jugend, Baldur v. Schirach, dieses Ziel erreicht. Nachdem die HJ während der Parteirevolution im Frühjahr 1933 zunächst den »Reichsausschuß deutscher Jugendverbände« übernommen und – nach dem Ausschluß jüdischer, sozialistischer und anderer parteipolitischer Jugendverbände aus dem Reichsausschuß – den größten Teil der anderen Jugendverbände zum Anschluß an die HJ bewogen hatte, die u. a. auch das Jugendherbergswerk und die Jugendarbeit des VDA (Volksbund für das Deutschtum im Ausland) usurpierte, war Schirach bereits am 17. 6. 1933 von Hitler zum » Jugendführer des Deutschen Reiches« ernannt worden. Dabei handelte es sich nicht um ein staatliches Amt, vielmehr um eine gleichsam revolutionäre (bzw. »ständische«) Überwachungsfunktion für den Gesamtbereich der Jugendbewegung, kraft der der Führer der HJ über die Anerkennung einzelner Jugendorganisationen und ihrer Führer entschied und mit deren Hilfe er die weitere Expansion der HJ zur umfassenden Jugendbewegung des Reiches (Ende 1934: 3,5 Mill. HJ-Mitglieder) vorantreiben konnte. Die bloße Verankerung in der Partei genügte der HJ-Führung aber nicht. Seit der Wiederherstellung der allgemeinen Wehrpflicht und der Einführung der Arbeitsdienstpflicht im Jahre 1935 schien ihr ein unmittelbarer staatlicher Auftrag namentlich im Hinblick auf die vormilitärische Erziehung nötig, wenn sie nicht hinter dem Arbeitsdienst auf der einen Seite und der staatlichen Erziehungspolitik des Rust-Ministeriums auf der anderen Seite zurückfallen wollte. Hitler billigte dieses Bestreben nach Umbau der HJ zur Staatsjugend schon Ende 1935 grundsätzlich. Starke Widerstände Rusts gegen eine solche neue, auf dem Gebiet der Erziehung konkurrierende staatliche Zentralstelle und kritische Einwände des Finanzministers gegenüber dem von Schirach aufgestellten Stellenplan einer künftigen staatlichen Reichsjugendführung verzögerten dieses Vorhaben aber bis Ende 1936.[9] Der von Schirach vorgelegte Entwurf eines Gesetzes über die Reichsjugendführung löste vor allem erneut die grundsätzlichen Bedenken des Finanz- und des Innenministers gegen die abermalige »Schaffung einer von der allgemeinen Verwaltung losgelösten selbständigen Reichssonderverwaltung« aus.[10] Frick plädierte auch in diesem Falle für eine Angliederung an die allgemeine Verwaltung, um wenigstens auf der Provinz- und Regierungsbezirksebene den Zusammenhang mit den anderen Verwaltungsbehörden zu gewährleisten. Hitler bestand aber auf der Errichtung einer »Obersten Reichsbehörde«, die ihm (Hitler) »unmittelbar« unterstellt sein sollte, und ließ den Reichserziehungsminister über Lammers eindringlich ersuchen, seine grundsätzlichen »Bedenken zurückzustellen und in der Kabinettssitzung am 1. Dezember [1936] nicht geltend zu machen«.[11] Besonders bemerkenswert ist ferner, daß Hitler auch den Wunsch des Oberbefehlshabers der Wehrmacht (Blomberg), wenigstens an den Ausführungsbestimmungen des Gesetzes beteiligt zu werden (da diese auch »die Nachwuchsfrage der Wehrmacht berühren«), zurückwies.* Sah Hitler doch in der HJ wie im Arbeitsdienst gerade ein Gegengewicht nationalsozialistischer Erziehung und Militarisierung gegenüber der unpolitischen Wehrmacht.

Am 1. 12. 1936 verabschiedete das Kabinett das »Gesetz über die Hitler-Jugend«, demzufolge die HJ Pflichtjugendorganisation für die gesamte männliche und weibliche deutsche Jugend (zwischen 10. und 18. Lebensjahr) wurde und der Jugendführer des Deutschen Reiches »die Stellung einer Obersten Reichsbehörde« erhielt, die »dem Führer und Reichs-

* Handschriftlicher Vermerk Lammers' vom 30. 11. 1936 (auf dem Schreiben Blombergs vom gleichen Tage): »Der Führer wünscht das nicht.«

kanzler unmittelbar unterstellt« war. Den ursprünglichen Vorstellungen Schirachs, er könne auf diesem Wege einen großen Teil der HJ-Führung in der Obersten Reichsbehörde auf Reichskosten etatisieren und verbeamten, vermochte der Reichsfinanzminister aber zu begegnen, weil einer solchen etatmäßigen Verselbständigung der HJ-Führung auch der Reichsschatzmeister der NSDAP entschieden widersprach. So wurde nur für Schirach selbst eine Staatssekretärstelle und für drei seiner hauptamtlichen Mitarbeiter je eine Ministerialratsstelle bewilligt, deren Finanzierung aber aus dem Globaletat zu erfolgen hatte, der dem Reichsschatzmeister für die NSDAP vom Reichsfinanzminister bewilligt wurde.* Finanzverwaltungsmäßig blieb somit die von Schirach geleitete Oberste Reichsbehörde der Partei untergeordnet. Die Deklarierung zur Obersten Reichsbehörde, die auch nicht mit der Einräumung eines eigenen staatlichen Verordnungsrechts verbunden war**, hatte hier offensichtlich nur den Sinn, den Reichsjugendführer politisch gegenüber anderen staatlichen Zentralbehörden (Erziehungsminister) aufzuwerten bzw. ihn auch bei staatlichen Gesetzen, die die Jugend betrafen, einzuschalten.***

Der Reichsführer-SS und Chef der Deutschen Polizei

Der weitaus folgenreichste Vorgang der Verselbständigung eines Teiles der Reichsgewalt bei gleichzeitiger Verschmelzung von Partei- und Staatsaufgaben zu einer führerunmittelbaren Sonderorganisation betraf in den ersten Jahren des Dritten Reiches die SS und Polizei. Die entscheidende Vor-

* Diese ungewöhnliche Regelung hatte insofern ein verwaltungsrechtlich interessantes Nachspiel, als der bisherige Kassenverwalter der HJ, Georg Berger, nach seiner Ernennung zum Ministerialrat eine Weiterführung der Kassengeschäfte der HJ ablehnte und 1939 in die Privatwirtschaft ging, aber es zunächst ablehnte, freiwillig aus dem Beamtenverhältnis auszuscheiden. Da die Ernennung auf Lebenszeit erfolgt war, hatte der Reichsschatzmeister, der selbst nicht Beamter war, aber den Kassenverwalter der HJ als seinen Untergebenen betrachtete, keine Möglichkeit, Berger aus dem Beamtenverhältnis zu entfernen. Erst 1941 gelang es, ihn zum freiwilligen Verzicht auf seine Beamtenrechte zu bewegen. BA: R 43 II/515 a.

** Als der Titel des schon vorher bestehenden ›Verordnungsblattes der Reichsjugendführung der NSDAP‹ nach dem 1. 12. 1936 umgewandelt worden war in ›Verordnungsblatt der Obersten Reichsbehörde Jugendführer des Deutschen Reiches und der Reichsjugendführung der NSDAP‹, mußte Schirach diesen selbstherrlichen Titel, durch den sich die Reichsjugendführung ein staatliches Verordnungsrecht anmaßte, auf Veranlassung der Reichskanzlei bzw. des Reichsinnenministers ab Sommer 1937 umändern in ›Amtliches Nachrichtenblatt des Jugendführers des Deutschen Reiches und der Reichsjugendführung der NSDAP‹. Vgl. hierzu die Vorgänge in: BA: R 43 II/468.

*** Auf besondere Veranlassung Schirachs ersuchte Lammers am 4. 10. 1939 die Reichsminister, »dem Wunsch des Jugendführers, vor der Beschlußfassung über Gesetze, welche die deutsche Jugend betreffen, gehört zu werden, nach Möglichkeit zu entsprechen«. BA: R 43 II/515.

aussetzung bildete dabei die bereits skizzierte, schon im Frühjahr 1934 abgeschlossene Zusammenfassung der Politischen Polizeien der Länder in der Hand Himmlers und Heydrichs, die damit verbundene personelle Infiltration der Spitzenpositionen der Politischen Polizei durch SS-Führer und die gleichzeitige Verquickung des SS-Nachrichtenapparates (SD) mit dem Apparat der staatlichen Politischen Polizei. Ergänzend kam hinzu, daß die SS nach der Entmachtung der SA (gleichsam unter stillschweigender Fortführung ehemaliger hilfspolizeilicher Befugnisse) die Leitung und Bewachung der staatlichen Konzentrationslager gänzlich in eigene Regie nahm. Noch bestehende SA-Konzentrationslager, so z. B. Oranienburg bei Berlin, wurden nach dem 30. 6. 1934 von der SS übernommen oder aufgelöst. Aber auch die in Dachau und anderswo teilweise noch zur Bewachung eingesetzten Landespolizisten wurden durch hauptamtlich angestellte, aus Landesmitteln besoldete SS-Wachtruppen ersetzt, aus denen sich die Totenkopfverbände der SS (Gesamtstärke Ende 1934: rund 2000 Mann) entwickelten. Zur selben Zeit (Sommer 1934) als Heydrich im Auftrag Himmlers die Ressorts der Politischen Polizeien der Länder in seiner Hand vereinigte, wurde ein anderer hoher SS-Führer, der bisherige Kommandant des Lagers Dachau, Theodor Eicke, von Himmler zum »Inspekteur der Konzentrationslager und Führer der SS-Wachverbände« ernannt (4. 7. 1934) und dem Reichsführer-SS unmittelbar unterstellt. Wie die Politischen Polizeien der Länder von der Münchener Ausgangsposition des Reichsführers-SS (Kommandeur der Bayerischen Politischen Polizei) aus erobert worden waren, so besorgte Eicke seit 1934, vom Dachauer Modell ausgehend, die Vereinheitlichung der Konzentrationslager (Einführung allgemeiner Wach- und Strafvorschriften, Schulung der Wachverbände, Gliederung der Lagerhierarchie in Kommandantur, Politische Abteilung, Adjutantur, Verwaltung, Schutzhaftlager-, Rapport-, Block-Führer und Häftlings-Capos etc.). Bis einschließlich 1936 unterstanden die Konzentrationslager, deren Zahl seit 1934 stark reduziert wurde, ebenso wie die SS-Totenkopfverbände und die Politischen Polizeien, etatmäßig den Ländern.* 1937 wurden sie, wie die Gestapo, auf den Reichshaushalt übernommen, und anstelle der ehemaligen kleinen Lager entstanden die drei großen Reichs-Konzen-

* Das Reich leistete allerdings einen Zuschuß pro Kopf der in den Lagern einsitzenden Häftlinge.

trationslager Dachau (bei München), Sachsenhausen (bei Berlin), Buchenwald (bei Weimar) mit insgesamt (1937) knapp 10000 Häftlingen und rund 4000 Angehörigen der SS-Totenkopfverbände.

Die dritte entscheidende Ausgangs- und Machtbasis Himmlers und der SS neben der Politischen Polizei und den Konzentrationslagern stellten die bewaffneten Bereitschaften der SS dar, die 1933 an verschiedenen Orten als eine Art revolutionärer Einsatzkommandos (neben der 1933/34 ähnlichen Zwecken dienenden SA-Feldpolizei) gebildet worden waren. Die wichtigste und größte dieser bewaffneten SS-Einheiten war die im Sommer 1933 aus 120 ausgesuchten SS-Leuten in Berlin zusammengestellte »Leibstandarte Adolf Hitler« unter Sepp Dietrich, die schon am 9. 11. 1933 auf Hitler persönlich vereidigt wurde. Dieser Vorgang, der lange vor der Übernahme des Reichspräsidentenamtes durch Hitler stattfand, ist mit Recht als »einer der ersten Akte der Konstituierung der Führergewalt im öffentlichen Leben Deutschlands« bezeichnet worden.[12] Die »Leibstandarte« war auch das entscheidende Exekutivorgan Hitlers bei dem Schlag gegen Röhm am 30. 6. 1934, und infolge dieser »Bewährung« hatte Hitler den Ausbau der Leibstandarte zu einem modern bewaffneten Regiment zugesagt. Daneben wurden 1934/35 zwei weitere Standarten der bewaffneten SS (in München und Hamburg) und dazu zwei SS-Junkerschulen (in Bad Tölz und Braunschweig) errichtet. Auf Verlangen der Wehrmacht blieb die »SS-Verfügungstruppe« bis 1938 im wesentlichen auf diese drei Standarten (Regimenter) begrenzt. Der Dienst in der aus Reichsmitteln finanzierten SS-Verfügungstruppe (VT) galt als Ersatz für den Wehrdienst, wobei die Wehrmacht sich aber ein Etatprüfungsrecht ausbedingte. Erst 1938, nach dem Rücktritt Blombergs und Fritschs, konnte der jahrelange hartnäckige Widerstand der Wehrmacht in einem entscheidenden Punkte gebrochen und der Reichsführer-SS durch Hitlers Erlaß vom 17. 8. 1938 (anläßlich der Sudetenkrise) ermächtigt werden, über die bisherige Stärke der Verfügungstruppe und Totenkopfverbände (TV) hinaus Angehörige der Allgemeinen SS zum Dienst in den bewaffneten SS-Einheiten heranzuziehen[13], wobei außer der freiwilligen Werbung auch die Notdienstverpflichtung von Angehörigen der Allgemeinen SS auf Grund der Notdienstverordnung vom 15. 10. 1938 möglich wurde (Ende 1938 zählten VT und TV zusammen rund 20000 Mann).

Diese bewaffneten Einheiten der SS waren das charakteristische Beispiel einer Sondergewalt, die auf Partei *und* Staat beruhte, aber sich von beiden losgelöst und verselbständigt hatte. Sie unterstanden nicht mehr der Verwaltungs- und Finanzaufsicht der Partei (des Reichsschatzmeisters), waren aber auch nicht ein Teil der staatlichen Polizei und unterstanden nicht den Innenministerien des Reiches und der Länder, sondern ausschließlich dem Reichsführer-SS, der insofern Exponent unmittelbarer Führergewalt war. In bezug auf die besondere Eigenschaft Himmlers als des Chefs des »Reichssicherheitsdienstes« in der Reichskanzlei und bei anderen öffentlichen Gebäuden in Berlin (der außer von SD-Posten und Angehörigen der »Leibstandarte« von einer Gruppe besonders ausgesuchter Kriminalbeamter unter Leitung des Münchener SS-Führers und Polizeihauptmanns Rattenhuber versehen wurde) war die unmittelbare Unterstellung des Reichsführers-SS unter den Führer und Reichskanzler 1935 auch förmlich geregelt worden.*

Umstrittener und komplizierter verlief die allmähliche Herauslösung der Polizei aus der inneren Verwaltung, die auf dem Gebiet der Politischen Polizei begonnen hatte. Der Zusammenfassung der Politischen Polizeien der Länder in der Hand Himmlers, der schon 1934/35 die Tendenz zur Bildung eines eigenen Staatssicherheitsministeriums innewohnte, stand hier von Anfang an die zentrale, auch die Polizeiverwaltung umfassende Zuständigkeit des Reichsinnenministers gegenüber, der auf dem Wege der »Verreichlichung« gerade auch das uneinheitliche Vorgehen der Politischen Polizeien in den Ländern überwinden und an feste Regeln binden wollte (so u. a. durch seine Schutzhafterlasse vom 12. und 26. 4. 1934[14]). Da die Direktionen der Politischen Polizeien in den Ländern aber inzwischen im Zuge der NS-Machtergreifung fast überall zu regierungsunmittelbaren obersten Landesbehörden gemacht und schließlich von Himmler und Heydrich okkupiert worden waren, verselbständigte sich auch die praktische Handhabung der Politischen Polizei in einer Weise, daß der Reichs-

---

* Mitteilung des Chefs der Reichskanzlei vom 22. 10. 1935 an den Reichsführer-SS: »Im Auftrag des Führers und Reichskanzlers beehre ich mich, Sie davon in Kenntnis zu setzen, daß der im Haushalt V (Reichsministerium des Innern) unter Kap. 14 vorgesehene ›Reichssicherheitsdienst‹ Ihnen unterstellt wird. Sie erhalten die volle Kommandobefugnis über die Angehörigen des Reichssicherheitsdienstes und werden in dieser Ihrer Eigenschaft dem Führer und Reichskanzler unmittelbar unterstellt. Aus der Kommandobefugnis ergibt sich auch Ihre alleinige Verantwortung für den Reichssicherheitsdienst.« BA: R 43 II/1103. Dort auch zahlreiche andere den Reichssicherheitsdienst betreffende Vorgänge.

innenminister nicht einmal mehr ausreichend unterrichtet, geschweige denn sein Weisungsrecht respektiert wurde. Folglich stellte sich 1934/35 immer nachdrücklicher die Frage, ob die Verantwortung für die Politische Polizei beim Reichsinnenminister oder beim Reichsführer-SS in dessen Eigenschaft als Kommandeur der verschiedenen Politischen Polizeien der Länder liegen sollte.[15] Einzelne aktenkundige Streitfälle aus dieser Zeit zeigen, daß Himmler bereits damals die Rückendeckung Hitlers erhielt, wenn er klaren Anordnungen des Reichsinnenministers zuwiderhandelte* und Frick seinerseits sich darüber beschwerte, daß der Kommandeur der Politischen Polizeien der Länder polizeiliche Angelegenheiten »unmittelbar dem Führer und Reichskanzler vorlegte«, ohne ihn (Frick) zu informieren.[16] Auch der von Frick aus dem Preußischen Innenministerium übernommene SS-Obergruppenführer Daluege, der im vereinigten Reichs- und Preußischen Ministerium des Innern (mit dem Titel eines Generalleutnants der Polizei) die Polizeiabteilung leitete, hielt die Trennung der Politischen Polizei von der allgemeinen Polizei für mißlich und empfahl in einer umfangreichen, Hitler vorgetragenen Denkschrift vom November 1935, im Zusammenhang mit der notwendigen Vereinheitlichung der gesamten Polizei des Reiches die Politische Polizei wieder mit der allgemeinen Polizei zusammenzufassen.[17] Daluege trat zwar ebenfalls dafür ein, das Personal der Polizei künftig vor allem aus der SS zu rekrutieren und »die SS überhaupt in engerer oder loserer Form mit der Polizei zu verbinden«. Nur erstrebte er eine »Verreichlichung« der Polizei von der Ministerialinstanz des Reichs- und Preußischen Innenministeriums her, die praktisch ihm selbst das zentrale Polizeikommando verschafft hätte, während es Heydrichs Position zugute kommen mußte, wenn die Gestapo eine dem Preußischen Staatsministerium zugeordnete selbständige Behörde blieb. Zugunsten Heydrichs wirkte es sich aus, daß der Aufbau einer reichseinheitlichen Gesamtpolizei letzten Endes nur im Zusammenhang mit einer auch die gesamte innere Verwaltung neu gliedernden Reichsreform, die

---

* So hatte das RMdI am 30. 1. 1935 in einem Erlaß an die Bayerische Staatskanzlei eine sofortige Überprüfung der (im Vergleich zu Preußen) unverhältnismäßig hohen Zahl der in Dachau einsitzenden Schutzhäftlinge mit dem Ziel der Entlassung eines Teils dieser Häftlinge angeordnet. Himmler, der in seiner Eigenschaft als Kommandeur der Bayerischen Politischen Polizei hierfür verantwortlich war, unterbreitete Hitler eine Abschrift des Schreibens und vermerkte anschließend lakonisch: »Dem Führer vorgelegt. 20. 2. 1935. Die Gefangenen bleiben«; Akten Persönlicher Stab Reichsführer-SS, IfZ: MA 302, B. 7001/02.

Zentralisierung der separaten Politischen Polizei dagegen leichter durchführbar war. Der Chef des Geheimen Staatspolizeiamtes erhielt dabei unerwartete Unterstützung auch von seiten der Wehrmacht, die schon im Sommer 1935 ebenfalls nachdrücklich die »Schaffung einer einheitlichen Organisation und Leitung der Politischen Polizei im Reiche« verlangt hatte, weil ihr dies aus Gründen der rationelleren und effektiveren Zusammenarbeit mit dem militärischen Abwehrdienst (seit 1934 unter Leitung von Kapitän Canaris) nötig erschien.[18] Auf der anderen Seite sträubten sich auch manche der preußischen Oberpräsidenten, so Erich Koch in Ostpreußen, dagegen, daß die in den Provinzen tätigen Staatspolizeistellen ihnen nicht unterstellt waren, sondern ihre Befehle ausschließlich von Himmler und Heydrich erhielten, und unterstützten so Fricks Kritik an der »der Staatsautorität in höchstem Maße abträglichen« Verselbständigung der Gestapo.[19]

Das Tauziehen um eine gesetzliche Regelung der Stellung der Gestapo dauerte von 1934 bis zum Februar 1936. Das schließlich am 10. 2. 1936 erlassene preußische Gesetz über die Gestapo[20] trug deutlich die Merkmale eines unentschiedenen Kompromisses. Durch die in dem Gesetz enthaltene Bestimmung, daß das Geheime Staatspolizeiamt in Berlin »Oberste Landesbehörde« der Gestapo sei, deren Aufgaben in der Mittelinstanz von gesonderten Staatspolizeistellen wahrgenommen würden, war die organisatorische Selbständigkeit der Gestapo anerkannt. Anderseits bestimmte das Gesetz aber auch, daß die Stapostellen »gleichzeitig den zuständigen Regierungspräsidenten unterstellt« seien, »den Weisungen derselben zu entsprechen und sie in allen politisch-polizeilichen Angelegenheiten zu unterrichten« hätten. Da die organisatorische Verselbständigung der Gestapo aber zugleich personelle und institutionelle Verquickung der SS und des SD mit der Politischen Polizei bedeutete und mithin die in der SS besonders ausgeprägte Führer- und Gefolgschaftsstruktur sowie die spezifischen Weltanschauungs- und politischen Gegner-Begriffe der SS bestimmend für die Gestapo wurden, fiel der Gegensatz zur allgemeinen inneren Verwaltung tatsächlich viel stärker ins Gewicht. Und die gegenteiligen Bestimmungen des Gestapogesetzes blieben weitgehend illusorisch, zumal Himmler und Heydrich bei ihrem Bemühen nach Verselbständigung der Gestapo die volle Rückendeckung Hitlers hatten. Mehr oder weniger nur ein Augenpflaster war es auch, wenn es in dem

Gestapogesetz hieß: »Die Zuständigkeit der Organe der ordentlichen Rechtsprechung bleibt unberührt.« Bestätigte doch gerade dieses selbe Gesetz, daß Verfügungen in Angelegenheiten der Geheimen Staatspolizei »nicht der Nachprüfung durch die Verwaltungsgerichte« unterliegen. Damit war die Sonderstellung der Gestapo klar zum Ausdruck gebracht. Heydrichs Mitarbeiter, Werner Best, erläuterte dies anschließend mit den Worten: Die »als notwendig erkannte Trennung der *nach besonderen Grundsätzen und Notwendigkeiten* handelnden Staatspolizei von der *nach allgemeinen und gleichmäßigen rechtlichen Ordnungen* arbeitenden Verwaltung ist damit vollzogen«.[21]

Wenig später hatte Himmler auch einen ersten, entscheidenden Erfolg bei seinen gleichzeitigen Bestrebungen, die gesamte Polizei in die Hand zu bekommen und ihre Verschmelzung mit der SS in die Wege zu leiten. Er bekam zwar kein eigenes Polizeiministerium, wurde aber durch einen Erlaß Hitlers vom 17. 6. 1936 (RGBl. I, S. 487) mit der »einheitlichen Zusammenfassung der polizeilichen Aufgaben im Reich« beauftragt und erhielt die Dienstbezeichnung »Reichsführer-SS und Chef der Deutschen Polizei im Reichsministerium des Innern«. Ähnlich wie das Gestapogesetz enthielt diese heftig umstrittene Definition der Dienststellung Himmlers zwei konträre Elemente. Die gegen den Widerstand Fricks durchgesetzte Dienstbezeichnung »Reichsführer-SS und Chef der Deutschen Polizei« bedeutete eine – über die Personalunion hinausgehende – *Institutionalisierung* der Verbindung der Führung der SS mit der Leitung der Polizei. Der Zusatz »im Reichsministerium des Innern« und die weiter in dem Erlaß enthaltene Bestimmung, daß der Chef der Deutschen Polizei »dem Reichs- und Preußischen Minister des Innern persönlich und unmittelbar unterstellt« sei, war dagegen eine Konzession an den Reichsinnenminister, der den Zusammenhang von Polizei und innerer Verwaltung wahren wollte. Einen Kompromiß bedeutete es ferner, daß Himmler als Chef der Deutschen Polizei nicht Ministerrang, sondern nur die Stellung eines Staatssekretärs erhielt und nur zur Teilnahme an den Sitzungen des Reichskabinetts ermächtigt wurde, »soweit sein Geschäftsbereich berührt wird«. Die später noch durch Ausführungserlasse bekräftigte Tatsache, daß der Reichsführer-SS und Chef der Deutschen Polizei »innerhalb seines Geschäftsbereichs der ständige Vertreter des Ministers« sei[22], macht indessen deutlich, daß die Unterstellung unter

Frick mehr oder weniger nur nomineller Natur war.* Vor allem aber die Tatsache, daß Himmler in seiner Eigenschaft als Reichsführer-SS direkt dem Führer unterstand (die Unterstellung unter den Stabschef der SA war nach dem 30. 6. 1934 aufgehoben worden), ermöglichte es ihm leicht, der gleichzeitigen Unterstellung unter den Reichsinnenminister auszuweichen, oder sie gar ins Gegenteil zu verkehren. Tatsächlich legte Himmler die ihm in dem Erlaß vom 17. 6. 1936 eingeräumte Stellvertretung des Ministers bald so aus, daß er (Himmler) als Polizeichef auch in Sachen der allgemeinen inneren Verwaltung eine stellvertretende Mitzuständigkeit habe. Später (1939) fand dieser Anspruch dadurch förmliche Anerkennung, daß Himmler Stellvertreter Fricks in dessen Eigenschaft als »Generalbevollmächtigter für die Reichsverwaltung« wurde. Als Fricks Stellung in den ersten Kriegsjahren immer mehr abnahm und, wie bereits dargestellt, namentlich in den neu annektierten und besetzten Gebieten die jeweiligen Zivilverwaltungschefs eine mehr oder weniger führerunmittelbare Stellung und Selbständigkeit erlangten, begann sich das Verhältnis von innerer Verwaltung und Polizei vielfach geradezu umzukehren. Der Reichsführer-SS und Chef der Deutschen Polizei, der die Verwaltung dieser Gebiete grundsätzlich als eine primär politisch-polizeiliche Angelegenheit betrachtete, suchte jetzt seinerseits (gleichsam anstelle des Reichsinnenministers) ein zentrales Weisungsrecht gegenüber diesen Zivilverwaltungschefs zu erlangen.[23] Ende 1942 war Hitler entschlossen, die bisherigen Verhältnisse im Reichsinnenministerium zu ändern, und Lammers und Himmler verabredeten im März 1943 vertraulich, »einen Plan vorzubereiten, wie später einmal die Polizei aus dem Reichsministerium herausgelöst und einem Polizei-(Sicherheits-)Minister in der Person des Reichsführers-SS unterstellt wird«.[24] Schließlich, im August 1943, erledigte sich die Frage dadurch, daß der Polizeichef Himmler das Reichsinnenministerium übernahm und Frick auf den Posten des Reichsprotektors in Böhmen und Mähren abgeschoben wurde.

* Gegen Verletzungen des Unterstellungsverhältnisses suchte sich Frick anfangs energisch zu wehren, so in einem internen Erlaß vom 25. 1. 1937 an die Abteilungsleiter und Referenten und die Dienststellen des RFSS im RMdI, in dem Frick feststellte, daß entgegen seiner Anordnung ein Gesetzentwurf (des Chefs d. Dt. Polizei) ohne seine Kenntnis an Stellen außerhalb des Ministeriums zur Stellungnahme herausgegangen sei: »Das ist ein unmögliches Verfahren. Es zerstört nicht nur die unbedingt nach außen zu wahrende Einheit des Ministeriums, sondern die so handelnde Dienststelle setzt sich außerdem der Gefahr aus, daß ich den Entwurf im einzelnen oder ganzen nicht billige.« IfZ: MA-435.

Diese Umkehrung des Verhältnisses zwischen dem Innenminister und dem Polizeichef des Hitler-Staates war die äußerste Konsequenz der 1936 angebahnten Entwicklung. Damals war dies aber noch nicht absehbar und auch nicht zwangsläufig. Mit der Institutionalisierung der Verbindung von Reichsführer-SS und Chef der Deutschen Polizei und der Errichtung eines Hauptamtes Sicherheitspolizei (Gestapo- und Kriminalpolizei) unter Leitung von SS-Gruppenführer Heydrich und eines Hauptamtes Ordnungspolizei (Gendarmerie und Schutzpolizei) unter Leitung von SS-Obergruppenführer Daluege im Reichsinnenministerium war die »Verreichlichung« der Polizei und ihre Verklammerung mit der SS zunächst nur an der Spitze vollzogen. Die Zentralisierung und Verschmelzung mit der SS wurde außer bei der Gestapo am zielstrebigsten bei der Kriminalpolizei verfolgt (Umwandlung des preußischen Landeskriminalpolizeiamtes zum Reichskriminalpolizeiamt am 16. 7. 1937). In der Mittelinstanz blieb die Kriminalpolizei aber, im Gegensatz zur Gestapo mit ihrem System eigener Stapoleitstellen und Stapostellen, ein Teil der allgemeinen Polizeiverwaltung (Polizeipräsidien), wenngleich durch die Einsetzung von »Inspekteuren der Sicherheitspolizei und des SD« ein zusätzlicher vertikaler Befehlsweg geschaffen wurde, der auch die Kriminalpolizei der Landes-, Provinz- und Regierungsbezirksebene stärker von der Zentrale abhängig machte. Die Bildung des Reichssicherheitshauptamtes (RSHA) am 27. 9. 1939 vermochte zwar die Eigenständigkeit der einzelnen dabei zusammengefaßten staatlichen Behörden oder Parteiämter (Stapo, Kripo, SD) nicht auszulöschen, verstärkte aber den Prozeß der institutionellen Verschmelzung unter Leitung des »Chefs der Sicherheitspolizei und des SD« (Heydrich) und die SS-mäßige Ausrichtung auch der Kriminalpolizei. Demgegenüber waren im Bereich der Ordnungspolizei und Polizeiverwaltung die disziplinären, organisatorischen und beamtenrechtlichen Zusammenhänge mit der Landes- und Gemeindeverwaltung schwerer auflösbar, so daß hier die Verbindung mit der SS (Verleihung von SS-Dienstgraden an Polizeibeamte u. ä.) vielfach mehr nomineller Natur blieb und den staatlichen Behördencharakter weniger tangieren konnte.

Wie umstritten selbst die im Prinzip durchgesetzte Sonderexekutive der Gestapo und die von ihr monopolisierte Befugnis rechtlich unkontrollierbarer Schutzhaftverhängungen noch Ende 1936 war, demonstriert ein Runderlaß Heydrichs an die

Staatspolizei(leit)stellen vom 17. 12. 1936, in dem vor einem
»übermäßigen Gebrauch der Schutzhaft« gewarnt wird, da
sonst »diese schärfste Waffe« der Gestapo »in Mißkredit gebracht und die weit verbreiteten Bestrebungen nach Aufhebung
der Schutzhaft gefördert« würden.[25] Und es ist ferner bezeichnend, daß in der gleichen Zeit der Leiter des Ministerialbüros
der Sicherheitspolizei im Reichsinnenministerium (Werner
Best) bestrebt war, die unmittelbare Unterstellung des Inspekteurs der Konzentrationslager unter Himmler aufzuheben und
die Lager verwaltungsmäßig der Gestapo zu unterstellen, um
ihren z. T. außerordentlich selbstherrlichen inneren Betrieb
schärfer unter Kontrolle zu nehmen und zu disziplinieren.[26]
Diesen Bestrebungen war aber ebensowenig Erfolg beschieden
wie vorher dem Bestreben Fricks, die Gestapo an die Kandare
der allgemeinen inneren Verwaltung zu nehmen.

Hieran wird etwas Grundsätzliches deutlich: Die Institutionen der Führergewalt mit ihren spezifischen, dem inneren
Gefüge der NS-Bewegung entstammenden Führer-Gefolg-
schafts-Strukturen tendierten dazu, gleichsam in einem Prozeß
permanenter Zellteilung, selbst immer neue »unmittelbare«
Führerverhältnisse und entsprechende Sonderungsbestrebun-
gen ihrer Einzelglieder hervorzubringen. Das gilt besonders
für den immer weiter aufgeblähten Zuständigkeitsbereich des
Reichsführers-SS. Zersetzte dieser »Staat im Staate« zunehmend die Einheit der allgemeinen Staatsverwaltung, so fehlten
ihm doch selbst die Merkmale fester körperschaftlich-büro-
kratischer Geschlossenheit und Einheit. Wie das NS-System
im großen, so bot der Befehlsbereich des RFSS im kleinen das
Bild einer progressiven Wucherung von subsidiären Ämtern,
Gliederungen und Führergewalten, die nur noch mühsam an
der Spitze zusammengehalten werden konnten. Da die Leitung
durch fanatisierte SS-Führer in den entscheidenden Bereichen
der staatlichen Polizei, vor allem der Sicherheitspolizei (anders
als sonst im Verhältnis von Partei und Staatsverwaltung), voll
durchgesetzt war, erhielt sich in dieser SS-mäßig ausgerichteten
Exekutive ungebrochen das »Bewegungs«-Prinzip der nationalsozialistischen Kampforganisationen aus der Zeit vor 1933. War
die revolutionäre SA 1934 entmachtet und domestiziert worden, so beruhte die besondere Stellung der SS weiterhin auf der
1933 usurpierten revolutionären Ausnahmegewalt. Die dadurch
institutionalisierte Fortführung des Kampfes gegen wirkliche
oder vermeintliche Gegner, verbunden mit dem in der SS ver-

absolutierten Führerbegriff (»Deine Ehre ist Deine Treue«) und der besonderen, dem »Orden« der SS von Himmler eingeimpften Eliteidee, erzeugten einen besonderen Eifer oberer und unterer SS-Führer, die je auf ihre Weise »ihrem Reichsführer« und dem Staate Hitlers mit »Härte«, »Entschlossenheit«, »Energie« bei der Verfolgung von Gegnern und utopischen Fernzielen zu dienen suchten, deren »Unternehmungsgeist« Himmler unter Einräumung erheblicher Selbständigkeiten vielfach neu anregte und die stolz und »geeicht« darauf waren, gerade schwere und für unmöglich gehaltene Aufgaben ohne Widerspruch durchzuführen. Auch als Herrschaftsorgan des Dritten Reiches blieb die SS weitgehend außerhalb der Legalität, handelte sie vielfach als außerordentliche »Einsatztruppe« mit dem Bewußtsein einer besonderen Elite, hinter dem gleichwohl die alte, ins Kriminelle abgleitende »Moral« des Freischärler- und Kampfbundes stand. Anderseits verschaffte der staatliche Polizeiapparat der SS erst das Instrument, mit Hilfe dessen die ebenso stereotypen wie vagen Feind-Bilder der NS-Propaganda in den blutigen Ernst einer bürokratisch geplanten und organisierten Gegnerbekämpfung umgesetzt werden konnten. Erst durch die Verschmelzung mit der Polizei wurden das Schlagwort von der »Judenfrage«, das »Freimaurer-Problem« und andere Feindkomplexe der nationalsozialistischen Weltanschauungsrhetorik gleichsam »beim Wort genommen«, bürokratisch systematisiert, in Referate eingeteilt und zum Gegenstand einer subaltern und beflissen ausgearbeiteten kriminalistischen Polizeiwissenschaft und -technik gemacht. Daß die »Judenfrage« irgendeine endgültige »Lösung« finden müsse, war vor 1933 das ebenso phrasenhafte wie unverbindliche Allgemeingut aller radikalen Antisemiten aller Länder. Daß dieses Schlagwort (Endlösung der Judenfrage) aber zum terminus technicus einer generalstabsmäßig geplanten und perfekt organisierten geheimen Operation der Sicherheitspolizei werden konnte, war erst das Ergebnis der polizeilichen Bürokratisierung der NS-Ideologie im Rahmen der Verschmelzung von SS und Polizei.

Eine ähnliche Akkumulation und Wucherung von Zuständigkeiten, Ämtern und Stäben wie im Bereich des Reichsführers-
SS kennzeichnete in den ersten Jahren des Dritten Reiches an
der Spitze des NS-Systems vor allem den Kompetenzbereich
Görings. Wenn es sich in diesem Falle auch weniger um eine
außerhalb der Regierung und Staatsorganisation stehende
Macht handelte, so sprengte die Ämterfülle Görings doch
sehr bald die Balance des kollegialen Reichskabinetts. Neben
seiner Stellung als preußischer Ministerpräsident und Innenminister hatte Göring unter Ausweitung seiner Eigenschaft
als Reichskommissar für die Luftfahrt im Mai 1933 die Bildung des Reichsluftfahrtministeriums als einer neuen Obersten Reichsbehörde durchgesetzt.[27] Der Übergang des Ressorts
des preußischen Innenministeriums an Frick (1934) wurde dadurch aufgewogen, daß Göring im Juli 1934 als Reichsjäger-
und Reichsforstmeister die Leitung eines weiteren obersten
Reichsressorts und dann vor allem im Rahmen des Neuaufbaus
der Wehrmacht 1935 den Oberbefehl über die Luftwaffe und
den Rang eines Generalobersten erhielt. Da die Luftwaffe
völlig neu aufgebaut werden mußte und ihr im Rahmen des
Hitlerschen Aufrüstungsprogramms besonderes Gewicht zukam, erlangte Göring von dieser Stellung aus 1935/36 auch zunehmenden Einfluß auf die gesamte Rüstungswirtschafts- und
Autarkiepolitik. Schon im Herbst 1935 griff Göring im Auftrag
Hitlers in die heftigen Auseinandersetzungen zwischen Darré
und Schacht ein, bei denen es darum ging, die Devisenansprü-
che der Rüstung mit den infolge der schlechten Getreideernte
verstärkten Anforderungen der Ernährungswirtschaft abzu-
stimmen.[28] Und als 1935/36 neben der »Brotkrise« auch die
(für die Luftwaffe besonders wichtige) Frage der Treibstoffproduktion zwischen Schacht und Blomberg zu Meinungsverschiedenheiten über das Maß und die Methode der staatlichen
Produktionslenkung und -ankurbelung führte, wurde Göring
im April 1936 von Hitler auch mit der Überprüfung der bisherigen Devisen- und Rohstoffpolitik und schließlich im September 1936 mit der Leitung und Durchführung des autarkiewirtschaftlichen »Vierjahresplanes« beauftragt.

Auch auf anderen Gebieten führte die Stellung Görings als
des besonderen Vertrauensmannes Hitlers dazu, daß seine realen Befugnisse die nominelle Ressortzuständigkeit überschrit-

ten. Das galt namentlich für den Bereich der Außenpolitik, in dem Göring, wie schon vor 1933, im Auftrag Hitlers wichtige Verhandlungen ohne den Reichsaußenminister führte und bei verschiedenen Staatsbesuchen im Ausland (so in Italien, Jugoslawien und Polen) die Fäden nationalsozialistischer Bündnispolitik knüpfte. Schon in den Jahren 1933 bis 1936 zeigte sich deutlich die Tendenz Hitlers, wichtige Kontakte mit führenden ausländischen Staatsmännern nicht den Diplomaten des Auswärtigen Amtes, sondern Göring (oder dem Sondergesandten Ribbentrop) zu übertragen,* und es war bezeichnend für den Führungsstil der Hitlerschen Außenpolitik, daß das Auswärtige Amt über diese Missionen und die dabei getroffenen Verabredungen verschiedentlich nur sehr unzulänglich unterrichtet wurde und sich daraus manche Zweigleisigkeit entwickelte.

Die Stellung Görings als eines »sekundären Führers« kam u. a. auch darin zum Ausdruck, daß er sich unabhängig von den amtlichen Informationsquellen der Reichsregierung mit dem im Frühjahr 1933 gebildeten sogenannten »Forschungsamt« des Luftfahrtministeriums einen eigenen umfangreichen Nachrichtenapparat aufbaute. Das Forschungsamt hatte in Wirklichkeit weder mit dem Luftfahrtministerium noch mit »Forschung« etwas zu tun, sondern war eine getarnte, der Dienstaufsicht des Preußischen Staatsministeriums (Staatssekretär Koerner) unterstehende Nachrichtensammelzentrale mit Hunderten von Technikern, Dechiffrier-Spezialisten und Übersetzern, die sich besonders auf das Abhören von Telefongesprächen im Reich, ausländischer Rundfunksender sowie diplomatischer und militärischer Geheimsender spezialisierte. Die wichtigsten auf diese Weise beschafften Informationen wurden täglich zu geheimen Berichten des Forschungsamtes zusammengestellt und einem kleinen Kreis oberster Führungsstellen des NS-Regimes zugeleitet (›Braune Blätter‹). In einigen Fällen, so anläßlich der tschechoslowakischen Krise im Herbst 1938, spielte die Kenntnis der durch das Forschungsamt abgehörten und dechiffrierten Nachrichtenübermittlung auswärtiger Mächte für die Entschlußbildung der NS-Führung eine beträchtliche Rolle. Wenn später auch die Bedeutung des auf über 3000 Mann angewachsenen Forschungsamtes[29] zurückging und seine Informationen sich oft als oberflächlich erwiesen, so war doch die Verfügungsgewalt über diesen Spezial-

* Auch der seit dem Sommer 1934 in Wien als Gesandter tätige ehemalige Vizekanzler v. Papen war Hitler unmittelbar unterstellt.

nachrichtendienst ein besonderes Attribut der Macht, durch das sich Göring frühzeitig von seinen Ministerkollegen unterschied. Die Verfügungsgewalt über das Forschungsamt kompensierte bis zu einem gewissen Grade auch die Abgabe der Gestapoleitung an Himmler, unterstützte Görings außenpolitische Tätigkeit und erleichterte ihm den Zugang zu Hitler, der auf nachrichtendienstliche Informationen besonderen Wert legte.

Auf den Gipfel seiner Machtstellung gelangte Göring mit der Beauftragung der Leitung des Vierjahresplans, die ihm im Bereich der gesamten Wirtschafts- und Arbeitseinsatzpolitik die Stellung eines Superministers mit eigenem Verordnungsrecht einbrachte. Diese Beauftragung, zu deren organisatorischen Konsequenzen u. a. die Bildung eines »Generalrates des Vierjahresplans« (als eines engeren Wirtschaftskabinetts) gehörte, leitete nicht nur den Rücktritt Schachts als Wirtschaftsminister im November 1937 und als Reichsbankpräsident im Januar 1939 ein (beide Ämter übernahm nacheinander der bisherige nationalsozialistische Pressechef der Reichsregierung und Staatssekretär im Propagandaministerium, Walter Funk). Sie verursachte, wie noch darzulegen ist, auch eine schwerwiegende Verlagerung der Entscheidungsbildung zuungunsten mehrerer Ressorts und Minister der Reichsregierung. Diese Auswirkungen fielen zeitlich zusammen mit wichtigen personellen und organisatorischen Veränderungen an der Spitze anderer Ressorts (Wehrmacht, Auswärtiges Amt) und dem definitiven Ende kollegialer Kabinettssitzungen der Reichsregierung. Ehe wir auf diese Veränderungen zurückkommen, die eine ähnliche Zäsur der inneren Verfassungsentwicklung des NS-Systems markieren wie das Ende der NS-Revolution 1933/34, müssen wir uns mit der bisherigen Stellung des Kabinetts und den Formen der Regierungsgesetzgebung beschäftigen.

Das Ende des kollegialen Kabinetts

Nach den – nicht förmlich außer Kraft gesetzten – Bestimmungen der Weimarer Reichsverfassung (Art. 52 bis 58) war die Reichsregierung ein kollegiales Gremium, das unter Vorsitz des Reichskanzlers gemeinschaftlich über die Gesetzesentwürfe einzelner Reichsminister sowie über Fragen, »die den Geschäftsbereich mehrerer Reichsminister berühren«, zu beraten und mit Stimmenmehrheit zu beschließen hatte. Nur bei Stimmengleichheit sollte die Stimme des Reichskanzlers entscheiden. Aber nur in den ersten Monaten seiner Kanzlerschaft, als die Reichsregierung noch den Charakter eines Koalitionskabinetts besaß, hielt sich Hitler an die Prozedur regelmäßiger Kabinettssitzungen: In den Monaten Februar und März 1933 fanden durchschnittlich alle zwei Tage (insgesamt 31) Sitzungen der Reichsregierung statt, im April/Mai 1933 sank die Frequenz schon auf die Hälfte (insgesamt 16 Sitzungen) herab, und seitdem wurde der Abstand zwischen den Kabinettssitzungen noch beträchtlich größer (in der Zeit vom Juni 1933 bis zum März 1934 nur 29, zwischen April und Dezember 1934 nur noch 13 Sitzungen). Ab 1935 hörte auch die bisher noch einigermaßen eingehaltene Regelmäßigkeit monatlich ein- oder zweimaliger Besprechungen der Reichsregierung auf. Das Kabinett wurde nur noch in Abständen von mehreren Monaten zusammengerufen, wenn es galt, ganze Serien von Gesetzen, die inzwischen anderweitig vorberaten worden waren, im Eilverfahren zu verabschieden (1935: 12, 1936: 4, 1937: 6 Sitzungen). Die definitiv letzte Sitzung des Reichskabinetts fand am 5. 2. 1938 statt.*

Förmliche Abstimmungen im Kabinett gab es unter Hitlers Vorsitz von Anfang an nicht, zumal auch die deutschnationalen Koalitionspartner Hitlers schwerlich für eine solche demokratische Prozedur eintreten mochten. Die Protokolle der Kabinettssitzungen vom Frühjahr 1933 zeigen jedoch, daß Hitler in dieser Zeit bemüht war, nicht in Konflikt mit der Mehrheit der Minister zu gelangen und deshalb gelegentlich auch eigene Vorschläge oder solche seiner NS-Minister zurückstellte. Auch war in dieser Zeit das Kabinett durchaus noch ein Ort der sachlichen Beratung einzelner Beschlüsse und Gesetzgebungsmaterien. Das begann sich aber bereits im April 1933 zu ändern, als das politische Machtmonopol auf die NS-Bewegung überging, infolge des Ermächtigungsgesetzes auch das Notverordnungsrecht des Reichspräsidenten weitgehend entbehrlich und demzufolge der Rückhalt der nicht-nationalsozialistischen Minister am Reichspräsidenten geschwächt wurde. Um eine solche

* Die Zahlenangaben gehen von den erhaltenen Protokollen der Sitzungen des Reichskabinetts aus, wobei »Ministerbesprechungen« (beschränkt auf die Reichsminister) und »Sitzungen des Reichsministeriums« (unter Hinzuziehung der Staatssekretäre u. a. Kabinettsmitglieder) gleicherweise als »Kabinettssitzungen« gewertet sind. IfZ: Fa 203.

Auswirkung zu verhindern, hatte u. a. Hugenberg in der Kabinettssitzung vom 15. 3. 1933 den Vorschlag gemacht, im Sinne einer neuen autoritären Reichsverfassung auch nach dem Erlaß des Ermächtigungsgesetzes den Reichspräsidenten weiterhin an verfassungsändernden Gesetzen zu beteiligen. Dieser Gedanke war aber von Hindenburgs Staatssekretär Meißner selbst verworfen worden mit dem Argument, daß eine solche »Mitwirkung des Reichspräsidenten nicht erforderlich« sei und Hindenburg sie »auch nicht verlangen« werde.

Wenn es in dem am 24. 3. 1933 verkündeten und in Kraft gesetzten Ermächtigungsgesetz hieß, »von der Reichsregierung beschlossene Reichsgesetze werden vom Reichskanzler ausgefertigt«, so kam darin zum Ausdruck, wie sehr die Stellung des Kanzlers infolge des Gesetzes verstärkt worden war. Hatte der Kanzler bisher die laut Reichsverfassung vom Reichspräsidenten auszufertigenden Reichsgesetze (Art. 70 der Weimarer Verfassung) gegenzuzeichnen und damit (sowohl dem Reichspräsidenten wie dem Parlament gegenüber) die politische Verantwortung zu übernehmen, so fielen jetzt Gesetzgebungsrecht, Übernahme der politischen Verantwortung und das Recht zum Vollzug der Gesetze in der Person des Reichskanzlers zusammen. Er hatte kraft der Richtlinienkompetenz den entscheidenden Einfluß auf die jetzt allein bei der Reichsregierung liegende Gesetzgebung. Und er entschied allein über den Vollzug der Reichsgesetze.

Damit war aber auch der Begriff des »Gesetzes« seiner eigentlichen Bedeutung entleert worden. Denn primär das in der Verfassung vorgeschriebene Gesetzgebungs*verfahren* (der Lesung und Verabschiedung durch das Parlament) machte das Wesen eines *Gesetzes* aus, seinen grundsätzlichen rechtsformalen Unterschied gegenüber Rechts*verordnungen* (einschließlich solcher des Reichspräsidenten). Gerade aber die Verfassungsbestimmungen über das Gesetzgebungsverfahren (Art. 68 bis 77 der Reichsverfassung) wurden durch das Ermächtigungsgesetz ersatzlos gestrichen. Die künftig auf Grund des Ermächtigungsgesetzes von der Reichsregierung erlassenen Gesetze *hießen* nur noch *Gesetze*, waren in rechtsformaler Hinsicht aber kaum noch von Verordnungen und Erlassen unterschieden. Und die Verfassungsvorschrift, wonach die Reichsregierung ihre Beschlüsse (über Gesetzesvorlagen u. a.) kollegial zu fassen habe, wurde in dem Maße hinfällig, in dem sich auch im Reichskabinett das Führerprinzip durchsetzte. Schon am 22. 4. 1933 vermerkte Goebbels: »Im Kabinett ist die Autorität des Führers nun ganz durchgesetzt. Der Führer entscheidet.«[30] So blieb als einzige Formalität des Gesetzgebungsverfahrens, die durch das Ermächtigungsgesetz nicht angetastet wurde, die Bestimmung, daß alle Reichsgesetze »im Reichsgesetzblatt verkündet«, d. h. veröffentlicht werden mußten. Das bedeutete: nur die veröffentlichten Gesetze (und Verordnungen oder Erlasse) des Regimes konnten beanspruchen, geltendes Recht zu sein.

Ausdruck der veränderten Stellung Hitlers im Kabinett war es, daß Vizekanzler v. Papen ihm nach der Volksabstimmung vom 12. 11. 1933 eine förmliche Huldigungsadresse des Kabinetts darbrachte, die Hitler als den genialen Führer von Volk und Regierung rühmte und die Minister bescheiden zu »Mitarbeitern« des Führers herabstufte.[31] Auch Hitlers eigener Arbeitsstil als Regierungschef begann sich in dieser Zeit zu ändern: Otto Dietrich, Hitlers Pressechef, berichtete darüber später:

»Als Hitler 1933 in die Wilhelmstraße einzog, arbeitete er sich zuerst mit Eifer und Pünktlichkeit in sein ungewohntes Amt ein. Solange Hindenburg in Berlin, nur durch das Auswärtige Amt von ihm getrennt, sein Nachbar war, erschien Hitler jeden Vormittag um 10 Uhr im Dienst, d. h. am Schreibtisch in seinem Arbeitszimmer. Er leitete regelmäßig, wenn auch unwillig, Kabinettssitzungen, in denen er damals noch nicht die Mehrheit hatte und sich zähneknirschend zu Kompromissen bequemen mußte. Deshalb rief er das Kabinett später immer seltener zusammen und von 1937 ab überhaupt nicht mehr . . . Als sich Hindenburg Ende des Jahres 1933 aus gesundheitlichen Gründen nach Ostpreußen zurückzog, hat Hitler jede Regelmäßigkeit in seinem Amt und seinem Dienst wieder beendet. Er blieb, wie es seine Gewohnheit war, bis mittags zurückgezogen und ging auch während des Tages nur zu wichtigen Empfängen in seine Dienstzimmer. Alles andere spielte sich in seiner Wohnung in ›fliegender‹ Form ab, im Stehen und Gehen, zwischen Tür und Angel.«[32]

Die entscheidende Zäsur in der Entwicklung des Verhältnisses von Reichsregierung und Führergewalt ergab sich schließlich infolge der Übernahme des Reichspräsidentenamtes durch Hitler. Das am 19. August durch eine Volksabstimmung bestätigte Gesetz vom 1. 8. 1934 »über das Staatsoberhaupt des Deutschen Reiches« (RGBl. I, S. 747) führte mit der neuen Amtsbezeichnung Hitlers (»Führer und Reichskanzler« bzw. »Führer und Oberster Befehlshaber der Wehrmacht«) den Führer-Begriff auch amtlich ein.*

Während das am 17. 10. 1933 erlassene Gesetz über den Eid der Reichsminister (RGBl. I, S. 741) noch in engerer Anlehnung an das Weimarer Reichsministergesetz vom 27. 3. 1930 an dem Eid auf »Verfassung und Gesetz« festgehalten hatte, wurden die Minister nunmehr gesetzlich verpflichtet, dem »Führer des Deutschen Reiches und Volkes Adolf Hitler« Treue und Gehorsam zu schwören, und von der Verfassung war nicht mehr die Rede.[33] Die Staatsrechtler des Dritten Reiches waren sich in der Folgezeit einig darüber, daß alle obrigkeitliche Gewalt allein beim Führer lag. In einer Denkschrift des Reichsinnenministeriums vom November 1935 wurde ausgeführt: anstelle des Staates als einer juristischen Person sei »der Führerstaat getreten«, der nicht »mehrere Willensbildner«, sondern »nur noch einen Willen« kenne.[34] Ähnlich formulierte der Abteilungsleiter und Stellvertreter des Chefs der Reichskanzlei, Ministerialdirektor Wienstein, in einem Vortrag vor der Verwaltungsakademie in Bonn am 15. 12. 1936: »Die Reichsregierung ist heute nicht mehr Kabinett im alten Sinne, in dem alle Entscheidungen durch Mehrheitsbeschlüsse zustande kamen, sondern ein Führerrat, der den Führer und Reichskanzler bei der von ihm zu treffenden Entscheidung berät und unterstützt.«[35]

War somit verfassungstheoretisch anstelle der Staatsgewalt der persönliche Führerwille getreten, so bedeutete dies doch in der Regierungspraxis nicht, daß der Führer nunmehr in intensiverem Maße als bisher persönlich die Geschäfte der Reichsregierung geleitet hätte. Vielmehr war das Gegenteil der Fall. Die Degradierung des Kabinetts zum »Apparat« der Durch-

* Auf ausdrücklichen Wunsch Hitlers wurde seit dem Frühjahr 1939 im Behördenverkehr überwiegend nur noch die Bezeichnung »Der Führer« verwendet; vgl. Aktennotiz der Reichskanzlei vom 5. 8. 1939 und weitere diesbezügliche Vorgänge aus dem Jahre 1942 in: BA: R 43 II/583a.

setzung des Führerwillens war mit einer weiteren Distanzierung Hitlers von den täglichen Geschäften der Reichsregierung verbunden. Der »Absolutismus« des Führers äußerte sich, dem ursprünglichen Wortsinne entsprechend (absolvere = loslösen), in der »Loslösung« der Führergewalt vom Reichskabinett. Dies kam u. a. dadurch zum Ausdruck, daß Hitler das ihm als Staatsoberhaupt zur Verfügung stehende ehemalige »Büro des Reichspräsidenten« jetzt zu einer Obersten Reichsbehörde mit der Bezeichnung »Präsidialkanzlei« verselbständigte und Staatssekretär Lammers nunmehr, anstelle Hitlers, selbständiger Behördenchef der Reichskanzlei (ab 26. 11. 1937 im Range eines Reichsministers) und damit zugleich eigentlicher Geschäftsführer der Reichsregierung wurde.* In dem Maße, in dem die Ministereigenschaft ihren politischen Charakter verlor, wurde die Verleihung von Ministerrängen (so z. B. 1936 auch an den Oberbefehlshaber des Heeres, Generaloberst v. Fritsch, und den Oberbefehlshaber der Marine, Generaladmiral Raeder[36]) ebenso wohlfeil wie die Bildung neuer Oberster Reichsbehörden. Ein Beispiel solcher unnötigen Rangerhöhung einer neuen Behörde war die durch das Gesetz »über die Regelung des Landbedarfs der öffentlichen Hand« vom 25. 3. 1935 (RGBl. I, S. 468) errichtete »Reichsstelle für Raumordnung« unter Leitung von Hanns Kerrl. Auf der gleichen Linie lag es, daß die geschäftsordnungsmäßige Unterscheidung der Vollmachten der politischen Minister von denen der unpolitischen Staatssekretäre durch eine Änderung der Geschäftsordnung der Reichsregierung vom 20. 3. 1935 insoweit aufgehoben wurde, daß nunmehr auch die Staatssekretäre in Vertretung ihrer Minister die Berechtigung zur Mitzeichnung von Gesetzen erhielten (bisher mußte sich der Minister im Verhinderungsfalle bei Gesetzeszeichnungen von einem anderen Minister vertreten lassen).[37]

Hieran wird bereits deutlich, daß die führerstaatliche Struktur zu einer immer weitergehenden Delegation des Gesetzgebungs- und Verordnungsrechts tendierte. Es war insofern durchaus zutreffend, wenn Minister Lammers in einem Grundsatzartikel über die »Staatsführung im Dritten Reich« Anfang September 1938 im ›Völkischen Beobachter‹ ausführte: »Aus

---

* Vgl. hierzu das Schreiben von Min.-Rat Wienstein (Reichskanzlei) vom 21. 8. 1934 an Min.-Rat Medicus (RMdI). BA: R 43 II/1036. Die Doppelstellung Lammers' kam in der Doppelbezeichnung: »Staatssekretär der Reichskanzlei« und »Staatssekretär der Reichsregierung« zum Ausdruck; vgl. das vom RuPrMdI hrsg. ›Handbuch für das Deutsche Reich 1936‹, S. 12.

der grundsätzlichen Totalkonzentration der obrigkeitlichen Gewalt in der Person des Führers folgt keinesfalls in der Staatspraxis eine übertrieben starke und unnötige Zentralisierung der Verwaltung in der Hand des Führers.« Nach nationalsozialistischer Auffassung, so fuhr Lammers fort, verbiete die Rücksicht auf »die Autorität des Unterführers nach unten hin«, in jede einzelne seiner Handlungen und Maßnahmen hineinzubefehlen. »Dieser Grundsatz wird vom Führer in seiner Regierungsführung in einer Weise gehandhabt, daß z. B. die Stellung der Reichsminister tatsächlich eine viel selbständigere ist als früher, obgleich die Reichsminister heute der uneingeschränkten Befehlsgewalt des Führers für ihren gesamten Amtsbereich... unterworfen sind.«[38]

Der führerstaatlichen Verfassungstheorie zufolge stellte ein großer Teil der selbständigen Ausübung des Gesetzgebungs- und Verordnungsrechtes durch die Minister nur Durchführung grundsätzlich schon bekannter und fixierter Willensäußerungen des Führers dar. Da der Führer aber – und hier widersprachen sich Staatstheorie und -praxis je länger desto mehr – eine rechtzeitige, regelmäßige und gewissenhafte Kontrolle und Steuerung der ministeriellen Gesetzgebungs- und Verordnungsinitiative und -praxis vermissen ließ, war keineswegs immer die Gewähr gegeben, daß das, was der Führer unbeanstandet laufen ließ, rechtlich und politisch irrelevant und nur »verwaltungstechnische« Ausführung des Führerwillens war. Gerade der Umstand, daß Hitler regelmäßigen Sachdiskussionen mit seinen Ministern mehr und mehr auswich, daß er, nicht zuletzt aus Gründen seines persönlichen Arbeits- und Führungsstils, darauf hinwirkte und sich damit begnügte, daß bei wichtigen beabsichtigten Neuordnungen nur die grundsätzliche Richtung gesetzlich fixiert wurde, aber sehr wesentliche konkrete Zweifels- und Streitfragen ausgeklammert und der Regelung durch ministerielle Durchführungsverordnungen überlassen blieben*, führte zu einer zunehmend stärkeren Verlagerung recht-

* Ein besonders drastisches Beispiel hierfür war das Gesetz über den Neuaufbau des Deutschen Reiches (RGBl., 1934 I, S. 75), dessen außerordentlich wichtige Grundintention nur in wenigen sehr allgemein gehaltenen Sätzen fixiert worden war, die jedoch, wohl auch aus symbolischen Gründen (Jahrestag der Regierungsübernahme), am 30. 1. 1934 in Form eines Gesetzes verkündet wurden, obwohl beinahe alle damit zusammenhängenden konkreten Rechtsfragen noch ungeklärt waren. Die in Art. 5 dieses Gesetzes enthaltene Bestimmung (»Der Reichsminister des Innern erläßt die zur Durchführung des Gesetzes erforderlichen Rechtsverordnungen und Verwaltungsvorschriften«) bedeutete unter diesen Umständen praktisch Delegation der Verfassungsgesetzgebung und des dem Staatsoberhaupt zuständigen Rechts der Setzung neuen Staatsorganisationsrechts auf den Reichsinnenminister.

lich wichtiger Entscheidungen in die Einzelressorts. Dies aber mußte – vom Gesichtspunkt der Führerverfassung aus – um so problematischer sein, als auch die routinemäßige Mitwirkung des Stellvertreters des Führers auf die *Regierungs*gesetzgebung beschränkt war und das Verordnungswesen der Ministerien und der anderen führerunmittelbaren Stellen nicht einschloß.

Insofern entsprach die Staatspraxis vielfach nicht der führerstaatlichen Idee. Die Loslösung des Führers von der Regierung, seine »Abwesenheit« und die zunehmende Schwierigkeit für die Minister, Zutritt zu Hitler zu bekommen (besonders fühlbar in den Sommermonaten, in denen sich Hitler meist auf dem Obersalzberg bei Berchtesgaden aufhielt), führte vielfach zu einem unkoordinierten Nebeneinander von Reichsregierung und Führergewalt. Der befehlende Führerwille äußerte sich nur unregelmäßig, unsystematisch und unzusammenhängend. In einigen Fällen, so beim Erlaß des Gesetzes »zur Verhütung erbkranken Nachwuchses« vom 14. 7. 1933 (RGBl. I, S. 529), einem späteren Ergänzungsgesetz (betr. die Unterbrechung von Schwangerschaften aus Gründen der Erbkrankheit) vom 26. 6. 1935 (RGBl. I, S. 773) und bei den »Nürnberger Gesetzen« vom 15. 9. 1935[39] lag die Gesetzgebungsinitiative stark bei Hitler und seinen Parteiberatern. Der Erlaß der Gesetze wurde dem Reichskabinett mehr oder weniger aufgenötigt und gegen manchen Widerstand erzwungen.* In anderen Fällen

* Die Verabschiedung des im RMdI ausgearbeiteten Gesetzes zur Verhütung erbkranken Nachwuchses in der Kabinettssitzung vom 14. 7. 1933 erfolgte gegen den entschiedenen Widerspruch Papens, der auf die dogmatische Gegnerschaft der katholischen Kirche gegen Unfruchtbarmachungen hinwies. Hitler erklärte demgegenüber (lt. Protokoll): »daß alle Maßnahmen berechtigt seien, die der Erhaltung des Volkstums dienten«. Die vorgesehenen Eingriffe seien »moralisch unanfechtbar, wenn man davon ausgehe, daß sich erbkranke Menschen in erheblichem Maße fortpflanzten, während andererseits Millionen gesunder Kinder ungeboren blieben«. Diese »Logik« der Aufrechnung von Ungeborenen zur Rechtfertigung aktiver Maßnahmen zur Geburtenverhinderung ist typisch für Hitlers völkisch-weltanschaulichen Denkstil. Über die Größenordnung der Auswirkung des Gesetzes unterrichtet eine Statistik, die der RMdI am 4. 7. 1935 über die Reichskanzlei dem Führer zuleitete (BA: R 43 II/720). Danach waren im Jahre 1934 insgesamt 84525 Anträge (von Erbkranken, ihren gesetzlichen Vertretern, Amtsärzten oder Anstaltsleitern) auf Unfruchtbarmachung gestellt worden. In 56244 Fällen ordnete die Erbgesundheitsgerichte die Unfruchtbarmachung an. Auf insgesamt 31002 im Jahre 1934 durchgeführte Unfruchtbarmachungen (durch operativen Eingriff) entfielen 89 Todesfälle. – Beim Zustandekommen des Änderungsgesetzes vom 26. 6. 1935 tritt das Eingreifen Hitlers noch deutlicher hervor. Der Reichsärzteführer der NSDAP, Dr. Wagner, hatte schon am 8. 1. 1934 bei Frick beantragt, das Gesetz vom 14. 7. 1933 dahingehend zu ergänzen, daß in Fällen von Erbkrankheit eines Elternteils auch Schwangerschaftsunterbrechungen vorgenommen werden könnten. Dieser Antrag war aber wegen schwerwiegender Bedenken auch des der NSDAP angehörenden Leiters der Gesundheitsabteilung im RMdI, Min.-Dir. Dr. Gütt, abgelehnt worden. Wagner hatte daraufhin während des Nürnberger Parteitages Anfang September 1934 mit Hitler über die Angelegenheit gesprochen und ihm seine Absicht mitgeteilt, als Leiter des NS-Ärztebundes ein vertrauliches Rundschreiben an die Gauleiter des Amtes für Volkswohlfahrt und die Amtsleiter der Landes- und Provinzstellen der KVD (Krankenversicherungen?) zu richten, in dem die Ärzte zur Unterbrechung der Schwangerschaft »aus eugenischen

blockierte Hitler von der Reichsregierung oder einzelnen Ministern für nötig gehaltene Gesetze durch Verzögerung oder Dauervertagung, so z. B. den schon 1935 im wesentlichen vorliegenden Entwurf eines neuen Strafgesetzbuches. Aber es kam auch vor, daß Gesetzesentwürfe nationalsozialistischer Minister, die Hitler gegen starken Widerstand der »konservativen Ressorts« durchsetzen lassen sollte, schließlich dennoch scheiterten, weil auch von gewichtiger NS-Seite Obstruktion geübt wurde, wie im Falle des im Herbst 1936 von Goebbels vorgelegten Entwurfs eines neuen Pressegesetzes.* Anderseits zeigt das Beispiel des Deutschen Beamtengesetzes von 1937, daß Hitler gelegentlich auch wichtige Gesetzesentwürfe seiner Minister, die er im Grunde mißbilligte, dennoch passieren ließ, wenn ihm die Argumente zur Ablehnung allein schon dadurch schwer gemacht waren, daß er die langfristigen Vorarbeiten und Ressortabsprachen toleriert hatte. Die spätere Kritik Hitlers an einzelnen Bestimmungen des DBG, so an § 171, läßt im übrigen erkennen, daß der Führer die rechtliche und politische Relevanz mancher von der Ministerialbürokratie ausgeklügelter Artikel des umfangreichen Gesetzeswerkes vor der

Gründen« trotz fehlender gesetzlicher Grundlagen aufgefordert werden sollten. Hitler erklärte Wagner gegenüber (wie dieser am 13. 9. 1934 dem RMdI mitteilte) »wörtlich«: »er wäre der oberste Gerichtsherr und würde dafür sorgen, daß kein Arzt bestraft würde, der die Schwangerschaft aus eugenischen Gründen unterbricht, denn über den Paragraphen stehe das Wohl des deutschen Volkes«. In dem daraufhin am 13. 9. 1934 abgesandten Rundschreiben Wagners hieß es: »Obwohl für diese Fälle . . . eine gesetzliche Grundlage noch nicht vorliegt, ist die Schwangerschaft trotzdem zu unterbrechen . . . Es ist volle Gewähr dafür gegeben, daß kein Arzt bestraft wird, der die Schwangerschaft . . . aus eugenischen Gründen unterbricht.« Das RMdI sah sich daraufhin zum Entwurf eines entsprechenden Gesetzes gedrängt, Min.-Dir. Dr. Gütt hatte aber weiterhin (u. a. wegen der Unmöglichkeit gleichmäßiger Feststellung erbkranker Vorbelastung bei außerehelichen Schwangerschaften) starke Bedenken; er äußerte gegenüber Min.-Rat Wienstein (Reichskanzlei) am 5. 10. 1934, »er habe den Eindruck, daß der Führer nur einseitig über das Problem unterrichtet sei« und möchte dem Führer deshalb zusammen mit Minister Frick Vortrag halten. Hitler billigte gleichwohl am 11. 10. 1934, vorbehaltlos das Vorgehen Wagners und richtete dem Chef der Reichskanzlei aus, daß er nicht gewillt sei, Dr. Gütt und Minister Frick in der Angelegenheit zu empfangen. Das dann am 26. 6. 1935 erlassene Gesetz berücksichtigte gleichwohl insofern die Bedenken von Dr. Gütt, als es nur im Falle erbkranker Mütter Schwangerschaftsunterbrechungen vorsah. Die zitierten Vorgänge in: BA: R 43 II/720. Über die Genesis der Nürnberger Gesetze von 1935 und Hitlers diesbezügliche Initiative vgl. die aufschlußreiche Darstellung von Bernhard Lösener, Das Reichsinnenministerium und die Judengesetzgebung. In: VJHZ, 9. Jg. 1961, H. 3.

* Nachdem der Entwurf des Pressegesetzes im November 1936 zunächst auf Einwände des RMdI gestoßen war, teilte Reichsleiter Amann der Reichskanzlei mit, der Führer habe dem Entwurf in der vorliegenden Form bereits zugestimmt und »habe entschieden, daß die Einwendungen der Ressorts nicht beachtet werden sollen« (Vermerk der Reichskanzlei vom 24. 11. 1936). Auch als in den folgenden Tagen der Reichskriegsminister an dem Entwurf Kritik übte, blieb Hitler (laut Vermerk Lammers' vom 28. 11. 1936) dabei, »daß die Einsprüche der Reichsminister . . . zurückgestellt werden sollen«. Erst als sich auch die Gestapo (die ihre Befugnis zum Verbot von Zeitungen durch den Entwurf bedroht sah) gegen den Entwurf zur Wehr setzte, ließ Hitler Ende November 1936 die Verabschiedung des Gesetzes von der Tagesordnung absetzen und schließlich im Februar 1937 auf unbestimmte Zeit vertagen. BA: R 43 II/467.

Verabschiedung und Unterzeichnung gar nicht erkannte, wie er sich umgekehrt in anderen Fällen sagen lassen mußte, daß sein »Führerwille« aus rechtlichen Gründen nicht realisierbar war oder gar nachträglich revidiert werden mußte.*

Diese hier nur kurz angedeuteten Beispiele lassen immerhin erkennen, daß die Regierungsgesetzgebung im Dritten Reich nicht einfach konsequente Durchführung des Führerwillens darstellte, sondern daß es sich hierbei vielfach um ein konfliktreiches Gegen- und Nebeneinander handelte. Wenn NS-Theoretiker auch nicht müde wurden, den Führerwillen als das oberste Gesetz des Dritten Reiches zu bezeichnen, so war der Führerwille doch seiner Natur nach gerade nicht Gesetz, sondern eben bloß *Wille*, der, wenn er sich öffentlich und allgemeinverbindlich (d. h. in Gesetzesform) durchsetzen wollte, meist der Korrektur durch die Regierungsjuristen bedurfte.

Deshalb war es auch unmöglich, das kollegiale Verfahren der Gesetzgebung gänzlich abzuschaffen. Hitler wünschte zwar nach Möglichkeit Debatten im Kabinett zu vermeiden, die ihn zwangen, sich dem allgemeinen Austausch von Argumenten zu stellen und für diesen oder jenen Minister vor dem Kollektiv des Kabinetts Partei zu ergreifen. Deshalb ersuchte er einzelne Minister häufig schon vorher darum, ihre Bedenken und Einwände im Kabinett nicht mehr vorzubringen. Anderseits gab Hitler, nach einigen peinlichen Fällen, in denen er auf Wunsch einzelner Minister oder Parteigrößen Anordnungen erlassen hatte, die im Widerspruch zu schon bestehenden Erlassen oder Gesetzen standen, selbst die Anweisung, daß ihm Entwürfe erst zur Verabschiedung und Unterschrift vorzulegen seien, wenn das Einverständnis sämtlicher beteiligter Ressorts eingeholt sei. Die Verantwortung für die Einhaltung dieses Verfahrens lag beim Chef der Reichskanzlei, der deshalb in der Regel auch die Führererlasse zur Schaffung oder Neuregelung von Regierungskompetenzen, zur Einsetzung neuer Behörden etc. mitzuzeichnen hatte. Nachdem nicht nur die Abstimmungen im Kabinett aufgehört hatten, sondern Hitler auch allgemeine Diskussionen mit seinen Ministern fast ganz abdrosselte, hatten die Kabinettssitzungen jegliche Funktion verloren. Es war deshalb nur konsequent, wenn die schon seit 1935/36 zunehmend ohne Diskussion vollzogene Verabschiedung von Gesetzen im Kabinett allmählich mehr und mehr durch ein schriftliches

---

* Das oben, S. 201 f., zitierte Beispiel des Führererlasses vom 15. 10. 1934 über die DAF, der später revidiert werden mußte, ist dafür ein besonders klares Beispiel.

Umlaufverfahren ersetzt und die Klärung strittiger Fragen zwischen den Ressorts auf interministerielle Referenten- oder Chefbesprechungen verlagert wurde.

Von Hitler her gesehen hatte dies den Vorzug, daß er mit unstrittigen und politisch wenig relevanten Gesetzesvorlagen fast gar nicht mehr befaßt wurde und bei strittigen und wichtigeren Vorhaben sich zunächst heraushalten und schließlich seinen Willen von außen, über Lammers, Heß, Bormann oder andere Mittelsmänner kundmachen bzw. bei der Vorsprache jeweils einzelner Minister weit effektiver zur Geltung bringen konnte als in kollegialen Besprechungen. Dadurch verlagerte sich einerseits die Gesetzgebungsinitiative und -vorarbeit in viel stärkerem Maße auf die Ministerialbürokratie, die, ungehemmt durch Kabinetts- oder Führerweisungen, in zahlreichen Fragen minderer politischer Bedeutung Gesetze und Durchführungsverordnungen selbst produzieren und, wie der wachsende Umfang des Reichsgesetzblattes im Dritten Reich zeigt, die Gesetzgebungsmaschine auf vollen Touren laufen lassen konnte.

Der Ausfall regelmäßiger politischer Erörterungen im Kabinett, das Fehlen verläßlicher und gleichmäßiger Mitteilung des Führerwillens gegenüber den Kabinettsmitgliedern und die zunehmend nur sporadische und abrupte Übermittlung von Führerweisungen, deren Sinn und Tragweite oft unklar blieb und über wechselnde, oft unzuständige Mittelsmänner erfolgte, erzeugte auf der anderen Seite gerade bei politisch wichtigen Gesetzesvorhaben eine lähmende Unsicherheit. Das Kabinett spaltete sich mehr und mehr in gut oder schlecht unterrichtete, durch häufige oder seltene Führervorträge begünstigte oder benachteiligte Minister. Infolgedessen beschleunigte sich der Zerfall der Regierung in eine Polykratie partikularer Ressorts. Ressortpolitik und Ressortverordnungen traten zunehmend an die Stelle der gemeinschaftlichen Regierung. Und die durch Hitlers Bevorzugung von kurzen Grundsatzgesetzen ohnehin geförderte Ausweitung des Ressortsverordnungswesens erfuhr durch die zunehmende Zahl der dem Führer unmittelbar unterstellten oder faktisch führerunmittelbaren Zentralbehörden noch erhebliche Vermehrung.

Dieser Zustand bereitete dem Reichsinnenminister, der sich zugleich als Verfassungsminister des Dritten Reiches verstand, schon 1935 wachsende Sorgen. Damals glaubten Frick und seine Staatssekretäre Pfundtner und Stuckart noch, die drohende Regellosigkeit des Gesetz- und Verordnungswesens »einfangen« und die Gesetzgebung an neue Regeln binden zu können. Ein zu diesem Zweck im November 1935 den Reichsressorts zugeleiteter Entwurf eines Gesetzes »über die Verkündung von Rechtsvorschriften des Reiches« suchte zunächst vor allem den Grundsatz zu wahren, daß auch diejenigen Rechtsvorschriften, die »nicht in der Form des Gesetzes ergehen«, zu ihrer Wirksamkeit der öffentlichen Verkündigung in dafür bestimmten amtlichen Publikationsorganen bedürften, nachdem es verschiedentlich vorgekommen sei, »daß Behörden des Reiches Anordnungen, die unzweifelhaft Rechtsvorschriften enthielten, überhaupt nicht in den zugelassenen amtlichen Veröffentlichungsorganen, sondern an anderer Stelle veröffentlicht haben«. Die daraus resultierende »bedauerliche Rechtsunsicherheit« habe sich als Folge »aus dem regellosen Übermaß amtlicher Veröffentlichungsblätter« ergeben, wodurch die Erkenntnis der Notwendigkeit ordnungsgemäßer Verkündigung von Rechtsvorschriften geschwunden sei. Letzten Endes könne dies nur behoben werden, wenn die infolge des veränderten Verfassungszustandes entwerteten bisherigen rechtsformalen Unterscheidungen zwischen Gesetzen, Rechtsverordnungen und Verwaltungsanordnungen neu definiert würden. Nachdrücklich wiesen die Verfasser des Entwurfs auf die Verwirrung hin, die dadurch entstanden sei, daß die alten, aber inzwischen gegenstandslos gewordenen rechtsformalen Termini in der Gesetzessprache weiter als Scheinregulative ihr Leben fristeten, während es anderseits vielfach üblich geworden sei, daß ein Minister in Durchführungsbestimmungen zu bestimmten Gesetzen selbst Rechtsvorschriften erlassen, bzw. gar »von den bestehenden gesetzlichen Vorschriften abweichen darf« und somit auf dem Verordnungswege »formelles Gesetzesrecht, das im RGBl. publiziert war, abgeändert oder aufgehoben wird«. Um gleichwohl den besonderen Rang der Regierungsgesetze (für die noch ein gewisses formelles Verfahren der Beschlußfassung laut Geschäftsordnung der Reichsregierung galt) zu retten, ging der Reichsinnenminister von der Hypothese aus, daß im Dritten Reich als unmittelbare Willensakte der politischen Führung, die der Verkündung an hervorragender Stelle (Reichsgesetzblatt) bedürften, außer den Führererlassen nur noch die unter Mitwirkung des »Führerrates« (Reichskabinett) zustande gekommenen Anordnungen zu gelten hätten. Alle anderen Erlasse und Verordnungen seien nach den neuen führerstaatlichen Ordnungsbegriffen nicht mehr als unmittelbare Willenskundgebungen der Führung, sondern nur als ihre Konkretisierung anzusehen (und sollten daher an anderer Stelle verkündet werden).

Diese Vorschläge[40], die darauf hinausliefen, dem Kabinett als »Führerrat« Anteil an der »Führergewalt« zuzusprechen und demgemäß die Regierungsgesetzgebung im Sinne der Führerstaatstheorie aufzuwerten und verfahrensmäßig klarer zu fixieren, waren gleichwohl in vieler Hinsicht selbst widersprüchlich und mehr künstlich konstruiert als überzeugend. Nachdem in der ersten Hälfte des Jahres 1936 von mehreren Ressorts Bedenken gegen den Entwurf des Reichsinnenministers vorgebracht worden waren, teilte dieser am 7. 9. 1936 mit, daß er die Angelegenheit zunächst »nicht weiter verfolgen« werde.[41] In den folgenden Monaten faßte Frick jedoch den Plan, anstelle des am 31. 3. 1937 ablaufenden Ermächtigungsgesetzes ein »Gesetz über die Reichsgesetzgebung« einzubringen, das demselben Zweck dienen sollte. Ein entsprechender, uns inhaltlich nicht bekannter Entwurf wurde von Frick am 26. 1. 1937 vorgetragen (am selben Tage, als das Beamtengesetz verabschiedet wurde und das Kabinett zu einer seiner letzten Sitzungen unter Hitlers Vorsitz zusammentrat). Aber Hitler, der Frick anscheinend vorher grünes Licht gegeben hatte, wollte von der Angelegenheit nichts mehr wissen: »es sei ihm [Hitler] jetzt doch zweifelhaft geworden, ob es im gegebenen Augenblick richtig sei, ein derartiges Gesetz zu verabschieden«. Er neige vielmehr dazu, einer »Verlängerung des Ermächtigungsgesetzes ... den Vorzug zu geben. Erst dann, wenn ein neues Staatsgrundgesetz geschaffen werde, das möglichst kurz zu gestalten sei und von den Kindern schon in der Schule gelernt werden müsse, werde es zweckmäßig sein, zugleich auch das gesamte Verfahren der Reichsgesetzgebung neu zu regeln«.[42]

Das waren ähnlich unverbindliche Vertröstungen auf eine ferne Zukunft, wie die Idee, einen Senat der NSDAP als obersten Führungsrat zu konstituieren. Es war evident, daß Hitler die Bindung an ein wie immer geartetes neues Verfahrens- und Verfassungsrecht nicht wünschte, und die Versuche Fricks bzw. der Ministerialbürokratie des Reichsinnenministeriums, eine solche Bindung herzustellen, unterstellten fälschlich noch immer, daß sich die Führergewalt einem autoritären Regierungsprinzip unterordnen oder mit ihm vereinbaren lasse.

9. Kapitel
Polykratie der Ressorts und Formen des Führerabsolutismus seit 1938

Eine Welle neuer personeller und organisatorischer Veränderungen in der Reichsregierung in den Jahren 1938/39 bewirkte, daß die bisher noch halbwegs gewahrte Autorität maßgeblicher Reichsressorts und der Zusammenhalt der Reichsregierung in beschleunigtem Maße untergraben wurde. Es scheint um so mehr berechtigt, das Jahr 1938 als eine Zäsur der Verfassungsentwicklung des Hitler-Staates anzusehen, als diese Veränderungen zusammenfielen mit dem Ende der konservativen Stilisierung und Mäßigung des Nationalsozialismus im Innern (typisch für das Aufleben des neuen Terrorismus: die Reichskristallnacht am 8./9. 11. 1938) und dem Beginn aktiver Expansionspolitik nach außen. Drei zeitlich nahe beieinanderliegende Vorgänge waren symptomatisch für die Natur dieser Veränderung: Der Rücktritt bzw. die Entlassung der bisherigen Wehrmachts- und Heeresleitung (Blomberg, Fritsch, Beck) im Januar/Februar 1938, die gleichzeitige Ablösung Reichsaußenminister v. Neuraths durch Ribbentrop und die Verdrängung Schachts aus der Verantwortung für die Wirtschafts- und Währungspolitik durch den Aufbau der Vierjahresplan-Organisation. In allen drei Fällen wurden Führungspersonen ausgeschaltet, die auf ihrem Gebiet die Autorität konservativer Fachleute genossen, die bisher (das galt jedenfalls für Schacht und Fritsch) einen kräftigen Damm gegen Parteieinflüsse gebildet hatten und als Stützen politischer Mäßigung und der Rechtsstaatlichkeit im Dritten Reich angesehen worden waren. Die Ablösung dieser Männer veränderte nicht nur die personelle Zusammensetzung des Kreises der einflußreichsten Berater Hitlers (außer Göring schoben sich gleichzeitig vor allem Himmler, Heydrich und Bormann nach vorn). Sie führte auch zu einer schwerwiegenden Aufsplitterung der bisher relativ einheitlichen Führungsapparate und Ressorts, die von den Gestürzten geleitet worden waren.

Mit der Blomberg-Fritsch-Krise ging die bisher von Hitler respektierte Selbständigkeit der Wehrmachts- und Heeresführung zu Ende, nachdem Hitler schon anläßlich der Rheinlandbesetzung im März 1936 und der Eröffnung seiner außenpolitischen Zukunftsziele in der Besprechung am 5. 11. 1937 (Hoßbach-Aufzeichnung) den Widerstand des Chefs der Heeresleitung und des Generalstabschefs (Beck) gegen sein außenpolitisches Vabanquespiel mit starkem Mißfallen registriert hatte. Daß der weiche und willfährige Blomberg durch seine Heiratsaffäre mit einer Dame der Demi-Monde sich in den Augen des Offizierskorps selbst unmöglich machte und zum Rücktritt verurteilte, damit mittelbar aber auch Hitler (der an der feierlichen Hochzeit teilgenommen hatte) in den Skandal hineinzog, war nur das auslösende Moment für den Entschluß Hitlers, der Wehrmacht stärker als bisher seinen Willen aufzuzwingen. Um für »seinen Blomberg« Rache zu nehmen, benutzte jetzt Hitler bedenkenlos das von Göring und Heydrich vorgelegte und präparierte Material, das den Generalobersten v. Fritsch homosexueller Beziehungen verdächtigte, und erzwang so mit einer infamen Intrige den Rücktritt des unbequemen Chefs der Heeresleitung. Daß Fritsch und Beck auf die schmutzigen und haltlosen Verdächtigungen statt mit offener Auflehnung mit ihrem Rücktritt reagierten, zeigt freilich, daß die Selbständigkeit des Heeres sich schon seit langem primär nur auf den Militärapparat, nicht auf die Mitgestaltung der Politik bezogen hatte und die Animosität der Offiziere gegen Partei, SS und Gestapo die Unterwerfung unter den Führer nicht ernstlich in Frage stellte. Der Erfolg des von Hitler gegen die militärischen Bedenken der Heeresleitung vollzogenen Anschlusses der »Ostmark« und die dadurch ausgelöste nationale Begeisterung kompensierte im übrigen bei den meisten Offizieren – wie später noch des öfteren – das »ungute Gefühl« über die innere Entwicklung und die erlittene Schmach. Die im Zusammenhang mit der Blomberg-Fritsch-Krise am 4. 2. 1938 von Hitler angeordnete neue Spitzengliederung der Wehrmacht[1] hob die bisherige starke Stellung, die Blomberg als »Kriegsminister« und »Oberbefehlshaber der Wehrmacht« innegehabt hatte, auf. Anstelle der nur hoheitlichen, von Hindenburg übernommenen Funktion als »Oberster Befehlshaber der Wehrmacht« übernahm Hitler nunmehr selbst die (bisher dem

Kriegsminister überlassene) Ausübung der Befehlsgewalt über die Wehrmacht. Das Kriegsministerium als selbständiger Teil der Regierungsgewalt hörte auf zu bestehen. Und aus dem bisherigen Wehrmachtsamt des Kriegsministeriums entstand das Hitler direkt unterstehende Oberkommando der Wehrmacht (OKW) unter dem subalternen General Keitel. Wie der neue, an die Stelle von Fritsch tretende, aber weit weniger standfeste Oberbefehlshaber des Heeres, Generaloberst v. Brauchitsch (mit General Halder als neuem Stabschef), war Keitel als Chef des OKW den »Reichsministern im Range gleichgestellt«. Die damit bewirkte Egalisierung der Stellung des Chefs des OKW und des Oberbefehlshabers des Heeres beseitigte die bisherige Ranghierarchie an der Spitze der Wehrmacht, förderte die künftige Dauerrivalität zwischen OKW und OKH (Oberkommando des Heeres) und verstärkte den Einfluß Görings als des bei Hitler einflußreichsten und nunmehr (durch die Ernennung zum Generalfeldmarschall am 4. 2. 1938) auch seinem Offiziersrang nach Höchstgestellten unter den Chefs der drei Wehrmachtsteile.

Nächst Göring war Himmler, der seit langem gegen Fritsch und andere hohe Offiziere des Heeres bei Hitler intrigiert und die Fritsch-Krise mit Heydrichs Unterstützung vor allem ins Rollen gebracht hatte, der eigentliche Gewinner der Aktion. Die neue Wehrmachts- und Heeresführung vermochte die im Sommer 1938 von Hitler angeordnete beträchtliche Vermehrung bewaffneter SS-Einheiten ebensowenig zu verhindern wie die gleichzeitig angebahnte (und im Oktober 1939 verwirklichte) Einführung einer eigenen SS- und Polizeigerichtsbarkeit. Wenn gleichwohl die Fritsch-Krise die eigentliche Geburtsstunde der Opposition *einzelner* Offiziere gegen Hitler war, so doch vor allem deswegen, weil Heer und Wehrmacht *insgesamt* sich in dieser Krise gerade nicht als stabiler innenpolitischer Machtfaktor und als wirksame Gegenkraft gegen die Recht und Ordnung auflösende Dynamik des Führerabsolutismus bewährt hatten.

Das Auswärtige Amt unter Ribbentrop

Kaum weniger schwerwiegend war der Personenwechsel an der Spitze des Auswärtigen Amtes. Für den Übergang zu einer offensiven und riskanten Außenpolitik, die Hitler im November

1937 vertraulich angekündigt hatte, schien Außenminister
v. Neurath ebensowenig »geeignet« wie Fritsch und Beck. Daß
Hitler Neuraths Ablösung (in Form der fadenscheinigen Ernennung zum Präsidenten eines nie in Aktion getretenen »Geheimen Kabinettsrates«[2]) und die Ernennung Ribbentrops zum
neuen Außenminister gleichzeitig mit der neuen Spitzengliederung der Wehrmacht durchführte, verdeutlicht den program-
matischen Charakter und Zusammenhang beider Maßnahmen.
Unter Neuraths Leitung war das Auswärtige Amt von Parteieinflüssen weitgehend freigeblieben, aber auch zunehmend auf
die Wahrnehmung der Routineaufgaben des außenpolitischen
Dienstes beschränkt worden. Bei verschiedenen außenpolitisch
außerordentlich wichtigen Entscheidungen (Einführung der
allgemeinen Wehrpflicht, Rheinlandbesetzung u. a.) hatte Hitler seinen Reichsaußenminister vor vollendete Tatsachen gestellt, und andere wesentliche Initiativen der NS-Außenpolitik
waren durch Sonderemissäre Hitlers in die Wege geleitet worden. Unter ihnen hatte sich besonders Joachim v. Ribbentrop,
Hitlers »Beauftragter für außenpolitische Fragen« (seit 1934)
nach vorn geschoben; so anläßlich des Flottenabkommens mit
Großbritannien (1935), des Antikominternpaktes mit Japan
(1936) und als von Hitler selbst eingesetzter Botschafter in
London (seit Juli 1936). Anders als Rosenberg, sein Hauptrivale unter den außenpolitischen »Experten« der NSDAP,
konnte Ribbentrop mit keiner nennenswerten Karriere als
»Alter Kämpfer« oder Funktionär der Partei aufwarten. Seine
politische Stellung ging ausschließlich auf die persönlichen
Dienste zurück, die der Auslandskaufmann Ribbentrop dem
Führer vor der Machtübernahme in Berlin durch Vermittlung von Kontakten und als vielgereister, auslands- und sprach-
kundiger Berater geleistet hatte. Deshalb hatte er es auch trotz
aller Bemühungen bisher nicht zum Reichsleiter der NSDAP
gebracht, obwohl die dem Stab des Stellvertreters des Führers
angeschlossene »Dienststelle Ribbentrop« mit ihren (1936)
ca. 60 Angestellten[3] Rosenbergs Außenpolitisches Amt (APA)
zunehmend in den Schatten stellte. Fremdsprachenkundige aus-
landsdeutsche Wissenschaftler und Journalisten, junge Absol-
venten und Dozenten der in völkisch-geopolitisches Fahrwasser
gelenkten Berliner Hochschule für Politik (darunter Albrecht
Haushofer, Eberhard v. Thadden, Peter Kleist), eine Reihe persönlicher Hausfreunde Ribbentrops (Martin Luther, Rudolf
Likus, Horst Wagner) und zeitweilige prominente Mitarbei-

ter (darunter Prinz Philipp v. Hessen, der Schwiegersohn des italienischen Königs Viktor Emanuel III., als Kontaktmann zur italienischen Regierung) bildeten den nach Länderreferaten zusammengesetzten Stab der »Dienststelle«. Ribbentrop bemühte sich vor allem auch, seine Beziehungen zu einflußreichen Parteiführern zu stärken, und stellte besonders zu Himmler, der ihm 1936 den Rang eines SS-Gruppenführers verlieh, guten Kontakt her. Im Jahre 1937 hatte Ribbentrop, der sichtlich nach einem hohen amtlichen Posten in der Außenpolitik strebte und Hitler deswegen bedrängte, auch bereits einen Plan zur Reorganisation des Auswärtigen Amtes entworfen[4], der darauf abzielte, das Amt gleichsam nach dem Modell der Operationsabteilung des Generalstabes in ein Instrument offensiver nationalsozialistischer Außenpolitik umzuwandeln.

War Hitler bisher den Wünschen Ribbentrops mehrfach ausgewichen, so schien es ihm im Zusammenhang mit dem Wechsel in der Wehrmachts- und Heeresleitung offenbar angezeigt, nun durch die Berufung Ribbentrops zum neuen Außenminister auch die konservativ-aristokratische »Isolierschicht« des Auswärtigen Dienstes – repräsentiert durch Diplomaten alter Schule wie v. Neurath, v. Bülow, v. Hassell, v. Dirksen u. a. – aufzubrechen. Zwischen den meisten dieser erfahrenen Diplomaten und Beamten und dem ebenso selbstgefälligen und parvenühaften wie oberflächlichen und krankhaft ehrgeizigen neuen Minister bestand von Anfang an beiderseits starke Animosität. Gleichwohl verstand es Ribbentrop, einige wichtige Beamte des Amtes, darunter den als »graue Eminenz« bekannten und kaum entbehrlichen Leiter der Rechtsabteilung, Friedrich Gaus, zu seinen persönlichen Vertrauensleuten und Helfern zu machen*, während das Verhältnis zu dem neuen Staatssekretär (Ernst v. Weizsäcker) schon nach einigen Monaten sehr frostig wurde. Zu einer einheitlich ablehnenden Einstellung gegenüber Ribbentrop kam es vor allem deshalb nicht, weil seine Ernennung zum Außenminister doch zugleich eine Aufwertung und Kompetenzerweiterung des Auswärtigen Amtes bedeutete, unter dessen Prestigeverlust im NS-Führungssystem vor allem manche der jüngeren Beamten gelitten

* Über Ribbentrops enges Verhältnis zu Gaus, den später der Auslands-SD-Chef Walter Schellenberg in seiner Vernehmung vom 30. 4. 1947 die »Hure des Auswärtigen Amtes« nannte (IfZ: ZS 291/IV), äußerte sich auch Gaus selbst: Ribbentrop habe ihn (Gaus) nicht nur wegen seiner Erfahrungen, sondern »zu 90%, man darf sagen zu 98%« als »seinen Briefschreiber in seinen persönlichen Angelegenheiten«, insbesondere seinen Kompetenzstreitigkeiten mit anderen NS-Größen gebraucht, denen Ribbentrops Haupttätigkeit gegolten habe. IfZ: ZS 705.

hatten. Tatsächlich wußte Ribbentrop, der die Beziehungen zu den Dienststellen der Partei und – im harten Kompetenzstreit mit Goebbels – die Auslandsnachrichten- und Propagandatätigkeit des Auswärtigen Amtes stark aktivierte, manche vorher verlorengegangenen Zuständigkeiten des Amtes wiederherzustellen. Dies gelang jedoch nur auf Kosten einer nachhaltigen Strukturveränderung des Amtes. Dabei bedeutete es noch am wenigsten, daß Ribbentrop mit der Einführung von Diplomatenuniformen, die durch ihn vermittelte Verleihung von SS-Ehrenrängen an leitende Beamte oder durch den unter seiner Leitung forcierten Eintritt von Beamten in die NSDAP dem Auswärtigen Amt äußerlich ein nazikonformes Gesicht zu geben trachtete. Wichtiger waren die personellen Verschiebungen, namentlich an der Spitze des Amtes und in den neuerrichteten Abteilungen. Ribbentrop schleuste nicht nur eine beträchtliche persönliche Klientel aus seiner bisherigen »Dienststelle« in das Amt ein (Luther, Likus, Hewel, v. Thadden, Sonnleitner, Gottfriedsen, Abetz u. a. m.), er berief auch bewußt ihm persönlich bekannte Beamte, so den bisherigen Botschaftsrat der Londoner Botschaft, Ernst Woermann, oder unter Neurath wegen ihrer NS-Einstellung auf unwichtige Plätze abgeschobene Diplomaten, wie Karl Ritter, in zentrale Stellen und attachierte dem Amt außerdem, für geheime Sonderaktionen, eine Reihe forscher Amateure aus der Partei (Keppler, Veesenmeyer u. a.), die in den kommenden Monaten und Jahren als Agenten und »Stoßtruppführer« offensiver nationalsozialistischer »Diplomatie« nahezu überall ihre Hände im Spiel hatten, wo es galt, Regierungen zu stürzen, einen deutschen Einmarsch oder ein deutsches Protektorat vorzubereiten (so 1938/39 beim »Anschluß«, bei der Ausrufung der »unabhängigen« Slowakei, 1941 bei der Bildung des kroatischen »Ustascha-Staates« und 1944 bei der Besetzung Ungarns). Namentlich das neue »Büro des Reichsaußenministers« und die von Ribbentrops Freund und Staatssekretär Luther geleitete neue Deutschlandabteilung wurden dem Auswärtigen Amt als mehr oder weniger amtsfremde neue Führungsapparate und gleichsam als Fortsetzung der »Dienststelle Ribbentrop« aufoktroyiert. Die auch räumlich vom übrigen Amt getrennte Deutschlandabteilung hatte alle Ribbentrop erwünschten Kontakte mit den Dienststellen der Partei wahrzunehmen, namentlich mit der SS. Über sie liefen vor allem die Querverbindungen, durch die sich das Auswärtige Amt später in die SS-Politik zur

Judendeportation oder zur Rekrutierung volksdeutscher und germanischer SS-Truppen in den besetzten oder verbündeten Ländern einschaltete. In der Institution von »Polizeiattachés«, die seit 1941 einer Reihe deutscher Gesandtschaften in Südosteuropa zugeordnet wurden, fand diese über die Deutschlandabteilung laufende Zusammenarbeit zwischen Himmler und Ribbentrop auch organisatorischen Ausdruck.

Die Trennung und Diskrepanz zwischen dem alten Amt, dem der Staatssekretär als Behördenchef vorstand, und den neuen Bevollmächtigten, Sonderabteilungen und Führungsstäben, die an die Person Ribbentrops gebunden waren, kam noch schärfer zum Ausdruck, als Ribbentrop nach Kriegsausbruch mit einem Stab engster Mitarbeiter sich vielfach nicht mehr in Berlin, sondern in der Nähe des Führerhauptquartiers aufhielt und schließlich, nach Beginn des Rußlandfeldzugs, ein eigenes bewegliches Feldhauptquartier errichtete (zuerst in Himmlers Sonderzug »Heinrich«, später in dem eigenen Sonderzug »Westfalen«). Die eigentliche auswärtige Politik verlagerte sich jetzt immer mehr von dem Amt in diese Führungsstäbe. Ribbentrops Weisungen an deutsche Gesandte und Botschafter im Ausland wurden häufig direkt aus seinem Feldhauptquartier erteilt, und er erhielt direkt dorthin auch die wichtigsten Meldungen aus dem Ausland. Die Männer seiner engsten Umgebung (sein Bürochef Hewel, seine persönlichen Referenten v. Rintelen und Sonnleitner) waren oft besser unterrichtet als der Staatssekretär des Auswärtigen Amtes, so daß die Kluft, aber auch die Rivalität zwischen den Karrierediplomaten und Ribbentrops neuen Männern sich noch mehr verschärfte.

Charakteristisch war die während des Krieges um sich greifende Übung, als Gesandte bei den kleinen und abhängigen Bundesgenossen nicht Diplomaten alter Schule, sondern Exponenten der Partei gleichsam als Statthalter des Großdeutschen Reiches einzusetzen. Da sich Ribbentrop in dieser Zeit vor allem gegen das Übergreifen der SS in die Außenpolitik zur Wehr zu setzen hatte, kam es in diesem Zusammenhang auch zu einer späten Reaktivierung ehemaliger hoher SA-Führer. Vier von ihnen (Ludin, v. Jagow, v. Killinger, Kasche) wurden 1940/41 nacheinander in Preßburg, Budapest, Bukarest und Zagreb als Gesandte eingesetzt, aber auch ehemalige Mitarbeiter der Dienststelle Ribbentrop (so Otto Abetz als Gesandter bei der Vichy-Regierung in Frankreich) fanden ähnliche Verwendung. Schließlich errichtete Ribbentrop im Jahre 1941 neben den ordentlichen Auslandsmissionen noch einen besonderen »Informationsdienst« des Auswärtigen Amtes, um auch auf nachrichtendienstlichem Gebiet mit dem SD konkurrieren zu können. Weitere, als tatkräftig bekannte NS-Außenseiter (Neubacher, Veesenmeyer, Rahn) wurden gegen Kriegsende mit außerordentlichen Sondervollmachten entsandt, wenn es galt, Verbündete bei der Stange zu halten.

Diese vielfach von Hitler persönlich instruierten Emissäre handelten ebenso wie die leitenden Beamten der Deutschlandabteilung nur noch nominell als Vertreter des Auswärtigen Amtes, in Wirklichkeit als persönliche Vertrauensmänner und Agenten Ribbentrops und Hitlers. Ihre vertraulichen Aufgaben und ausgedehnten Sondervollmachten überlagerten und durchkreuzten zunehmend die allgemeinen Regeln, die amtlichen Zuständigkeiten und Verantwortlichkeiten des Auswärtigen Dienstes. Seit Kriegsbeginn trat eine progressive Verwilderung der ordentlichen Kompetenzen ein. Die rationale Behördenorganisation des Auswärtigen Amtes wurde zunehmend überwuchert von immer neuen Bevollmächtigungen, Sonderorganisationen und Führungsapparaten zur Durchsetzung von Ad-hoc-Maßnahmen.[5]

Die Organisation des Vierjahresplans

Ein ähnliches Bild bot die Entwicklung der wirtschaftspolitischen Lenkungsbehörden des Dritten Reiches seit der Beauftragung Görings mit der Durchführung des Vierjahresplans. Nach der Wiederherstellung der Vollbeschäftigung war der Widerstand Schachts gegen eine weitere Forcierung der Rüstung und Subvention neuer weltwirtschaftlich nicht rentabler Unternehmen zur autarken Rohstoffproduktion stark gewachsen. Schachts hartnäckiges Bemühen, die Stabilität der Währung und die Exportfähigkeit der deutschen Wirtschaft unter den Bedingungen des Weltmarktes zu bewahren, und Hitlers Entschlossenheit, die rüstungs- und wehrwirtschaftlich wichtige Rohstoffproduktion noch weit stärker als bisher anzukurbeln, waren seit 1937/38 nicht mehr länger zu vereinbaren.*

* Die kurz vor Schachts Rücktritt als Reichsbankpräsident Hitler am 7. 1. 1939 übersandte Denkschrift des Reichsbankdirektoriums mit ihrer scharfen Kritik an der hemmungslosen inflationistischen Ausgabenwirtschaft der öffentlichen Hand legt für den Standpunkt Schachts deutliches Zeugnis ab. BA: R 43 II/234.

Das Ausscheiden Schachts, der 1935 für den Kriegsfall auch die geheime Funktion eines Generalbevollmächtigten für die Kriegswirtschaft erhalten hatte, beendete die Phase der noch stark marktwirtschaftlichen Orientierung der NS-Wirtschaftspolitik. Die Veränderung bedeutete deshalb auch über den Personenwechsel hinaus eine weitreichende Verlagerung der wirtschaftspolitischen Zuständigkeiten und Entscheidungen auf neue Führungsapparate: Der neue Wirtschaftsminister und Reichsbankpräsident Walter Funk, der in dieser Position erheblich geringeren Einfluß erreichte als vor ihm Schacht, wurde davon nicht weniger betroffen als sein Vorgänger.

Die intensivere Form staatlicher Planung und Lenkung, die zur Erreichung der rüstungs- und autarkiewirtschaftlichen Ziele des Vierjahresplans erforderlich war, machte die Zusammenfassung schon bestehender und die Errichtung neuer Führungsinstanzen der Wirtschaft nötig. Da der Vierjahresplan aber nicht identisch war mit einer Umstellung auf volle Planwirtschaft, sondern unter Beibehaltung des privat- und marktwirtschaftlichen Grundgefüges lediglich auf bestimmten Schwerpunktgebieten staatliche Produktionsprogramme festlegte, deren Priorität unbedingt gesichert werden sollte, kam es nicht zum systematischen Aufbau einer umfassenden staatlichen Wirtschaftsverwaltung. Vielmehr wurden der bestehenden Wirtschaftsbürokratie und -selbstverwaltung neue zentrale »Geschäftsgruppen« (insbesondere für Preisüberwachung, Devisen- und Rohstoffverteilung und Arbeitseinsatz) sowie eine Reihe von »Generalbevollmächtigten« für die einzelnen Schwerpunktgebiete der Vierjahresplanproduktion (Eisen und Stahl, Chemie, Bauwesen, Kraftfahrzeuge u. a.) neben- und übergeordnet. Bei der Ernennung der Geschäftsgruppenleiter und Generalbevollmächtigten des Vierjahresplans ließ sich Göring primär von Zweckmäßigkeitsprinzipien leiten. So erhielten Funktionäre der Partei (wie der schlesische Gauleiter Josef Wagner als neuer Preiskommissar) neben beamteten Staatssekretären, Offiziere aus den Wirtschaftsstäben der Luftwaffe und des Heeres neben führenden Industriellen zentrale Planungs- und Führungsaufgaben. Als oberstes Koordinierungsgremium diente der Generalrat des Vierjahresplans, der von Göring oder in dessen Auftrag von Görings Staatssekretär Koerner (Preußisches Staatsministerium) geleitet wurde.

Um die Ressorts der Reichsregierung für die Zwecke des Vierjahresplans nutzbar zu machen, hatte Göring u. a. die

Staatssekretäre der Ministerien für Wirtschaft, Landwirtschaft, Arbeit und Verkehr zu Geschäftsgruppenleitern bzw. Mitgliedern des »Generalrates« gemacht. Auf diese Weise konnte der Beauftragte für den Vierjahresplan beinahe nach Belieben in die betreffenden Ministerien hineinregieren, und zwangsläufig litt darunter die Autorität der betreffenden Ressortminister beträchtlich. Seit 1938 schwand infolgedessen der Einfluß Darrés rasch, während dessen tatkräftiger Staatssekretär Backe sich als Görings Beauftragter zum starken Mann des Landwirtschafts- und Ernährungsministeriums entwickelte. Ähnlich verlor Seldte als Arbeitsminister zunehmend an Bedeutung zugunsten seines Staatssekretärs Syrup. Gab doch bei der Doppelunterstellung dieser Staatssekretäre die Unterstellung unter Göring, dessen Prestige vor allem auf der besonderen Vertrauensstellung bei Hitler beruhte, in der Regel den Ausschlag. Das Reichswirtschaftsministerium, dessen Geschäftsführung Göring nach dem Ausscheiden Schachts zunächst selbst übernommen hatte, wurde 1938 auch in seiner inneren Organisation auf die Zwecke des Vierjahresplans umgestellt und praktisch zum »Exekutivorgan des Beauftragten für den Vierjahresplan degradiert«.[6] Die Vierjahresplan-Organisation entzog mithin den Wirtschaftsressorts der Reichsregierung weitgehend die Essenz wirtschaftspolitischer Entscheidungsbildung und übertrug diese persönlichen Sonderbevollmächtigten. Die damit entstehende personalistische Struktur der Vierjahresplan-Organisation, die die klar geordneten Zuständigkeiten einer staatlichen Wirtschaftsverwaltung vielfach vermissen ließ, aber den Vorteil großer Flexibilität hatte, kam sowohl in Görings Geschäftsführung* wie auch in der Struktur und Besetzung der Ämter der Geschäftsgruppenleiter und Generalbevollmächtigten zum Ausdruck. Ein charakteristisches Beispiel hierfür war vor allem die Ernennung Karl Krauchs zum Generalbevollmächtigten für Chemie (1938) und zum Leiter des (dem

---

* Als Leitungsbehörde des Vierjahresplans standen Göring der Apparat und die leitenden Beamten des Preußischen Staatsministeriums zur Verfügung. Wie einer von ihnen (Min.-Dirig. Friedrich Gramsch) später aussagte, war Göring zum Bedauern dieser Beamten »nicht dazu zu bekommen, den sonst üblichen Ministerialweg zu gehen«. So sei Staatssekretär Koerner, der praktisch die Stellung eines Geschäftsführers des Vierjahresplans innehatte, von Göring oft nicht unterrichtet worden, wenn dieser auf seine »impulsive Art« Weisungen erteilte. »Wenn Göring auf Reisen war, kam es oft vor, daß er unmittelbare Befehle gab und daß dann irgend jemand im Büro Koerners erschien und ihm mitteilte, er sei bei Göring gewesen und dieser hätte den und jenen Befehl gegeben.« Auch »kamen häufig Befehle zustande, die durch die Adjutantur oder das Stabsamt (Görings) übermittelt wurden«, zumal während des Krieges, als Göring vielfach von Berlin abwesend war und sich in seinem Hauptquartier aufhielt. IfZ: ZS 717.

Reichswirtschaftsministerium unterstellten) »Reichsamtes für Wirtschaftsausbau«.

Krauch, seit 1926 Vorstandsmitglied der IG-Farben, war an der im Leuna-Werk der IG-Farben entwickelten synthetischen Benzinherstellung (Fischer-Tropsch-Verfahren) führend beteiligt; er hatte schon seit 1933 als Berater des Göringschen Luftfahrtministeriums und an der noch in Schachts Zeit fallenden Gründung der mit Reichsgarantien ausgestatteten mitteldeutschen Braunkohle-Benzin-AG (Brabag) zur synthetischen Bezinherstellung maßgeblichen Anteil. Bei der Gründung der Vierjahresplan-Organisation war ihm zunächst in dem von Oberst Löb (Luftfahrtministerium) geleiteten Amt für Roh- und Werkstoffe die Leitung der Abteilung Forschung und Entwicklung übertragen worden. In dieser Eigenschaft erwies sich der IG-Manager Krauch, der die volle Unterstützung des Vorstandes der IG-Farben (Bosch) hatte, sich der Planungsstäbe der IG bedienen konnte und auch einige IG-Angestellte als Mitarbeiter in das Vierjahresplan-Amt übernahm, der schwerfälligeren militärischen Planungsbürokratie des Obersten Löb rasch als überlegen. Nachdem Krauch Göring im Jahre 1938 von den fehlerhaften Kalkulationen Löbs überzeugen konnte, erhielt Krauch selbst als Generalbevollmächtigter für Chemie alle entscheidenden Vollmachten zur Ankurbelung dieses innerhalb des Vierjahresplans weitaus wichtigsten Sektors der autarken Rohstoffproduktion. Obwohl das Reichsluftfahrt- und das Reichswirtschaftsministerium darauf drängten, daß Krauch mit der Übernahme dieses einflußreichen Amtes aus der IG-Farben ausscheiden und in staatliche Dienste übertreten sollte, und Göring auch bereit war, ihm die Stellung eines Staatssekretärs anzubieten, lehnte Krauch eine solche Verbeamtung nach Rücksprache mit Bosch ab.[7] Er behielt nicht nur seine Stellung als Vorstandsmitglied der IG-Farben weiter, sondern wurde 1940, als Nachfolger Boschs, sogar zum Vorsitzenden des Aufsichtsrates der IG-Farben ernannt und verband mithin bis 1945 in seiner Person die Leitung der wichtigsten staatlichen Lenkungsbehörde der chemischen Produktion mit der führenden Stellung in der IG-Farben, dem weitaus bedeutendsten monopolartigen Unternehmen der chemischen Industrie in Deutschland.

Ohne Frage war Krauch als Wissenschaftler und Wirtschaftsorganisator für einen fachgerechten Ausbau der synthetischen Benzin-, Buna- und sonstigen chemischen Produktion hervorragend qualifiziert. Und durch seine Verbindung mit der IG-Farben und anderen Zweigen der chemischen Industrie, die den Vierjahresplan-Behörden gleichsam kostenlos das Management und Fachwissen der Industrie einbrachte, war er unter dem Gesichtspunkt der Planungs- und Produktionseffektivität wahrscheinlich der bestgeeignete Mann für diese Aufgabe. Die Tatsache, daß Krauch die einflußreiche staatliche Stelle lediglich ehrenamtlich ausübte, nie in einem förmlichen Dienstverhältnis zum Staat stand und auf dem Etatplan der Reichsverwaltung gar nicht existierte, war gleichwohl eine Konstruktion, die sowohl bei Industriefirmen außerhalb der IG wie bei der an strikte Trennung von öffentlichen und privaten Aufträgen gewöhnten staatlichen Wirtschaftsbürokratie auf starke Bedenken stieß. Mochte Krauch auch durch Einschaltung unabhängiger Gutachter u. ä. den Vorwurf ungerechtfertigter Begünstigung der IG-Farben entkräften, so stellte doch die in seiner Funktion und seinem Stab gegebene Personalunion von privater und staatlicher Wirtschaftsführung eine prinzipiell problematische, für die Wirtschaftslenkung des Dritten Reiches aber in zunehmendem Maße charakteristische Form dar. Krauch selbst hat diese Art der Lenkung als eine Übernahme staatlicher Funktionen durch die Selbstverwaltung der Wirtschaft bezeichnet, andere Theoretiker sprachen von der neuen Form der »Auftragsverwaltung«. Die Leistungsfähigkeit dieses Prinzips, das dann im Krieg unter Leitung des neuen Rüstungsministers Todt und vor allem unter Todts Nachfolger Albert Speer (ab 1942) in ähnlicher Form auf den Gesamtbereich der Waffen- und Rüstungsproduktion ausgedehnt wurde[8], ist unbestritten. Ebenso evident ist jedoch, daß auf diese Weise der gesamte Bereich der Wirtschaftslenkung und staatlichen Wirtschaftssubvention verläßlicher staatlich-administrativer Kontrolle entglitt. Lag die oberste Entscheidungsgewalt (Festlegung der Prioritäten, Aufstellung von Produktionsprogrammen, Rohstoff-, Arbeitskräftezuteilung u. a.) auch bei Göring und dem Generalrat des Vierjahresplans oder – später unter Speer – im Führungsstab der »Zentralen Planung«, so wurden deren Entscheidungen doch in stärkstem Maße präjudiziert durch die Vorschläge bzw. Anforderungen der »Generalbevollmächtigten« bzw. (unter Speer) der ebenfalls in der Regel mit Managern aus führenden Unternehmen der entsprechenden Industriezweige besetzten, dem Rüstungsministerium nachgeordneten »Ausschüsse« und »Ringe« der rüstungswirtschaftlichen Selbstverwaltung, deren technisch-fachlichen Argumenten die kleinen administrativen Führungszentralen kaum etwas entgegenzusetzen hatten. In diesen Koordinierungs- und Planungsstäben halb staatlicher, halb privatwirtschaftlicher Natur verschmolz das der traditionellen Staatsorganisation aufoktroyierte führerstaatliche Prinzip mit den Führungs- und Koordinationsapparaturen der Großindustrie zu einer kaum noch unterscheidbaren Einheit. Wie die NS-Führung in zunehmendem Maße Sonderorganisationen der Partei mit ihrer spezifischen Führerstruktur und Funktionsweise oder Sonderbevollmächtigte aus den Reihen der NSDAP zu öffentlichen Aufgaben heranzog, insbesondere wenn es galt, vordringlich erscheinende Maßnahmen mit Nachdruck und möglichst ungehemmt durch die allgemeine Verwaltung und ihre Regeln durchzusetzen, so bediente man sich auch ohne Bedenken der unternehmerischen Führungsapparate der Privatwirtschaft auf Kosten einheitlicher bürokratischer staatlicher Verwaltung im Interesse kurzfristiger Produktionseffektivität.

Die weitere Entwicklung der wirtschaftlichen
Lenkungsbehörden im Kriege

Wie in anderen Bereichen führerstaatlicher Organisation ergab es sich auch in dem lockeren Gefüge der wirtschaftlichen Verwaltung des Vierjahresplans, daß sich je nach neuen vordringlichen Aufgaben und Zwecken, und je nach der Energie und dem Ehrgeiz einzelner Bevollmächtigter das ursprüngliche Schema der Aufgabenverteilung fast permanent verschob, daß sich, wie im Falle Krauchs, untergeordnete Beauftragte verselbständigten, andere Ämter ihre Bedeutung verloren und neue Beauftragungen hinzukamen. So blieb es z. B. nicht dabei, daß Paul Pleiger, ein mit Göring befreundeter nationalsozialistischer Industrieller aus Westfalen, die Leitung der 1937 mit staatlicher Kapitalmehrheit zum Abbau heimischer Eisenerze gegründeten Hermann-Göring-Werke in Salzgitter bei Braunschweig übernahm. Unter Pleigers Leitung entwickelten sich vielmehr die Hermann-Göring-Werke (vor allem durch Anlage neuer Werke in Österreich sowie durch Beteiligungen und Zusammenschlüsse mit anderen Unternehmen) zu einem Riesenkonzern, der sich über die Montan- und Maschinenindustrie auch auf die Schiffahrt ausdehnte und mit dem ursprünglichen Zweck des

Vierjahresplans kaum noch etwas zu tun hatte. Eine völlig neue Einrichtung des Vierjahresplans entstand nach dem Polenfeldzug im Oktober 1939 in Gestalt der »Haupttreuhandstelle Ost«, die mit der Treuhandverwaltung des gesamten in Polen beschlagnahmten jüdischen und polnischen Industrievermögens beauftragt wurde und in dieser Eigenschaft (unter Leitung des vorher schon mit der »Arisierung« jüdischer Presseunternehmen im Reich beauftragten Treuhänders Max Winkler) die Bedeutung einer neuen Zentralbehörde des Reiches und auch ein selbständiges Anordnungsrecht erlangte.

Von seinem Vierjahresplan-Amt für die Regelung der Bauwirtschaft aus ebnete sich ferner Todt den Weg zu seiner Ernennung als Rüstungsminister (1940). Und die damit in der Hand Todts weiter vermehrte und später von Speer geerbte und ausgebaute Ämterkombination entwickelte sich seit 1941/42 zur eigentlichen Führungsposition der Kriegswirtschaft, drängte auch Göring zurück und ersetzte praktisch die nominell weiterbestehende Organisation des Vierjahresplans. Wie Göring vorher die wirtschaftlichen Ministerien der Reichsregierung an die Wand gedrängt hatte, indem er deren Staatssekretäre zu seinen Geschäftsgruppenleitern ernannte, so übernahm Speer nach 1942 Görings Staatssekretär im Luftfahrtministerium, General Milch ebenso wie den Wehrwirtschaftsstab des OKW (General Thomas) in sein System der »Zentralen Planung« und schaltete auf diese Weise Göring mehr oder weniger aus. Aber auch unter Speers Organisation griff gegen Kriegsende dieselbe Tendenz zur Verselbständigung einzelner Vollmachten und Ämter um sich und stellte gelegentlich seine Führungsposition in Frage. So wurde 1944 der Chef des technischen Büros der Zentralen Planung des Speer-Ministeriums, Karl Otto Saur, ein ehemaliger enger Freund und Mitarbeiter Todts, 1944 von Hitler als Sonderbeauftragter für das sogenannte »Jäger-Programm« (zur vordringlichen Produktion von Jagdflugzeugen zur Abwehr der alliierten Luftwaffe) ernannt und erhielt in dieser Eigenschaft unmittelbare Aufträge und Vollmachten Hitlers, während Speer in der gleichen Zeit das Vertrauen des Führers zu verlieren begann.

Die Struktur der wirtschaftlichen Lenkungsbehörden, die sich seit dem Vierjahresplan entwickelten, war nach den Kategorien bürokratischer Staatsverwaltung praktisch undefinierbar. Nominelle Funktionen und Gliederungen bedeuteten wenig. Die aktuelle Form der Entscheidungsbildung veränderte sich und folgte jeweils der fließenden Entwicklung personeller Verhältnisse und Konstellationen, der wechselnden (letztlich von Hitler abgeleiteten) Autorität von Schlüsselfiguren wie Göring, Todt und Speer, den persönlichen Loyalitäten und Ambitionen ihrer Beauftragten, wobei auch die Unternehmerinteressen der eingeschalteten industriellen Selbstverwaltungsorgane und Manager nicht gering zu veranschlagen sind.*

In der Kriegswirtschaftsorganisation des Dritten Reiches potenzierte sich gleichsam das ohnehin unter Kriegsbedingungen dominierende Verlangen nach höchstmöglicher wirtschaftlicher Effektivität (das in der Räson und Verfahrensweise privaten großindustriellen Unternehmertums am stärksten organisatorisch vorgebildet war) mit dem grundsätzlich antibürokratischen Affekt des nationalsozialistischen Führerprinzips. Da die Partei auf dem Felde der Wirtschaft nichts zu bieten hatte und weder der staatliche Hermann-Göring-Konzern noch die aus den Konzentrationslagern (namentlich auf dem Sektor der Baustoffgewinnung) entwickelten SS-Wirtschaftsbetriebe[9] sonderlich leistungsfähig waren, entsprach hier die privatwirtschaftliche Unternehmensform der Großindustrie am ehesten dem NS-Führungsprinzip. Die unbedingte Vorrangigkeit der Realisierung jeweiliger Vorhaben bei größtmöglicher Flexibilität der Organisationsform und Gewährung großen persönlichen Handlungsspielraums für die leitenden, vom Vertrauen des Vorstandes (bzw. der Führung) getragenen Bevollmächtigten, das Handeln nach dem Prokuraprinzip, nicht nach streng festgelegten Amtspflichten, all dies hatte die Partei durchaus mit dem privaten Unternehmertum gemeinsam. Beide konnten sich deshalb auch unter den Bedingungen totalen Kriegseinsatzes nahezu ideal ergänzen, namentlich in der Weise, daß die mit der Partei verknüpften Sonderorgane des Führerstaates, die Reichsverteidigungskommissare, Reichsstatthalter Sauckel als Generalbevollmächtigter für den Arbeitseinsatz (seit 1942), Goebbels als Beauftragter für den totalen Kriegseinsatz (seit 1943), die Gestapo und der Inspekteur der Konzentrationslager etc. jeweils ihre außerordentlichen Vollmachten und Zwangsmittel

---

* Bemerkenswert sind in diesem Zusammenhang u. a. die Aussagen Sauckels vor amerikanischen Vernehmungsoffizieren nach 1945, in denen er feststellte: »Das Ministerium Speer . . . war, wie wir es nannten, ein Laden, der nicht zu durchschauen war, aber keinerlei verwaltungsmäßige Praxis im Sinne einer Bürokratie hatte ... Das war ein riesiger Komplex, in dem, wenn er auch außerordentlich auseinanderlag, die sogenannte Selbstverwaltung der Wirtschaft in Gestalt der [Unternehmens-]Ausschüsse und Ringe hineingeschachtelt war. Was nun davon staatliche, freie oder Selbstverwaltung war, das war für uns nicht mehr zu durchschauen.« IfZ: ZS 434.

einsetzten, um die äußerste Produktivität der nach unternehmerischer Räson gesteuerten Kriegswirtschaft zu gewährleisten. Deshalb sind der Erfolg des Vierjahresplans oder die außerordentlichen Leistungen Speers als Rüstungsminister, die 1943/44 trotz der alliierten Luftherrschaft eine Verdreifachung der deutschen Rüstungsproduktion gegenüber dem Stand von 1941 ermöglichten, von diesen anderen Faktoren und Aspekten nicht zu trennen.

So stand Speers erfolgreiche Indienstnahme privatunternehmerischer Dynamik für die Rüstungsproduktion in engem Zusammenhang mit der Einführung eines ähnlichen »unternehmerischen« Vorgehens auf dem Gebiet der »Arbeitsbeschaffung« unter Leitung des neuen, mit Speer eingesetzten »Generalbevollmächtigten für den Arbeitseinsatz« (GBA). Die Speer unterstehende »Zentrale Planung« setzte, wie den Rohstoffbedarf, so auch den Arbeitskräftebedarf entsprechend den jeweiligen, meist sehr dringenden Anforderungen der einzelnen industriellen Produktionsausschüsse fest. Der GBA (Sauckel) erhielt daraufhin vom Leiter der Abteilung Arbeitseinsatz in der Zentralen Planung entsprechende Aufträge, während die bisher in der Feststellung des Arbeitskräftebedarfs federführenden staatlichen Arbeitseinsatzverwaltungen in dieser Frage weitgehend ausgeschaltet wurden. Statt dessen zog Sauckel Angehörige der Arbeitsämter in erheblichem Maße zu mobilen Einsatzkommandos heran, die in den besetzten Gebieten mit Nachhilfe der Polizei Millionen von »Fremdarbeitern« zusammenholten und diese als Zwangsarbeiter in die Rüstungsindustrie des Reiches pumpten. Statt des vor 1942 noch überwiegend mit Hilfe staatlicher Notdienstverordnungen allgemeinverbindlich geregelten Kriegsarbeitseinsatzes griff diese Form der »Beschaffung« von Arbeitskräften durch jeweils gezielte polizeiliche Aktionen, den Einsatz »fliegender« Kommandos etc., immer mehr um sich. Die Praxis der Ad-hoc-Maßnahmen, der Schwerpunktaktionen anstelle gleichmäßiger und geregelter Verwaltungstätigkeit war das Spiegelbild einer ganz auf jeweilige Effektivität ausgerichteten Wirtschaftspolitik.

Die Massenausweitung der Zwangsarbeit mit Hilfe fremder Arbeitskräfte, bei keineswegs vollständiger Ausschöpfung der eigenen, deutschen Möglichkeiten (der Arbeitseinsatz der deutschen Frauen im Zweiten Weltkrieg stand hinter dem der Frauen in England durchaus zurück), betraf nicht zuletzt auch die Konzentrationslager. Die Gesamtzahl der Häftlinge in diesen Lagern, die schon bis 1942 auf rund 100 000 angewachsen war (gegenüber rund 25 000 im Jahre 1939), wurde bis Kriegsende auf rund eine halbe Million hochgetrieben (zu 95 Prozent nichtdeutsche Häftlinge, unter denen Russen, Polen und Juden den stärksten Anteil hatten). Boten sich doch – nach Himmlers Vorstellungen – die »minderwertigen« Konzentrationslagerhäftlinge als jederzeit disponible und transferierbare Arbeitskräfte besonders zum »Einsatz« (und notfalls zur »Vernichtung durch Arbeit«) an, wenn es galt, neue Schwerpunkte oder Verlagerungen der Rüstungsproduktion »ohne Rücksicht auf Verluste« in Angriff zu nehmen. So oblag z. B. die Anlage, Einrichtung und Inbetriebnahme der unterirdischen V-Waffenproduktion im Südharz, die im Herbst 1943, nach dem Angriff der Royal Air Force auf Peenemünde, dorthin verlagert wurde, in erster Linie den 30 000 Konzentrationslagerhäftlingen, die zu diesem Zweck eilig hierher transportiert, äußerst notdürftig untergebracht und unter großem »Menschenverschleiß« in den unterirdischen Stollen zur Arbeit eingesetzt wurden. Die durch die SS-Bewachung der Häftlinge gesicherte Geheimhaltung und zusätzliche Maßnahmen der SS und Polizei in diesem »Sperrgebiet« (Beschlagnahme von Grund und Boden u. a.) »erleichterten« hier die Durchführung eines »Sofortprogramms« der Rüstungsproduktion, von dem sich Hitler fälschlich kriegsentscheidende Wirkung versprach.

Aus alledem wird deutlich: auch die besondere Form und Entwicklung der Wirtschafts- und Arbeitseinsatzlenkung trug dazu bei, daß die einheitliche Staatsverwaltung und Reichsregierung unter Hitler in zunehmendem Maße von Sonderorganisationen und partikularen Führungsapparaten zersetzt wurde. Hatte dieser Zersetzungsprozeß erst einen bestimmten Umfang angenommen, so boten sich der nationalsozialistischen Führung immer größere Möglichkeiten, neben der öffentlichen, der Form nach legalen Machtausübung und Regierung weitere Ziele auf dem Wege von Geheimerlassen und mit Hilfe der inzwischen herangebildeten separaten Führungsapparate und Sonderorganisationen durchzusetzen und dabei die allgemeine Staatsverwaltung gar nicht oder nur partiell und sekundär zu unterrichten und zu beteiligen.

Der Beginn des Zweiten Weltkrieges war hier die entscheidende Wende. Aber nicht in dem Sinne, daß die progressive Gewaltanwendung und Radikalisierung des Regimes im Innern primär durch den äußeren Faktor des Krieges bedingt gewesen sei. Vielmehr umgekehrt: Der harte Kern der NS-Bewegung war aus inneren Gründen auf den Krieg fixiert. Wie aus dem NS-Dogma vom »ehernen Gesetz« des Kampfes zwischen den Völkern und aus den in Hitler-Jugend und Adolf-Hitler-Schulen praktizierten Erziehungsgrundsätzen ein zur Permanenz erhobener Kriegsgeist sprach, so war auch die Innenpolitik des Hitler-Regimes seit 1933 primär auf die Herstellung nationaler Kampfbereitschaft ausgerichtet gewesen. In der Entfachung des nationalen Kampfgeistes und der Umformung erst der Partei, dann des Staates und der Gesellschaft in eine umfassende Kampfgemeinschaft hatte der Nationalsozialismus seine eigentliche Kraft und Geschicklichkeit entfaltet. Im Ersten Weltkrieg war bereits deutlich geworden, zu welchen Energieleistungen solcher totaler Kriegsgeist fähig war und welche gesellschaftlichen und geistig-moralischen Erneuerungs-Illusionen sich daraus als zusätzliche Antriebskräfte herausschlagen ließen. An dieses »Erlebnis« hatte Hitler angeknüpft. Der Wille zur »Erhebung« Deutschlands aus der »Schmach« von 1918, die fanatische Entschlossenheit, den Kampf um deutsche Weltmacht und Erneuerung entschiedener als im Ersten Weltkrieg wieder aufzunehmen, bildeten Hitlers eigentliches Evangelium. Dabei ging es, wie der Reichskanzler schon unmittelbar nach seiner Ernennung Anfang Februar 1933 den führenden Offizieren der Reichswehr vertraulich erklärt hatte und wie er dann, mit größerer Verbindlichkeit für die nahe Zukunft, in seiner Denkschrift zur Begründung des Vierjahresplans vom August 1936 und bei der Besprechung mit den Generalen am 5. 11. 1937 wiederholte, vor allem um die Gewinnung des »großen Lebensraumes«. Die außenpolitische Ungeduld Hitlers seit 1937/38, seine mehrfach aus dieser Zeit bezeugte Sorge, daß er nicht mehr auf der Höhe seiner Lebenskraft sein könnte, wenn es gelte, den großen Krieg zu führen, machen ersichtlich, wie sehr dieser Kampf im Mittelpunkt seines Denkens stand. Der Krieg war dabei mehr als nur zweckrationales Mittel. In ihm kam der Nationalsozialismus gleichsam wieder zu sich selbst, zu seinem eigentlichen Element zurück. So rational der Außenpolitiker und Stratege Hitler die jeweiligen Nahziele zu verfolgen wußte, so irrational war *diese* Zielvorstellung: der große Kampf um den völkischen Lebensraum. Hierfür gab es bezeichnenderweise auch keine konsequente und rationale außenpolitische Planung, um so sicherer steuerte Hitler instinktiv auf dieses Ziel zu, so 1939, als er den großen Krieg riskierte, obwohl er ihn noch verhindern zu können glaubte, so 1940/41, als er den Kampf im Westen einstellte, um endlich »seinen Krieg« im Osten gegen die Sowjetunion zu führen.

Daß schon der Übergang zur offensiven und aggressiven Außenpolitik in den Jahren 1937/38 mit einer Verschärfung auch des innenpolitischen Kampfes gegen Kirchen und Juden, gegen die bisher weitgehend respektierten konservativen Kräfte in Reichswehr, Bürokratie und Justiz verbunden war, haben wir bereits dargestellt oder wenigstens angedeutet. Hitlers Reichstagsrede zum sechsten Jahrestag der Machtübernahme am 30. 1. 1939 ließ aufhorchen: Noch nie seit 1933 hatte Hitler in der Öffentlichkeit so fanatisch die »geistreichen Schwächlinge«, die »absterbenden Gesellschaftsschichten« attackiert, für die völkischen »Lebensgesetze« plädiert und den Juden prophezeit: sollte es noch einmal einen Weltkrieg geben, dann »wird das Ergebnis nicht ... der Sieg des Judentums sein, sondern die Vernichtung der jüdischen Rasse in Europa«.[10]

Die dann unmittelbar nach Kriegsbeginn auf Hitlers persönlichen Befehl in Gang gesetzten innenpolitischen Maßnahmen zur schärferen polizeilichen Bekämpfung und verfahrenslosen Erschießung krimineller und asozialer »Volksschädlinge«, zur Tötung »unheilbarer Geisteskranker« und vor allem auch die in den »eingegliederten« polnischen Gebieten in Angriff genommene umfassende »Flurbereinigung« zur »Festigung Deutschen Volkstums« (Deportation von Polen und Juden, Ansiedlung von Volksdeutschen) machen evident, daß dieser Krieg für Hitler einen umfassenderen als nur militärischen Sinn hatte. Es ging um den »völkischen« Krieg, der auch innenpolitisch zu führen war, gleichsam um eine zweite Etappe der nationalsozialistischen Revolution.* Gleichzeitig kam es

---

* Wie Hitlers Leibarzt Karl Brandt nach Kriegsende aussagte, hatte Hitler im Zusammenhang mit den schon während der Jahre 1933 bis 1935 erwogenen, dann wegen des Widerstandes der Kirchen zurückgestellten Plänen, die Euthanasie gesetzlich zu regeln, 1935 dem NS-Ärzteführer

zu einer rapiden Vermehrung der schon vorher existierenden
führerunmittelbaren Befehlswege, Sonderbevollmächtigungen
und außerordentlichen Exekutivgewalten. Die *inhaltliche* Radikalisierung der Politik und die progressive Auflösung der
einheitlichen, öffentlichen und regelhaften *Form* der Regierung
gingen Hand in Hand und bedingten sich gegenseitig.

Der Ministerrat für die Reichsverteidigung.
Die Zersplitterung des Verordnungswesens

Mit dem Entschluß Hitlers, während des Krieges den »feldgrauen Rock« anzulegen, und mit seiner, zunächst zeitweiligen,
ab 1941 fast ständigen Übersiedlung an die wechselnden, von
Berlin weit entfernten Plätze des »Führerhauptquartiers« vollzog sich eine weitere, nun auch räumliche »Absetzung« des
Führers von der Reichsregierung. Mit Kriegsbeginn hörte
Hitler im Grunde auf, Reichskanzler, d. h. persönlich leitender
Chef der Reichsregierung, zu sein. Die am 30. 8. 1939 verfügte
Einsetzung eines »Ministerrats für die Reichsverteidigung«
(RGBl. I, S. 1539) mit dem designierten Nachfolger Göring als
Vorsitzenden unterstrich den Willen Hitlers, die Regierungsgeschäfte noch weiter als bisher zu delegieren.

Dieser Ministerrat hatte, entsprechend einer schon 1938 für
den Kriegsfall vorgesehenen Regelung, nur sechs ständige
Mitglieder: Göring (Vorsitz), Frick in seiner neuen Eigenschaft als »Generalbevollmächtigter für die Reichsverwaltung«
(GBV), Funk als »Generalbevollmächtigter für die Wirtschaft«
(GBW), außerdem Keitel als Chef des OKW sowie Lammers
und Heß. Theoretisch hätte dieses Kriegskabinett ein neues
kollegiales Organ der Reichsregierung mit Göring als Kabinettschef sein können. Tatsächlich nahm Göring die hierin
liegenden Möglichkeiten aber nicht wahr, sondern plädierte,
wie Hitler, bald selbst dafür, während des Krieges alle umfangreicheren Gesetzesvorhaben zurückzustellen. Am 5. 6. 1940 erging auch ein Führererlaß, der anordnete, »daß bis auf weiteres alle solche Gesetze und Verordnungen zurückgestellt
werden müssen, die mit der Reichsverteidigung in keinem unmittelbaren Zusammenhang stehen«.[11]

Wagner gegenüber erklärt, entsprechende Maßnahmen seien während eines Krieges »glatter und
leichter durchzuführen«. Vgl. ›Medizin ohne Menschlichkeit. Dokumente des Nürnberger Ärzteprozesses‹. Hrsg. und kommentiert von A. Mitscherlich und F. Mielke. Fischer Bücherei, Frankfurt/M. 1960, S. 184.

Gleichwohl bedeutete es prinzipiell eine Verstärkung der Gesetzesinitiative der Ressortchefs der Reichsregierung, daß der Ministerrat, dessen Verordnungen (im Gegensatz zu den Gesetzen der Reichsregierung) nicht von Hitler, sondern nur von Göring (meist bei Gegenzeichnung des GBV und des Chefs der Reichskanzlei) vollzogen und normalerweise im Umlaufwege zwischen den Ressorts vorbereitet wurden, in der Regel ohne Hitler agieren konnte und nur im Zweifelsfalle dessen Einverständnis einzuholen brauchte. Ein noch kürzeres Verfahren stellten die Verordnungen des sogenannten »Dreierkollegiums« (GBV, GBW, Chef OKW) dar, deren Federführung und Unterzeichnung beim GBV (Frick) lag, der damit für nichtwirtschaftliche Rechtsverordnungen praktisch ein ähnliches Verordnungsrecht erhielt wie Göring als Beauftragter für den Vierjahresplan.

Durch einen Runderlaß vom 1. 3. 1940 suchte der GBV geschäftsordnungsmäßige Abgrenzungen für die zahlreichen nunmehr bestehenden Wege des Gesetzgebungs- und Verordnungsverfahrens zu ziehen. Er mußte dabei allerdings selbst einräumen, daß »eine scharfe Grenzziehung zwischen den ... Wegen der Gesetzgebung nicht möglich« sei[12], vielmehr im Einzelfall nach Dringlichkeit und Zweckmäßigkeit verfahren werden müsse. Tatsächlich griff die Unregelmäßigkeit des Verfahrens immer mehr um sich, zumal die nominellen Zuständigkeiten und die politischen Führungs- und Machtverhältnisse während des Krieges schnell immer weiter auseinanderfielen. Es häuften sich Beschwerden von einzelnen Ressorts, daß sie entgegen den Geschäftsordnungsbestimmungen nicht über Verordnungsentwürfe unterrichtet worden seien. So beklagte sich Bormann, der nach Heß' Englandflug im Mai 1941 als Leiter der Parteikanzlei die förmliche Nachfolge des Stellvertreters des Führers (in der Stellung eines beteiligten Reichsministers) angetreten hatte, am 29. 10. 1941 in einem Schreiben an Lammers darüber, daß eine von Frick und Ley (in dessen Eigenschaft als Reichskommissar für den sozialen Wohnungsbau) gezeichnete und im Reichsgesetzblatt (1941 I, S. 534) veröffentlichte Verordnung über die Einrichtung von Wohnungs- und Siedlungsämtern weder ihm (Bormann) noch dem mitzuständigen Reichsarbeitsminister vorgelegen habe und außerdem zu »ausdrücklichen Willensäußerungen des Führers in Widerspruch« stehe. Bormann bemerkte in diesem Zusammenhang: »War ursprünglich die Gesetzgebung des Reiches zu schwerfällig und an zu viele Formvorschriften gebunden, so hat sie im Laufe der letzten Jahre eine Auflockerung erfahren, deren mögliche Auswirkungen rechtzeitig erkannt werden müssen, wenn für die Staatsführung ernste Gefahren vermieden werden sollen.«[13]

In der Reichskanzlei bestätigte man nachdrücklich, daß die Rechtssetzung »in immer steigendem Maße durch Verordnungen der einzelnen Ressorts« erfolge und ministerielle »Durchführungsverordnungen nicht nur – wie früher – mehr technische und nebensächliche Bestimmungen enthalten, sondern einen wesentlichen Teil der neuen Regelung überhaupt«. Da »eine übergeordnete Stelle, die bei Meinungsverschiedenheiten entscheiden könnte, nicht vorhanden ist«, wachse die Neigung insbesondere der besonders bevollmächtigten Ressortchefs, andere Ressorts nicht zu beteiligen, hauptsächlich dann, »wenn von ihnen ein *politisch* starker Widerstand nicht zu erwarten ist«. Außerdem bestehe bei verschiedenen Chefs die Tendenz, den möglichen Einspruch anderer Ressorts dadurch auszuschalten, daß sie vorweg »eine Entscheidung des Führers herbeizuführen« suchten. Dies sei »noch bedenklicher, weil dabei nicht nur die Autorität einzelner Ressorts, sondern auch die des Führers gefährdet wird, wenn sich nachträglich zeigt, daß die vorgeschlagene Regelung nicht durchführbar ist«.[14]

Schon im Mai 1941 hatte der Stellvertreter des Chefs der Reichskanzlei nach einer Ressortbesprechung über die Regelung des Vereinsrechts im Warthegau grundsätzlich bemerkt:

»Kennzeichnend für die Kompetenzverschiebungen zwischen den Reichsministern und anderen zentralen Stellen war folgendes: Die Besprechung hatte zum Thema die Frage, wie eine Materie des Reichsrechtes in einer neuen Provinz geregelt werden soll. Das Wort über diese Fragen führten folgende Stellen: Beauftragter für den Vierjahresplan, Haupttreuhandstelle Ost, Reichskommissar für die Festigung Deutschen Volkstums, Stellvertreter des Führers, Reichssicherheitshauptamt. Innen- und Finanzminister hielten sich völlig zurück, der Vertreter des Reichsjustizministeriums machte nur Fassungsvorschläge.«[15]

Eine weitere Komplikation entstand dadurch, daß die Rechtsetzungsbefugnis des Ministerrats für die Reichsverteidigung auf Grund einer ausdrücklichen Entscheidung Hitlers vom Oktober 1942 »auf das Gebiet des Deutschen Reiches« (einschließlich des Generalgouvernements) beschränkt, nicht aber auf die verschiedenen Zivilverwaltungschefs im weiteren deutschen Machtbereich ausgedehnt wurde. Damit trat für den Ministerrat jene »nicht erträgliche Lage« ein (die Lammers vorher durch ein Schreiben an Göring zu verhindern gesucht hatte), daß er, »falls eine Angelegenheit für den gesamten Machtbereich des Großdeutschen Reiches geregelt werden« müsse, »mit dem Reichsminister für die besetzten Ostgebiete, mit 2 Reichskommissaren · [Norwegen und Niederlande], 6 Chefs der Zivilverwaltungen [Untersteiermark, Südkärnten, Elsaß, Lothringen, Luxemburg, Eupen-Malmedy] und den zuständigen militärischen Befehlshabern« jeweils einzeln zu verhandeln habe, »ob die genannten Persönlichkeiten geneigt seien, für die ihnen unterstehenden Gebiete eine gleichlautende Verordnung zu erlassen«.[16]

Wie in diesem Falle Göring (dessen Einfluß inzwischen stark geschwunden war) keine sonderlichen Anstrengungen machte, um die allgemeine Rechtsetzungsbefugnis des Ministerrats gegen die Widerstände führerunmittelbarer Reichskommissare und Zivilverwaltungschefs durchzusetzen, so hörte seit 1941/42 auch Lammers immer mehr auf, ein unparteiischer Geschäftsführer und Koordinator der Reichsregierung zu sein. Der Chef der Reichskanzlei glaubte vielmehr in wachsendem Maße, sich politischer Bundesgenossen zu versichern und politische Arrangements treffen zu müssen, ehe er eine strittige Angelegenheit Hitler vortrug oder in diesem oder jenem Sinne behandelte. Gerade in der Frage der Selbständigkeit der Zivilverwaltungschefs im Westen (Elsaß-Lothringen) hatte sich Anfang 1942 eine heftige diesbezügliche Auseinandersetzung zwischen dem GBV (Frick) und Lammers ergeben. Frick verneinte entschieden die von den Zivilverwaltungschefs beanspruchte eigene Etathoheit und hatte den Chef der Reichskanzlei dringend ersucht, diese Frage dem Führer zur Entscheidung vorzulegen. Doch Lammers, der die Begünstigung der als Zivilverwaltungschefs amtierenden Gauleiter durch Hitler schon oft erfahren hatte, wollte sich mit einem solchen Führervortrag offensichtlich nicht den Unwillen Hitlers zuziehen und damit seine ohnehin schwindenden Vortragsmöglichkeiten weiter strapazieren. Er lehnte deshalb einen Führervortrag mit dem Argument ab, daß Hitler es nicht wünsche, mit solchen Fragen der technischen Organisation behelligt zu werden, worauf Frick am 27. 2. 1942 mit einem scharfen Protestschreiben reagierte. Er hielt dem Chef der Reichskanzlei vor, es gehe hier keineswegs um untergeordnete technische Fragen, vielmehr berühre die Haushaltgestaltung »ihrem Wesen nach« die »Grundlagen der Verfassungsorganisation des Dritten Reiches«, und eine Führerentscheidung sei daher notwendig. Infolge seiner Ablehnung, eine Führerentscheidung herbeizuführen, falle ihm (Lammers) »die alleinige Verantwortung« für die dadurch »ermöglichte verhängnisvolle Entwicklung der Dinge« zu.[17]

Dieser zwischen Reichsministern höchst ungewöhnliche Verkehrston zeigt, wie weit die innere Auflösung der Reichsregierung unter der Einwirkung führerstaatlicher Machtstrukturen gediehen war. In einem anderen Streitfall ging es um die selbstherrliche Beamtenernennungspolitik des Reichsführers-SS, der sich vielfach unmittelbar bei Hitler die Genehmigung zur Ernennung oder Beförderung von SS-Führern zu hohen Polizeioffizieren ohne vorherige Einwilligung des Reichsfinanzministers holte. Schwerin-Krosigk hatte bei Himmler im Februar 1942 heftig gegen diese Methode protestiert (»Chefbesprechungen verlieren ihren Sinn, wenn ohne Rücksicht auf ihr Ergebnis die Zahl der leitenden Beamten einfach dadurch vermehrt wird, daß über die vorhandenen Planstellen hinaus dem Führer Ernennungsvorschläge unterbreitet und nachträglich die dazu gehörigen Planstellen beim Finanzminister angefordert werden«). Und obwohl Himmler Lammers gegenüber im Juli 1942 versichert hatte, die Angelegenheit sei »gerade gezogen« worden, häuften sich weitere ähnliche Fälle, die Schwerin-Krosigk im Januar 1943 veranlaßten, den Chef der Reichskanzlei nochmals anzugehen. Es kam daraufhin im März 1943 zu einer Unterredung zwischen Lammers und Himmler. Doch Lammers spielte keineswegs die von ihm erwartete Rolle. Nachdem Himmler erklärt hatte, in seinem Geschäftsbereich gebe es häufig Fälle, in denen eine schnelle Ernennung nötig und mithin keine Zeit sei, vorher mit dem Finanzminister Fühlung zu nehmen, kamen beide freundschaftlich überein, der Reichsführer-SS solle sich künftig in solchen Fällen nicht nur die Ernennung, sondern ausdrücklich auch die dazugehörige Planstelle vom Führer genehmigen lassen.[18]

Wegen dieser »Übereinkunft« mußte sich Lammers von seinen eigenen Beamten in der Reichskanzlei herbe Kritik gefallen lassen. So bemerkte Reichskabinettsrat Killy in einer Notiz vom 20. 3. 1943, er könne das »nicht für einen Fortschritt halten«, zumal er den Eindruck habe, »daß im Geschäftsbereich des Reichsführers-SS und Chefs der Deutschen Polizei aus kriegsbedingten Tatbeständen sehr leicht organisatorische Folgerungen für die Dauer gezogen werden« und der RFSS offensichtlich anstrebe, eine Generalermächtigung (ähnlich der der Wehrmacht) zu erhalten, die ihn von der Einzelbewilligung des Reichsfinanzministers unabhängig mache. Killy empfahl deshalb seinem Chef eine nochmalige Besprechung mit dem RFSS, doch Lammers entschied am 22. 3. 1943: er verspreche sich davon »nicht den geringsten Erfolg«.[19] Direkte Führerermächtigungen einerseits und die Unzugänglichkeit des Führers anderseits erwiesen sich zunehmend als die beherrschenden Faktoren der Machtausübung, nicht die nominelle Zuständigkeit und Organisation der Reichsregierung.

Immediatstellung bei Hitler: Speer und Goebbels

Während die Mehrzahl der Minister der Reichsregierung kaum noch irgendwelchen Zugang zu Hitler erlangten, konnten sich einige Ressortchefs einen um so besseren »Platz an der Sonne« sichern: so Himmler und Ribbentrop mit ihren eigenen Feldquartieren in der Nähe des Führerhauptquartiers. Kraft persönlicher Vertrauensstellung und der Bedeutung ihrer Vollmachten konnten sich ferner in den ersten Kriegsjahren Göring und in der zweiten Kriegshälfte vor allem auch Speer relativ leicht Zutritt zu Hitler verschaffen. Speer kam dabei zugute, daß er als ehemaliger »Architekt der Führerbauten« und architektonischer Gestalter der Nürnberger Parteitage das besondere persönliche Wohlwollen Hitlers genoß und durch sein geschicktes Management als Rüstungsminister noch beträchtlich ausbauen konnte. Selbst Bormann sah eifersüchtig auf Speers Virtuosität in der Beschaffung von Führererlassen. Die Auseinandersetzungen mit Bormann anläßlich des von Speer im Schnellverfahren durchgesetzten, in seinen Konsequenzen äußerst weitreichenden Führererlasses vom 2. 9. 1943 »über die Konzentration der Kriegswirtschaft« (RGBl. I, S. 529) zeigen dies deutlich. Sie wurden aber von Hitler im wesentlichen zu Speers Gunsten entschieden.*

* Ungewöhnlich war dabei die (sonst Bormann gegenüber in dieser Zeit nirgends feststellbare) offene und bestimmte Sprache, in der Speer auf Bormanns Einwände reagierte, so etwa, wenn Speer am 18. 8. 1943 Bormann übermitteln ließ: »Ich habe die Befürchtung, daß durch Ihr Schrei-

In der zweiten Kriegshälfte verstärkte sich erneut aber auch der Einfluß von Goebbels, der neben Himmler, Bormann und Speer zuletzt zum wichtigsten Minister Hitlers wurde. Da Hitler seit 1942, als das Kriegsgeschehen sich deutlich zuungunsten Deutschlands entwickelte, öffentliche Reden und Versammlungen mehr und mehr mied und aus dem Bunker der »Wolfsschanze« in Ostpreußen nur noch selten herauskam, fiel die Verantwortung für den gesamten Bereich der Propaganda zunehmend an Goebbels. Der in seinem Metier instinktsichere Propagandaminister erkannte, daß die nach der ersten euphorischen Phase nationaler Siegesstimmung eingetretene Wendung durchaus neue und sogar größere Möglichkeiten der Propaganda bot. Goebbels wußte, daß in der schweren Notlage der Appell an die verbissene Opfer- und Einsatzbereitschaft und die auf diesem Wege mobilisierbare trotzige nationale Solidarität noch wirkungsvoller sein konnte als der Taumel der Begeisterung. So vermochte der Reichspropagandaminister in der berüchtigten Kundgebung im Sportpalast in Berlin am 18. 2. 1943 (kurz nach Stalingrad) die Anwesenden zu jener fanatischen Bejahung des eigenen totalen Opferwillens hinzureißen, die später als Ausdruck hysterischen Massenwahnes erscheinen mußte. Tatsächlich ist ohne die Kenntnis dieser von der Goebbels-Propaganda erfolgreich manipulierten psychologischen Verfassung weiter Teile der deutschen Bevölkerung ihr Verhalten in dieser Kriegsphase schwerlich zu verstehen. Gewiß breiteten sich jetzt überall auch in Deutschland Zweifel und Kritik aus, und man hatte an dem Krieg, der bis 1945 rund 2 Millionen deutschen Soldaten das Leben und vielen Deutschen Wohnung und Eigentum zerstörte, jetzt schwer zu tragen. Aber die Erkenntnis der wahren Urheber war jetzt um so schwerer, je leichtfertiger man jahrelang auf Hitler gesetzt und ihm applaudiert hatte. Man wollte sich nicht selbst Lügen strafen, man redete sich ein, es sei ein Gebot der Treue, gerade in der Not auszuhalten, man glaubte zwar meist selbst nicht mehr recht an den »Endsieg«,

ben die Verabschiedung des Erlasses auf längere Zeit verschoben werden kann und vielleicht auch verschoben werden soll.« Im Hinblick auf die Kriegssituation könne er (Speer) »einer weiteren Verzögerung des Erlasses nicht zustimmen«. Er bitte daher, »zu veranlassen, daß am Freitag, dem 20. 8. [1943], der Inhalt des Erlasses abschließend zwischen uns geklärt wird« (BA: R 43 II/610). Speer setzte u. a. durch, daß ihm im Gegensatz zu den anderen Reichsministern auch ein Weisungsrecht gegenüber den Chefs der Zivilverwaltungen außerhalb des Reiches gegen deren Protest in einer gesonderten (nicht veröffentlichten) ergänzenden Anordnung Hitlers vom 5. 9. 1943 zum Erlaß vom 2. 9. 1943 eingeräumt wurde (BA: R 43 II/610a). Kennzeichnend für Speers Management-Stil aber auch folgender Passus aus dem zitierten Fernschreiben an Bormann: »Durch verwaltungsrechtliche Rücksichten kann ich mich dabei nicht hemmen lassen.«

aber man wagte um so weniger an die Niederlage zu denken, da diese nach Lage der Dinge auch den Sieg und die Herrschaft des Sowjetsystems bedeuten mußte. Diese psychologische Mischung aus Panik, Treue, Selbstmitleid und Selbstbetrug, die auch moralisch blind machte für die um sich greifenden Exzesse des Regimes gegen Juden, Polen, Ostarbeiter etc., wußte Goebbels virtuos zu nutzen. Seine Unentbehrlichkeit als Propagandist des totalen Kriegseinsatzes erweiterte seine Kompetenzen und stärkte seine Stellung bei Hitler in starkem Maße. Daß Hitler am Ende in seinem politischen Testament Goebbels zum künftigen Reichskanzler bestimmte, zeigt die besondere Wertschätzung, die sich der Propagandaminister in diesen Jahren bei seinem Führer erwarb.

Kanzleien und Adjutanten

Mit der zunehmenden Abschließung und »Entrückung« des Führers bei gleichzeitig sich häufenden Rivalitäten, Kompetenzüberschneidungen etc., die nach einer Führerentscheidung verlangten, gewann naturgemäß die Vermittlung von Führervorträgen, Führererlassen und Führerbefehlen zunehmend an Bedeutung und damit auch die Funktion der ständigen Mittelsmänner in Hitlers Umgebung. Charakteristisch für Hitlers Führungsstil, für seine Tendenz, sich jeweils mehrere Türen offenzuhalten, war dabei das schon aus der »Kampfzeit« bekannte Nebeneinander verschiedener, mehr oder weniger amtlicher Kanzleien, Sekretäre und Adjutanten.

Neben der Reichskanzlei als der »ordentlichen« Vermittlungsstelle zwischen den Reichsministern und Hitler hatte die Präsidialkanzlei (zuständig u. a. für einen Teil der Gnadensachen, Titel- und Ordensverleihungen, Glückwünsche, Preisverleihungen, sonstige Repräsentationsaufgaben, Vollzug der dem Staatsoberhaupt vorbehaltenen Beamtenernennungen und -entlassungen) von vornherein nur eine geringe politische Bedeutung. Diese wurde noch dadurch eingeschränkt, daß Hitler nach der Übernahme des Reichspräsidentenamtes durch Erlaß vom 17. 11. 1934 eine gesonderte »Kanzlei des Führers der NSDAP« in Berlin unter Leitung des bisherigen Geschäftsführers der Reichsleitung der NSDAP, Reichsleiter Philipp Bouhler, einrichtete. Die Bildung dieses in der Folgezeit meist einfach als »Kanzlei des Führers« bezeichneten Stabes* unterstrich die gesonderte Volksführer-Position Hitlers neben der des Reichskanzlers, des Staatsoberhauptes und des Parteichefs. Jedenfalls ergab es sich, daß die »Dienststelle Bouhler« primär für die Bearbeitung aus der Bevölkerung kommender persönlicher Eingaben an den Führer tätig wurde. Wie Bouhler waren die leitenden Angestellten der »Kanzlei des Führers« überwiegend Funktionäre aus dem Parteiapparat. Eine ihrer Abteilungen unter Albert Bormann, dem Bruder Martin Bormanns, figurierte als die eigentliche »Privatkanzlei« Hitlers (Albert Bormann amtierte deshalb gleichzeitig als eine Art persönlicher Adjutant). Die unklare Dienststellenbezeichnung (Kanzlei »des Führers« oder »des Führers der NSDAP«), die Stellenbesetzung mit Parteileuten und die Tatsache, daß auch zahlreiche Führer-Eingaben aus der Partei von Bouhlers Dienststelle bearbeitet wurden, machte nicht nur (z. B. in Gnadensachen) die Abgrenzung gegenüber der Präsidialkanzlei, sondern vor allem gegenüber dem Stab des Stellvertreters des Führers von vornherein problematisch. Je mehr Martin Bormann als entscheidende Figur dieses Stabes und schließlich als Nachfolger von Heß und selbstbewußter Leiter der Parteikanzlei hervortrat, um so mehr wurde infolgedessen die Befugnis der Kanzlei des Führers eingeschränkt. Bormann legte 1942 in einer grundsätzlichen Erörterung mit Bouhler vor allem Wert auf die Feststellung, daß sich die »Kanzlei des Führers« im Gegensatz zur Parteikanzlei stets nur mit »Einzelfällen«, aber »nicht mit grundsätzlichen Angelegenheiten« zu befassen habe.[20]

Neben diesen mehr oder weniger umfangreichen Kanzleien stand die »Adjutantur des Führers« als der innerste Befehlsapparat. Bis Kriegsbeginn oblag der Adjutantur, die von einem kleinen Kreis Hitler persönlich ergebener Gefolgsleute aus der SA, SS und Partei (ab 1938 anscheinend ausschließlich SS-Führer) besetzt war (Brückner, Schaub, Wiedemann, Albrecht, Schultze u. a.[21]), vor allem die Festlegung der Tagesordnung Hitlers und deren Überwachung. Je mehr sich Hitler seit 1935/36 von der regelmäßigen Führung der Regierungsgeschäfte zurückzog, um so wichtiger wurde die Rolle der Adjutantur bei der Vermittlung von Führervorträgen. Unterlagen aus der Zeit des Sommers 1939 zeigen, daß der Chef der Reichskanzlei sich schon damals gelegentlich mit

* So auch in dem zitierten Vortrag Wiensteins von 1936 über die Organisation der Führung und Reichsleitung im Dritten Reich, s. o. S. 353.

höflichen und beinahe unterwürfigen Schreiben an die Adjutantur des Führers wenden mußte, um bei Hitler einen Vortragstermin eingeräumt zu bekommen.[22] In dieser Zeit begann es auch üblich zu werden, daß Hitler einzelne Adjutanten, vor allem SS-Gruppenführer Julius Schaub, beauftragte, bestimmte Weisungen und Willensmeinungen des Führers einzelnen Ressortchefs telefonisch zur Kenntnis zu bringen. Die Benutzung von Adjutanten als Übermittler von Führerweisungen an einzelne Ressortchefs der Reichsregierung drückte deutlich Hitlers Geringschätzung der betreffenden Minister aus und war offensichtlich auch bewußt so gemeint. So trat Schaub z. B. besonders häufig in Aktion, wenn es galt, dem Justizminister Hitlers Kritik an einzelnen Urteilen von Gerichten auszudrükken oder gar die Korrektur solcher Urteile anzuordnen.[23]

Einen besonderen Zugang zu Hitler hatte die Wehrmachtsführung über die 1934 bei Hitler (als dem Obersten Befehlshaber der Wehrmacht) eingerichtete Wehrmachtsadjutantur. Tatsächlich handelte es sich dabei aber eher um abkommandierte Vertreter des Reichskriegsministers (bzw. des OKH, OKL, OKM) bei Hitler, die im Konfliktsfalle die Loyalität gegenüber ihren militärischen Dienstvorgesetzten höher einschätzten als gegenüber Hitler. Das Verhalten des Wehrmachtsadjutanten Hoßbach anläßlich der Fritsch-Krise war dafür ein Beispiel.

War bis 1938/39 noch weitgehend ein konkurrierendes Nebeneinander der verschiedenen Kanzleichefs und Adjutanten Hitlers charakteristisch, so änderte sich dies in der Folgezeit: Immer deutlicher wurde jetzt Martin Bormann zum Beherrscher des Vorzimmers des Führers.

Martin Bormann und die Parteikanzlei

Bormann, der als Organisator illegaler Freikorpsgruppen Anfang der zwanziger Jahre zur NSDAP gestoßen war, hatte schon vor 1933 als Leiter der Hilfskasse der NSDAP Zugang zur Geschäftsführungsgruppe der Reichsleitung der NSDAP und damit zu Hitler erlangt. Durch die Heirat mit der Tochter des Leiters des Parteigerichts (Walter Buch) und über seinen Bruder, Albert Bormann, war der Kontakt zu Hitler und anderen Spitzen der Partei auch familiär unterbaut worden. Wie aus einem Brief an Heß vom Oktober 1932 ersichtlich, spielte Bormann bereits zu dieser Zeit die Rolle eines ebenso pedantischen wie energischen Vertreters des Prestiges der Partei, der Hitler zur Trennung von der »Schweinebande« um Röhm zu drängen suchte.[24] Als Stabsleiter des Stellvertreters des Führers war Bormann aber auch, wozu ihn sein bisheriges Amt in der Finanzverwaltung der NSDAP qualifizierte, als Sachbearbeiter und Berater Hitlers bei der Verwaltung der Hitler persönlich aus verschiedenen Quellen (Dankspende der Industrie u. a.) zur Verfügung stehenden Fonds tätig. Seit 1934 zum Reichsleiter der NSDAP avanciert, organisierte und leitete er dabei vor allem den Erwerb des Hauses Wachenfeld und weiterer Grundstücke am Obersalzberg bei Berchtesgaden, den Um- und Ausbau des »Berghofes« mit den verschiedenen benachbarten Gebäudekomplexen, aus denen sich diese Sommerresidenz Hitlers schließlich zusammensetzte. Diese Tätigkeit, an der Hitler besonders lag, brachte den Stabsleiter des Stellvertreters des Führers schon seit 1934/35 laufend in engsten persönlichen Kontakt mit Hitler. Seit etwa 1938, als Hitler die Partei an verschiedenen innenpolitischen Fronten zur schärferen Gangart antrieb und ihm die wohlmeinenden Ausgleichsversuche Heß' kaum noch zeitgemäß erschienen, trat Bormann zunehmend als selbständiger Leiter der Dienststelle Heß auf und übte seine Geschäfte überwiegend von der Berliner Filiale des »Stabes« aus, die jetzt anstelle des alten »Verbindungsstabes der NSDAP« neue Bedeutung erhielt. Als Hitler schließlich bei Kriegsbeginn die Errichtung eines Führerhauptquartiers (»Sonderzug des Führers«) anordnete, folgte ihm Bormann auch dorthin als »ständiger Begleiter«.*

Die Koppelung dieser beiden Funktionen, die Leitung der politischen Koordinierungszentrale der Partei (Stab des Stellvertreters des Führers) und die ständige Begleitung Hitlers und dessen Beratung auch in persönlichen Belangen, machte die Basis der besonderen Machtstellung Bormanns aus. Diese ist deshalb auch nicht ohne weiteres gleichzusetzen mit einer entsprechenden Stärkung der Parteileitung als solcher.

Strukturell änderte sich an der desolaten Verfassung der Reichsleitung der NSDAP sehr wenig. Obwohl Bormann die Geschäfte des Stabes des Stellvertreters des Führers gegenüber Staat und Partei weit energischer führte als Heß, vermochte er

* Am 1. 9. 1939 teilte Bormann dem Chef der Reichskanzlei mit: »Ich werde auch weiterhin ständig zur Begleitung des Führers gehören, werde also nach Abreise des Führers aus Berlin den Stellvertreter des Führers bei den Besprechungen des Ministerrats für die Reichsverteidigung nicht vertreten können.« BA: R 43 II/605.

die »Führerunmittelbarkeit« einzelner Gauleiter und Reichsleiter ebensowenig abzuschaffen wie die heftigen Kompetenzstreitigkeiten und das starke Machtgefälle zwischen ihnen.
Zwar suchte Bormann, so u. a. durch die »Vertraulichen Mitteilungen und Informationen der Parteikanzlei«, durch dogma-
tischere Festlegung der NS-Weltanschauung und auf anderem
Wege die Einheit der Partei zu festigen. Auch plante er, durch
eine Entflechtung mancher Personalunion von Partei- und
Staatsämtern, durch Aufspaltung der Parteigaue, die Einsetzung jüngerer Gauleiter etc. die Sondergewalten innerhalb
der Partei aufzubrechen und den Führungsanspruch der Parteikanzlei stärker durchzusetzen. Aber bis Kriegsende vermochte
er davon nur wenig zu erreichen. Mit guten Gründen kam der
oldenburgische Gauleiter Röver in einer umfangreichen
Denkschrift aus dem Jahre 1942 zu dem Ergebnis, daß »von
einem zusammengefaßten und einheitlich geführten höheren
Parteiführerkorps keine Rede mehr sein kann«. Jeder habe
»sich mehr oder weniger auf eigene Füße gestellt«. Die »Autorität der Reichsleitung« der NSDAP habe namentlich durch
die Auseinandersetzung zwischen einzelnen Reichsleitern »erheblich gelitten«.[25] Die Parteikanzlei der NSDAP blieb auch
unter Bormann weit entfernt von der Stellung kommunistischer Politbüros. Das personalistische nationalsozialistische
Führerprinzip mit seiner zwangsläufigen Tendenz zur Verselbständigung machtvoller Amtsinhaber und Unterführer verhinderte die Entstehung einer allmächtigen bürokratischen
Führungszentrale. Aber gerade einer anderen Wirkung dieses
Führerprinzips, der persönlichen (amtsunabhängigen) Vollmacht, verdankte Bormann seine Sonderstellung.

Das kam deutlich auch in der Dienststellung Bormanns zum
Ausdruck. Nach Heß' Englandflug verfügte Hitler zunächst
am 12. 5. 1941, daß die »Dienststelle des Stellvertreters des
Führers« ... »von jetzt ab die Bezeichnung ›Parteikanzlei‹«
führe und ihr Leiter »wie bisher« Martin Bormann sei, der ihm
(Hitler) »persönlich unterstellt sei«.[26] Ein besonderer Führererlaß »über die Stellung des Leiters der Parteikanzlei« vom
29. 5. 1941 bestätigte dessen besonderen Rang (Ministergleich-
stellung) und seine Beteiligung an der gesamten Recht-
setzungstätigkeit der Regierung ausdrücklich. Am 12. 4. 1943
institutionalisierte Hitler aber auch die Stellung Bormanns als
seines »persönlichen Sachbearbeiters«, indem er ihm die zusätzliche offizielle Bezeichnung »Sekretär des Führers« ver-

lieh.[27] Damit war auch nach außen hin kundgemacht, was die Eingeweihten seit langem wußten, daß der Chef der Parteikanzlei inzwischen zum mächtigen Mann im Führerhauptquartier geworden war, an dem praktisch jeder vorbei mußte, ohne dessen Hinzuziehung es keinen Führererlaß mehr gab und der schließlich auch in einer kaum noch aufklärbaren Weise den anderen Dienststellen gegenüber mit »Willensmeinungen« des Führers operieren konnte.

Von dieser beherrschenden Stellung im Führerhauptquartier aus (nicht eigentlich als Chef der Parteikanzlei) wurde Bormann in den letzten Kriegsjahren zum Super- und Kontrollminister der Reichsregierung, während der Chef der Reichskanzlei, Lammers, gleichsam zum Boten Bormanns herabsank. Nachdem Hitler schon am 12. 8. 1942 verfügt hatte, daß alle Schreiben in Parteiangelegenheiten »von Reichsleitern, Gauleitern, Verbändeführern und selbständigen Reichsleitungsdienststellen«, sofern sie ihm nicht persönlich übergeben werden können, »ausschließlich durch den Leiter der Parteikanzlei vorzulegen« seien, ersuchte Bormann im Juni 1943 den Chef der Reichskanzlei, ausschließlich über ihn (Bormann) in seiner Eigenschaft als Sekretär des Führers (!) auch alle eiligen Regierungssachen zu leiten, die Lammers seiner »Abwesenheit wegen« dem Führer nicht selbst vorlegen könne, und diese »nicht an die Wehrmachtsadjutantur oder an die persönliche Adjutantur« zu richten.[28] Lammers wäre ohne Bormanns Wohlwollen bei der Ausübung seiner Pflichten als Geschäftsführer der Reichsregierung völlig mattgesetzt gewesen. Deshalb glaubte er, dem Ersuchen des »Sekretärs des Führers«, mit dem er in dieser Zeit auch Duz-Bruderschaft schloß, weitgehend entsprechen zu müssen. Es kam daraufhin am 17. 6. 1943 zu einem förmlichen Pakt zwischen Lammers und Bormann, in dem beide, gleichsam in der Manier höfischer Kammerdiener, verabredeten, wie sie es künftig mit Führervorträgen halten wollten: Bormann versprach, Lammers bei Führervorträgen in Regierungssachen mitzunehmen und nur ausnahmsweise dem Führer allein Vortrag zu halten, es sei denn, daß beide sich einigten, daß ein (von einem Minister gewünschter) »Vortrag beim Führer sich erübrige«.[29] Diese Übereinkunft wirkte sich in der Folgezeit einseitig zugunsten Bormanns aus. Lammers hatte fast keine einzige Vorsprache bei Hitler mehr. Bormann dagegen übte mit Lammers' unterwürfiger Duldung in den letzten zwei Jahren des Regimes faktisch die Koordinierungsfunktion des Chefs der Reichskanzlei aus. Der Sekretär des Führers hatte die Regierung übernommen.

Der geheime Führererlaß. Beispiel: Reichskommissar
für die Festigung Deutschen Volkstums

Der Entartung der Entschlußbildung der Regierung zu derartigen Formen einer höfischen Despotie entsprach die veränderte Form und Qualität zahlreicher Führererlasse und Führerbefehle während des Krieges. Das Instrument des Führererlasses (neben Gesetzen und Verordnungen der Reichsregierung) war aus dem Recht des Reichspräsidenten erwachsen, die Organisation der Reichsregierung bzw. der Obersten Reichsbehörden zu bestimmen und zu verändern.

Bis 1939 beschränkte sich die Handhabung der Führererlasse auch weitgehend auf solche »Organisationserlasse«. Mit Kriegsbeginn verband sich damit aber zunehmend die Setzung oder Veränderung materiellen Rechts bzw. die Delegierung von Rechtsetzungsvollmachten, was um so problematischer sein mußte, wenn diese Erlasse zwar von Hitler schriftlich und förmlich ausgefertigt, aber nicht veröffentlicht, sondern nur auf dem Dienstwege den Obersten Reichsbehörden bekannt gemacht wurden.

Ein exemplarischer Fall war der Führererlaß zur Beauftragung des Reichsführers-SS und Chefs der Deutschen Polizei mit den Aufgaben eines »Reichskommissars für die Festigung Deutschen Volkstums« (RKF) am 7. 10. 1939.[30] Der Erlaß ermächtigte Himmler zur »Ausschaltung des schädigenden Einflusses von solchen volksfremden Bevölkerungteilen, die eine Gefahr für das Reich und die deutsche Volksgemeinschaft bedeuten«. Das war aber – selbst noch in diesem vertraulichen Text – nur eine verschleierte und abgeschwächte Wiedergabe der Himmler mündlich erteilten Vollmachten zur gewaltsamen Entfernung von Juden und Polen aus und zur Ansiedlung von Deutschen in den annektierten Gebieten Polens. Tatsächlich entstand auf der zweifelhaften Rechtsbasis dieses Geheimerlasses eine neue zentrale Reichsbehörde Himmlers (an der Spitze das Stabshauptamt des RKF unter Leitung von SS-Brigadeführer Ulrich Greifelt) mit zahlreichen untergeordneten Dienststellen und SS-Stäben, die in den »eingegliederten Ostgebieten« (später auch in anderen besetzten Gebieten) eine umfangreiche separate Verwaltungsinstanz neben den ordentlichen Organen der Zivilverwaltung darstellten. Zu ihr gehörten u. a. die »Bodenämter« des RKF, die auf landwirtschaftlichem Gebiet das prinzipiell der Haupttreuhandstelle Ost (HTO) zustehende Recht der Beschlagnahme und treuhänderischen Verwaltung jüdischen und polnischen Besitzes ausübten.[31] Himmler, der in diesen neuen Gebieten ohnehin den Einfluß der Sicherheitspolizei beträchtlich ausweiten konnte und hier »Höhere SS- und Polizeiführer« gleichsam als Territorialbefehlshaber der SS und Polizei einsetzte, verfügte damit in diesen Gebieten zugleich über eine eigene, seinen Befehlen unterstehende außerordentliche Verwaltungsbehörde bzw. konnte in seiner Eigenschaft als RKF den Zivilverwaltungsbehörden unmittelbare Weisungen erteilen.* Infolgedessen war es in diesen neuen Gebieten in weit höherem Maße als im Altreich möglich, ein von der ordentlichen Staatsverwaltung unabhängiges Organisationsnetz der Befehlsgewalt des RFSS in seinen verschiedenen Zuständigkeiten und mithin einen entsprechenden größeren Ausnahmezustand zu organisieren.

Das zeigte sich z. B. bei der Anlage neuer Konzentrationslager. Die Errichtung solcher Lager und die Übertragung des entsprechenden Geländes an die SS hatte im Altreich stets zu langwierigen Verhandlungen unter Einschaltung vor allem auch der Finanzverwaltung geführt.[32] In den »eingegliederten Ostgebieten« hatte es Himmler dagegen wesentlich leichter. Deshalb konnte hier im Frühjahr 1940 mit der Anlage des mit Abstand größten aller Konzentrationslager, des Lagers Auschwitz im vormals polnischen Bezirk Kattowitz, begonnen werden. Das Bodenamt des RKF in Kattowitz verfügte im Auftrag Himmlers und auf Wunsch des gleichfalls Himmler unterstehenden Inspekteurs der Konzentrationslager selbstherrlich die Beschlagnahme eines 40 Quadratkilometer umfassenden Geländes, und die Himmler unterstehende Sicherheitspolizei erzwang die Räumung von sieben (von Polen und Juden bewohnten) Dörfern in diesem Gelände. Der Reichsführer-SS war hier gleichsam autark, und es war deshalb auch kein Zufall, daß Auschwitz neben anderen Orten in Polen (Chelmno, Belzec, Treblinka, Majdanek, Sobibor) ab 1942 zum

---

* In der Regel wurden entweder die Reichsstatthalter und Oberpräsidenten dieser neuen Gebiete (so Gauleiter und Reichsstatthalter Greiser im Warthegau) oder die jeweiligen »Höheren SS- und Polizeiführer« in Personalunion zu territorialen Beauftragten des RKF ernannt.

Hauptort der Massenvernichtung von Juden ausersehen wurde. Denn auch diese Kompetenz, die Planung und Durchführung der »Endlösung der Judenfrage«, ging im Jahre 1941 an Himmler bzw. den Chef der Sicherheitspolizei über.[33]

Als später (1942) auch die Reichsstatthalter und Gauleiter in Tirol und Kärnten in ihrer Eigenschaft als Beauftragte des RKF von dem Beschlagnahmerecht des RKF Gebrauch machten, um kirchliche Grundstücke zum Zwecke der Unterbringung volksdeutscher Umsiedler zu beschlagnahmen, kam es zu einem für die Wirkung geheimer Führererlasse bezeichnenden Nachspiel. Die kirchlichen Ämter hatten wegen der Beschlagnahme Klage beim Reichsverwaltungsgericht in Wien erhoben, da sie nichts von dem Führererlaß vom 7. 10. 1939 wußten und deshalb das Vorgehen der Reichsstatthalter als rechtswidrig ansehen mußten. Die Verwaltungsrichter kamen dadurch in die Situation, über Klagen befinden zu müssen, die (wie der Senatspräsident des Wiener Verwaltungsgerichts anschließend dem Reichsinnenminister mitteilte) »mit vollem Recht gegen die betreffende Behörde den Vorwurf ... der Rechtswidrigkeit erheben«, obwohl diese Behörden innerdienstlich durch den Geheimerlaß gedeckt seien. Mit Nachdruck wies der Präsident des Verwaltungsgerichts darauf hin, daß sich »für eine geordnete Verwaltung ganz unmögliche Folgen« ergeben, wenn rechtsändernde Erlasse (wie der Führererlaß vom 7. 10. 1939)* »lediglich als interne Vorschriften« ausgegeben und »nicht verkündet« würden, »aber doch verbindende Kraft nach außen haben sollen«. Das Gericht, so schloß der Senatspräsident, habe die betreffenden Verfahren einstweilen ausgesetzt, um den zuständigen Reichsbehörden Gelegenheit zu geben, durch eine »nachträgliche Verkündung« die »Anwendbarkeit des ... Erlasses des Führers in Ordnung zu bringen«.[34] – Auch andere inzwischen ergangene geheime Führererlasse mit rechtsändernder Wirkung, so ein Erlaß über den umfassenden Arbeitseinsatz vom 15. 1. 1943, der die Bestimmung erhielt, daß die Obersten Reichsbehörden bei den betreffenden Maßnahmen »von entgegenstehenden gesetzlichen Bestimmungen abweichen« dürfen[35], bereiteten ähnliche Probleme.**

* Bei dem Beschlagnahmerecht des RKF handelte es sich um eine Ausdehnung der Ermächtigung des »Gesetzes über die Landbeschaffung für Zwecke der Wehrmacht« vom 29. 3. 1935 (RGBl. I, S. 467) auf den Reichskommissar für die Festigung Deutschen Volkstums.
** Um den Führererlaß zur Beauftragung des RKF rechtlich anwendbar zu machen, schlug der RMdI vor, ohne weitere Unterrichtung Hitlers eine zu veröffentlichende Verordnung des General-

Schon der verschleierte Führererlaß, der den RKF mit nicht näher spezifizierten Maßnahmen zur »Ausschaltung« fremder Bevölkerungsgruppen beauftragte, war in seinem Kern gar nicht mehr Organisationserlaß, sondern Kampf- und Vernichtungsbefehl an einen hierfür geeigneten Apparat.

Das galt noch mehr für jene berüchtigten anderen Geheimbefehle, die Hitler seit Kriegsbeginn zur Liquidierung umfangreicher Personengruppen erteilte: den sogenannten »Euthanasiebefehl«, den »Kommissarbefehl«, den »Befehl zur Endlösung der Judenfrage«. Am Beispiel des RKF-Erlasses konnte schon aufgezeigt werden, daß derartige Befehle insoweit, als ihr Inhalt den ordentlichen Verwaltungsorganen gegenüber geheimgehalten oder verschleiert wurde, am einfachsten durchführbar waren, wenn eine außerordentliche, führerunmittelbare Apparatur zur Verfügung stand, die dicht genug organisiert war (wie der Geschäftsbereich des RFSS in den »eingegliederten Ostgebieten«), so daß der Vollzug der geheimen Maßnahmen ohne nennenswerte Unterrichtung und Beteiligung der ordentlichen Staatsorgane vonstatten gehen konnte. Im Gebiet des Altreiches galt dies für die SS und Polizei längst nicht in dem Maße wie im besetzten Polen, zumal in Deutschland eine Geheimhaltung oder Unterdrückung von Nachrichten über örtliche Gewaltaktionen weit weniger gewährleistet war als unter der polizeilich niedergehaltenen polnischen Bevölkerung. Es ist deshalb bemerkenswert, daß Hitler bei den etwa gleichzeitig mit dem RKF-Erlaß in Gang gesetzten Maßnahmen zur Tötung der in den Heilanstalten des Reiches einsitzenden Geisteskranken den RFSS nur sekundär beteiligte. Aber auch in diesem Falle lagen alle wesentlichen Hebel der Durchführung bei führerunmittelbaren Personen und Dienststellen. So wurden als Hauptbeauftragte für die Aktion, denen der Führer später auch eine geheime, auf den 1. 9. 1939 rückdatierte schriftliche »Ermächtigung« erteilte[36], Hitlers persönlicher Leibarzt Karl Brandt und Philipp Bouhler, der Chef der Kanzlei des Führers, eingesetzt. Eigentlicher Akteur aus dem

bevollmächtigten für die Reichsverwaltung zu erlassen. Durch sie sollte mit rückwirkender Kraft »zur Seßhaftmachung reichs- und volksdeutscher Umsiedler« dem RKF entsprechende Vollmacht zur »Landbeschaffung« übertragen werden. Die Reichskanzlei und der RKF waren einverstanden, Bormann scheint aber Einwände erhoben zu haben (vgl. Aktennotiz Lammers' vom 18. 6. 1943; BA: R 43 II/695). Jedenfalls ist im RGBl. keine solche Verordnung enthalten.

Stabe Bouhlers war dessen Stellvertreter, Oberdienstleiter Viktor Brack, in dessen »Hauptamt« auch Gesuche um Gewährung des »Gnadentodes« für unheilbar Kranke eingegangen waren. Die in einem solchen Falle auf Hitlers Weisung schon vor Kriegsbeginn durch Brandt, Brack und dessen Mitarbeiter Dr. Hefelmann sowie einige der Euthanasie positiv gegenüberstehende Ärzte veranlaßte Tötung eines unheilbar kranken Kindes in einer Leipziger Krankenanstalt bildete für Hitler dann den Ausgangspunkt für die nach Kriegsbeginn in Angriff genommene allgemeine Aktion, deren Pauschalverfahren nichts mehr mit Euthanasie im ursprünglichen Sinne zu tun hatte. Brandt und die Mitarbeiter Bouhlers suchten eine kleine Gruppe von euthanasiewilligen Ärzten aus, die in die Kanzlei des Führers bestellt, unter ausdrücklichem Versprechen der Straffreiheit auf der Grundlage des von Hitler stammenden Geheimpapiers »ermächtigt«, zur strengen Geheimhaltung verpflichtet und unter der Tarnbezeichnung »Reichsarbeitsgemeinschaft der Heil- und Pflegeanstalten«[37] als sogenannte »Gutachter« mit der Auswahl der für die Tötung zu bestimmenden Kranken beauftragt wurden. Der Leiter des Referats für Heil- und Pflegeanstalten in der von dem ehemaligen SS-Arzt und Reichsgesundheitsführer Dr. Leonhard Conti geleiteten Gesundheitsabteilung des Reichsinnenministeriums (Dr. Linden) übernahm durch unverfänglich erscheinende Fragebogenverschickungen die »Erfassung« der Kranken in den verschiedenen Heilanstalten. Eine aus dem Wagenpark der SS rekrutierte Tarnorganisation »Gemeinnützige Krankentransportgesellschaft mbH« führte die »Verlegung« der zur Tötung Ausgesuchten in einzelne für die Vernichtung vorgesehene abgelegene Anstalten (vor allem Hadamar in Hessen, Hartheim bei Linz, Grafeneck in Württemberg, Sonnenstein in Sachsen) durch. Chemiker des kriminaltechnischen Instituts des Reichskriminalpolizeiamtes erprobten die Vergasungstechnik mit Kohlenoxyd[38], und eine weitere von der Kanzlei des Führers organisierte Tarngesellschaft (»Gemeinnützige Stiftung für Anstaltspflege«) übernahm die Finanzierung des Ganzen. Nur ein kleiner Kreis von ca. 50 Personen (Ärzte und Techniker) waren über die Tragweite und den Umfang dieser Aktion, in deren Verlauf insgesamt rund 70000 Personen (keineswegs nur unheilbar Kranke) getötet wurden, voll im Bilde. Gegenüber den Leitern der Krankenanstalten wurde nur von »Verlegung« der ausgesuchten Kranken zwecks besonderer Beobachtung und Behandlung gesprochen. Von den Ministern der Reichsregierung war anscheinend nur Lammers direkt von Hitler über die geheime Ermächtigung der Ärzte informiert worden, aber anscheinend auch nur in einer Form, die glauben machen konnte, daß es sich um eindeutige »Gnadentod-Fälle« handele.

Der politisch-weltanschauliche Zusammenhang der Euthanasie-Aktion mit den schon 1933 und 1935 erlassenen Ehegesundheitsgesetzen, die Sterilisation und Schwangerschaftsunterbrechung in Fällen der Erbkrankheit gesetzlich einführten, ist offenkundig. Ebenso evident aber auch der krasse Unterschied des Verfahrens. Wurden in ersterem Falle besondere Verwaltungs- und Gerichtsinstanzen (Erbgesundheitsgerichte) mit dem gesetzlich vorgeschriebenen Antrags- und Entscheidungsverfahren beauftragt, so waren die Tarnorganisationen und geheimen Ermächtigungen bei der Euthanasie-Aktion bewußt als außergesetzliche Instrumente konstruiert, die gerade unter Umgehung der von seiten der NS-Regierung selbst eingerichteten staatlichen Instanzen tätig wurden. Dabei ist freilich nicht zu übersehen, daß auch schon das gesetzlich geregelte Verfahren der Sterilisation und Schwangerschaftsunterbrechung für Amtsärzte und Erbgesundheitsgerichte einen breiten und im Hinblick auf die Konsequenzen schwerwiegenden Ermessensspielraum eröffnete, durch den sich diese Gesetze selbst vom Prinzip des Rechtes und Rechtsschutzes weit entfernt hatten. Die Form der NS-Gesetzgebung selbst arbeitete insofern der späteren Gesetzlosigkeit vor. Der Zerfall der Verwaltungs- und Ressorteinheit (in diesem Falle vor allem die schon 1934 vorgenommene Verselbständigung der Gesundheitsverwaltung[39] und die durch Conti und seine NS-Mitarbeiter auch personell verstärkte Immediatstellung der Gesundheitsabteilung des RMdI), der Einsatz führerunmittelbarer Bevollmächtigter und Dienststellen (Leibarzt Brandt, Kanzlei des Führers, Kriminalpolizeibeamte aus dem Bereich des RFSS) und die vorangegangene allgemeine Entwertung des Gesetzgebungsverfahrens durch die Praxis der Führerermächtigungen bildeten wesentliche weitere Voraussetzungen der Euthanasie-Aktion. Wenn diese dennoch 1941 abgebrochen werden mußte, weil sich die Beschwerden aus der Öffentlichkeit, Justiz und Verwaltung häuften und einzelne Minister (Gürtner, Lammers) Hitler gegenüber auf gesetzlicher Regelung bestanden, so kann dies auch als Kriterium dafür gewertet werden, daß die führerstaatliche Verfassungsentwicklung im Altreichsgebiet noch nicht weit genug gediehen war, als daß solche Aktionen »reibungslos« hätten abgewickelt werden können. Der außerordentliche Apparat der Führergewalten mußte trotz Geheimhaltung und Tarnung früher oder später an das im Altreichsgebiet noch enge Netz gesetzlich gebundener Verwaltung und Justiz anstoßen und dadurch zum Konflikt führen.

Diese Erfahrung hat zweifellos dazu beigetragen, daß die spätere Massentötung der Juden in entlegene polnische und sowjetrussische Gebiete und in den hier besonders ausgedehnten »Geschäftsbereich des Reichsführers-SS« verlegt wurde. Der bei der Euthanasie-Aktion unter maßgeblicher Leitung von Viktor Brack aufgestellte Stab der »Vergasungstechniker« fand dabei erneut Verwendung. Im übrigen war das Verfahren durchaus ähnlich; ein kleiner Kreis von SS-Führern, die voll informiert, zu besonderer Geheimhaltung verpflichtet und unter ausdrücklichem Hinweis auf den »rechtssetzenden« Führerwillen »ermächtigt« wurden*; daneben nur abgestufte Information und Beteiligung anderer Dienststellen. Die vorangegangene Auflösung der Regierungs-, Verwaltungs- und Ressorteinheit (z. B. in Gestalt der Deutschlandabteilung des Auswärtigen Amtes) »bewährte« sich auch in diesem Falle. Der von der Sicherheitspolizei und SS repräsentierte führerunmittelbare Ausnahmeapparat war groß und selbständig genug geworden, um die eigentliche Durchführung der Massenverbrechen in eigene Regie zu nehmen. Und die an Gesetzmäßigkeit gebundenen Stellen der Staatsverwaltung waren genügend aufgesplittert, durch die Dauerwirkung führerunmittelbarer Konkurrenz, personelle Parteiinfiltration, Weltanschauungsschulung etc. ihrer Sicherheit und ihres Selbstbewußtseins weitgehend beraubt und entsprechend manipulierbar geworden. So konnten ihnen die zur Abwicklung des Gesamtprozesses der »Endlösung der Judenfrage« nötigen, jeweils partiellen verordnungstechnischen und exekutiven Handgriffe (bei nur ungenügender Kenntnis der vollen Absichten der Führung) zugemutet werden.

Diese verbrecherische Massenvernichtung der Juden kann

---

* Vgl. hierzu: Kommandant in Auschwitz. Autobiographische Aufzeichnungen von Rudolf Höß. Stuttgart 1958, S. 153. Höß schreibt dort über die entscheidende Befehlsausgabe durch Himmler: »Im Sommer 1941 ... wurde ich plötzlich zum Reichsführer-SS nach Berlin befohlen, und zwar direkt durch seine Adjutantur. Entgegen seiner sonstigen Gepflogenheit eröffnete er mir ohne Beisein eines Adjutanten, dem Sinne nach folgendes: Der Führer hat die Endlösung der Judenfrage befohlen, wir – die SS – haben diesen Befehl durchzuführen, ... Sie haben über diesen Befehl strengstes Stillschweigen, selbst Ihren Vorgesetzten gegenüber, zu bewahren.«

nicht einfach als Fortsetzung der gesetzlichen Judendiskriminierung seit 1933 verstanden werden. Verfahrensmäßig war sie gerade Bruch dieser vorangegangenen Praxis und hatte insofern eine andere Qualität. Gleichwohl hatten die vorangegangenen Gesetze und Verordnungen, die die Juden in Deutschland Schritt für Schritt weiter diskriminierten, unter Ausnahmerecht stellten und in ein gesellschaftliches Ghetto verbannten, den Weg zur »Endlösung« geebnet. Die akkumulative Auflösung des Rechtsprinzips durch Maßnahmen in Gesetzesform schlug schließlich um in die völlig form- und gesetzlose, verbrecherische Aktion.

Die vorstehend aufgezeigten Zusammenhänge zwischen der Auflösung der Formalität der Rechtssetzung wie der Einheit der Reichsverwaltung und den kriminellen Aktionen des NS-Regimes lassen es als besonders notwendig erscheinen, unsere Darstellung der inneren Verfassung des Dritten Reiches wenigstens durch eine kurze Beschreibung der Stellung und Organisation der Justiz und der Veränderung des materiellen und Verfahrensrechts in nationalsozialistischer Zeit zu ergänzen.

Die Machtübernahme Hitlers ereignete sich in einem Land, das zwar nur eine schwache demokratische Vergangenheit, aber eine solide rechtsstaatliche Tradition besaß. Gesetzmäßigkeit der Verwaltung und Unabhängigkeit der Justiz waren seit dem Ende des 18. Jahrhunderts in Preußen und den anderen deutschen Ländern im Prinzip anerkannt und im Laufe des 19. Jahrhunderts fest ausgebildet worden. Mochte der Nationalsozialismus dem liberalen Konzept konstitutioneller Regierung unter der Herrschaft des Rechts auch prinzipiell feindlich gegenüberstehen, so konnte er es sich doch unmöglich leisten, alle liberalen und rechtsstaatlichen Elemente des öffentlichen und bürgerlichen Rechts auszulöschen und einfach zum Polizeistaat des 17. oder frühen 18. Jahrhunderts zurückzukehren. Ohne ein gewisses Maß an Rechtssicherheit, durch welche erst die Funktion und Leistungsfähigkeit der komplizierten Strukturen moderner Wirtschaft, Gesellschaft und Verwaltung gewährleistet werden, hätte das NS-Regime selbst nicht existieren und nichts vollbringen können.

Aber im Gegensatz zum sowjetischen Kommunismus war der Nationalsozialismus auch nicht willens bzw. fähig, eine radikale und systematische Umformung liberaler Rechtsgrundsätze und der damit zusammenhängenden Verfahrensweise und Stellung der Justiz vorzunehmen; und ohne eine entsprechend revolutionäre Veränderung der gesellschaftlichen Ordnung wäre dies auch schwerlich durchführbar gewesen. Die nationalsozialistische Einstellung zum überkommenen liberalen Recht und zur traditionellen Unabhängigkeit der Justiz war ebenso negativ wie opportunistisch. Von einzelnen Reform- und Erneuerungsversuchen abgesehen, arrangierte man sich mit der bestehenden Justiz ebenso wie mit der übernommenen Büro-kratie und Wehrmacht, suchte gleichzeitig aber auf die verschiedenste Weise, Recht und Justiz von Fall zu Fall zu verändern, in ihrem Geltungsbereich zu beschränken oder zu korrigieren, wann immer diese den Zielen und dem Willen des Führers, der Staatsexekutive oder den Sondergewalten des Dritten Reiches besonders störend im Wege standen. Die Formen und Wirkungen dieser partiellen Abschaffung, Untergrabung und Pervertierung des Rechts, von denen im folgenden einige wesentliche Merkmale aufgezeigt werden sollen, betrafen am wenigsten das bürgerliche Recht. Namentlich der Grundsatz des Privateigentums und die diesbezüglichen Rechtebestimmungen wurden nur geringfügig angetastet. Und es war charakteristisch, daß in zivilrechtlichen Streitigkeiten die NSDAP und ihre Organe auch nach 1933 vor Gericht kaum einen Sonderstatus genossen.[1] Das eigentliche Feld der Auseinandersetzung war das öffentliche Recht, und hier wiederum in besonderem Maße das Strafrecht. Schon in den ersten Wochen nach Hitlers Machtübernahme traten dabei die Grundzüge jenes »Dualismus von Maßnahmen- und Normenstaat« (Ernst Fraenkel) zutage, der für das Dritte Reich charakteristisch bleiben sollte. Die Vorgänge vom März 1933 sind dafür ein Beispiel.

In diesen Wochen war infolge der Reichstagsbrand-Verordnung (28. 2. 1933) jener grundlegende Ausnahmezustand geschaffen worden, der es der Polizei bzw. der SA- und SS-Hilfspolizei erlaubte, eine von der Justiz unkontrollierbare Gegnerbekämpfung (Schutzhaft) einzuleiten, und die NS-Führung war gewillt, die damit gegebenen Möglichkeiten voll auszunutzen, um das Machtmonopol der NSDAP mit Terror und Gewalt durchzusetzen. Unter diesen Umständen mußte es für Hitler und Göring besonders unangenehm sein, daß der Kriminalfall der Brandstiftung im Reichstag, der für die Ausnahmeverordnung den Berufungsgrund hergegeben hatte, Gegenstand eines Verfahrens vor dem Reichsgericht werden sollte. Hitler fürchtete mit Recht, daß die Ermittlungen des Gerichts keine volle Bestätigung der bisherigen Regierungserklärungen über das kommunistische Aufstandsfanal erbringen und die ausländische Pressekritik neue Nahrung erhalten würde. »Dem Geschrei der Presse«, so erklärte er schon in der Kabinettssitzung vom 2. 3. 1933, »wäre der Boden entzogen worden, wenn der Täter sofort aufgehängt worden wäre.« In der Kabinettssitzung vom 7. 3. 1933 brachten Hitler und Frick erneut mit Nachdruck die Forderung vor, ein Reichsgerichtsverfahren gegen den Brandstifter van der Lubbe zu verhindern und diesen statt dessen mittels eines Schnellverfahrens sofort öffentlich zu hängen. Da das geltende Recht für Brandstiftung nur Zuchthausstrafe vorsah und die entsprechende Todesstrafandrohung der Reichstagsbrand-Verordnung vom 28. 2. 1933 erst nach der Tat erlassen worden war, forderte Frick eine »Lex van der Lubbe«, die mit rückwirkender Kraft den Vollzug der Todesstrafe durch Erhängung erlaube. Gegen eine solche eklatante Verletzung des Rechtsgrundsatzes »nulla poena sine lege«, der in allen Kulturstaaten akzeptiert sei, erhob der Vertreter des Reichsjustizministers, Staatssekretär Schlegelberger, starke Bedenken, versprach aber dennoch, das Mögliche zu versuchen. Tatsächlich kam es drei Wochen darauf, am 29. 3. 1933, zu dem rechtswidrigen Erlaß einer rückwirkenden »Lex van der Lubbe« (RGBl. I, S. 151), auf Grund deren der Angeklagte später zum Tode verurteilt und hingerichtet wurde. Infolge des Widerstandes des Reichspräsidenten und des Reichsjustizministers mußte Hitler dem Reichsgerichtsverfahren jedoch seinen Lauf lassen. Die Vertreter der Justiz hatten in einen bezeichnenden Kompromiß eingewilligt: Ein Rechts-*Grundsatz* war aufgehoben worden, aber die *Kompetenz* der Justiz hatte man mit Erfolg verteidigt. Noch viele ähnliche »Anpassungen« der Justiz sollten diesem Exempel folgen.

Von besonderer Bedeutung waren in dieser Zeit auch drei neue, die Rechtsordnung in Deutschland nachhaltig verändernde Verordnungen, die am 21. März (dem »Tag von Potsdam«!) mit Hilfe des Notverordnungsrechts des Reichspräsidenten erlassen wurden: eine Amnestie zur Löschung aller Straftaten, die »im Kampfe um die nationale Erhebung des Deutschen Volkes« begangen worden waren[2], das sogenannte Heimtücke-Gesetz[3] und die Verordnung über die Errichtung von Sondergerichten (RGBl. I, S. 136). Erließ die Amnestie-Verordnung unterschiedslos alle Strafen, die gegen Nationalsozialisten wegen politischer Vergehen und Verbrechen verhängt worden waren (auch die Potempa-Mörder kamen infolgedessen frei), so sorgte die Heimtücke-Verordnung dafür, daß selbst die mündliche Kritik an dem neuen Regime unter Strafe (Gefängnis, in schweren Fällen auch Zuchthaus) gestellt wurde.

Schon am 28. 2. 1933, zusammen mit der Reichstagsbrand-

Verordnung, war eine Notverordnung »gegen Verrat am Deutschen Volke und hochverräterische Umtriebe« ergangen (RGBl. I, S. 85), durch die der Begriff des Landes- und Hochverrats über die Bestimmungen des Strafgesetzbuches hinaus erweitert, eine Strafverschärfung eingeführt und ein von der Reichsregierung stärker beeinflußbares Vorgehen der Strafverfolgung durch die Justiz ermöglicht wurde. Einzelne Paragraphen der Verordnung gingen außerordentlich weit. So stellte § 3 selbst die Verbreitung von Nachrichten, die dem Ausland schon bekannt geworden waren, als »landesverräterisch« unter Strafe (nicht unter drei Monaten Gefängnis), sofern sie, »wenn sie nicht bereits der ausländischen Regierung bekannt oder öffentlich mitgeteilt worden wären«, durch öffentliche Erörterung oder Mitteilung »das Wohl des Reiches gefährdet« hätten. Das bedeutete nichts anderes als die Unterdrückung unerwünschter Nachrichten im *Inland*, deren Verbreitung ins Ausland man nicht hatte verhindern können, und stellte somit den Begriff des Landesverrates auf den Kopf. Die Heimtücke-Verordnung vom 21. 3. 1933 schuf darüber hinaus ein Instrument, um selbst harmlose, aber mit dem totalitären Anspruch der nationalsozialistischen Führung nicht zu vereinbarende Kritik mundtot zu machen.

Zusammen mit dieser Verschärfung des materiellen politischen Strafrechts wurde zugleich, in Gestalt der Sondergerichte, auch verfahrensrechtlich und organisatorisch ein spezieller Justizapparat der politischen Strafverfolgung ins Leben gerufen. Die Verordnung bestimmte, daß bei jedem Oberlandesgericht ein Sondergericht zu bilden sei, dessen Zuständigkeit sich auf die Aburteilung aller Vergehen gegen die Reichstagsbrand-Verordnung und die neue Heimtücke-Verordnung erstreckte. Das Verfahren der Sondergerichte, deren Zahl und Zuständigkeit sich in den späteren Jahren erheblich vermehrte, wurde ebenso wie das des 1934 zur Aburteilung von Hoch- und Landesverratssachen neugegründeten Volksgerichtshofes gegenüber dem ordentlichen Strafprozeßrecht stark »vereinfacht« und abgekürzt. Anstelle des richterlichen Kollegialprinzips waren die Stellung des Vorsitzenden, der zusammen mit zwei Beisitzern zu entscheiden hatte, und sein Einfluß auf Verfahrenseröffnung und Beweisführung erheblich verstärkt worden. Auch die Justizverwaltung konnte auf die Beweiserhebung Einfluß nehmen, und durch den Wegfall der gerichtlichen Voruntersuchung sowie die Beschneidung der

Einspruchsmöglichkeiten sollte ein »Schnellverfahren« ermöglicht werden.

Das Heimtücke-Gesetz und die Verordnung über die Errichtung von Sondergerichten waren, wie klar erkennbar ist, vom Reichsjustizministerium unter dem Druck der nationalsozialistischen Führung im Kabinett vorgelegt worden, um den heftigen Angriffen zu begegnen, die Hitler, Göring und Frick vor allem im Zusammenhang mit der Reichstagsbrandaffäre gegen die Justiz gerichtet hatten.* Die Grundlegung einer scharfen politischen Strafjustiz stand aber offenbar auch im Zusammenhang mit der seit dem 5. März durch SA- und SS-Hilfspolizei und das Instrument der Schutzhaft umsichgreifenden völlig verfahrenslosen politischen Verfolgung. Das Reichsjustizministerium suchte, ähnlich wie im Falle der »Lex van der Lubbe«, durch ein neues außerordentliches politisches Strafrecht- und Strafverfahren die Verläßlichkeit der Justiz im Sinne der neuen Regierung zu dokumentieren. Man glaubte, durch materiell-rechtliche Konzessionen, ja durch partielle Aufhebung von Recht und Verfassung die NS-Führung auf den Weg der Gesetzlichkeit und des Rechtsstaates zurückbringen und den Prozeß der in diesen Wochen in Gang befindlichen revolutionären und willkürlichen Gewaltanwendung wenigstens eindämmen zu können. Diese Rechnung war nicht völlig falsch, aber sie arbeitete doch insofern wiederum vor allem Hitler in die Hände, als sie es ihm erlaubte, alle wesentlichen Positionen auf dem Wege jener Scheinlegalität zu erreichen, die aus innen- und außenpolitischen Gründen damals besonders geboten war und vielleicht überhaupt erst den Erfolg der Machtergreifung ermöglichte.

Die für 1933 noch im Statistischen Jahrbuch für das Deutsche Reich veröffentlichte, später geheimgehaltene politische Kriminalstatistik bezeugt die praktische Auswirkung der neuen politischen Strafgesetze. Während im Jahre 1932 im Gebiet des Deutschen Reiches wegen Hochverrats insgesamt gegen 268 Personen ein Verfahren eröffnet und davon 230 Personen rechtskräftig verurteilt worden waren (in den Jahren davor

* Bei der Vorlage des Entwurfs des Heimtücke-Gesetzes im Reichskabinett äußerte Staatssekretär Schlegelberger am 21. 3. 1933 laut Protokoll der Kabinettssitzung, »daß das Reichsjustizministerium, besonders er als derzeitiger Leiter des Amts [Minister Gürtner war erkrankt], die Angriffe, die gegen die Justiz aus den Reihen des Kabinetts erhoben worden seien, sehr bitter empfinde. Es sei ganz selbstverständlich, daß die Justiz jede Regierung, insbesondere aber die jetzige Regierung der nationalen Erhebung, auf das energischste in allen Bestrebungen unterstützen werde, welche den Schutz des Staates gegen hoch- und landesverräterische Umtriebe und ähnliche wichtige Aufgaben zum Ziel hätten«.

lagen die Zahlen noch erheblich niedriger), ergab sich für 1933 folgendes Bild:

Politische Kriminalstatistik für 1933*

Straftatbestände	Zahl der rechtskräftig Abgeurteilten (einschließlich Freisprüche)	Davon rechtskräftig verurteilt
Wegen Hochverrats (nach §§ 83–86 des Strafgesetzbuches)	2 000	1 698
Wegen Verstoß gegen die VO des Reichspräsidenten zum Schutz von Volk und Staat vom 28. 2. 1933	3 584	3 133
Wegen Verstoß gegen die VO des Reichspräsidenten gegen Verrat am Dt. Volke und hochverräterische Umtriebe vom 28. 2. 1933	1 106	954
Wegen Verstoß gegen die VO des Reichspräsidenten zur Abwehr heimtückischer Angriffe gegen die Regierung der nationalen Erhebung vom 21. 3. 1933	4 466	3 744
Insgesamt	11 156	9 529

Seit dem Sommer 1933, im Zeichen der Bemühungen um die Beendigung der NS-Revolution, gelang es, den Ausnahmezustand terroristischer Gewaltanwendung *quantitativ* zurückzudrängen. Die Frontstellung, die Hitler, Göring, Frick und andere NS-Exponenten der Staatsgewalt im Bunde mit Reichswehr, Reichspräsident, Wirtschaft und Bürokratie gegen die SA bezogen, wirkte ebenso in diese Richtung wie die »Verreichlichung« der Justiz. Letztere entzog die Justiz nicht nur stärker dem Einfluß der nationalsozialistischen Landesregierungen und Parteigewalten, sondern machte auch manche während des Prozesses der Machtergreifung in den Ländern selbstherrlich verkündeten Landesstrafgesetze und die damit eingetretene Verschiedenheit der Rechtslage rückgängig.** In

* Nach ›Statistisches Jahrbuch für das Deutsche Reich‹, 54. Jg. Berlin 1935, S. 530 f. Nach dieser Quelle ergibt sich ferner (S. 329), daß bei den Sondergerichten im Jahre 1933 insgesamt 5 365 Anklagesachen anhängig waren, davon 4 794 wegen Vergehen und 571 wegen Verbrechen, und daß die Sondergerichte insgesamt 3 853 Urteile fällten. Im Jahre 1934 waren bei den Sondergerichten insgesamt 4 021 Anklagesachen anhängig, davon 2 944 wegen Vergehen und 1 077 wegen Verbrechen. Insgesamt wurden 2 767 Urteile gefällt. Für die späteren Jahre enthält das ›Statistische Jahrbuch für das Deutsche Reich‹ auch über die Sondergerichtsbarkeit keine Angaben mehr.

** So hatte die NS-Staatsregierung in Bayern z. B. am 26. 4. 1933 ein Gesetz zur Bekämpfung der Korruption und des Angebertums erlassen (Bayer. Ges.- u. Verordnungsblatt S. 123), das klar in die Strafrechtskompetenz des Reiches eingriff und schon am 24. 5. 1933 rückgängig gemacht werden mußte.

dieser Zeit (1934/35), in der auch verschiedene Prozesse gegen SA- und SS-Männer wegen Mißhandlung von politischen Gefangenen stattfanden, glaubte man im Reichsjustizministerium auch noch, den rechtlichen Ausnahmezustand der Konzentrationslager- und Schutzhaftverhängungen durch eine, nationalsozialistischen Vorstellungen angepaßte, scharfe Rechtsprechungspraxis in politischen Strafsachen sowie auf dem Wege einer völkisch-autoritären Strafrechts- und Justizreform entbehrlich machen zu können. Tatsächlich spricht alles dafür, daß in den Jahren zwischen 1934 und 1937 von der Justiz (Sondergerichte und Volksgerichtshof) abgeurteilte politische Fälle und die infolgedessen in Strafgefängnissen der Justiz einsitzenden politischen Strafgefangenen zahlenmäßig höher lagen als die gleichzeitig aus politischen Gründen in den Konzentrationslagern einsitzenden Häftlinge (durchschnittlich 5000 bis 8000). Allein der Volksgerichtshof »erledigte« in den Jahren 1934 bis 1937 rund 450 Hochverrats- und rund 575 Landesverratssachen.[4] Aber die völlige Abschaffung des gesetzlosen Ausnahmezustandes wurde nicht erreicht. Das Gestapogesetz vom 10. 2. 1936 und die feste Institutionalisierung der (allerdings in dieser Zeit stark reduzierten) Konzentrationslager unter Leitung der SS machten den rechtlichen Ausnahmezustand zur Dauereinrichtung des Dritten Reiches. Mit der Durchsetzung des Prinzips, daß Handlungen der Gestapo auch keiner Kontrolle durch die Verwaltungsgerichte unterlägen, war der Gestapo die entscheidende Kompetenz eingeräumt worden, nämlich die Möglichkeit, selbst zu bestimmen, welche Tatbestände als »politisch« zu gelten hätten und welche davon zum Zuständigkeitsbereich der Politischen Polizei (nicht zu dem der politischen Strafjustiz) gehören sollten. Versuche des Reichsjustizministeriums, den Gebrauch der polizeilichen Schutzhaft auf diejenigen Fälle zu beschränken, die nicht unter die strafrechtlichen Bestimmungen der inzwischen eingeführten politischen Strafgesetze fielen, hatten in diesen Jahren (1934 bis 1937) zwar in der Praxis einigen Erfolg*, führten aber nie zu einer klaren verbindlichen Abgrenzung.**

* Eine Beurteilungsgrundlage bilden die vollständigen Meldungen der Bayerischen Politischen Polizei (BPP) aus der Zeit vom 30. 3. bis 2. 11. 1936. In diesem Zeitraum wurden von der BPP insgesamt 1791 Personen verhaftet, davon ein außergewöhnlich hoher Anteil wegen Bagatellsachen, die in der Regel zur strafrechtlichen Verfolgung nicht ausreichten (»staatsabträgliches Verhalten«, »Beleidigung des Führers«, »Verächtlichmachung des Hakenkreuzes« etc.). Vgl. dazu M. Broszat, Nationalsozialistische Konzentrationslager 1934–1945. In: Anatomie des SS-Staates, a. a. O., Bd. 2, S. 46 ff.

** Reichsjustizminister Gürtner verlangte u. a. in seinem Schreiben vom 22. 8. 1936 an den

Die Verfolgung durch die Gestapo (und die Einlieferung in die KZ.s) nahm infolgedessen schon seit 1934/35 den Charakter einer Ergänzung oder auch Korrektur der justiziellen Strafverfolgung an. Um wenigstens »in der Regel« die Kompetenz der Justiz zu wahren, trafen örtliche Staatsanwaltschaften namentlich in Fällen politischer Strafverfolgung unter höchst bedenklicher Ausweitung des Begriffs sogenannter »Vorbeugung« selbst Verabredungen mit den zuständigen Stapostellen, um diesen Gelegenheit zu geben, aus den Strafanstalten der Justiz entlassene politische Strafgefangene anschließend in Schutzhaft zu nehmen.* In anderen Fällen kam es infolge solcher »Korrektur der Justiz« zu heftigen Auseinandersetzungen, zumal der für Strafrechtsangelegenheiten zuständige Staatssekretär des Reichsjustizministeriums (Roland Freisler) selbst fanatischer Nationalsozialist war und die Kompetenz einer im Sinne des Nationalsozialismus umgemodelten Justiz ungern durch die Polizei beschneiden lassen wollte. Den Charakter eines Kompetenzstreites zwischen verschiedenen Organen des NS-Regimes, die je auf ihre Weise nationalsozialistischen Prinzipien zur Durchsetzung zu verhelfen suchten und sich dabei gleicherweise auf den Willen des Führers beriefen, nahmen diese Auseinandersetzungen insbesondere an, wenn die Gestapo sich anmaßte, sogar Entscheidungen des Volksgerichtshofes zu korrigieren, der (unter Leitung des ehemaligen sächsischen NS-Justizministers Thierack) 1934 ausdrücklich von Hitler (anstelle des Reichsgerichts) als oberste Instanz in politischen Strafsachen eingesetzt und mit zuverlässigen Nationalsozialisten besetzt worden war. Charakteristisch war folgender Fall, der sich im März 1937 zutrug:

Eine frühere Kommunistin, die von der Polizei verhaftet und wegen Verdachts des Hochverrats angeklagt worden war,

RFSS und Chef der Dt. Polizei eine solche Abgrenzung. In der Erwiderung (durch SS-Gruppenführer Best) vom 7. 10. 1936 bestand der RFSS aber darauf, daß in Einzelfällen »die Verhängung der Schutzhaft auch beim Vorliegen strafbarer Tatbestände möglich ist«. Vgl. Akten des Reichsjustizministeriums. BA: R 22/1467.

* Hierzu verschiedene Vorgänge in den Akten des Reichsjustizministeriums. BA: R 22/1467. Besonders bemerkenswert der Bericht des Generalstaatsanwalts beim OLG Dresden vom 26. 6. 1936 an den Reichsjustizminister betr. seine Verabredungen mit dem Präsidenten des Sächsischen Staatspolizeiamtes über eine »enge« und »gedeihliche Zusammenarbeit« zwischen Staatsanwaltschaft und Politischer Polizei in politischen Strafsachen. Charakteristisch ferner das Ersuchen des für politische Strafsachen im Reichsjustizministerium zuständigen Abteilungsleiters, Min.-Dir. Dr. Crohne, vom 13. 4. 1938 an das Gestapa, doch »eingehend zu prüfen, ob die Maßnahme der Verhängung von Schutzhaft in Hochverratssachen«, »die von dem Verurteilten und seinen Angehörigen als Zusatzstrafe aufgefaßt wird, vom dortigen Standpunkt als vorbeugende Maßnahme unbedingt erforderlich ist«.

weil sie angeblich an illegalen Zusammenkünften ehemaliger KPD- und SPD-Anhänger teilgenommen hatte, war vom Zweiten Senat des Volksgerichtshofs aus Mangel an Beweisen freigesprochen worden. Zwei Beamte der Gestapo, die vom Geheimen Staatspolizeiamt zu dem Prozeß entsandt worden waren, wollten die Freigesprochene unmittelbar nach der Urteilsverkündung in Schutzhaft nehmen, worauf es zu einer heftigen Auseinandersetzung mit einem Beisitzer und dem Vorsitzenden der Verhandlung kam. Letzterer erklärte dabei, »daß es nicht angängig sei, Personen in Schutzhaft zu nehmen, die von dem Gericht freigesprochen wurden«. Der Volksgerichtshof sei »vom Führer und Reichskanzler eingesetzt und demnach als höchstes Gericht des Deutschen Reiches völlig souverän«, und es sei »ein unhaltbarer Zustand«, wenn seine Entscheidungen der »Kritik einer Verwaltungsbehörde« ausgesetzt würden.[5] Dieser Protest vermochte eine Festnahme der Freigesprochenen noch im Gerichtssaal zu verhindern, nicht aber, daß sie zwei Tage später zu Hause von der Gestapo in Schutzhaft genommen wurde.

Bis 1938/39 überwog im allgemeinen noch das Bestreben nach »Zusammenarbeit« zwischen der Justiz und der Politischen Polizei, wobei auch letztere sich bei ihren außerrechtlichen Maßnahmen noch manche Zurückhaltung auferlegte. In Einzelfällen nahm die »Korrektur der Justiz« durch die Polizei aber deutlich die Form einer aggressiven Kritik an, durch die die Justiz bewußt unter Druck gesetzt werden sollte.[6] Am 23./24. 1. 1939 machte der Reichsjustizminister diese Angelegenheit zum Gegenstand einer besonderen Besprechung mit den Generalstaatsanwälten und Oberlandesgerichtspräsidenten. Dabei zeigte sich, daß auch diese höchsten Justizbeamten gegen einen Großteil der polizeilichen »Vorbeugemaßnahmen« nichts einzuwenden hatten und vereinzelt, wenn die rechtliche Handhabe zur Verurteilung nicht ausreichte, die Staatsanwälte sogar selbst die Gestapo um Schutzhaftmaßnahmen ersucht hatten, während nur ein geringer Teil der »Korrektur«-Fälle als dem Ansehen der Justiz »abträglich« angesehen wurde.[7]

Auch der Volksgerichtshof arrangierte sich schließlich mit der Gestapopraxis. Noch am 21. 1. 1939 hatte Präsident Thierack in einem Schreiben an das Reichsjustizministerium erklärt, nach Auffassung der »gesamten Mitglieder des Senats einschließlich der ehrenamtlichen Richter« sei »nach erfolgter Freisprechung die Schutzhaft unerträglich«.[8] Eineinhalb Jahre

später, am 29. 7. 1940, teilte der Oberreichsanwalt beim Volksgerichtshof dem Reichsjustizminister mit:

»Die Frage, ob und inwieweit es angezeigt ist, wegen Verdachts staatsfeindlicher Betätigung gerichtlich verhaftete Personen nach Aufhebung des Haftbefehls der Geheimen Staatspolizei zu überstellen, habe ich, soweit es sich um die Aufhebung des Haftbefehls durch den Volksgerichtshof handelt,
mit dem Präsidenten des Volksgerichtshofes besprochen . . .
Vorbehaltlich anderer Weisung werde ich künftig wie folgt
verfahren: in Übereinstimmung mit dem Präsidenten des
Volksgerichtshofs werde ich, wenn auf Freisprechung oder
Einstellung des Verfahrens erkannt oder die Strafe durch die
erlittene Untersuchungshaft verbüßt erklärt worden ist, die betroffenen Personen grundsätzlich der Geheimen Staatspolizei
überstellen, außer wenn diese auf Rückführung ausdrücklich
verzichtet hat. Kommt eine Freisprechung wegen erwiesener
Unschuld in Betracht, so werde ich auf diesen Umstand die
Geheime Staatspolizei vor der Überstellung hinweisen und bei
ihr anfragen, ob sich eine Überstellung erübrigt. Sollte demgegenüber die Geheime Staatspolizei die Verhängung von
Schutzhaft für geboten erklären, so werde ich die Überstellung
veranlassen . . .«[9]

Dies war, jedenfalls im Geschäftsbereich des Volksgerichtshofs, die komplette Kapitulation vor der Gestapo in allen
politischen Strafsachen. Die ursprünglichen Versuche der Justiz, ihrerseits auf die polizeilichen Schutzhaftmaßnahmen Einfluß zu nehmen und sie zu verrechtlichen, u. a. durch die Hinzuziehung von Rechtsanwälten, waren ins Gegenteil verkehrt
worden. Damit aber auch die namentlich von Hans Frank, dem
Führer des »Bundes Nationalsozialistischer Deutscher Juristen«
und Präsidenten der Akademie für Deutsches Recht, propagierte
romantische Vorstellung, daß der völkische Führerstaat ger-
manische Rechtsauffassungen und unabhängiges germanisches
Richtertum wiederbeleben würde. In »ernster Besorgnis um
den Bestand der Rechtssicherheit in Deutschland« hatte
Franks Stellvertreter im NS-Juristenbund seinerzeit (22. 8.
1935) noch erklärt, »daß die Verweigerung des rechtlichen Bei-
standes in Schutzhaftsachen« durch die Gestapo »mit dem
nationalsozialistischen Begriff der Rechtssicherheit vollkommen unvereinbar« sei, »im Widerspruch zum natürlichen
Rechtsempfinden der nordischen Völker steht« und der Verleumdung Vorschub leistet, »daß die Tätigkeit der Geheimen

Staatspolizei – wie der russischen Tscheka – außerhalb der Rechtssphäre stehe und reine Willkür« sei.[10]

Diese Träume vom völkisch autoritären Rechtsstaat nationalsozialistischer Prägung, die damals (1935) auch hinter dem nie verabschiedeten Entwurf eines neuen Strafgesetzbuches standen, waren bei Kriegsbeginn längst ausgeträumt. Die Justiz hatte sich, in der Annahme, nur so ihre Stellung behaupten zu können, zunehmend weiter angepaßt und der Untergrabung des Rechts selbst den Arm geliehen. Schon seit Weimarer Zeiten daran gewöhnt, in politischen Angelegenheiten und anläßlich sogenannter »nationaler Notstände« Unrecht zu exkulpieren, wenn es nur den rechten nationalen Zwecken diente, hatte der deutschnationale Reichsjustizminister (Dr. Gürtner) nach den blutigen Aktionen anläßlich der Röhm-Affäre am 3. 7. 1934 selbst seinen Namen unter ein Gesetz geschrieben, das diese Aktionen nachträglich als Maßnahme zur Behebung eines Staatsnotstandes »für rechtens« erklärte (RGBl. I, S. 529). Dem an sich rechtlich und rechtsstaatlich gesinnten Reichsjustizminister war diese Unterschrift nicht leicht gefallen. Er glaubte sie dennoch leisten zu sollen, weil er (ebenso wie die konservativen Kräfte in Reichswehr und Bürokratie) sich gerade von der Entmachtung der SA eine Rückkehr zu größerer Rechtssicherheit versprach. Bald aber waren weitere solche »Kompromisse« nötig geworden. Der öffentliche Terror war zwar zurückgedrängt, aber in den Gestapogefängnissen und Konzentrationslagern regierte vielfach noch immer die ungesetzliche Brutalität. Interne Wachvorschriften der SS in den Konzentrationslagern machten den SS-Posten die Erschießung von Gefangenen in Fällen geringster Unbotmäßigkeit oder Fluchtgefahr sogar zur Pflicht. Die den Staatsanwaltschaften zugehenden Meldungen über solche »Erschießungen auf der Flucht« rissen auch nach 1934 nicht ab.[11]

In einem solchen Fall, der angeblich »wegen Widerstandes« erfolgten Erschießung zweier Häftlinge im Konzentrationslager Columbia-Haus in Berlin im Frühjahr 1935, berichtete der Berliner Generalstaatsanwalt: »Die Dienstvorschrift könne die Beschuldigten nicht entlasten. Da sie sich nicht als gesetzliche Bestimmung darstellt, kann sie die Rechtswidrigkeit des Handelns . . . nicht beseitigen. Es handelt sich hier um ein bedauerliches Auseinanderklaffen von Dienstanweisungen und rechtlich Zulässigem.«[12] Da die Leitung der Justiz sich aber nicht in offenen Widerspruch zu dem offensichtlich »von oben« (Hitler) gedeckten Vorgehen der Gestapo und SS setzen wollte, nahmen die Justizbehörden in solchen Fällen (sofern nur halbwegs glaubhaft gemacht werden konnte, daß die betreffenden Gestapo- oder SS-Männer »nach Vorschrift« gehandelt hatten) zu der verhängnisvollen Praxis Zuflucht, Anklageerhebungen der zuständigen Staatsanwaltschaften »auszusetzen« und statt dessen in solchen politisch delikaten Fällen nur den vorgesetzten Justizverwaltungsstellen (letztlich dem Ministerium) zu berichten. Der rechtsstaatliche Grundsatz, wonach die Staatsanwaltschaften von sich aus zur unparteiischen Strafverfolgung aller Vergehen in ihrem Amtsbezirk verpflichtet waren, wurde auf diese Weise aufgehoben. Ein bemerkenswertes Beispiel dafür, auf welche Weise der autoritäre Staat, der solche verstärkte Weisungsgebundenheit der Staatsanwälte erzwang, dem Unrechtsstaat Vorschub leistete.

Zu einem förmlichen »gentleman's agreement« zwischen Justizministerium und Gestapo kam es 1937 bezüglich der Strafverfolgung von Polizeibeamten, die sich eine Mißhandlung von polizeilichen Untersuchungsgefangenen hatten zuschulden kommen lassen (was der Justiz verschiedentlich durch ihre Ermittlungsrichter oder während der Gerichtsverhandlungen bekannt wurde). Das Justizministerium versprach in solchen Fällen, von jeder Strafverfolgung abzusehen, wenn die Gestapo bestätigen konnte, daß die betreffenden Polizeibeamten nicht willkürlich gehandelt hätten, sondern gemäß den Vorschriften der sogenannten (nach Ansicht der Gestapo mitunter nötigen) »verschärften Vernehmung«.[13] Auf der anderen Seite gaben die in solchen polizeilichen »Vernehmungen« erpreßten Geständnisse einzelnen mutigen Richtern oder Rechtsanwälten die Möglichkeit, in Gerichtsverhandlungen die Nichtigkeit der von der Gestapo vorgebrachten Beschuldigungen zu erweisen.[14] Bestimmte Verfahrenstechniken der Justiz, so z. B. Verhandlungen »unter Ausschluß der Öffentlichkeit« (was auch hieß: ohne Gestapo-Beobachter) konnten dann dazu beitragen, dem Recht Geltung zu verschaffen. Und da »glatte« Freisprüche in politischen Strafsachen in der Regel anschließende Inschutzhaftnahme der Entlassenen durch die Gestapo bedeutete, »verabredeten« Richter und Anwälte gelegentlich auch (an sich unrechtmäßige) Verurteilungen zu Freiheitsstrafen, nur um den Angeklagten der Aufmerksamkeit der

Gestapo für einige Zeit zu entziehen. Unrechtmäßige Freiheitsberaubung in den Haftanstalten der Justiz diente hier dem Schutz vor Konzentrationslagerhaft. Auch solche Perversionen waren Ergebnis des Dualismus von Maßnahmen- und Normen-Staat. In der Regel bewirkte dieser Dualismus aber das Gegenteil, die Selbstanpassung der Justiz und des positiven Rechts an den dezisionistischen Führerwillen.

Auch personelle und organisatorische Maßnahmen förderten diese Entwicklung. Die »Säuberung« auf Grund des Gesetzes zur Wiederherstellung des Berufsbeamtentums hatte auch die Justizbeamten betroffen, und ein am gleichen Tage (7. 4. 1933) erlassenes Gesetz über die Zulassung zur Rechtsanwaltschaft (RGBl. I, S. 188) bildete die Grundlage für den Ausschluß der beträchtlichen Zahl jüdischer Rechtsanwälte. Wenngleich die Quoten der 1933 aus politischen Gründen zwangspensionierten Richter und Staatsanwälte infolge der fast ausschließlich »bürgerlichen« Struktur der Justiz relativ klein und auch der Anteil der »Nichtarier« unter den Justizbeamten erheblich geringer waren als unter den Rechtsanwälten[*], so war doch das Prinzip der Unabsetzbarkeit der Richter durchbrochen. Trotz des nominellen Parteibeitritts zahlreicher Richter und Justizbeamter und der Gleichschaltung und Zwangsüberführung des »Deutschen Richterbundes« in die Einheitsorganisation des »Bundes Nationalsozialistischer Deutscher Juristen«[15] gelang es zwar kaum, auch nur die führenden Positionen der Justizverwaltung mit »Alten Kämpfern« der NSDAP zu besetzen. Dennoch wirkte die Einstellung des einzelnen Richters zur Partei und ihren Grundsätzen, die von den örtlichen Hoheitsträgern der NSDAP kritisch beobachtet wurde, auf die Dauer ebenso karrierehemmend oder -fördernd wie auch sonst innerhalb der Beamtenschaft. Das kam um so mehr zur Geltung, als die bisherige Form der autonomen Geschäftsverteilung der Gerichte durch unabhängige richterliche Gremien nach 1933 zunehmend beschränkt und auf die Justizverwaltung übertragen wurde.[16] Anderseits blieb das selbst bei

---

[*] So wurden im Bereich des OLG Hamburg 1933 insgesamt 31 (meist jüdische) Richter und Staatsanwälte entlassen und 44 jüdische Rechtsanwälte von der Anwaltskammer ausgeschlossen. Vgl. Werner Johe, Die gleichgeschaltete Justiz. Organisation des Rechtswesens und Politisierung der Rechtsprechung 1933–45, dargestellt am Beispiel des Oberlandesgerichtsbezirks Hamburg. Frankfurt/M. 1967, S. 66 ff. Im Bezirk des OLG Hamm wurden 1933 18 und auf Grund der Nürnberger Gesetze weitere 13 jüdische Richter entlassen, ferner 13 Richter aus politischen Gründen gemaßregelt (Zwangspensionierung oder Versetzung in ein niederes Amt). Vgl. Hermann Weinkauff, Die deutsche Justiz und der Nationalsozialismus. In: Die deutsche Justiz und der Nationalsozialismus. Teil. I. Stuttgart 1968, S. 102.

den Sondergerichten beibehaltene (wenn auch durch die »Vereinfachungsreformen« nach Kriegsbeginn allgemein reduzierte) Kollegialprinzip der Gerichte[17] und ihrer Entscheidungen (Vorsitzender und Beisitzer) ein dem Führerprinzip grundsätzlich widersprechendes, aber ohne völlige Revolutionierung der Justiz nicht abzuschaffendes Element, das dazu beitrug, die Verfahrensweise der Justiz zum ständigen Ärgernis Hitlers zu machen. Bedeutsame Folgen im Sinne der Gleichschaltung der Justiz hatte ferner die stärkere Abhängigkeit der Staatsanwälte von der jetzt einheitlich im Reichsjustizministerium zentralisierten politischen Leitung der Justiz. Sie wurde auch dadurch gefördert, daß das Beamtengesetz von 1937 die Staatsanwälte generell (nicht wie bisher nur die Generalstaatsanwälte) zu politischen Beamten machte, die jederzeit in den Ruhestand versetzt und abberufen werden konnten. Hinzu kam, daß im Prozeß die Kompetenzen und Rechte der Staatsanwaltschaft (und damit der Einfluß der Justizverwaltung) gegenüber dem Beschuldigten vergrößert wurden, zunächst vor allem im Verfahren der Sondergerichte, im Rahmen der strafrechtlichen Verfahrensvereinfachungen nach Kriegsbeginn auch in der ordentlichen Gerichtsbarkeit.[18]

Wie die nationalsozialistische Einwirkung auf das personelle und organisatorische Gefüge der Justiz, die Gerichtsverfassung und das Gerichtsverfahren nicht in völligem Umsturz bestand, aber dieses Gefüge doch an allen möglichen Stellen durchlöcherte und aufweichte, so verhielt es sich ähnlich mit der Bindung der Rechtsprechung an das geschriebene Gesetz. Auch hier unterblieben, z. B. im Strafrecht, geplante umfassende Reformen. Statt dessen wurden, auch auf unpolitischem Gebiet, einzelne strafverschärfende Bestimmungen eingeführt, so z. B. durch das am 24. 11. 1933 erlassene Gesetz »gegen gefährliche Gewohnheitsverbrecher« (RGBl. I, S. 995), das für Wiederholungsvergehen und -verbrechen außer befristeter Freiheitsstrafe unbefristete »Sicherheitsverwahrung« als Strafe vorsah. Auch hier suchte die Justiz durch eigene drakonische Rechtsveränderungen ungesetzliche Maßnahmen der SS und Polizei »entbehrlich« zu machen. War man doch, z. B. bei der Bayerischen Politischen Polizei, schon damals dazu übergegangen, auch sogenannte Asoziale (Arbeitsbummelanten, Trinker, Homosexuelle) in die Konzentrationslager einzuliefern. Aber auch diese Maßnahme konnte nicht verhindern, daß 1937 durch die inzwischen von Himmler gleichgeschaltete und mit SS-

Leuten durchsetzte Kriminalpolizei die »Vorbeugungshaft« als ein weiteres Instrument außerrechtlicher Zwangsmaßnahmen (neben der politischen Schutzhaft) generell eingeführt und nachträglich durch einen Erlaß des Reichsinnenministers über die »Vorbeugende Verbrechensbekämpfung durch die Polizei« (14. 12. 1937) legalisiert wurde.[19]

Im übrigen, und das galt z. T. auch für den Bereich des Bürgerlichen Rechts, sollte die Rechtsprechung generell von dem Prinzip strenger rechtspositivistischer Gesetzesbefolgung frei gemacht und nationalsozialistischen Anschauungen und »gesundem Volksempfinden« durch größere Freiheit der Rechtsauslegung die Tür geöffnet werden. Das geschah u. a. durch das Gesetz zur Änderung des Strafgesetzbuches vom 28. 6. 1935, das, in Vorgriff auf die beabsichtigte umfassende Strafrechtsreform, die sogenannte »Analogie« zur Grundlage der Rechtsprechung machen wollte. Die neue Bestimmung besagte, daß die Richter künftig nicht nur zu prüfen hätten, ob nach wörtlicher Auslegung des Gesetzes eine strafbare Handlung vorliege, sondern auch, ob eine Tat »nach dem *Grundgedanken* eines Strafgesetzes oder nach gesundem Volksempfinden Bestrafung verdient« (RGBl. I, S. 839). Damit war nationalsozialistisch gesinnten Richtern ein weiter Ermessensspielraum der Gesetzesauslegung gegeben und eine allgemeine Verwässerung des Grundsatzes »nulla poena sine lege« eingeleitet. Dennoch hat dieser Analogieparagraph, der von führenden nationalsozialistischen Juristen (Frank, Freisler, Rothenberger) lebhaft propagiert wurde, insgesamt die Rechtsprechung der in positivistischen Rechtsbegriffen erzogenen deutschen Juristen weit weniger zu bestimmen vermocht, als diese Propagandisten es sich wünschten. Die Ursache hierfür lag auch darin, daß weder das »gesunde Volksempfinden« noch die »nationalsozialistische Weltanschauung« oder »der Wille des Führers«, die diesen Appellen zufolge Grundlage der Rechtsauslegung sein sollten, auch nur einigermaßen klar bestimmt und damit justiziabel waren. Aus dem gleichen Grund halfen auch die Versuche zur nationalsozialistischen Schulung der Jurastudenten und Juristen nicht viel weiter. Man vermochte dadurch zwar das »Paragraphendenken« anzuschwärzen, aber schwerlich eine juristisch verwendbare Doktrin an seine Stelle zu setzen. So kam es nur zur partiellen Demontage des alten Rechts, nicht zur Setzung neuen nationalsozialistischen Rechts.

Auch Hitler selbst beteiligte sich schon vor Kriegsbeginn an dieser Demontage, indem er gelegentlich persönlich Gerichtsurteile anfocht, die ihm unzulänglich erschienen. Als sich 1938 eine Reihe von Raubüberfällen, z. T. unter Benutzung von Autofallen, ereignete, die eine Zeitlang Beunruhigung hervorriefen, kam es erstmalig zu dem ungewöhnlichen Verfahren, daß Hitler am 22. 6. 1938 persönlich ein rückwirkend ab 1. 1. 1938 geltendes Gesetz erließ, das aus einem einzigen Satz bestand: »Wer in verbrecherischer Absicht eine Autofalle stellt, wird mit dem Tode bestraft.« (RGBl. I, S. 651.) Durch Verordnung vom 20. 11. 1938 (RGBl. I, S. 1632) wurde außerdem die bisher nur für politische Straftaten geltende Zuständigkeit der Sondergerichte auch auf unpolitische Kriminalfälle ausgedehnt. Hitler scheute sich auch nicht, zugunsten persönlicher Gefolgsleute in die Rechtsprechung einzugreifen, so Ende 1938 in dem Ehescheidungsverfahren seines alten Mitkämpfers Hermann Esser, wobei der Chef der Reichskanzlei (Lammers) und der Reichsjustizminister (Gürtner) selbst eingespannt wurden, um die Gesetzesauslegung des Führers dem verhandelnden Berliner Landgericht zur Kenntnis zu bringen.*

Nachdem schon 1938/39 zahlreiche justizfeindliche Attacken und eine systematische Schelte einzelner Gerichtsurteile durch bestimmte Organe der NS-Presse, namentlich ›Das Schwarze Korps‹ (Wochenblatt der SS), eingesetzt hatten**, eröffnete der Kriegsbeginn auch im Hinblick auf Recht und Justiz erst die eigentliche Periode progressiver Radikalisierung. Diese vollzog sich zunächst in Fortsetzung des mit dem Autofallengesetz von 1938 eingeschlagenen Kurses: Unter Berufung auf die besonderen Bedingungen des Krieges und den Opfertod der deutschen Soldaten wurde seit Kriegsbeginn eine ganze Serie von Kriegsstrafgesetzen erlassen, die eine bisher nicht dagewesene Häufung von Todesstrafandrohungen enthielten. Es sind hierbei vor allem die Verordnung über außerordentliche Rundfunk-

* Dieser Fall ist ausführlich dokumentiert in den Akten der Reichskanzlei: BA: R 43 II/11 506. Besonders bezeichnend ein in diesem Zusammenhang von Lammers an Gürtner gerichtetes Schreiben vom 23. 11. 1938, in dem ersterer ausführt, er habe die Auffassung des Führers zur Kenntnis geben wollen, »da die Auslegung, die der Führer und Reichskanzler als letztzick alleiniger Gesetzgeber des Dritten Reiches einem von ihm erlassenen Gesetz gibt, mir von besonderer Bedeutung zu sein scheint«.

** Das Reichsjustizministerium bemühte sich damals noch, diese Kritik zu widerlegen. Vgl. z. B. die in der ›Deutschen Justiz‹ vom 27. 1. 1939, S. 1750 erschienene Erwiderung auf 13 Angriffe des ›Schwarzen Korps‹ aus den Jahren 1937/38. Im Februar 1939 machte Gürtner darüber hinaus einen Versuch, Himmler persönlich zur Einstellung dieser Angriffe zu bewegen (IfZ: Himmler-files, folder 47).

maßnahmen vom 1. 9. 1939 (RGBl. I, S. 1683), die Kriegswirtschaftsverordnung vom 4. 9. 1939 (RGBl. I, S. 1609) und die Volksschädlingsverordnung vom 5. 9. 1939 (RGBl. I, S. 1679) zu nennen, wozu dann einige Monate später die Erweiterung der Strafbestimmungen in Fällen von Wehrkraftzersetzung am 25. 11. 1939 (RGBl. I, S. 2319) und die Verordnung gegen Gewaltverbrecher vom 5. 12. 1939 (RGBl. I, S. 2378) kamen. Damit war innerhalb kurzer Frist strafrechtlich die Zahl der todeswürdigen Verbrechen vervielfacht worden, eine Entwicklung, die in den folgenden Jahren anhielt und nach Berechnung der amerikanischen Anklagebehörde im Nürnberger Juristenprozeß dazu führte, daß den insgesamt nur drei Tatbeständen, in denen schon vor 1933 auf Todesstrafe erkannt werden konnte, in den Jahren 1943/44 gesetzliche Todesstrafandrohungen in nicht weniger als 46 Fällen gegenüberstanden.[20] Die drakonische Verschärfung der materiellen Bestimmungen des Strafrechts wurde in ihrer Wirksamkeit noch erheblich gefördert durch entsprechende Änderungen des Strafverfahrens, die mit der »Vereinfachungsverordnung« am Tage des Kriegsbeginns (1. 9. 1939) in Kraft traten.[21] Sie dehnte die Zuständigkeit der Sondergerichte nochmals weiter aus, erlaubte die Bildung neuer Sondergerichte, die Einschränkung der Verteidigung und Aburteilung im Schnellverfahren. Zusätzlich wurde am 16. 9. 1939 durch das Gesetz zur Änderung von Vorschriften des allgemeinen Strafverfahrens, des Wehrmachtstrafverfahrens und des Strafgesetzbuchs (RGBl. I, S. 1841) die Einrichtung des sogenannten »außerordentlichen Einspruchs« geschaffen, welcher der Justizverwaltung die Möglichkeit gab, rechtskräftige Urteile, die nicht hart genug erschienen, durch den Oberreichsanwalt beim Reichsgericht aufheben zu lassen und eine neue Verhandlung vor einem besonderen Strafsenat des Reichsgerichts anzuordnen.

Es ist evident, daß eine so robuste Zuspitzung des ganzen Strafrechts weit über das Maß dessen hinausging, was als berechtigte Verschärfung gewisser Strafvorkehrungen in Kriegszeiten gelten konnte. Mochte der deutschnationale Reichsjustizminister Gürtner auch Anhänger einer harten Strafjustiz sein, zum Erlaß dieser Verordnung bewog ihn nicht in erster Linie die Sorge um die Rechtssicherheit und den Schutz der Öffentlichkeit im Kriege. Vielmehr suchte man wieder einmal durch verschärfte Formen der Verbrechensbekämpfung, wie sie Hitler wünschte und Himmler praktizierte, der von dorther kommenden Kritik den Wind aus den Segeln zu nehmen. Man glaubte der Geltung der Justiz einen Dienst zu tun, indem man bewies, daß man auch »hart« sein konnte.

Spätere Sonderstrafverordnungen, so die berüchtigte »Verordnung über die Strafrechtspflege gegen Polen und Juden in den eingegliederten Ostgebieten« vom 4. 12. 1941 (RGBl. I, S. 759) führten diese Strafverschärfung weiter und machten die Justiz nun vor allem auch zum Instrument des Kampfes gegen unerwünschte völkische Gruppen, der den militärischen Krieg begleitete. Die Zahl der von den Zivilgerichten verhängten Todesurteile schnellte infolgedessen steil an. Eine hierüber von 1938 bis zum August 1944 geführte Statistik aus den Akten des Reichsjustizministeriums ergibt folgende Bilanz der bestätigten Todesurteile für das Reichsgebiet (ohne Protektorat)[22]:

1938	23
1939	220
1940	926
1941	1 109
1942	3 002
1943	4 438
1944 (Jan.–Aug.)	2 015
Insgesamt:	11 733

Die Genesis der in extremem Maße rechtspervertierenden Sonderstrafverordnung für Polen und Juden[23] läßt deutlich den immer gleichen Mechanismus dieser Entwicklung erkennen: Nachdem die Sicherheitspolizei den von ihr regierten, bis 1938/39 aber noch relativ beschränkten Raum des rechtlosen Ausnahmezustandes unter den Bedingungen des Krieges schon im Altreich, vor allem aber in den neu annektierten Gebieten kräftig erweitern konnte,* hatte die Justiz größte Mühe, in die-

---

* Auch im Altreich waren Himmler bzw. der Chef der Sicherheitspolizei (Heydrich) bei Kriegsbeginn zu außerordentlichen Maßnahmen ermächtigt worden. Der Chef der Sicherheitspolizei gab auf Grund dessen am 3. 9. 1939 einen an die Organe der Sicherheitspolizei gerichteten Runderlaß heraus, der zu rücksichtslosem Vorgehen gegen volks- und staatsfeindliche Vergehen aufforderte und mitteilte, daß »gegebenenfalls auf höhere Weisung brutale Liquidierung solcher Elemente« erfolgen würde. BA: Slg. Schumacher, Nr. 271. Auf Grund dessen wurden schon im Herbst 1939 auch in den Konzentrationslagern des Altreichsgebiets vereinzelt verfahrenslose Erschießungen von Kriminellen, Kriegswirtschaftssaboteuren o. ä. durch die SS vorgenommen. Reichsjustizminister Gürtner, durch diese Fälle alarmiert, ersuchte Hitler daraufhin Ende September 1939 um dringende Klärung, »ob Verbrechen im nichtbesetzten Gebiet (Reichsgebiet) nach den Kriegsgesetzen oder von der Polizei ohne Verfahren und Urteil zu ahnden sind«. Hitler ließ über Lammers am 14. 10. 1939 ausweichend mitteilen, »im Einzelfall« könne er nicht darauf verzichten, der Sicherheitspolizei Anweisungen dieser Art zu geben, »weil die Gerichte (Militär und Zivil) den besonderen Verhältnissen des Krieges sich nicht gewachsen zeigten«. Nürnberger Dokument NG–190.

sen neuen Gebieten überhaupt neben der Sicherheitspolizei und der mit NS-Funktionären stark durchsetzten Herrschaftsorganisation der führerunmittelbaren Zivilverwaltungschefs auf dem Sektor der Strafverfolgung überhaupt zugelassen zu werden. Wenn es ihr dennoch gelang, das Prinzip der Justizkompetenz in diesen nach Herrenrassenmethoden regierten Provinzen durchzusetzen, so nur um den Preis fast völliger Aushöhlung des Rechtsverfahrens und Rechtsschutzes. Wie schon oft zuvor vermochte die Justiz dadurch den Gang der Dinge jedoch nur geringfügig zu retardieren, nicht aufzuhalten.

Nach dem Tode Gürtners (29. 1. 1941) schien Hitler, der in den Kriegsjahren, u. a. in seinen »Tischgesprächen«, vielfach schärfste Kritik an den Juristen übte und diese gelegentlich sogar als »Schädlinge« und »Verbrecher« hinstellte,[24] die Zeit auch für eine öffentliche Demütigung der Justiz gekommen. So ließ er sich in der Versammlung des Reichstages am 26. 4. 1942 durch Akklamation förmlich bestätigen, daß er, der Führer, »das gesetzliche Recht« habe, »Richter, die ersichtlich das Gebot der Stunde nicht erkennen«, »ohne Rücksicht auf sogenannte wohlerworbene Rechte und ohne Einleitung vorgeschriebener Verfahren aus dem Amte zu entfernen«.[25] Die deutschen Richter wie auch der geschäftsführende Justizminister Schlegelberger empfanden diesen Akt als »brutalen Angriff«. Ihm folgte am 20. 8. 1942, unter maßgeblicher Einschaltung Bormanns und der Parteikanzlei, die Einsetzung des »Altparteigenossen« und bisherigen Volksgerichtshof-Präsidenten Thierack zum neuen Reichsjustizminister. Thieracks Amtsübernahme und der gleichzeitige Wechsel Freislers zum Volksgerichtshof leiteten die letzte extremste Phase des Ausverkaufs der Justiz ein.

Unter Freislers Leitung wurde der Volksgerichtshof, insbesondere bei der Aburteilung der Verschwörer vom 20. Juli 1944, zum exemplarischen Beispiel der Parteijustiz nach dem Vorbild stalinistischer Schauprozesse. Und Thierack suchte bewußt eine günstigere Stimmung Hitlers für die Justiz dadurch zu erzielen, daß er einige bisher mit Erfolg gegen den Zugriff der SS und Polizei verteidigte Kompetenzen der Justiz freiwillig aufgab. So einigte er sich mit Himmler darüber, daß einige Tausend in den Haftanstalten der Justiz einsitzende Kriminelle in die Konzentrationslager (vor allem Mauthausen) überführt wurden und dort binnen kurzem der »Vernichtung durch Arbeit« anheimfielen. Ferner räumte der neue Reichsjustizminister der Sicherheitspolizei ein, daß die Strafverfolgung von polnischen und sowjetrussischen Zivilarbeitern im Reich künftig ohne Einschaltung der Justiz allein durch die Polizei zu erfolgen habe. »Ein gerichtliches Strafverfahren«, so teilte der nach dem Attentat auf Heydrich eingesetzte neue Chef des RSHA (Kaltenbrunner) am 30. 6. 1943 den nachgeordneten Polizeistellen mit, solle nur noch stattfinden, »wenn die Polizei die Durchführung eines solchen Strafverfahrens wünscht«, wenn dies »aus stimmungspolitischen Gründen« angezeigt erscheint »und durch vorherige Fühlungnahme sichergestellt ist, daß das Gericht die Todesstrafe verhängen wird«.[26] Dieser völligen Umkehrung des Verhältnisses von Polizei und Justiz entsprach ein etwa gleichzeitiger Vorschlag Himmlers an Bormann[27], in dem der Reichsführer-SS »die falsche Grundeinstellung der im Ostraum tätigen Justizkräfte« kritisierte, die ihre Aufgabe nicht darin erblickten, »die Belange des deutschen Volkes in diesem Raum durchzusetzen, sondern ›Recht‹ zu sprechen«. Er (Himmler) schlage deshalb vor, »einen klaren Trennungsstrich« zu ziehen und dafür zu sorgen, »daß die Strafrechtspflege gegenüber Polen und Angehörigen der Ostvölker ausschließlich in den Händen der Polizei liegt«.

Der Zusammenhang zwischen der progressiven Kompetenz-Ausweitung des gesetzlich ungebundenen Apparates der SS und Polizei und der gleichzeitigen Radikalisierung der Rassepolitik der NS-Führung während des Krieges ist hier abermals klar erkennbar. Die dadurch freigesetzte zerstörerische Willkür wirkte aber, zusammen mit den anderen in der zweiten Kriegshälfte schnell vermehrten führerunmittelbaren Sondergewalten und Sonderbevollmächtigungen, unvermeidbar auf die Gesamtpolitik und den Gesamtverfassungszustand des NS-Systems zurück. Die Herrschaft des Ausnahmezustands bewegte sich von der Peripherie in die Mitte des Reiches und führte auch hier zur weiteren Auflösung der Rechtssicherheit. Die exzessive und irrationale Inflation brutaler Gewaltanwendung in den letzten Kriegsjahren geriet schließlich in Widerspruch mit der Herrschaftsräson des NS-Systems selbst, reflektierte nur noch die Agonie eines Regimes, das durch solche verzweifelte »Energie« der Gewaltanwendung seine Existenz zu verlängern trachtete.

Das komplexe Gebilde des nationalsozialistischen Regimes, seine nur kurze, aber umwälzende Wirksamkeit, die demagogische Natur seiner Ideologie und die nachhaltigen sozialen und sozialpsychologischen Deformationsprozesse, die es dennoch auslöste, der Widerspruch zwischen der Formlosigkeit und der außerordentlichen Machtentfaltung dieser Herrschaft – all dies entzieht sich einer einfachen Erklärung. Auch diese Darstellung vermag keine solche Formel zu bieten. Wohl aber können am Ende einige schon beiläufig gewonnene und angedeutete Einsichten festgehalten und etwas allgemeiner formuliert werden. Dabei geht es vor allem darum, die Wirksamkeit und Entwicklung nationalsozialistischer Politik mit den strukturellen Merkmalen des Regimes und ihrer Veränderung zusammenzusehen und ihre Wechselbeziehung zu verdeutlichen.

Der Erfolg des Umsturzes der Weimarer Republik wie der Etablierung des Hitler-Regimes war wesentlich erst der Kollaboration zwischen den konservativen Gegnern der Demokratie und der nationalsozialistischen Massenbewegung zuzuschreiben. Die Vorgeschichte des 30. Januar 1933 läßt erkennen, daß unter den Bedingungen der damaligen deutschen Machtverhältnisse und der schweren Krisen, in denen sich das politische und soziale System der Weimarer Republik befand, weder einfach die Rückkehr zum autoritären Obrigkeitsstaat alter Prägung (ohne das soziale Integrationselement einer plebiszitären Bewegung) noch eine alleinige Machtergreifung des Nationalsozialismus (ohne die konservativen Stützen in Staat und Gesellschaft) möglich war. Das Bündnis vom 30. Januar befand sich insofern im Einklang mit jenen zeittypischen antidemokratischen Ideologien, die schon seit dem Ersten Weltkrieg in mehr oder weniger vagen Umschreibungen (»Konservative Revolution«, »Revolution von rechts« u. ä.) die Restauration elitärer und autoritärer Ordnungsprinzipien auf dem Wege einer totalen nationalen Revolution proklamiert und prophezeit hatten. In der nationalsozialistischen Bewegung selbst war dieser Antagonismus, der Widerspruch zwischen technisch modernen Aktionsmethoden und restaurativen Weltanschauungsinhalten, das halb revolutionäre, halb reaktionäre Verhältnis zur überkommenen staatlichen und gesellschaftlichen Ordnung von Anfang an hervorgetreten.

Die Verquickung autoritärer und totalitärer Tendenzen hatte sich infolge der Ausweitung der NSDAP zur nationalen Massenpartei seit 1930 noch verstärkt. Das Bündnis zwischen Hakenkreuz und Schwarz-Weiß-Rot war durch den Massenzustrom mittelständischer Protestwähler gleichsam schon innerparteilich vorgeformt, bevor es am 30. 1. 1933 zur Grundlage der Hitler-Regierung wurde. Die weitere Entwicklung zeigte allerdings schnell die Gegensätzlichkeit dieser ungleichen Elemente und Partner. Insoweit ist die idealtypische Unterscheidung zwischen autoritärer und totalitärer Herrschaft wohlbegründet. Aber der Versuch, diese antagonistische Verbindung dennoch zustande zu bringen, und das bis etwa 1937/38 andauernde faktische Gleichgewicht zwischen den autoritären, ordnungsstaatlichen Stabilisierungsfaktoren und den totalitären nationalsozialistischen Bewegungskräften haben gleichwohl konstitutive Bedeutung für das Dritte Reich gehabt und überhaupt erst die Konsolidierung des Hitler-Staates ermöglicht. Erst auf der Basis dieser Stabilisierung konnte es zu der späteren Machtexpansion und Radikalisierung kommen, die vom zunehmenden Übergewicht der totalitären Kräfte des Regimes bestimmt wurde.

Die ersten Jahre des Dritten Reiches, in denen noch nicht definitiv entschieden war, wie sich der Dualismus zwischen »Bewegung« und Regierungsdiktatur weiterentwickeln würde, zeigen die Wirkungsweise dieses Dualismus besonders klar. Wesentliche Merkmale der durchaus widersprüchlichen Organisations-, Rechts- und Macht-Struktur des Hitler-Regimes sind überhaupt erst von diesem Antagonismus her zu verstehen. So war es von grundlegender Bedeutung, daß sich die sogenannte Machtergreifung in den Jahren 1933/34 in der Form eines Pendelschlages von Revolution und Revolutionsstop vollzog. Die in dieser stürmischen Anfangsphase herausgebildete Struktur der Macht- und Kompetenzverteilung war nicht die Folge eines klaren Konzepts und einheitlichen Vorgehens, vielmehr zahlreicher z. T. ineinander übergreifender, aber nur selten koordinierter und häufig gegenläufiger Einzelprozesse, die sich aus der Partei-Revolution von' unten, der Expansion der zentralen Staatsdiktatur von oben und der oft mehr oder weniger selbsttätigen Gleichschaltung und Anpassung im außerstaatlichen Raum des gesellschaftlichen und öffentlichen

Lebens ergaben. Daß diese stürmische Anfangsphase mit der Etablierung der absoluten Führergewalt im Sommer 1934 abschlossen wurde, hatte die Wirkung, daß die keineswegs schon geklärte und entschiedene Auseinandersetzung um die innere Ausformung des Regimes zunächst abgebrochen und sowohl den revolutionären Tendenzen innerhalb der Partei wie den seit dem Sommer 1933 wieder verstärkten Kräften des autoritären Ordnungsstaates ein Riegel vorgeschoben und der bis dahin erreichte Zustand der Machtverteilung mit seinen Widersprüchen und Gegenläufigkeiten zunächst mehr oder weniger eingefroren wurde. Ein Beispiel dafür waren die verwirrenden Formen des Verhältnisses von Partei und Staat, die sich auf den einzelnen Ebenen und in den verschiedenen Bereichen des öffentlichen und staatlichen Lebens 1933/34 ergeben hatten und künftig erhalten blieben: Rivalisierendes oder supplementäres Nebeneinander separater Staats- und Partei-Dienststellen auf der Ebene der Orte und Kreise und bei bestimmten politischen Ressorts, Personalunion von Staats- und Parteiamt auf der Landes- und Provinzebene bzw. bei einzelnen Ministern und Reichsleitern der Partei, institutionelle Verzahnung von Partei und Staat, z. B. im Bereich der SS und Polizei oder der Propagandaämter, gesetzlich geregeltes Mitspracherecht der Partei im Staat, in der Beamtenpolitik und Regierungsgesetzgebung etc. Aber nicht allein diese unterschiedlichen Konstruktionen der Verhältnisse von Partei und Staat, die einerseits Kontrolle und Unterhöhlung, anderseits subsidiäre Ergänzung und Potenzierung der Staatsautorität und -macht bedeuten konnten, bestimmten die Eigenart des aus der »Machtergreifung« hervorgegangenen Herrschaftsgefüges. Die geläufige Organisation der Regierung und Verwaltung war schon 1933/34 auch auf anderem Wege kräftig verändert worden: durch neue, mit den speziellen politischen Intentionen der Hitler-Regierung zusammenhängende, z. T. führerunmittelbare zentrale Reichsbehörden (Propaganda-, Luftfahrtministerium, Straßenbauinspekteur, Führer des Reichsarbeitsdienstes), durch neue Zweige der Exekutive und Justiz (Treuhänder der Arbeit, Sonderstrafgerichte, Erbhof- und Erbgesundheitsgerichte), die Verselbständigung bisher untergeordneter Verwaltungszweige (Politische Polizei, Gesundheitsämter) und neuartige öffentlichrechtliche Organe mit kombinierten Lenkungs-, Gleichschaltungs- und Selbstverwaltungs-Funktionen (Reichsnährstand, Reichskulturkammer u. a.).

Diese Verfilzung von staatlichen, halbstaatlichen und parteipolitischen Institutionen und Kompetenzen, die auch zur Ver-
mengung staatlich-bürokratischer Organisation und privatwirtschaftlicher Verbandsstrukturen mit dem aus der NS-
Bewegung stammenden Führerprinzip führte, machte die
Grenzen zwischen Staat, Gesellschaft und Partei flüssig und erzeugte gleichsam ein totalitäres Verbundsystem zwischen
ihnen. Das 1933/34 entstandene komplexe institutionelle Gefüge des Regimes reflektierte den Pluralismus der Kräfte und
Aktionszentren, die in dieser Phase ihren Anteil an Einfluß und
Macht, ihre partikularen Interessen und ihre Vorstellungen
vom Wesen und der Zielsetzung des neuen Regimes durchzusetzen trachteten. Wie die Massenbewegung der NSDAP schon
in den Jahren 1930 bis 1933 durch die Bildung zahlreicher Spe-
zialgliederungen, Ämter und Verbände, durch den Einzug in
Parlamente, Landes- und Kommunalregierungen weite Bereiche der Gesellschaft und Öffentlichkeit zu infiltrieren begonnen
hatte, so bildete der Gleichschaltungsprozeß des Jahres 1933
eine neue, noch intensivere Form der Verquickung und Konfrontation der NS-Bewegung mit den alten Führungskräften in
Staat und Gesellschaft. Die Schnelligkeit und Reibungslosigkeit, mit der sich diese Gleichschaltung meist vollzog, sofern
nur bestimmte nationalsozialistische »essentials« anerkannt und
die entsprechenden Folgerungen gezogen wurden (Ausschaltung demokratischer Verfahrensweisen und jüdischer, marxistischer, linksliberaler Führungskräfte), zeigen, daß es dabei oft
mehr um Anpassung als um revolutionären Umsturz ging.
Das hatte aber auch zur Folge, daß beträchtliche Teile der NS-
Bewegung in den nominell gleichgeschalteten neuen Einheits-
verbänden aufgingen. Die Gleichschaltung bedeutete Erfassung der gesellschaftlichen Kräfte, aber vielfach um den Preis
einer gleichzeitigen Verdünnung, weiteren Aufweichung und
Aufgliederung der NS-Bewegung.

In dieser Entwicklung lag Notwendigkeit und Methode insofern, als nur die Konfrontation und Kollaboration mit den
potenten Fachleuten und erfahrenen alten Führungskräften den
Übergang von der Propagandabewegung zur Herrschaftsorganisation zuwege bringen konnte. Der Zwang zu dieser Kollaboration, der nicht zuletzt auch in den Ministerien und staatlichen Verwaltungen maßgebend wurde, wirkte nach beiden
Seiten hin. Er bot den nominell gleichgeschalteten, zur »loyalen
Mitarbeit« bereiten alten Führungskräften und Fachleuten die

Möglichkeit, sich durch besondere Leistung und Aktivität den neuen Machthabern zu empfehlen, eigene Ideen beizusteuern, um das Vakuum der NS-Programmatik aufzufüllen, bzw. ihre Reformvorstellungen mit nationalsozialistischer Hilfe durchzusetzen. Gleichzeitig bewirkte diese Kollaboration eine fachmännische Aussiebung und Auswechselung der NS-Funktionäre und eine Filterung der vagen Intentionen der NS-Weltanschauung auf diejenigen Elemente hin, die den Umständen nach realisierbar und praktikabel waren. Die Taktik des Gewähren- und Experimentierenlassens, die Hitler schon vor 1933 der Partei gegenüber mit Erfolg gehandhabt hatte, um Initiative, Spontaneität und Aktivität zu erzeugen, wurde jetzt abermals angewandt, aber nunmehr vor allem auf den Bereich der praktischen Regierungsmaßnahmen, der technischen und wirtschaftlichen Leistung und Organisation bezogen. Die relativ großzügige Form der Gleichschaltung gegenüber den bürgerlichen, mittelständischen und konservativen Gruppen in Staat und Gesellschaft war eine Bedingung des Erfolges der nationalsozialistischen Machtübernahme. Denn nur mit Hilfe der »Gleichgeschalteten« konnte es gelingen, die demagogische Aktivität in praktische Leistung umzusetzen. Terroristische Einschüchterung einerseits, um den politischen Führungsanspruch der neuen Machthaber unmißverständlich zu dokumentieren, und Stop der Revolution anderseits, um die Entschlossenheit zu wirksamer praktischer Regierungstätigkeit auch auf Kosten »Alter Kämpfer« zu demonstrieren, das waren die beiden sich gegenseitig bedingenden Pendelschläge der Machtergreifung, mit Hilfe derer das Hitler-Regime sich durchsetzte.

Die Verbindung des autoritären Regierungssystems mit der Massenbewegung des Nationalsozialismus schien trotz zahlreicher Friktionen in wesentlichen Punkten geglückt, damit aber auch die Unzulänglichkeit des obrigkeitsstaatlichen Systems überwunden: Das Regime dehnte seinen Einfluß mit Hilfe der verschiedenen Gliederungen der Partei und der aus dem Gleichschaltungsprozeß hervorgegangenen Subsidiärorgane weit in den Bereich der Öffentlichkeit und Gesellschaft hinein aus, ohne daß es einer völligen Uniformierung und Bürokratisierung bedurfte. Damit war eine Potenzierung der staatlichen und gesellschaftlichen Kräfte und ihre Konzentration auf bestimmte politisch erwünschte Schwerpunkte möglich geworden. Die auf solchem Wege schon 1934 erreichte starke Ankurbelung der Volkswirtschaft und Reduzierung der

Arbeitslosigkeit schufen das für den Anfang entscheidende plebiszitäre Vertrauenskapital. Die gleichzeitige Intensität der volksgemeinschaftlichen Selbstdarstellung und Propaganda, so vage ihre »positiven« Inhalte sein mochten, zog den einzelnen in wachsendem Maße auf das Forum der nationalen Veranstaltungen und trug zum Abbau seiner gesellschaftlichen, familiären und konfessionellen Bindungen bei. Diese Propaganda, aber auch der Leistungswettbewerb, den das Regime anfeuerte, und die allein schon durch das Netz der Parteigliederungen gewährleistete größere Durchlässigkeit der bisherigen Trennwände zwischen den sozialen Gruppen bewirkten, daß der *Volksgenosse* auf emotionalem Wege jene Identifizierung mit dem Ganzen zu vollziehen begann, die ihm als *Staatsbürger* in der Weimarer Republik mit Vernunftgründen vergeblich zugemutet worden war. Gerade aber diese vom NS-Regime zielstrebig und mit psychologischer Meisterschaft erweckte Bereitschaft zur Identifikation und »Aufopferung« (eine Politisierung durch intensive nationale Ansprache und die Kompensation sozialer Statusmängel durch ein Massenangebot völkisch-nationaler Statussymbole) kam der Integrationskraft und Suggestivität des Regimes zugute, schuf die psychologische Grundlage, von der her die nationalsozialistische Führung noch weit größere Einsätze der Nation verlangen konnte.

Die Übertragung des Hitlerschen Führerabsolutismus von der Partei auf Regierung, Staat und Nation war ein weiteres außerordentlich wichtiges Integrationsmoment. In dem Maße, in dem Hitler aufhörte, nur Führer der Partei zu sein (die Einsetzung des »Stellvertreters des Führers« unterstrich diese Optik), bot sich der charismatische »Glaube an den Führer« auch für zahlreiche Beamte und für die Offiziere der Reichswehr als Element der Überbrückung zwischen altem Obrigkeitsstaat (mit dem persönlichen Regiment des Monarchen) und nationalsozialistischem Führerstaat an.

Am Ende der Periode der Machtergreifung, im Sommer 1934, war die Partei weitgehend auf ihre neue, der Förderung praktischer Arbeitsleistung dienende Rolle umfunktioniert. Ihre fähigsten Funktionäre hatten staatliche Ressorts übernommen und verteidigten nunmehr selbst die Staatsautorität. Die politisch und organisatorisch nach wie vor schwache Parteispitze (separate Reichsleiter, Stellvertreter des Führers, Reichsorganisationsleiter) hatte nur ein sehr begrenztes Mitspracherecht in der Regierung erlangt. Das revolutionäre Kommissarwesen war abgebaut, der politische Druck der Massenorganisationen der SA brutal unterdrückt und auch die revolutionäre NSBO weitgehend von der eigentlichen Sozialpolitik auf Propaganda und Beratung abgedrängt worden. Selbst die traditionell große Selbständigkeit der Gauleiter, die auf der Ebene der Länder und Provinzen 1933 durch die Personalunion mit staatlichen Führungsämtern (Reichsstatthalter, Oberpräsidenten, Landesminister, Landesministerpräsidenten) erheblich verstärkt worden war, verlor durch die Aufhebung der Landessouveränität und die »Verreichlichung« und Zentralisierung wichtiger Ressorts zunächst an Bedeutung. In der Außen- und Wirtschaftspolitik waren Versuche unmittelbarer revolutionärer Parteipolitik abgeblockt worden und nicht zuletzt am Dilettantismus der betreffenden Akteure gescheitert. Die gleichwohl weiterbestehenden rivalisierenden Partei-Dienststellen (allein in der Außenpolitik: Rosenbergs Außenpolitisches Amt, die von Wilhelm Bohle geführte Auslandsorganisation der NSDAP, die Dienststelle Ribbentrop, die Volksdeutsche Mittelstelle, Görings »Forschungsamt« u. a.) neutralisierten sich z. T. gegenseitig und hatten zunächst nur geringe politische Bedeutung. Der quantitative Umfang der außerrechtlichen Gewaltanwendung (Schutzhaft, Konzentrationslager) war eingedämmt und selbst in der Judenfrage die Rückkehr zu gesetzlichem Vorgehen spürbar geworden (die starke jüdische Auswanderung ging zwischen 1934 und 1937 kontinuierlich zurück*).

Auseinandersetzungen zwischen Partei und Staat und zwischen den rivalisierenden Führungskräften und Institutionen des Regimes nahmen zwar erheblichen Raum ein, aber die für das Regime positiven Ergebnisse dieser Konkurrenz hielten den negativen Konsequenzen mindestens die Waage. Denn der oft (aus bewußtem Kalkül oder aus Unsicherheit) von Hitler unentschieden gelassene Wettstreit um Kompetenz und Macht konnte ebenso leistungssteigernd und potenzierend wie destruktiv wirken. Das Neben- und Gegeneinander unkoordinierter Instanzen störte vielfach die Einheitlichkeit und Gleichmäßigkeit der Machtausübung, führte aber anderseits dazu, daß sich rivalisierende Personen, Organe und kontroverse Vorstellungen gegenseitig in Schach hielten und ihre Kon-

* Jährliche Quote der jüdischen Auswanderung aus Deutschland 1933: 63 400, 1934: 45 000, 1935: 35 500, 1936: 34 000, 1937: 25 000, 1938: 49 000, 1939: 68 000 (nach den Unterlagen der Reichsvereinigung der Juden in Deutschland; Deutsches Zentralarchiv Potsdam, Rep. 97).

kurrenz Kompromisse und gegenseitige Annäherungen erzeugte, die das Herrschaftssystem als ganzes und den Führerabsolutismus an der Spitze stabilisierten. Der Dualismus von Normen- und Maßnahmenstaat auf dem Gebiet der politischen Strafverfolgung war dafür ein Beispiel. Unter der Einwirkung der konservativen, autoritären Kräfte des Regimes war der gesetzlose Terror und Ausnahmezustand der politischen Gegnerbekämpfung seit dem Sommer 1933 erheblich reduziert, aber nicht abgeschafft worden. Die vergeblichen Versuche, die Schutzhaft und die Konzentrationslager ganz zu beseitigen, hatten lediglich zu einer »Disziplinierung des Terrors« (stärkere Bindung der SS und Gestapo an interne Dienstvorschriften) geführt, anderseits eine erhebliche Verschärfung der Strafjustiz veranlaßt. Die für die Jahre 1934 bis 1938 charakteristischen Versuche, die Konkurrenz zwischen gesetzlich gebundener Strafjustiz und unkontrollierter Strafverfolgung durch die Gestapo mittels interner Absprachen »erträglich« zu gestalten, lagen noch in beiderseitigem Interesse und waren deshalb nicht gänzlich illusorisch. Hier wie auf anderen Gebieten überwogen bis 1938 die Bemühungen zur Überbrückung des Antagonismus von Normen- und Maßnahmestaat, die Formen halbwegs geregelter Machtausübung. Die Parteiorganisation – selbst in ihrem inneren Gefüge durch die vor allem vom Reichsschatzmeister ausgehende Bürokratisierung verändert und diszipliniert – hatte an politischer Stoßkraft eingebüßt und schien weitgehend auf dem Wege, zum Hilfsorgan der Staatsführung zu werden. Und die konservativen Kräfte des Regimes, vor allem die Wehrmacht infolge der Aufrüstung und Wiedereinführung der allgemeinen Wehrpflicht, aber auch die Ministerialbürokratie, besaßen allein durch ihre institutionelle Kompetenz noch eine starke Stellung.

Die verschiedenen in die Jahre 1934 bis 1937 fallenden Versuche, wichtige Teilbereiche des neuen »autoritären und totalen Führerstaates« (so Lammers in einem Vortrag vom Oktober 1934*) rechtlich und verfassungsmäßig zu fixieren (Strafrecht, Reichsreform, Regierungsgesetzgebung, Beamtengesetz u.a.m.), lassen erkennen, daß in dieser Phase selbst zahlreiche alte Parteigänger Hitlers eine Harmonisierung der autoritären und totalitären Elemente für möglich hielten und anstrebten. Auch die faktischen Inhalte der nationalsozialistischen Innen- und

* Veröffentlicht in: Deutsche Justiz, Jg. 1934, S. 1290 ff., unter dem Titel ›Die Staatsführung im Dritten Reich‹.

Außenpolitik hielten sich bis 1938 überwiegend in den Grenzen traditioneller deutschnationaler und nationalkonservativer Vorstellungen und Wünsche. Und wo dies nicht der Fall war, wie in der Kirchenpolitik, mußten die nationalsozialistischen Extremisten und selbst der Reichskirchenminister erhebliche Prestigeeinbußen hinnehmen.

Hitler selbst trug dieser Konstellation Rechnung, indem er sich bis 1937/38 in der Regel als »redlicher Makler« zwischen den autoritären und totalitären Kräften des Regimes gebärdete und offenbar nicht nur nach außen, sondern auch intern mit der Darlegung radikaler weltanschaulicher Ziele zurückhielt. Im Gegensatz zu den vor 1933 liegenden unzweideutigen Äußerungen Hitlers, die das Programm einer nationalstaatlichen Revisionspolitik als völlig ungenügend und verfehlt kritisierten, folgte Hitler doch faktisch mit seiner Außenpolitik bis 1938, ja selbst noch mit dem Stalinpakt, dem Polenfeldzug und der Kriegführung gegen die Westmächte, traditionellen Zielsetzungen.

Daß dies nur »Stufen« zu einem ganz anders dimensionierten Endziel waren, ließ sich bis 1937 schwerlich überhaupt verläßlich erkennen und blieb auch später noch der Öffentlichkeit weitgehend verborgen. Geht man allein davon aus, daß der ideologische Bestimmungsgrund, die im Hintergrund wirkende Antriebskraft des NS-Regimes, personifiziert vor allem in Adolf Hitler, von Anfang an im wesentlichen unverändert und identisch blieben und sich *nur* die Taktik und die äußere Fassade änderten, so übersieht man, daß dieses »nur« für die jeweilige Staatswirklichkeit doch oft entscheidende Bedeutung hat. Wird diese doch zunächst und vor allem von den jeweiligen aktuellen und konkreten Gegenständen der Politik, Regierung und Gesetzgebung bestimmt, nicht oder nur in zweiter Linie von den Fernzielen und geheimen Zukunftsabsichten. Das gilt gerade auch für Hitler, der die utopischen und irrationalen Endziele in der Regel einem sehr realistischen, oft zynischen politischen Zweckmäßigkeitsdenken bei der Verfolgung konkreter Nahziele unterordnete. Gerade weil Hitler Fragen der Staatsverfassung in extremer Weise fast nur unter dem Gesichtspunkt der jeweiligen Nützlichkeit betrachtete, wurden Herrschaft und Staat des Dritten Reiches gleichsam unter der Hand immer neu auf die jeweils vorrangigen Zwecke hin umorganisiert. Das bedeutete aber: auch aus den vermeintlich nur taktischen und flüchtigen Wendungen der Politik entstanden institutionelle Wirklichkeiten der Herrschaftsstruktur, die mechanisch weiterwirkten. Mochte Hitler Konzessionen an Reichswehr und Bürokratie oder umgekehrt an die SS, an Bormann und einzelne Sonderbevollmächtigte nur aus konkretem Anlaß um bestimmter aktueller Zwecke willen machen, so ließen sich diese doch nicht mit einem Federstrich wieder löschen. Die organisatorischen und rechtlichen Folgen auch der nur taktischen Führerweisungen tendierten zur Beharrung.

Dabei ist zu berücksichtigen, daß auch propagandistische Verschleierungen nicht schlechthin verlogen und irreal sind. Solange die außenpolitische Propaganda des Dritten Reiches auf friedliche nationale Revisionspolitik gestimmt war und dabei lebhaft auch die Achtung vor den benachbarten Nationen und ihren Interessen betonte, hatte dies auch Konsequenzen für das Bewußtsein und die innere Verfassung der Nation und des Regimes. Jede Propaganda ist wirkende Wirklichkeit in dem Maße, in dem sie geglaubt wird und das Denken und Tun der Gläubigen bestimmt. Im November 1938 haderte Hitler selbst mit diesen unerwünschten Wirkungen der eigenen Propaganda: Jahrelang sei er gezwungen gewesen, vom Frieden zu reden, daraus habe sich eine Volksstimmung ergeben, die mit dem Krieg gar nicht mehr rechne. Es sei deshalb jetzt notwendig, »das deutsche Volk allmählich psychologisch umzustellen«, ihm klarzumachen, »daß es Dinge gibt, die ... mit Mitteln der Gewalt durchgesetzt werden müssen«.*

Mit dem Übergang zur expansiven Außen- und Kriegspolitik endete auch im Innern die relative Mäßigung, konservative und autoritäre Eindämmung und Stabilität des Hitler-Regimes. Hitler verließ nunmehr definitiv den Boden des Kompromisses zwischen traditionell nationalen und nationalsozialistischen Zielen und Methoden. Es setzte ein neuer Akzelerationsprozeß politischer Aggressivität und Radikalisierung ein, der eng mit einer beschleunigten Umschichtung der inneren Macht- und Kompetenzverhältnisse, vor allem mit der progressiven Entmachtung der konservativ-autoritären Staatsstützen verbunden war. Die in den Jahren 1937/38 zum Ausdruck kommende, fast panische Angst Hitlers, daß – nach der vorangegangenen relativen Mäßigung – der Absprung zu den großen Endzielen verpaßt werden könnte, bezog sich nicht nur auf die Außenpolitik. Ihm entsprach die Vorstellung, daß auch das Herrschaftssy-

* Geheimrede Hitlers vor Vertretern der deutschen Presse (10. 11. 1938); VJHZ, 6. Jg. 1958, H. 2, S. 182.

stem im Innern in Fluß gebracht und statt auf Regierungs- und Organisationsleistungen stärker auf Kampfziele hin umgruppiert werden müsse, wenn die »Bewegung« nicht versanden und der Absolutismus des Führers nicht durch bürokratische Regierungsapparate und -normen eingeengt werden sollte. Die in der Hoßbach-Niederschrift bezeugte Ansprache Hitlers an die Leiter der Wehrmacht und des Auswärtigen Amtes (5. 11. 1937), die mit der Bloßlegung des Kriegswillens und der radikalen Ziele des Führers zugleich testen sollte, welches Maß an Unterwerfung er den bisher relativ schonend behandelten konservativen Partnern zumuten konnte, war nur eine der gezielten Provokationen und Machtproben, die den neuen schärferen Kurs der Politik einleiteten. Der anschließende Führungswechsel in Wehrmacht und Auswärtigem Amt, die schon durch den Vierjahresplan angebahnte Umverteilung und Intensivierung der wirtschaftspolitischen Lenkung (Rücktritt Schachts), das definitive Ende der kollegialen Kabinettssitzungen (Februar 1938), die rasche Vermehrung der Konzentrationslager und der bewaffneten Verbände der SS, die gleichzeitigen massiven Angriffe auf die Justiz und Bürokratie, die Desavouierung und Kompetenzbeschneidung der zentralen Ministerien zugunsten des führerunmittelbaren Statthalters in der annektierten Ostmark, der gelenkte Judenpogrom vom November 1938 und andere zeitlich nahe beieinanderliegende Vorgänge zeigen deutlich, daß die aus dem Machtergreifungsprozeß hervorgegangene und in den folgenden Jahren relativ stabil gebliebene Struktur des Regimes jetzt an zahlreichen Stellen aufgebrochen wurde. Daß Hitler bei der Reichskristallnacht sogar die längst eingeschläferte terroristische Potenz der SA reaktivierte, war, von der inzwischen erreichten Stufe der Machtorganisation aus gesehen, anachronistisch, aber doch kennzeichnend für den Willen, die Kruste bürokratischer und gesetzmäßiger Verfestigung mit Gewalt zu beseitigen. Jetzt erst, nach der vorangegangenen Stabilisierung und Ausweitung der Macht, schien der Weg frei für den zweiten Abschnitt der nationalsozialistischen Revolution.

Dabei zeigten sich nun auch erst die extremen Konsequenzen bestimmter aus der vorangegangenen Amalgamierung totalitärer und autoritärer Kräfte resultierender Wirkungsmechanismen. Diese »Mechanik« hatte die Zurückdrängung utopischer nationalsozialistischer Neuordnungsvorstellungen bewirkt und insofern die »Gleichschaltung« und Anpassung erleichtert. Sie führte aber auch zur Auswahl der rein negativen nationalsozialistischen Weltanschauungselemente und zur gleichzeitigen Rationalisierung und bürokratischen Perfektionierung dieser Bestrebungen. Es gehörte schon immer zum Kennzeichen der NS-Ideologie, daß nur ihre Negationen (der propagierte Kampf gegen das Judentum, gegen Marxismus, Pazifismus, das demokratische »System« u. a.) konkret und klar fixiert, die Neuordnungsvorstellungen aber reichlich unbestimmt und widersprüchlich waren. Primär aus Ressentiments, Ängsten, Unsicherheits- und Haßgefühlen gespeist und erwachsen, hatte die NS-Bewegung vor 1933 ihre Kraft stets vor allem im Fanatismus der Bekämpfung und Verurteilung ihrer Gegner und der bestehenden Zustände geäußert. Diese destruktive Grundtendenz konnte damals noch positiv als leidenschaftlicher Wille zur Veränderung tatsächlich mißlicher Verhältnisse verstanden und ausgegeben werden und sich mit allen möglichen Reform- und Neuordnungsvorstellungen im staatlichen und gesellschaftlichen Leben verbinden. Die nationalsozialistische Kampf-Bewegung vor 1933 hatte insofern noch die »Unschuld« und »Offenheit« aller revolutionären Bestrebungen. Mit der Etablierung zur Herrschaftsorganisation änderte sich das. Jetzt zeigte sich die Irrealität fast aller auf die allgemeine Verfassung von Staat und Gesellschaft bezogenen Neuordnungsvorstellungen. Wo immer nationalsozialistische Teilverbände und Gliederungen 1933/34 die Verwirklichung halbwegs bestimmter Zielsetzungen verfolgten, scheiterten sie an den Gegenkräften. Die mehr oder weniger ständestaatlichen Vorstellungen des nationalen Sozialismus, das Ziel einer umfassenden neuen Agrarordnung und Reagrarisierung, die nationalsozialistischen Reichsreformideen ebenso wie das Vorhaben, Armee, Bürokratie und Justiz revolutionär umzugestalten, konnten sich nicht durchsetzen. Die Kraft und das Vermögen der NS-Bewegung vermochten hier überall nur die bestehenden Zustände in Frage zu stellen und partiell zu untergraben. Dagegen wurde bei jedem Versuch, auf einem bestimmten Gebiet der staatlichen und gesellschaftlichen Organisation nationalsozialistische Neuordnung durchzusetzen, evident, daß die NS-Vorstellungen selbst kontrovers und der Wirklichkeit inadäquat waren und deshalb jede konkrete Veränderungsabsicht innerhalb der Partei selbst sowie bei denjenigen Kräften in Staat und Gesellschaft, auf deren Partnerschaft und Unterstützung die »Regierung der nationalen Erhebung« angewiesen war, auf massiven Widerstand stieß. Je weniger aber national-sozialistische Weltanschauungspolitik auf dem Felde konstruktiver Neuordnung zum Ziele kam, um so mehr und ausschließlicher verlagerte sie sich auf jene negativen Inhalte und Ziele, die primär nur rechtliche, humanitäre und moralische Grundsätze tangierten, aber gesellschafts- und machtpolitisch unerheblich zu sein schienen.

Da eine Politik der völkischen Regeneration durch Reagrarisierung und Bodenreform nicht so ohne weiteres möglich war und auch die staatlich gelenkte Bevölkerungsvermehrung und Rassenhygiene enge Grenzen hatte, wenn nicht Grundstrukturen der traditionellen bürgerlichen Freizügigkeit und Gesellschaft angetastet werden sollten, konzentrierte man die Bevölkerungs- und Rassepolitik um so mehr auf negative Maßnahmen, die sich gegen die ohnehin gesellschaftlich geächteten Gruppen der Erbkranken und Juden richteten. Die schon 1933/34 unter starker Einschaltung Hitlers und der Partei verabschiedeten Erbgesundheitsgesetze, die die Sterilisation von Erb- und Geisteskranken erzwangen, und die Nürnberger Blutschutzgesetze von 1935, die die Eheschließung und den Geschlechtsverkehr zwischen Deutschen und Juden unter Strafe stellten, waren gleichsam Ersatz für den Mangel anderer revolutionärer Errungenschaften der Partei, aber auch eine wohlfeile Konzession, die man auf seiten der konservativen Kräfte des Regimes und der bürgerlich-nationalen Gesellschaft dem Nazi-Fanatismus relativ leichthin zu machen bereit war. Das wiederholte sich später im größeren Maßstab im Zusammenhang mit der nationalsozialistischen Bevölkerungspolitik in den eingegliederten Ostgebieten. Die Versuche einer »positiven« Germanisierung dieser weiten Gebiete durch die »Ansetzung« volksdeutscher Umsiedler oder durch die Auslese »wertvollen nordischen Blutes« blieben in ihrem Umfang und ihrer Bedeutung relativ eng begrenzt, weil handfeste Realitäten, Ansprüche, entgegenstehende Interessen und praktische Schwierigkeiten die Durchführung auf Schritt und Tritt hemmten und die Ideologie sich oft selbst im Wege stand. Was dagegen in weitestem Maße und relativ reibungslos durchgesetzt werden konnte, das waren die negativen Seiten dieser »Festigung deutschen Volkstums«: die Deportation, Enteignung, Diskriminierung des »minderwertigen« polnischen Volkstums. Auf derselben Ebene lag es, wenn 1934 zwar die revolutionäre Potenz der SA brutal entmachtet wurde, dagegen die

SS, die sich auf die Terrorisierung der ohnehin schon entmachteten »Staats- und Volksfeinde« spezialisiert hatte, ihre während des Jahres 1933 usurpierte Stellung in der Politischen Polizei behalten und ausbauen konnte. In den Konzentrationslagern der SS ging es, zumindest damals, nicht – wie bei dem umfassenderen Machtanspruch der Röhmschen SA – um eine Weltanschauungspolitik, die bestimmte Träger politischer und gesellschaftlicher Macht im Dritten Reich empfindlich treffen mußte, vielmehr um den Kampf gegen die aus dem gesellschaftlichen und politischen Gefüge bereits Verstoßenen: Marxisten, Juden, Bibelforscher, Asoziale, Homosexuelle, Kriminelle.

Wenn es vor allem Hitler war, der einerseits das weitere Revolutionsverlangen der SA und sonstiger Teile der Bewegung kategorisch stoppte, andererseits selbst immer wieder die Gesetzgebung und die Maßnahmen des Regimes auf diese negativen Zielrichtungen der Weltanschauungspolitik hintrieb, so wäre es doch sehr oberflächlich, wenn man diese Entwicklung primär als Folge der persönlichen Einwirkung Hitlers verstehen würde. Hitler verkörperte hierbei nur die »Logik« der NS-Bewegung, deren propagandistische und politische Räson stets darin bestanden hatte, revolutionäre Erneuerung zu predigen und es doch zugleich möglichst allen Gruppen und Kräften der mittelständischen Gesellschaft recht zu machen. Die stereotypen Negationen dieser Weltanschauung waren seit jeher das einzige gewesen, auf das sich der »Extremismus der Mitte« einigen konnte, das ihm die Vortäuschung einer Aktionsgemeinschaft erlaubte: Die Hypertrophie des eigenen Wertes, die Abstoßung und Diffamierung alles Fremden und »Unnormalen«, alles dessen, was sich dem Diktat der kleinbürgerlich-nationalen Ordnungs- und Leistungswerte nicht fügte.

Die während des Prozesses der Machtergreifung und im Laufe der späteren Entwicklung des Dritten Reiches stattfindende Selektion der negativen Weltanschauungselemente (sie allein wurden in die Praxis umgesetzt, die anderen Elemente blieben weiter nur Gegenstand der Propaganda und Utopie) bedeutete aber zugleich, daß die bisher nur demagogischen Antigefühle und -ideologien nunmehr institutionalisiert und damit systematisiert und perfektioniert wurden. Auch gerade dies war eine der Folgen der Verquickung der Weltanschauungsbewegung des Nationalsozialismus mit den Strukturprinzipien autoritärer obrigkeitsstaatlich-bürokratischer Organisation. Die Verbindung der SS und des SD mit der Politischen

Polizei ist dafür das Musterbeispiel. Feindgruppen und Feind-komplexe (vom Judentum bis zum Freimaurertum), die nicht zuletzt deshalb stereotype Weltanschauungsinhalte gebildet hatten, weil man ihre Verketzerung aus propagandistischen und psychologischen Gründen brauchte, wurden nun ordentliche Verwaltungsgegenstände, objektive Probleme. Das Pogrom-hafte, Aktivistische und Spontane, das 1933 noch den Terror der SA weithin gekennzeichnet hatte, wurde zunehmend elimi-niert. Dem Phantom der »Judenfrage« und anderen Feind- und Schädlingskomplexen ging man jetzt technisch-rational und bürokratisch zu Leibe. Wenn aber die praktische (nicht nur propagandistische) Aktivität der Weltanschauungsbewegung des Nationalsozialismus fast ausschließlich auf diese negativen Ziele festgelegt war, dann war weitere Bewegung nur noch in der Form der fortgesetzten Verschärfung der gegen Juden, Geisteskranke, Asoziale etc. gerichteten Maßnahmen denkbar. In der Diskriminierung konnte es jedoch keinen unendlichen Progressus geben. Infolgedessen mußte hier die »Bewegung« schließlich in der physischen Vernichtung enden. Die Massen-tötung der Juden war ebensowenig von vornherein geplant wie die vorausgegangene und schrittweise vorangetriebene ge-setzliche Diskriminierung der Juden. Hier wie in der Verfol-gung des irrationalen Lebensraum-Endzieles in der Außenpoli-tik war die NS-Führung außerstande, die Konsequenzen ihrer Dynamik zu reflektieren. Charakteristisch war vielmehr, daß man das Weltanschauungsgebilde der »Judenfrage« immer neu brauchte und sie mit immer neuen Teil-»Lösungen« wei-tertrieb, bis nur noch die »Endlösung« als weitere Steigerungs-möglichkeit übrigblieb. Zur Durchsetzung dieser äußersten Perversion der Weltanschauungsbewegung bedurfte es aber jenes institutionalisierten Dogmatismus der Feindbekämpfung, wie er in der SS und Sicherheitspolizei herangezüchtet worden war, eines Apparates, der den aus propagandistischen Gründen benötigten Feind schließlich bei »Nacht und Nebel« mit dem Instrumentarium einer technisch versierten Schädlingsbe-kämpfung ebenso perfektionistisch wie leidenschaftslos aus-rottete: Die tödliche und zugleich paradoxe Konsequenz aus einem Antisemitismus, der doch gerade als populäres Propa-gandainstrument gedient hatte.

Der Reduktion der nationalsozialistischen Kampfbewegung im Innern auf die Juden und andere »Volksschädlinge« ent-sprach in der Außenpolitik die Konzentration auf den Erzfeind des Bolschewismus. Auch hier war der eigentliche Weltanschauungsgegner derjenige, der nicht zur etablierten Gesellschaft der Mächte gehörte. Wie die Juden im Innern wohlfeiles Aggressionsobjekt und Stimulans umfassender nationalistischer Aufputschung und Kräftemobilisierung gewesen waren, so bot sich die außerhalb des Konzerts europäischer Mächte stehende, als Fremdkörper verfemte Sowjetunion als Gegenpol an, den man bei der Verfolgung imperialer Lebensraumerweiterung ungestraft und risikolos zum Hauptaktionsziel machen zu können glaubte.

Der Bewegungs-Verlust, den die NS-Führung als unvermeidliche Folge der Machtergreifung und Konsolidierung des Regimes hinnehmen mußte, trieb sie dazu, auf diese wenigen Gegnerziele immer wieder zurückzukommen. Wie in den antijüdischen Maßnahmen mußte aber auch das stete Zurückkommen auf die Lebensraumkonzeption zu einer fortgesetzten Ausdehnung der aggressiven Außen- und Kriegspolitik führen, die sich von der anfänglichen Rationalität der außenpolitischen Entschlüsse immer mehr löste, sich zunehmend in irrationalen Weltanschauungsfanatismus verstrickte. Gerade aber hierbei wirkte die gleichzeitige institutionelle und strukturelle Entwicklung des Regimes kräftig mit.

Solange der organisatorische Gesamtzusammenhang der verschiedenen Zweige des NS-Regimes noch einigermaßen gewahrt blieb, solange der Führerwille sich noch nicht von Staat und Regierung weitgehend losgelöst hatte und zwischen den rivalisierenden Instanzen, Führungsgruppen und Apparaten noch ein Mindestmaß allseitiger Kooperations- und Kompromißbereitschaft vorlag, war bei den entscheidenden politischen Entschlüssen auch noch ein gewisses Maß an Rationalität, Kontrolle und Selbstreflexion gewährleistet. Die zunehmende Auflösung des staatlichen Charakters des Regimes, seine progressive Zergliederung in immer neue Aktionszentren, die nach dem Bewegungsgesetz des Führerprinzips jeweils dazu tendierten, benachbarte Kompetenzen aufzusaugen und sich zu verselbständigen, zerstörte aber zunehmend diese rationale Gesamtorganisation der Herrschaft und verstärkte die partikulare, auf die jeweiligen Ressortzwecke und -ideologien bezogene Egozentrik.

Die Herrschaft des Zweckmäßigkeitskalküls vergrößerte seit 1938 fortgesetzt das institutionelle Gestrüpp des Regimes. Je länger, desto mehr schleppte das Dritte Reich Elemente und

Reste zeitbedingter Bevollmächtigungen und daraus entstandener Dienststellen und Organisationen mit sich, die ihre Existenz ehemaligen, nicht mehr gültigen Zweckmäßigkeitsüberlegungen verdankten. Die Improvisation wurde zur Nemesis. Angesichts der Fülle widerstreitender Kräfte konnte der Führerwille, auch wenn er anderes im Sinne gehabt hätte, schließlich gar nicht mehr anders als jeweils nur unzusammenhängend und abrupt von Fall zu Fall Anstöße in diese oder jene Richtung geben, war aber außerstande, die sich daraus jeweils entwickelnden neuen Organisationen, Kompetenzen und Ambitionen zu übersehen und im Zaume zu halten. Die institutionellen und rechtlichen Folgen der jeweiligen Führerbefehle und -erlasse wurden immer unabsehbarer, gerieten mit späteren Führerbevollmächtigungen in Widerspruch und lagen selbst noch als politisch entleerte Organisationshülsen der Einheitlichkeit und Regelhaftigkeit der Machtausübung und Herrschaftsorganisation störend im Wege. Deshalb ist auch ein graphischer Aufriß der Organisationen des NS-Regimes in der Form eines Schaubildes für die Zeit ab 1938 unmöglich oder illusorisch. Es sei denn, man fände ein Darstellungsmittel, um den von Fall zu Fall veränderten Verlauf des wirklichen Machtstromes und der realen Entscheidungsbildung innerhalb eines solchen Schaubildes nomineller Institutionen kenntlich zu machen.

Je mehr sich aber der organisatorische Dschungel des NS-Regimes ausbreitete, desto geringer wurden die Möglichkeiten, eine rational-organisierte, einheitliche und gleichmäßig verfolgte Politik und Regierungsweise wiederherzustellen. Die Wucherung der Institutionen, Sondervollmachten, partikularen Rechtsordnungen, die einen immer schärferen Konkurrenzkampf um Protektion und Begünstigung, gleichzeitig einen immer stärkeren Verlust gesamtpolitisch rationaler Entscheidung und Zuständigkeitsabgrenzung verursachte, führte zur Diktatur jeweiliger separater Organisations-Techniken und trug nun ihrerseits zur Beschleunigung der »Bewegung« und Radikalisierung der Maßnahmen bei. Daß die Entwicklung der nationalsozialistischen Politik im wesentlichen nur darin bestanden habe, vorfabrizierte ideologische Fernziele dosiert und stufenweise nach und nach anzusteuern und durchzusetzen, ist eine allzu einfache Vorstellung. Wie schon der massenhafte Terror im Frühjahr und Frühsommer 1933, basierte auch die auf Geheimbefehle und Sonderaufträge gestützte Akkumulation der Gesetzlosigkeit und Gewaltanwendung während des Krieges nicht auf einem Regime totaler Machtkonzentration. Sie vollzog sich vielmehr unter der Bedingung progressiver Machtaufteilung, einer zunehmend atomisierten, jeder Gesamtkoordination und Regelhaftigkeit entzogenen Verselbständigung partikularer Machtapparate. Zumindest spielte die Zerstörung der einheitlichen bürokratischen Staatsordnung, die wachsende Formlosigkeit und Beliebigkeit des Rechtsetzungsverfahrens, der Entscheidungsbildung, -übermittlung etc. als Beschleunigungsmoment der Radikalisierung eine ebensolche Rolle wie die weltanschauliche Zielstrebigkeit.

Das besessene Zurückkommen Hitlers auf bestimmte weltanschauliche und politische Grundvorstellungen erwies sich gewiß als entscheidende Schubkraft der nationalsozialistischen Politik. Aber über das Ob, Wann und Wie bestimmter Maßnahmen konnte der Führer keineswegs souverän entscheiden. Seine »spontanen« Entschlüsse waren stets auch Reflex und Ergebnis des inneren Verfassungszustandes und der äußeren Position des Regimes. Mit der Veränderung bestimmter Macht- und Kompetenzverhältnisse entschied sich erst die Durchführbarkeit, damit aber auch die konkrete Bedeutung bisher nur sehr allgemein gehaltener weltanschaulicher Ziele.

Daß der Staat Hitlers auf diese Bahn der progressiven Radikalisierung geriet, sich gleichsam zur Kampfbewegung zurückentwickelte, deren kümmerliches Ende dem kümmerlichen Anfang der NS-Bewegung seltsam verwandt erscheint, war nicht zwangsläufig. Als Alternative der fortgesetzten Radikalisierung, die zugleich Selbstzerstörung bedeuten mußte, hätte sich 1937/38 nur die Rückentwicklung zu einem mehr oder weniger konservativ-autoritären System alter Prägung geboten. Eine längere Dauer der relativen Stabilität des 1937 erreichten Verfassungszustandes wäre gleichbedeutend mit weiterer Verfestigung, Bürokratisierung und Normierung des Regimes gewesen und hätte damit – das erfaßte Hitler instinktiv richtig – die nationalsozialistische Bewegung (und die Stellung des charismatischen Führers) grundsätzlich in Frage gestellt. Diese Rückkehr zum autoritären Ordnungsstaat bzw. das Festhalten der Position von 1937/38 schwebte dem überwiegenden Teil der konservativen Opposition der Offiziere und Diplomaten vor, die sich anläßlich der Zäsur des Jahres 1938 anbahnte. Sie hätte die grauenhafte Perversion der irrationalen Gewaltanwendung verhindern, den Rechtsstaat und die Geltung der humanitären

Grundsätze wiederherstellen und damit die deutsche Nation vor dem Schlimmsten bewahren können. Aber längere Tragfähigkeit und Dauer wäre einem solchen Regime wahrscheinlich ebenfalls nicht beschieden gewesen. Dem konservativen Widerstand gegen Hitler gebührt *moralisch* alle Ehre. *Politisch* war er kaum weniger ratlos wie die konservativen Partner Hitlers im Jahre 1933. Denn gerade die Tatsache, daß die Überwindung der autoritären, obrigkeitsstaatlichen Struktur der deutschen Gesellschaft als notwendig und längst überfällig empfunden wurde, der demokratische Versuch zu ihrer Überwindung aber nicht genügend Rückhalt und Erfolg gehabt hatte, verlieh der Hitler-Bewegung ihre ebenso blinde wie dynamische soziale Schubkraft. Wenn der entschlossene und fanatische Umsturzwille des Nationalsozialismus so massenhaften Zulauf fand, so war dies doch auch ein klares Zeichen dafür, daß breite Kräfte der Gesellschaft auf die Lösung aus traditionellen Bindungen, zu größerer sozialer Mobilität und Egalität drängten. Die sozialpsychologische Suggestivität und die technisch modernen Methoden der Machtausübung verdankte der Nationalsozialismus wesentlich erst diesem Drang nach Überwindung der traditionellen gesellschaftlichen Strukturen, die im Gegensatz zur Industrialisierung im kaiserlichen Deutschland verfestigt und auch in der Weimarer Republik kaum abgebaut worden waren.

Hierin lag schließlich eine der wichtigsten, wenngleich wiederum zunächst nur negativ bestimmten Konsequenzen der nationalsozialistischen Herrschaft: Die konservativen obrigkeitsstaatlichen Kräfte, Institutionen und Normen in Staat und Gesellschaft, die anfangs das Stabilisierungselement des Dritten Reiches gebildet hatten, wurden schließlich durch das NS-Regime mehr und mehr zersetzt und teilweise, wie nach dem 20. Juli 1944, mit brutaler Gewalt liquidiert. Das NS-Regime war zwar außerstande, das utopische Gesellschaftsbild zu realisieren, das ihm vorschwebte, die Dynamik dieser Bewegung ließ aber kaum irgendeine der alten Strukturen unberührt. Das galt für die Wehrmacht und Bürokratie ebenso wie für die Kirchen und selbst für den alten Typus des autoritären Lehrers und Unternehmers. Die Basis des traditionellen Widerstandes gegen Modernität und Liberalität wurde von Hitler ebenso zerstört wie das Gefüge des Rechtsstaates und der Demokratie. Deshalb hatte der nach Hitler unternommene zweite Versuch, demokratische Selbstbestimmung im politischen und gesellschaftlichen Leben Deutschlands zu realisieren, weniger Widerstände zu überwinden. Die durch den Nationalsozialismus bewirkte soziale Revolution wurde jedoch blind in die Zukunft entlassen. Die alten autoritären Resistenzkräfte waren empfindlich geschwächt, aber auch keine neuen politischen und sozialen Formen entwickelt worden, an die sich die freigesetzten gesellschaftlichen Kräfte nach dem Ende des Hitler-Staates hätten halten können. Diese Kontinuitäts- und Orientierungslosigkeit, die nur den Rückgriff auf die Weimarer Zeit oder auf die Vorbilder des Auslandes zuließ, gehört zu der lastenden Hypothek, die der Nationalsozialismus hinterließ. In den zahlreichen Äußerungsformen gestörten nationalen und politischen Selbstbewußtseins ist sie noch täglich in unserer Gegenwart spürbar.

Anmerkungen

1. Kapitel. Machtpolitische und verfassungsmäßige Voraussetzungen des Dritten Reiches

[1] Zitiert bei Thilo Vogelsang, Reichswehr, Staat und NSDAP. Stuttgart 1963, S. 95.
[2] Zitiert bei Erich Eyck, Geschichte der Weimarer Republik. Zürich, Stuttgart 1956, Bd. 2, S. 394.
[3] Zitiert nach Dieter Petzina, Hauptprobleme der deutschen Wirtschaftspolitik 1932 bis 1933. In: Vierteljahrshefte für Zeitgeschichte (V JHZ) 15. Jg. 1967, H. 4, S. 24.
[4] Vgl. Wilhelm Treue, Die deutschen Unternehmer in der Weltwirtschaftskrise 1928–1933. In: Staats- und Wirtschaftskrise des Deutschen Reiches, hrsg. v. W. Conze u. H. Raupach. Stuttgart 1966, S. 109.

2. Kapitel. Wirkungsweise und Struktur der Hitler-Bewegung vor 1933

[1] Werner Maser, Die Frühgeschichte der NSDAP. Hitlers Weg bis 1924. Bonn 1965, S. 256 f.
[2] Erich Eyck, a. a. O., Bd. 2, S. 443.
[3] ›Parteistatistik‹. Hrsg. vom Reichsorganisationsleiter der NSDAP. München 1935, Bd. 1, S. 16 und Bd. 3, S. 175.
[4] Zur Altersgliederung der NSDAP vgl. ›Parteistatistik‹, a. a. O., Bd. 1, S. 155 ff.; zur Altersgliederung der Reichstagsabgeordneten: Statistik des Deutschen Reiches, Bd. 382, III, S. 11. Dazu auch: David Schoenbaum, Die Braune Revolution. Köln, Berlin 1968, S. 68 ff.
[5] Ergibt sich aus dem Vergleich der Zahlen der Arbeiter in den einzelnen deutschen Ländern bzw. preußischen Provinzen (›Statist. Jahrbuch des Dt. Reiches‹) mit den Zahlen der Arbeiter unter den Parteimitgliedern in den Gauen der NSDAP vor dem 30. 1. 1933 (›Parteistatistik‹, a. a. O., Bd. 1, S. 84).
[6] Für Schleswig-Holstein hat Rudolf Heberle den Nachweis erbracht, daß in den Landgebieten mit überwiegend kleinen und mittelbäuerlichen Betrieben der Anteil der NSDAP-Stimmen 1932 teilweise auf über 80 Prozent anstieg. Vgl. Rudolf Heberle, Landbevölkerung und Nationalsozialismus. Stuttgart 1963.
[7] Vgl. Erwin Reitmann, Horst Wessel. Leben und Sterben. Berlin 1933. Oder: Julius Karl v. Engelbrechten, Eine braune Armee entsteht. Die Geschichte der Berlin-Brandenburger SA. München, Berlin 1937.
[8] Vgl. Hans-Gerd Schumann, Nationalsozialismus und Gewerkschaftsbewegung. Hannover, Frankfurt/M. 1958, S. 38 ff.
[9] Oron J. Hale, Presse in der Zwangsjacke 1933–1945. Düsseldorf 1965, S. 66.
[10] Vgl. die Wiedergabe der Verfügung Hitlers vom 22. 9. 1932 im NS-Jahrbuch 1933, S. 350.

3. Kapitel. Die Monopolisierung der politischen Macht (1933)

[1] Voller Text u. a. im Ministerialblatt für die Preußische innere Verwaltung (MBliV), 1933 I, S. 160–164.
[2] Protokoll d. Kabinettssitzung vom 30. 1. 1933, IfZ: Fa 203/1.
[3] Verordnung über die »Auflösung der Vertretungskörperschaften der Gemeinden und Gemeindeverbände« und über die »Festsetzung des Wahltags für die kom-

munalen Neuwahlen« vom 4. 2. 1933. Preußische Gesetzsammlung (GS) 1933, S. 21 f. Dazu Ausführungserlasse des Preußischen Innenministers vom 7. 7. 1933, MBliV 1933 I, S. 127 ff.

4 Vgl. Protokoll der preußischen Kabinettssitzung vom 4. 2. 1933, IfZ: MA 156/2 und ›Frankfurter Zeitung‹ vom 9. 2. 1933. Laut Bericht dieser Zeitung vom 24. 2. 1933 beschloß auch der Preußische Staatsrat am 23. 2. 1933, gegen die Verordnung Klage einzureichen.

5 MBliV, 1933 I, S. 169.

6 Vgl. dazu auch den Runderlaß des Preußischen Ministers des Innern vom 17. 2. 1933 betr. »Amtliche Verlautbarungen zu politischen Ausschreitungen in der Presse«, MBliV, 1933 I, S. 170.

7 Text u. a. in ›Frankfurter Zeitung‹ vom 25. 2. 1933.

8 Vgl. Bracher, Sauer, Schulz, Die nationalsozialistische Machtergreifung. Studien zur Errichtung des totalitären Herrschaftssystems in Deutschland 1933/34. Köln, Opladen 1960, S. 69 ff.

9 Vgl. Protokoll der Sitzung des Reichskabinetts vom 3. 2. 1933. Ein Runderlaß des Preußischen Ministers des Innern (Göring), der die Reichszentrale des Heimatdienstes damit beauftragte, den Aufruf »im ganzen Reichsgebiet in möglichst weitem Umfange« und vor allem in den Dienstgebäuden anzuschlagen, erging schon am 1. 2. 1933; MBliV, 1933 I, S. 218.

10 Bericht der ›Frankfurter Zeitung‹ vom 21. 2. 1933.

11 Fritz Tobias, Der Reichstagsbrand. Legende und Wirklichkeit. Rastatt 1962. Dazu vor allem: Hans Mommsen, Der Reichstagsbrand und seine politischen Folgen. In: VJHZ, 12. Jg. 1964, H. 4.

12 Reichsgesetzblatt (RGBl.), 1933 I, S. 83.

13 Akten des Preußischen Ministeriums des Innern, Politische Polizei, IfZ: MA 198/2, Bl. 83 f.

14 Zitiert nach ›Frankfurter Zeitung‹ vom 4. 3. 1933.

15 MBliV, 1933 I, S. 233.

16 MBliV, 1933 I, S. 731.

17 ›Daily Express‹, London, vom 3. 3. 1933; auch zitiert in: ›Frankfurter Zeitung‹ vom 4. 3. 1933.

18 Nach ›Statistisches Jahrbuch des Dt. Reiches‹, 1933, S. 540.

19 Rudolf Diels, Lucifer ante portas. Stuttgart 1950.

20 Vgl. dazu: Martin Broszat, Nationalsozialistische Konzentrationslager 1933–1945. In: Anatomie des SS-Staates. Olten, Freiburg 1965, Bd. 2, S. 19 f.

21 Akten der Reichskanzlei, Bundesarchiv (BA) Koblenz, R 43 II/1263. Vgl. dazu auch Hiller v. Gaertringen, Die Deutschnationale Volkspartei. In: Das Ende der Parteien 1933. Hrsg. v. E. Matthias und R. Morsey. Düsseldorf 1960, S. 590.

22 Kopie im IfZ.

23 Zitate nach den Protokollen der Kabinettssitzung, IfZ: Fa 203/1.

24 Vgl. Guenther Lewy, Die katholische Kirche und das Dritte Reich. München 1965, S. 44 ff.

25 Protokoll der Kabinettssitzung, IfZ: Fa 203/1.

26 Lewy, a. a. O., S. 53 ff. sowie Rudolf Morsey, Die deutsche Zentrumspartei. In: Das Ende der Parteien, a. a. O., S. 368 ff.

27 Karl Rohe, Das Reichsbanner Schwarz-Rot-Gold. Düsseldorf 1966, S. 461 ff.

28 MBliV, 1933 I, S. 749.

29 Text in: Das Ende der Parteien, a. a. O., S. 652.

30 Vgl. u. a. Rudolf Morsey, a. a. O., insbes. S. 395 ff. Ferner: K. D. Bracher, Nationalsozialistische Machtergreifung und Reichskonkordat. Wiesbaden 1956.

31 Vgl. Karl Schwend, Die Bayerische Volkspartei. In: Das Ende der Parteien, a. a. O., insbes. S. 507.

[32] Protokoll der Kabinettssitzung vom 14. 7. 1933, IfZ: Fa 203/3, Bl. 477.
[33] MBliV, 1933 I, S. 859.

4. Kapitel. Die Gleichschaltung der Länder und das neue Problem des Zentralismus und Partikularismus

[1] Zum Vorstehenden vgl. u. a. Berichte der ›Frankfurter Zeitung‹ vom 18. und 23. 2. 1933.

[2] ›Frankfurter Zeitung‹ vom 23. und 25. 2. 1933.

[3] Protokoll der Kabinettssitzung vom 27. 2. 1933, IfZ: Fa 203/1.

[4] Einzelheiten in: Dokumente zur Gleichschaltung des Landes Hamburg. Hrsg. u. kommentiert von Henning Timpke. Frankfurt/M. 1964.

[5] Ebenso wie für Hamburg (s. vorstehende Anm.) sind die Vorgänge in Bremen ausnehmend gut dokumentiert, dank der Arbeit von Herbert Schwarzwälder, Die Machtergreifung der NSDAP in Bremen 1933. Bremen 1966.

[6] Müller war u. a. Sprengers rechte Hand in dessen Eigenschaft als Parteiexperte für Beamtenfragen. Vgl. die in der NS-Bibliothek erschienene Schrift: Heinrich Müller, Beamtentum und Nationalsozialismus. München 1931.

[7] Über die Vorgänge in Hessen berichtete die ›Frankfurter Zeitung‹ vom 8. 3. 1933 besonders ausführlich. Dazu ferner die Vormittagsausgabe des Wolff'schen Telegraphen-Büros (WTB) vom 7. 3. 1933 und Akten der Reichskanzlei, BA: R 43 II/1345.

[8] In einem Parteirundschreiben vom 27. 3. 1933 drückte die DNVP-Leitung ihr Bedauern darüber aus, daß »die Nationalsozialisten, entgegen den Erklärungen ihres Führers, die Oberpräsidenten durchweg nicht mit fachlich vorgebildeten Beamten besetzt haben«. Zitiert nach Peter Thiele, NSDAP und allgemeine innere Staatsverwaltung. Untersuchungen zum Verhältnis von Partei und Staat im Dritten Reich. Phil. Diss. München 1967 [masch.-schriftl. Ms.], S. 145 f. (auf Grund d. Akten d. Preuß. Innenmin. DZA Merseburg, Rep. 77/2).

[9] GS 1933, S. 643.

[10] Ausführungserlaß vom 25. 3. 1933, MBliV, 1933 I, S. 327.

[11] MBliV, 1933 I, S. 649.

[12] GS 1933, S. 241.

[13] Vorläufiges Gesetz zur Gleichschaltung der Länder mit dem Reich vom 31. 3. 1933, RGBl. I, S. 153.

[14] Akten der Reichskanzlei, BA: R 43 II/1309. Carl Schmitt verfaßte auch den Kommentar ›Das Reichsstatthaltergesetz‹. Berlin 1933.

[15] Unterlagen über die Reichsstatthalter-Ernennungen, auch über die deutschnationalen Gegenvorschläge, in: BA: R 43 II/1376.

[16] Handschriftliche Vermerke Epps. In: Epp-Material, IfZ: MA–1236.

[17] Protokoll ebd.

[18] Vgl. den Artikel Nicolais in der ›Deutschen Juristenzeitung‹ vom 15. 2. 1934.

[19] Protokoll in: Epp-Material, a. a. O.

[20] Peter Thiele, a. a. O., S. 92 f.

[21] Akten der Reichskanzlei, BA: R 43 II/1376.

[22] Schreiben des Staatssekretärs in der Reichskanzlei an den Reichsminister des Innern vom 27. 6. 1934 (Antwort auf dessen Schreiben vom 4. 6. 1934), beide in: BA: R 43 II/495.

[23] IfZ: ZS 145.

[24] RGBl. I, S. 91. Das 2. und 3. Gesetz zur Überleitung der Rechtspflege auf das Reich folgten am 5. 12. 1934 (RGBl. I, S. 1214) und 24. 1. 1935 (RGBl. I, S. 68).

²⁵ Vgl. Erlaß des Führers und Reichskanzlers über die Ausübung des Gnadenrechts vom 1. 2. 1935, RGBl. I, S. 74.

²⁶ Gesetz über die Bildung der Reichskulturkammer vom 22. 9. 1933, RGBl. I, S. 661.

²⁷ Vgl. u. a. das Lichtspielgesetz vom 16. 2. 1934, RGBl. I, S. 95, das die dem Propagandaministerium unterstehende zentrale Filmprüfungsstelle in Berlin mit der Zulassung und Überwachung der Filmvorführungen beauftragte; ferner das Theatergesetz vom 15. 5. 1934, RGBl. I, S. 411, das die gesamten privaten und öffentlichen Theater des Reiches der Führung und den Anweisungen des Reichspropagandaministers unterstellte.

²⁸ Vgl. das Gesetz zur Überleitung des Forst- und Jagdwesens auf das Reich vom 3. 7. 1934, RGBl. I, S. 534.

²⁹ Nicht veröffentlichter Runderlaß des Reichs- und Preußischen Ministers des Innern vom 14. 3. 1935 und (darauf Bezug nehmend) der erneute, veröffentlichte Runderlaß des RuPrMdI vom 27. 12. 1935, RMBliV, I, S. 20. Ein entsprechender Erlaß für die Partei war durch den Stellvertreter des Führers ergangen.

³⁰ Vernehmung Gramsch, 15. 7. 1947, IfZ: ZS 717.

³¹ Dazu u. a. Material in: BA: R 43 II/1365a.

³² Vgl. Wiedergabe der Rede im ›Völkischen Beobachter‹ vom 8. 9. 1934.

³³ Protokoll der Sitzung in: BA: R 43 II/1392.

³⁴ RGBl. I, S. 66.

³⁵ Gesetz über Groß-Hamburg und andere Gebietsbereinigungen vom 26. 1. 1937, RGBl. I, S. 91. Ferner: Gesetz über die Verfassung und Verwaltung der Hansestadt Hamburg vom 9. 12. 1937, RGBl. I, S. 1327.

³⁶ Vgl. z. B. den Konflikt Bürckels mit Reichsarbeitsminister Seldte in Fragen der Siedlungspolitik im Jahre 1937, BA: R 43 II/208.

³⁷ Aktenvermerk des Chefs der Reichskanzlei vom 30. 4. 1938 nach Vortrag beim Führer, BA: R 43 II/1357c.

³⁸ Schreiben des Reichs- und Preußischen Ministers des Innern an den Chef der Reichskanzlei vom 17. 5. 1938, BA: R 43 II/1356.

³⁹ Schreiben des Reichskommissars für die Wiedervereinigung Österreichs mit dem Deutschen Reich an den Chef der Reichskanzlei vom 30. 5. 1938, BA: R 43 II/1357c.

⁴⁰ Unterlagen ebd.

⁴¹ Schreiben des RuPrMdI vom 13. 6. 1938 an den Chef der Reichskanzlei und dessen Vermerk vom 15. 6. 1938, BA: R 43 II/1357.

⁴² Ebd.

⁴³ Vgl. das Schreiben des RMdI vom 11. 8. 1938 an den Chef der Reichskanzlei, BA: R 43 II/1310b.

⁴⁴ Vgl. Martin Broszat, Nationalsozialistische Polenpolitik 1939–1945. Fischer-Bücherei, 692. Frankfurt/M. 1965, S. 59.

⁴⁵ BA: R 43 II/170.

⁴⁶ BA: R 43 II/581.

⁴⁷ Vermerk v. Reichskabinettsrat Ficker vom 8. 10. 1941, BA: R 43 II/1581.

5. Kapitel. Grundlegung und Veränderung der gesellschaftlichen Verfassung

¹ RGBl. I, S. 233. Dazu Durchführungsverordnung vom 28. 6. 1933 (RGBl. I, S. 425) und »Zweites Gesetz zur Verminderung der Arbeitslosigkeit« vom 21. 9. 1933 (RGBl. I, S. 651). Der seit April 1933 als Staatssekretär im Reichsfinanzministerium amtierende NS-Finanzexperte Fritz Reinhardt war Initiator des Programms.

² Am 27. 6. 1933 wurde das Gesetz über die Errichtung eines staatlichen Unternehmens »Reichsautobahnen« durch die Deutsche Reichsbahn-Gesellschaft erlassen (RGBl. II, S. 509) und Dr. Fritz Todt, der Initiator dieses Projekts, mit der Pla-

nung und Durchführung beauftragt (förmliche Ernennung Todts zum »Generalinspekteur für das deutsche Straßenwesen« am 30. 11. 1933, RGBl. I, S. 1016).

3 Vgl. Änderung des Kraftfahrzeugsteuergesetzes vom 10. 4. 1933 (RGBl. I, S. 192) und Gesetz über Ablösung der Kraftfahrzeugsteuer vom 31. 5. 1933 (RGBl. I, S. 315).

4 Vgl. das Gesetz über Zahlungsverbindlichkeiten gegenüber dem Ausland vom 9. 6. 1933, RGBl. I, S. 349. Zugleich ergänzt durch die verschärfte Anzeigepflicht für den Besitz von Devisen und von Vermögen im Ausland: Gesetz gegen Verrat der Deutschen Volkswirtschaft vom 12. 6. 1933, RGBl. I, S. 360.

5 Vgl. hierzu die Dokumente zum Problem der Zahlungspolitik in: Documents on German Foreign Policy, Serie C (1933–1937), Bd. 1 und 2 (im Inhaltsverzeichnis unter »Financial Questions« gesondert registriert).

6 Gesetz vom 7. 12. 1933, RGBl. I, S. 1045.

7 RGBl. 1933 I, S. 1079.

8 RGBl. I, S. 161. Durch Gesetz vom 29. 9. 1933 (RGBl. I, S. 667) wurde die Aussetzung der Betriebsrätewahlen bis zum 31. 12. 1933 verlängert.

9 Gesetz vom 10. 4. 1933, RGBl. I, S. 191.

10 Über die Vorgänge in einzelnen Städten, so in Berlin, Köln, Hamburg, Hannover, Frankfurt a. M., München etc. berichtete WTB Einzelheiten; u. a. enthalten in: BA: R 43 II/531.

11 Veröffentlicht in: ›Arbeitertum‹ vom 15. 5. 1933.

12 RGBl. I, S. 285; dazu Durchführungsgesetz vom 13. 6. 1933, RGBl. I, S. 368.

13 Aktenvermerk der Reichskanzlei vom 7. 11. 1933, BA: R 43 II/532.

14 Aktenvermerk der Reichskanzlei vom 8. 11. 1933, ebd.

15 Ebd.

16 Schreiben Pg. Hutmachers vom 23. 3. 1934 an den Reichskanzler mit zahlreichen sehr bemerkenswerten Anlagen. BA: R 43 II/532. Anlaß des gesamten Schreibens war die geplante (und im März 1934 durchgeführte) Versetzung Dr. Kleins nach Bremen, wo er den bisherigen Treuhänder Dr. Markert ablöste.

17 Vgl. hierzu u. a. den Aufsatz von Bernhard Köhler in: ›Arbeitertum‹ vom 1. 9. 1933, S. 12 f. mit der Überschrift: »Wir lassen keine Verwässerung der Arbeitsbeschaffung zu!«

18 Vgl. BA: R 43 II/531.

19 Nach der ab 1. 5. 1933 für die NSDAP eingeführten Mitgliedersperre wurde ab 5. 8. 1933 auch die Aufnahme weiterer Mitglieder in die NSBO gesperrt.

20 Vgl. die Wiedergabe dieser sonst nicht veröffentlichten Ausführungen Leys in: ›Arbeitertum‹ vom 1. 12. 1933, insbes. S. 14.

21 Zitiert nach WTB, Bericht vom 21. 11. 1933, enthalten in: BA: R 43 II/531.

22 Text des Aufrufes, der in der allgemeinen Presse nicht veröffentlicht wurde, u. a. in: BA: R 43 II/531.

23 Text des Rundschreibens sowie eines Begleitschreibens des Geschäftsführers des Reichsstandes der Deutschen Industrie, Dr. Jacob Henle, vom 29. 11. 1933 an den Staatssekretär der Reichskanzlei in: BA: R 43 II/531.

24 Nicht der Reichsarbeitsminister, sondern der Reichswirtschaftsminister hielt auch in der abschließenden Kabinettsberatung am 12. 1. 1934 Vortrag über den Entwurf; vgl. Protokolle der Kabinettssitzungen. IfZ: Fa 203/4, Bl. 631 ff.

25 Vgl. Protokoll der Ministerbesprechung vom 1. 12. 1933. IfZ: Fa 203/3, Bl. 601 f.

26 RGBl. 1934 I, S. 45.

27 Schreiben des Reichsjustizministers an den Reichsarbeitsminister vom 12. 12. 1933. BA: R 43 II/548 b.

28 Vgl. hierzu im einzelnen das ›Organisationsbuch der NSDAP‹, München 1938, S. 185–232.

29 Ebd., S. 185.

[30] Rede Leys auf der Leipziger DAF-Tagung im Dezember 1935, zitiert bei H.-G. Schumann, a. a. O., S. 101.

[31] Vgl. H.-G. Schumann, a. a. O., S. 104 f.

[32] Aktennotiz v. d. Goltz, am 26. 10. 1934 dem Staatssekretär der Reichskanzlei übergeben. BA: R 43 II/530.

[33] Ebd.

[34] Abgedruckt u. a. in dem von Ley herausgegebenen ›Organisationsbuch der NSDAP‹. München 1938, S. 185 ff.

[35] BA: R 43 II/530.

[36] Vgl. ›Organisationsbuch der NSDAP‹, a. a. O., S. 473 ff.

[37] Verordnung zur Durchführung des Gesetzes zur Sicherung der Einheit von Partei und Staat vom 29. 3. 1935, RGBl. I, S. 502.

[38] Vgl. H.-G. Schumann, a. a. O., S. 128 ff.

[39] Vgl. Friedrich Syrup, Hundert Jahre staatliche Sozialpolitik. Stuttgart 1957, S. 418. Zu dem Gesamtkomplex auch David Schoenbaum, a. a. O., S. 129 ff.

[40] Protokoll der Kabinettssitzung vom 21. 3. 1933, IfZ: Fa 203/1.

[41] Vgl. Schreiben Zelenys vom 6. und 8. 3. 1933 (mit Anlagen) an die Reichskanzlei. BA: R 43 II/277.

[42] Zitiert bei H. Uhlig, a. a. O., S. 72.

[43] ›Völkischer Beobachter‹ vom 20. 5. 1933, Beiblatt.

[44] Vgl. H. Uhlig, a. a. O., S. 106.

[45] ›Völkischer Beobachter‹ vom 15. 4. 1933.

[46] Vgl. H. Uhlig, a. a. O., S. 116.

[47] Veröffentlicht im ›Völkischen Beobachter‹ vom 10. 7. 1933.

[48] Vgl. H. Uhlig, a. a. O., S. 152 ff.

[49] Vgl. die Statistik bei H. Uhlig, a. a. O., S. 224.

[50] Das Dritte Reich im Aufbau. Hrsg. von Paul Meier-Benneckenstein. Bd. 6, Teil 5: Wirtschaft und Arbeit. Berlin 1942, S. 122 f. Vgl. auch die Zahlenangaben für einzelne Handwerkssparten bei D. Schoenbaum, a. a. O., S. 171 ff.

[51] Vgl. D. Schoenbaum, a. a. O., S. 185 f.

[52] Protokoll der Erörterungen mit den Industriellen am 29. 5. 1933 und Unterlagen über den »Generalrat der Wirtschaft« und Protokoll der ersten Sitzung des »Generalrates« am 20. 9. 1933 in: BA: R 43 II/536 und R 43 II/320 f.

[53] Meldung des WTB vom 27. 4. 1933.

[54] Vermerk der Reichskanzlei vom 5. 5. 1933. BA: R 43 II/1195.

[55] Wortlaut des unveröffentlichten Erlasses in: BA: R 43 II/1263.

[56] Protokoll der Besprechung Hitlers mit führenden Vertretern der Wirtschaft vom 29. 5. 1933 in: BA: R 43 II/536.

[57] Fritz Thyssen, I paid Hitler. New York, Toronto 1941, S. 119–128.

[58] Arthur Schweitzer, Organisierter Kapitalismus und Parteidiktatur 1933–1936. In: Schmollers Jahrbuch für Gesetzgebung, Verwaltung und Volkswirtschaft, 79. 1959, H. 1, S. 57 ff.

[59] Ebd., S. 41 ff.

[60] Vgl. Aussagen Kepplers, IfZ: ZS 1091.

[61] Vgl. Dieter Petzina, Autarkiepolitik im Dritten Reich. Der nationalsozialistische Vierjahresplan. Schriftenreihe der VJHZ, Bd. 16. Stuttgart 1968, S. 27 ff.

[62] Ebd., S. 37 und S. 100.

[63] Vgl. hierzu Paul Kluke, Hitler und das Volkswagenprojekt. In: VJHZ, 8. Jg. 1960, H. 4; dazu BA: R 43 II 753.

[64] Vgl. René Erbe, Die nationalsozialistische Wirtschaftspolitik im Lichte der modernen Theorie. Zürich 1958, S. 25 u. 34.

[65] Gesetz vom 22. 3. 1934 »über den Verkehr mit industriellen Rohstoffen und Halbfabrikaten«, RGBl. I, S. 212.

[66] Vermerk Kepplers vom 21. 3. 1933 für Staatssekretär Lammers. BA: R 43 II/527b.

[67] Ebd., Schreiben Dr. Dornows an Staatssekretär Lammers vom 15. 5. 1934.

[68] Vermerk des Staatssekretärs der Reichskanzlei vom 7. 7. 1934, ebd.

[69] Vgl. dazu u. a. die Aussagen Walter Heinrichs, IfZ: ZS 244.

[70] Verordnung über die Industrie- und Handelskammern vom 20. 8. 1934, RGBl. I, S. 790.

[71] G. Schulz in: Bracher, Sauer, Schulz, a. a. O., S. 652.

[72] D. Schoenbaum, a. a. O., S. 155.

[73] Vgl. hierzu wie zum folgenden vor allem Horst Gies, R. Walter Darré und die nationalsozialistische Bauernpolitik 1930 bis 1933. Phil. Diss. der Universität Frankfurt/M., 1966.

[74] BA: R 43 II/203.

[75] Bericht des Wolff'schen Telegraphen-Büros (WTB) vom 5. 4. 1933 über die Vollversammlung des Landwirtschaftsrates, ebd.

[76] Ebd.

[77] GS 1933, S. 165. Vgl. auch Bracher, Sauer, Schulz, a. a. O., S. 572 f.

[78] Vgl. dazu im einzelnen die Schrift des am Aufbau des Reichsnährstandes selbst maßgeblich beteiligten Führers des Stabsamtes des »Reichsnährstandes«, Dr. Hermann Reischle, Aufgaben und Aufbau des Reichsnährstandes. Berlin 1934; erw. 2. Aufl. 1936.

[79] Vgl. Reischle, a. a. O., S. 89 und Einleitung Darrés, S. 6.

[80] D. Schoenbaum, a. a. O., S. 201.

[81] Ausführliche Wiedergabe der in den Akten selbst nicht enthaltenen Denkschrift in einem fünfzehnseitigen Aktenvermerk der Reichskanzlei vom 22. 8. 1934, BA: R 43 II/193.

[82] Auszug der agrarpolitischen Teile von Stimmungsberichten der preußischen Ober- und Regierungspräsidenten vom August 1934, ebd.

[83] Dazu im einzelnen D. Schoenbaum, a. a. O., S. 208 ff.

[84] Material zum Vorstehenden in: Akten des Parteigerichts. Document Center, Berlin. Kopien im IfZ: Fa 508.

[85] BA: R 43 II/207.

[86] BA: R 43 II/203.

[87] Schreiben Leys an Darré vom 25. 5. 1938 und Aktenvermerke der Reichskanzlei betr. Beschwerden Darrés gegenüber der DAF vom 30. 5. und 16. 9. 1938, BA: R 43 II/194.

6. Kapitel. Partei und Staat in den Anfängen des Dritten Reiches

[1] Verfügung des Obersten SA-Führers vom 30. 5. 1933. In: Epp-Material, IfZ: MA–1236.

[2] Unterlagen (Fotokopien) hierzu im IfZ: Fa 115.

[3] Text des Aufrufes u. a. veröffentlicht in: ›Frankfurter Zeitung‹ vom 12. 3. 1933.

[4] MBliV, 1933, S. 282.

[5] Gesetz zur Wiederherstellung des Berufsbeamtentums vom 7. 4. 1933 in der Fassung der Änderungsgesetze vom 23. 6. , 20. 7. und 22. 9. 1933 und verwandte Gesetze nebst den neuesten Durchführungsverordnungen. Erläutert von Hans Seel. Berlin 1933.

[6] Hans Mommsen, Beamtentum im Dritten Reich. Mit ausgewählten Quellen zur nationalsozialistischen Beamtenpolitik. Stuttgart 1966, S. 45.

[7] Vgl. Quellen bei Mommsen, a. a. O., S. 159 f. und S. 163.

[8] Zitiert nach Peter Thiele, NSDAP und allgemeine innere Staatsverwaltung. Unter-

suchungen zum Verhältnis von Partei und Staat im Dritten Reich. Phil. Diss., München 1967. Masch.-Manuskript, S. 105.

⁹ Handschriftliche Notizen Epps vom 13. 6. 1933. Epp-Material, IfZ: MA–1236.

¹⁰ Vgl. hierzu wie zur näheren Entwicklung des Mitgliederwesens der NSDAP: Ulf Lükemann, Der Reichsschatzmeister der NSDAP. Ein Beitrag zur inneren Parteistruktur. Phil. Diss., FU Berlin 1964, S. 30 ff.

¹¹ Text der Verfügung u. a. in den Akten des Parteiarchivs der NSDAP, Hoover-Institution (Stanford/USA), Reel 50, folder 1182.

¹² Protokoll der Kabinettssitzung vom 30. 6. 1933, IfZ: Fa 203/2.

¹³ Vgl. Andreas Werner, SA und NSDAP. SA: »Wehrverband«, »Parteitruppe« oder »Revolutionsarmee«. Studien zur Geschichte der SA und der NSDAP 1920 bis 1933. Phil. Diss., Erlangen 1964, S. 593 f.

¹⁴ Vgl. H. Mommsen, a. a. O., S. 162.

¹⁵ MBliV, 1933, S. 553.

¹⁶ Wiedergabe bei Shlomo Aronson, Heydrich und die Anfänge des SD und der Gestapo (1931–1935). Phil. Diss., FU Berlin 1967, S. 100 (dort ohne Datum, dieses ergibt sich jedoch aus der Bezugnahme des Erlasses vom 30. 10. 1933, MBliV, 1933, S. 1304).

¹⁷ ›Völkischer Beobachter‹ vom 7. 7. 1933.

¹⁸ Runderlaß des preußischen Innenministers vom 2. 8. 1933, MBliV, S. 932a.

¹⁹ Vgl. JMBl. 1933, S. 235 und S. 249. Dazu auch Rudolf Diels, Lucifer ante portas. Stuttgart 1950, S. 311 und den Nürnberger »Juristenprozeß« (III), Prot. (d), S. 4437. Die Zentralstaatsanwaltschaft, die 1934 auf das Reichsjustizministerium überging, wurde 1937 auf Betreiben der Partei aufgelöst.

²⁰ Zum Vorstehenden: Martin Broszat, Nationalsozialistische Konzentrationslager 1933–1945. In: Anatomie des SS-Staates. Olten, Freiburg 1965, Bd. 2, S. 24 ff.

²¹ Diels, a. a. O., S. 394 ff.

²² Vgl. M. Broszat, Nationalsozialistische Konzentrationslager, a. a. O., S. 34.

²³ Zitiert bei P. Thiele, a. a. O., S. 316.

²⁴ Ebd., S. 118.

²⁵ Runderlaß des preuß. Ministerpräsidenten vom 30. 10. 1933, MBliV, S. 1304.

²⁶ BA: R 43 II/1392.

²⁷ In dem von Reichsorganisationsleiter der NSDAP (Ley) hrsg. ›Organisationsbuch der NSDAP‹, München 1938, hieß es (S. 487): »Eine weitere Verbindung von Partei und Staat wird der für später vorgesehene große Senat sein. Der große Senat ist eine reine Parteiinstitution, die aber gleichzeitig die höchste Staatsstelle sein wird.«

²⁸ Aussage von Walter Buch in der Vernehmung vom 16. 5. 1947, IfZ: ZS 855.

²⁹ Zusammenstellung der bis zum 31. 3. 1937 erlassenen und noch gültigen Anordnungen des Stellvertreters des Führers. (Nur für den Dienstgebrauch bestimmt.) München 1937, S. 20.

³⁰ Vgl. ›Völkischer Beobachter‹ vom 9. 11. 1933.

³¹ Enthalten in: Akten des Hauptarchivs der NSDAP, Hoover-Institution (Stanford/USA), Reel 54, folder 1290.

³² Vgl. dazu im einzelnen: Hans Buchheim, Die organisatorische Entwicklung der politischen Polizei in Deutschland in den Jahren 1933 und 1934. In: Gutachten des Instituts für Zeitgeschichte. München 1958, S. 294 ff.

³³ Hans Buchheim, Die SS – das Herrschaftsinstrument. In: Anatomie des SS-Staates. Olten, Freiburg 1965, Bd. 1, S. 13 ff.

³⁴ Vgl. Helmut Krausnick, Der 30. Juni 1934. Bedeutung – Hintergründe – Verlauf. In: Aus Politik und Zeitgeschichte, Beilage zur Wochenzeitung ›Das Parlament‹ vom 30. 6. 1954.

³⁵ Vgl. Klaus-Jürgen Müller, Reichswehr und »Röhm-Affäre«. Aus den Akten des

Wehrkreiskommandos VII. In: Militärgeschichtliche Mitteilungen. Hrsg. v. Militärgeschichtlichen Forschungsamt (Freiburg), Nr. 1/1968, S. 117.

[36] So laut Schätzungen des Auswärtigen Amtes; vgl. Documents on German Foreign Policy (künftig zitiert als DGFP), Serie C, Bd. I, Nr. 456.

[37] Das politische Tagebuch Alfred Rosenbergs 1934/35 und 1939/40. Hrsg. von Hans-Günther Seraphim. Göttingen, Frankfurt/M., Berlin 1956.

[38] Zum folgenden vor allem Dieter Ross, Hitler und Dollfuß. Die deutsche Österreich-Politik 1933–1934. Hamburg 1966. Dort werden mit besonderem Nachdruck die heterogenen Zielsetzungen und Kräfte dargestellt, die zu dieser Politik und ihren Schwankungen führte.

[39] Statistiken für Berlin bei Friedrich Zipfel, Kirchenkampf in Deutschland 1933–1945. Berlin 1965, S. 18 ff.

[40] Vgl. Hans Buchheim, Glaubenskrise im Dritten Reich. Stuttgart 1953, S. 89 f.

[41] Friedrich Zipfel, a. a. O., S. 40.

[42] Vgl. die Dokumentation: Ein NS-Funktionär zum Niemöller-Prozeß. In: VJHZ, 4. Jg. 1956, S. 313.

[43] Zipfel, a.a.O., S. 91.

[44] Zipfel, a.a.O., S. 94.

[45] BA: R 43 II/525.

[46] Die gesamten Vorgänge in: BA: R 43 II/447.

[47] BA: R 43 II/1200/1200a. Dort auch zahlreiche andere Vorgänge zu der von Rosenberg gewünschten umfassenden Beauftragung zur »Sicherung der NS-Weltanschauung«.

[48] BA: R 43 II/1200a.

7. Kapitel. Beamtentum und Verwaltung

[1] Vgl. die Denkschrift von Fritz Dietlof von der Schulenburg vom September 1937, in: Hans Mommsen, Beamtentum im Dritten Reich. Mit ausgewählten Quellen zur nationalsozialistischen Beamtenpolitik. Stuttgart 1966, S. 149. Dort auch (S. 137 ff.) die in der Grundintention ähnliche Denkschrift Schulenburgs vom April 1933.

[2] BA: R 43 II/1136b.

[3] Abgedruckt bei H. Mommsen, a.a.O., S. 166.

[4] Ebd., S. 173.

[5] IfZ: Fa 113 (unveröffentlichter Teil der im übrigen bei Mommsen, a.a.O., S. 171 ff. wiedergegebenen Denkschrift).

[6] BA: R 43 II/1138b.

[7] H. Mommsen, a.a.O., S. 59.

[8] Ebd., S. 172.

[9] RGBl. I, S. 73/74.

[10] Schreiben des Stellvertreters des Führers vom 7. 2. 1935 an den Chef der Reichskanzlei. BA: R 43 II/421.

[11] RGBl. I, S. 1203.

[12] Runderlaß des RuPrMdI vom 9. 10. 1935 an die Oberste Reichsbehörde, den preußischen Ministerpräsidenten und die Reichsstatthalter. BA: R 43 II/421.

[13] Dazu Korrespondenz zwischen RMdI, Stellv. des Führers und Reichskanzlei Ende 1937/Anfang 1938 in: BA: R 43 II/421.

[14] Text u. a. in den Akten der Reichskanzlei. BA: R 43 II/426 (Vermerk vom 8. 8. 1935 betr. Wehrmachtsbeamte und NSDAP).

[15] BA: R 43 II/426.

[16] Vermerk des Chefs der Reichskanzlei vom 24. 9. 1935, ebd.

[17] Abschrift des diesbezüglichen Schreibens des Reichskriegsministers vom 24. 10. 1935 an Hitler und Vermerk des Wehrmachtsadjutanten bei Hitler, Oberstleutnant Hoßbach, vom 25. 10. 1935, ebd.

[18] Zum Vorstehenden vor allem Helmut Krausnick, Vorgeschichte und Beginn des militärischen Widerstandes gegen Hitler. In: Vollmacht des Gewissens. München 1956.

[19] Vgl. H. Mommsen, a. a. O., S. 93.

[20] Schreiben des Reichs- und Preußischen Wirtschaftsministers vom 7. 1. 1937 an den Reichsinnenminister. BA: R 43 II/4209. Auch zitiert bei H. Mommsen, a. a. O., S. 215 f.

[21] Die beiden diesbezüglichen Aktenvermerke des Chefs der Reichskanzlei in: BA: R 43 II/420a.

[22] Vgl. dazu die verschiedenen Fälle in: BA: R 43 II/447, 1138b, 421a, 423a, 424.

[23] Protokoll der Kabinettssitzung vom 9. 12. 1937. IfZ: Fa 203/5.

[24] BA: R 43 II/447.

[25] Ebd.

[26] Schreiben des Reichsleiters Martin Bormann an Reichsminister Frick vom 4. 4. 1940 mit der Anrede »Sehr geehrter Parteigenosse Dr. Frick«. BA: R 43 II/423a. Dort auch sämtliche der im Folgenden zitierten Aktenvorgänge.

[27] Vgl. die diesbezüglichen Vorgänge in: BA: R 43 II/421a.

[28] Schreiben Bormanns vom 6. 3. 1940 an den Chef der Reichskanzlei, ebd.

[29] Undatierte Abschrift in: BA: R 43 II/424.

8. *Kapitel. Reichsregierung und Führergewalt in den ersten Jahren nach 1933*

[1] Bezüglich der Schwierigkeiten, die dem Propagandaminister durch die Ablehnung von Beamtenstellen durch den Reichsfinanzminister erwuchsen, vgl. die Eidesstattl. Erklärung von Leopold Gutterer vom 6. 7. 1948, IfZ: ZS 490. – Ein bemerkenswertes Beispiel des Widerstandes der Bürokratie des Reichsfinanzministeriums gegen die Expansion des Apparates der SS und Polizei stellen die Verhandlungen von 1938/39 über die Errichtung einer SS- und Polizeigerichtsbarkeit dar; vgl. Akten des Reichsfinanzministeriums, BA: R 2/12 196.

[2] Vgl. Schreiben Todts an den Reichskanzler vom 6. 7. 1933 mit der Wiedergabe der zwischen Hitler und Todt getroffenen Vereinbarung. BA: R 43 II/508. Aus diesem Schreiben geht außerdem hervor, daß Hitler Todt ermächtigt hatte, sich einen Dienstwagen anzuschaffen und selbst auszusuchen.

[3] Besprechungsunterlage Todts für diesbezügliche Besprechung mit dem Chef der Reichskanzlei vom 20. 9. 1933. BA: R 43 II/508.

[4] Aufzeichnung der Reichskanzlei vom 6. 10. 1933, ebd.

[5] Undatierter Vermerk der Reichskanzlei vom Oktober 1933, ebd.

[6] Niederschrift über die Chefbesprechung in der Reichskanzlei am 24. 11. 1933, ebd.

[7] Einzelheiten bei Wolfgang Benz, Vom Freiwilligen Arbeitsdienst zum Arbeitsdienstpflichtgesetz. In: VJHZ, 16. Jg. 1968, H. 4.

[8] Die diesbezüglichen Vorgänge in: BA: R 43 II/516 u. 517.

[9] Die diesbezüglichen Vorgänge in: BA: R 43 II/525.

[10] Rundschreiben des Reichsfinanzministers vom 6. 5. 1936 und des Reichsinnenministers vom 8. 6. 1936, ebd.

[11] Schreiben des Chefs der Reichskanzlei vom 28. 11. 1936 an den Reichs- und Preuß. Minister für Wissenschaft, Erziehung und Volksbildung, ebd.

[12] Hans Buchheim, Die SS – das Herrschaftsinstrument. In: Anatomie des SS-Staates, a. a. O., Bd. 1, S. 191.

[13] Vgl. H. Buchheim, a. a. O., S. 208 ff.

[14] Vgl. M. Broszat, Nationalsozialistische Konzentrationslager, a.a.O., S. 35 ff.

[15] Vgl. Denkschrift des RuPrMdI vom Frühjahr 1935; zitiert ebd., S. 39 f.

[16] Schreiben des Reichs- und Preußischen Ministers des Innern vom 10. 1. 1935 an den preußischen Ministerpräsidenten als dem Chef der Geheimen Staatspolizei. IfZ: MA 302, Bl. 7699 f.

[17] Die 22 Seiten umfassende Denkschrift Daluges über die Deutsche Polizei befindet sich in: BA: R 43 II/391.

[18] Schreiben des Reichskriegsministers und Oberbefehlshabers der Wehrmacht vom 1. 7. 1935 an den Führer und Obersten Befehlshaber der Wehrmacht. BA: R 43 II/391.

[19] Vgl. die bei H. Buchheim, a.a.O., S. 49 f. zitierten Schreiben Fricks und Himmlers vom Herbst 1935.

[20] GS 1936, S. 21.

[21] Werner Best, Die Geheime Staatspolizei. In: Deutsches Recht, Jg. 1936, S. 125 ff.

[22] Vgl. H. Buchheim, a.a.O., S. 59.

[23] Vgl. hierzu die durch das Schreiben des Chefs der Sicherheitspolizei (Heydrich) vom 18. 9. 1941 an den Chef der Reichskanzlei ausgelösten Vorgänge in: BA: R 43 II/396.

[24] Aktennotiz Lammers' vom 11. 3. 1942. BA: R 43 II/393a.

[25] Allg. Erlaß-Sammlung (hrsg. v. RSHA), SF VIIIa, S. 2.

[26] Vgl. M. Broszat, Nationalsozialistische Konzentrationslager, a.a.O., S. 75 f.

[27] Verordnung über das Reichsluftfahrtministerium vom 5. 5. 1933, RGBl. I, S. 241.

[28] Vgl. Dieter Petzina, Autarkiepolitik im Dritten Reich, a.a.O., S. 32 f.

[29] Vgl. dazu u. a. die Aussagen Schellenbergs (des späteren Leiters des Auslandsnachrichtendienstes des RSHA) und des ehemaligen Amtsleiters des Forschungsamtes, Min.-Dir. Schappers. IfZ: ZS 291 und ZS 1409. Dort ebenfalls (ZS 1734) eine 83seitige Aufzeichnung über das Forschungsamt von Ulrich Titel.

[30] Joseph Goebbels, Vom Kaiserhof zur Reichskanzlei. Eine historische Darstellung in Tagebuchblättern. München 38. Aufl. 1942, S. 302.

[31] Protokoll der Kabinettssitzung vom 14. 11. 1933. IfZ: Fa 203/3.

[32] Otto Dietrich, 12 Jahre mit Hitler. München 1955, S. 249–251.

[33] Gesetz über den Eid der Reichsminister und der Mitglieder der Landesregierungen vom 16. 10. 1934, RGBl. I, S. 973.

[34] Erläuterungen zu dem am 14. 11. 1935 vom RMdI den Reichsressorts übermittelten Entwurf eines Gesetzes über die Verkündung von Rechtsvorschriften des Reiches. BA: R 43 II/694.

[35] Text des Vortrages in: BA: R 43 II/1036.

[36] Erlaß des Führers und Reichskanzlers vom 20. 4. 1936; vgl. dazu die Ausführungen von Min.-Dir. Wienstein (Reichskanzlei) vom 15. 12. 1936 (s. Anm. 35).

[37] Erlaß des Führers und Reichskanzlers über Änderung der Geschäftsordnung der Reichsregierung vom 20. 3. 1935; Reichsministerialblatt 1935, S. 433.

[38] ›Völkischer Beobachter‹, Münchener Ausgabe vom 3. 9. 1938.

[39] »Reichsbürgergesetz« und »Gesetz zum Schutz des deutschen Blutes und der deutschen Ehre« vom 15. 9. 1935. RGBl. I, S. 1146.

[40] BA: R 43 II/694.

[41] Ebd.

[42] Protokoll der Kabinettssitzung vom 26. 1. 1937. IfZ: Fa 203/5

9. Kapitel. Polykratie der Ressorts und Formen des Führerabsolutismus seit 1938

[1] Erlaß über die Führung der Wehrmacht vom 4. 2. 1938. RGBl. I, S. 111.

[2] Erlaß über die Errichtung eines Geheimen Kabinettsrates vom 4. 2. 1938. RGBl. I, S. 412.

vgl. die Aussagen Eberhard v. Thaddens. IfZ: ZS 359.

4 Vgl. Hans-Adolf Jacobsen, Nationalsozialistische Außenpolitik 1933–1938. Frankfurt/M., Berlin 1968, S. 313 ff.

5 Vgl. Paul Seabury, Die Wilhelmstraße. Die Geschichte der deutschen Diplomatie 1930 bis 1945. Frankfurt/M. 1956, S. 167 f.

6 Dieter Petzina, a. a. O., S. 67.

7 Vgl. dazu Krauchs eigene Aussagen (IfZ: ZS 981); ferner die Aussagen des 1939 zur Neuorganisation in das Wirtschaftsministerium entsandten ehemaligen Staatssekretärs des preußischen Finanzministeriums, Friedrich Landfried (IfZ: ZS 1122).

8 Vgl. dazu: A. S. Milward, Die deutsche Kriegswirtschaft 1939–1945. Stuttgart 1966, und Gregor Janssen, das Ministerium Speer. Deutschlands Rüstung im Krieg. Berlin 1968.

9 Vgl. Enno Georg, Die wirtschaftlichen Unternehmungen der SS. Stuttgart 1963.

10 Max Domarus, Hitler. Reden und Proklamationen 1932–1945. München 1965, Bd. 2, S. 1058.

11 Vgl. dazu die Vorgänge in: BA: R 43 II/694a.

12 BA: R 43 II/695.

13 BA: R 43 II/694a.

14 Aktenvermerk von Min.-Dir. Kritzinger vom 10. 11. 1941 zum Schreiben Bormanns vom 29. 10. 1941. BA: R 43 II/694a. Nach Rücksprache mit Bormann erließ Lammers am 17. 2. 1942 vom Führerhauptquartier aus einen entsprechenden Runderlaß an die Reichsressorts, in dem er um strenge Einhaltung der Geschäftsverordnungsbestimmung (Beteiligung der Ressorts) bei Verordnungsentwürfen ersuchte; ebd.

15 Aktenvermerk Kritzingers vom 2. 5. 1941. BA: R 43 II/170.

16 Schreiben des Chefs der Reichskanzlei an den Vorsitzenden des Ministerrats für die Reichsverteidigung vom 10. 9. 1942 und Aktennotiz über Hitlers Entscheidung vom 23. 10. 1942. BA: R 43 II/695.

17 Vorgänge im Hauptarchiv Berlin-Dahlem: Rep. 320/132.

18 Vermerk des Chefs der Reichskanzlei vom 11. 3. 1943. BA: R 43 II/393a (dort auch die vorerwähnten Vorgänge).

19 Ebd.

20 Schreiben Bormanns an Bouhler vom 8. 3. 1942. BA: R 43 II/1213a. Auf Grund der Zurückdrängung seiner Kompetenzen durch den Stab Heß hatte Bouhler im Frühsommer 1940 Hitler um eine andere Verwendung (»eine größere Aufgabe in den Kolonien«) gebeten, was jedoch hinfällig wurde. Vgl. Schreiben Bormanns an Lammers vom 24. 6. 1940. BA: R 43 II/694.

21 Vgl. dazu u. a. die Aussagen von Julius Schaub (IfZ: ZS 137) und die Darstellung von Fritz Wiedemann, Der Mann der Feldherr werden wollte. Kettwig 1964.

22 Schreiben des Chefs der Reichskanzlei an die Adjutantur des Führers vom 16. 8. 1939. Lammers wies dabei auf dringende Angelegenheiten hin, »die umgehend erledigt werden müssen«, und formulierte u. a.: »Ich bitte ergebenst, hiervon den Führer Kenntnis zu geben und ihn zu fragen, wann ihm mein Vortrag genehm ist.« BA: R 43 II/587a.

23 Vgl. dazu u. a. M. Broszat, Zur Perversion der Strafjustiz im Dritten Reich. In: VJHZ, 6. Jg. 1958, H. 4.

24 Dieser fünfseitige Brief vom 5. 10. 1932 befindet sich in den Akten des Parteiarchivs, Hoover-Institution, Reel 17, folder 319.

25 Fotokopie der undatierten Denkschrift im IfZ: Fa 204, S. 72 f.

26 Text des Erlasses u. a. in: BA: R 43 II/1213 und 1213a.

27 Vgl. hierzu das Schreiben Bormanns an Lammers vom 1. 5. 1943, in dem ersterer sich selbst auf die ihm »seit Jahren laufend« erteilten »Sonderaufträge« des Führers berief. BA: R 43 II/1154.

[28] Fernschreiben Bormanns vom 15. 6. 1943 an den Chef der Reichskanzlei. BA: R 43 II/583.

[29] Aktennotiz Lammers' vom 18. 6. 1943. BA: R 43 II/583.

[30] Text u. a. in: BA: R 49/1 und in: Nürnberger Dokument NG–962; zur Genesis des Erlasses vgl. M. Broszat, Nationalsozialistische Polenpolitik 1939–1945. Stuttgart 1961, S. 18 ff.

[31] Vgl. Himmlers diesbezüglichen Erlaß vom 10. 11. 1939 über die »Zusammenarbeit der Behörden des Reichsführer-SS mit der Haupttreuhandstelle Ost«. In: Haupttreuhandstelle Ost, Materialsammlung zum internen Dienstgebrauch, S. 8 ff. (Nürnbg. Dok. 2207–PS).

[32] Die über die Lager im Emsland vorliegenden Akten des Reichsfinanzministeriums sind dafür ein Beispiel (BA: R 2 Zg 1955 ff./24006).

[33] Vgl. dazu im einzelnen Raoul Hilberg, The destruction of European Jews. Chicago 1961.

[34] Abschrift des Schreibens des Leitenden Senatspräsidenten der Außensenate Wien des Reichsverwaltungsgerichts vom 19. 2. 1943 an den Reichsminister des Innern. BA: R 43 II/695.

[35] Vgl. Schreiben des RMdI vom 2. 4. 1943 an den Chef der Reichskanzlei. BA: R 43 II/695.

[36] Text u. a. in: Medizin ohne Menschlichkeit, a. a. O., S. 184.

[37] Mit dem Sitz in Berlin, Tiergartenstraße 4 (daher auch die Tarnbezeichnung »T 4«).

[38] Vgl. dazu Bert Honolka, Die Kreuzelschreiber. Ärzte ohne Gewissen. Euthanasie im Dritten Reich. Hamburg 1961, S. 15 f.

[39] Grundlage hierfür war das Gesetz vom 3. 7. 1934 über die Vereinheitlichung des Gesundheitswesens, RGBl. I, S. 531; dazu Durchführungsverordnungen vom 6. 2. 1935 (RGBl. I, S. 177) und 22. 2. 1935 (RGBl. I, S. 215).

10. Kapitel. Recht und Justiz

[1] Vgl. hierzu: Ernst Fraenkel, The Dual State. A contribution to the theory of Dictatorship. New York, London, Toronto 1940.

[2] Verordnung des Reichspräsidenten zur Gewährung von Straffreiheit vom 21. 3. 1933 (RGBl. I, S. 134).

[3] Verordnung des Reichspräsidenten zur Abwehr heimtückischer Angriffe gegen die Regierung der nationalen Erhebung vom 21. 3. 1933 (RGBl. I, S. 135).

[4] Zahlenunterlagen nach den Ermittlungen von Walter Wagner, der demnächst eine Untersuchung über die Rechtsprechung des Volksgerichtshofes herausbringen wird.

[5] So nach dem Bericht des Gestapa an den Reichsminister der Justiz vom 7. 3. 1937. BA: R 22/1467.

[6] Vgl. dazu u. a. die späteren Aussagen des damaligen Präsidenten des Hanseatischen Oberlandesgerichts in Hamburg, Curt Rothenberger, der erklärte, daß in Hamburg nach der Röhm-Affäre Eingriffe der Partei und Gestapo in die Justiz kaum mehr vorgekommen seien. Erst vor Beginn des Krieges habe sich die Korrektur von Justizurteilen durch die Polizei stark gehäuft. BA: 7 S 477.

[7] Vgl. das Protokoll über die Besprechung. BA: R 22/1467.

[8] BA: R 22/1467.

[9] Ebd.

[10] Schreiben des Stellvertreters des Reichsjuristenführers vom 22. 8. 1935 an den Reichsjustizminister. BA: R 22/1467.

[11] Vgl. dazu das Diensttagebuch des Reichsjustizministers Dr. Gürtner. Nürnberger Dokument PS 3751.

..ol., Eintragung vom 29. 5. 1935.

[13] Einzelheiten dazu in: Justiz im Dritten Reich. Eine Dokumentation. Hrsg. von Ilse Staff. Fischer-Bücherei, 559. Frankfurt/M. 1964, S. 118 ff.

[14] Ebd., S. 122 ff.

[15] Einzelheiten dieser Entwicklung bei H. Weinkauff, Die deutsche Justiz und der Nationalsozialismus. Ein Überblick. In: Die deutsche Justiz und der Nationalsozialismus. Teil I. Stuttgart 1968, S. 102 ff.

[16] Vgl. Albrecht Wagner, Die Umgestaltung der Gerichtsverfassung und des Verfahrens- und Richterrechts im nationalsozialistischen Staat. In: Die deutsche Justiz und der Nationalsozialismus. Teil I. Stuttgart 1968, S. 207 f.

[17] Ebd., S. 228 ff.

[18] Albrecht Wagner, a. a. O., S. 281.

[19] Text in der vom Reichskriminalpolizeiamt für den Dienstgebrauch herausgegebenen Erlaß-Sammlung ›Vorbeugende Verbrechensbekämpfung‹, Dez. 1941, Bl. 41.

[20] Nürnberger Juristenprozeß, III, Protokoll (d) S. 4460.

[21] Verordnung über Maßnahmen auf dem Gebiet der Gerichtsverfassung und der Rechtspflege (RGBl. I, S. 1758). Eine genaue Abgrenzung der Zuständigkeit im Strafverfahren und insbesondere der Sondergerichtsbarkeit erfolgte später durch die sogenannte »Zuständigkeitsverordnung« vom 21. 2. 1940 (RGBl. I, S. 405).

[22] IfZ: Fa 103.

[23] Vgl. dazu M. Broszat, Nationalsozialistische Polenpolitik, a. a. O., S. 137 ff.

[24] Vgl. das Tischgespräch vom 22. 7. 1942. Henry Picker, Hitlers Tischgespräche im Führerhauptquartier 1941–42. Bonn 1951, S. 259 f.

[25] Text der Hitler-Rede und der anschließend von Göring verkündeten Reichstags-Resolution im ›Völkischen Beobachter‹ vom 27. 4. 1942.

[26] Enthalten in: Allgemeine Erlaß-Sammlung des RSHA, 2 A III f, S. 131.

[27] Schreiben vom 8. 7. 1943. Nürnberger Dokument NO-2718.

Literaturverzeichnis

Allgemeine Darstellungen

H. Arendt, Elemente und Ursprünge totalitärer Herrschaft. Frankfurt/M. 1958.

H. Boberach, Meldungen aus dem Reich. Neuwied, Berlin 1965.

K. D. Bracher, Die deutsche Diktatur. Entstehung – Struktur – Folgen des Nationalsozialismus. Köln, Berlin 1969.

Bracher/Sauer/Schulz, Die nationalsozialistische Machtergreifung. Studien zur Errichtung des totalitären Herrschaftssystems in Deutschland 1933/34. Köln, Opladen 1960.

M. Broszat, Der Nationalsozialismus. Weltanschauung, Programm und Wirklichkeit. Stuttgart 1960.

A. Bullock, Hitler. Eine Studie über Tyrannei. Düsseldorf 1967.

R. Dahrendorf, Gesellschaft und Demokratie in Deutschland. München 1965.

M. Domarus, Hitler. Reden und Proklamationen 1932–1945. 4 Bde. München 1965.

J. C. Fest, Das Gesicht des Dritten Reiches. Profile einer totalitären Herrschaft. München 1964.

Ders., Hitler. Eine Biographie. Frankfurt/M., Berlin, München 1973.

H. Frank, Im Angesicht des Galgen. München 1953.

H. B. Gisevius, Bis zum bitteren Ende. Hamburg 1960.

Ders., Adolf Hitler. Versuch einer Deutung. München 1963.

F. Glum, Der Nationalsozialismus. München 1962.

H. Grebing, Der Nationalsozialismus. München 1959.

Gutachten des Instituts für Zeitgeschichte. Bd. I, München 1958. Bd. II, Stuttgart 1966.

S. Haffner, Anmerkungen zu Hitler. München 1978.

F. Heyen, Nationalsozialismus im Alltag. Quellen zur Geschichte des Nationalsozialismus vornehmlich im Raum Mainz-Koblenz-Trier. Boppard 1967.

W. Hofer, Die Diktatur Hitlers bis zum Beginn des Zweiten Weltkrieges. Konstanz 1959.

H. Holborn (Hrsg.), Republik to Reich. The making of the Nazi revolution. Ten essays. New York 1972.

H. A. Jacobsen/W. Jochmann, Ausgewählte Dokumente zur Geschichte des Nationalsozialismus. Bielefeld 1961.

W. Jochmann (Hrsg.), Adolf Hitler, Monologe im Führer-Hauptquartier 1941–1944. Die Aufzeichnungen Heinrich Heims. Hamburg 1980.

F. Meinecke, Die deutsche Katastrophe. Wiesbaden 1946.

F. Neumann, Behemoth, Struktur und Praxis des Nationalsozialismus 1933–1944. Köln, Frankfurt/M. 1977.

E. Nolte, Der Faschismus in seiner Epoche. 4. Aufl. München 1971.

H. Picker, Hitlers Tischgespräche im Führerhauptquartier 1941–42. Bonn 1951.

H. Plessner, Die verspätete Nation. Über die politische Verführbarkeit bürgerlichen Geistes. Stuttgart 1959.

W. Schieder (Hrsg.), Faschismus als soziale Bewegung. Deutschland und Italien im Vergleich. Hamburg 1976.

G. Schulz, Deutschland seit dem Ersten Weltkrieg 1918–1945. Göttingen 1976.

P. D. Stachara (Hrsg.), The shaping of the Nazi state. London, New York 1978.

J. Toland, Adolf Hitler. Bergisch Gladbach 1977.

J. Vierhaus, Faschistisches Führertum. In: Historische Zeitschrift, 198 (1965).

H. Volz, Daten der Geschichte der NSDAP. Berlin, Leipzig 11. Aufl. 1943.

R. G. Waite, Hitler, der psychopathische Gott. Stuttgart 1978.

NSDAP vor 1933

W. S. Allan, The Nazi seizure of power. The experience of a single German town 1930–1935. Chicago 1965.

H. Bennecke, Hitler und die SA. München, Wien 1962.

V. R. Berghahn, Der Stahlhelm. Düsseldorf 1966.

W. Böhnke, Die NSDAP im Ruhrgebiet 1920–1933. Bonn, Bad Godesberg 1974.

K. D. Bracher, Die Auflösung der Weimarer Republik. Villingen 4. Aufl. 1964.

P. Bucher, Der Reichswehrprozeß. Der Hochverrat der Ulmer Reichswehroffiziere 1929/30. Boppard 1967.

F. I. Carsten, Reichswehr und Politik 1918–1933. Köln, Berlin 1964.

W. Conze/H. Raupach, Die Staats- und Wirtschaftskrise des Deutschen Reiches 1929/33. Stuttgart 1967.

E. Davidson, Wie war Hitler möglich? Der Nährboden einer Diktatur. Düsseldorf 1980.

E. Deuerlein, Hitlers Eintritt in die Politik und die Reichswehr. In: VJHZ, 7. Jg. 1959, H. 2.

Ders. (Hrsg.), Der Hitler-Putsch, Bayerische Dokumente zum 8. und 9. November 1923. Stuttgart 1962.

A. Dorpalen, Hindenburg in der Geschichte der Weimarer Republik. Berlin 1966.

T. Düsterberg, Der Stahlhelm und Hitler. Wolfenbüttel, Hannover 1949.

E. Eyck, Geschichte der Weimarer Republik. Erlenbach, Zürich 1954–1956.

R. Figge, Die Opposition der NSDAP im Reichstag. Phil. Diss. Köln 1963.

T. Geiger, Die soziale Schichtung des deutschen Volkes. Stuttgart 1932.

J. Goebbels, Vom Kaiserhof zur Reichskanzlei. Eine historische Darstellung in Tagebuchblättern. München 38. Aufl. 1934.

M. Hagmann, Der Weg ins Verhängnis. Reichstagswahlergebnisse 1919–1933, besonders aus Bayern. München 1946.

R. Hambrecht, Der Aufstieg der NSDAP in Mittel- und Oberfranken (1925–1933). Nürnberg 1976.

R. Heberle, Landbevölkerung und Nationalsozialismus. Stuttgart 1963.

H. Heiber, Das Tagebuch von Joseph Goebbels 1925/26 mit weiteren Dokumenten. Stuttgart 2. Aufl. 1961.

K. Heiden, Geburt des Dritten Reiches. Zürich 2. Aufl. 1934.

V. Hentschel, Weimars letzte Monate. Hitler und der Untergang der Republik. Düsseldorf 1978.

H. H. Hofmann, Der Hitlerputsch. München 1961.

W. Horn, Führerideologie u. Parteiorganisation in der NSDAP (1919–1933). Düsseldorf 1972.

P. Hüttenberger, Die Gauleiter. Studie zum Wandel des Machtgefüges in der NSDAP. Stuttgart 1969.

E. Jäckel (Hrsg.), Hitler. Sämtliche Aufzeichnungen 1905–1924. Stuttgart 1980.

G. Jasper (Hrsg.), Von Weimar zu Hitler 1930–1933. Köln, Berlin 1968.

F. Jetzinger, Hitlers Jugend. Zürich 1956.

M. H. Kater, Studentenschaft und Rechtsradikalismus in Deutschland 1918–1933. Eine sozialgeschichtliche Studie zur Bildungskrise in der Weimarer Republik. Hamburg 1969.

U. Kissenkoetter, Gregor Straßer und die NSDAP. Stuttgart 1978.

A. Krebs, Tendenzen und Gestalten der NSDAP. Erinnerungen an die Frühzeit der Partei. Stuttgart 1959.

R. Kühnl, Die nationalsozialistische Linke 1925 bis 1930. Meisenheim 1966.

Ders., Zur Programmatik der nationalsozialistischen Linken. Das Strasser-Programm von 1925/26. In: VJHZ, 14. Jg. 1966, H. 3.

W. Maser, Die Frühgeschichte der NSDAP. Hitlers Weg bis 1924. Bonn 1965.

P. H. Merkl, The making of a stormtrooper. Princeton 1980.

Ders., Political violence under the swastika. 581 early Nazis. Princeton 1975.

A. Milatz, Wähler und Wahlen in der Weimarer Republik. Bonn 1965.

J. Noakes, Conflict and development in the NSDAP 1924–1927. In: Journal of Contemporary History, 1. Vol. 1966.

Ders., The Nazi Party in Lower Saxony, 1921–1933. Oxford 1971.

J. L. Nyomarkay, Charisma and factionalism in the Nazi Party. Minneapolis 1967.

D. Orlow, A History of the Nazi Party 1919–1933. Pittsburg 1969.

R. H. Phelps, Hitler als Parteiredner im Jahre 1920. In: VJHZ, 11. Jg. 1963, H. 3.

G. Plum, Gesellschaftsstruktur und politisches Bewußtsein in einer katholischen Region 1928–1933. Untersuchungen am Beispiel des Regierungsbezirks Aachen. Stuttgart 1972.

G. Pridham, Hitler's rise to power. The Nazi movement in Bavaria. London 1973.

K. Rohe, Das Reichsbanner Schwarz-Rot-Gold. Düsseldorf 1966.

P. Sauer, Württemberg in der Zeit des Nationalsozialismus. Ulm 1975.

G. Schildt, Die Arbeitsgemeinschaft Nord-West. Untersuchungen zur Geschichte der NSDAP 1925/26. Phil. Diss. Freiburg 1964.

E. Schön, Die Entstehung des Nationalsozialismus in Hessen. Meisenheim a. Glan 1972.

G. Schubert, Anfänge nationalsozialistischer Außenpolitik. Köln 1963.

O. E. Schüddekopf, Linke Leute von rechts. Stuttgart 1960.

G. Schulz, Aufstieg des Nationalsozialismus. Krise und Revolution in Deutschland. Frankfurt, Berlin 1975.

D. Stegemann, Zum Verhältnis von Großindustrie und Nationalsozialismus 1930 bis 1933. Ein Beitrag zur Geschichte der sog. Machtergreifung. In: Archiv für Sozialgeschichte. Hannover 1973.

G. Stoltenberg, Politische Strömungen im schleswig-holsteinischen Landvolk. Düsseldorf 1962.

O. Strasser, Hitler und ich. Konstanz 1948.

A. Tyrell, Führer befiehl ... Selbstzeugnisse aus der Kampfzeit der NSDAP. Dokumentation und Analyse. Düsseldorf 1969.

Ders., Vom »Trommler« zum »Führer«. Der Wandel von Hitlers Selbstverständnis zwischen 1919 und 1924 und die Entwicklung der NSDAP. München 1975.

Th. Vogelsang, Reichswehr, Staat und NSDAP. Stuttgart 1962.

L. Volk, Das Bayerische Episkopat und der Nationalsozialismus 1930–1934. Mainz 1965.

R. G. L. Waite, Vanguard of Nazism. The Free Corps movement in postwar Germany 1918–1923. Cambridge/Mass. 1952.

A. Werner, SA und NSDAP (1920 bis 1933). Phil. Diss. Erlangen 1964.

G. F. Willing, Die Hitlerbewegung. Hamburg, Berlin 1962.

Z. Zofka, Die Ausbreitung des Nationalsozialismus auf dem Lande. München 1979.

Partei, Staat, Wehrmacht

K. H. Abshagen, Canaris. Patriot und Weltbürger. Stuttgart 1954.

H. G. Adler, Der verwaltete Mensch. Studien zur Deportation der Juden aus Deutschland. Tübingen 1974.

S. Aronson, Reinhard Heydrich und die Frühgeschichte von Gestapo und SD. Stuttgart 1971.

W. Besson, Württemberg und die deutsche Staatskrise 1928–1933. Stuttgart 1959.

W. A. Boelcke, Kriegspropaganda 1939–1941. Geheime Ministerkonferenzen im Reichspropagandaministerium. Stuttgart 1966.

H. v. Borch, Obrigkeit und Widerstand. Zur politischen Soziologie des Beamtentums. Tübingen 1954.

E. K. Bramstedt, Goebbels and National Socialist propaganda 1925–1945. Detroit 1965.

M. Broszat, Zur Perversion der Strafjustiz im Dritten Reich. In: VJHZ, 6. Jg. 1958, H. 4.

Buchheim/Broszat/Krausnick/Jacobsen, Anatomie des SS-Staates. 2 Bde. Olten, Freiburg 1965.

H. C. Deutsch, Das Komplott oder die Entmachtung der Generale. Blomberg- und Fritsch-Krise. Konstanz 1974.

R. Diels, Lucifer ante portas. Stuttgart 1950.

P. Diehl-Thiele, Partei und Staat im Dritten Reich. 2. Aufl. München 1971.

O. Dietrich, 12 Jahre mit Hitler. München 1955.

O. Domröse, Der NS-Staat in Bayern von der Machtergreifung bis zum Röhm-Putsch. München 1974.

E. Fraenkel, Der Doppelstaat. Frankfurt, Köln 1974.

N. Frei, Nationalsozialistische Eroberung der Provinzpresse. Gleichschaltung, Selbstanpassung und Resistenz in Bayern. Stuttgart 1980.

H. Groscurth, Tagebücher eines Abwehroffiziers 1938–1940. Hrsg. von H. Krausnick und H. C. Deutsch. Stuttgart 1969.

L. Gruchmann, Die »Reichsregierung« im Führerstaat. Stellung und Funktion des Kabinetts im nationalsozialistischen Herrschaftssystem. In: Klassenjustiz und Pluralismus. Festschrift für Erich Fraenkel. Hamburg 1973.

W. Hagemann, Publizistik im Dritten Reich. Hamburg 1948.

H. Heiber, Joseph Goebbels. 2. Aufl. München 1974.

K. Hildebrand, Deutsche Außenpolitik 1933–1945. Kalkül oder Dogma. Stuttgart, Berlin, Köln, Mainz 1971.

A. Hillgruber, Hitler, Strategie, Politik und Kriegsführung 1940–1941. Frankfurt 1965.

O. J. Hale, Presse in der Zwangsjacke 1933–1945. Düsseldorf 1965.

H. Höhne, Der Orden unter dem Totenkopf. Die Geschichte der SS. Gütersloh 1967.

F. Hossbach, Zwischen Wehrmacht und Hitler 1934–1938. Wolfenbüttel, Hannover 1949.

H. A. Jacobsen, Die nationalsozialistische Außenpolitik 1933–1938. Frankfurt/M., Berlin 1968.

G. Janssen, Das Ministerium Speer. Deutschlands Rüstung im Krieg. Berlin 1968.

W. Jochmann, Nationalsozialismus und Revolution. Frankfurt/M. 1963.

W. Johe, Die gleichgeschaltete Justiz. Frankfurt/M. 1967.

J. Kershaw, Der Hitler-Mythos 1920–1945. Stuttgart 1980.

E. Kordt, Nicht aus den Akten. Die Wilhelmstraße in Frieden und Krieg. Stuttgart 1950.

H. Krausnick, Der 30. Juni 1934. Bedeutung, Hintergründe, Verlauf. In: Aus Politik und Zeitgeschichte, Beilage zur Wochenzeitung ›Das Parlament‹ vom 30. 6. 1954.

Ders., Vollmacht des Gewissens. München 1956.

L. P. Lochner, Joseph Goebbels. Die Goebbels-Tagebücher aus den Jahren 1942–43. Zürich 1948.

U. Lükemann, Der Reichsschatzmeister der NSDAP. Ein Beitrag zur inneren Parteistruktur. Phil. Diss. FU Berlin 1964.

E. Matthias/R. Morsey, Das Ende der Parteien 1933. Düsseldorf 1960.

H. Matzerath, Nationalsozialismus und kommunale Selbstverwaltung. Stuttgart, Berlin, Köln, Mainz 1970.

H. Mau, Die zweite Revolution – Der 30. Juni 1934. In: VJHZ, 1. Jg. 1953, H. 2.

K.-J. Möller, Das Heer und Hitler. Armee und nationalsozialistisches Regime 1933–1940. Stuttgart 1969.

H. Mommsen, Beamtentum im Dritten Reich. Stuttgart 1966.

Ders., Der Reichstagsbrand und seine politischen Folgen. In: VJHZ, 12. Jg. 1964, H. 4.

K. J. Müller, Reichswehr und »Röhm-Affäre«. In: Militärgeschichtliche Mitteilungen. Hrsg. v. Militärgeschichtlichen Forschungsamt (Freiburg/Br.). Nr. 1/1968.

H. Pfundtner, Dr. Wilhelm Frick und sein Ministerium. München 1937.

J. K. Pollock, Germany in power and eclipse. Toronto, New York, London 1952.

H. Rehberger, Die Gleichschaltung des Landes Baden 1932/33. Heidelberg 1966.

E. A. Roloff, Bürgertum und Nationalsozialismus. Braunschweigs Weg ins Dritte Reich. Hannover 1961.

D. Ross, Hitler und Dollfuß. Die deutsche Österreich-Politik 1933–1934. Hamburg 1966.

W. Runge, Politik und Beamtentum im Parteienstaat. Stuttgart 1965.

K. Scholder, Die Kirchen und das Dritte Reich. Frankfurt, Berlin, Wien.

H. Schwarzwälder, Die Machtergreifung der NSDAP in Bremen 1933. Bremen 1966.

P. Seabury, Die Wilhelmstraße. Geschichte der deutschen Diplomatie 1930–1945. Frankfurt/M. 1956.

A. Speer, Erinnerungen. Berlin 1969.

I. Staff, Die Justiz im Dritten Reich. Frankfurt/M. 1964.

Ch. Streit, Keine Kameraden. Die Wehrmacht und die sowjetischen Kriegsgefangenen 1941–1945. Stuttgart 1978.

P. Thiele, NSDAP und allgemeine innere Staatsverwaltung. Untersuchung zum Verhältnis von Partei und Staat im Dritten Reich. Phil. Diss. München 1967.

H. Timpke, Dokumente zur Gleichschaltung des Landes Hamburg. Frankfurt/M. 1964.

F. Tobias, Der Reichstagsbrand. Legende und Wirklichkeit. Rastatt 1962.

H. R. Trevor-Roper, Hitlers letzte Tage. Zürich 1948.

W. Wagner, Der Volksgerichtshof im nationalsozialistischen Staat. Stuttgart 1974.

H. Weinkauff, Die deutsche Justiz und der Nationalsozialismus. Teil I. Stuttgart 1964.

J. W. Wheeler-Bennett, Die Nemesis der Macht. Düsseldorf 1954.

Wirtschaft und Gesellschaft

S. Bajohr, Die Hälfte der Fabrik. Geschichte der Frauenarbeit in Deutschland 1914–1945. Marburg 1979.

M. Broszat, E. Fröhlich, F. Wiesemann (Hrsg.), Bayern in der NS-Zeit. Soziale Lage und politisches Verhalten der Bevölkerung im Spiegel vertraulicher Berichte. München 1977.

R. Erbe, Die nationalsozialistische Wirtschaftspolitik 1933–1939 im Lichte der modernen Theorie. Zürich 1958.

H. Gies, R. Walther Darré und die nationalsozialistische Bauernpolitik 1930 bis 1933. Phil. Diss. Frankfurt/M. 1966.

R. Grunberger, Das zwölfjährige Reich. Der deutsche Alltag unter Hitler. Wien, München, Zürich 1972.

T. Mason, Arbeiterklasse und Volksgemeinschaft. Dokumente und Materialien zur deutschen Arbeiterpolitik 1936–1939. Opladen 1975.

A. S. Milward, Die deutsche Kriegswirtschaft 1939–1945. Stuttgart 1966.

Ders., Der Zweite Weltkrieg. Krieg, Wirtschaft und Gesellschaft 1939–1945. München 1977.

D. Petzina, Autarkiepolitik im Dritten Reich. Der nationalsozialistische Vierjahresplan. Schriftenreihe der VJHZ, Bd. 16. Stuttgart 1968.

Ders., Hauptprobleme der deutschen Wirtschaftspolitik 1932 bis 1933. In: VJHZ, 15. Jg. 1967, H. 4.

H. Pfahlmann, Fremdarbeiter und Kriegsgefangene in der deutschen Kriegswirtschaft 1939–1945. Darmstadt 1968.

D. Schoenbaum, Die braune Revolution. Eine Sozialgeschichte des Dritten Reiches. München 1980.

H.-G. Schumann, Nationalsozialismus und Gewerkschaftsbewegung. Hannover, Frankfurt/M. 1958.

A. Schweitzer, Big business in the Third Reich. Bloomington 1964.

Ders., Organisierter Kapitalismus und Parteidiktatur 1933–1936. In: Schmollers Jahrbuch für Gesetzgebung, Verwaltung und Volkswirtschaft. 79 (1959), H. 1.

F. Syrup, Hundert Jahre staatliche Sozialpolitik. Stuttgart 1957.

H. A. Turner, Faschismus und Kapitalismus in Deutschland. Studien zum Verhältnis zwischen Nationalsozialismus und Wirtschaft. Göttingen 1972.

H. Uhlig, Die Warenhäuser im Dritten Reich. Köln, Opladen 1956.

H. A. Winkler, Mittelstand, Demokratie und Nationalsozialismus. Köln 1972.

Einzelne Institutionen, Probleme, Personen, Gruppen und Gebiete

S. Aronson, Heydrich und die Anfänge des SD und der Gestapo (1931–1945). Phil. Diss. FU Berlin 1967.

W. Benz, Vom Freiwilligen Arbeitsdienst zum Arbeitsdienstpflichtgesetz. In: VJHZ, 16. Jg. 1968, H. 4.

B. Blau, Das Ausnahmerecht für Juden in Deutschland. Düsseldorf 1954.

R. Bollmus, Das Amt Rosenberg und seine Gegner. Studien zum Machtkampf im nationalsozialistischen Herrschaftssystem. Stuttgart 1970.

K. D. Bracher, Nationalsozialistische Machtergreifung und Reichskonkordat. Wiesbaden 1956.

H. Brenner, Die Kunstpolitik im Dritten Reich. Hamburg 1963.

M. Broszat, Nationalsozialistische Polenpolitik 1939–1945. Frankfurt/M. 1965.

H. Buchheim, Glaubenskrise im Dritten Reich. Stuttgart 1953.

J. S. Conway, The Nazi persecution of the Churches 1933–45. London 1968.

A. Dallin, Deutsche Herrschaft in Rußland 1941–45. Eine Studie über Besatzungspolitik. Düsseldorf 1958.

K. Dörner, Nationalsozialismus und Lebensvernichtung. In: VJHZ, 15. Jg. 1967, H. 2.

J. Ensor, Rudolf Heß. London 1962.

H. J. Gramm, Der braune Kult. Hamburg 1962.

E. Georg, Die wirtschaftlichen Unternehmungen der SS. Stuttgart 1963.

Graml/Mommsen/Reichhardt/Wolf, Der deutsche Widerstand gegen Hitler. Köln 1966.

H. Graml, Der 9. November 1938. »Reichskristallnacht«. Bonn 1953.

U. v. Hassel, Vom anderen Deutschland. Frankfurt/M. Neuaufl. 1964.

H. Heiber, Joseph Goebbels. 2. Aufl. München 1974.

Ders., Walter Frank und sein Reichsinstitut für Geschichte des Neuen Deutschland. Stuttgart 1966.

R. Hilberg, The destruction of the European Jews. Chicago 1961.

P. Hoffmann, Widerstand, Staatsstreich, Attentat. Der Kampf der Opposition gegen Hitler. München 1979.

B. Honolka, Die Kreuzelschreiber. Ärzte ohne Gewissen. Euthanasie im Dritten Reich. Hamburg 1961.

M. H. Kater, Das »Ahnenerbe« der SS. Ein Beitrag zur Kulurpolitik des Dritten Reiches. Stuttgart 1974.

B. M. Kempner, Priester vor Hitlers Tribunalen. München 1966.

L. Kettenacker, Nationalsozialistische Volkstumspolitik im Elsaß. Stuttgart 1973.

A. Klönne, Hitlerjugend. Die Jugend und ihre Organisation im Dritten Reich. Hannover 1955.

P. Kluke, Hitler und das Volkswagenprojekt. In: VJHZ, 8. Jg. 1960, H. 4.

R. L. Koehl, RKFDV, German resettlement and population policy 1939-1945. Cambridge/Mass. 1957.

Kommandant in Auschwitz. Autobiographische Aufzeichnungen des Rudolf Höß. Mit einer Einleitung von M. Broszat. 4. Aufl. München 1978.

H. Krausnick/H.-H. Wilhelm, Die Truppe des Weltanschauungskrieges. Die Einsatzgruppen der Sicherheitspolizei und des SD. Stuttgart 1980.

K. Kwiet, Reichskommissariat Niederlande. Stuttgart 1968.

J. von Lang, Der Sekretär. Martin Bormann: Der Mann, der Hitler beherrschte. Stuttgart 1977.

G. Lewy, Die katholische Kirche und das Dritte Reich. München 1965.

H.-D. Loock, Quisling, Rosenberg und Terboven. Zur Vorgeschichte und Geschichte der nationalsozialistischen Revolution in Norwegen. Stuttgart 1970.

B. Lösener, Das Reichsinnenministerium und die Jugendgesetzgebung. In: VJHZ, 9. Jg. 1961, H. 3.

R. Manvell/H. Fraenkel, Hermann Göring. London 1962.

O. Meißner, Staatssekretär unter Ebert – Hindenburg – Hitler. Hamburg 1950.

A. Mitscherlich/F. Mielke, Medizin ohne Menschlichkeit. Dokumente des Nürnberger Ärzteprozesses. Frankfurt/M. 1960.

H. Müller, Katholische Kirche und Nationalsozialismus. München 1963.

Ch. Petry, Studenten aufs Schafott. Die Weiße Rose und ihr Scheitern. München 1968.

W. Präg und W. Jacobmeyer (Hrsg.), Das Diensttagebuch des deutschen Generalgouverneurs in Polen 1939-1945.

R. Rahn, Ruheloses Leben. Düsseldorf 1949.

E. G. Reichmann, Die Flucht in den Haß. Frankfurt/M. 1956.

K. Repgen, Hitlers Machtergreifung und der deutsche Katholizismus. Saarbrücken 1967.

J. v. Ribbentrop, Zwischen London und Moskau. Leoni 1953.

G. Ritter, Carl Goerdeler und die deutsche Widerstandsbewegung. Stuttgart 1954.

E. Röhm, Die Geschichte eines Hochverräters. München 5. Aufl. 1934.

H. Rothfels, Die deutsche Opposition gegen Hitler. Frankfurt/M. 1968.

H. Schacht, 76 Jahre meines Lebens. Bad Wörishofen 1953.

W. Scheffler, Judenverfolgung im Dritten Reich. Berlin 1964.

H. G. Seraphim, Das politische Tagebuch Alfred Rosenbergs 1934/35 und 1939/40. Göttingen, Frankfurt/M., Berlin 1956.

F. Thyssen, I paid Hitler. New York, Toronto 1941.

H. Ueberhorst, Elite für die Diktatur. Die Nationalpolitischen Erziehungsanstalten 1933-1945. Düsseldorf 1969.

F. Wiedemann, Der Mann, der Feldherr werden wollte. Velbert, Kettwig 1964.

F. Zipfel, Kirchenkampf in Deutschland 1933-1945. Berlin 1965.

Abkürzungsverzeichnis

Pg.	Parteigenosse
P. O.	Politische Organisation (der NSDAP)
PVG	Preußisches Polizeiverwaltungsgesetz
RAD	Reichsarbeitsdienst
RBA	Reichs-Betriebszellen-Abteilung
RBG	Reichsbetriebsgruppen
RFSS	Reichsführer-SS
RGBl.	Reichsgesetzblatt
RKF	Reichskommissar für die Festigung Deutschen Volkstums
RMBliV	Ministerialblatt des Reichs- und Preußischen Ministeriums des Innern
RMdI	Reichsministerium des Innern
RPA	Rechtspolitische Abteilung
RuPrMdI	Reichs- und Preußisches Ministerium des Innern
RSHA	Reichssicherheitshauptamt
SA	Sturmabteilung
SD	Sicherheitsdienst
SPD	Sozialdemokratische Partei Deutschlands
SS	Schutzstaffeln
TV	Totenkopfverbände
Uschla	Untersuchungs- und Schlichtungs-Ausschuß
VB	Völkischer Beobachter
VDA	Volksbund für das Deutschtum im Ausland
VJHZ	Vierteljahrshefte für Zeitgeschichte
VO	Verordnung
VT	Verfügungstruppe
Wifo	Wirtschaftliche Forschungsgemeinschaft
WTB	Wolff'sches Telegraphen-Büro
z. b. V.	zur besonderen Verwendung

Register

Deutsche Geschichte der neuesten Zeit

Herausgegeben von Martin Broszat, Wolfgang Benz und Hermann Graml

Deutsche Geschichte
der neuesten Zeit

Peter Burg:
Der Wiener Kongreß

Der Deutsche Bund
im europäischen Staatensystem

dtv

Peter Burg:
Der Wiener Kongreß
dtv 4501

Deutsche Geschichte
der neuesten Zeit

Michael Stürmer:
Die Reichsgründung

Deutscher Nationalstaat
und europäisches Gleichgewicht
im Zeitalter Bismarcks

dtv

Michael Stürmer:
Die Reichsgründung
dtv 4504

Deutsche Geschichte
der neuesten Zeit

Horst Möller:
Weimar

Die unvollendete Demokratie

dtv

Horst Möller:
Weimar
dtv 4512

Deutsche Geschichte
der neuesten Zeit

Martin Broszat:
Die Machtergreifung

Der Aufstieg der NSDAP und die
nationalsozialistische Revolution

dtv

Martin Broszat:
Die Machtergreifung
dtv 4516

Deutsche Geschichte
der neuesten Zeit

Wolfgang Benz:
Die Gründung
der Bundesrepublik

Von der Bizone
zum souveränen Staat

dtv

Wolfgang Benz:
Die Gründung der
Bundesrepublik
dtv 4523

Deutsche Geschichte
der neuesten Zeit

Dietrich Staritz:
Die Gründung
der DDR

Von der sowjetischen
Besatzungsherrschaft
zum sozialistischen Staat

dtv

Dietrich Staritz:
Die Gründung
der DDR
dtv 4524

dtv-Weltgeschichte des 20. Jahrhunderts

Hrsg. von Martin Broszat und Helmut Heiber

dtv dokumente

Ordnung,
Fleiß und
Sparsam-
keit

Texte und Dokumente
zur Entstehung
der »bürgerlichen
Tugend«

Herausgegeben von Paul Münch

**dtv
dokumente**

Parole
der Woche

Eine Wandzeitung
im Dritten Reich
1936–1943

Herausgegeben von Franz-Josef Heyen

**dtv
dokumente**

Anatomie
des
SS-Staates
Band 1

Hans Buchheim:
Die SS – das Herrschaftsinstrument
Befehl und Gehorsam

**dtv
dokumente**

Ordnung, Fleiß und
Sparsamkeit
Texte und Dokumente
zur Entstehung der
»bürgerlichen Tugenden«
Hrsg. v. Paul Münch
dtv 2940

Das Klassische Weimar
Texte und Zeugnisse
Hrsg. v. Heinrich Pleticha
dtv 2935

Kinderstuben
Wie Kinder zu Bauern,
Bürgern, Aristokraten
wurden. 1700–1850
Herausgegeben von
Jürgen Schlumbohm
dtv 2933

Parole der Woche
Eine Wandzeitung
im Dritten Reich
1936–1943
Herausgegeben von
Franz-Josef Heyen
dtv 2936

Hitlers Machtergreifung
1933
Herausgegeben von
Josef und Ruth Becker
dtv 2938

Die russische Revolution
1917
Herausgegeben von
Manfred Hellmann
dtv 2903

Anatomie des
SS-Staates
Band 1
Hans Buchheim:
Die SS –
das Herrschafts-
instrument
Hans Buchheim: Befehl
und Gehorsam
dtv 2915

Band 2
Martin Broszat:
Konzentrationslager
Hans Adolf Jacobsen:
Kommissarbefehl
Helmut Krausnick:
Judenverfolgung
dtv 2916

Rudolf Höß:
Kommandant in
Auschwitz
Hrsg. v. Martin Broszat
dtv 2908

Taschenbücher zum Dritten Reich

Frauen unterm Hakenkreuz
Eine Dokumentation mit zahlreichen Abbildungen

dtv
Zeitgeschichte

dtv 10390

**Inge Deutschkron:
Ich trug den gelben Stern**

dtv
zeugen und
zeugnisse

dtv 10402

**Schule im Dritten Reich
– Erziehung zum Tod?**
Eine Dokumentation

dtv
Zeitgeschichte

dtv 10119